时代匠心

中国文化信息协会　编

中国商业出版社

图书在版编目（CIP）数据

时代匠心 / 中国文化信息协会编. -- 北京 : 中国商业出版社, 2025. 5. -- ISBN 978-7-5208-3358-5

Ⅰ. F279.29

中国国家版本馆CIP数据核字第20257SU600 号

责任编辑：王 彦

中国商业出版社出版发行

（www.zgsycb.com 100053 北京广安门内报国寺 1 号）

总编室：010-63180647 编辑室：010-63033100

发行部：010-83120835/8286

新华书店经销

河南盛科彩印有限公司印刷

*

710 毫米 ×1000 毫米 16 开 30 印张 791 千字

2025 年 5 月第 1 版 2025 年 5 月第 1 次印刷

定价：168.00 元

* * * * *

（如有印装质量问题可更换）

目录/CONTENTS

张成建

ZHANG CHENG JIAN

湘为善餐饮服务有限公司董事长

在广袤的华夏大地上，中国美食犹如一幅流动的画卷，色彩斑斓，令人陶醉。它不仅是味蕾的盛宴，更是心灵的洗礼，是文化与历史的交融。每一道菜肴，都承载着千年的传承与匠人的热情。从北方醇厚的炖菜到南方精致的点心，从东部鲜美的海鲜到西部独特的烧烤，中国美食犹如一部恢宏的史诗，诉说着这片土地上的故事与风情。而在其中最为璀璨夺目的明珠，就是湘菜。湘菜源远流长、根深叶茂，在几千年的悠悠岁月中，经过历代的演变与进化，逐步发展成为颇负盛名的地方菜系。而菜系的发展，自然少不了厨师的功劳，在大湾区内有这么一位湘菜名厨——张成建先生。

启程湘菜新征程 烹香制鲜传匠心

——访湘为善餐饮服务有限公司董事长张成建

“老老实实做人，踏踏实实做事”是他的人生信条，而他也用自己一路的拼搏与付出践行着自己的格言。张成建先生，1987 年生，湖南株洲攸县人，中国湘菜大师，中国烹饪大师，中国餐饮文化大师，广州市湘菜协会执行会长，“中国优秀企业单位”“广东省诚信企业”、情湘御厨品牌创始人，2017 年师从全国人大代表、全国劳动模范、“湘菜泰斗”许菊云大师。张成建先生是湘为善餐饮服务有限公司董事长，“湘为善 19 兄弟”中的一个。

初心缘起 砥砺笃行

谈及张成建成为名厨的这一路上，也是充满了坎坷与艰辛的。20 世纪 80 年代末，张成建在家人的期盼中出生了，张成建的出现，给这个乡村农家带来了新的希望与憧憬。由于家庭条件并不十分富裕，他的父母为了改善家里的生活条件，在张成建两兄弟很小的时候，就把兄弟俩托付给爷爷和奶奶照看，出远门去广东谋生。如山间肆意横行的蔷薇花，从小没有父母的陪伴与教育的张成建，性格慢慢变得特立独行、放荡不羁，天马行空似乎就是他的标签，叛逆的性格促使他时常冒犯爷爷和奶奶。这样一个不听话、不靠谱的小孩，亲朋和邻居都不喜欢他，甚至讨厌他。

11 岁时，张成建毅然决然地离开家乡。外面的世界，如同波澜壮阔的海洋，充满了无尽的挑战与未知，它是一幅深邃而瑰丽的画卷，每一笔都蕴含着命运的试炼与磨砺。在这里，张成建脱离了家庭的庇护，必须学会乘风破浪，勇往直前，用坚定的信念和无畏的勇气去迎接每一个挑战。

他去过大大小小的城市，尝试过形形色色的职业。他奔波在山西太原、广东广州、安徽合肥、河北石家庄、河南郑州、湖北武汉、首都北京等各个城市。他学习木工手艺，又进入五金厂。他风餐露宿，经历了许多磨难，品尝了人生百味。万物生长皆有裂痕，那是光照进来的地方，人生处处有转机，我们永远不知道循规蹈矩转动着的齿轮，下一站会指向哪里。就在所有人都认为张成建的一生就会一直这样碌碌无为时，命运的轮盘却在悄无声息地缓缓转动，转机犹如晨曦中的第一缕阳光，悄然洒落在阴霾的角落，带来了希望与新的开始。

在张成建 15 岁那年，一个偶然的机会，他来到了广州学习厨艺。机缘巧合下，他与湘菜结

下了不解之缘。15岁，正是风华正茂的年纪，敢拼敢闯，恰似少年。15岁的张成建勤奋踏实，一开始，虽然他只能在厨房里做些宰鱼、洗盘子、切菜等杂活，但他一点一点积累。靠着水滴石穿般的韧劲与耐力，后来他慢慢地做一些蒸菜、炒菜等工作。再后来，他承包厨房做了总厨。令他最有收获的是他用几年时间，在整个餐饮流程中，接触了每一个岗位，每一道程序。这一切，都为他日后创办餐饮企业打下了坚实的基础。

2009年，张成建替一个亲戚运营900平方米的高端湘菜馆，方方面面事必躬亲，甚至老婆在长沙生小孩他都在管店，回去时孩子已经三个多月大了。正是这份执着的信念如同山间清泉，静静流淌，终汇成海，也锻造了张成建不屈的品格以及超强的同理心，为他日后的创业之路奠定了坚实的基础。

匠心相传 温度永在

传承，如同一曲悠扬的古调，穿越千年的尘埃，仍旧在岁月的长河中回响。

作为一名优秀的厨师，关注的不应该只有自身的技艺，还应该有食客的感受，唯有两者兼顾，方能做出深入人心的美味佳肴。张成建先生更是如此，他致力于让每位品尝自己菜品的食客，都能从味蕾的享受中获得幸福感，而不仅是饱腹感。于是张成建丝毫不曾放弃过学习，他一边学，一边悟。一有时间，他就在珠江三角洲地区四处游历。

2011年，张成建自己出来开店，承包了生意惨淡的众泽湘菜店。那个时候，他和老婆为了节省成本，买菜、炒菜、洗菜、洗碗、招待客人都是张成建一人亲力亲为，楼面仅有他和他老婆两个人。即便前期生意惨淡，但张成建先生不曾放弃。岁月终会赠佳音，皇天不负有心人。渐渐地，门店从寥寥数人到门庭若市，但张成建先生并未止步于此，而后他又开了民泽湘菜、新人民公社餐馆。

2012年是张成建人生的又一转折点。因缘际会，他结识了合伙人周文锋，两人成立了大众消费的湘菜品牌——情湘御厨，张成建的创业之路也开始驶入了快车道。他们如今在广州增城区、东莞，山西、福建、广西、湖南等地都开设有门店。2014年，张成建先生在珠江三角洲地区组织了志同道合的同行及兄弟，成立了“湘为善19兄弟”，他们在珠江三角洲地区共有300多家店。俗话说“一个好汉三个帮”，兄长们处处提携、帮助张成建，甚至推举年纪最小的他成为“湘为善”的一哥。可以说，张成建在这个年纪迎来了属于他的高光时刻。他也一直在用自身行动，推动湘菜事业的发展，“弘扬工匠精神，传承湘菜技艺”。

张成建先生一直秉持着要“为客户创造价值，为社会创造价值，为团队创造价值”的理念，但他又深知，要做到这一点，餐饮的出品一定要格外注重品质。首先必须是食材新鲜，且要有特色。如何烹饪出其本味，精湛的厨艺才是至关重要的。于是在2017年，他决定拜中国湘菜泰斗许菊云大师学艺，并得到真传。张成建先生也一直坚持师父的教诲，做到技精于专、做于细，业成于勤、守于挚。

湘情牵引 情湘发展

现如今名利双收的张成建并没有因为久在名利场上而被利欲熏了心智，相反他决定退居幕后，让员工实现当家做主。张成建先生立志在他 40 岁时，可以培养 100 个老板、开 100 家店，成全更多的年轻人，带领大家走向富裕之路。正如他所说：“独乐乐不如众乐乐。”“我一个厨师能做到今天，‘能吃亏’这三个字帮了大忙。”张成建先生仗义疏财，这些年，如果为亲朋好友吃过的亏能以物质来衡量的话，他至少亏了几百万元，“为了情谊、为了朋友，不管多困难都值”。为此，他也时常做自己的心理导师，“做人不可能让所有人都满意，但求尽善尽美”“毕竟我还年轻，吃点亏没事”。

“为客户创造价值，为社会创造价值，为团队创造价值。”

正是这种信念的坚守，这么多年，张成建先生一直热心公益。2021 年冬天，湖南省攸县当地一位农民种了几百吨萝卜，往年要销往西安，但由于疫情原因销路阻滞了。眼看着萝卜将烂在地里，还要支付肥料和人工费用。得知这个消息，张成建先生自掏腰包买了 20 吨萝卜，在自家门店前免费派送。发出消息后，200 多人排队来领取。“虽然我出的力不是很大，但是通过我可能有更多的人看到，从而伸出援助之手，就可以帮助这位农民大哥解决难题，过个好年。”

“一个人有钱不一定能留名，但做有意义的事情，是能传承的可贵精神。”每年做十场以上的爱心公益活动，是他和他的公司一直在坚持的，即使遇到疫情，抑或在创业中遇到“瓶颈”，或者遭遇餐饮市场大洗牌，这份善意都不曾间断。6 年前，他还在公司内创立了内部基金会，从每桌消费金额中提取 1 元放入基金池，用于帮助需要帮助的公司员工，并资助了一些大学生和希望小学。攸县洪灾、新冠疫情，他都慷慨解囊，门店每年也会请环卫工人聚餐。他每年花 30 万元用于爱心公益。

正是因为张成建先生“难得糊涂”的心性，他手下的员工也始终秉承“诚信做人，专业做事，创新发展”的社会主义核心价值观，始终坚持“顾客至上，服务至上，质量至上”的服务理念，把情湘御厨的企业文化打造得有声有色。他们定期举办厨艺大赛以及团建活动，这些都在促进员工之间相互了解、相互帮助、增进感情等方面大有裨益，同时这些活动也提升了团队协作精神、协作能力、业务能力以及强大的凝聚力。

2018 年 7 月 28 日，中国企业家日报社中国企业家理事会，在情湘御厨餐饮管理服务有限公司总部，为该公司举行荣誉颁授仪式。仪式上，中国企业家日报社广东记者站站长陈琼泉和有关领导为“情湘御厨”颁发了“中国企业家理事会理事单位”“中国品牌企业单位”“中国诚信企业单位”“中国优秀企业单位”荣誉牌匾；为董事长张成建颁发了“中国企业家理事会理事”“中国诚信企业家”“中国优秀企业家”荣誉证书。该公司从此正式成为中国企业家日报社中国企业

家理事会理事单位，董事长张成建成为理事会理事。

经过多年的创业沉淀，如今张成建已是湖南省攸县商会会长、攸县政协委员，先后被评为广东省优秀企业家、广东省诚信企业家、中国餐饮文化大师、中国湘菜高级技师、中国烹饪大师、中国湘菜大师。情湘御厨也先后被评为中国名牌企业单位、中国诚信企业单位、中国优秀企业单位。

如今由于运营成本高、疫情、市场竞争等多重因素叠加，一线城市餐饮行业越来越难做。善于把握市场商机的张成建在2021年选择在株洲攸县开设一家定位为“攸县首家商务宴请餐厅”的情湘御厨攸州宴，作为情湘御厨餐饮管理服务有限公司的直营店。“选择回湖南，最早是想给自己一个借口，可以常回家。”对于11岁就离开家乡谋生的张成建先生来说，离乡越久，思乡越浓。同时，现阶段一线城市餐饮越来越难做。“回来才发现，县城比大城市的生意好做，大城市高手如云，市场饱和，回来后经营理念、市场思维、专业格局都自带优势，压力小了，优势大了。”

“爱折腾，不放弃，一条餐饮路就是一辈子”，这是对张成建先生最准确的形容了。时光不语，岁月如诗。在这份时光中沉淀的是张成建先生作为匠人的初心与坚守。到底是湘菜成就了张成建先生，还是张成建先生成就了湘菜？笔者认为这是一个双向救赎、双向奔赴的过程。湘菜遇到了张成建先生，在原本的生机之中迸发出更为熠熠生辉的光芒。而同样地，张成建先生遇到了湘菜，也更坚定了自己的目标。正所谓心之所向，无问西东。

“弘扬工匠精神，传承湘菜技艺”，在一阵阵湘菜的氤氲中，蕴藏的是一片沉甸甸的情。菜肴是有温度的，情意也是有温度的，张成建先生从一而终保有不灭的热情，一步一个脚印地在探索湘菜这一条路上渐行渐远。精诚所至，金石为开，我们相信，张成建先生在宣扬湘菜味道的这一份伟大事业中，将会如湘菜味道一般，撒遍祖国大江南北，于华夏千年历史文化底蕴中涌出无限荣光！

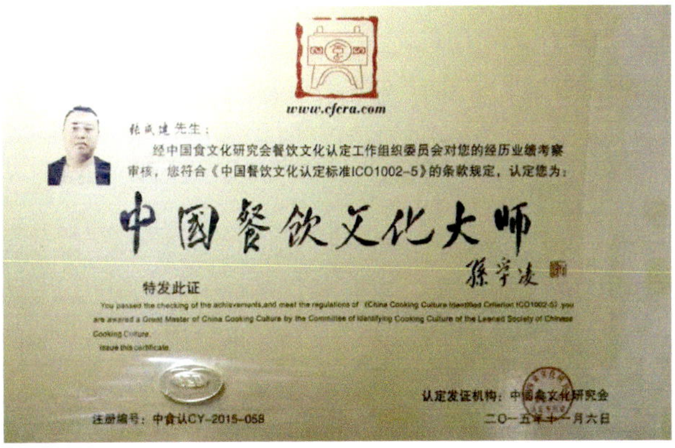

柯福晟

KE FU SHENG

厦门海丝五龙文化产业园、厦门五龙窑艺术馆馆长

柯福晟，男，汉族，1961 年出生，祖籍厦门同安人，1978 年厦门大学中文系函授结业，2013 年清华大学艺术金融管理高级研究班结业，同安区第十四、十五届人大代表，曾获得纳税先进个人、捐资兴学尊师重教模范个人、优秀中国特色社会主义事业建设者、全国十大人民币收藏家等荣誉称号。柯福晟是同安陶瓷文化研究会创会会长、中国钱币协会纸币专业委员会常务委员、中国收藏家协会体育文化收藏委员会副主席、福建省收藏家协会钱币收藏委员会会长、厦门五龙文旅集团有限公司董事长、厦门五龙窑艺术馆馆长等，其小说、散文、随笔常被发表于报纸杂志，出版有专著《我的三把刷子》，并被中央电视台等媒体多次报道，被誉为同安古窑的“五龙窑守护人”。

盛世收藏汇精品 传承保护赏人生

——访厦门海丝五龙文化产业园、厦门五龙窑艺术馆馆长柯福晟

物华天宝
守护五龙守初心

在厦门市的同安陶器厂内隐藏着五条龙窑，是中国古代特有的烧制陶瓷的窑炉，依斜坡地势而建，形如长龙，故称为“龙窑”。据同安区志记载，五条龙窑创烧于清嘉庆二十五年（1820），至今已有200多年历史，“五龙窑”烧制的陶瓷经古代海上丝绸之路远销世界各地，是我国丝绸之路上的历史文化瑰宝。2008年国务院第三次全国文物普查领导小组的文物专家发现了这五条古龙窑，并将其定为全国重要文物新发现之一。

“五龙窑其实就是不可移动的收藏品、文物，它延续了唐宋遗风，产品以日用粗陶为主，包括陶缸、花盆、泡菜罐、酒瓶、夜壶、龙缸等，是同安优秀文化的象征。五龙窑文化的形成不是孤立的，其容纳吸收了多种文明和技术精髓，形成了多元统一的文化体系，是多元一体的中华大一统观念的象征。”在收藏界享有盛名的柯福晟临危受命，在当地文物部门的指导下，接过了“保护五龙窑”的重任。

柯福晟从事收藏多年，寻访了许多珍贵的钱币、陶器、瓷器等藏品，但守护在家门口的不可移动的文物五龙窑，却耗费了他最多心力。2016年，厦门遭遇了“莫兰蒂”台风，柯福晟和孩子、工人们第一时间赶到窑址，找来结实的篷布遮盖漏雨的窑顶，泥一把水一把地清理堵塞的排水沟……为维护古窑原貌，柯福晟四处打听，请来了有着40多年烧陶经验的四川籍匠人汪年辉，以古法修缮，尽力做到修旧如旧。仅完成一号、二号窑炉的修缮工作，就足足花费了一年多时间。2023年年底，5条龙窑的主体均完成修缮，200多岁的五龙窑再次挺起了它的脊梁，墙壁上如琥珀般的结晶仿佛能带领人们穿越时空，去窥探古人的匠心智慧。

2023年11月16日，厦门五龙窑艺术馆在拥有200多年历史的同安坑仔口制陶窑址正式开馆，同步推出了海丝珠光青瓷展，公益展出柯福晟收藏的部分陶器、瓷器、纸币等，还有大量唐宋时期的陶瓷作品。其中，宋代同安汀溪窑生产的珠光青瓷比例最大，展品里还有以“五龙窑”为品

柯福晟与自己出资修缮的具有200多年历史的古龙窑合照

牌设计的文创产品，令人啧啧称奇。国家级技能大师李贵镇工作室签约入驻厦门五龙窑艺术馆，竭力做好保护、指导和创作工作。在柯福晟看来，藏品需要通过展示来放大其社会价值、文化价值和教育价值，给展览者和参观者提供展示与交流的平台。

"藏品越来越多，从原来的一个抽屉，到逐渐把家里挤得满满当当，现在办艺术馆。这里就是中华文明的美丽世界！收藏，是尽力、尽心，更是出于爱。"年过花甲的柯福晟，一提起收藏的事，嘴角就噙着笑、眼里含着光。让人不禁好奇，出身于普通农家、从小学老师起步的他，与收藏这种需要大量财力精力的爱好之间究竟有何渊源？

俗话说"三岁看老"，柯福晟从小就是大伙心中的"小诸葛"，很多大孩子都需要他拿主意。柯福晟的聪明，不仅表现在为人处世有主意方面，还表现在他善于动手解决问题方面：20世纪60年代，生产队分配的庄稼秸秆根本不够用，柴草便成了家家户户烧水做饭的主要燃料。为了帮姐姐运柴草，还在读小学四年级的柯福晟"发明"了一辆独轮车。这辆独轮车才十五六斤重，非常轻便，柯福晟还在木制车轮的外径钉了一层自行车外胎，在车轮的内径安装上钢管传动轴，能够减少各种摩擦力；在车头下方的两侧各装了一支小木柱，下坡时能起到刹车的作用，提高了安全系数。这辆独轮车上高山、穿密林、过急流，简直无所不能，大家笑嘻嘻地给它取了个名字叫"水陆两栖辎重车"，并夸它灵巧、轻便，远胜老式独轮车，是帮助大家运货、拉人的"好助手"。

在20世纪70年代，柯福晟做了小学教师，那时不到20岁的他俨然是"孩子王"，不仅深受同学们的喜爱，家长也十分信任他。1978年，柯福晟开始从农村老家收购农民自留地种的菜，用自行车踩4—5个小时，载到厦门菜市场进行销售。1984年，他成立了"梧侣果菜购销部""梧侣地龙养殖公司"， 从东北、华北调粮食、苹果、鸭梨到厦门、漳州等地进行批发，从福建、广东调蔬菜、柑橘到北方进行销售，业务范围逐渐扩大，是当地最早的"万元户"，被人们称为"水果大王"。厦门大学科学技术开发公司帮柯福晟做研究，将其在地龙养殖公司养的蚯蚓再提取氨基酸后的蚯蚓渣子，做成对虾、鳗鱼饲料添加剂的专利，这套技术参加了1985年在北京举行的全国首届技术成果交易会，并获得了技术转让费26万元。也是从1985年起，厦门大学把全校157株龙眼树的承包权，以及学校食堂的蔬菜供应权都交给了柯福晟，加上他又涉足房地产生意，日子过得红红火火。

不同于一般的收藏家，柯福晟不仅收藏，还着重研究藏品的来龙去脉。1980年，有朋友送给柯福晟一张黄永玉先生设计的新中国第一枚生肖邮票，柯福晟对其十分喜爱，从此便开始对收藏感兴趣，但当时也只是"小打小闹"。2004年，柯福晟在厦门看见了一个仙桃罐，对方开价3500元，他当时有点嫌贵，思忖再三却还是收了下来。现在回想起来，那个仙桃罐真是买值了。从此，柯福晟也正式与收藏事业结下了不解之缘。

柯福晟爱收藏，更爱才、惜才，尊重创作者。一次，柯福晟在出差的路上翻看《人民日报》，

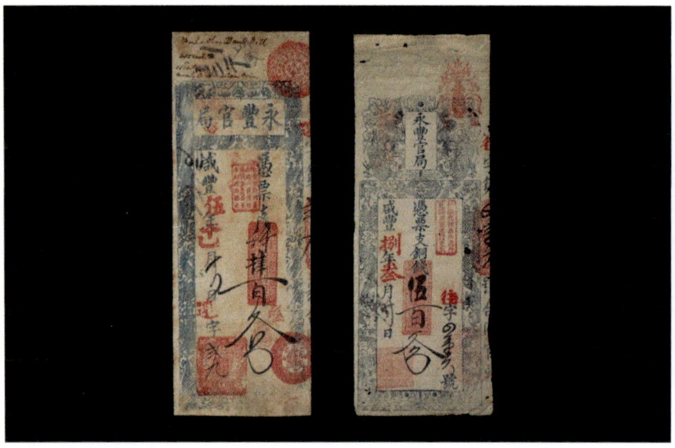

福建省最早成立的银行"永丰官局"发行的纸币

宋代厦门同安汀溪窑的珠光青瓷碗

看到一则关于景德镇残疾工艺师李贵镇老师8年艰苦创作瓷版画《西厢记》的消息，就多方打听联系到了这位工艺师。当他赶到李贵镇家中时，面对这套用8年时间完成、共128幅彩色瓷版画的《西厢记》时，完全被其生动高超的工艺折服，“这样高难度技艺的作品，完全可以去申请吉尼斯纪录。”柯福晟说，他当场就拿出2万元给李贵镇，又给他买了去上海申请吉尼斯纪录的机票。结果在他意料之中，作品一炮而红，李贵镇也凭借这套作品被国家评为技术拔尖人才，还获得终身享受国务院政府特殊津贴待遇。

拿到了吉尼斯纪录奖，这套作品本可卖一个好价钱，可李贵镇却拒绝了外国商人的高价，只向柯福晟开出了20万元的低价，并附赠了自己很多其他优秀作品。每每谈起这件事，柯福晟都感动不已，他常说，人们都说“人心不古”，可在收藏这一行当里，很多手艺人和收藏者都保持着如古人般的诚信、平和与静气，注重礼仪和规矩，看重友谊，亦看重艺术和人格，这是非常难得的。

剪刀、格尺、铲子、双面胶、电热熔枪……工具包里的各式工具和材料，都是柯福晟用来保护藏品的“法宝”。为了保护藏品，柯福晟向不少收藏圈的老师傅学习鉴别技巧，交流保养修护技术，慢慢地从一个行业“小白”成长为“行家里手”。因为藏品众多，种类繁杂，他还对藏品进行分类，包括钱币、邮票、纪念徽章、陶瓷等。随着时间的推移，眼看着一些老物件日渐减少，国内很多名贵的藏品被损坏，柯福晟越来越意识到收藏的价值与使命：增强人们的民族自信心，让人们更加热爱自己的祖国，同时让后代了解和学习前人的智慧与创造力，推动人类文明不断进步与发展。

神工意匠
全情专注爱收藏

因为醉心收藏，柯福晟创下了许多“最”：第一套人民币版别最多；第四套人民币冠字号全国之最；外汇券的冠字号全国最多；1981年至1997年的国库券也是全国之最；奥运系列的金银币最全……十几年来，柯福晟在全国各知名瓷都精心收藏，现收藏有市级高级工艺美术师、省级大师、国家级大师如王锡良、张松茂、汪桂英、冷军、徐里、王芝文等2000多位名家的作品近万件，创造了全国收藏名家最多的纪录，还拥有一批全国独有的、由政府出具收藏证书的陶瓷绝品。

在收藏界，有这样一句老话：“收而不研者陋，藏而不鉴者庸。”因热爱而收藏，仅仅在钱币收藏中，柯福晟就拥有新中国第一套人民币，是目前全世界版别最齐的、品相最好的。据悉，第一套人民币是1948年开始印刷使用的，当时正值解放战争时期，共产党军队驻扎到哪就把印刷厂搬到哪。当时颜色的调配都是用目测的，没有统一的调色板，所以颜色有深有浅，纸张也没有统一造纸厂生产，有厚有薄。加上当时军队是由接管的国民党印刷厂进行印刷，每个厂都有不同暗记，且刻板不规范，所以造成第一套人民币的版别特别多。现在全国范围内，柯福晟是这种暗记最多的收藏者，流通票有360多个版别，本票170多个版别，总共有500多种版别，其中还有被收藏界誉为“王中王”的《牧马图》。2015年，第二届全国钱币收藏博览会在厦门市博物馆举办时，柯福晟的《牧马图》一度成为现场的焦点。

2024年春节期间，为兑换龙年纪念币（钞），很多市民在市内各银行的兑换点排起了“长龙”。龙是中华民族的象征，龙的图案充分展现了中华传统文化的魅力。而柯福晟收藏的中国历代发行的龙钞达1200多种，是拥有中国龙钞品种最多的收藏者。

此外，还拥有福建省最早成立的银行“永丰官局”纸币不同版别7张，其中咸丰五年四百文这张纸币最早是由美国收藏家史密夫收藏，并刊登于1970年“中国纸币”书内，后转载于《中国历代货币大系》和《福建金融史略》等书中。而柯福晟收藏的历代福建省、台湾地区官方及包括金门在内的福建九地市民间发行的纸币及与金融有关的文献达上千种，是此板块最高等级藏品及数量最多的收藏者；柯福晟还收藏了世界各国自 1951 年芬兰赫尔辛基第 15 届奥运会开始发行的奥运纪念币不同品种达 1200 多种，是全国最多的奥运纪念币收藏者；侨报是海外华侨华人寄给国内亲眷书信与汇款凭证的合称，根据现有的档案文献遗存记载，侨批最早出现于 1736-1795 年（清乾隆年间），直至 20 世纪 70 年代归银行管理，历时 200 余年。侨批档案得以于 2010 年和 2012 年分别列选在《中国档案文献遗产名录》和《世界记忆亚太地区名录》；2013 年 6 月，又经联合国教科文组织世界记忆工程国际咨询委员会第十一次会议评审通过，入选《世界记忆名录》，这是中国档案文献进入世界文献遗产保护工程的一项重要成果。柯福晟收藏的厦门地区 233 个不同“汇兑信局”的侨批，是厦门不同“汇兑信局”侨批数量最多的收藏者……柯福晟表示，藏品记录下来的除了文化，还展现了不同的正能量精神。这也是他一直坚持收藏的原因，更是他在收藏路上所追求的精神价值。

从古到今，涵盖青花瓷、白瓷、釉下彩，包括碗、壶、瓶……各类陶瓷精品，亦是柯福晟的爱好。冷军老师的《虾趣》、王芝文老师的陶瓷微书、台湾新北市麦傅亮陶艺大师的归来福（壶）等，都栩栩如生。对于书法、技术以及历史研究来说，这些珍品的价值都不可估量。其中，刘伟、舒立洪、余效团三位国家级大师共同创作完成的《光照千秋、锦簇万里》天柱对瓶，更是柯福晟老师的心头好。

《光照千秋》天柱瓶以革命圣地井冈山黄洋界为主画面，配以南湖、遵义、延安宝塔山和西柏坡等景致，意在铭记中国共产党为民族解放、社会进步和人民幸福所走过的艰苦卓绝的战斗历程。《锦簇万里》天柱瓶以母亲河黄河壶口瀑布为主画面，同时将象征民族精神的长江、长城、黄山、黄河等祖国大好河山收入画中，取意祖国江山永葆青春之意。2004 年，中组部为搬迁新址，委托景德镇制作摆设陶瓷，其中有一对摆放在中组部大厅的天柱对瓶，高 2.2 米，宽 80 厘米，这种大型作品是陶瓷技法中最难制作的，烧制了 5 天 5 夜，且正常情况下要做两套，一套为备用。而这套备用瓷瓶在 2006 年出炉时就被收藏进了柯福晟的库房。

精益求精，融匠心于刀尖；全情专注，练就绝活绝艺。最令柯福晟感动的是，很多老师都愿意给自己捐赠或者只以友情价给自己收藏品，在这些富有家国情怀的老师看来，艺术品不是个人的财富，而是一种文脉的传承，如果有人传承下来，那么，物品就是“活”的。

不拘一格
美七声华蜚四海

对待心仪的藏品，柯福晟可以毫不犹豫地请回家，但柯福晟自身的生活却十分俭朴。有些人不懂，说道：“柯老师，您年纪也大了，怎么不换个大一些的好房子？”而柯福晟总是笑笑，不多做解释。因为藏品的熏陶，加上本身就做过教师，他从未丢下对文化的追逐，不仅坚持阅读大量书籍，也写文章，作品也曾在报刊上发表，小说《五龙窑》，还有自己研究并撰写的中国人民银行系列纸印的《红色印记》等两本书已编写完成。痴迷上收藏后，他又为自己的文化情结找到了新的寄托，懂得人，会用“谈笑有鸿儒，往来无白丁”来形容柯福晟的生活日常。柯福晟认为，这句诗中的“白丁”，指的是一心逐利的人，对于那些真心热爱收藏，但经济条件一般的普通老百姓，柯福晟也十分乐于把他们当成朋友。

就拿对五条龙窑的保护过程来说，作为近代陶瓷制造遗址，坑仔口是规模较大、保存较完整、历史与科学价值较高的近现代工业遗产。在保护坑仔口五龙窑的过程中，柯福晟就和很多匠人、附近居民成了好朋友。就拿修复保护工作来说，柯福晟总是说：“没有哪些工匠的集思广益，五龙窑不可能被保护得如此完整。”

“同安的五龙窑曾有过光辉的一页，保留古龙窑群，对传承同安陶瓷文化至关重要。”在接下来的规划中，柯福晟计划把这里打造成一个集旅游观光、艺术展示、古陶习艺于一体的陶文化地标，以便更好地传播弘扬同安的古窑文化。

同安作为古代海上丝绸之路的重要支点，千年以来，同安人民往来于厦、台之间，筑波于南洋之上，在此过程中，也产生了诸多极具特色的文化。这些年来，柯福晟的藏品装满了8个仓库。其中就有一大批从各处收集来的珠光青瓷。宋元时期，同安汀溪窑产出的珠光青瓷，曾是当年“海上丝绸之路”外销瓷中的热门瓷器，这也让柯福晟对珠光青瓷格外关注。除了品相完好的宋代汀溪窑珠光青瓷碗等精品外，柯福晟还悉心保存了不少瓷器标本，而他最想做的就是让更多人了解同安、爱上同安。

“我们每位收藏者都是一枚火种，通过开展览馆，能使保护和收藏工作薪火相传。”正是有着这样一种使命感的推动，柯福晟很愿意将多年的收藏经验传授给各地的收藏家。

文化最深刻的本质在于交流、交往、交融，只有珍藏、了解、丰富彼此的特色和价值，才能构成一个美美与共、不断循环壮大的人类文明生态场域。从苦日子一路走过来的柯福晟，非常感谢这个时代，让大家都有条件、有能力去追逐和实现自己的热爱。这份热爱，也促使他不断将自己的文化事业提升到一个新水平、新高度！

翟海潮

ZHAI HAI CHAO

北京思想盛宴文化有限公司创始人、现代作家

“鱼，我所欲也；熊掌，亦我所欲也。二者不可得兼，舍鱼而取熊掌者也。”在当今物欲横流的时代，财富自由成为人们普遍向往的目标，但对精神世界的追求与思考却往往被忽视。然而，有这样一位思想探索者，他曾执教于大学讲堂，传授知识；亦曾投身商海，创立并管理企业长达20余年时间。而就在事业达到巅峰之际，他却选择回归文学初心，放下商界的繁华与喧嚣，全身心地投入文学创作之中，以文字为笔、以心灵为纸，将人生阅历的所见所闻、所思所想记录下来并分享于众，成功实现了从技术专家到企业家，再到作家的华丽转身，他就是现代作家翟海潮先生。

文海航舟：墨舞春秋渡人生翰宇

——访北京思想盛宴文化有限公司创始人、现代作家翟海潮

缘起红楼：感悟天地的诗韵

在岁月的浩渺长河里，每一个生命体都是孤独的旅者，独自行走于茫茫人海中，追逐着属于自己的璀璨星辰。而实现自我的人生价值，则如同指引着我们前行的明灯，深入内心的幽暗，使我们在喧嚣纷扰的世间，觅得一片属于自我的宁静与坚韧。翟海潮的人生轨迹，恰似他钟爱的《红楼梦》，神秘而充满了传奇色彩，吸引了无数解读与标签。

2017年，一次与友人的聚会中，刘承彦先生向翟海潮赠予了由他主编的《诗画品三国》。当翟海潮透露出自己对《红楼梦》的深厚情感时，刘承彦先生慨然提议："那你牵头主编《诗画品红楼》吧！"经过深思熟虑，并在刘承彦先生、范文义先生的坚定支持以及天津冷风诗社、北京文友群等众多作者的鼎力相助下，翟海潮毅然地担任起第一主编的重任，肩负起《诗画品红楼》全书的编纂与出版之责。

翟海潮深入研读了大量与《红楼梦》相关的文献资料，包括各种版本的原著、诗评红楼梦、红楼梦图咏与画集以及诸多关于《红楼梦》的品评著作。经过两个多月的时间，他精心构思了《诗画品红楼梦》一书的架构与三级目录，巧妙地将全书划分为故事篇、人物篇、曹雪芹与《红楼梦》以及附录等多个章节，旨在全面而深入地展现出《红楼梦》的艺术魅力与人文价值。

自策划之始，历经4年时间的精心雕琢与创作，2021年由北京出版社出版的《诗画品红楼》终得以面世，同时开启了同名公众号的新篇章。全书精选了清代最具代表性和艺术价值的《红楼梦》插画共计340幅，并辅以本书作者及清代文人撰写的诗词600余首和品评210则。本书巧妙地将"诗""画""品"三者融为一体，图文并茂，诗情画意，古韵与今声交织，不仅为读者特别是年轻读者提供了深入阅读与理解《红楼梦》原著的宝贵资源，更为他们带来了领略名著思想深度与语言魅力的绝佳机会。

说来也巧，在《诗画品红楼》隆重出版之际，恰逢"纪念新红学100周年、中国红楼梦学会成立40周年暨2021年学术年会"盛大召开，这无疑为这部著作增添了非凡的纪念意义。翟

海潮荣幸受邀出席了此次盛会（该盛会于北京西山黄叶村曹雪芹纪念馆附近的香山饭店隆重举行）。在会上，他向来自全国28个省市的160余位红学家和代表，逐一赠予了精心编纂的《诗画品红楼》。时隔两年，翟海潮再次携其力作《诗情画意品红楼》亮相于文坛，这部作品是由中华书局精心出版。

谈及主编的“品红楼”系列作品，翟海潮坦言：“能主编这一系列作品，实属意外之喜，但《红楼梦》之于我，不仅是一部文学巨著，更是我心中挚爱。”他补充道，“《红楼梦》的艺术性和文学价值无可比拟，其人物刻画细致入微，栩栩如生，故事情节跌宕起伏，引人入胜。其中蕴含丰富的人生哲理，让不同年龄、不同阶段的读者在阅读时都能产生不同的感触。这正是《红楼梦》独有的魅力所在。”

笔海弄潮：韵绘人生的超然

梦缘红楼，然其意蕴远不止于红楼。

2023年，翟海潮精心创作了长篇小说《铁哥俩》。该作品通过细腻地描绘李铁英、葛星火这两位主人公之间自“同窗”情深，到“合伙创业”的携手并进，再到“散伙”后的情感纠葛以及“竞争”的激烈交锋，生动地映照出中国改革开放40余年间，人们物质生活与精神世界之间的波澜壮阔之变。他们相识于微末之时，怀揣着共同的梦想与热情，共谋未来；他们曾并肩作战，共享成功的喜悦，却也难逃“同甘苦”而未能“共富贵”的命运波折。历经风雨、争执与伤害，他们在煎熬中依旧维系着深厚的“铁哥俩”情谊，为彼此的成功喝彩。在他们身上，凝聚着无数创业者共有的坚韧与执着。

这部作品深植于现实生活的土壤，却又不囿于现实，它以更加高远的视角审视时代的变迁。故事横跨1976年至2018年这40余载，精心塑造了数十位鲜活的人物形象，从热血的创业者、辛勤的打工者，到风姿绰约的坐台小姐，再到身处政坛要职的政府官员乃至副省长，每个人物都栩栩如生，让读者如见其人、如闻其声。这些人物中，不乏翟海潮几十年间亲身经历的所见所闻，以及其对生活深刻而细腻的感悟，有激情、有矛盾、有冲突……既揭示了人与人之间复杂而微妙的情感纠葛，也见证了翟海潮数十年间的不懈奋斗与追求。

深入探索翟海潮的文字世界，其实很难看出他是理工科出身。在他温文尔雅的外表下，隐藏着一颗坚韧且博大的“精神内核”，这是翟海潮骨子里的气质，也是他通过不懈努力与深度思考，不断积累、提炼而成的思想源泉。因而，他的文字细腻入微，更蕴含着深邃的人生哲理，于悄无声息间触动着众多读者的心灵。翟海潮曾这样阐述：“写作于我，不仅是分享个人经历的途径，更是传达人生信条的桥梁。我期望我的文字能给予读者生活或事业上的启迪与经验，以我独特的

思考方式去积极地影响他人。这既是传递社会正能量的过程，也是我身为作家的使命。"

时至今日，临近花甲之年的翟海潮正倾注心血于一部名为《飞越彩虹》的寓言体励志小说。这部作品巧妙地通过一位年轻人在成长道路上与智慧老人的对话，揭示了人生各阶段所面临的各种问题与挑战。年轻人从智慧老人那里汲取智慧与力量，勇攀人生的三座高峰——认识自我、实现自我、超越自我，最终收获成功、健康与幸福，从而实现了自己的理想生活。在这部小说中，"智慧老人"的形象不仅是翟海潮人生追求的真实写照，更是他渴望在后半生成为年青一代导师的愿景体现。他期望能以自己的经历和洞见，帮助更多年轻人走出迷茫、找到自我，开启改变之门。

创新是推动发展的不竭动力，无论是个人成长、企业进步还是国家繁荣，都离不开创新的推动。多年来，翟海潮在"思想者札记"和"诗画品红楼"公众号上持续发布原创文章，至今已累计超过 500 篇。他将这些文章整理成两本短文集——《由生存到寻找意义》和《诗意的栖居》，凝聚了自己对生命、社会和文化的深刻洞察与独到见解。正如翟海潮所言，从自身优势出发，坚持独特之处，并持续不懈地挑战、磨炼、积累和沉淀，这是每个人实现自我超越、走向更高境界的必由之路。

松韵人生：肆意激荡的岁月

岁月匆匆，不知不觉间，翟海潮已走过了人生的大半旅程。回望其漫长而多彩的人生之路，每一次华丽转身都凝聚了他巨大的付出与辛勤的汗水。在他身上，"热爱"与"坚持"宛若两道不灭的光芒，照亮了他人生前行的道路，展现出了他从容不迫的人生态度。

时间回溯至 2000 年，世纪更迭之际，人们纷纷回望过往，翘首以盼未来。对于已在胶黏剂行业耕耘近十年时间的翟海潮而言，他亦开始审视自己人生的过往，规划未来的发展道路。2001 年，时年 36 岁的他毅然定下了人生的宏大目标：我今生只有一个愿望——财务与思想上的独立。为此，他精心绘制了一幅 ABC 三步走的金字塔式人生蓝图：25-36 岁，深耕胶黏剂专业（Adhesives），力求成为行业翘楚；37-48 岁，转向管理和投资（Business），实现财务自主与自由；48 岁之后，转向咨询和写作（Consultants），用思想启迪别人，影响世界。

这看似简洁明了的"ABC"规划与目标，实则犹如一个精密的坐标系，精准地划分了他的人生三阶段：创业立业、财富自由与思想自由。2015 年，当美国 H.B.Fuller 与北京天山（创始人之一）签订并购协议的那一刻，翟海潮实现了财务的自主与自由。同年，这位已届知天命之年的智者，怀揣着对文学的热爱与追求，踏上了寻求思想自由的文学之旅。

翟海潮坚信"追求所爱，无须声名显赫"。在过去的 20 年时间里，无论工作如何繁忙，他都矢志不渝地沉浸于阅读之中，勤耕不辍于写作之途。他热衷于研读各类书籍，细致查阅资料，并勤于记录心得，将钟爱的语录逐一画线，随后整理成电子文档。至 2020 年年末，翟海潮在整

理自己的电脑资料时，意外地发现，自 2001 年至 2020 年，这 20 年间他竟积累下了高达 15000 个文件、笔记、资料与书稿，这些宝贵的积累将为他的写作生涯奠定坚实的基础。

正是凭借着这份坚持不懈的积累和努力，翟海潮将写作视为展现思想自由的舞台，将自己的“学习、思考、实践、领悟”逐步呈现于世。至今，他已陆续出版了《创业者管理修炼》《企业百论：从创业到基业长青》《胶黏剂行业那些事：从业 30 年所见所闻》《心想事成：如何成为成功、健康、幸福的人》《OVER THE RAINBOW（美国出版）》《截断亏损，让利润奔跑》《诗画品红楼》《铁哥俩》等十余部著作。

回首往昔时，翟海潮感慨万分：“在 35 岁之前的岁月里，我的生活节奏犹如被快速播放的影片，既顺应时代发展的潮流，又带有几分随波逐流。不经意间踏入了繁华的北京城，机缘巧合下涉足胶黏剂领域，意外地完成了我的首部著作，并随之开启了创业征程。步入 35 岁门槛之后，幸而获得了一次重新审视人生的契机，寻回了幼年时期对写作与阅读的热爱，以及对文学梦想的执着坚守（整个读书生涯，翟海潮的文章经常被表扬，小学作为范文在全班传阅，大学亦被学校广播站选中宣读）。”

岁月不息，学海无涯，笔耕不辍。翟海潮已然觅得了一份“永恒的职业”——读书、思考、写作、分享。他表示，除深耕自媒体平台外，他还将致力于通过免费赠书、线上线下读书交流等活动，与读者共同探索知识的奥秘，分享文学的魅力。他的目标是每年坚持创作一部作品，直至笔耕之力衰竭。于翟海潮而言，“读书、思考、写作、分享”不仅是他后半生的追求，更是他生命中最为热爱、最为有意义、最为快乐的事业。

方桂平

FANG GUI PING

广东格绿朗节能科技有限公司创始人、董事长

“心心在一艺，其艺必工；心心在一职，其职必举。”广东格绿朗节能科技有限公司创始人方桂平，深耕室外遮阳产品行业20余年，秉承着锲而不舍、精益求精、勇于创新的创业精神，带领着格绿朗从广州番禺的小渔村走向世界各地，不断填补我国高端室外遮阳产品市场的空白，力图在情景交融的体验下，为消费者带来与众不同的全新体验。身为一名杰出的企业家，方桂平不断精进个人技能、提高自身能力，在困难与挑战面前百折不挠，是行业内公认的标杆领军人物；生活中的他更是无私奉献，积极参与各项公益活动，成为照亮他人前行之路的明灯。在未来的征途中，方桂平将始终怀揣追求卓越的匠心与高度的社会责任感，带领着格绿朗朝着目标步履不停，为人们的室外生活增添更多美好可能。

壁立千仞匠心添笔 淬炼沉淀智造卓越

——访广东格绿朗节能科技有限公司创始人、董事长方桂平

扎根蓄势谋发展
奋楫争先勇创新

室外遮阳产品最早起源于欧洲，在发达国家较为流行。当其被引进香港时，高瞻远瞩的方桂平毅然决然地瞄准了创业方向，决定先行踏入室外遮阳产品领域，尝试填补我国在该行业的空白。20世纪末，方桂平单枪匹马地奔赴广州番禺，在一片较为贫瘠的渔村土地上开始了自己的创业之路。

经过方桂平的不懈努力，广东格绿朗节能科技有限公司于1997年正式成立，这是一家专注研发、生产室外遮阳产品的制造企业。历经20余年的不断成长，已发展成为我国室外遮阳产品行业的领头羊。方桂平始终稳扎稳打，用每一个脚印烙下公司成长与发展的历程，也在行业内打下了稳固的根基。

2000年，方桂平率先从澳门引进了曲臂篷铝制手臂工艺，一改内地使用曲臂篷铁制手臂制作室外遮阳产品的局面，让曲臂篷拥有了更轻量、更耐候和更大覆盖面积的优良性能，在珠江三角洲地区得到了广泛的应用和推广。2012年，方桂平开设了国内首家室外遮阳行业的品牌专卖店，建立“awning格绿朗”品牌运营战略、推行品牌化的运作模式，这给国内室外遮阳领域树立了示范，推动了行业的高质量发展。2016年，公司引进了全球三大规模生产PERGOLAS大型室外电动遮阳技术和产品，填补了国内高端遮阳产品的空白，稳固了格绿朗在行业内遥遥领先的地位。

行至20余年后的今日，公司已在广东拥有两家大型制造基地，总占地面积超过6万平方米，并在成都和上海设立了办事处和分公司。除了国内市场，格绿朗的产品更是走向了海外，远销美国、波多黎各、哥伦比亚、巴西、智利、英国、俄罗斯等全球139个国家，服务企业及家庭客户多达22万余，产品销量超过400万套。

作为广东格绿朗节能科技有限公司创始人及董事长，成就斐然的方桂平不曾在荣誉中迷失方向。他始终不忘初心，坚定不移地扎实学习，提升自我，培养“不破楼兰终不还”的决心与“宝剑锋从磨砺出”的本领，带领着格绿朗在国内外激烈的市场竞争中从容应对机遇和挑战。

2014 年，格绿朗集聚大量创新人才将遮阳产品和影视文化相融合，全力探索电影产业新的文化业态。在方桂平亲自指导下，历经两年时间，格绿朗团队与著名导演冯小刚美术主创团队收集了大量南洋建筑的历史文献，开发 200 多套样板，为冯小刚电影公社制作出兼具仿古与现代感、功能与美学的各式遮阳棚。广东格绿朗节能科技有限公司作为国内首家参与电影文化建设的户外遮阳企业，格绿朗为电影产业高质量发展提供了创作新引擎，推动了影视文化产业高质量发展。

对于此次影企合作，方总深有感触地说：“这次和冯导团队合作，对方严谨的工作态度和对细节的执着，深深影响了我，能和国内一流的电影团队合作，是格绿朗的荣幸，也是一次宝贵的学习机会。现在市场上的遮阳棚基本都是在模仿欧美产品，我想研发出富有中国特色的创意遮阳产品，打造世界标杆，为中国遮阳行业绿色发展贡献一份力量。”

2015 年，方桂平作为优秀企业家代表团成员出访俄罗斯、哈萨克斯坦、白俄罗斯等国家，加快我国“一带一路”倡议的对接融合。与此同时，方桂平更是不断潜心钻研专业知识，完成了中山大学南方商学院的 EMBA，并获得了法国克莱蒙商学院 MIB 国际商务硕士学位。

纤纤不绝林薄成，涓涓不止江河生。精益求精、坚韧不拔的匠心精神将点滴成果融汇入磅礴大海，鼓舞着方桂平带领格绿朗越战越勇，在时代发展的洪流中不忘初心、激流勇进，用蓬勃的

2015 年出访欧亚三国：与吉尔吉斯斯坦前总统合照

2015 年作为企业家代表团成员陪同习近平主席出访欧亚三国

生命力书写出辉煌的新篇章。

精耕细作迎硕果
砥砺前行创佳绩

由于进入行业的时间较早，方桂平自创业初期开始，便走在室外遮阳产品领域的前沿。被问及是否会有压力，方桂平坦言，学习和创新是格绿朗持续发展的不竭动力。“自从坚定研发室外遮阳产品的决心后，我就开始参加广交会，与台湾、香港的客户接触，他们会带我去世界各地参观领域内的知名企业，不断学习。”方桂平曾前往遮阳篷行业的发源地德国，拜访行业领头企业，受益匪浅。他将优秀的材料配件引入国内，不断进行研发与创新，圆了自己的品牌梦。

近年来，拥有长期品牌积淀的格绿朗，不断深化人性化与精品化设计理念战略，在中高端产品的生产、研发与销售上，勇于创新、一枝独秀。在产品持续迭代升级的基础上，格绿朗也凭借着极具市场亲和力的品牌形象得到了广大客户的一致认可。在持续的创新与发展中，格绿朗取得了累累硕果，不仅在设计和功能上有了全新的突破，更在材料和工艺上有了重大的创新。其中，室外电动轨道天篷 PERGOTEK、室外电动弧形轨道天篷 PERGODOM、室外电动翻转百叶篷 PERGOLAM 以及室外电动天篷帘 PERGOFLEX 等核心产品尤其受到广大消费者的青睐；“墅家房”及“生态阳台”系列产品也带来了关于室外空间打造领域的独到洞察与见解，通过创新的产品技术，打破了传统室内与室外场景联合打造的重重壁垒，与消费者一同探索室外空间产品与场景创新的方向，升级赋能系统矩阵。

在创新中，方桂平将室外遮阳产品与我国的实际情况相结合，在智能化生产中加入了太阳能产品，研制出更加实用且能满足国内消费者需求的遮阳篷。“从 2017 年起，我就开始将柔性的太阳膜放在篷布的上方，现在慢慢采用晶硅等材料，通过吸收阳光来储能蓄电，这就可以直接解

室外电动弧形轨道天篷

室外电动轨道天棚

室外电动翻转百叶篷

室外电动天篷帘

决灯光的问题，做到低碳环保。”与此同时，为了更好地促进高校科技成果转化，引领企业技术创新，公司与暨南大学、桂林电子科技大学光电工程学院等高校进行产学研深融合，为格绿朗的未来发展注入蓬勃的年轻活力。

方桂平勇于创新的匠心精神带领企业取得了卓越成果，也成功获得了社会各界的广泛认可。2018年至今，格绿朗接连获评国家“高新技术企业”、广东省“创新型企业”及“专精特新企业”、2023年度“红叶奖”建筑遮阳事业卓越成就奖等众多荣誉资质。2024年5月28日，格绿朗作为室外遮阳行业的领跑者受邀参加首届低碳装饰生态圈联合年会，并获得“2024年建筑遮阳行业年度推荐品牌”的荣誉，公司创始人方桂平被评为“2024年建筑遮阳行业创新人物”。

当前，随着经济全球化的深入发展，我国民营企业在获得发展机遇的同时，也面临着棘手的挑战。面对国外势力的技术打压，方桂平认为，在当前的技术迭代上，我国室外遮阳产品与欧洲仍有着较大的差距。国外遮阳产品多采用高级材料，审美性较高，且已形成了完善的产业链，而对于我国遮阳产品而言，解决功能性问题依然是目前阶段的重中之重，后续发展仍有较多的困境需要面对。“要想超越国外同类产品，我认为，我们应该从智能化方向不断努力。”方桂平分析道，“后期我计划不断开发智能化方向，尽可能地降低成本，提高产品的适用性和产量，稳扎稳打，不断进步。”

“芳林新叶催陈叶，流水前波让后波。”置身于百舸争流的市场竞争中，唯有奋楫争先，以“又日新”的自我革新，方能破茧成蝶。在未来的发展中，方桂平也将以科技创新为坚实的驱动力，保持对卓越品质的执着追求和突破传统的勇气，为行业的发展进步注入全新的生命力、贡献来自格绿朗独特而强大的力量。

热心公益事业
真情奉献社会

“做一束光，温暖自己照亮他人。”在企业发展的同时，方桂平长期参与各种公益事业，弘扬乐善文化，在教育、扶贫、救灾等公益事业中积极践行着一位企业家的社会责任和使命。

方桂平在26年前就加入了番禺义工，每年都会参与大量的社会公益活动，拜访老人、关爱残疾儿童、资助山区贫困学生等。在丽江时，方桂平收获了两段让自己至今仍记忆犹新的经历。

“我们发现，在丽江资助的学生毕业后都不愿意回到家乡。”方桂平回忆道，“通过实地拜访后，我们发现当地的基础生活设施极其落后，就连洗澡都是在牛棚里洗的，更不要说能用热水洗澡了。”富有社会责任感的方桂平希望，能为改变当地的生活现状出一份力。他积极地与当地

方桂平在云南河西参加助学行动

负责人进行沟通，提出可以帮他们搭建太阳能洗澡间，不但可以完善基础设施，改善村民的生活条件，还能够免去他们的电费消耗，减轻他们的生活负担。

他从佛山采购了陶瓷洗手盆、花洒等淋浴用品，搭建起太阳能洗澡间，解决了村民们的洗澡难题。村民们感动得热泪盈眶，有一位大叔说："我在田里种果树的时候都想着家里的洗澡间，感到很幸福。"

方桂平还留意到山区的孩子身上穿着的校服破破烂烂，款式各异，他便决定向当地学生捐赠几千套校服。如今回忆起来，方桂平依旧感慨万千："捐完校服之后我们回到那所学校，看到两千多名学生穿着同样颜色的新校服，跳着民族舞。我当时心情非常激动，觉得自己做的事情很有意义。"

就是这样一位乐于助人、心系公益、富有社会责任感的民营企业家，他用自己的爱心向困难群众伸出援助之手，尽自己所能，改变他人艰苦的生存现状，用实际行动诠释人间大爱。他的善行被狮子会杨帆服务队授予"爱心大使""卓越贡献奖"等荣誉称号，也激励着他不断前行，向社会传递更多的爱和温暖。

擦亮绿色发展底色
助推行业健康发展

"大鹏一日同风起，扶摇直上九万里。"从创业伊始，方桂平始终怀揣着对未来的无限期待，不断描绘着企业发展的宏伟蓝图。

谈起对未来的展望与规划，方桂平认为，成功的关键在于持续前进，保持内心的富足比外在成就更加重要。他表示，企业未来的发展重点将会放在加强内部管理与智能化建设上。

"我现在正处在全力以赴的状态。目前，我们拥有了自己的几十亩地，主要是先完善公司的内部管理，不断开发智能办公设备，并搭建厂房，争取往国际智能厂房的方向发展，我们会在这两年将地基打好，不断提高我们的年产值和规模。"

在漫漫创业征途的20余年时光里，方桂平见证了时代变迁。他坦言："所有东西都会变，唯独有两样东西是不会变的。一是要坚持初心，用好产品帮助人们追求美好生活，提高人们的生活品质；二是互利共赢，用真诚对待所有合作者，大家一同成长、彼此进步，朝着共同的目标前进。"

正是由于秉持着这样“不变”的信念，铸就了格绿朗的炙热灵魂，也让方桂平前进的步伐更加坚定有力。在循环往复的岁月更迭中，方桂平也将以自己坚守的“不变”应对发展过程中的瞬息万变，直面难题与挑战，不断靠近理想的彼岸。

道阻且长，行则将至；行而不辍，则未来可期。如今的方桂平凭借着坚韧不拔的毅力、卓越的领导才能和前瞻性的眼光，带领格绿朗为国内室外遮阳产品行业树立了标杆，成为众多创业者和企业家学习的楷模。未来，他也将继续带领公司砥砺前行，书写下属于他们的时代辉煌篇章，为行业的绿色健康发展贡献力量。

赵长龙

ZHAO CHANG LONG

北京质帧文化传媒有限公司董事长

赵长龙，男，汉族，南开大学硕士毕业，具有丰富的初中、高中理科教学经验，教学成绩突出，注重对书本知识与学习思维的培养，注重对“学”“做”“用”理性习惯和能力的养成，现任北京质帧文化传媒有限公司法定代表人、股东、执行董事、经理，另担任北京质帧鸿燊电子商务有限公司监事，北京久合海科技有限公司法定代表人、股东、执行董事、总经理。在他的带领下，团队志于道、据于德、依于仁、游于艺，始终坚持将思维成长与教学科研的改革与创新深度融合，以研促教，引导学生探索新知，帮助学生答疑解惑，矫正学生存在的问题，为学生锤炼品格，是助其成长、成功的优秀“引路人”。

烛炬煌煌求知路 红花艳艳育栋梁

——访北京质帧文化传媒有限公司董事长赵长龙

矢志教坛
不为繁华易匠心

20年前，赵长龙硕士毕业后毫不犹豫地选择了教师行业，从此便踏上了三尺讲台，从事初中、高中数学教学工作。教师工作很辛苦，很多时候，天不亮就要起床，备课、上课、批改作业、找学生谈心、帮助青年教师教学、做竞赛、完成课题研究……这一干，赵长龙就坚持了一辈子。

岁月荏苒，当年看起来比学生大不了多少的“赵老师”，依旧戴着标志性的眼镜，国字脸上也多了许多稳重和成熟。20年光阴匆匆过去，许多曾经教过的学生都已经结婚成家，但赵长龙依然选择坚守在优质教学一线，为了发掘学生的学习主动性，从根本上提升思维，他在多年教学和实践的基础上，独创了一套行之有效的教学体系，帮助学生从不同角度获取信息源，提高学习动力，从爱上学习，到提高成绩，再到品格塑造。

随着工作的时间越久，赵长龙就越离不开这三尺讲台。刚踏入工作岗位时，他比学生大不了几岁，在大家眼中如哥哥一般，没有年龄距离感，而且总能解决孩子们学习上的问题；后来赵长龙当了父亲，对学生的感情中夹杂了父亲对孩子的慈爱，学生们依旧爱他，对他也从不会因为年龄有距离感。

“其实我始终觉得，我们这一代教师大部分都是过渡的一代，我们既缺乏民国时期名师辈出那般扎实的功底和深厚的文学素养，又缺乏现在年轻人那样的闯劲与天不怕、地不怕的精神。”赵长龙此话既是谦辞，也是发自内心的真言。

教育是一份需要情怀的工作。十多年前，赵长龙在为年轻教师做教学培训时，其间通过闲话家常的方式问大家：“十年后，有谁还会继续做教师？”举手者只有不到一半，有人说：“做老师太辛苦。”有人说：“男生还要养家糊口，做老师相对清贫。”也有人拿出在教学中受过的委屈现身说法，表示现在的家长很难“伺候”……，这让赵长龙心里有了“要提高教学质量，先提高团队教学兴趣”的想法。除要完成本职工作外，赵长龙也会去本省、外省的一些城市和地区学

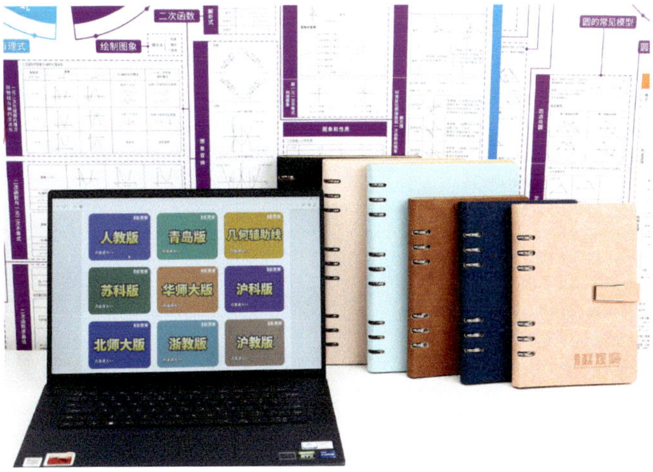

习、交流和支教，他发现，每个地区的孩子学习程度都是不一样的，如果统一用一个版本的教材，并不利于孩子们整体学习成绩的提升。

带着心中那份赤诚的热爱，赵长龙放下了稳定的“铁饭碗”工作，想要尝试创业，因为只有自主创业，才能更好地摸索，去整理教材、培养团队，他和十几年的好友路遥老师商量：“咱们不就是想用自己的方式帮孩子学习吗？”

“那就一起干吧！”

君子之交淡如水，这是创业之前，赵长龙老师和路遥老师的一个简单对话。没有谈利益，没有谈盈亏，简简单单的一句“帮助孩子”，就义无反顾地做了下去。

路遥老师和赵长龙老师相识于2009年，一开始都是数学老师，只是就职于不同的校区。老师们相互听课，可以彼此了解，也能感受不同的讲课风格，从而能够提升自身水平。在路遥老师看来，赵老师授课可以说是独具一格，用情感点燃孩子的学习意愿，往往能让他们收获更多。把数学的抽象和深邃，前置直观，加以引导，层层递进，学习过程就能更加轻松，也让自己明白了数学不应该只有复杂的逻辑，也应该有感性的认识和理性的精神。

好友之间，更多的是相见恨晚。后来，即便都离开了校园，路遥老师进入出版领域成为执行主编，执行主编策划《思维创新直通车》《学透初中》《学透高中》《一学就会——看图说话写话》《学而思大语文分级阅读》等系列图书，在业内小有名气，但还是不忘和赵长龙老师最初对教育的认识——帮孩子成为更好的自己。2023年，路遥老师以出版业务负责人身份加入质帧文化，携手同行，两个好友，一起做事，一起奋斗，实乃人生一大快事！

在逐梦的道路上，因为有同行者，赵长龙并不孤单。李晨光老师同为质帧文化的创始人之一，自2022年3月17日起与赵老师、郑老师等人开始筹备创业，在质帧主要负责公司总体运营方案制定和筹划长远的企业发展战略并密切关注市场发展动态，预估行业动向及趋势，为赵老师提供合理的决策建议；管理、协调公司各个部门的工作等。为孩子提供优质的产品是团队共同的目标。多年的感情和相互的理解，让工作变得轻松流畅，优秀的团队不是每个人都十项全能，而是互补与包容，共同为孩子的成长而努力。

如果说路遥、李晨光、赵长龙三位老师都是质帧的男性“大家长”，那么“樱桃老师”郑敏衡则是如“大地母亲”一般包容、温柔和宽厚。作为北京质帧文化传媒有限公司副总监，财务总监，“数学赵观察”课程负责人，家庭教育指导师，质帧文化VIP高级顾问，原好未来（学某思）高考生涯研究院资深学业规划师，高考志愿填报导师，樱桃老师参加全国分校培训志愿规划师上百人，拥有高考升学领域10年实战经验，从业以来帮助上千名学子规划提升成绩并报考理想大学。持续原创的院校梳理、案例分析、数据分析等文章被相关教育媒体大量转载，成为广大家长考生的重要参考。她的建议更多从“母亲”的角度出发，既平易实用，又富有同理心，深受家长好评。

提到团队，赵长龙不禁眼含泪花——自己是何其幸运，能和这样一群“善学者尽其理，善行

者究其难"的团队一路同行，团队氛围富有独立、自由的思想，批判、创造的精神，每个人都能摆脱"学而优则仕"传统观念的拘束，严守学术岗位，将实际效果和责任心放在第一位，与时俱进，坚持有所为、有所不为，这就是中国知识分子的风骨！

乐为人梯
不舍初心得始终

师者，传道授业解惑也。优秀的教师，总是能够影响学生的一生，赵长龙依旧记得，在小学的时候，有位老师讲到鸡蛋"突破"自身后就是新生的小鸡，毛毛虫"突破"自身后就是美丽的蝴蝶。这让他在无形之中，学习时总会时时要求要突破原来的自己，在教学中，更是总结出"突破教师固有思维的束缚，突破学生思维方式的定式，突破学生思维路径的依赖，突破学生思维逻辑的局限"的理念。

不同于传统教育培训一味地求成绩、求升学率，"突破"是赵长龙身上最鲜明的标签：他带领着团队突破传统教学手段，打开教学思路；突破育人路径，主动拥抱新科技、新技术……在赵长龙老师这里，每个孩子都是独一无二的"艺术品"，而非流水线上一模一样、为做题而生的"工业品"。

这种"寻求突破，以人为本"的理念，让人走进质帧文化的课堂，就宛如打开了新世界的大门，教材是与传统教材不同的新内容，但是更容易看懂；课堂上，老师引经据典，启发思维，每个学生都全神贯注，听到入神处，还会会心一笑，与一些"囚笼"式教学机构里，学生们苦大仇深、神游四方的模样大为不同。难怪，有不少家长开车也要把学生送来，因为学生在赵长龙老师这里，能够实实在在地感受到爱，真真切切地学到知识，发自内心地爱上学习。

李钰老师作为师生心中的"明星教师"，本科及硕士均在某"双一流"建设高校就读，毕业后一直从事初高中数学教学工作，具有13年教龄，累计授课约20000小时，累计教授超5000名学员，获得学员和家长的广泛认可。李钰老师曾就职某头部教育机构，入职第一年就获得最佳新人奖，随后几年多次获得风云教师奖、单科提分奖、高分奖等多种奖项，负责并参与新教师岗前和岗后专业培训、高中数学讲义研发和审核、题库审核、分类等教学工作，为学员家长和规划师举办多场初升高学科讲座，毕业学生遍布北大、清华、浙大等知名院校，2023年入驻某短视频平台，分享讲课视频，获得很多家长和学生认可，一年时间粉丝突破8万个，一些视频更是突破百万浏览。

正所谓"英雄惜英雄"，赵长龙、李钰两位同样擅长数学的老教授互相认可对方的三观和教学理念，成立品牌"数学赵观察"，李钰老师主要负责高中数学课程的研发，品牌成立至今短短两年时间，已研发10余款产品，其中《数学思维通识》销量更是超过3万，帮助数万名学员高效学习，2024年"数学赵观察"品牌入选中国品牌库，并参与中央电视台节目录制，以"让更

李晨光老师

郑敏衡老师

路遥老师

李钰老师

多学员以低廉的价格享受更优质的课程”为宗旨，不断优化商品内容和结构，以服务于更多学员。据悉，《数学思维通识》主要是以高一同步为主，包括高中数学人教版所有必修内容，从最基础的知识开始，包括公式定理的推导，基本题型分类，也有中档题目和难题的拔高，甚至还有一些书本没有但是非常重要的二级结论的推导和应用，每种类型题目都有配套的例题和拓展练习，由浅入深，由易到难，逐层递进，特别适合预习以及程度较差的学生进行基础的巩固和中档题的训练。

成绩的背后是团队的共同努力。一般来说，骨干教师能力强、授课方法多，但普遍还是“一人一笔一黑板”，稍显“落伍”；青年教师信息化教学方法灵活、思维敏捷，但对课堂进度掌握不足，处理突发事件、特殊学生的经验也不足。在质帧文化，在李钰等名师的带领下，大部分教师都是“老将”，习惯早已形成，也有年轻的教职员工，非常有想法，但是大家为了心中共同的热爱，愿意去改变、去沟通，同舟共济，一路同行。

就拿直播课程来说，赵长龙回忆起第一次直播的情景，依然记忆犹新，他看见大家留言和私信都说学到了“干货”，心中大受鼓舞。“网络直播的优点在于受益面大，不受人数限制，直播的视频还能够反复地回放，也方便远程的家长。”赵长龙说，以前传统课堂上面对的是学生，家长“捧”着老师，学生也必须得去学校上学，现在做直播后，之前的语言顺序和逻辑都要调整，这对年纪大的教师而言，其实很辛苦，但大家都愿意去改变。此外，网络授课时除了学生，也有很多高知家长在旁听，网络直播里的“学术氛围”并不输于课堂，且在某种程度上比传统教学更加严谨。

初中是学生生涯中承上启下的阶段，就如打地基，地基打不牢，高中学习就会很吃力。为此，赵长龙结合多年的教学经验，研发出《初中课程思维课》，包括 8 种思维方法，其中有 4 种都是小学链接初中的思维，即使是“学霸”，也能常听常新，很受启发。

“作业一次比一次难，却不会让我们有望而却步的感觉。质帧文化的老师们设置了层层递进的提示，一步步引导我们思考，打开思维，激发我们对学习探索的兴趣。”有学生说，过去，自己一直都在做“题海战术”，非常疲劳，但成效不大，而跟随赵老师之后才发现，学习并不是一件“苦差事”。

育人更育心。赵长龙把关爱学生成长作为工作的一部分，除了帮助学生提高成绩，还会如大家长一般，以聊天的方式和学生谈学习、谈思想、谈困惑，关注每一位学生的情绪变化，进行及时有益的引导。除了关心学生，赵长龙对团队里的年轻员工也同样从不说教，在他看来，“长江后浪推前浪”，应该鼓励有想法、敢做事的年轻人去说、去做，这样，育人的薪火才能传递下去，教育事业的本质也就是成就他人的事业。在教师团队里，女同志占多数，女同志感情细腻，对孩子有责任心，平时的评比考评，也不甘落后，个个奋勇争先。但如果偶尔有处理不好的事，因此有了隔阂，较起真来，那可不好化解。面对这样的问题，赵长龙、李晨光、路遥、郑敏衡、李钰等老教师首先保证自己专业能力扎实，其次在生活中关心大家，让队伍的能力越来越强，越来越团结。虽然团队中女生多，本该柔弱的她们却事事往前冲，真是应了“谁说女子不如男”的说法！当然，质帧的男同志们也毫不逊色，他们会主动帮助女同事，与家长的沟通中，他们更善于直接表达，认为培养学生的全面素质比成绩更重要，身上的阳刚之气让团队更有力量、更有活力，大家关系和谐，让质帧走得越来越稳。

华夏长春 砥砺前行争未来

赵长龙作为一名教育战线的“老将”，这些年来，见证了中国教师队伍发生的巨大变化、取得的历史性成就。他取长补短，将“以人为本，因材施教”的理念融入教学研究与实践中，并提出了“没有爱就没有教育，没有兴趣就没有学习，教书育人在细微处，学生成长在活动中”的理念。

正如古语所言，“与善人居，如入兰芷之室，久而不闻其香，则与之化矣”。在改变孩子的同时，家长也因为质帧文化的启发在悄悄地成长。这些为了儿女辛苦操劳的家长，有的是本身就是信任度极高的学习关系，有的是通过抖音等方式了解到质帧文化后，第一次发信息咨询教育困惑，但都能够在质帧文化老师们的谆谆引导下，找到解决之道。

有一次，一位妈妈担心孩子看课外书影响学习，赵长龙老师通过和孩子进行交流，帮助孩子解决了时间分配的问题，并且叮嘱家长要保护孩子爱读书的兴趣，最终，孩子不但成绩提高了，而且课外知识面也跟着拓展了。在多年的教育实践中，赵长龙亦发现，在现代“双职工”家庭格局下，多数家长对于孩子的教育有心无力，学生受环境影响也很难静下心来读书。对于这种情况，赵长龙把讲台当作自己的练兵场，不断磨炼、学习、成长，亦帮助了无数家长结合实际情况，共同帮助孩子提高成绩。

有时，也会遇到年轻的教师咨询教学问题，年轻教师总希望一次性给孩子把知识点灌输到位，可教学效果总如“卡瓶颈”般上不去，这是普遍存在的问题。赵长龙老师就会传授一些“战法”，帮助青年教师，让学生们打开思路、互相交流、形成思维碰撞，做到“不愤不启，不悱不发”，这让多位受到指点的青年教师都成长进步得很快，教学工作也越来越得心应手。

“学无涯，而知也无涯。”坚守教育岗位，赵长龙前行的脚步从未停止。他常常告诉青年教师，如果觉得辛苦，就一定要找到正能量的组织，为自己增强信心，同样，单身的教师，和已经有了孩子的教师，对待教育的心态亦截然不同。

因为坚持，自己走过的弯路，都变成了丰富的经验。如今，赵长龙已经带领团队形成了更加成熟的教学机制，如改进传统课堂形式，构建开放、多样、有序的课堂，把课堂还给学生，将师生放在同等位置进行知识和思想的碰撞，形成师生共同成长的局面。在线下教学已经成熟的现状

下，在接下来的规划中，团队将会做好线上直播和教育出版物发行工作，让更多家庭因此受益。

听赵长龙老师谈教育，妙语连珠，“干货”满满。在走出大门的时候，赵老师抬头看着夜空，虽然星星寥寥，但这也是他多年的习惯：往上看、往前看，总有新的发现。当被问到“如果在教育工作之外从事一门职业，还会做什么”时，他毫不犹豫地回答：“做健康产业。”一名优秀的医生，就如一位优秀的教师，总能给学生和家长“精准把脉”，造福社会。在赵长龙老师看来，人除了要生存，还要生活，得活出价值、活出贡献。在这个社会上，很多人都默默无闻，却能够做到“但行好事，莫问前程”，这就是社会正能量的传递者，提倡文明，宣传真善美，发扬人们的良善本性，莫忘中华民族传统美德，中华民族大地上将永远流淌着浩然正气。

一支粉笔，两袖微尘，三尺讲台，四季耕耘。在教育大舞台上，赵长龙老师孜孜不倦，奋勇向前，用责任与爱谱写出了一首动人的育人之曲，也让他找到了属于自己的人生坐标，追寻到了属于自己的人生价值。立足新征程，他将会继续带领团队所有教职工树立起“让教育成为改变世界的力量”的志向与抱负，自信自强、踔厉奋发，更好地托举起学生的成才梦想，为国家、为社会造就更多可堪大用、能担重任的栋梁之材！

徐茜琪

XU XI QI

天津市灵沁影视文化传媒有限公司创始人

心一法脉，其旨意在“天地万物，唯心所现”的至深义理，不往内耗，不向外求，不居中间，三际空寂，顺其自然是祖师爷颖悟以“心”为核心而组成的一个教派，法脉以心相传，自成体系，在民间流传至今，小糊涂三圣为第三十三代现任掌门。法脉的传承，就像是一种树形结构，在岁月的机缘中，在时代的洪流中，大道逐步分化，但万变不离其宗，心一法脉的本质即是将觉知之光照耀到灵魂最黑暗的角落，让人们重新觉知自己，发现生活的整体感，终极目标是获得对灵魂的认知，从心灵而生、直指生命，度自己、多有缘之人。

心境洞开能致远 流年岁月写春秋

——访天津市灵沁影视文化传媒有限公司创始人徐茜琪

千般求索
人生真谛何处寻

种树者必培其根，种德者必养其心。“欲事立，须是心立。”人是一个多维度、多面性的能量载体，在人类这个躯壳里，承载着各种各样不同的信息和经历，就像不同振动频率的能量能直接决定人和人之间实质性的差别，而这些能量，就是人自身散发出来的气场、个性，正所谓“性格决定命运”，修性格，即修心的一种。

古希腊的德尔菲神庙石柱上刻着一句箴言：“认识你自己。”尤其是在今天这个快节奏时代，认识自己变得比以往任何时候都更加重要。

只有认识自己，才能理解他人；只有理解自己，才能在这个充满噪声的现代社会找到真正的平和。对此，心一法脉弟子“心一万灵”徐茜琪深有感触。

标准的古典鹅蛋脸，面若桃花，柳眉弯月，漂亮的徐茜琪就是标准的中国古典美人，面颊饱满，线条轮廓流畅，是不具任何攻击性的美，尤其是那双秀美的眼睛，暗藏含蓄的情意，温柔似水，我见犹怜，既温婉又不失大气。这位来自中国天津的女演员、编剧和导演，艺名心一万灵，现为天津青联委员、国学文化传承者，天津周易研究学会会员。

漂亮是一把“双刃剑”：它与生俱来，很难隐藏，不需要太多努力就能获得，不像才华需要长期的积累和沉淀，加上反复地学习和复盘，才能掌握；同时，漂亮需要有出众的个人能力、家世背景、心智成熟等方面的“保护”，才能一生无忧。

人的心智、阅历，在十几二十岁出头还不足以辨别世界的复杂、好坏，也不能很好地应对那么多的起落和诱惑，漂亮女孩要面对的诱惑、选择和突发情况更多，所以生活中经历的波澜、受到的伤害也会更多，如果不能保护好自己，总是很容易受伤。徐茜琪的父亲是一位老党员，一辈子坚持原则，在家庭遭遇变故后，不愿意接受亲友的帮助，徐茜琪便去了一个较差的学校读书，小女孩的心性总是从众、贪玩，为了融入圈子，徐茜琪也学着泡网吧、逃学，最终从中上等的成绩一落千丈，早早便踏入社会。

荣誉证书

心一萬靈：

您在参加北京广播电视台纪实科教频道中心《美好的你》栏目特别节目录制中表现优异，特此证明。

BRTV 纪实科教

北京广播电视台纪实科教频道中心
《美好的你》栏目组
2023年12月30日

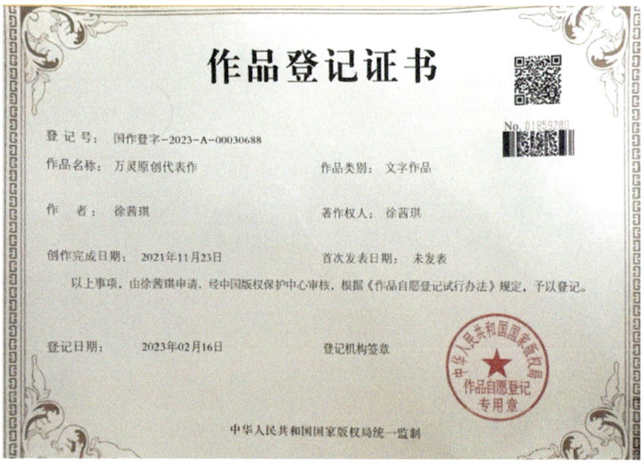
作品登记证书

No. 01859280

登记号：国作登字-2023-A-00030688

作品名称：万灵原创代表作　　作品类别：文字作品

作　者：徐茜琪　　著作权人：徐茜琪

创作完成日期：2021年11月23日　　首次发表日期：未发表

以上事项，由徐茜琪申请，经中国版权保护中心审核，根据《作品自愿登记试行办法》规定，予以登记。

登记日期：2023年02月16日　　登记机构签章

中华人民共和国国家版权局
作品自愿登记专用章

中华人民共和国国家版权局统一监制

凭借着努力的性格，徐茜琪从一个普通助理开始做起，慢慢成为一位演员，但她却在事业上升期时，不顾周围的一片反对之声，早早结婚，那时只想着“有情饮水饱”。但是婚后，细碎的琐事扑面而来。前夫在婚后逐渐露出了本性，总是出去吃喝玩乐，不顾家中辛苦的妻子和年幼的孩子，做生意眼高手低，其本家都是那种以赌博为生之人，在其本人输光钱财之后，开始利用徐茜琪借款，并把债务都给了徐茜琪一人承担，为此连房子都要被拍卖……性格传统保守的徐茜琪，渴望前夫有“浪子回头”的一天。她家庭、事业两头奔波，帮忙还债，为此，做过贸易、饭店、代购、服装等。前夫不仅不被她的辛劳感动，还动不动就对她家暴打骂。徐茜琪在外面哭过后，对着孩子还要保持稳定的情绪，这样的生活整整持续了17年。最后，还是前夫被外面的女性欺骗，从之前的坚决不离婚到主动提离婚，徐茜琪才从苦海中得以解脱。她开始明白：不同心灵层次的人，很难互相理解，就算一方谦让、包容，但对方想要的并不是包容和幸福，而是会将更好的一方一同拖入他们所习惯的思维与生活。

或许是为了孩子，或许是为了父母，也或许是为了自己，徐茜琪在和生活斗争的过程中，开始学着“自救”。回想过去，有太多不愉快的回忆：正在哄孩子入睡，门外前夫惹来的债主敲门；孩子夜里不舒服，一个人背着跑来跑去；父母需要照顾，邻床患者有女婿帮忙，自己却是一手拖着幼子，一手给父母帮忙；出门见了小时候的同学，扭脸就听同学背后议论自己“一手好牌打得稀烂”……多少次，因为身体和心灵上的双重疲劳，真的很想结束自己的生命，但都反复告诉自己，“你不单单是一个人，还要顾及父母和孩子”，就这样才活下来。

在这种“自救”的过程中，徐茜琪如即将枯萎的花，竟然奇迹般地重新焕发出勃勃生机，慢慢变得更加独立、豁达。但是在不经意间，内心的伤还是时不时想起来就会痛。她开始寻找真正的解脱之道，修炼强大的内心。她开始发现，人不能刻意去修心，因为心一直是存在的，是不能轻易把控的，能做的只是在生活中不经意间修心，这样才能知道，如何才能获得最舒适、最适合自己的状态。

断惑证真
明因知果获福恩

对于思维上的精进，徐茜琪总结为“看山是山，看山不是山，看山还是山”三重境界。

看山是山，是大多数人“非黑即白”的思维模式。每个人出生后，看到的世界都是清晰而真实的，金是硬的，木会生长，水会流动，火会烧灼，土孕育着粮食和希望，所有的东西在人们眼

里都有定义。再后来，看见有些人，比如小孩子喜欢总是给糖的人，成年人喜欢给自己情绪价值的人，总会心生欢喜是一种“思无邪”的状态，但也最容易受伤。

看山不是山，就像一口饭，从表面上看是满足口腹之欲的食物，实际上，背后是“一粥一饭，当思来之不易”。就像血糖偏高的人要忌口某些食物，这其实都是食物本身提醒人们要爱惜身体，人们在吃食物时，要想到劳作者的辛苦，从每一顿饭开始，爱自己。“看山不是山”是不再一叶障目，懂得事物背后的逻辑、本质和规律性，开始变得谦虚、深思，开始知道“时代的一粒沙，是个人的一座山”，开始懂得顺势而为，思考生活本质，一般来说，能够达到这个境界的人，就已经非常了不起了。

看山还是山，从“卑微如尘埃”的自己到正常的自己是一个漫长的过程。因为开始尊重天命，在认识到自身渺小的同时，就会越来越谦虚、大度，对做不到、不值得的人和事，已经“随缘”，轻舟已过万重山，只有“看山还是山”之后的平淡和宁静。

从“看山是山”到“看山还是山”，蓦然回首，徐茜琪开始学会了原谅、包容，以及更智慧、豁达地面对一切，比如害怕孩子失去父爱，而当前夫有一天真的回头的时候，她看出对方本性未改，依旧及时远离；曾经在乎流言蜚语，现在昂首挺胸，做好自己，就会发现，生活真的很简单，好好爱自己才是重要的，这句话说起来容易，做起来难，只有好好爱自己，才能真正听见自己内心的声音，洗涤灵魂，以自身的能量，去影响周围更多人拥抱宁静与幸福。

如何才能让光明的能量更好地拥抱世界？就像每一个人点一个火把，怎么样让自己的火把永远不熄灭？一支火把，最多能点两个多时辰，但如果火把与火把之间的火光互相传递，就算自己的这把火暂时远离了，但是其他人的光亮也能照亮这个世界。为此，徐茜琪创立了“心一万灵”品牌。作为一位有影响力的艺人，她有责任也有能力去传承这份千年的文化遗产，以自己的方式，向世界展示中华文化的魅力。

常存善念
慈悲喜舍心顿明

中国古典文化源远流长，“心一万灵”品牌以传播古典文化为己任，以“开放探求，兼收并蓄”为企业文化，力求不断完善自我。品牌是经国家知识产权局商标局批准成立的教育娱乐类商标，专业从事文艺演出、演出策划、模特演员经纪、企业形象设计等业务，以务实为社会主义社会主义核心价值观，弘扬社会正能量，得到了社会各界的一致好评。

“心一万灵”作为新时代覆盖面广、影响力大、渗透性强的影视文艺行业，在担负新时代的

文化使命中责任重大。徐茜琪作为一名文艺影视工作者，她不但擅长幕后创作，而且敢于走向台前，2022年，徐茜琪主演的网剧《女医万灵》登录腾讯视频独家播出；2023年12月，发行个人专辑《心底的位置》。

人有脾气，有七情六欲是本能，不是本事。控制脾气、情绪，然后用善良前行，才是能力、水平。曾经的徐茜琪，在生产时丢掉了“半条命”，因为前夫欠债、因为误信损友而受伤……如今，她要努力地带大孩子，孝顺可敬的父母，加上自己本身是弱质女流，有很多理由展示自己的柔弱，可她却一如既往的坚强、温暖、善良、正直。在她身上，人们看到了“女性能顶半边天”最好的模样：她曾组织参与2021年河南赈灾、2022年新冠捐助物资，2023年度开展定点帮扶失学儿童等活动，被评为2024年度公益慈善领域品牌人物。

在徐茜琪身上可以看出人的素养从来不局限于学历，也不仅来源于书本，尤其是对于文艺工作者来说，而且要阅万种人、行万里路，将创作触角深入人生、社会、时代的肌理，才能知其然，更知其所以然，站在宏观的角度看问题。对于普通人来说，在现代社会中，人们面临着各种各样的问题，如精神空虚、文化冲击、人际关系疏离、身心亚健康等，这些问题不仅影响着个人的生活品质，也影响着社会的稳定和发展。对此，徐茜琪认为，中国传统文化强调“修身齐家治国平天下”，其中蕴含着丰富的道德修养和家国情怀。通过学习传统文化，可以帮助人们提高自身的素质，培养良好的道德品质和行为习惯，从而更好地处理人际关系和社会矛盾。同时，传统文化也鼓励人们关注家庭、社会和国家，培养家国情怀和责任担当，这对于社会的和谐稳定与国家的长治久安具有重要意义。

当下，推动文化繁荣、建设文化强国、建设中华民族现代文明是新时代的文化使命，弘扬传统文化，就要正确把握中华文化和各民族文化之间的关系，各民族优秀传统文化都是中华文化的重要组成部分，中华文化是主干，各民族文化是枝叶，根深干壮、正本清源，才能枝繁叶茂。未来，在心一法脉的引导下，徐茜琪将带领团队做出更多思想精深、艺术精湛、制作精良的作品，为弘扬中华传统文化贡献力量！

袁开友

YUAN KAI YOU

怒江三河源林农科技开发有限责任公司创始人

怒江傈僳族自治州拥有丰富的生物资源，是全球生物多样性最丰富地区之一。在这片被绿水青山环抱的土地上，袁开友，一个普通而又不平凡的农民，缓缓地诉说着一个关于梦想与坚持、关于创新与奉献、关于乡村振兴与生态保护的故事。他以生态农业为基础，以生态旅游为引擎，以文化传承为灵魂，以合作创新为手段，以可持续发展为目标，将高黎贡山的自然资源转化为促进当地就业和经济增长的“工位”，不仅带动了广大的父老乡亲亲自参与生态保护的宏伟事业中，亲身体验生态改善带来的生活福祉，实现了在家门口就业与经济增收的双重获得感，更以身体力行的壮举，深刻地诠释了作为农民之子对脚下这片土地深沉的热爱与不可推卸的责任，演绎了“绿水青山就是金山银山”这一绿色生态发展理念的精髓，展现了人与自然和谐共生的美好愿景，让生态红利惠及每一位民众，成为乡村振兴与可持续发展的鲜活例证。

翠峰田野梦 绿水青山情

——访怒江三河源林农科技开发有限责任公司创始人袁开友

根植乡土
农耕乡愁情

在怒江大峡谷深处，有一个被青山绿水环抱的小村庄——三河村。这里是袁开友生命故事的起点。袁开友的童年是在三河村的田野间、山坡上度过的。那里的一草一木、一山一水，都深深地烙印在他的记忆里。他记得，每当春风吹过，田野里便泛起层层绿浪；夏日炎炎，山涧的溪水清澈见底；秋天，金黄的稻谷随风摇曳；冬日，皑皑白雪覆盖着静谧的村庄。四季更迭，土地以它独有的方式，哺育着这里的人们。

随着年岁的增长，袁开友开始渴望外面的世界。他不再满足于只重复父辈们的生活，他想要探索更多的可能，追求更广阔的天地。于是，他带着对未知的好奇与对梦想的执着，离开了那片熟悉的土地，踏上了前往城市的旅程。经过多年努力，他于 2007 年创建了有信建材经营部，成为一名成功的商人。虽然在商场上叱咤风云，但在袁开友的内心深处，始终有一股力量在召唤他回归故乡。每当夜深人静时，他总会想起家乡的山水、田野的芬芳，以及父亲的笑容。这种乡愁，如同一根看不见的线，始终牵动着他的心。

经过深思熟虑，袁开友做出了一个重要决定——回归土地。他要回到家乡，回到那片生他养他的地方，用自己的双手，为家乡的发展贡献力量。这一决定，不仅源于他对家乡的深厚感情，更源于他对农业的热爱与对生态的责任感。

然而，回归家乡后，袁开友面临着从商人到农民的身份转变及其所带来的诸多挑战。他需要适应从繁忙的商业环境到宁静的乡村生活的巨大变化，重新适应农村的生活节奏，不仅要学习现代化农业技术，还要面对资金、市场等方面的问题。但他没有退缩，而是凭借着对土地的热爱与对梦想的坚持，一步步克服困难，开启了农业创业之路。

绿意盎然
生态农业路

袁开友深知，真正的农业发展不应以牺牲环境为代价。因此，在回乡创业的第一步，袁开友先是走遍了家乡的山林野地，对当地的环境条件和自然资源进行逐一了解。经过系统的摸查之后，他意外地发现了刺龙包——一种具有很高药用价值和市场潜力的中药材。他意识到，这不仅是一个商机，更是一个推动家乡农业转型、实现生态农业发展的契机。于是，2010 年，袁开友成立泸水市河新楤木种植农民专业合作社，专注于中药材种植领域。刺龙包的种植，便是袁开友生态农业理念的第一次实践。

然而，这段创业旅程并非一帆风顺。刺龙包原本是一种野生植物，要实现人工种植，育苗是关键的第一步。从 2007 年到 2011 年，袁开友尝试了无数次育苗方法，但最终都以失败告终，前期从商积攒的资金消耗殆尽。但幸运的是，他得到了身边人的坚定支持。由于过度采摘，外界普遍认为刺龙包没有种子，这为育苗工作带来了极大的阻碍。经过反复查阅资料进行论证，袁开友认为刺龙包在大自然中应该是依靠种子进行繁殖。为了寻觅到刺龙包种子，袁开友在老父亲的带领下，深入原始森林，历经重重困难，甚至数次面临生命危险，终于找到了刺龙包种子，为刺龙包从野生到人工驯化的转变以及规模化种植奠定了坚实的基础，获得刺龙包示范推广种植科技成果鉴定。2014 年，袁开友成立怒江三河源林农科技开发有限责任公司。

刺龙包作为一种全新的农作物，种植技术和管理方法都需要从零开始摸索，日复一日地钻研，硬是将他从一个种植小白，训练成为一个行家里手。在掌握了相关技术后，袁开友并没有将其据为己有，而是积极向其他农户宣传推广，引导着他们一起发展生态农业。为此，袁开友亲自下场指导农户开展种植活动，不断提升他们的种植水平与致富能力。

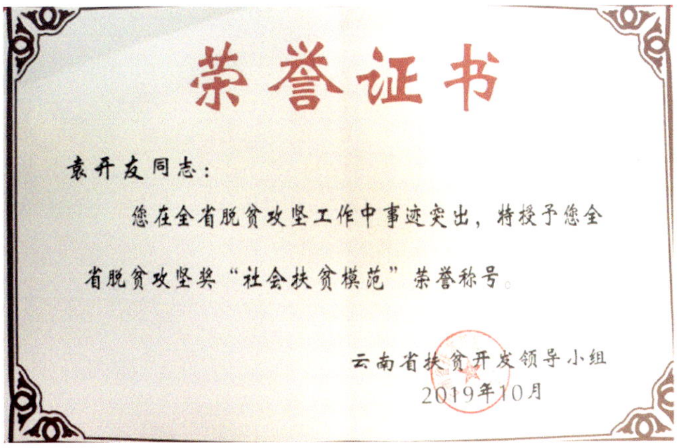

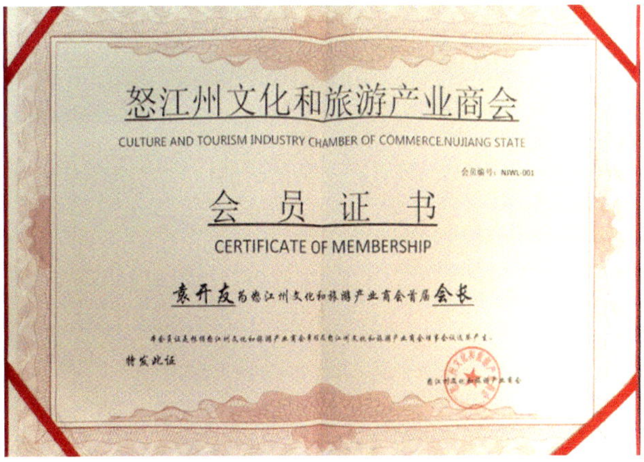

继刺龙包之后，袁开友又先后引进了包括楤木、紫丹参、黄精以及重楼在内的多个中药材种植项目，均取得了较好的成效。为了带动更多父老乡亲共同奔赴小康生活，袁开友一方面通过开展种植技术培训，种植管理指导等方式支持父老乡亲参与到中药材的自主种植中来，并为他们提供一定的销售保障；另一方面公司自有的种植地也吸纳了当地大量农户参与除草、施肥、种苗管理等环节，为他们提供了稳定的收入来源，实现了经济效益与社会效益的双赢。

随着中药材种植规模不断扩大，袁开友开始思考如何延伸产业链，提高农产品的附加值。他探索了包括刺龙包在内多种农产品深加工的可能性，开发了刺龙包茶、刺龙包粉等产品，拓宽了市场渠道。同时，他还尝试将刺龙包与当地的旅游业结合起来，发展农业观光、体验式旅游等项目，为当地的经济发展注入了新的活力。

金山银山
乡村振兴梦

除了在农业上发力，袁开友还十分关注乡村的生态建设。他深知，生态保护与经济发展并非零和游戏，而是可以相辅相成的，只有保护好生态环境，才能实现可持续发展。在探索如何将绿水青山转化为金山银山的道路上，袁开友充分利用高黎得天独厚的地理环境优势，沿着党中央关于高黎贡山生态保护的重要指示，不断探索前行。

高黎贡山因其丰富的生物多样性而闻名于世，素有“世界物种基因库”“世界自然博物馆”“生命的避难所”“野生动物的乐园”“哺乳类动物祖先的发源地”“东亚植物区系的摇篮”等美称。在高黎贡山东上段接近边境线的地方，有一个叫百鸟谷的风景区，因其丰富的鸟类多样性而得名。受当地政府的委托，袁开友于2018年在百鸟谷内成立了百鸟谷扶贫车间，开展鸟类生态保护工作，同时为乡亲创造就业机会。2020年，车间改名为百鸟谷就业车间，继续开展乡村振兴服务。一方面，

袁开友与西南林大等高校科研院校建立起合作关系，邀请众多生物学专家到百鸟谷开展科研活动，并为当地的生物多样性探索和环境保护工作提供专业的指导；另一方面，袁开友也积极争取政府的支持，通过政府人才引进的方式，邀请鸟类专业摄影师张朝江同志深入百鸟谷景区，对各种鸟类进行抓拍记录，并在中国鸟类网上进行鸟类科普和保护宣传，借此提高百鸟谷的知名度与推广度。2020年，袁开友创建怒江百鸟谷3A级景区，进一步挖掘百鸟谷天然

资源优势，为乡村文旅振兴赋能添彩：建设国家步道“茶马古道”并开发赏鸟、拍蝶、观猴项目，吸引游客深入自然，近距离接触并了解多尾凤蝶、叶猴等具有极高生态价值的国家级保护动物，增强公众对生物多样性保护的意识与责任感；推出森林康养、候鸟式度假等服务项目，满足不同游客对于身心放松与健康管理的需求，让游客在清新的空气中享受大自然的疗愈力量、体验不同的自然风光与人文风情，感受人与自然和谐共生的美妙画卷与深刻哲理。所得创收不仅促进了当地经济发展，更被积极投入百鸟谷的生态保护工作中去，形成良性循环，实现了旅游与生态的双赢，让自然之美得以永续传承。

经过多年的数据积累，截至2024年，高黎贡山已探明的鸟类种类已达到20目92科525种，其中包括8种国家一级保护鸟类、55种国家二级保护鸟类，许多消失数年的鸟类近年来也逐渐开始被观测到。这为袁开友提供了无限的灵感与可能，也让他更加坚定了绿水青山就是金山银山的信念。未来，他计划将生物多样性保护与当地的民族文化、生态旅游、农产品开发等结合起来，持续开发各类生态旅游项目，并发展农副产品加工等农业产业项目以及民俗文化体验等文化产业项目，借此吸引更多的游客来到百鸟谷、走进高黎贡山，体验自然之美，感受乡村的魅力，让绿色生态成为乡村振兴的基石，让文化成为乡村振兴的灵魂。

当然，袁开友也清醒地认识到，在推进这一工作的过程中，面临着能力与技术、资金与资源的双重挑战。为此，他们积极寻求与地方政府的深度融合，希望能够借助政策的东风，克服自身局限，共同推动这一绿色转型的顺利进行。相信通过多方合作与共同努力，高黎贡山的绿水青山定能真正成为造福一方的金山银山，为乡村振兴注入强劲动力，让人民群众在绿水青山间共享发展成果。

殷嵘

YIN RONG

北京鹰时因体育文化有限公司（EYESIN 能量波）董事长

生命不息，运动不止。运动是健康的基石，也是精神加油站，它不仅能够塑造我们的体魄，还能锤炼我们的意志，向内探索，突破边界，感受生命力的坚韧，重拾对人生的掌控感。北京鹰时因体育文化有限公司（以下简称北京鹰时因体育文化）创始人殷嵘专注于网球产业，打造 EYESIN 能量波场馆，创新服务模式，致力于为顾客创造更便捷、个性化的训练环境，以便于带给顾客极致酣畅的运动体验，助其释放身心，让生活走向正向循环的轨道。打破传统，引领潮流，基于其独特的训练方式，EYESIN 能量波场馆不仅受到了广大用户的热烈追捧，也获得了北京市网球协会的认可与肯定。2024 年，北京鹰时因体育文化成功入围 CCTV“中国品牌创新发展工程”中国企业品牌库。荣誉的获得、大众的支持，将推动 EYESIN 能量波的持续探索，致力于让场馆的每一排都能成为个体压力的释放阀与精神的避风港。

EYESIN 能量波：打破常规 以创新之力重塑运动风尚

——访北京鹰时因体育文化有限公司（EYESIN 能量波）董事长殷嵘

心有繁星
专注向上深探索

在人生的赛场上，最重要的是方向，只有明确方向，才能扬帆远航，乘长风破万里浪。一个人的家庭教育对于其人生方向的抉择至关重要，它是每个人身心的栖息地，也是驶向远方的导航。对于殷嵘而言，爱与教同行，与父母打网球的每一个瞬间，都在她心里留下了深刻而美好的烙印，建立起她与父母之间沟通的桥梁，成为他们彼此共同的爱好。殷嵘表示，在她的生命中，网球不仅是一项运动技能，更是一种家庭文化、一种生活方式和一种精神追求，在汗水的挥洒中、在力量的释放中，得到无可比拟的快乐的同时，也更加珍惜和感恩与家人之间的深厚情感。除此之外，通过网球训练，她拥有了全新的人生，并且练就了坚韧、毅力、耐力及团队协作的精神。

奔跑、挥拍、呐喊，网球竞技，贯穿了殷嵘的整个青春。成为一名网球运动员只是她人生的开端，她喜欢不断突破挑战、超越自我的感觉。所以，自 2023 年走出校园后，向来敢想敢做的殷嵘就投身网球事业，选择创业，走上了一条挑战与机遇并存的道路。体育精神带给她的蜕变是坚持不懈的毅力，先完成再完美的执行力，即便困难如万重山，也要不畏难、不畏高、不畏险，勇敢地去攀登。

网球运动的历史可追溯至 12—13 世纪的法国。20 世纪初，网球传入中国，这种新兴的体育活动很快就被上海、北京等地的高校和社交圈所推崇。历时多年的发展，如今网球运动已逐渐走向大众，成为人们所熟知的体育运动项目。《“十四五”体育发展规划》中明确了 2035 年体育强国建设的远景目标和“十四五”时期体育发展的主要目标。到 2035 年，将建成社会主义现代化体育强国，让体育事业成为中华民族伟大复兴的标志性事业。“十四五”时期体育发展的主要目标包括全民健身水平达到新高度、体育产业总规模达到 5 万亿元、青少年体育发展进入新阶段等方面。发展体育产业，不仅能够提升国民的整体健康水平，还能够促进经济增长，增强国家的文化软实力，并满足人民群众日益增长的精神文化需求。

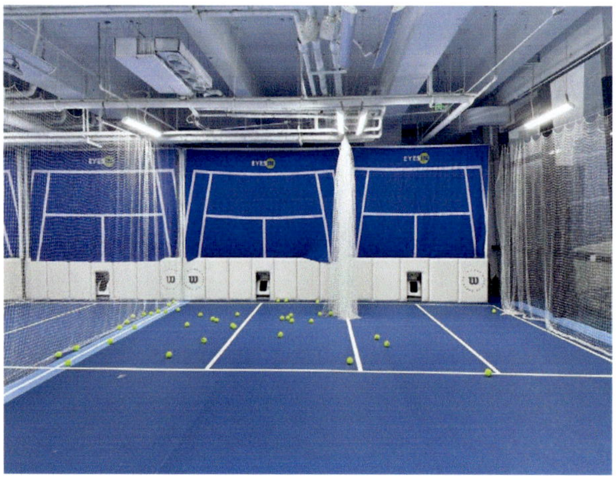

正是在此大环境驱使下，殷嵘从专业角度出发，致力于解决网球运动的种种弊端，推动创新，提高体育产业的效率和质量。新的宏图已经擘画，新的奋斗自此开启。EYESIN 能量波区别于传统的网球训练场馆，考虑到当今社会个体独立的普遍现状，帮助客户解决寻找搭档的难题。在 EYESIN 能量波场馆，训练者完全可以实现单人训练，不用等待，也不用为寻找搭档产生负担苦恼，从而失去运动原始的快乐。这一举措，不仅为客户提供了训练的便利性与灵活性，还全面释放出了网球运动的魅力，让客户能够快速在运动中产生多巴胺，拥抱全新的世界。

除此之外，EYESIN 能量波场馆还为客户提供了更加个性化的训练。在这里，客户可以根据自己的实际水平和需求，有针对性地进行练习。这一举措，更好地平衡了有搭档但运动水平不一致的现实问题，能够在短时间内快速提升个人的技能水平，并激发客户对网球运动的兴趣与热情。单人训练的全新模式，颠覆了传统网球运动的训练方式，为行业发展注入了新鲜血液，促使其能够被更多人熟知、体验，从而提高网球运动的社会普及率，推动网球事业发展。

由点及面，全面拓新。在快节奏的社会生活中，EYESIN 能量波为忙碌的都市人群提供了一处节省时间、随来随练，能够尽情释放自己、找回生活态度的场地。基于此，EYESIN 能量波场馆受到了广大客户的热烈支持，得到了客户的高度赞扬，同时网球运动的灵活性也让敢于冒险的殷嵘对未来充满了期待。面对客户的褒奖和赞誉，EYESIN 能量波首先从设施和服务方面着手，以高质量标准严格要求自己，旨在确保客户在练习过程中能够获得最佳体验；其次，EYESIN 能量波场馆所有教练员都是经过协会认证的专业级教练，能满足顾客对技术提升的要求，并为客户提供周到及时的服务和帮助；再次，EYESIN 能量波会及时关注客户的个性化训练需求，为客户提供具有针对性的指导，保证客户能够在这里得到最符合自己需求的训练节奏和方式；最后，干净、舒适、愉悦的训练环境，让顾客在训练之余也能感受到家的温暖。另外，自创立之日起，EYESIN 能量波从未停下探索的脚步，时刻关注着行业内的最新动态和技术，不断引入新的训练方法和设备，致力于为客户提供更加高效、有趣、沉浸式的训练体验，同时积极听取客户的意见和建议，不断优化提升服务标准和内容。正是由于这种由内而外的专业和专注，稳扎稳打落实每一处细节的坚持，才赢得了客户的好口碑。

以专业求卓越，以热情攀高峰，以初心致匠心。未来，EYESIN 能量波将继续扬帆远航，推动网球产业的规模化和多元化发展，让网球运动成为人们生活的动力源泉，让所有来 EYESIN 能量波场馆训练的客户，都能畅享网球运动带来的快乐与成就！

逐光而行
突破边界向未来

心有繁星，逐光而行。虽然女性创业者在创业过程中要面对包括来自社会偏见等方面的许多

困难，但殷嵘还是毅然地走上这条向阳之路，打破了性别带来的玻璃天花板。在时代发展的浪潮中，女性的力量不断崛起，越来越多人通过运动等方式打破束缚、找到自我，拥有了勇气和坚持的力量。作为一名已经走在创业道路上的前辈，殷嵘对于女性创业者和网球爱好者也给出了两点建议：第一，坚韧和毅力是女性创业者成功的关键，这种精神上的强化，是做任何事情都最为坚实的力量；第二，不要惧怕失败，不要害怕试错，坚持行动，始终保持对梦想的热爱与追求。唯有如此，才能悉心浇灌、等待种子发芽，拥有呵护它茁壮成长的能力。

生命掌握在自己手中，界限从来都是自我定义的枷锁。对于EYESIN能量波的未来，殷嵘也有着清晰的规划：第一，设施升级与技术创新。近年来，网球运动在中国呈现出蓬勃发展的态势。EYESIN能量波将紧随潮流趋势，继续投入资金，对现有场馆进行升级改造，并进一步拓展新的场地，为客户提供更加丰富有趣的训练体验。第二，社区建设。为提高网球运动的普及率，EYESIN能量波将纵向深入，加强网球社区建设，组织各种形式的网球赛事和活动，提高网球运动的关注度。与此同时，EYESIN能量波还将与社区内的其他体育设施展开合作，融会贯通，共同推动体育事业的进一步发展。第三，教育培训。EYESIN能量波将积极开展网球运动进校园、进社区等活动，提升大众对网球运动的认知与喜爱，并持续精进自己，提升专业能力，加强培训，致力于为客户提供更佳的训练体验。第四，品牌推广，现在早已过了酒香不怕巷子深的时代，只有不断加强宣传和推广，提高品牌的知名度，才能更好地推动行业发展。因此，接下来，EYESIN能量波将通过线上与线下相结合的方式推动网球全民化发展。殷嵘表示，总体而言，EYESIN能量波将始终以客户为中心，时刻关注行业发展动态和市场需求，不断调整优化，继续向前。

当健康成为时代的主旋律，当运动成为时代的最强音，这两者融合势必会奏响更加动人的曲调。未来，还有待发掘的网球运动势必会迎来全新爆发期。对于网球运动的发展，殷嵘也提出了六个方面的建议：在基础设施建设方面，不断完善网球场地设施，让网球运动能够走近大众；在普及推广方面，从各个方面着手，全面提高大众对网球运动的认知度，体验到网球运动带来的乐趣；在教育培训方面，加强网球教育培训工作，培养出更多的网球教练和裁判员，提高整个网球教育体系的水平；此外，丰富网球课程形式，依照每个人训练网球的目的，提供不同的服务；在政策支持方面，基于"十四五"时期体育发展的主要目标，政府应出台更多政策来支持网球运动的发展；在科技助力方面，通过虚拟现实、增强现实等技术手段，模拟真实的网球比赛场景，推动网球运动的发展，同时利用大数据、云计算等科技手段，优化网球比赛策略，提高网球运动的竞技水平；在跨界合作方面，深挖网球运动背后的文化，讲好网球运动故事，积极与旅游、文化等行业领域展开合作，赋予网球运动新的活力，拓展网球运动的产业价值链，从而提高网球运动的社会影响力与经济效益。

流水不争先，争的是滔滔不绝。运动如教育一样，在滔滔不绝中能够浸润人心，使人更加健康健全。心有所信，方能行远，方向既定，便只顾风雨兼程。未来，EYESIN能量波将在殷嵘的带领下持续奋进，勇攀高峰，再占运动健康新高地！

冯路钧

FENG LU JUN

河北钧日律师事务所

冯路钧，男，汉族，祖籍河北藁城，工学学士、法学学士、工商管理硕士，评聘国家一级律师（正高）、二级心理咨询师、工程师（中级）、证券从业资质（高级）、企业法律顾问（中级经济师）。冯路钧现任民盟河北省委社会和法制委员会副主任、河北省律师协会刑事民事行政交叉法律业务委员会、石家庄市律师协会刑事业务委员会副主任、南开大学国际商学院 EMBA 校友导师、河北经贸大学法学院、河北地质大学法政学院校外导师等社会职务，受聘河北省行政复议委员会委员、河北省行政复议特邀监督员、河北全省看守所律师特约监督员、廊坊仲裁委、衡水仲裁委仲裁员、河北省涉外律师人才库、河北省政法委石家庄市委政法委执法监督专家、石家庄市七五普法、“八五”普法讲师团。他以自己的实际行动诠释了何为“律师界的准星”，赢得了社会各界的广泛赞誉与尊敬。其主要业务领域包括刑事、民商事、行政、知识产权、公司、金融投资、证券基金等诉讼和非诉讼法律事务，法学理论功底深厚，律师执业经验丰富，处理过大量疑难、复杂的法律事务，代理了多起颇有影响的案件，出版专著《律师铭》。

强盛中华法为绳 前行路上护航灯

——访河北钧日律师事务所冯路钧主任律师

明理诚信
清源正本初心鉴

“均衡天下法无我，日运沧桑道有常。”走进河北钧日律师事务所冯路钧律师的办公室，房间内堆满了工作材料，对冯路钧而言，这里就是自己的“战场”，翻看卷宗、审查证据、撰写诉讼文书，与当事人进行有效沟通，每一个步骤都要反复核对，不能出现任何纰漏，才能打赢每一场“硬仗”。

冯路钧律师以其深厚的法律功底和丰富的实战经验，在处理复杂、重大的法律案件中展现出非凡的能力，被业界广泛认可为“重大案件领域的杰出专家”。他不仅擅长剖析案件细节，更以敏锐的洞察力和公正的立场赢得了当事人的高度信赖。从警察到律师的华丽转身，他继承了执法者的严谨与正义感，更在法律服务领域开辟了新的篇章，被亲切地誉为“律师界的定盘星”。找到冯律师，就如同在迷雾中找到了指引方向的灯塔，让人心生希望与信心。他自己却说，在自己心里，案件没有大小之分，他是为人民办案，努力让人民群众在每一个司法案件中感受到公平正义，是他毕生不懈的追求。

20 世纪 80 年代末，冯路钧考取了华南理工大学，于机械电子系学习汽车设计专业并获取了工学学士学位，1991 年毕业后，被分配到河北省第二监狱（石家庄新生特种车辆改装厂）、河北省石家庄监狱（石家庄金实机械总厂），成为石家庄司法系统的一名狱警，2000 年 8 月被授予警察职务系列三级警督。

出于工作原因，冯路钧常常会和律师打交道，他渐渐观察到：除了研究刑事案件，律师可以在多个法律领域内发展，包括商业法、刑法、民事诉讼、知识产权等，律师工作会接触到不同类型的案子，每个案子都有不同的特点，要求律师必须保持终身学习的习惯，才能胜任这份工作，这和自己喜欢学习的性格不谋而合，同时，优秀的律师往往能够“治未病”，把社会犯罪因素扼杀在“摇篮”里。正因有了这样的认识，冯路钧下定决心要当一名律师。经过两年时间的艰苦学习和一年时间的论文准备，冯路钧顺利通过了 1997 年的全国律师资格考试，并相继取得了河北

大学法学学士学位和南开大学工商管理硕士学位。

从“体制内”到“体制外”，从旱涝保收，到自己带着公文包赶飞机，挤时间，冯路钧行走在完全不同的人生道路上。走着走着，遇到了更多志同道合的伙伴；走着走着，看到了更广阔的天地。

2002年，冯路钧被调入河北省司法厅法律援助中心，担任公职律师并从事全省法律援助业务指导管理工作，2004年先后执业于河北金龙律师事务所、河北时代经典律师事务所、北京国浩（石家庄）律师事务所等多家省直律师事务所从事社会律师工作。2016年，为落实司法部关于解决欠发达地区律师资源部署不足问题，冯路钧响应司法部、全国律师协会的号召，受河北省司法厅和河北省律师协会的指派，担任团长并带队河北律师志愿者赴青海无律师县开展公益法律服务，秉持着“缺氧气不缺精神、艰苦不怕吃苦、海拔高境界更高”的理念，带着初心前行，带着使命坚守，为“组团式”法律援藏交上了一份满意答卷。

回忆援藏的岁月，普法是无偿的，没有办案补贴，案件也大都比较琐碎，冯路钧律师带着大家毫不在意，经常在周末跑多个乡。时间久了，大家都会想家，冯路钧就利用自身国家二级心理咨询师的专业优势，为大家纾解情绪，将如“春风化雨”般的法律援助带给原本法律意识淡薄的少数地区人民。其间的所见、所闻、所学、所得，让大家终身受益，尤其是律师团离开的时候，当地机关、百姓自发相送，让冯路钧心中油然升起了“平芜尽处是春山，行人更在春山外”的感慨，即使到了今天，冯路钧律师团和当地百姓结下的深厚情谊也缘不断、情更浓，汉藏友谊之树常青。

让法治光辉普照中华大地，让法治阳光洒满祖国的每个角落，让法治精神温暖每片心田，冯路钧律师一直在行动。2017年6月，经河北省司法厅批准，河北钧日律师事务所正式成立，冯路钧律师担任主任。河北钧日律师事务所的成立，是律所响应新时代依法治国战略、深化区域法律服务布局的重要举措，现已走向全国、面向世界，秉忠人之事，尽所托之责，法贵必行，求法精神，孜孜不倦。

刚正不阿
秉公怡智歌勋业

把每一项平凡工作做好，就是不平凡；把每一件小事做好，就是大事业。这些年来，冯路钧律师一直工作在一线，身边同事也对他满怀敬意。

群雁齐飞看头雁。河北钧日律师事务所自成立至今，与事务所同人一起，冯路钧律师首先在刑事辩护和代理领域，目前担任河北省石家庄市委政法委执法监督案件评查专家，河北省律师协会、石家庄市律师协会刑辩类专业委员会负责人；其次是行政复议和诉讼，继续履职青海果洛州、久治县党政机关的法律顾问，服务于河北省多级党委、政府法律事务；在涉外业务方面，冯路钧律师入选司法部涉外律师领军人才，与律所同人一起入选河北省和石家庄市涉外律师人才库，关注涉外知识产权、国际贸易和仲裁领域的法律事务；在传统民商事案件，包括婚姻家庭、继承以及公司股权、金融债权、建工合同等，亦取得了不菲的成绩。他们还开拓了一些新兴业务，比如在河北省佛教协会、石家庄心理学会等宗教法律事务、心理卫生法律事务等方面做出了前沿性探索。

都说“术业有专攻”，但是“法律多面手”冯路钧律师的业务范围涵盖了刑事辩护、金融债权、知识产权、公司业务、房地产开发建筑等多个领域，司法实践经验丰富，成功代理并解决了多起重大疑难复杂案件，比如在知识产权领域，他承办了日本某公司侵犯商业秘密案、英国某公司商标被侵权案、美国某公司与河北省某地级市科技局知识产权专利行政纠纷案、解某与某国家媒体著作权侵权纠纷案等；在房地产开发领域承办了某宗教单位与某相邻单位恢复土地原状、土地确权行政诉讼纠纷案、天津某集团有限公司与江西某建设工程集团公司建设施工合同纠纷案；在公司业务领域承办了王某等与某县人民政府、县发展改革和经济商务局合同纠纷一案、石家庄某中等专业学校与石家庄某科技中等专业学校合同租赁纠纷一案；在金融领域承办了多家资产管理公司的不良贷款回收业务和李某与赵某等民间借贷纠纷一案；在刑事辩护领域承办了寇某集资诈骗、非法吸收公众存款、合同诈骗、危险驾驶一案等在社会上有深远影响力的案件，将原来有极大可能闹大的一桩桩纠纷，妥妥地化解在了“萌芽”状态，也赢得了社会各个层面的广泛好评。

案件当事人说：“冯律师办案认真细致、公道正派，不留后遗症。”

家属和群众说：“冯律师不摆架子，随和可靠，是个能够帮人厘清条理，找到问题关键的好律师。”

同行律师说：“冯律师尊崇法治、精通法理，认真对待每一起案例，热情感染每一个人。”

法律是研究定分止争的学问，以寻求社会公正和谐为怀，年轻时，冯路钧律师也曾因为工作压力的原因，一度感到迷茫。后开始博览群书，研究哲学、宗教学，在净慧禅师等禅门大德的引导下，突破了一个又一个心理“天花板”。他总是主张，学律者先要律己，敬畏生命，口不臧否人物是非长短，始终将思想建设放在第一位，把坚持中国共产党的领导与党的建设写入钧日律所章程，从“实事求是、独立自主、群众路线”中汲取思想养分，设立“民盟之家”，团结各界力量，为党委分忧，为政府解难，为百姓纾困，使河北钧日律所律师成为党领导下为人民服务的一支先锋队伍。

真正的法学大家当是理性的智者，尽管在业内备受尊重，然而冯路钧律师总是能以开放的姿

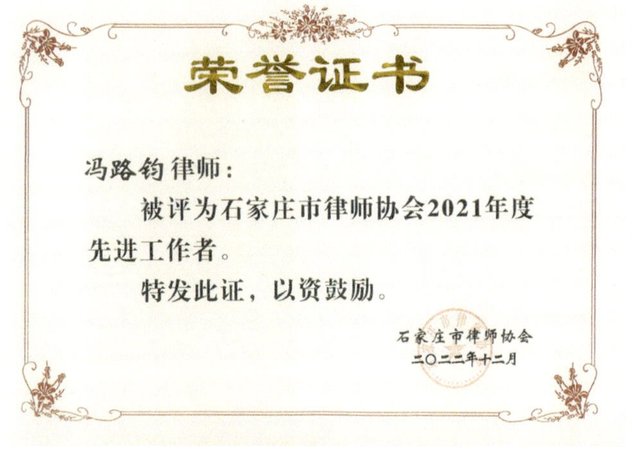

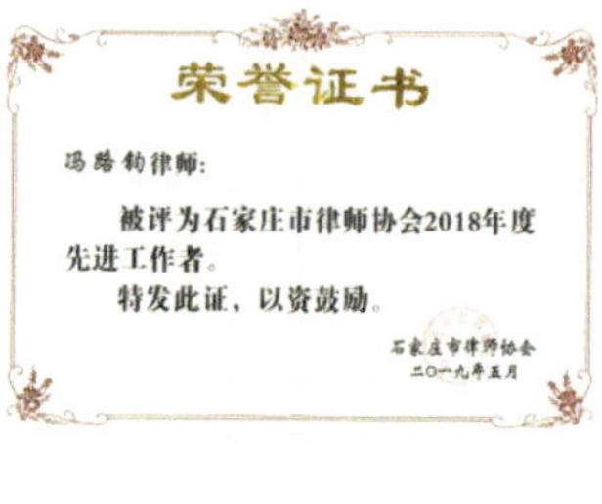

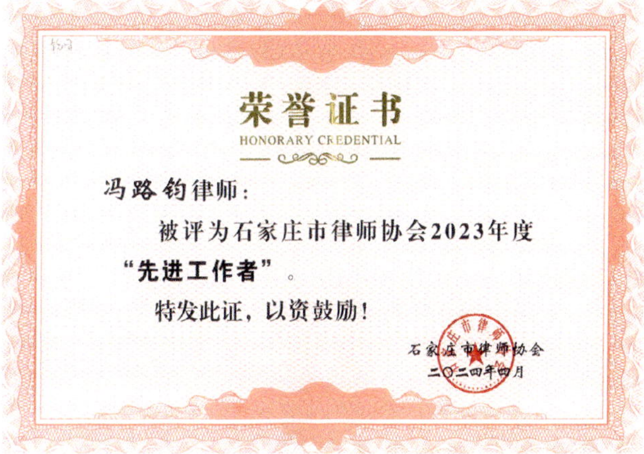

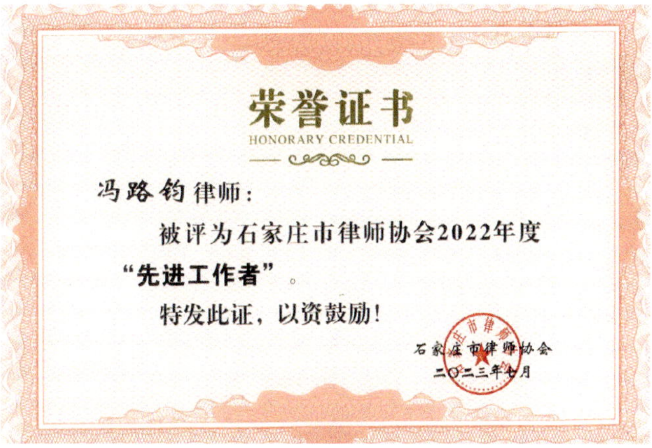

态，弯下身体，主动叩山门，探索未知，向下兼容。他总是主张律师、决策者、律所等，要从当下做起，以每一个当下校准发展起跑线；沿着“律师注重提升自身专业和品质素质、决策者管理者带好团队、律所提供好专业成长和素质成长平台”这一路径，以法律服务为策略，投入国内外社会服务中去，与中国式现代化一起，共同实现民族复兴，打造法治文明闪耀的人类命运共同体。

前程似锦
以德立威量准绳

不积小流，无以成江海；不积跬步，无以至千里。冯路钧律师一步一个脚印，与河北钧日律师事务所同人们携手探索出一条为人民服务的光明之路。如今，沃土孕育出希望，绽放出一朵朵属于钧日律所的“文化之花”。

法律是一门实践性很强的学科，相应地，也是一门世俗性学问，是研究构建一套解决人际交往规则和社会纠纷机制的学问，这也是冯路钧律师一直强调的法律要向下兼容、“接地气”的原因。在繁忙工作之余，冯路钧律师始终不忘弘扬志愿服务精神，加大对律师参与公益法律服务的组织、引导、支持力度，推动公益法律服务实现制度化、规范化、网络化、智能化发展，不断提升人民群众在全面依法治国中的获得感、幸福感、安全感。他重视文化建设，结合心理咨询师的实践经验，坚持律师个人心理建设与律所组织文化建设相结合的原则，秉持奉献社会的理念，使律所长期保持服务社会的活力。此外，他还将律师的培养与传承中华优秀传统文化相结合，连续两年在“钧日讲堂”开展《论语》网络讲座并开放课程大纲和直播，在全国网络律师学院主讲《律师公益法律服务的大道与方法》，从传统文化中汲取精神养分，提高律师群体的社会责任感。

2021 年 1 月 1 日，《中华人民共和国民法典》正式实施，冯路钧律师更是认为，这是法治体系现代化的标志性事件，在我国法治建设里程碑上，怎么说都不为过。法典是成熟稳定伦理价值的行为规范表现，不但总结了法治建设的经验，也是社会治理体系的经验总结，意味着社会经济生活有了相对稳定的伦理规则，给社会发展提供了稳定的预期，必将起到稳定社会发展的作用；法典也是一个继往开来的基点，必将对经济社会稳定发展产生长久深远的利好影响。

法者，所以兴功惧暴也；律者，所以定分止争也；令者，所以令人知事也。冯路钧律师 30 年如一日，不忘初心、牢记使命，不骄不馁，佛心法骨，这是他的人格魅力，也是一名优秀律师的高贵品德。他在专著《律师铭》里记载了钧日铭文：众口铄金时，应知诸法无我；强权林立时，当知诸行无常；我们躬身大众体悟世界寂静，我们穿过黑暗开启生命光明，我们是律师，我们在钧日。他以实际行动诠释了律师的家国情怀、奉献精神与责任担当，展示了河北律师的良好形象，吸引着更多优秀律师在正确的道路上成长发展，助力司法工作由星星之火逐渐发展成燎原之势，为全面建设社会主义现代化国家提供优质法律服务和有力的法治保障！

贺金朋

HE JIN PENG

深圳鑫和冠供应链管理有限公司总经理

在这个互联互通的崭新时代，诚信是立足之本，迅捷是前行之力。深圳鑫和冠，作为一家物流运输翘楚，专注于构建前沿的物流电子商务平台。其业务范围十分广泛，囊括了往返运输、国内物流、报关服务、分货理货及仓储、装卸、配送一体化，以及香港船务代理、国际海运、空运和快递服务，更延伸至代理中检产地证加签等多元化服务。在贺金朋先生的引领下，鑫和冠以创新驱动，追求物流技术的卓越发展；以诚信为本，确保每一次运输（品质）都安全可靠。公司始终坚持“诚信为本、服务第一、客户至上、资源整合、安全快捷”的经营理念，不断拓宽业务领域范围，实现稳健、长远发展的目标。

万里征途冠天下 鑫道启航照四方

——访深圳鑫和冠供应链管理有限公司总经理贺金朋

智链革新显真章

在深港运输的辽阔疆域里，那一抹鲜艳的橘黄色，如同炽热的火焰，热烈而醒目，昭示着属于鑫和冠的物流运输天地。

自2013年伊始，鑫和冠物流便以全链条把控的严谨态度，深耕于物流运输的广阔领域。从起始点到目的地，每一个关键环节均由公司内部专业团队全程把关，拒绝任何形式的外部干扰，力求将每一条服务链、每一个环节都打磨至尽善尽美。

在安全保障上，鑫和冠与业内顶尖的保险公司建立起了紧密的合作关系，为客户提供全年无休的全方位保险服务。无论是货物损坏、失窃，还是第三方责任风险，都能为客户提供坚实的保障，确保每一份货物都能安全、顺利地抵达目的地，尤其是在香港地区，公司特别提供了高额且多元化的货运保险，涵盖了火灾、洪水、台风暴风、第三方车辆碰撞、失窃等多种风险，让客户在托付货物时倍感安心。

同时，依托先进的互联网技术和自主研发的软件系统，鑫和冠立志为客户提供全程透明、可控的物流服务。系统不仅能实时更新和精确追踪货物信息，还能在有任何异常的情况下，第一时间发出警报，以确保客户随时掌握货物的最新动态。

此外，在构建卓越的物流服务体验中，鑫和冠尤为注重售后服务的品质。在财务层面，当订单圆满收官之际，公司团队恪守严谨的对接流程，确保签收单、小票、付款信息等每一环节都得到专业、精确、细致的梳理与核实。而在业务层面，更是将深度沟通与关怀融入日常。公司业务团队不仅会定期进行回访、拜访，更会在佳节之际向客户致以诚挚的问候。在关键时刻，他们总是第一时间积极响应，为客户答疑解惑，提供有力支持。他们以实际行动向客户传递着一种信念：鑫和冠不仅是物流服务的提供者，更是客户坚实的后盾。他们始终与客户并肩前行，共同面对挑战，守护每一个需求与利益。

将简单之事不断重复，将专业之事精益求精。数十载风雨征程，其锐意进取的步伐未曾停歇，鑫和冠已然踏上了崭新的发展征途。从初创时寥寥数人的微小型企业，发展到今日业界知名的物

流巨擘；从昔日规模有限的物流车队，到今日拥有设施完备的独立物流园区——园区内车辆穿梭不息，安保与监控一应俱全，消防措施完善达标，鑫和冠在中国香港运输的征途上，不断追求卓越、开拓创新，以专注和匠心塑造服务品质，用诚挚与细腻雕琢每一处细节。

然而，无论时代如何变迁，未曾动摇的是每一个鑫和冠人对客户高品质服务的承诺：让每一位客户都感受到更加卓越的服务体验，让每一位鑫和冠的“家人”都能过上更加美好的生活，让鑫和冠的明天更加辉煌。此举不仅铺就了一条坚实宽广的品牌之路，更凭借着其卓越的专业实力，收获了诸多桂冠——中国物流3A级认证、C-TPAT反恐认证、ISO 9001质量管理体系认证等权威资质，以及深圳高新企业认定、国家著作权登记证书等荣誉。

如今，鑫和冠已发展成为连接深港两地物流领域的卓越力量，构建起了一条坚实的运输纽带。其服务卓越、价格优势、安全可靠的品质，已然成为其独特的品牌标识。然而，鑫和冠的抱负远不止于此。公司始终怀揣着深厚的社会责任感，积极投身于公益事业的洪流之中。无论是慷慨捐资助学、为贫困地区的孩子们点亮求知的明灯，还是积极响应救灾行动、为灾区人民送去温暖的援助之手，抑或是积极参与植树造林、无偿献血等社会公益活动，鑫和冠都用实际行动诠释着企业的社会责任与担当。

矢志不渝逐梦行

岁月如梭，沧桑洗礼。有言曰：“三年磨一剑，五年成宗师。”这正是对鑫和冠掌舵人——贺金朋在物流行业奋斗历程的精准描绘。昔日只是一名默默无闻的业务员的他，而今已成为香港物流行业的翘楚，集多重身份于一身：深圳市宁乡商会副会长、湖南工学院客座教授、加贝实业（梅州）有限公司董事等，涉足物流、房产、黄金珠宝以及医美大健康等多个领域。当贺金朋回顾往昔，那些辛勤耕耘、不辍奋斗的岁月依旧清晰在目。其背后之动力，乃源于“坚持”这一不朽基石，以及“真诚”这一永恒航标。

2005年，刚刚大学毕业（计算机系电子商务专业）的贺金朋怀揣着对未来的憧憬，在物流行业一位资深师兄的指引下，踏上了这片充满机遇与挑战的全新天地。在那个骄阳似火的季节，他开始了自己的实习生涯，以炽热的心与坚定的步伐，在物流行业中扎下了根基。自那时起，贺金朋便以街巷为起点，踏上了物流业务拓展的征程。他虽然衣着简朴，但他的形象始终整洁利落，他说：“这是我的职业尊严，更是对客户的尊重。”他深入每一个村镇，细致入微地查询每一家企业的信息，不畏艰难地拨打每一个可能的联系电话。在此期间，他遭遇过前台的冷漠、保安的排斥，但他从不气馁，始终坚守初心。对贺金朋而言，每一次与客户预约会面，都是对他努力付出的肯定，更是他心中无尽的喜悦与幸运。

他不禁回忆起入行后初访第二个客户的场景。

行业内，业务员的“花期”常如流水淙淙，因此客户在作出合作决策之前，往往会对业务员

的耐心与毅力进行严苛考验。初出茅庐的贺金朋，彼时正面临这样的挑战。连续3个月，他如蜜蜂采蜜般勤勉不息，屡败屡试，前台的借口层出不穷："负责人正在忙于会议""负责人刚刚外出""今日负责人休假"等，都成了他前进道路上的绊脚石。

那段时间，他奔波劳碌的身影在前台眼中逐渐由陌生转为熟悉。最初，前台的冷淡与不耐烦犹如严冬的冰霜，他每次到来，都只能感受到冷淡的目光与冷漠的回应。终于，在某个阳光明媚的午后，贺金朋带着一份精心挑选的小礼物再次出现在前台，几句真诚而温暖的话语，如同春风拂面，瞬间融化了前台心中的坚冰。自那日起，每当他再次出现，那位前台女孩的脸上都会露出灿烂的笑容，态度也明显变得热情而友好。也正是凭借着这份坚韧不拔的毅力与细心周到的举止，贺金朋终于成功与那位负责人相约面谈。经过深入的公司考察与一系列严谨的沟通步骤，双方最终达成了合作协议。这份合作一直持续至今，已经走过了20个春秋。

"千里之行，始于足下"，坚持与真诚始终是金石为开、打动人心的不二法门。贺金朋以锐不可当之势在业界驰骋，客户资源如同滚雪球般累积，信任基础也日渐稳固。时光如水，流转至2013年，贺金朋凭借着丰富的行业经验与资源积淀，迈入了创业的崭新征程——成立了鑫和冠物流有限公司。然而，创业之路并非坦途，挑战与问题层出不穷。对角色转换的适应、客户的流动变迁、资金的筹措以及寻求可靠的合作伙伴等难题一一浮现。在此过程中，贺金朋深刻地认识到，在商海中乘风破浪，"信服"之道至关重要。

诚与信，不仅是个人立身的基石，更是企业生存发展的命脉。从最初的单笔结算，到如今建立起稳定的月结合作关系，贺金朋以真诚、诚信与专业的态度，赢得了客户和同行、合作伙伴的广泛赞誉。他感慨道："涉足此业，必信其理。打动客户的核心，无外乎真诚与坚持。若数月无成，则待一年；一年无果，便再三年、十年。只要我们始终以客户利益为出发点，以诚信和品质赢得信赖，只要我们持续深耕此业，终有一日，客户将选择与我们携手共进。"

万水千山踏征程

"聚鑫人和冠天下"，如若将鑫和冠比作汹涌澎湃海洋中的一艘坚韧之舰，贺金朋便是这艘舰船的领航者，他以其非凡的领导力，引领着团队如金字塔般坚不可摧，共同在香港运输的广阔海域中破浪前行，团结协作，共创辉煌。

以人为本，方知前路广阔。他秉持着以和为贵、携手共进的团队理念，致力于营造一个相互扶持、和谐共生的工作生态，从而铸就员工心中的理想职业殿堂，并赢得客户心中无可替代

的信赖；他树立标杆员工典范，确保让每位员工的辛勤耕耘都能得到应有的回报，薪资准时足额发放，并设立薪资增长机制，以激励员工持续进取。

同时，贺金朋高度重视人才培养与团队建设。他定期举办培训与交流活动，深化部门之间的沟通与协作，构建高效的团队合作机制；他更致力于搭建校企合作桥梁，如深莞惠校友交流平台、校园招聘等，不仅为企业注入了新鲜血液，更进一步强化了企业内部的凝聚力与向心力，使得整个团队能够同心协力，共创辉煌。

追梦前行，鑫和冠人的步伐坚定而有力；奋力腾飞，鑫和冠人的精神熠熠生辉。而今，鑫和冠已展翅翱翔于物流领域之巅，坐拥数万平方米的宏阔基地，拥有近百台穿梭于内地与港澳之间的运输车辆，聚集了60余名来自内地与香港的专业精英。这些同人，均为贺金朋多年来并肩战斗的忠实伙伴，他们与公司同心协力，共同铸就了一页页辉煌的华章。

过往犹记，鑫和冠以坚韧之志驰骋于物流疆场，跨越千山万水；前路漫漫，新的征程已然曙光初现，昭示着无尽的潜力和机遇。在此关键时刻，鑫和冠决心全面革新，引领行业变革之潮流。

公司计划升级信息化管理，依托先进的网络技术高效处理日常业务，并引入FMS、GPS、EDI等前沿物流管理平台，结合自主研发的ERP物流软件操作系统，实现物流管理的智能化与高效化发展。同时，公司亦将紧密配合国家政策与经济结构转型之大势，推动海、陆、空物流的无缝对接，实现物流服务在二、三线城市的全面覆盖，构建一个高效、智能的物联网平台，并构筑行业内完整且迅捷的物流供应链，为客户提供卓越、便捷的服务体验。

相信未来的鑫和冠，将以坚定的信念和专注的态度，奔赴全新的征程。

陈俊

CHEN JUN

广西骏龙影视文化有限公司董事长、广西赤泥科技研发有限公司董事长

陈俊，广西骏龙影视文化有限公司董事长、广西赤泥科技研发有限公司董事长，特约研究员。广西赤泥科技研发有限公司作为一家集研发、设计、制造与服务于一体的综合能力全面的高新技术企业，在董事长陈俊的带领下，依靠强大的科技创新能力不断提升企业的核心竞争力，通过持续的技术创新使许多复杂的环保问题迎刃而解，推动企业在激烈的市场竞争中激流勇进，牢牢把握住未来的发展机遇。作为社会需求的发现者、社会资源的整合者及生产过程的组织者，陈俊以筚路蓝缕、以启山林的创业精神，与时俱进、敢为人先的创新行动，大胆跨界进军影视行业，为中国的文化事业、足球事业贡献出非凡的企业家力量！

创新启航踏征途 文以抒心助国昌

——访广西骏龙影视文化有限公司董事长、广西赤泥科技研发有限公司董事长陈俊

环保为任 逐梦前行

进入“十四五”规划，环境治理领域不断纵深化发展，污染物处理方面提质增效，正在成为一个代表性的综合性话题。党的二十大报告明确提出，要加快生态文明建设，全面推进绿色低碳循环发展，深入打好污染防治攻坚战，统筹抓好生态系统保护修复工作，健全生态环境治理体系，加快建设美丽新中国。然而作为固体废料，赤泥的存在曾是一个令人棘手的世界性难题，阻碍着美丽中国建设的进程。不过有这样一位企业家，他怀抱着对生态环境的热忱，作为环境保护的行动者，勇于担当起责任，让企业发展与国家发展战略同频共振，让技术创新不断驱动生态环保事业的发展，让绿色成为中国最亮丽的底色，用科技创新让赤泥实现从工业废渣向生态产品的“华丽”转身，他就是广西赤泥科技研发有限公司创始人陈俊。

陈俊是广西大学化学系分析化学专业的优秀毕业生，自 1988 年步入社会以来，在不同领域都取得了显著成就。虽然人生常如遨游在大海浪潮中的一叶扁舟，但陈俊却总能载浮载沉，在未知的迷雾中凭借敏锐的直觉寻找到正确航向，击楫中流。毕业后的陈俊便投身于化学科研事业，分别在广西亚热带作物研究所和农业农村部亚热带水果及制品检测监督中心为农业生产和食品安全方面作出了卓越贡献；后加盟中国平安集团股份有限公司，积累了丰富的管理经验和业务技能。

站在巨人的肩膀上，陈俊常常深思自己能为国家作出何种贡献？随着“绿水青山就是金山银山”的号角声吹奏得越发响亮，环保事业逐渐成为陈俊的梦想追求，一种内在的魄力。从弱小到强大，从暗淡到璀璨，当前行必须成为时代的脚步，每个人都是时代进步的推动者，也被时代引领着前行。2021 年，醉心于科技创新的陈俊成立了广西赤泥科技研发有限公司。“伴随着氧化铝提炼的过程，这种内含氧化铁成分，因颜色赤红被称为‘赤泥’的工业固体废物随之相伴而生。它不仅碱性强，还含有许多金属氧化物，甚至部分含低辐射性成分。”陈俊介绍道，“据统计，

我国每年氧化铝产量约6000万吨，每生产1吨氧化铝会产生1-2吨的赤泥。目前，国内赤泥的常规处置方法为露天筑坝或露天堆放降解，若长期堆积，其中的高碱、金属氧化物等物质会随着雨水溶解后渗入到地下，污染土壤和水源，将对当地的生态环境产生极大的危害。”

向上探索，攀登全新的领地；追逐卓越，突破想象的边界。在陈俊的带领下，广西赤泥科技研发有限公司已发展成为一家致力于研究氧化铝副产物赤泥，涉及冶金、化工和生态环保等新产品研发和销售及售后服务于一体的高科技民营企业。公司专注制造通体微晶玻璃装饰新材料，公司努力探索“科技＋生态”的发展模式，现拥有发明专利一项（发明创造名称：一种利用赤泥制造通体微晶装饰材料的方法，专利号：202310108038.X）。公司自主研发创新以赤泥为主要生产微晶玻璃原材料，利用高科技全电熔压延、浇铸等方法，所生产的产品无辐射、无污染、绿色环保，是新型建筑装饰新材料，可应用于机场、高铁站、地铁站、医院、学校、银行、市政广场、政府机关单位、家装、宾馆、高端会所、娱乐场所等领域。

“这是国内首次实现赤泥的无污染化应用。”陈俊介绍道。公司自主研发创新以赤泥为主要原材料的通体微晶玻璃材料的出现，不仅科学合理地解决了赤泥高碱、金属氧化物等环境安全性问题，而且在生产过程中不产生任何尾气、废气和二次污染，彻底充分利用，由此为赤泥废渣的开发利用开辟了一条新途径。

文以度心 扬帆蓝海

近年来，除了环保口号喊得越发响亮，人民群众的精神文化生活需求也日益旺盛。扩大优质文化产品和服务供给，把握好文化产业高质量发展的重要着力点，以文化元素进行文化赋能，引

领文化消费新风尚，不仅是人类历史世界文明格局发展的要求，更是文化强国的全新时代内涵。中国正在经历人类历史上最为宏大而独特的实践创新活动，为文化产业繁荣提供了取之不尽的资源背景，怀揣着产业报国、文化为民之志的陈俊躬身入局，以“文化之繁荣”凝聚起文化自信的精神力量。

文化产业，以文化之魂，助产业之兴。近年来，随着电影票房的持续飘红，喜剧、青春、悬疑、搞笑、科幻等电影题材的火热，令陈俊瞅准了其中蕴藏的商机。2022 年，陈俊创立了广西骏龙影视文化有限公司，致力于制作、宣发和发行影视作品。公司自成立以来，已与国内著名导演邓宇及众多著名演员进行合作，主导拍摄宣传了《足球梦》《向海》《进士》《不言放弃》等网络电影，是目前国内实力较强劲的民营影视文化企业之一，也是经广西壮族自治区广播电视局批准并且获得扶持奖励的重点广西影视文化企业。

在陈俊的带领下，广西骏龙影视文化有限公司以“弘扬时代精神，拍好中国故事，走精品化道路”为宗旨，以市场需求为导向，以品质为根本，不断地投身于中国新时代背景下“有深度、有态度、有温度”的影视作品创作中。2022 年，由陈俊主导的首部网络电影《足球梦》不仅在业界获得了认可，更从 2022 年度由广西壮族自治区广播电视局颁发的网络视听优秀作品奖中脱颖而出；2023 年 10 月 28 日，青春励志网络电影《足球梦》在“首届香港国际网络电影节”香江奖荣获最佳故事片奖，同时影片还获得了本届电影节最佳影片奖评委会提名、最佳故事片奖评委会提名、陈俊最佳制片人奖评委会提名、冯小阳最佳女主角奖评委会提名等多项奖项殊荣；之后，又入围了 2023·光年杯第十三届北京国际网络电影展，并荣获“最具期待影片”提名、华人楷模·2023 行业领导品牌等多项奖项殊荣，可谓是载誉满满。

“近年来，我国文化产业发展蹄疾步稳，我们应当紧跟脚步，积极响应新时代的政策号召，有效地丰富中国人民的精神文化生活。”文运与国运相牵，文脉同国脉相连，在陈俊的带领下，广西骏龙影视文化有限公司正与时俱进、守正创新，持续激发创新、创造潜能，点燃中国文化产业高质量发展的“加速器”，实现企业做大做强与文化传承发展的双赢局面。

展望未来 久久为功

变废为宝，在具体实践中将“绿水青山就是金山银山”化为生动的现实，到以文载道，秉承着专注、专业、专心的理念，细腻耕耘电影文化赛道，陈俊在践行美丽中国信念的同时，以澎湃的动力，不断地为中国文化事业发展添砖加瓦，并以其个人的经历和卓越的业绩，成为社会各界的楷模，激发了更多人追求卓越的勇气。陈俊的成就不仅是其个人的荣耀，更是广西地区创新发展和文化产业繁荣发展的生动写照。

为文化发展注入新活力，为科技创新增添新动力，随着广西骏龙影视文化有限公司和广西赤

泥科技研发有限公司的不断发展，陈俊以全球化的格局眼光，站在了国际核心技术的制高点。如今，陈俊正不断加强科技创新，逐步启动更多环保科研项目，凭借着持续提升的自主研发创新能力及多年专注综合治理领域的实力，朝着国际化发展的目标持续奋斗。同时，陈俊还将带领影视团队吐故纳新、群策群力，继续以高质量发展为蓝图，坚定“文化自信”使命不动摇，在埋头苦干中积蓄实力，在文化创新中开拓新局，用点滴涓流汇聚起发展的长河。“我认为，成功的途径有很多种，但秘诀只有一个，那就是一旦选中了要走的路，就绝不能中途放弃，通过自己的努力与实干做出实事，这才是真正的成功。”陈俊不管是做事还是做人，都将抵达人心的人格魅力展露无遗。曾经坦荡，今时辉煌，环保路与文化路，相信陈俊将用其一生来践行。

一千次振翅后，离天空更近；一万里跋涉后，征途更辽远。当中华民族伟大复兴事业与企业家精神同频共振，当文化产业发展与创新科技的节拍一脉相承，陈俊带领广西骏龙影视文化有限公司和广西赤泥科技研发有限公司为美好文化发展共舞，为伟大创新奏响恢宏乐章。21 世纪，注定是一个创新的时代，是一个文化繁荣的时代，陈俊将带领广西骏龙影视文化有限公司和广西赤泥科技研发有限公司在求新、求变、求索的路途中，书写兴业壮志，征服高山巨浪，迈入跨越式发展的新征程！

张志攀

ZHANG ZHI PAN

深圳市元心海洋科技有限公司创始人

在科技日新月异的今天，我们不得不深思钱学森先生的深刻洞见：“科学技术部仅是自然科学工程技术，而且是人认识客观世界、改造整个客观世界的知识体系，我们完全可以建立起一个科学体系，而且运用这个科学体系去解决在中国社会主义建设中遇到的问题。”这一论述，为我们指明了科学发展的方向，也为我们探索科技赋能社会的路径提供了思想武器。

科技引擎铸梦 赋能时代华章

——访深圳市元心海洋科技有限公司创始人张志攀

张志攀，一位站在时代前沿的思想者与实践者，深谙这一真谛。他坚信，掌握现代科学技术体系是智慧集大成的关键所在。在他看来，科技是人类文明进步的基石，是推动社会变革的第一生产力。面对乡村振兴、共同富裕的伟大目标，他主张必须以科技为引领，尤其是数字经济，这一由大数据、人工智能、物联网、生物科技、仿真系统等新型科技构成的庞大体系，将为我们提供前所未有的发展机遇。《基于数字经济的乡村振兴科技产业集群》不仅是张志攀深思熟虑的智慧结晶，还是一份承载着国家希望、社会期待和人民福祉的宏伟蓝图。这份蓝图，呼唤着有识之士的共同参与、共同建设、共同创造。我们坚信，在这个科技与经济深度融合的时代，这份事业将汇聚起磅礴的力量，引领着我们走向更加美好的未来，让更多人分享到科技进步带来的财富、平安与幸福。

智领风云路 心绘时代图

在辽阔的新疆维吾尔自治区奎屯市，张志攀诞生于一个平凡的纺织工人之家，从此，开启了他不平凡的人生旅程。16岁那年，他凭借着自己的才华与努力，考上了大学，深入钻研“财务管理”与“会计统计”这两个看似枯燥实则深邃的学科。20岁那年，他满怀憧憬地踏上了深圳这片改革开放的前沿阵地。在这里，他服务于多家中国首批大型集团上市企业，用自己的智慧与汗水书写着青春的篇章。后又在海南岛的扶贫项目中，担任人力资源总监和常务副总经理职务，用自己的实际行动诠释着对社会责任的担当与对人民的深情厚谊。

在他的人生轨迹中，深圳特区的招才引智政策，让他有机会站在中国经济的前沿，洞察时代的脉搏；母亲的谆谆教诲，让他深刻理解了职业技能的重要性；广泛涉猎的学科知识，让他拥有了多元的视角与深刻的洞察力。历经岁月洗礼，他逐渐形成了自己独特的思考方式和事业定位。他意识到，科技创新与金融安全是国家发展的基石，也是每一个公民应当关注的重要领域。于是，在2016年6月12日这一天，他毅然决然地创立了深圳市元心海洋科技有限公司，致力于科研

中国商业联合会服务业科技创新奖
全国服务业科技创新奖
获奖证书
表彰在全国商业服务业科学研究、技术创新、成果推广、高新技术产业化中做出突出贡献者。
证书编号：2023-2-64-R01
获奖项目：基于数字经济的乡村振兴科技产业集群
获奖等级：二等奖
获 奖 者：张志攀
二〇二三年十二月

成果的转化与实践工作。

在他的深刻洞察下，乡村振兴被赋予了更为丰富与深远的内涵，它不仅是一项旨在改善乡村面貌的单一行动，而且是一场多维度、深层次的系统性变革，其核心目标在于从根本上缩小城乡发展差距，推动城乡经济社会的深度融合与协调发展。

在这一过程中，张志攀还特别强调了市场机制与资源配置的创新性运用，提出了一种极具前瞻性的策略路径——鼓励乡镇及县级政府以积极主动的姿态，参股那些技术密集、成长潜力巨大的二级科技公司。这一举措不仅能为地方财政开辟新的增长点，实现资本型收入的持续稳健增长，更为关键的是，它还能如同一条强大的纽带，促进技术、人才、信息等关键要素在城乡之间的无障碍流动与高效配置。

由此可见，张志攀是一位拥有卓越跨学科知识融合能力的智者，不仅注重思维方式的锤炼与启迪，更以开阔的国际视野洞察世界。他深谙哲学之精髓、数学之逻辑、区域经济之脉络、国际金融博弈之策略，以及世界科学发展之历程。在工商企业管理、企业竞争战略与战术谋划等领域，他积累了丰富的实战案例，展现出了卓越的领导力与决策力。他对于房地产、金融、互联网、大数据、新能源行业及人工智能行业等前沿领域，拥有敏锐的洞察力与前瞻性的判断力。他深知金融安全和经济领域国防安全意识的重要性，因此，在他的职业生涯中，始终将培养与提升这些关键领域的技能视为己任。

在不懈攀登个人价值高峰的旅途中，张志攀不仅专注于自我超越，更以开阔的视野洞察国家的未来与社会的脉动。他深知，个人的奋斗是溪流，唯有汇入国家繁荣的海洋，方能展现其壮阔与深邃。因此，他毅然决然地将个人的梦想与国家的命运紧密相连，将每一分努力都化作推动国家前行、促进社会和谐的坚实力量。

共富之途远 发展之志坚

数载之前，当张志攀踏上扶贫的征途时，他面对的是一幅幅基础设施亟待完善、金融资源难以深入乡村腹地、劳动力资源匮乏的严峻图景。这番景象，非但没有让他退缩，反而激发了他对乡村振兴深层次问题的思考。他深知，乡村振兴之路绝非坦途，而是一场需要智慧与毅力并重的持久战。在深入调研与实践的基础上，他构想了一幅共同富裕的蓝图，即不应仅仅局限于个体建设者的物质富足，更应着眼于整个村庄乃至更广泛区域的协同发展，从而建立一个通过产业振兴为核心引擎，驱动教育、服务业等多领域齐头并进、相互促进的良性循环体系。十年磨一剑，他最终拟定了《基于数字经济的乡村振兴科技产业集群》计划书，以数字经济培训为起点，从营销渠道、客货运输、精细加工、生产创造、文化出版、科教兴国、国家安全这七个关键领域逐步落地实施，在实践中深化对“金融精准定位、科技赋能引领、乡村全面振兴”这一核心策略的理解，并精心构筑三者间相辅相成、相互促进的共生关系，以实现更加均衡、可持续的发展蓝图。他期待通过这一策划，集思广益，吸引社会各界力量的参与，共同推动乡村振兴这项伟大事业。

从营销渠道开始，经过精心规划，他旨在打造独具特色的社区营销网络与国际电商渠道。第一方面是以国内社区商铺为核心，搭建起一张紧密而富有活力的社区营销网络。这些商铺是商业聚集地，也是解决农民就业、激发创业热情的摇篮。他甄选技艺精湛且勤勉不辍的村民，培育为社区商铺的掌舵人，并以免租优惠与利润共享为引擎，激发他们的商业潜能。与此同时，他还积极拓宽国际电商版图，构建多元化国际营销网络，携手亚马逊、eBay、沃尔玛等巨头，汇聚顶尖美学设计与商务精英，锻造精英国际营销团队。此举不仅可以大幅增加国家外汇收入，还能为农村青年才俊铺设宽广的就业舞台，共绘乡村振兴与全球化融合的辉煌篇章。

第二方面是客货运输，张志攀策划了一项创新且富有前瞻性的落地实施计划。他选择并购网约车企业，将其重塑为省级综合客货物流平台，紧跟新能源浪潮，借政策东风削减运营成本，开启绿色高效的物流新纪元。

他的运输体系尤为巧妙，他规划了农产品本地加工链，并借新能源冷藏车直送一线都市，运输成本因绿色能源而大幅降低，再叠加高速免费政策，双重利好让农产品流通更加顺畅，进一步助力了乡村振兴与绿色经济的共赢。更重要的是，这一系统减少了中间环节和中间商的干扰，可让农民直接受益，消费者也能享受到更实惠的价格。此外，该运输系统还集成了先进的科技手段，如北斗导航定位系统和温度监控装置。这些设备能够实时记录车辆的行驶轨迹和车厢内的温度，为食品安全管理提供了有力的数据支持。这一创新举措，不仅提高了物流效率，更为食品安全问题提供了新的解决方案。

第三方面是精细加工，张志攀决定通过构建中央厨房系统来确保食品的高品质与安全。该系统涵盖了从饺子、豆腐、米粉到坚果炒货等多种食品的标准化生产。此系统不仅体现了食品生产的极致专业，更确保了每一种食品都达到了卓越品质与安全标准。经过工业设计团队的匠心打造，生产线以“智能高效、精细专业”为核心理念，实现了从原料筛选到加工流程的全方位监控。同时，公司还引入了前沿技术，如高压低温等离子技术和太赫兹食品安全检测检验技术，这些创新技术不仅提升了食品的营养保持与保鲜效果，更实现了食品安全的快速、精准检测。法国面包甜点与康养药酒系列作为系统内的特色产品，前者通过专业烘焙团队的精心打造，呈现出独特的美味；后者则结合了地方特色资源，为消费者带来了健康与美味的双重享受。这一系列举措，不仅彰显了张志攀对食品品质的执着追求，还为乡村振兴建设带来了新的增长点。

第四方面是生产创造，张志攀旨在建设农业生产系统，包括荒山改造系统、厂房养殖系统、智慧海洋牧场、移动农产品加工四种。

面对我国山区丘陵广布、平原稀缺的地貌特征，他创新性地提出荒山改造系统，旨在将荒芜之地转化为农业生产的绿洲。该系统整合了5G、微风发电、沼气发电、雨滴发电等尖端技术，形成了一套高效、智能的“元能装置”。它利用钢结构框架与太阳能电池板，结合微风发电机和高效蓄电池，实现自给自足的清洁能源供给。同时，配备的远程物联传感和监控系统，能够实时监控农业生产环境，为农业生产提供精准的指导。采用的BOT运营模式，不仅可以实现“科技下乡”，规避了农村资金匮乏的难题，还能够解决村民就业问题，并且可以通过提升山体估值、增加种植养殖产出及拓宽销售渠道，实现成本回收。系统回收成本并移交之后，仍可长期继续为乡村提供技术支持和销售服务，促进地方经济持续发展，助力乡村振兴战略。此外，该系统还可作为“一带一路”倡议下的国际合作项目，为国际工程贸易带来新的机遇，为国家创造外汇收入。

厂房养殖系统，作为现代都市农业的创新实践，其落地实施过程同样彰显了科技与自然和谐共生的智慧。在城市之中，写字楼摇身一变，成为立体化的养殖基地。通过精细的规划与设计，原本单一的平面空间被巧妙地划分为多层，仿佛一座座微型的农业生态园。在这里，海鱼与海鲜在循环水系统中畅游，在智能化的饲养管理下茁壮成长。厂房的每一寸空间都被充分利用，使原本有限的土地资源得到了极大的拓展。这一变革，不仅提高了农业生产的效率，更在无形中推动了乡村振兴战略的进程。打破了传统农业对土地资源的依赖，让农业生产不再受地域限制。同时，该系统提供的丰富多样的农产品，也满足了城市居民对高品质生活的追求，形成了城乡互动、共同发展的良好局面。

智慧海洋牧场的建设实施，则展现了人类与海洋和谐共生的新篇章。通过高科技手段，海洋牧场成功实现了深海资源的最大化利用，增产海洋蛋白质粮食，形成了壮观的深海牧场、网箱集群和联网成片的、几十万吨级的立体养殖船舶农场。这一创新模式，不仅为乡村振兴战略注入了新动力，还将海洋转变为国防的坚实后盾，渔船变身海洋卫士，实现以海产养海防的宏伟愿景，展现了海洋经济的无限潜力与希望。

移动农产品加工的建设实施，彰显了农业现代化的又一个卓越创新。它将传统的集装箱巧妙地转变为具有高度自动化能力的移动加工平台，如同灵动的农田守望者，挂载于新能源车头，随需而动，可轻松穿越乡野。多种移动作业工厂的组合与联动，构筑起规模化的加工能力与集约化的生产效率，为农产品加工带来了前所未有的便捷与高效。它凭借着自带的新能源组合，无须依赖外部电源，彰显了绿色、环保的可持续发展理念。北斗定位系统的精准运用，可实时监测与检测移动工厂的运行状态，确保生产过程的稳定与安全。同时，通过预先设定的指令，可实现自动物流与配送，提升了农产品的附加值与市场竞争力，推动了乡村振兴。

第五方面是文化出版，在这里，一系列创新举措引领了文化交流的新篇章。

其中，音乐系统的构建，涵盖了智能音乐创作、亚洲顶级的录音摄影棚和数字音乐资产库的整合，以及数字人祭祀与音乐终端的创新，展现了科技与艺术的完美融合。

翻译系统则是对传统翻译活动的致敬与超越，通过自主创新，实现了高精度表音文字向汉语的智能化转变，进而衍生出全球知识库的汉语化建设、双语或多语文献期刊查询系统，以及书籍出版的多语种支持。这一系统，不仅促进了国际文化知识的交流，更为汉语在国际舞台上赋予了更多的话语权。

而国际出版系统的构建，才是对文化多样性的全方位展示。收购的出版企业专注于世界顶级书籍、杂志的出版，同时强调非汉语书籍、音乐、艺术等作品的二次汉语出版与发行。数字化出版物的推广、文献查询系统的完善以及动态书籍出版的探索，都体现了对出版行业未来趋势的敏锐洞察。基于综合实验室的建设，人类科学知识和脑科学研究课题的开展，更为其注入了前沿的科技力量，预示着文化出版领域的新一轮革新与飞跃。

第六方面是科教兴国，在这个战略背景下，大成智慧系统被赋予了新的时代意义。它深刻地揭示了知识的本质——虽分门别类，但应用势必跨学科综合。这也为我国研究型人才及职业技能人才的培养指明了方向，即在生产实践中培养具备跨学科应用能力的新型人才。而公司作为育才摇篮，应秉持灵活管理，效法大学的开放包容，构建自由多元、鼓励创新的培育生态。通过校企合作、联合办学，借他山之石以攻玉，使公司与国际前沿接轨，汲取全球最先进的教育理念与实践经验。

第七方面是国家安全。在构建总体安全系统的过程中，数字孪生系统的建立尤为关键。该系统一旦建成，将无缝对接国安部、公安部、数据局等各大数据中心，确保数据安全与主权管理得到全面强化。同时，为应对全球交易政策差异化带来的挑战，量化交易系统应运而生，其策略在于吸纳世界各地的合作伙伴，包括国际对华友好人士，共同投身于国际量化交易，分享收益。智慧金融不仅繁荣了全球市场，还提升了民众生活品质，体现了科技与人文深度融合之美，其福祉将惠及万民。

张志攀的远见与行动，彰显了他对乡村振兴事业的深刻洞察与矢志不渝的执着。他的计划书不仅为乡村振兴明晰了航向，更为我们描绘出了一幅波澜壮阔的共同富裕画卷。我们热切地期盼在他的引领之下，借助数字经济的澎湃动力，实现产业的蓬勃发展、教育的跨越提升、服务的优化升级，让乡村地区焕发出勃勃生机与无尽活力，为中华民族的伟大复兴事业注入强劲动力。

赋农业盛景 铸时代华章

张志攀匠心独运的乡村振兴战略，深具里程碑式意义，不仅为乡村发展指明了方向，还在时代长河中镌刻下浓墨重彩的一笔。

首先，它的实施不仅有望将农产品的产出能力提升十几倍，还凸显了农业现代化对一个国家整体现代化的基础性作用。在全球视野下，农业现代化发达的国家或地区往往走在世界前列，这充分证明了农业在现代化进程中的核心地位。农业现代化不仅代表着技术的进步，更是国家综合实力与竞争力的具体体现。

而粮食等农产品作为生活必需品，其不耐储存的特性，从经济学角度来看，反而赋予了它巨大的商业价值。正因为粮食需求永不饱和，我们可以尽情地生产，无须担心过剩。在确保国内粮食安全稳定的基础上，将富余的粮食作为国际合作的桥梁，出口至非洲、欧洲等地，这不仅能展现我国作为负责任大国的担当，还能为全球粮食安全体系添砖加瓦。在全球仍有 1 亿多人面临饥饿问题的当下，张志攀的策略不仅展示了他的远见与智慧，更彰显了对人类命运共同体的深刻理解与关怀。这些不起眼的农业领域，实则蕴含着巨大的价值与潜力，值得我们深入挖掘和利用。

其次，张志攀强调，当回望西方近六百年的学科体系建设时，基于表音文字的科技体系已臻完善；而我们的汉字，作为千年文明的载体，其背后的学科系统建设却仍显空白与滞后。由此可见，此刻我们正站在历史的交汇点上，面临着前所未有的机遇与挑战。

因此，他认为语言与粮食，这两大人类文明的双螺旋结构基本元素，更是我们应该关注的焦点。语言，不仅是交流沟通的桥梁，还是符号、图画、音乐、艺术、科学、技术等多元文化的集合体；粮食，则承载着淡水、自然生态、生物多样性、自然气候等多重价值，它们共同构成了人类生存与发展的基石。这两者是无尽的宝藏，理应得到无限的供给，它们超越了狭隘的意识形态，是全人类共同的利益所在。

最后，他还依托于开放的复杂巨系统理论和复杂经济学理论，深耕实践，锐意创新，致力于构建起基于数字经济的乡村振兴科技产业集群，这不仅可以推动中国新经济建设的飞速发展，还可以源源不断地为国际、国家、社会和人民群众创造崭新的财富。

在实现数字经济与乡村振兴的征程中，张志攀一直致力于构建共同富裕型社会，确保建设者、民众和国家财政的共享繁荣。他强调以结果为导向，让贡献者得到回报；以过程为导向，增进人民福祉；以目的为导向，创造税收与资本性收入，为国家的长远发展奠定坚实的基础。未来，他也将一直带领着大家，让科技的力量为乡村振兴事业发展注入新的活力，让语言和粮食宝藏得到充分的挖掘与利用，共同书写下人类文明的灿烂新篇章！

卓堪活

ZHUO KAN HUO

广州华威汽车电子检测设备有限公司董事长

从传统燃油车到新能源汽车，汽车技术的革新不仅推动了能源转型，也极大地提升了人们的生活质量。汽车检测设备作为保障汽车安全和性能的重要工具，其市场需求日益增长，技术要求也越来越高。在这样的大背景下，广州华威汽车电子检测设备有限公司应运而生。作为一家集科研、设计、生产、维修、销售和系统集成于一体的高新技术企业，华威公司始终致力于为用户提供高性价比、高质量的汽车检测设备。公司依靠科技创新，不断开发出微机控制的全自动冷媒回收加注机、全自动汽车喷油嘴检测清洗机等系列产品，满足了市场对高效、精准检测设备的需求。卓堪活作为华威公司的掌舵人，始终坚持“进取求实、严谨团结”的企业宗旨，以技术为核心、视质量为生命、奉用户为上帝，不断推动着公司向前发展。在他的领导下，华威公司不仅在国内市场上取得了显著的成绩，更成功地拓展了国际市场，与东南亚、欧洲等地的客户建立起良好的合作关系。

铢积寸累恒益坚 日就月将行不怠

——访广州华威汽车电子检测设备有限公司董事长卓堪活

日日自新渐蓄势
久久为功朝勃发

在广州这座充满活力的城市中，汽车行业的发展一直是促进经济发展的重要推动力。随着全球汽车技术的不断进步，汽车检测设备行业也迎来了前所未有的发展机遇。卓堪活毕业于汽车专业，自1999年踏入汽车检测设备行业以来，便开始了他与这个行业的不解之缘。在最初的七八年时间里，他在前雇主的公司中从最底层做起，凭借着坚韧不拔的意志与不懈的努力，逐步晋升为班长，再到部门主管，积累下了丰富的行业经验与管理智慧。然而，他并不满足于已取得的成就，内心有着更强烈的创业梦想以及对行业更深层次的洞察。2012年，他决定离开稳定的工作环境，开始自己的创业之路，尽管当时还没有注册公司，然而他已经着手规划自己的事业蓝图。两年后，他正式注册成立了广州华威汽车电子检测设备有限公司，“华威”寓意深远，取“中华威武”之意，既体现了卓堪活对国家文化的自豪感，也表达了他希望公司在汽车检测设备领域展现出威武不屈、勇往直前的企业精神。

华威的成立标志着卓堪活事业的新起点，也代表着他与汽车检测设备行业的共同成长。10年来，他不仅是这个行业的参与者，更是见证者和推动者。从最初的国内市场，到现在逐步拓展至国际市场，特别是在东南亚和欧洲地区，华威公司的业务范围和影响力不断扩大。卓堪活对汽车行业的深刻理解，让他敏锐地捕捉到了汽车空调检测设备的巨大市场需求。无论是电动汽车还是燃油汽车，空调系统都是其不可或缺的组成部分，因此他开发了冷媒回收加注机，这款产品专为汽车修理厂和4S店设计，凭借着其高效和便捷性，迅速赢得了市场的广泛认可。除了回收机，卓堪活还关注到了轮胎安全问题。夏天高温时节，高速行驶中的汽车轮胎如果充入含水分的空气，极易发生爆胎，造成安全隐患。针对这一问题，他推出了创新型轮胎产品——轮胎氮气加注机，使

得充入轮胎的空气更加稳定，大大降低了爆胎的风险，从而提升了汽车行驶的安全性。这些产品，不仅填补了国内市场的空白，更在国际市场上展现出了强大的竞争力。

在产品开发过程中，卓堪活始终坚持以用户需求为导向，以技术创新为核心。他深知，只有不断推陈出新，才能在激烈的市场竞争中立于不败之地。因此，华威公司每年都会投入大量经费资源进行技术研发与产品创新，以确保其产品始终处于行业领先地位。在技术研发与产品开发策略上，卓堪活展现出了前瞻思维和创新精神。公司不仅注重引进和吸收国外的先进技术，更重视结合国内市场的具体需求，进行本土化创新。此外，他还非常重视市场动态和行业发展趋势，他密切地关注国内外汽车检测设备市场的变化，及时调整公司的产品策略以适应市场发展的需求。当市面上出现新的产品和技术时，华威公司总能迅速响应，通过技术创新推出具有竞争力的新产品，以满足市场的需求。

精益求精锻品质
名扬天下信立身

华威的发展历程是技术创新与市场拓展并行的轨迹，也是客户关系建设的生动写照。卓堪活，这位技术出身的创业者，对产品的研发和制造驾轻就熟，但市场的开拓与销售却一度让他备受挑战。创业初期，他依靠代工生产，通过向销售商提供产品赚取差价，勉强维持公司的运营。在那些艰难的岁月里，华威的年盈利微乎其微，但卓堪活却毫不犹豫地将这些有限的收入重新投入新产品的研发之中。面对起步阶段的资源匮乏以及竞争激烈的市场环境，卓堪活坚定信念，不破不立，得到家人的协同与支持，决心将华威公司不断发展壮大。他深信，过硬的产品质量是赢得市场认可的关键。因此，他将有限的资源集中投入产品的研发和创新上，坚持每年推出新产品，以适应不断变化的市场需求。正是凭着这种对创新和质量的执着追求，最终使得华威公司在国内市场站稳了脚跟，并逐步扩大了市场份额。

2012 年，华威站在了历史发展的新起点。卓堪活携华威产品亮相香港北京展会，凭借其卓越的品质与诚信的经营，迅速赢得了客户的青睐与喜爱，积累下了良好的口碑。客户推荐如同涟漪般扩散开来，为华威带来了持续的合作机遇，业务量也因此稳步提升。产品质量是企业赢得市场的不二法门。卓堪活对产品质量的严格把控，覆盖了从原材料选择到生产管理，再到售后服务的每一个环节，确保每一个细节都达到最高标准。这种对质量的不懈追求，不仅赢得了客户的信赖，也为公司的可持续发展奠定了坚实的基础。如今，华威已与深圳比亚迪、本田等知名汽车企业建立起了稳固的合作关系，并与广州地铁等重要客户达成了合作，这些成就都是对华威产品质量和性能的高度认可。诚信是企业生存和发展的根本，在与客户的每一次合作中，华威始终都坚持以诚信为本，致力于为客户提供真诚专业的产品和服务，赢得了广大客户的尊重与支持。这种以诚信为本的经营理念，不仅为华威赢得了市场，更为其赢得了人心。

持续的市场拓展是企业实现可持续发展的关键。随着国内市场的不断巩固，卓堪活开始将目光投向国际市场。2018 年，华威迈出了国际化的第一步，虽然初始合作规模有限，但这标志着公司全球化战略的启动。2019 年，华威与法国及东南亚的客户建立起了稳固的合作关系，为公司的国际化发展打下了坚实的基础。随着时间的推移，华威的产品在国际市场上赢得了越来越多的认可，订单量也随之持续增长。令人印象深刻的是，即便与一些国外客户未曾谋面，他们对华威的产品也充满了信任。卓堪活深知，对于国外客户而言，信任是合作的基石。因此，华威在与国外客户进行合作时，始终致力于为其提供高质量的产品与优质的服务，赢得了客户的一致信赖与认可。如今，华威产品已遍布东南亚、欧洲等地，成为国际市场上的知名品牌。近两年来，华威的业绩持续攀升，这在很大程度上得益于卓堪活对国际市场的精准定位和战略布局。在国内，华威拥有遍布各省的五六十家代理商网络，国外也有十多家代理商，这也为华威的市场拓展和品牌推广提供了坚实的支撑。

征程万里风正劲
重任千钧再奋蹄

华威凭借其精心制定的定价策略在市场中脱颖而出，这一策略巧妙地平衡了消费者的接受度与企业的利润空间，确保了产品在性价比上的卓越表现。在品质上，华威毫不妥协，与行业巨头并肩，通过严苛的原材料筛选流程和全面的质量管理体系，保障了产品的卓越可靠性与耐用性。这种对质量的不懈追求，为华威赢得了“高品质、合理价”的市场声誉，亦为客户提供了既经济又高效的检测设备解决方案。企业的持续发展依赖于团队的协作和努力，因此公司在团队建设上不遗余力。虽然团队规模仅十多人，但每位成员都是技术和生产领域内的精英。他们汇聚智慧，共同推动着公司向前发展。华威的企业文化强调学习、创新和团队合作，激励员工不断学习新知识、探索新技术，并在团队中相互协作，共同攻克难题。这种文化，不仅点燃了员工的工作热情，也为企业的长远发展提供了源源不断的动力。

在数字化时代，华威紧跟时代发展潮流，充分利用网络平台进行品牌推广和产品销售。通过在阿里巴巴、抖音等平台上的积极互动，华威增强了与用户之间的联系，提升了品牌知名度，吸引了更多潜在客户。卓堪活期望通过互联网的广泛触角，让华威的名字和它的优质产品与服务为更多人熟知，从而提升华威的品牌形象与市场影响力。展望未来，卓堪活为华威绘制了宏伟的蓝图，他计划在未来 3 年到 5 年，将华威打造成为检测设备行业的领军品牌，并致力于产品的精细化、专业化发展。未来，华威将继续秉承创新驱动和质量优先的理念，不断提升产品的技

术含量与市场竞争力。同时，公司也将积极探索新的市场机遇拓展业务版图，朝着可持续发展的目标稳步前进。

华威汽车电子检测设备有限公司的发展历程是一部技术创新的史诗，也是一首不断追求卓越的赞歌。在卓堪活的带领下，这支团队以其对行业的无限热情与对质量的严格把控，赢得了市场的广泛认可。他们的故事是关于如何在激烈的市场竞争中坚守初心，不断突破技术壁垒、实现自我超越的传奇。华威的成就，不仅体现在其优秀的产品品质上，更在于其品牌所传递出的价值观——持续创新、精进不息。在卓堪活的战略布局下，华威不仅巩固了其在国内市场的领导地位，更在国际市场上以中国品牌的身份，展现出了非凡的竞争力和行业影响力。华威的每一步成长，都是对中国制造实力的有力证明，也是对全球客户承诺的坚定履行。如今，华威正站在新的历史起点上，将以更加开放的姿态迈向更加广阔的国际市场，继续书写属于华威的辉煌新篇章！

梁广杰

LIANG GUANG JIE

梁氏宫廷糕点制作技艺非遗传承人

一个行走在传承之路上的人，唯有将自身命运与祖国和人民的命运紧密相连，方可成为真正的文化传承者。中华御厨梁广杰，乃是中华厨艺与宫廷糕点的传承者，他是猪蹄世家的创始人，半糖时光品牌的创立者，亦是中国餐饮品牌建设的十大杰出经理人，清华大学餐饮产业的高级职业经理人。他还是田园生态的联合创始人兼食品总顾问，受邀成为中央电视台《健康之路》、中央电视台《回家吃饭》、北京电视台《食全食美》、北京电视台《幸福厨房》、天津电视台《食全食美》、河北电视台《家政女皇》等栏目的特邀烹饪师。

以史为鉴、开创未来 传承匠心勇攀高峰

——访梁氏宫廷糕点制作技艺非遗传承人梁广杰

梁广杰荣获世界御厨联合会最高“荣誉主席”、亚太厨皇美食会最高荣誉主席、国际美食博士等称号，还荣膺2018全国非遗年度贡献人物、2018舌尖上的影响力中国餐饮传奇年度人物、华人厨艺匠人、中国高端酱香酒行业十大领军人物、中国大健康餐饮功勋人物等殊荣，并获得全国学雷锋青年荣耀·勋章、“全国学雷锋先进个人”荣誉称号，以及国菜家传非物质文化遗产奖等众多奖项。此外，联合国授予其“最有价值的国际中餐名厨”的赞誉。在传承之路上坚定前行的他，自信而沉稳，坚毅且睿智，用实力印证了荣誉的实至名归，让世界领略到中国美食的蓬勃崛起！

传承宫廷技艺
铸就行业先锋

中国素有“烹饪王国”的盛誉。在这个由56个民族组成的大家庭中，每个民族都拥有独具特色的美食。在皇城根下，美食更是琳琅满目，一代又一代的传承者将那些经典技艺传承至今，造就了如今璀璨的“中华美食”。梁广杰，作为中华美食的传承者与创新者，对美食有着独到的见解，凭借自身的努力，将中华各类美食带向全球，向世界展现出独特的中华美食文化。

“青，取之于蓝而青于蓝；冰，水为之而寒于水。”梁广杰祖上的舅爷曾为末代皇帝溥仪的伴读，得以见识众多宫廷糕点。梁广杰的父亲传承祖上手艺与期望，毅然成为一名厨师。在父亲的熏陶下，梁广杰自幼便对美食满怀热爱，对厨师这一职业充满热忱。成年后，他决定传承宫廷糕点技艺，潜心于厨师行业。他天资聪慧、勤奋好学，随着年龄的增长，厨艺日益精湛，对厨师的责任认知也越发深刻。越是深入探究，他越是深知厨师领域的高深莫测。为使厨艺更上一层楼，他拜入“中华第001号御厨刘敬贤大师”门下。在刘敬贤大师的悉心指导下，梁广杰的厨艺突飞猛进，内心也萌生出别样的想法。

心有多大，舞台就有多大；目光有多长远，梦想就能多快实现。在自身能力不断提升的同时，

梁广杰也深知肩负着更为重大的责任。作为宫廷糕点技艺非物质文化遗产的传承人，梁广杰的使命在于不让宫廷糕点技艺在时代的洪流中消逝。为此，他与北京田园盛态食品贸易有限公司创始人陈延辉携手合作，于北京市房山区创建了一家专注于传统糕点和中西式糕点研发、生产、设计、包装一体化的专业化清真食品公司，并创立了专注于宫廷糕点制作的“半糖时光”品牌。

为使人们了解宫廷糕点的历史以及其一路走来的艰辛，梁广杰可谓绞尽脑汁。首先，他将宫廷礼仪文化融入“半糖时光”，把“均衡和谐”的文化理念、“圣贤所贵”的饮食礼仪融入品牌之中，坚守“惟辟玉食”的精美制作标准和“食不厌精，脍不厌细”的精细要求，致力于打造专业、精致的宫廷糕点。其次，他邀请台湾百年糕饼世家传承人杨曜浓共同商讨，不断创新并丰富宫廷糕点的产品系列。最后，运用技艺产业化、标准化、现代化的制作工艺，借助13套专用月饼包制、成型、排盘一体机和2套自动喷涂一体机，制作出形状各异、图案精美的糕点。最终，“半糖时光”成为新时代消费者的追捧对象，让宫廷糕点走进了寻常百姓家。

脚下的道路曲折蜿蜒，然而梁广杰迈向目标的信念坚定不移。数十年来，他坚定不移地钻研厨艺，不骄不躁、不图虚名、不急功近利，以其深厚的人生阅历和修养，将文化涵养出一种令人心悦诚服的气质，赢得了各国领袖的高度赞誉。他打造的“香酥脆爽，入口即化，口味丰富”的招牌产品“宫廷非遗桃酥”，通过了国家标准化管理委员会认证的宫廷古法桃酥制作标准备案企业，先后入驻国家博物馆；还被评定为“A级生产加工企业”；是全国特需商品定点生产单位、国家食品安全城市创建先进单位、全国民族特需商品定点生产单位。为让全世界了解中国美食，

他先后主编了《中国美食艺术简论》《中国悌热情服务》两部专著，并参与了《图说中国77万年饮食文化史》的编写，切实践行了立言、立德、立功的“三立”精神。如此荣誉于梁广杰而言，仅仅是他引领中华美食走向世界的开端。

用心满足味蕾
用爱守护健康

翰墨风云20载，乘大国崛起之东风。20年来，新中国在政治、经济、科技、军事等领域不断发展，迅速崛起为世界强国。大国崛起，文化繁荣。从一人的经历足以窥探时代的变迁。梁广杰作为一名创业者，在糕点领域取得非凡成就的同时，也担当着大国工匠的责任。

梁广杰的成功之处在于，无论是公司发展，还是个人情怀，他都积极弘扬中华优秀传统美食。在企业发展过程中，他问心无愧，始终将消费者置于首位。为保障食品安全，梁广杰在企业管理的每一个环节都谨小慎微。前期，他从供应商管理和原料入手，严格把控源头和质量，杜绝次品和细菌进入车间。在制作过程中，他为每个车间配备专门的配料室、和面间、制作间、烤制间、包装间和包材消毒间，全面把控制作流程的每一个环节，确保互不污染。在产品包装前，梁广杰要求进行感官检查，通过对原料和生产工艺进行危害分析和识别，确保产品安全后，方可进行包装。最后，他还规定所有批次产品必须100%出厂检验，绝不让消费者为食品安全问题买单。只有这样，产品才能进入市场。

研万物之变，开拓创新；察海纳之势，睿智探索。在追逐梦想的道路上，梁广杰的步伐始终坚定。如今的北京田园盛态食品贸易有限公司，在云南、福建、嘉兴、成都、厦门、保定等地均设有备用生产工厂，能够满足全国各地消费者的需求，并与稻香村、周大生、爱奇艺、盒马、幸福西饼、绿地集团、护国寺小吃、希尔顿酒店集团等品牌达成合作，为其提供各类糕点，并免费提供设计宣传海报、PPT和销售版面素材，让消费者合作无忧，赢得了合作商的称赞。还被北京稻香村评为“2020年度A级供应商 ”、荣获河北省第三届烹饪大赛个人金牌、“法国国际美食蓝带”勋章、世界名厨联合会的“厨艺精英”勋章、“首都烹饪艺术家”称号等荣誉。目前，“半糖时光”正在筹备开设马来西亚分公司，将特色美食推广至马来西亚、新加坡、印度尼西亚、日本、加拿大、朝鲜等，以及其他东南亚、中东地区甚至部分欧洲国家，让中国的优质食品走出国门，持续为弘扬和传承美食文化而不懈奋斗！他走向世界的步伐，又迈进了一大步！

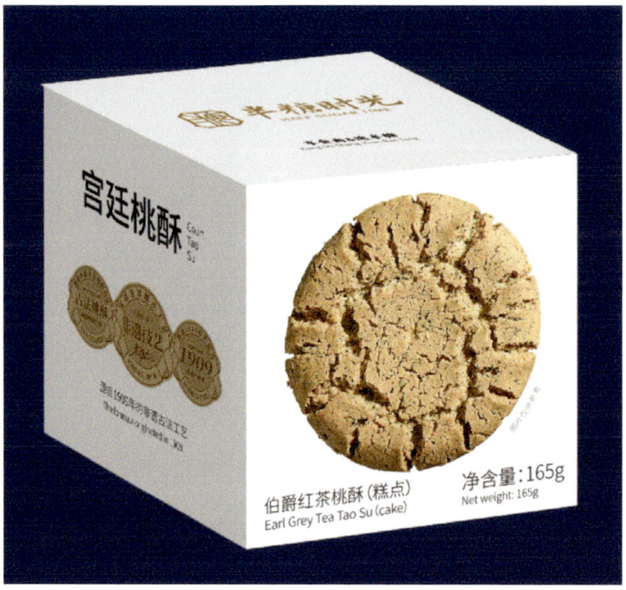

以匠心铸匠艺
成就食之骄子

时光流转，岁月变迁，时代曙光，璀璨如星；岁月匆匆，时光飞逝，霓虹璀璨，名利如云。梁广杰从未停止探索的脚步，他以纯粹之心浇灌梦想，怀揣一颗赤诚之心，守护着对中华美食的执着。在他看来，弘扬中国传统食品文化，让更多人领略食品文化的多元性，让全世界见证中华民族在各个领域的崛起，是展现中华精神的必由之路，也是他始终坚守的方向。

中华美食，凝聚了几千年来中国人民的智慧与情感，不同的美食蕴含着不同的历史和地域文化，彰显着各地独特的魅力。作为中华美食的传承者，梁广杰传承的不仅是宫廷糕点，还有祖上的“茯茶酱猪蹄”秘方。在传承的同时，梁广杰凭借多年积累的经验进行创新，他用24味香辛料依据二十四节气调配，结合不同产区的五种辣椒按五行、五味、五脏搭配，再佐以古丝绸之路神秘之茶“茯砖茶”入味，运用独创的低温慢炖、低温浸泡制作方法，打造出“有酱香、有茶香、有肉香，三香入魂；无腥味、无料味、无腻感，三无安心”的独特口感的“宫廷茯茶酱食技艺”。正因如此，他个人荣获“宫廷酱卤熏技艺功勋奖”，践行了他自己的诺言——“好的产品是会说话的，是可以和人沟通的，我们把魂注入了产品里面，食客在品尝时自然能够感受到。”

多年来，梁广杰精心经营着自己的事业，脚踏实地，稳步前行。他坚信做美食与人的成长道理相通，怀着一颗回报社会、奉献社会的无畏之心，在人生道路上砥砺前行。对内，他关爱员工、关怀同事，在员工需要帮助时及时伸出援手，让他们在这里感受到家的温暖。对外，他热心公益、回馈社会，积极开展扶贫济困活动，为需要帮助的弱势群体送去援助。2011年，他创立了中国狮子联会北京太和服务队，秉持“狮情悌爱、助人助己、服务永恒、太和天下”的服务宗旨，积极关注社会弱势群体，还以义工形式为海淀莎利文聋童康复中心、怀柔育才打工子弟学校提供服务，并前往张家口东万口乡中心小学等单位捐资助学。在2013年雅安大地震后，他亲赴灾区，为灾区筹集34万元善款。最终在中华人民共和国成立70周年之际，他被授予“新中国成立70周年勋章”。

无论是狂风巨浪还是平静海面，梁广杰始终在潮起潮落中释放出磅礴的力量向着无尽的辉煌进发。他勇往直前、熠熠生辉，始终坚守“创新、初心、善心”的理想信念。未来，梁广杰将继续率领团队披荆斩棘、展翅翱翔，以饱满的热情传承中华美食，在执着探索中奋勇前行，传承和弘扬博大精深的中华美食文化，相信他终将实现带领中华美食走向全球的宏伟目标！

黎靖

LI JING

知进建筑设计事务所创始人、著名设计师

知进建筑创立于 2017 年，是一家涵盖建筑、景观、室内以及产品设计、专业实践，关注不同尺度城市空间的设计事务所。在创始人——著名设计师黎靖的带领下，知进建筑设计事务所用内心的澎湃和灵感的迸发感知城市的温度，镌刻着时代印记，不断赋予建筑设计新的内容和时代特征，在成长与成功的互动中，保持与时代同呼吸；在变与不变之间，保持内心的对话。以线条和图纸为前行的武器，以尘土和轰鸣为奋斗的回响，在黎靖的带领下，知进建筑设计事务所用温暖的设计策略解决实际问题，为宜居空间吟唱柔软而知进的赞歌。

线条写意映匠心 缔造建筑吟赞歌

——访知进建筑设计事务所创始人、著名设计师黎靖

笃行者 事必成

建筑设计是一首哲理诗。在高山之巅、在大海之滨、在东方、在西方、在乡野、在城市、在远古、在现代，点缀着人类文明的沧海桑田。于细微之处深藏着空间美学的密码，在光影变幻间传递着如琢如磨的匠心，建筑设计师，带着深邃的建筑哲思和万千气象塑造出一座座或风姿独具，或庄严肃穆，或雍容华贵，或婉约灵动，或亲切宜人的建筑作品，以其独特的空间语言，讲述着一个个生动的故事；以其独特的艺术语言，熔铸、反映出一个时代、一个民族的审美追求。在建筑设计这一充满创意与挑战的行业领域，建筑设计师们不仅需要深厚的学术背景，更需要有敏锐的观察力、卓越的创新能力及精益求精的匠人精神。而知进建筑设计事务所创始人、著名设计师黎靖正是这样一位在建筑设计领域内熠熠生辉的杰出代表。他以高学历、丰富的实践经验和煊赫的成就，充分展现了他在建筑设计领域的专业性和非凡实力，并带领知进建筑设计事务所用脚步丈量大地，用耳朵聆听空间的心声，用内心感应时代的脉搏，在劈波斩浪中开拓前进，在披荆斩棘中开辟天地，赋予建筑以智慧，缔造城市之美。

黎靖，一个非常开朗、健谈的人，比起计划，更喜欢随性发挥，在16型人格中，他是名副其实的“建筑师”人格类型。“其实我的理性和感性（得分）挺平均的，可能偏感性一点吧。但我喜欢建筑师这个职业，我认为他们都是‘懂空间懂工程的艺术家’，能用才华为公众构建起一个独特的世界，同时，由于被授权、有责任塑造人们生活的环境，又应该足够善良、怀抱美好的愿景。”在长辈的影响下，黎靖从小就对空间设计和环艺设计有着浓厚的兴趣。虽然自小学习琴棋书画，但黎靖偏偏就对绘画更感兴趣。长大后，在老师的引导下，考入了清华大学美术学院艺术设计专业，后又前往美国克莱姆森建筑学院进修建筑学专业，获得了建筑学硕士学位，并在明星设计事务所任职。美国的留学经历以及在欧洲游学成为黎靖职业生涯中重要的一环，给黎靖带

来了很多学习成果和改变，让其拥有了更多创作风格。前期的建筑设计经验让黎靖后来的空间设计更加专业并做了非常好的铺垫。

每个行业总会有人离开，每个行业总会有人留下，每个行业总会有人在热爱着，黎靖属于后者。“故天将降大任于斯人，必先苦其心志，劳其筋骨，饿其体肤，空乏其身，行拂乱其所为，所以动心忍性，增益其所不能。”这段话适用于每一位建筑与空间设计师的成长历程，黎靖也不例外。设计师工作的难度和复杂度，使得他在职期间经受了艰苦的磨炼，但正是这深耕后努力的回报，使得黎靖真正地爱上了设计师这个职业。很多设计专业的学生离开学校投入工作以后，很容易沦为画图的机器，从而产生巨大的心理落差，质疑多年学习的意义，但黎靖仍坚持初心，刚毕业的他进入了一个很好的平台，那时无论任何任务，哪怕是设计一个景观的垃圾桶，都会全身心投入进去并非常开心地工作。当时领导对黎靖的反馈是目光有神、渴望创作。回忆起最初的成长经历，黎靖记忆犹新。

在黎靖看来，室内设计师身处一个复杂的领域，其不仅要了解本学科的知识，还要融会贯通其他学科领域的知识。优秀的室内设计师，通常都需要花费几年的时间，慢慢克服学科之间的鸿沟。凭借着对行业的热爱和天赋，黎靖将空间设计视为从一个场所开始探索世界的角度，认真了解一座城市的每一次呼吸、季节更替的韵律、一砖一石的风情……优秀的设计作品是带有设计者本身气质的，设计是聆听场地的低吟，是带入情感的回应，只有真正地探索所谓建筑与室内本质的东西，才能做出一些真正有意义、有价值的设计作品。

从建筑设计师到副主任建筑师再到建筑所所长、设计总监，每接触一个项目，都会让黎靖引发一些新的思考。带着新的思考，带着多年历练积累下的经验、扎实的建筑学基础、独特的美学熏陶、空间主义的思维方式、中国建筑的历史沉淀，2017 年，黎靖拥有了足够的经验、专业知识以及自己对行业的思考与想法。独立执业后，创办了知进建筑设计事务所。黎靖坚信空间的灵魂源自它所存在的场地与环境；空间的关怀来源于使用人群的体验与诉求；空间的品质来自设计施工的管理与协作，并力图在全球化的语境下诠释一种文化的平衡与突破。

用线条和材料成就建筑项目的形象、典雅的空间、时代的流动、组合的节律，在黎靖的带领下，知进建筑设计事务所完成了一座又一座“凝固的音乐”“立体的画”“无形的诗”，并获得了行业和社会广泛的认可。知进建筑设计事务所先后荣获了第八届筑巢奖公众类办公空间金奖、中国装饰设计奖（CBDA 设计奖）办公空间工程类设计金奖、意大利 A'DESIGN AWARD&COMPETITION 室内设计铜奖（全球范围）等，其“燃”综合运动场作品发表于意大利 DOMUS 杂志中文版。凭借着出色的表现和独特的创意，在中国装饰设计奖评审中（CBDA 设计奖），黎靖获得了装饰行业资深室内设计师的称号。

善建者 行无疆

过去，建筑是结构、是建造，是遮风挡雨和栖息的场所。如今，空间设计的含义早已超越了建筑物本身。可以说，新时代的建筑设计师创造技能与想象力对空间的再构，是对文化与时间沉淀之地的研究。建筑师，承担的是一个理解世界和空间的角色。执业的室内设计师，要具备协调商业价值、社会价值和美学价值的能力，以及协调建筑和其他专业的能力。相比“网红建筑师”，专业的设计师有勇气和能力投身于千头万绪的复杂事件中，在有限的预算、复杂的环境、苛刻的工期以及同种专业和需求的碰撞下，创造出优秀的解决方案，并付诸实施。

作为专业室内设计师，黎靖首先重视建筑的功能与商业以及价值的运作，对待资本，不全然抵抗，即所谓的实现设计的“经济基础”。黎靖团队一直在关注洞悉商业逻辑和空间的长期运营，优化空间和功能，实现人性化的使用体验，并有能力塑造出动人的情境，在兼顾商业价值的同时，讲述好空间的故事。

以第八届筑巢奖金奖作品为例。该项目位于大连市圣亚极地馆之中，原身是一个拥有二十多年历史的、兼顾动物展示与饲养功能的建筑。依据建筑特色，在“新”与“旧”的矛盾探索中，黎靖将空间的艺术价值与商业价值融会贯通，选择与蓝色形成对抗的橙色作为该作品的起点，并将其作为空间主色，以此形成意趣盎然的反差。延续着空间明快的情绪，黎靖以视野的开阔性拉近室内与室外的虚实距离，利用新型材料本身的特性做适度的设计，给进入空间的人一种体态轻盈且干脆利落之感。“我极力摒弃任何环节上的出位表达，从而使得整个设计情绪饱满、节制而富有空间张力。”

在黎靖的内心深处，他是一个匠人、一个创造者。他将他的人生专注于室内设计，视其为表达创造和制作热情的途径。黎靖坚信，建筑是人类生态的延伸，室内设计的宗旨在于对人产生有意义的影响，是塑造人们体验和影响生活的正面力量。因此，在进行公共活动球场的设计时，黎靖首先选用了经济实惠的材料，融合景观、建筑、平面设计、灯光设计等专业知识，以“闲置空地有效利用”为目的，历经多次实地勘察、灯光测试，终于在有限的空间内为城中村居民提供了一个绝佳的活动场地。“这是一个很跨界的设计，以至于它不能够被空间、三维或者景观的任何一个概念所定义，它的出现，就是以人的需求为目的，构造出宜居空间。”

无论是荣获第八届筑巢奖金奖的作品，还是难以被界定的跨界作品，黎靖始终都坚守一个设计理念，即好的设计，就必须有一种整体性思维，需要综合性地考虑建筑与自然景观、建成环境、气候地理、社会人文之间的多重关系，还要兼顾社会、经济、文化、治理等多重目标。设计不是在一张白纸上去画蓝图，而是一种在调整、平衡、协调基础上的一种环境新生，是所谓的中和位育、安所遂生。设计师要考虑到建筑所处位置的风、空气、自然光，考虑如何将建筑更好地融入自然环境中去。

百仕达小学改造

意大利车站速写

勇立者 谋新局

在黎靖的带领下，知进建筑设计事务所以“最大可能用空间满足人的需求”为理念，完成了诸多处于复杂城市环境中的建筑与室内设计和城市更新项目。如深圳龙华元芬村的78号楼公寓公区项目，知进建筑设计事务所以空间功能性为目的，在有限的区域内划分出路演、会客、酒吧、cafe，以及小型讨论区域，赋予了空间无限可能；北京西站候车区的商业店面项目以此“开放市集”与“记忆片段”作为空间的设计原点，营造出独属于高铁站的商业空间，根据不同业态设计出不同的空间模型；百仕达小学教师活动空间改造于百仕达小学首层的原有的食堂空间，利用层高优势，局部加建夹层，从而重新划分空间关系，通过一系列室内整合，提供一个复合型的活动空间，增进学校师生之间的动态交流；南京渠园微型建筑是充分利用有限的空间边界，让复合的休憩、便民、文化、园艺展示等功能充分而一体地、自然地在游历建筑的体验中完成，让小品建筑成为一种对当代景观建筑空间的新语言……

以一种立足城市、关注价值、坚守美学的开拓姿态，透过文化的重塑与推动，黎靖正带领着知进建筑设计事务所书写出属于这个时代的释义与畅想。从初出茅庐到成长为能独当一面的空间设计师，十余年时间里，黎靖是幸运的，在前辈的引领下完成了一个又一个令人难以置信的好项目；黎靖又是努力的，设计永无止境，他永远奔赴在设计场地，实地勘察每一处可以利用的空间，往深里挖掘，提炼更多想法，画更多图，做更多模型，完善更多的设计作品，以期每一个项目都能够完美落地。“虽然有时理想设计要为经济让步，但我仍然认为，空间设计师在某种程度上一半算是艺术家，一半算是工程师。”

时刻保持着对设计事业的热爱，时刻怀揣着对生活的热情，黎靖有很多兴趣爱好，工作之余，黎靖喜欢各种运动，比如游泳，在泳池里空气与水两种介质之间的转换带动着身心忙碌和放松的转变。在工作和生活中始终保持着对新事物的学习进取精神，目前黎靖也在学习AI，并已经开始使用，他认为设计师绝对不能故步自封，所有的工具和新事物，都是一种自我调节的方式。正是源于对设计事业的热情、对生活的热情，黎靖才能够带领着知进建筑设计事务所在建筑设计激烈的行业竞争中脱颖而出。市场面对的都是世界上最有才华、最富想法、最具智慧的空间设计师，为了赢得项目，会带着更强的激情以及更强的设计想法，只有保持热情，保持学习，富有抱负，最终才能勇攀高峰。

思考、想象、表达，用艺术对抗平庸，用灵感串联美好；捕捉、探寻、创造，打破一切桎梏，构建全新秩序。在时序的更替中前行，黎靖及其团队关于“用温暖的设计策略创造价值”的初心正一个接着一个拔地而起，充满故事内涵的空间被不断印证。在态度之上、在尺度之下，用实力打磨每一寸空间的黎靖，期待自己能够创作出载入史册的作品，在学术界占据一席之地，成为真正意义上的“设计大师”，建设出属于自己的“设计江湖”。

将艺术家与设计师的匠心不动声色地倾注于每一寸空间，将细心雕琢藏纳于每一寸毫厘，在黎靖的带领下，知进建筑设计事务所将以匠心打破艺术和生活的边界，重塑空间形态；以创新捕捉美学灵感与空间共鸣，建立起情感联结，构筑设计语境与时间的对话，用方寸天地，展现出关乎情感、艺术、文化设计的奥妙！

刘钜峰

LIU JU FENG

广西壮族自治区工艺美术大师、国家一级／高级技师

“人无癖不可交也，以其无深情也，以其无真气也。”观古今之雅士，多有所好，或倾心于自然之美，或陶醉于人文之韵。如陶渊明醉心于菊、周敦颐钟情于莲、司马光痴迷于墨、宗炳则心仪山水之游。而今，国家一级／高级技师、中国传统工艺美术师、广西壮族自治区工艺美术大师、桂林市工艺美术大师刘钜峰，亦醉心于雕刻技艺，十余载沉浸其中。其木雕作品，一动一静皆显神韵，一雕一琢皆含深意，而其温润如玉的质感与树木历经风霜的沧桑，又仿佛是历史的低语，引人穿越时光。刘钜峰借此涵养心性，使自我精神与生活艺术相互辉映，让古老的木雕艺术在新时代焕发出新的生机与活力。

木石人生：刀韵翩跹铸梦华

——访广西壮族自治区工艺美术大师、国家一级/高级技师刘钜峰

雕心刻骨 匠心赋美

时光宛若流淌的诗篇，在行坐之间悄然滑过，不觉间已走过了10余载春秋的轮回。对于刘钜峰而言，这10余年，仿佛是与雕刻共舞的一曲翩跹乐章，深深烙印在他的生命之中。回首往昔，雕刻与刘钜峰的相遇，似乎是上天特意安排的一场美妙邂逅。

幼时的刘钜峰，性格活泼灵动，时常展现出顽皮的一面，因此也没少受母亲的责罚。然而，在他那纯真的记忆中，母亲的身影总是那么高大而坚韧。母亲作为一名盐工，每日黎明即起，披星戴月，在炎炎烈日下不辞辛劳地搅拌着海水，忙于为生计奔波。即便忙碌至此，她仍时刻牵挂着刘钜峰的成长，用无尽的关爱和耐心陪伴着他。在刘钜峰身上，总能瞥见他母亲的影子—那份坚韧不拔的精神与对生活的执着热爱。

2007年，刘钜峰在福建故土的一次闲游中，偶然间邂逅了石雕艺术，那独特的魅力瞬间点燃了他内心的激情。幸得机缘，他拜入杨庆聪和李幼琴夫妇门下，开启了学习雕刻技艺的崭新篇章。4年后，刘钜峰踏上了桂林之旅，再次被那里的木根雕艺术深深吸引。那时的他，虽是一名从事数控编程的职场人，但对雕刻艺术保持着不懈的追求与热爱。他一边工作一边学习，用汗水和智慧浇灌着心中的艺术之花。时光荏苒，被桂林这座美丽的城市深深吸引的刘钜峰，在2016年决心定居于此，并全身心地投入木根雕艺术的创作之中。

古语有言："三人行，必有我师焉。"自投身艺术领域以来，刘钜峰始终怀揣着对艺术的深厚热爱，矢志不渝地在艺术道路上砥砺前行，不断探索创新。因此，当工作室迎来一群怀揣学习之心的木雕艺术学院的年轻人时，他并未以资深手艺人之姿自居，而是带着浓厚的兴趣向他们虚心求教，不断学习现代雕塑的先进理念，汲取学院派的理论知识和人体结构等精华，深入挖掘传统文化的精髓，去粗取精，不断充实自己的艺术内涵，在学习继承优良传统文化的过程中，不断突破传统框架，迈出新的步伐，为木雕艺术的发展注入了现代气息与时代精神。

看过刘钜峰的作品便知，他的作品多以传统文化为基底，融合个人独特的创作风格，善于以写实结合写意的艺术手法，将木质材料的天然特质展现得淋漓尽致，简化形而增加神，令每一件作品都充满了思想与内涵，灵动而不失层次，成功地将传统文化与现代艺术完美融合。2012年，他创作的石雕作品《济公》荣获了"百花玉缘杯"中国玉石雕精品奖银奖；2016年，他的木根雕作品《太极》斩获2016广西工艺美术作品"八桂天工奖"银奖；木根雕作品《八雅》《一心向佛》分别

荣获了第十二届中国（东阳）木雕竹编工艺美术博览会参展作品金奖、铜奖；2018年，更是刘钜峰艺术生涯的丰收之年，他的木根雕作品《茶禅一味》荣获了2018广西工艺美术作品“八桂天工奖”鼓励奖；木根雕作品《李时珍》则摘得2018“百花杯”中国工艺美术精品奖金奖；同年，他的木雕禅定作品《达摩》与《万世师表—孔子》分别荣获了“福雕奖”金奖与银奖；到了2022年，他的木根雕作品《顿悟》《万世师表》、木雕作品《党旗飘扬》更是荣获了二十大“自信自立，守正创新”精神暨第十届桂林市工艺美术展金奖、优秀奖以及红色精品奖。这些荣誉的获得，不仅是对他艺术成就的肯定，更是对他不断追求创新、传承文化精神的崇高赞誉。

艺境无垠 传承无界

兴趣如同一盏明灯，照亮了前行的道路，而热爱则化作源源不断的动力，推动着刘钜峰在艺术殿堂中砥砺前行。他从未想过，竟会获得如此辉煌的成就。于他而言，这一切皆是兴趣的驱使、是艺术的追求、是过去的积淀，亦是未来的憧憬。这些头衔与荣誉，既是意料之外的惊喜，亦是肩上沉甸甸的责任与担当。

回顾坚守创作之路上的点点滴滴，刘钜峰感慨良多。在疫情的阴霾笼罩之下，工作室一度沉寂数月，然而他面临的最大挑战并非生活上的困顿，而是内心的挣扎与煎熬。突如其来的困境如同一股洪流，将他卷入了无尽的漩涡之中，周围质疑之声如潮水般涌来，同行纷纷改弦更张，另觅前程。刘钜峰也曾试图投身其他领域，以缓解艺术之路的艰辛。然而，他的心早已与木雕事业融为一体，灵魂深处亦充斥着对艺术的热爱与执着。对于其他工作，他始终无法提起兴致，热情仿佛被冰封般沉寂。

经历了几个月的尝试与挣扎，刘钜峰终于明白，自己的归宿只能是那间充满着木屑与创意的工作室。于是，他毅然决然地舍弃了外界的诱惑，重返心爱的创作之地。如同一名孤独的探险家，刘钜峰深入人体结构的奥秘之中，不断钻研、探索，打磨自己的技艺。这种近乎自我封闭的修炼状态，伴随着经济的困顿，持续了整整一年半时间。直至2021年年中，受协会会长的盛情邀请与鼓励，刘钜峰始得行业真谛，方知自己所投之热忱，并非个人情怀所系，更关乎着文化传承之大计（文化断层现象尤为严重）。

《禅定》融合传统木雕与现代雕塑的达摩像。以具象的形式雕琢达摩脸部和禅宗单掌礼！保留木质的温度和电锯痕迹！具象与意象结合，简化了形却增加了神。

《割耳后的凡·高》即兴而作，通过劈锯撕扯粗厚和单纯的手法解读智慧与灵气的凡·高，对作品的凝视看出他不被认同的孤独及生前画作纵情的表现自我！

《自在逍遥》用红心樟风化骨心料以根雕的技法刻画庄周梦蝶的形象，借保留原料大部分的自然结构肌理表达庄子在精神上向往的自在逍遥！

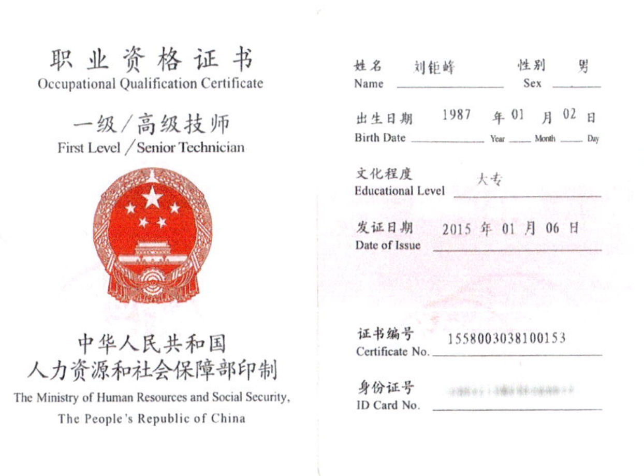
职业资格证书
Occupational Qualification Certificate
一级/高级技师
First Level / Senior Technician
中华人民共和国
人力资源和社会保障部印制
The Ministry of Human Resources and Social Security,
The People's Republic of China

姓名 Name 刘钜峰 性别 Sex 男
出生日期 Birth Date 1987 年 Year 01 月 Month 02 日 Day
文化程度 Educational Level 大专
发证日期 Date of Issue 2015 年 01 月 06 日
证书编号 Certificate No. 1558003038100153
身份证号 ID Card No.

中国民族民间工艺美术家协会
CAEFA
荣誉证书
Certificate of Honor

刘钜峰先生：
中国传统工艺美术大师评选工作领导小组经过预选、初评、复评、公示，决定授予您为“中国传统工艺美术大师”荣誉称号。
特颁此证
中国民族民间工艺美术家协会
二〇一七年六月十三日

在他看来，艺术创作绝非商业化、产业化的产物，唯有源自内心深处的动力，方能创作出富有灵性之佳作。其所带学徒，年纪最幼者仅19岁，刘钜峰常谆谆教诲，探询其志趣所在，以及未来10年、20年的职业规划。他认为，技艺之基础固然易得，然观念之形成却殊为难能。遗憾的是，当下许多人仅将木雕视作偏商品化的赚钱工具，未能潜心钻研，匠心独运地打磨自身的风格与技艺。此等观念之本质冲撞，实则文化传承之核心所在。

自此以后，刘钜峰矢志弥坚，决心“一条路走到黑”，矢志不渝地坚守着自己的木雕艺术之路。他感叹道：“手艺或许有断绝之日，但传统文化之脉络，却绝不容许断裂。无论以何种方式传承下去，文化之根须得以绵延不绝。”在刘钜峰看来，物品本身并无固定之价值，也无明确之边界；技艺亦然，无高低贵贱之分。唯有当这些物品与技艺承载起深厚的文化内涵，历经千年而传承不息、愉悦大众心灵之时，方显其存在的真正价值与宿命。

静水流深 诗韵求索

从艺近20载，刘钜峰不停地探究艺术的表现形式该是如何，是形而上？或是形而下？而今，他笃信：艺术来源于生活，终又回归于生活！生活中的点滴细微之处，皆蕴藏着无尽之美，而他矢志将自己的艺术创作融入其中，使作品更加贴近大众、融入平民生活，从而弘扬传统文化，引领着更多人领略其独特魅力。

在众多展览的历练中，刘钜峰越发坚定地认为：大众对艺术作品的陌生与疏离，实则是缺乏接触与了解的机会。因此，他欣慰于自己的作品能够走入寻常百姓家，装点他们的生活空间，帮助他们愉悦身心、放松自我，总是为此趣味盎然，不知厌倦，也永远不会有终点……只因他知道，

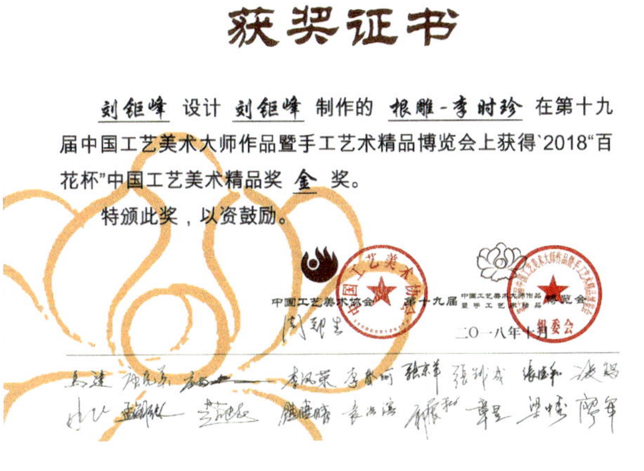
获奖证书
刘钜峰 设计 刘钜峰 制作的 根雕-李时珍 在第十九届中国工艺美术大师作品暨手工艺术精品博览会上获得“2018“百花杯”中国工艺美术精品奖 金 奖。
特颁此奖，以资鼓励。
中国工艺美术协会 第十九届中国工艺美术大师作品暨手工艺术精品博览会组委会
二〇一八年十一月

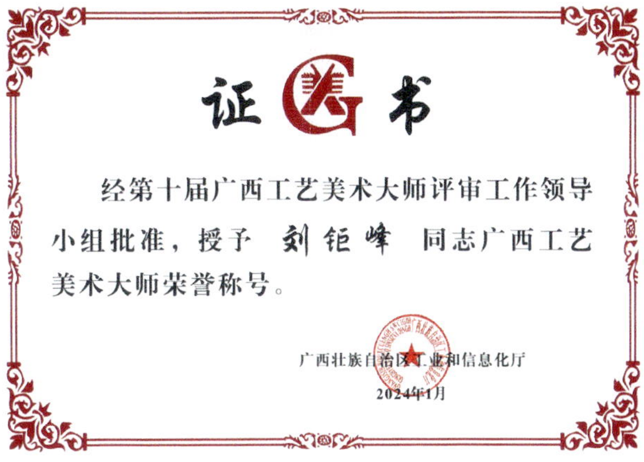
证书
经第十届广西工艺美术大师评审工作领导小组批准，授予 刘钜峰 同志广西工艺美术大师荣誉称号。
广西壮族自治区工业和信息化厅
2024年1月

艺术的价值不仅在于其高远的追求，更在于其能够触动人心，让生活因此而变得更加美好。

他的性格率真而深沉，专心致志于艺术创作之道，毫无世俗框架之羁绊，宛若一只翱翔于苍穹的雄鹰，充满未知与无限可能。在刘钜峰的艺术天地里，木根雕与石雕技术能绽放出自然之韵味，盆景洋溢着盎然生机，气排球则成为他生活中别具一格的调味品。他敢于挑战常规，甚至敢于设想将活体树木融入雕刻之中，展现出了一种别开生面的艺术创新。除艺术外，在刘钜峰的生活中还有很多兴趣爱好，他把这些都称为“玩”，他的艺术与人生之路不是沉甸甸的，相反是充满幸福的、快乐的、浪漫的、洒脱的人生哲理。

品茗观景、畅谈于天地之间，他悠然自得，尽享艺术创作之乐趣。他深知，作为艺术创作者，自己不仅是美的传播者，更是审美境界的开拓者与引领者。因此，他不断追求更高的审美境界，让自己的作品与时俱进，焕发出新的生命力与魅力。在他的精神世界里，他自由翱翔，随心而动，随性而起。他行走于天地之间，肩负着万里山河的厚重与深沉，细心品味着生命中的每一刻美好瞬间，将它们珍藏于心底，化为创作的灵感与源泉。

“路漫漫其修远兮，吾将上下而求索。”对于刘钜峰而言，从艺之路是一生求索的“取经路”，充满了无数挑战与机遇；亦是一次次寻求跨越的“再出发”，深藏着对艺术之路的无尽执着；更是奔赴一生的“文化根”，深扎于深厚的华夏文明的沃土之中，生生不息！

百鹤杯

第四届“百鹤杯”工艺美术设计创新大赛

获奖证书

刘钜峰：

您的作品 自在逍遥

在第四届“百鹤杯”工艺美术设计创新大赛中，

荣获 百鹤新锐奖

特颁此证 以资鼓励！

第四届中国工艺美术博览会组委会

（代章）

二〇二四年五月

NO. 2024-1-T122

王德露

WANG DE LU

福建泉州市永露茶业有限公司董事长

中国不仅是茶的故乡，也是茶文化的发源地，素有礼仪之邦的称谓。茶是中华民族的举国之饮，发于神农、闻于鲁周公、兴于唐朝、盛于宋代，普及于明清之时。茶文化是茶艺与精神的结合，通过茶艺来表现精神。茶文化的精神内涵即通过沏茶、赏茶、闻茶、饮茶、品茶等习惯和中华的文化内涵相结合，形成一种具有鲜明中国文化特征的文化现象。在长期的历史发展中，茶礼作为中国社会的道德规范和生活准则，对中华民族精神素质修养发挥了重要作用。中国人对茶的熟悉，上至帝王将相、文人墨客、诸子百家；下至贩夫走卒、平民百姓，无不以茶为好。目前，茶已经成为全世界最大众化、最受欢迎、最有益于身心健康的饮品。

古韵盎然制仙芽 匠心独运传国粹

——访福建泉州市永露茶业有限公司董事长王德露

筚路蓝缕 敬业笃行

王德露传承福建乌龙茶的制作技艺是福建省第四批非物质文化遗产保护项目《福建乌龙茶制作技艺（永春佛手茶）》的代表性传承人。为更好地传承与弘扬永春佛手茶制作技艺，他创办了福建泉州市永露茶业有限公司，采用历史悠久的古法制茶工艺与一丝不苟的加工方式，数十年如一日地坚持精心制作永春佛手茶。古法制茶工艺经过世代传承，形成了一套系统完备的知识体系、广泛深入的社会基础、成熟发达的传统技艺、种类丰富的手工制品，不仅促进了世界文明的交流互鉴，也在人类社会可持续发展中发挥了重要作用。王德露以永春佛手茶的古法技艺传承为己任，志在将这一非物质文化遗产发扬光大，为中华优秀传统文化的发展贡献力量。

“茶之为饮，发乎神农氏”，中国的制茶工艺流传至今已相当成熟，不仅涉及茶园管理、茶叶采摘、茶的手工制作，还涉及茶的饮用、知识的分享、技艺和实践。在中国人的生活中，饮茶既是民众的日常习惯，也是相关仪式节气活动的重要内容。中国传统制茶技艺及其相关习俗涉及的非遗领域包括社会实践、仪式和节庆活动、传统手工艺等。制茶师掌握了制茶的专门知识和核心技艺，带徒授艺，对该非遗项目的传承和发展负有特殊责任，主要通过家族传承、师徒传承和社区传承等传统方式进行传承，并与正规教育相融合。王德露传承祖艺，立志要做一位优秀的制茶师。他学习研究永春佛手茶的制作工艺，精益求精，笃学敏行，将创办的福建泉州市永露茶业发展成为享誉全国的知名企业。

永春佛手茶的历史最早可以追溯至北宋时期，开基祖王廿一的两个儿子长子王添义和次子王添成在东熙里（今苏杭镇东坑村）看见茶叶叶面大，肥厚。于是，王添成取名为大叶茶，王添义取名为佛手茶，两人争执不下，最后由佛公（今为金阙大夫）来确定，因王添义掷得三次圣杯，遂定名为佛手茶。明朝宰相李九我游学至此，与佛手茶结下了不解之缘。至清朝康熙年间，永春乡贤王大兴推荐佛手茶，皇帝饮后赞不绝口，遂将其定位为御茶，佛手茶也因此得到了大范围普及。

永春佛手简称“佛手茶”，是“中国申奥第一茶”，又名香橼种、雪梨，其成品茶条紧结肥壮、卷曲，色泽砂绿乌润、香浓锐、味甘厚、耐冲泡、汤色橙黄清澈；冲泡时馥郁幽芳、冉冉飘逸，好似佛手、香橼等佳果所散发出来的绵绵幽香，沁人心脾。永春佛手的产地位于福建省永春

县苏坑镇东坑村，地处戴云山南麓，海拔950多米，雾雨连绵、不见天日，昼夜温差较大，因此适宜佛手的生长，其所产的永露佛手茶叶嫩绿肥硕，被授予非物质文化遗产生产性保护示范基地的称号。

1979年，王德露在此地创立了福建泉州市永露茶业有限公司，发展成为兼具永春佛手茶的生产、加工、销售、非遗传承、茶文化传播的重点龙头企业。“注重茶叶的质量安全，促进传统工艺的保护和回归，才能让全世界人民喝到中国的放心茶，温性阳火茶。”王德露如是说。

“永露佛手”茶源于高山自然种植，产品质量安全可靠。佛手茶树有五个品种，每年只采春茶，其余三季涵养保护。遵循唐宋古法制作工艺，专用荔枝木炭长时间阳火温控烘焙，而后存入陶缸有氧发酵回炉，再发酵再静醒往返数次，去杂存精，使佛手茶有效成分得到完美保存，返璞工艺之妙，归宗乌龙之本，堪称中国乌龙茶之佳品。永春佛手茶制作技艺荣获国家发明专利，入选东南亚中华医药研究会学术研讨会指定产品，福建省非物质文化遗产保护项目【《福建乌龙茶制作技艺（永春佛手茶）》】代表性传承人。

“永露佛手”茶富含黄酮素类物质、多种维生素、茶氨酸、活性酶及多种微量元素。具有独特雪梨香韵，兼具红茶醇韵、岩茶浓韵和普洱茶厚意，回味浓长且悠远。借鉴民间传统食疗方法，独创“永露佛手＋”，对消食健脾、疏肝利胆、清热解毒、软坚化瘀和抗动脉硬化有明显的辅助功效。“永露佛手”由于茶年份不同，因此功效各异。晨饮隔夜佛手茶添加热开水数月，有助于降血糖、降尿酸、降血压、减少脂肪，健身康体，延年益寿。尊享“藏品抵黄金”美誉，值得康养者收藏增值。

初心如磐 履践致远

耐得住寂寞，坐得了冷板凳，是传承中华优秀传统文化所需要的优秀品质。王德露自传承永露佛手茶制作工艺以来，以择一事终一生的执着专注、干一行钻一行的精益求精、偏毫厘不敢安的一丝不苟、千万锤成一器的卓越追求，不断创新精进佛手茶的制法，革故鼎新、别出心裁，在最大限度保留佛手茶药效的基础上改进茶的味道，创制出香味醇厚的陈年佛手茶。

得益于王德露不断改良配方、守正创新，永露佛手茶的制作工艺受到了国家的重视。自2018年开始，永露佛手茶制作技艺荣获国家发明专利1项，国家实用新型专利18项。十二届全国政协副主席、全国政协十三届副主席、台盟中央主席苏辉（现任十四全国政协副主席、台盟中央主席）分别于2011年4月、2017年5月先后莅临永露茶业有限公司视察工作；福建省原省长胡平于2012年会见王德露；郑建闽、江尔雄、黄琪玉等省部级领导莅临现场指导，永露佛手茶得到了充分的肯定。此外，永露佛手茶也入选东南亚中华医药研究会学术研讨会指定专用产品。

中国永春佛手茶人 王德露多次获邀携永露佛手茶晋京参加国庆招待会

王德露作为一位成功的企业家，他始终没有忘记自己的社会责任，用实际行动传递爱心与温暖，为更多人带来希望与力量。成功之后，王德露始终热心公益，多次以茶赞助各种公益活动。永露茶业公司曾赞助在福建老干部活动中心举办的省直老干部新春围棋赛，开幕式上，高龄省直老干部围城沈继武先生在致辞中，阐述了茶文化与围棋文化之间的历史渊源及现实意义，寄望茶棋文化能相辅相成、相得益彰，共同推动中华优秀文化的传承与发展；协会主席吴锦荣先生代表协会向永露茶业有限公司赠送了“永德露芯”为题的书法作品，该题字嵌入了永露公司及其负责人王德露的名字，意在称赞他茶品、人品双馨。

茶和天下，包容并蓄。茶起源于中国，盛行于世界，2022年，“中国传统制茶技艺及其相关习俗”被列入联合国教科文组织人类非物质文化遗产代表作名录，这成为中国传统制茶技艺传承与发展的里程碑，对拓展民众对茶文化、茶叶相关知识的认知、深化民众对中华文化发源发展的认识，凝聚中华民族多元一体的文化认同，坚定中国人民的文化自信度具有重要意义。

以茶载道，德艺双馨。王德露对茶道有着自己独到的见解。他认为，要做好一件事不难，难的是将事情做好，引申到制茶之道，就是做茶容易，难的是坚持做好茶不容易。制茶要对大自然常怀敬畏之心，一丝不苟、精益求精，做好人、做好茶。正是因为王德露的这种“钻研”精神，才于2011年荣获了“全国信用之星”的荣誉称号。即使获得了众多荣誉，他却依旧保持着谦卑之心，不骄不躁，传承“非遗”，制好“佛手茶”，共享“零农残留”的“永露佛手茶”。当谈到对永春佛手茶制作工艺的传承与弘扬，王德露说道：“我希望开设非遗馆，将这门手艺传承下去，整合资源，传播技术，促进共同发展。”

“永露佛手，绚丽浓郁；出品惊艳，如识佳人；再尝怡神，似遇故知；深饮情至，引为知音”，

2012年4月7日，莅临泉州市永露茶业有限公司视察

全国政协副主席苏辉莅临福建泉州市永露茶业有限公司视察

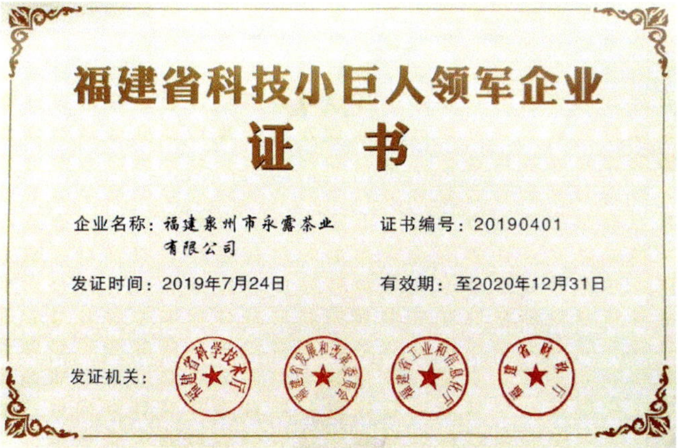

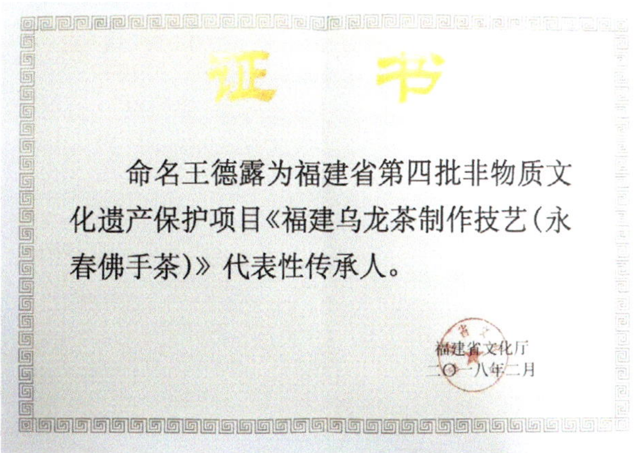

王德露笃实专一、心无旁骛、久久为功、善作善成，以心传承，以魂塑造，以匠心传承工匠精神、以匠心展现工匠本色。未来，相信在他的不懈努力下，永春佛手茶的古法技艺将得以永续传承，中华优秀传统文化也将得以发扬！

胡泊

HU BO

景德镇御色和御舌陶瓷品牌创始人兼艺术总监、景德镇高温颜色釉非物质文化传承人

红，如他生命里不息的热血，构筑起他坚韧不拔的艺术灵魂。穿梭于陶瓷艺术的殿堂之中，胡泊倾注了20余载的激情与汗水。他是热血奔涌、技艺非凡的国家一级技师，也是沉稳深邃、备受尊崇的江西省工艺美术师，还是历经风霜、矢志不渝的景德镇高温颜色釉与梭式窑烧制技艺传承人，同时是景德镇十大杰出景漂青年。他精通书法绘画，擅长造型设计，熟稔烧窑配釉，每一道工序都凝聚着他的智慧与匠心。在高温颜色釉的绚丽多姿中，在梭式窑烧制的独特魅力里，胡泊立志践行延续责任，肩负发展使命，赓续不变初心，传承师者精神！

瓷韵匠心映千秋 风华绝代传世间

——访景德镇御色和御舌陶瓷品牌创始人兼艺术总监、景德镇高温颜色釉非物质文化传承人胡泊

皴裂泥土间

观世间百态，览万物纷呈，悟自身之道，瓷器之于湖泊，实乃浑然天成之佳作。

胡泊，出生于重庆乡村的一户寻常人家。在外人眼里，重庆人都有一股“蛮劲儿”，胡泊也不例外。那原汁原味的农村生活，恬静清净的日常风光以及层峦叠翠的山川城貌，造就了胡泊不一样的陶瓷风韵。想来，这就是大山深处的孩子身上与生俱来的天赋与资本。

身处他成长的那个年代，“万般皆下品，唯有读书高”是大山深处孩子通向外界的康庄大道。父母亦时常教诲他，须得吃苦耐劳，坚持不懈，做那山中奋力攀缘的藤蔓，终能触及那曾经遥不可及的天空。得益于父母“一技之长”的悉心传授，胡泊先后在景德镇学院与陶瓷大学深造，专攻陶瓷美术设计之道，深入探究陶瓷艺术的奥秘与精髓。他追随国家级陶瓷颜色釉专家李非柳大师学习，后又幸得王炳山教授、王安维教授、陆涛教授、汪开潮教授的倾囊相授，在书法、绘画、颜色釉等领域颇具造诣。

2008年，怀揣着对陶瓷艺术的深深眷恋，胡泊重返瓷都景德镇。在那里，他与爱人童子芸共同创建了“御色”陶瓷工作室，并相继推出“御色”“古御”“御舌”三大陶瓷品牌，以匠心独运的艺术作品诠释着中华陶瓷文化的深厚内涵。值得一提的是，胡泊与童子芸是青梅竹马，都是陶瓷艺术家，而且童子芸还是景德镇窑神童宾的后人，这是中国文化的一脉传承。

20余年时光荏苒，胡泊矢志不渝地投身于陶瓷艺术的研习与创新之中，致力于发扬光大这一传统技艺。他深究陶瓷工艺的千年奥秘，熔古铸今，对高岭土和釉料配方进行深入研究与推陈出新，力求将传统技艺的精髓传承下去并发扬光大；他将品牌的真谛诠释为一份认真负责、精益求精的匠心独运的精神，而非对于名利的浅薄追求；他耕耘于杏坛之上、小学校园之中，传道授业，解惑答疑，广收门徒，将其深厚的陶瓷技艺与知识倾囊相授，为陶瓷艺术界的发展注入源源不断的新生力量。尤为可贵的是，胡泊广结艺缘，积极策划陶瓷研学盛会，汇聚四方陶瓷爱好者于御色之门，与各地知名艺术家共襄盛举，相互切磋琢磨，携手共绘陶瓷文化的璀璨未来。

岁月流转，犹如长河不息，昔日的“御色”陶瓷工作室，早已不再是曾经的那一方小小天地，而是破茧成蝶，蜕变为一处规模宏伟、气宇轩昂的陶瓷研发圣地与实体艺术殿堂，向社会传递象征着积极向上之心的作品。而胡泊，亦成为景德镇首位运用“梭式窑”技术将失传已久的高温珍贵色釉（如釉里红、美人醉、霁红釉、郎窑红、洒蓝釉、柴烧黑等）重新烧制成功的陶瓷工艺师。2015年，“御色”品牌荣耀加冕，荣获了景德镇十大最佳人气品牌殊荣，其推出的陶瓷佳作，不仅在国内广受欢迎，更跨越山海，远销海外，成为中华陶瓷文化的一张璀璨名片。

釉彩映日月

御者，象征宫廷之尊荣与高远，亦喻示着匠人之精湛技艺，得以驾驭陶瓷艺术之巅峰。色者，乃生命之丰富多彩，其境界远超单纯绘画与艺术视角，除需对材质之精研、绘画语言之领悟，更需工艺之熟练与精湛。在胡泊和“御色”的世界里，每一件作品，皆是思想与技艺之结晶，既是对古老文明的虔诚传承，又是对其绚烂多彩的生动展现，亦是对未来世界的美好期许，如同一部浓缩了华夏文明的史诗，经久不衰。

如美人醉般风情万种，“御色”陶瓷承袭官窑古法的深邃精髓，倾尽心血，历经千辛万苦，终于打破美人醉无法制作大件的陈规旧制，成功烧制出史无前例的大型器物，堪称陶瓷艺术的巅峰之作；霁红之瑰丽同样非凡，其烧制过程汇聚了原矿釉水、稀土瓷泥、精密工艺与高温窑烧的精髓，四者缺一不可，因此成品率极低，更显其珍稀与尊贵。而“御色”陶瓷则汲取历代匠人的智慧结晶，推陈出新，将霁红的独特魅力完美地呈现于当代，其色泽深邃如宝石般璀璨，展现出了无与伦比的艺术魅力。

釉里红的技艺同样精湛，需在高达1315摄氏度的高温中千锤百炼。所绘画面色彩斑斓、丰富多样，尤其是缠枝莲、鱼藻纹、婴戏图等图案，栩栩如生，令人叹为观止。其精湛的技艺与卓越的品质，无疑是陶瓷艺术中的瑰宝。至于郎窑红，更是享有“世上朱砂难相比，西方宝石亦难同”的皇家美誉，足见其珍稀程度。而“御色”陶瓷勇于突破传统工艺的限制，于2009年成功复烧郎窑红，并将烧制温度提升至1330摄氏度之高，使其色泽更加艳丽动人，犹如烈火中绽放的玫瑰，

光彩夺目，令人陶醉。

其中，作品《郎窑红禅定杯》色彩璀璨夺目，红艳若焰，恍如烈焰中盛放的玫瑰，绚烂至极而又不失雅致。其釉面玻璃质感极强，脱口垂足而釉不流，犹如玉液琼浆凝固于杯盏之间，彰显出非凡的艺术魅力。此杯自问世以来，便频繁亮相于各大展会之上，每一次惊艳亮相，都令观众念念不忘，其美名亦随之远扬。2016年于首届中国陶瓷茶具产品及设计大赛中，《郎窑红禅定杯》凭借其独树一帜的艺术风格与精湛的制瓷技艺荣膺银奖，彰显了其在陶瓷艺术领域的不俗实力。

而胡泊的另一力作——美人醉系列，更是将瓷韵之美发挥得淋漓尽致。2021年，胡泊所创的《美人醉盖罐》，以其别具一格的艺术魅力，荣登景德镇中国陶瓷博物馆之珍藏之列，成为馆中熠熠生辉的璀璨明珠。翌年，胡泊倾注心血所制的《美人醉套组茶具》，再度斩获殊荣，在中国工艺美术协会举办的陶瓷茶具大赛中荣获2023年度金奖，所获成就令人瞩目。

万物皆可化为创作之源，其界限无边，而真正的精髓在于那一颗持续磨砺的艺术之心。自2005年起，胡泊的艺术之路便满载荣誉，其佳作纷呈，屡获殊荣。陶瓷杰作《久远·亘古的耕耘》在全国第二届陶瓷艺术作品展中荣获金奖，并被中国美术馆珍藏；其传统综合装饰脸谱花瓶《岁月》在景德镇“唐英杯”第七届陶瓷美术百花奖中荣获二等奖。

然而，对于胡泊而言，这些荣誉并非终点，而是新的起点，更赋予了他深深地责任感和使命感。他始终秉持着“德要配位”的信念，不断努力提升自己的艺术修养与创作水平，以期对得起身上的这份光环。因为他深知，这份光环或许也是别人在黑暗中所需的一缕微弱光芒，能够为他们带来希望和勇气。

文思绘长卷

景德镇瓷器瑰丽多姿，虽因历史的流转与技艺传承的艰难，众多珍贵高温色釉技艺逐渐湮灭于岁月的长河中，令人扼腕叹息。但在遗憾之余，亦有一线生机与希望悄然绽放。幸有胡泊等匠人，他们怀揣对陶瓷艺术的热爱与执着信念，不畏艰险，精益求精，投身于传承与创新的大潮之中。

追溯胡泊的陶瓷艺术之旅，自他立志复烧景德镇失传已久的高温珍贵色釉之日起，便昭示着他踏上了一条非凡的艺术追求之路。铜红釉的烧制技艺堪称瓷器烧制中的极致挑战，因铜离子在瓷器中的氧化铜状态下表现出极度的活跃性，其烧制过程对技艺的要求严苛至极。从原材料的精选到配方的精细调配，从制作工艺的严谨把控到火候的微妙掌控，每一个环节都需达到极致的精准与和谐。故而，景德镇流传着这样一句俗语：“要想穷，就烧红。”胡泊深知这一挑战背后的艰难与风险，但却也敏锐地洞察到了其中蕴含的无限机遇，毅然地踏上了这条探索之路。

然而，创业的道路从来都不是一帆风顺的。在胡泊的陶瓷艺术之旅初期，他曾接过一个颇具挑战性的单子——霁红釉的烧制。当时，景德镇的传统技艺尚未将霁红釉成功应用于实用器物之

上，而当时胡泊的技术也尚显稚嫩。经过一番努力，他们最终未能按时交付客户实物，所有的投入都化为乌有。这次失败对于本已陷入经济困境的胡泊来说，无疑是雪上加霜，他的期望在残酷的现实面前几乎破灭殆尽。

常言道："失败乃成功之母。"正是一次次失败的磨砺，让胡泊在艺术道路上更加精进，对陶瓷技艺的掌控越发炉火纯青。新冠疫情防控期间，封城之令使得整个城市陷入沉寂，然而对于胡泊而言，这却是一个难得的静心钻研的契机。他紧紧把握住那一个月的时间，专心致志地投入烧红的技艺中，日复一日，不懈探索。有了先前失败经验的深厚积淀，胡泊在后续的烧制过程中显得越发自如从容。他巧妙地运用火候，精准地掌控材料的变化，每一次尝试都更靠近成功的彼岸。终于，在一次次的尝试与摸索中，胡泊成功地烧制出了大件作品，为整个陶瓷艺术行业带来了一次创新突破。

成功之高度，并非在于荣耀的多少，而在于跨越失败之深渊。彼时，那漫漫长夜中的微弱明灯，虽藏匿于墨色的深邃之中，并不显赫炫目，然则，正是这一缕微不足道的光明，却足以照亮胡泊探寻失传色釉的荆棘之路，引领着他攀越至陶瓷艺术的巅峰之境。也正因如此，历经风雨洗礼后的湖泊更显得淡泊名利，宛若幽谷之菊，遗世而独立；又如峭壁之松，屹立不倒。闲暇之余，他更懂得品味生活之中的点滴韵味，或品茗赏味，或摄影捕捉美好瞬间，或运动挥洒汗水，更将禅意融入生活瓷器的创作中，以原创艺术生活瓷为媒介，传递着那份独特的禅意与生活的美好。

择一事而矢志不渝，终一生以精研深耕，于岁月匆匆中探寻长路漫漫之底蕴，此为人生的最佳坚守，亦为当代社会最为渴求的艺术境界。胡泊曾言："若凡事皆怀功利之心而行，则其中所蕴含的经历与故事，必将失却其本真的精彩与动人。"想来，艺术之道，贵在心怀纯净，不为浮名所累，贵在坚持不懈，方能洞悉其内在之精妙与博大！

刘若翾

LIU RUO XUAN

翾瑜伽创始人

与很多头部瑜伽工作室相比，翾瑜伽在成长之路上的开拓并不算激进。从2016年成立至今，总共仅开设了4家门店，但从当下来看，翾瑜伽正经历着前所未有的扩张，也代表着瑜伽健身即将进入的下一个时代。从最初“小作坊”式瑜伽工作室，翾瑜伽在创始人刘若翾的引领下，已经度过了8年的风雨历程，成为当地独树一帜的高端女性瑜伽及运动健康品牌，业务涵盖了精品概念品牌、瑜伽教练培训、普拉提教练培训、女性创业咨询等服务。秉承着“通过瑜伽为家庭送去幸福”的品牌理念和使命，翾瑜伽将在刘若翾的带领下，基于瑜伽的疗愈力量，鼓励女性由内而外地修行，在回归自然状态探寻生命本源的同时，助力女性开拓出一片广阔的新天地。

疗愈身心寻自在 发力健康新品牌

——访翾瑜伽创始人刘若翾

柳暗花明 热爱可越山海

瑜伽起源于古印度。"瑜伽"一词取自《梨俱吠陀》中的词根"Yun"，意为"连接、联合、合一"。2000多年前，瑜伽的思想和方法随佛教一起传入中国。然而，直到1985年中央电视台播出的张蕙兰瑜伽系列节目风靡一时，瑜伽才以强身健体的方式进入中国大众的视野。进入21世纪，瑜伽在中国大规模地快速发展。据不完全统计，目前中国有瑜伽馆、瑜伽工作室超过15万家，瑜伽老师50万人，瑜伽习练者5000余万人。随着网络平台的兴起，瑜伽通过互联网传播得更加广泛、迅猛。然而，随着行业规模的快速发展，瑜伽市场也出现了一些状况，例如，教练行业普及瑜伽哲学方面书籍较少，教练的水平参差不齐，习练者过度关注体式造成身体损伤等。可以说，中国瑜伽市场亟须规范。"我希望在翾瑜伽的带动下，培养出更多瑜伽行业理论素养与实践技能兼备的专业人才，以解决中国瑜伽专业师资匮乏的问题，努力推动瑜伽产业的健康发展。"翾瑜伽创始人刘若翾坚定地说道。

2014年，还是企业人力资源师的刘若翾在闺蜜的带动下，走进了瑜伽教室，体验了人生中的第一节瑜伽课。在宁静的空间中，刘若翾静静地感受着瑜伽带来的身心治愈，让每一次呼吸成为与身体之间的深度对话，让每一个体式都成为内心声音的传达。在瑜伽的世界里，刘若翾寻找到了平衡的力量，更收获了内心的宁静与平和，从此便一发不可收地爱上了瑜伽，并下定决心，成为一名瑜伽老师。从第一次踏进瑜伽教室到加入全国最大的瑜伽培训学院，对于刘若翾来说，仅仅用了不到一年时间。

心有所向，意有所念。即使培训学习占据了刘若翾一天中的大部分时间，超强度的训练也使得身体用酸痛表达抗议，但刘若翾对瑜伽的热爱仍令她心甘情愿的快马扬帆于前行之路上，用坚定的信念与纯粹的热爱点燃瑜伽事业的焰火。"刚开始的时候，由于自己身体僵硬等原因，训练得十分痛苦，每天练习都痛得龇牙咧嘴，眼泪、汗水、鼻涕分不清地流。"刘若翾笑道，"不过从小我就体弱多病，经常喜欢睡觉。直到在学习瑜伽后的某一天，我突然发现，睡觉也变成了可有可无的事情。"

瑜伽学习的难忘经历对刘若翾产生了深远的影响：作为老师，要用同理心和爱去感受并关注学员的心。毕业后，刘若翾成为一名真正的瑜伽老师，每日奔波在跑课之路上，最多的时候，一天要上10节课，"比很多瑜伽馆的全职瑜伽老师上课还多。"繁忙的职业旅程不仅令刘若翾的瑜伽技术得到了突飞猛进的增长，也积累了越来越多的“忠实粉丝”，随着时间的流逝，她对瑜伽的热爱不断积累、软化，在心中生根发芽。对瑜伽的热爱成为驱动刘若翾前进的动力，她不再满足于奔波于机构授课的日子，逐渐萌生出一个不成熟但坚定的念头：“我要开一个区域最牛的瑜伽连锁品牌！”

从1到N容易，从0到1却是举步维艰。父母的反对、资金的匮乏……一个接一个绊脚石阻碍着刘若翾前行的道路，但深陷沟壑之中，唯有仰望星空，才能坚定前行的方向。从朋友处筹集资金，用来简单地装修和购买一些二手瑜伽设备，为减少开支，她亲自完成工作室的装修改造。在每一个不为人知的寂静时刻、交口称赞的热络时刻、众说纷纭的嘈杂时刻，刘若翾不疾不徐，一路攻坚克难，稳步前行，终于打造出第一家翾瑜伽工作室，翻开了人生崭新的一页。

不断汲取行业先进的经验，时常跋涉在学习的路上，刘若翾迫切地希望让更多人知道并了解翾瑜伽，希望更多人能感受到自己对瑜伽的热爱，并立志将这一有益身心的运动传递给更多人。2019年年底，刘若翾远赴印度，从发源地学习瑜伽术式和理念。历经一次又一次的复盘实践，刘若翾不断摸索着瑜伽馆的流量销售管理服务体系，带着摸索出来的经验和信心，带领翾瑜伽不断发展壮大。如今，翾瑜伽已拥有4家直营连锁店面，服务10000名以上的会员，荣获全美瑜伽联盟RYT500指定培训分院、全美瑜伽联盟RYT200指定培训基地、国际瑜伽联盟学院优秀瑜伽培训基地等荣誉，可为每个会员在不同阶段提供一对一的身体评估，致力于为每个会员提供最适合她们的瑜伽课程。凭借出色的成绩，刘若翾先后成为翾瑜伽创始人、翾翾阁文化传媒商学院院长、北京新锐祥文化联合创始人、瑜伽行业评审委员会段位总考官、高级健康管理师、翾瑜伽教培导师、女性健康宣传大使、90后创业之星、新时代女性创业引领者、荣获国际瑜伽联盟学院中国总院2021年度优秀瑜伽导师荣誉称号，受邀参与《匠心中国》栏目专访。翾瑜伽从最初一间小小的工作室，到现在拥有4家直营店，也开设近上百期教培培训，培养了上千名专业瑜伽人员，其秉承着“授人以鱼不如授人以渔”的培训理念，翾翾阁商学院结合众多行业领袖的建议与支持，团队研发并推出“新营销思维”“超级门店”“超级IP打造”等众多精品课程，针对瑜伽行业的企业运营管理、营销策划，团队策划等核心问题进行全方位讲授。为此，从翾瑜伽毕业的瑜伽老师散布到各个城市，为传播瑜伽贡献着自己的力量。

中西结合
创新瑜伽之道

秉持“用专业的知识，完善的服务，给更多人传播健康和快乐”“让一件事情有结果的前提是执行”的企业精神，翾瑜伽以瑜伽为载体，探索瑜伽背后疗愈身心的哲学智慧，由身入心，丰

盈内心力量，为女性建立起一个有温度的瑜伽生活空间，于方寸之间，吐故纳新。汲取多年从事瑜伽教学的经验，刘若翾为翾瑜伽开设了哈他瑜伽、流瑜伽、阿斯汤伽、艾扬格瑜伽、普拉提、阴瑜伽、特色课（如空中瑜伽、椅子瑜伽、轮瑜伽等）等课程，主要以私教、主题小班、普拉提小班为主，大班课为辅，专注于课程品质本身及一对一的会员服务，帮助学生改善形体、改善体型等。此外，为满足不同女性的需求，翾瑜伽还开设了高端私密修复瑜伽课程，身心灵唤醒课程，使得会员在拥有形体上改变的同时，保持内在情绪的稳定，以更饱满的状态融入生活当中。

随着课程体系的不断完善，刘若翾结合中医理念，融合中医艾灸等方法，致力于为女性提供更加全面的身体健康及形体管理服务。“中医养生是我们中国传统文化的精髓，但是真正把它运用起来的时候很少。中医强调通过艾灸等手段疏通经络、调理身体，于是我决定把这种理念应用于我们的瑜伽体式设置中来，帮助更多学员疏通经络，把不好的东西排出体外，从而实现身心调养。”刘若翾介绍道。

虽然现代瑜伽主要是指包括体式、调息在内的瑜伽行法，通过修习以达到修身养性的目的。但究其根本，瑜伽是古印度六派哲学之一，根源仍在印度。然而，随着行业的快速发展，传播瑜伽哲学方面的书籍较少，行业缺乏专业的指导，教练的水平参差不齐，习练者过度关注体式造成身体损伤，中国的瑜伽市场亟须规范。为此，刘若翾从印度聘请了专业的瑜伽老师，引进 RYT200 小时的教脱班，面向全行业的瑜伽老师开展培训课程，并开发课程，促使更多人能接触到最正宗的瑜伽之源。“RYT200 是全美瑜伽联盟注册瑜伽师，在美国和国际上有着很高的权威度和专业度，这个培训体系进入中国两三年的时间后，已在中国有了很高的威望，有很多人去追随。我希望通过引进RYT200，让更多人熟悉并认识专业瑜伽，享受瑜伽给我们带来的快乐。”刘若翾坚定地说道。

赋能商业
缔造瑜伽王国

“我经营的不是瑜伽馆，而是幸福家庭。”在瑜伽产业发展的洪流中，刘若翾带领着翾瑜伽缓缓前行，不遗余力地宣扬自己所信仰的纯粹瑜伽理念，使女性能获得更健康的身心疗愈服务。然而，目前瑜伽行业存在着两个显著的问题：一是会员卡方面预付制（或现收预付制）的主要财务计算方式，为后续埋下很多问题和隐患；二是行业经营者的出身大多是瑜伽教练，门槛很低，缺乏相对专业的经营管理能力，因此导致运营的规范性与盈利能力较差。“对于一个从业爱好者，我不仅想做大自己的品牌，更想推动整个瑜伽行业的发展。”除孵化瑜伽教练以外，今年，翾瑜伽开放了加盟和连锁经营模式，运用抖音、快手、美团、异业等线上、线下相结合的方式，整合公域流量和私域流量，打造品牌 IP，带动整个行业实现正向良性发展。

“我们崇尚向善，又是瑜伽行业，所以发展是很缓慢的。瑜伽有很多流派，很多课程，不可能单靠一个瑜伽品牌就做得完美。瑜伽市场是需要培育的，也是需要各个瑜伽品牌一起来培育市场，我们正在做的，首先是让消费者能够切实感受到练习瑜伽是对身心有益的；其次是建立起一个完善的瑜伽商业架构模式，开发出全世界一流的职业瑜伽教练培训课程体系，在实现自我成长的同时，辅助更多的瑜伽馆一起为瑜伽行业的发展助力。”刘若翾坚定地说道。

从几个人的小团队到会员几千人的大团队，从单店 140 平方米工作室到 500 平方米的专营门店，如今的刘若翾，不仅是一名瑜伽爱好者，更拥有 9 年的瑜伽行业实战管理经验，还是北京新锐祥文化联合创始人、成都汇宝科技联合创始人、行业私域流量打法操盘手。面对未来广阔的发展空间，刘若翾将继续深挖瑜伽文化底蕴，不断研发迭代课程，以身体为本源、以学员为中心，用专业的服务指导与温暖贴心的氛围，帮助每一位学员在拥有健康身体的同时，也获得身心灵的调养。同时，刘若翾还将运用商业模式，推进瑜伽中国化、本土化，在保持瑜伽思想精髓的基础上，结合中国传统文化的理念，提高民众对瑜伽的深层次认知，不断扩大瑜伽的受众面与影响力，推进瑜伽的产业化发展。

源于对初心的坚守，始于对卓越的追求。在刘若翾的带领下，翾瑜伽将在广袤浩瀚的商业海洋中高扬智慧碰撞之帆，在每一次的呼吸中，在每一秒生命的跳动中，在每一分钟心灵的呐喊中，编织瑜伽产业具象可观的绮梦！

钱麒

QIAN QI

惠创科技（台州）有限公司总经理

今日时代之进步，得益于那些甘于奉献、久久为功的前辈，他们将中华民族伟大复兴视为己任，为了能让中国在科技领域占据鳌头，日迈月征，奋斗不息。

钱麒是惠创科技（台州）有限公司创始人，多年来始终奋斗在“高端功能性材料研发”的第一线。当我们能够用上国内自主生产的高端材料，便能清楚地知道这是一次技术的跨越，这是一次自强不息的翻盘，除了油然而生的骄傲感，更能明白为什么那么多科研人员前赴后继，只为闯出一条自主创新之路。钱麒先生便是这众多先行者中的一员，他像一盏明灯，为后来者指引方向，他的身影在时代洪流中是如此熠熠生辉！

无悔倾情奉献 增进民生福祉

——访惠创科技（台州）有限公司总经理钱麒

顺应时代寻方向
深自砥砺勇前行

个人的前途命运、自身发展总是在与历史息息相关的同时又充满着机缘，前行的道路也并不是既定轨道，在成长的过程中，钱麒不断思考着自己的人生价值，他不满足于过一眼望得见尽头的稳定生活，青年是国家的灵魂，是新时代的主力军，钱麒希望自己能够为社会、为人民作出更大的贡献。

钱麒在大学期间学习的是高分子材料相关专业，在对该领域深入学习的过程中，钱麒了解到，目前国内的功能性材料研发领域十分落后，各大厂家过度依赖国外进口材料，不仅成本高而且有不稳定的风险，发展十分受限，但这一空白也恰恰表明了材料研发行业在未来将是发展速度最快、潜力最大的新业态之一。毕业后，钱麒果断地踏入材料研发领域，经过几年的磨砺，钱麒于 2021 年成立了惠创科技（台州）有限公司，开启了他的创业之路。

自决心做好这件事以来，钱麒在毫厘之间将细节做到了极致，始终秉承着“新人才、新思想、新产品”的发展理念，在光学、化学、热学、力学等几个领域内一直深耕。钱麒表示，在国内大环境的影响下，厂家大多注重产品的应用，而忽视了研发领域，因为研发投入大且耗时长，难度太大，因此只能依赖国外技术。然而，走别人走过的路永远只能跟在别人后面，还有误入歧途或被人封路的风险。实践反复告诉我们，技术可以引进，关键核心技术是要不来、买不来、讨不来的。钱麒深知，我们只有坚持科技自立，把关键技术核心装备牢牢掌握在自己手中，才能从根本上保障国家的经济安全，迈出高质量发展的铿锵步伐。

面对功能性材料研发，钱麒以身作则带动身边员工共同努力。团队在前期的研究中投入了极大的精力，当时企业发展各方面都不算完备，对各个应用场景的理解也较为生疏，但越是任务重、困难多，就越有前进的方向可循，奔着矛盾去、朝着问题改，就一定会有所成效，从事材料研发领域更是需要一往无前的勇气。尽管效率不高，然而钱麒团队一直坚持学习行业的先进技术和经验，凭借着对功能性材料研发事业的热情，对产品质量的高度重视，在一次次试错中进步，在一

次次失败中重来，通过夜以继日的努力，最终攻克难关，让企业一次次突破局限，得以创新。

天行健，君子以自强不息。钱麒以其对材料研发事业的热情，对服务质量的高度重视，在一次次试错中进步，在一次次突破中前行，通过夜以继日的努力，终于取得了重大突破，他的创业之路也是越走越远。经过长足的发展，惠创科技（台州）有限公司逐渐成长为一家专业研发和生产制造新能源、半导体、通信以及医疗、功能性材料的创新型企业，在半导体裸片封装材料、无极耳电池封装材料、光伏组件封装材料、氢能源电堆封装材料等领域填补了国内此项技术的空白。

然而，优质的材料并没有完全帮助惠创科技走出发展的困境。前期尝试在国内推广产品，但各大代工厂的客户都指定使用国外材料，毕竟国外高科技材料行业发展较早也更为成熟，在没有成功案例的前提下，很难有厂家愿意相信惠创科技，企业发展的未来更是任重道远。然而，任何事物的发展都离不开一个机缘，在中美贸易战时期，国外材料进口受阻，各大厂家也迫切需要寻找国产替代品，这也是惠创科技发展道路上的一大转折点。

不同于国外厂家较为死板的服务态度，惠创坚持根据客户的实际需求去定制最理想化状态的材料。钱麒表示，惠创科技始终将客户需求放在第一位，只要客户能够提出要求，不管有多困难，他也将带领着团队一起去探索，对新的领域进行全面的评估研究，对已有配方进行改良设计，尽力做到让客户满意。凭借着优质的产品、完善的服务，惠创科技得到广大客户的一致好评，改变了人们心中中国做不出高端功能性材料的刻板印象，一项又一项令人瞩目的研发成果，让我国在千帆竞渡、百舸争流的科技创新赛场上占据了一席之地。

即便获得了多方认可，钱麒也从未懈怠，科技竞赛赛道长如马拉松，却又要求拿出短道速滑的拼劲。全球科技竞争方兴未艾，亦步亦趋不行，等待观望不行，必须提高紧迫感。钱麒是一位典型的儒商，无论在什么样的情况下、无论在什么样的环境中，他总能够怀揣谦逊进取之心，以深厚的专业知识、丰富的管理经验、崇高的敬业精神为企业发展出谋划策，正确把握市场导向，推动产品和服务的不断更迭升级，努力为我国科技发展贡献更多智力支持、创新支持，力求发展成为国内功能性材料的领先者。

栉风沐雨复前行
坚守初心向未来

浮躁自满是研发过程中最忌讳的东西，科研其实就是捅破纸张的一个过程，在捅破之后一切都豁然开朗了，但需要我们在捅破的过程中多下功夫。做材料是一个从量变到质变的过程，钱麒从踏入行业到现在，做了上千个实验，积累了一千多个配方，对各种产品都有着深刻的理解，能够做到根据客户的需求进行调配，研发周期也大幅缩短，这正是积累的结果。

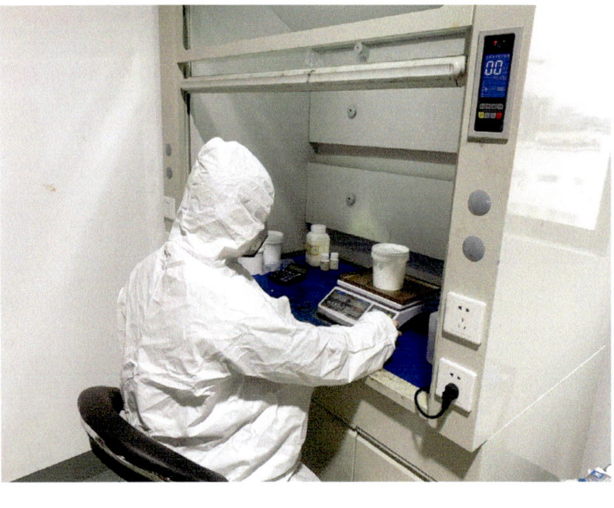

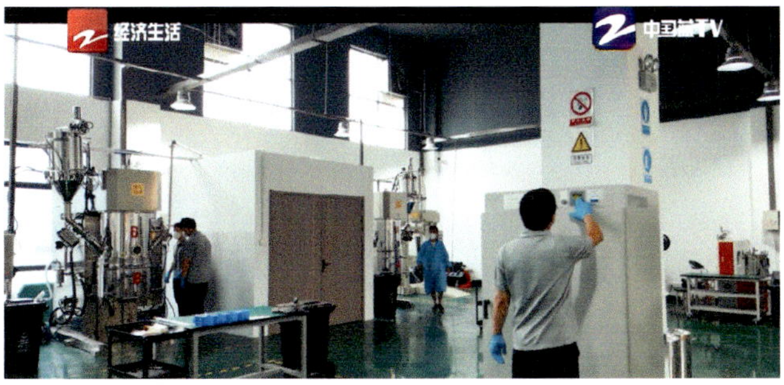

在快节奏时代，能够付出数年时间去从事材料研发属实不易，科研人员想要做精，本身就需要掌握系统的知识，只有在此基础上不断积累实践经验，才能在日复一日中慢慢地参透其中的道理。

惠创科技在材料研发上始终坚持“多元开放，价值整合”的理念，注重产品的价值与多元化。公司以台州为生产基地，目前已经在上海、东莞、湘潭等地设立了“一体化、定制化、模块化”的应用开放实验室，拥有世界领先的研发设备和生产设备，引进德国 IKA 公司 MagicPlant 系统和 SPP 一体化生产系统，达到量产化的要求。在科研设备先进的当下，钱麒积极响应国家的政策号召，欢迎志同道合的科研友人能够来到实验室，参与材料研发，推动各类功能性材料的完善及应用推广，畅通发展的毛细血管，引导更多“活水”流向市场。

目前，惠创科技致力于为新能源、半导体、光通信、航空航天、生物医疗、显示触控、汽车电子、智能设备及电子电气等行业领域提供性能优越的环保材料及系统解决方案。在发展过程中，惠创科技全体员工始终牢记“三新”发展理念，在产品材料上保持可靠性、工艺上注重品质和自动化、结构方面更优化，在为客户提供优质服务的同时，致力于成为多元化发展的创新企业。

专业推动发展，品质吸引合作，惠创产品在新能源、半导体以及医疗领域的广泛应用，深受一批大企业的青睐，如特斯拉、华为、宁德时代、大疆、TDK、台积电、飞利浦、欧司朗等，惠创也致力于为合作企业的材料技术需求添砖加瓦。面对惠创科技当下发展的盛况，钱麒也是激动无比，对他来说，这不仅是一个企业的成长，更是注入了他毕生的梦想和希望。这对于我国科研事业来说，也是一件可歌可泣的大事。世界大同，唯变革者强，唯奋进者昌盛，唯创新者生生不息。面对未来发展，钱麒先生表示，未来 3~5 年，将助力惠创科技发展成为国家级创新企业，开发出更多新型材料，投入更多到应用领域中去，让我们的民族品牌在世界科技舞台上崭露锋芒！

择一事，终一生。匠心并非大师的殊荣，它是对每一个爱岗敬业的劳动者最朴实的表彰，为社会树立起无数平凡的榜样。钱麒始终坚守创业初心，勇担大国使命，把对事业、对国家的热爱，转化为对工作的激情和创造能力，带领着员工不断创新，每时每刻都充满热忱，以咬定青山不放松的执着坚毅实现通信科技领域的突破进步，推进企业壮大与国家发展。相信在不久的将来，惠创科技（台州）有限公司定能厚积薄发，在高端功能性材料研发领域越战越强，冲出亚洲、影响世界！

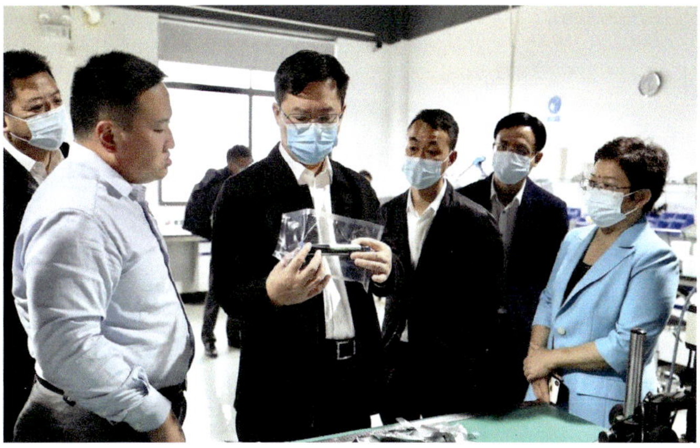

余怡

YU YI

余怡心理健康咨询（腾冲市）有限责任公司创始人

余怡是余怡心理健康咨询（腾冲市）有限责任公司创始人，应用心理学硕士研究生，美国aah催眠治疗师，身心灵意象派画家，高级催眠咨询师，领导人才心理学，擅长催眠秀、意象对话、NLP教练技术、系统排列、环境心理等心理疗法领域。即便深耕心理治疗行业多年，对心理学历久弥坚的兴趣，驱使着余怡在探索中不断前行。现在，她已成为圈内小有名气的心理咨询师，她专注于“孩子、爱、家庭”领域，尤其擅长治疗青春期心理与领导力疏导等，吸引了众多来访者。

心如惊鸿疗沉疴 以人为本绽芳华

——访余怡心理健康咨询（腾冲市）有限责任公司创始人余怡

从一而终
深耕心灵科学

所谓心理，简单来说就是人的感觉、记忆、情绪、意志、思维和想象。情是最简单、最原始的心理，刚出生的婴儿，就具有情。在高级哺乳动物中也具有原始的情。意念、思维、想象则是高级的心理，人有了高级心理活动后，就开始了个性心理的发生、发展，最终形成了形形色色、千姿百态、各具特色的个性、性格。而心理健康则是一个人的认知、情绪、情感和意志，需要和动机、能力和人格的内在关系相协调，心理的内容与客观现实保持统一，并能促使人体内、外环境的平衡，促使个体与社会环境相适应的状态。“世界上的幸福都是一样的，而不幸的人却各有各的不幸。当你一直纠结为什么烦恼时，我们应该更多地关注那些快乐的人为什么快乐，找出让人感到幸福的特性，把它应用到大众中去。”从事心理咨询事业16年来，余怡已帮助数千个罹患心理疾病的人走出了困境，迎接崭新人生。

心理咨询师是“运用心理学以及相关知识，遵循心理学原则，通过心理咨询的技术与方法，帮助求助者解决心理问题的专业人员”。经历过工作和生活中的高光时刻以及艰难曲折，心有韧性的余怡更加体会到心理健康的重要性。在学习心理学的过程中，余怡惊喜地发现，学习心理学不仅能够缓解自身情绪带来的影响，还能帮助别人，探索人的心灵奥秘。“我觉得这样非常有意思。”在兴趣的指引下，余怡自创心理咨询工作室，面向个人、团体、社会机构等开设心理咨询疏导服务。

实践是检验知识的首要途径。在实践的过程中，余怡发现，心理学流派划分并非最重要的。心理咨询和治疗要向科学的、整合的方向发展。为了精进心理学水平和知识，余怡融合心理学各个流派之长，通过不断地积累实践经验，逐渐成长为一名优秀的心理咨询师。“在实践中，我发现，实际上真正对患者起到帮助效果的并不是某种特定的技术，而是心理咨询当中共同的因素，比如良好的咨询关系、咨询师的人格特质、能够严格遵守伦理等。”余怡侃侃而谈，“作为这个

行业的从业者而言，在提供帮助的同时，还需要传达理念。心理咨询师是来帮助来访者克服心理上的困难的，是帮助来访者解决心理问题的，不是一个提建议的人。”

在这几年的案例积累中，余怡发现，孩子心理健康问题的咨询量越来越大。随着社会经济的快速发展，孩子们面临着复杂的社会环境、家庭环境和学习环境，这些都让未成年人成为心理问题的高发群体。数据显示，我国有 20% 的儿童存在焦虑、抑郁、行为障碍等心理问题，其中，留守儿童群体更为严重。很多家长对孩子的教育还停留在只关注学习成绩上，对孩子的心理健康不够重视，忽视了培养孩子健全人格的重要性，加上父母寻求专业帮助的渠道有限，这些都造成了孩子心理问题不断扩大。余怡身怀仁慈、助人之心，她回到了家乡腾冲，在这个边陲小城创办了余怡心理健康咨询（腾冲市）有限责任公司，凭借着自己多年来积累的心理咨询经验，将服务定位在“以青少年为主，家庭婚姻为辅”的心理健康咨询。

疗愈心理
发现生命与爱

“错位的家庭关系、未经处理的哀伤、突然变化的环境都会引发行为和情绪障碍，影响一个孩子最重要的社会功能：上学。”余怡感慨道，“问题的根源不在孩子身上，而是他背后的家庭——大部分青少年的心理问题都是如此。”通过多年的实践经验，余怡认为，真正的心理咨询服务于上层建筑，因此青少年中最容易产生焦虑的是成绩处于中上等水平的群体。“真正的第一名、第二名不会太焦虑，因为他们已经会控分了；成绩差的也不会太焦虑，只有二十几名以前，分数压线，忽上忽下的这部分孩子是最焦虑的，他们要做的事情是突破自己，这其实并不简单。”

在余怡看来，对成绩产生焦虑的孩子大多欠缺能力层级。余怡曾经服务过这样一个孩子：他是一名高三学生，成绩长期在班级处于中下等位置。据孩子说，每逢考试就感到战战兢兢，每道题都要检查数遍，但依然不能取得一个好成绩，可家长的愿望却是希望孩子能够考取一所一本院校。为了提高成绩，孩子加倍复习读书，可成绩依然不理想，在文科班级中甚至处于倒数水平。来自父母的压力和对好成绩的渴求，成为孩子心中最大的梦魇，甚至已经影响到孩子的睡眠健康和身体健康。机缘巧合下，孩子的父母找到余怡，希望借助心理咨询的力量帮助孩子克服心中的阻碍。余怡了解情况后，对孩子进行了系统性、规范化的心理治疗，帮助孩子认清自我、突破自我。最终，孩子高考成绩超出一本线 100 分，顺利地考取了上海复旦大学法律专业。

多年的心理咨询从业经历，深深地影响着余怡的思维方式和咨询风格。她的观点犀利独到，在找准问题本质后，会给出切实而中肯的建议。她的话语接地气，深入浅出，擅长用隐喻、比喻

的方式，通过打比方、举事例，娓娓道来，让来访者豁然开朗。在实践中，她耐得住寂寞，将心思都放在夯实基础与打磨个案上。每次拿到助理提供的相关资料后，她喜欢先把自己关起来整理出一个脉络，找出其中至关重要的关键点，然后在咨询中，再一点一点补充延展分析细节，随时调整思路。咨询结束后，她会认真复盘，总结每一次咨询的得失，细致到每一句话、每一个用词的准确性。几年下来，她的咨询笔记已将近半人高。

在余怡看来，对于现代人最常见的心理问题大多来自家庭，虽然网络上充斥着“内卷”“躺平”等职业生涯议题，但最为常见的议题还是亲子关系、亲密关系以及个人成长，也就是家庭问题。家庭很重要，它是人们的根基、是港湾、是安慰、是人们前行的动力；而作为社会最小的单元，家庭的幸福还是社会和谐的基础。然而，近年来高发的情感心理健康咨询让余怡意识到，很多人从未找到自我，因此在感情中格外迷茫。“我发现很多在事业上成功的女性大都情路很坎坷，究其根本，则来源于原生家庭的负面影响。女性执着他人的认可与肯定，就容易在亲密关系中暴露自己的弱点和需求，以及戴着‘光环’看待感情，这样就非常容易遭遇渣男。”将重心放在家庭治疗之上，延展到婚姻和亲子两个分支上，余怡背靠精神分析这座高山，运用认知行为、催眠等“秘密武器”，帮助女性找到自我、认识自我，从而在感情中重获新生。

知心育心
探寻缝隙之光

中国医师协会心理咨询分会统计，截至2023年年底，我国共有执业心理咨询师40435名，平均每10万人仅有2.9名心理咨询师，远低于世界平均水平的4.15名。人才资源的短缺让大多数心理咨询师只能停留在“消灭症状”阶段，无暇去探究背后的心理成因，加之大部分心理咨询师仅仅是经过理论学习和技能培训，就开展个案咨询服务，导致中国的心理咨询行业鱼龙混杂，而真正需要帮助的患者无法得到及时的治疗。

“现在很多初学者最容易犯的错误就是花了无数的钱，参加了各种各样的培训。这种培训实际上是在处理新手的焦虑，也就是说，参加培训时，好像看到了一个什么技术，就觉得学习到了这种技术。但其实没有实践过，还是会感到手足无措，就是用不出来，或者操作错误，没有效果。”余怡认为，要想在心理咨询行业成为专家，需要一整套专业方式去积累一万个小时的经验，“一年顶多能够积累1000个小时，那么10年正规、专业的心理咨询，才能成为一名成熟的心理咨询师。”在余怡看来，想要成为心理咨询师，至少要准备三年至五年时间去全身心地学习和实践，在这三年至五年里，投入与产出往往不成正比。“实际上类似培养医生，如果熬不过这几年，就

很难成为一名合格的心理咨询师。做心理咨询其实是发不了财的。”余贻笑道。

余怡既是咨询师，也是来访者；是人生的专家，也是心灵的门徒。未来，余怡将借助腾冲有她俱乐部平台，邀请行业学者召开读书分享会，开展“帮助女性向上成长”公益活动，助力女性力量的崛起。同时，余怡还将充分利用互联网资源，广泛宣传心理学知识，传播心理学的正向理念，建设中国心理咨询正能量。

比起心理咨询，余怡更倾向自己是“疗愈者”，帮助人们开启心灵治愈之旅，使其生命重焕健康光彩。深入探索打开心灵枷锁的钥匙，帮助患者寻找内心的平静与安宁，在余怡的带领下，余怡心理健康咨询（腾冲市）有限责任公司将不断用爱与希望温暖在黑暗中独自徘徊的灵魂，帮助他们用心灵的力量，书写出美好的人生篇章！

郑耀荣

ZHENG YAO RONG

中国注册烹饪大师、“粤菜师傅”五星名厨、“中山石岐乳鸽制作技艺”传承人

中山，这座浸润着历史底蕴的城市，曾永驻伟人的足迹，被誉为“中国粤菜名城”，更是璀璨粤菜文化的发祥地之一。在这座城市的食谱上，有一道名扬四海的佳肴——“生炸石岐乳鸽”，它独树一帜，不仅是每家粤菜酒楼不可或缺的招牌佳肴，更是中山美食文化的灵魂。这道佳肴的缔造者，正是中山石岐乳鸽制作技艺的传承人——郑耀荣先生。从学徒到总厨，从“粤菜师傅”五星名厨到中国烹饪名师，从中国注册烹饪大师到“广东厨神”，他以39载光阴磨砺厨艺。在他的厨艺生涯中，无数荣誉和奖项如繁星般点缀，使他成了一张行走的中山美食文化名片。

百味春秋：韵舞刀尖绘粤菜风华

——访中国注册烹饪大师、“粤菜师傅”五星名厨、“中山石岐乳鸽制作技艺”传承人郑耀荣

结缘厨艺 初心弥久

20世纪八九十年代，中山作为改革开放的先锋，凭借其得天独厚的地理位置，成为商贾云集的繁荣之地，经济如大鹏展翅，翱翔于天际。这一时期，亦是中山菜大放异彩的黄金岁月，酒店、美食街、餐饮店等门庭若市，宾客络绎不绝。彼时，中山虽未晋升为地级市，但其繁华景象已非一般城市所能比拟，甚至已有两家四星级涉外酒店璀璨闪耀。

1986年11月，富华酒店与国际酒店如双子星般矗立于岐江河畔，这两家按照国际标准精心打造的星级酒店，不仅配备了令人瞩目的旋转餐厅，更在不到200米的同一条马路上交相辉映，成了中山乃至全国瞩目的焦点。可以说，此后中国众多四、五星级酒店皆以这两家酒店为典范。

1985年，正值青春年少（18岁）的郑耀荣踏入了中山富华酒店的烹饪殿堂，师承当时酒店总监黄锐坤大师。在那个传统的年代，富华酒店秉持着古老的餐饮管理理念，汇聚了广州与中山两地顶尖的烹饪精英。郑耀荣深知这是一次千载难逢的学习机会，他全身心地投入其中，跟随大师们潜心学习，汲取传统粤菜的精髓。

每天清晨，当第一缕阳光洒向大地，郑耀荣便已踏入了厨房的门槛。他提前一个小时到达岗位（8点），默默地为师父准备磨好的刀具、清洁的桌布、调好的汤头……一日之中，他的付出远超常人三倍，直至深夜（10点），才结束一天的忙碌。正是这份执着的追求与不懈的努力，让黄锐坤大师对其赞不绝口：“眼里有活，手头有事，勤勉好学，日后必成大器。”

两年后，郑耀荣辗转来到了国际酒店，展开了新的厨艺征程。与富华酒店的传统粤菜氛围不同，国际酒店汇聚了香港厨师的精湛技艺。在此，郑耀荣不仅承袭了传统粤菜的精髓，更在香港

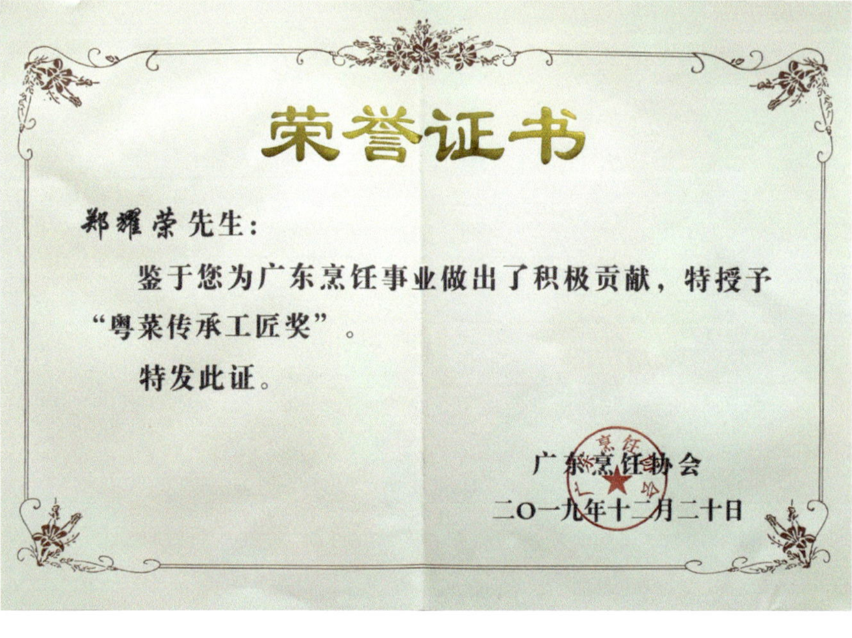
荣誉证书

郑耀荣先生：

鉴于您为广东烹饪事业做出了积极贡献，特授予“粤菜传承工匠奖”。

特发此证。

广东烹饪协会

二〇一九年十二月二十日

师傅的悉心指导下，勇于探索，融合中西烹饪之精髓，开创新派粤菜之先河。当时，郑耀荣面临着一个名为“不贴职”的岗位挑战，即“哪个岗位的师傅休息，就顶替哪个岗位”。他以此岗位为磨砺之石，技艺日益精湛，厨艺更上一层楼。“生当作人杰”，谈及那段时光，郑耀荣感慨万分：“那段日子固然艰辛，但我深知，唯有不断学习进取，方能超越自我，追求卓越。”

2018年之际，随着中国经济的腾飞，郑耀荣的视野首次转向了酒店之外。在那几年间，他深切地感受到粤菜的发展遭遇到了“瓶颈”，身为一个怀有传统情怀的厨师，他渴望为那些怀念老饕、寻觅老味道的人提供一种延续。于是，他果敢地迈出了新的一步，在三溪市场开设了一家名为“三溪酒楼”的餐厅。2020年，“中山郑猛石岐鸽主题餐厅”开业，谈及对餐厅的发展期许，郑耀荣说：“社会餐饮与酒店餐饮虽同出一源，却各有千秋。我期望在‘郑猛’餐厅里，自己能够比在酒店时更加锐意进取，勇于探索，敢于创新。”

从醇香的盐焗乳鸽、酒香四溢的花雕乳鸽，到风味独特的乳鸽饭、营养丰富的五指毛桃鸽、子姜三杯乳鸽，再到创意十足的香茅焗乳鸽、咸香适中的盐焗鸽蛋、滋补养生的土茯苓老鸽汤……每一道菜品都凝聚了他对食材的极致追求与对烹饪技艺的深刻理解。行走在酒楼（餐厅）之中，透过这些荣誉、照片和美食，仿佛穿越了时空，目睹了一位烹饪匠人数十载的流金岁月，以及中山菜历经岁月沉淀后的发展脉络。

匠心永固 承旧续新

“夫礼，始诸饮食”，中华优秀传统文化自古便蕴含于中国饮食文化中，先有初心，才能守正创新，匠之犹存，技将安在。若以三道佳肴来诠释郑耀荣心中的“中山味”，首先必提及那独具匠心的“生炸石岐乳鸽”，其次则是令人回味无穷的“三乡小炒”，以及甜而不腻的“荷花鸽蛋糖水”。其中，“石岐乳鸽”更是承载着百年的历史传承，诉说着中山的烹饪故事。

在1915年的辉煌岁月里，走向世界的中山华侨，将国外优质的鸽种带回祖国，精心与中山石岐的本土鸽种进行杂交，孕育出一种适宜本地饲养、体大肉嫩且胸肉尤为丰厚的大型肉鸽新品种。直至20世纪80年代，中山烹饪界广为流传的“石岐乳鸽”的做法仍是传统的“红烧石岐乳鸽”。这一传统做法讲究先用卤水将乳鸽煮熟，再经炸制而成，因而其味道相对较重。

1991年，深受新派粤菜烹饪技艺启发的郑耀荣，决定借鉴“港式脆皮鸡”的独特手法，赋予乳鸽全新的风味。他精心挑选三两半至四两重的乳鸽，舍弃了以往常用的18天至21天的七两乳鸽，以追求更为鲜嫩的口感。随后，他将五香粉、八角、丁香、草果、香叶、陈皮等卤水香料研磨成细腻粉末，加盐炒制后均匀涂抹于乳鸽内部，进行深度腌制。待乳鸽表皮自然风干后，再以热油将乳鸽炸至金黄酥脆。这种独特的烹饪方式，真正做到了皮脆肉嫩、骨软多汁，将乳鸽

的原汁原味与烹饪艺术完美地融合，激发出了乳鸽醇厚的肉香。

“生炸石岐乳鸽”一经面市，立刻风靡中山。时至今日，这道佳肴依然稳居中山粤菜酒楼的必点菜之列。自此，郑耀荣声名鹊起，不仅获聘为中山著名的怡景酒店的总厨，还凭借这道菜荣获了人生中第一个国际级大奖——“亚洲美食金奖”。这一年，恰好是他步入厨艺界的第6个年头，也是他崭露头角的辉煌时刻。

在怡景酒店的23年间，郑耀荣以他的才华与执着，推动了中山菜由传统迈向创新的征程，并亲眼见证了中山新派粤菜迎来繁荣发展的黄金时代。在这蓬勃发展的行业背景下，他不断学习，锐意进取，逐渐形成了独具匠心的烹饪理念。

“厨师所烹制菜肴，必当追求滋味上佳、卫生整洁、健康有益。”郑耀荣坚定地说，“厨师之道，自古有言：‘厨行、厨艺、厨政’三者并重。让我深觉，尚需增添一‘厨神’于其间，即对客礼遇，对己自信。”他坚信，一位厨师若能自信满满地展现其技艺，便意味着他对自己的菜品有着极高的要求与追求。当食客能感受到厨师的那份自信与热情时，自然能更安心地品味佳肴。

如此，唯有“猛哥”这一称谓，方能恰如其分地诠释郑耀荣的厨艺与风采。

功在传承 智绘未来

“一入厨门深似海”，40载春秋，经营酒楼、领导协会、授课育人、武艺传承（郑耀荣作为杨氏太极拳的第六代传人及中山市传统武术协会副会长）、书画鉴赏，以及致力于弘扬中山美食文化——这些丰富多彩的活动与追求，共同织就了郑耀荣工作与生活的绚丽画卷。

于他而言，美食虽已成为他生命中不可或缺的一部分，但那些个人爱好与执着坚守，更如同一剂剂精心调配的“调味剂”，为其厨艺之路增色添彩，共同诠释了他独树一帜的厨艺人生。“因

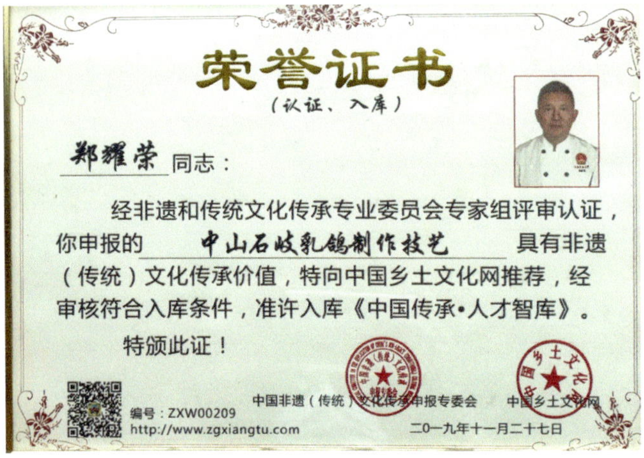

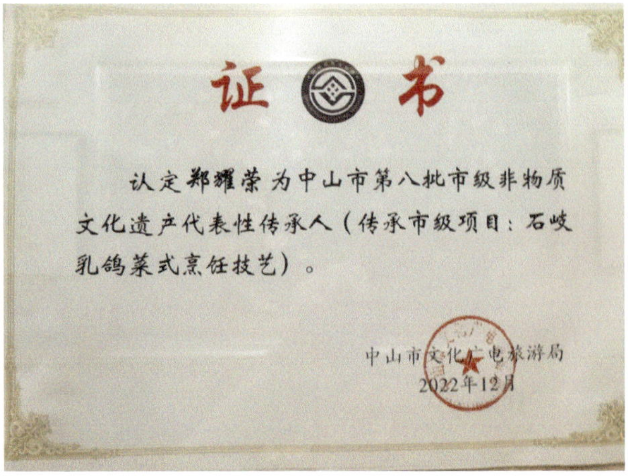

此，我深感烹饪是人生的缩影。”他沉思道，“人生如长河奔流，需有不断追求；烹饪亦是如此，不可墨守成规，而应永葆进取之心。”

2011年，中山凭借其悠久的历史与深厚的粤菜文化底蕴，一举荣获“中国粤菜名城”的殊荣。2019年，“中山石岐乳鸽制作技艺”非遗申报成功，郑耀荣工作室被正式认定为“广东省粤菜师傅大师工作室”，郑耀荣荣膺为“广东省粤菜师傅大师工作室”掌门人；2021年10月，郑耀荣获评广东省“粤菜师傅”五星名厨的称号，肩负起了传承与发展中山菜的崇高使命；2022年，郑耀荣成功完成了“红烧石岐乳鸽”的非遗申请工作，更推动了石岐乳鸽预制菜的生产与市场推广。一经上市，便取得了惊人的销售业绩，实现了售出3万只的火爆销量，使得这道经典的中山美食能够进入寻常百姓家，让更多人品味到中山菜的独特魅力。

作为中山烹饪协会会长，郑耀荣常常带领成员策划各种饮食活动、竞赛，以推动中山粤菜烹饪文化的交流、创新与传承。他还身兼中山现代职业技术学校、湛江技师学院等多所知名学府的特聘讲师之职，以及中山市三乡理工学校烹饪专业建设的资深指导专家，并协同中山市现代职业技术学校，深入贵州省六盘水地区，开展结对帮扶活动，致力于中国特色学徒制培养模式的探索与实践。

谈及对进入烹饪行业新人的建议，他说：烹饪如同人生，要不断进取。新人只有肯下苦功，潜心钻研，大胆创新，坚持去做一件事情，做到极致，就能成功，就能走出一条属于自己的道路。

目前，已有超过3000名学子在他的教导下茁壮成长，其中更不乏省级技术能手，真可谓是“桃李芬芳满天下”。郑耀荣坚信，粤菜的精髓在于传承，他将烹饪的技艺与理念引入校园，传授给年轻的后来者，这是一件很有意义的事情。

文化的传承，美食的记忆，皆是文明延续之根本。“我怀揣愿景，期望能编纂一本凝结中山烹饪界精髓的新作，推动中华美食文化跨越千年，绵延不绝；我希冀粤菜（中山菜）能够海纳百川，汲取诸般菜系之精华，拓宽味型与种类的边界，从而臻至崭新的艺术境界。更进一步，我矢志将石岐乳鸽打造成享誉四海的品牌，借助互联网的力量，让其跨出中山的边界，迈向世界舞台，引领全球美食爱好者为之倾倒。”郑耀荣坚定道。

粤菜的未来之路将通向何方？或许在郑耀荣的心中，早已勾勒出了清晰的蓝图。

刘洪仲

LIU HONG ZHONG

贵州寻味梵净果酒有限公司创始人

刘洪仲，男，侗族，中共党员，祖籍万山区黄道乡，现任贵州香柚香生态农业集团总经理、贵州寻味梵净果酒有限公司董事长等职务，于2021年当选铜仁市第三届人大代表。从公务员到返乡创业者，再到百姓心目中的“致富带头人”，刘洪仲以当地特产万山香柚全产业链为抓手，带领团队规模化生态种植，打造“神仙宝柚”品牌，使其成为中国柚类高端水果的新宠，并“接二连三”推进全产业链，创办果酒深加工厂，自主品牌“馍馍”低度潮饮系列，“格那得”柚子白兰地系列果酒，一经上市，深受广大消费者的喜爱与好评。把香柚产业发展为万山资源枯竭型城市转型发展的新名片，把绿水青山变成了村民致富的金山银山，“自然健康，农行天下”的共助共富梦想已在刘洪仲的带领下逐步变成了现实，创建了贵州山地高效特色农业的典范。

凭惠政扬和韵 柚香深处情更浓

——访贵州寻味梵净果酒有限公司创始人刘洪仲

响应号召
披荆斩棘创业路

在位于铜仁市万山区黄道侗族乡的贵州香柚香生态农业金兰香柚种植基地内，几名果农在晨气朦胧的雾气之间，分工明确，配合有序地修剪果树，让树冠整体更加紧凑矮化、层次分明。当地属于高原气候、昼夜温差大、土壤富钾富硒，出产的柚子清香甜脆，口感奇妙层次丰富。

“几年前这里还是一片荒坡，现自有果园10350亩，育苗基地500亩，加工厂房20000平方米，是省级重点龙头企业、省科技型企业、省级扶贫龙头企业、大湾区菜篮子基地。”贵州香柚香生态农业集团董事长刘洪仲从果农间走出，他身穿深色工作服，剑眉方脸，讲话清晰有力，透露出一股沉稳、坚定的力量。

梵净山下基地的香柚，又叫万山香柚，精品果鲜果销售，其余的加工果酒，很受海内外市场的欢迎。

亿万斯年，时光让流水溶蚀着大地，形成了南方贵州独特的喀斯特地貌，美丽的梵净山就是典型代表。梵净山，原名“三山谷”，因“梵天净土”而得名，系武陵山脉的主峰，至今，山顶上仍保留着14亿年前原始洪荒的地质奇观。梵净山还是全球同纬度生物多样性最丰富的区域，被誉为“生物资源基因库”。这里繁衍着野生动植物7100多种，是黔金丝猴唯一的栖息地，被列为我国第13处世界自然遗产。

绿水青山就是金山银山。香味浓、水分足、甜度高，梵净山产的万山香柚得益于当地优质的自然生态环境，以及传统农耕种植方法，凭借着独特的口感成为万山的知名“土特产”。过去，守着“聚宝盆”的当地农民因为缺乏市场意识和致富带头人，多年来一直过着贫困的生活。这让刘洪仲看在眼里、急在心里，期盼能早日带领农民们走上富裕的道路。

从“会务农”走向“慧务农”，曾几何时，刘洪仲通过勤学苦读，走出农家，考上公务员，但在为人民服务的过程中，越发感觉到“三农”建设的重要性，一直都想再回到农村的广阔天地，做出一番事业。2018年年初，国家启动宏伟的乡村振兴战略，刘洪仲与铜仁市湖南商会副会长、铜仁九宜城商业开发置业有限公司董事长、时任铜仁市第二届人大代表付钢等同志展开合作，积

极响应“千企帮千村”的政策号召，在万山区黄道乡投资了香柚产业。为了全心全意地助力乡村振兴，刘洪仲辞去了时任招商局局长的职务，回到故居，用知识、技术、实际行动改变着家乡的落后面貌，带动乡亲们共同致富。

2018年，贵州香柚香生态农业有限公司来到了黄道乡，新建柚子园5000亩，并接管了全乡所有的规模基地，进行统一管理、连片发展。“基地环山傍水，土壤没有污染。在这里，种苗经过脱毒处理、品种提纯，我们追求更原生态的品种。用心搞农业是个辛苦活，投入农业开发没什么诀窍，就是先让自己成为农民。”爱琢磨的刘洪仲，一头扎进了“三农”服务的事业中，他的农业知识越来越丰富，成了地地道道的新“农民”。

农业难，农产品生产相对于工业产品生产有着六大自身特点：不可间断、不可倒序、不可搬移、是活的生命体、遵循自然再生产与经济再生产两个规律、结果只能最终一次性显示。现在随着科技发展，虽然“看天吃饭”的境况已得到大大改善，但是天气依旧是制约农业发展的重要因素：2019年，基地遭遇了长达20多天的冻灾，高海拔区域的2000多亩的香柚几乎全部“夭折”；2022年，又遭受了百年不遇的旱灾……刘洪仲并没有气馁，反而鼓起劲头补种、施肥、管护，建水池，修建产业路，继续发展香柚产业，建立了万山基地技术中心，组建专家团队，制定技术标准，使万山香柚逐渐迈向标准化、品牌化发展之路。

如今，万亩香柚已经长成葱郁的一片，依托于梵净山黄道乡优越的气候条件，充沛的雨水以及肥沃的土壤等自然资源优势，种植出的香柚甜度可达12度至17度，黄道乡的香柚产业也日趋成熟化、规模化，被农业农村部授予全国“一村一品”香柚示范村镇。2021年，贵州寻味梵净果酒有限公司成立，从单纯的卖柚子向研发“柚子酒”“低糖速溶香柚茶”等产业发展，企业致力于发展山地高效特色农业典范，在乡村振兴的伟大历史进程中贡献企业的力量。

不畏艰辛
善始善终毅力强

人不负青山，青山定不负人。在政府政策和消费者的支持下，香柚香生态农业集团一直在持续壮大，带动当地农民发展农业产业。“包种苗、包技术、包销售”，指导果农补栽、新栽春香柚果苗，为农户提供管护技术支持，使农民在没有风险的情况下进行耕种，稳定脱贫，收获富裕的生活和对未来的希望。

“只要愿意学好技术，大家一条心，我保证日子将越来越好！”刘洪仲常常邀请高校和科研机构的农业技术专家前来培训，使农民能更好地掌握栽种技术。他本人也时时学、处处学，再针对种植大户进行反复培训，不但培训他们的种植知识，还培训他们的管理知识，然后由大户再培训其他农民，辐射带动更多农户增收致富。同时，还组织果农建立微信学习群，让大家切磋技术，及时解决问题……当刘洪仲看见越来越多的乡亲回家就业、创业，父母留在了孩子身边，家庭矛盾少了，脸上笑容多了，身上的干劲也更足了。

目前，香柚产业发展态势总体良好，果园陆续进入了产果期，区内去年产果5000余吨，鲜果销售额突破3000万元。此外，企业自有苗木基地500余亩，通过苗木供应、技术服务和产品回收，带动周边区县发展香柚面积2万余亩，助推周边

区县乡村振兴产业发展，在万山区敖寨乡、鱼塘乡、大坪乡、丹都街道、茶店街道等多地建成了香柚基地，不仅实现了产业的长足发展，也带动当地及周边群众在家门口实现就业，增收致富。目前，已辐射带动了松桃县、沿河县等7个县的规模化种植，脱贫攻坚期间带动农户2600余户6000多人，2022年联农带农全市6000余户2万多人。经过不到10年时间的建设发展，香柚产业已成为万山区"一主两辅"的主导产业。香柚除在省专班全网投票评选"我最喜欢的十大贵州水果""贵州十大最美果园"榜上有名以外，还荣获2023年亚洲水果口感大赛金奖，2024年中国名特优产品称号，并上榜央视《寻味中国》栏目，进入中南海国宴。企业也已发展成为省级农业产业化龙头企业、省级扶贫龙头企业、省级科技企业、省级残疾人就业示范企业、铜仁市首批农业产业化联合体链头企业。

原料好了，深加工也变得水到渠成。发展农产品深加工业的必要性及深远意义主要体现在：是促进农业和农村经济战略性调整的重要途径，是保障新时期食物安全的现实需要，是实行农业产业化经营的关键环节，是提高农业国际竞争力的主要手段，是转移农村富余劳动力的主要渠道。万山金兰香柚单产高、耐储藏、易运输、抗病抗旱、技术门槛低，且柚子全身都是宝，皮可以提取精油、海绵层可以加工果脯，柚子肉可以酿酒和制作饮料，深加工的前景十分广阔，是打造山地高效农业不可多得的优势品类，其中果酒就是企业主打的深加工产品。

从金黄饱满的柚果到酸甜可口的果酒，从千家万户到高档餐厅，从万山县到辐射全国，在刘洪仲团队带着香柚一路"闯关升级"的背后，有着怎样的支撑力量?

为了把控品质，企业研发团队根据上百种经典和当下最流行的口味配方，为果园和企业提供OEM代加酒厂车间，现有10吨发酵罐20个，10吨储酒罐36个，整套系统都是采用全自动控温系统，同时配备了灭菌、过滤、去苦等多种生产需求设备，3条灌装线全部独立在洁净车间内完成灌装，可全年满足多种灌装需求，如玻璃瓶装、异形瓶、桶装、锡箔袋装等多种包装方式。企业还引进了一台全自动紫铜蒸馏设备，该设备独特的蒸馏工艺技术，能够将水果在分离汁液后对果渣进行发酵蒸馏，得到芳香浓郁的白兰地，具有出酒率高、口感绵柔、酒体清澈并保留水果自身香味完整等特点，既不浪费原材料，也提高了公司的经济收益。

品质的提升，离不开科技支撑。在加强内部管理的同时，团队还与多家高校和科研机构签订了校企合作协议，与广东工业大学吴克刚博士生导师团队共同研发了柚子精油；与华中农大徐娟博士生导师团队共同开展"万山香柚分子标记"和"万山香柚香精烟草应用"课题；与贵州大学王晓丹博士服务团队共同开展柚子酒研发；与铜仁学院刘庆庆教授共同开展低糖速溶香柚茶研发等。团队实施的第一个深加工项目——柚子酒项目已经于去年6月投产上市，总投资4000万元，设计年产低度果酒3000吨，高度白兰地36万瓶，自投放市场以来，便深受广大消费者的欢迎，并获得了2022年度国际烈酒大赛银奖，成为贵酒军团的一支新秀，吸引了中国北大荒集团、广东仙津集团等众多品牌的OEM 委托生产。

果酒的历史悠久，在史籍中就记录着"猿猴酿酒"的传说，与人工酿酒有所不同，猿猴酿酒中的"酝"是指自然变化养成，是成熟坠落后的果实，由于受到果皮上或空气中酵母菌的作用，从而酿造成果酒。商代遗址考古工作者在陶缸内发现粘有白色水锈状沉淀物，经过现代的科学技术鉴定是酵母，由此说明在商代时期，人们已经会用时令果品酿制果料酒。当代社会，果酒已经同白酒、啤酒并驾齐驱，形成三足鼎立之势，部分原料酿制的果酒因其特殊性，已经超越了白酒和啤酒，成为逢年过节餐桌上的必备品。选择优质的果酒，一定要选配料表干净、具有营养价值、口感柔和不刺激喉咙以及原材料不含有浓缩果汁，以原果为主的发酵型果酒产品。

相关数据统计，近两年，在酒类市场普遍低迷的大环境下，年轻人更青睐果酒，果酒正以50%左右的销售额增速抢"灌"消费者的酒杯。尽管很多消费者对果酒的认知还比较模糊，分不清果味酒精饮料、水果配制酒和真正的水果发酵酒的级次差别，市场还比较混乱，然而作为铜仁本土果酒文化传承第一企业，刘洪仲团队多次拒绝了“以低端酒先打开市场”的提议，致力于带给消费者真正的花果酒，拒绝做“三精一水”勾兑酒，从原材料上出发、替消费者节约成本，坚持采用起花真果原浆零添加勾兑生产真正的水果发酵酒。

“一杯优质的果酒，是可以搭配千变万化的中国菜的。”刘洪仲表示，相较于讲究人情味的老一辈人聚会喝白酒的“辣喉”，讲究效率的年轻人更喜欢以果酒佐餐，不同于一般的饮料，原果发酵型果酒口感清爽，营养丰富，可以相得益彰地配合各种菜肴的特性，多饮不腻，柔和清爽，即使是川菜这种大开大合的浓烈味道，也能在一口果酒里瞬间被平复。

通过两年多时间的沉淀，刘洪仲团队也逐渐找到了自己的优势，构建起了自己的核心竞争力。该基地地处梵净山区，是农夫山泉水源地，可以灌装的空气，自建万亩果园保障原料供应，周边还有着丰富的优质生态水果，以及温润多雾特别适宜做“发酵”产业的气候，这些都是不可复制的；二是在生产设备和技术方面先进，拥有双层控温发酵罐、全紫铜蒸馏釜、万级洁净灌装车间，以及先进的过滤和瞬时灭菌设备等，与高校进行合作，为企业发展提供了坚实的保障。所以企业定位是做一家小而美的果酒厂，坚持采用应季水果发酵，做真正的好果酒，奉献给对果酒有认知、挑酒喝的客户。

好酒，好故事，好品牌。企业启动注册了商标“傎傎”品牌，傎字拆开来，就是“真实的人”，字义是陶醉、沉浸的状态，也就是果酒爱好者追求的微醺状态。“傎”字读“diān”，时常有人一开始的时候读“真”或者“慎”，当被问到为什么不直接用“真”字时，刘洪仲表示，国人一直被教育要奉献、吃苦，但很少被教育要自己爱自己，接受真实的自己。品牌愿景是大家奉献真正水果发酵的好果酒产品，倡导接受真实的自己，做率真的人，鼓励人们陶醉和沉浸于当下的美好的情绪价值，放下世俗的眼光，拥抱自己。

锐意进取
坚定信念谱华章

坚守生态红线，保住绿水青山就是金山银山，刘洪仲团队始终坚持“扩面、提质、拓链、增效”，在品种、品质、品牌上苦下功夫，围绕着标准建立、科技支撑等方面，大力提升产品的品质，助力产业从低端迈向高端；全力打造特色品牌，使得万山香柚不仅成为中国香柚品牌的代表，也为叩开国外市场的大门而不懈努力。

一花独放不是春，百花齐放春满园，看着成片的香柚林，刘洪仲还攒着“心思”。为进一步延伸发展香柚产业链，刘洪仲在丹都街道龙都社区搬迁产业园建成了鲜果集散中心，进一步进行果酒的生产加工。团队依托于贵州丰富的生态水果条件，坚持“只加工应季水果”的产品理念，构建起强大的技术团队、投入完善的工艺设备，面向不断增长的低度潮饮果酒蓝海，将花果类农产品作为产品和品牌之根，传承创新百年果酒酿制技艺，全业态品宣，深度开拓线上和线下果酒市场。打造中国果酒行业头部品牌，并进军全球果酒市场，将寻味梵净果酒文化与中国文化向世界范围传播，主要生产“格那得”白兰地系列、傎傎系列且芙高颜值系列产品等，年产果酒可达3000吨，产品投放市场后受到了热烈欢迎，目前已与全国20多家平台展开了合作，市场反应非常好。如今，团队还着手进行柚子酒、柚子精油、柚子糖、低糖速溶香柚茶等产品的研发，企业在刘洪仲的带领下，由最初的“种柚子”向着多元化发展方向稳步前进。

知行合一是中国古代哲学的一种思想体系，也是中国传统文化的核心之一。在明朝，大学问家王阳明在黔的山洞之中悟道，提出了“知行合一”，而如今，也是在贵州黔地，刘洪仲等新时代奋斗者，用自己的学识和力量，致力于为国计民生、为脱贫攻坚服务。

在刘洪仲看来，“知行合一”，用现代年轻人的流行话来说就是“干就完了”！他回忆起自己少年时期，有长辈告诉他，社会是看人情的，光成绩好没有用，但是他就一心一意地读书，不为功名，只为求知的渴望；后来下海经商，连儿子一开始都担心，刘洪仲就用实际行动给儿子做榜样，给农户吃“定心丸”，让所有支持自己的人放心，硬是挺过了一个又一个难关。他告诉孩子：“中华民族是世界上最优秀的民族，中国人勤劳、智慧，只要想做，就没有做不成的事！”

返程路上，刘洪仲就站在路口，随着车辆渐渐走远，刘总的身影也越来越小，但是他的光辉形象却始终高大地立在每个人的心中。阳光透过树叶的缝隙洒在道路上，形成了一片片斑驳的光影，看着蜂飞蝶舞，且听风吟，似乎有一种遒劲的声音在大山之间回荡着。

那是一种古老而悠长的中国哲学——大道至简。世界上的万事万物何其繁复，如果一个人既能够轻松地从简入繁，又能够游刃有余地由繁入简，最终相互灵活转化回旋到“大事不怕繁，碎事简单化”的境界，就已超过了大部分人。心外求法，叫“外道”，唯有万法内求，凡事量力而行，从心出发，见素抱朴才能少私寡欲，获得成功。就像刘洪仲，在管理企业时没有架子，也没有繁芜的机制，一切都围绕企业目标形成意识能量的高度和谐统一，激发员工的内生动力和自驱力，那种简约又高效的工作氛围，形成了寻味梵净独特的企业文化。

好生活都是干出来的。展望未来美好蓝图，刘洪仲将带着贵州寻味梵净果酒有限公司全体同人进一步提振奋发有为的精气神——着力全面推进乡村振兴建设，谋定破题开局思路，致力于为消费者带来更多优质健康的产品，在脚下的沃土里播种着诗和远方！

史文文

SHI WEN WEN

新疆工艺美术大师、玉雕大师

华夏文明，源远流长，其中玉文化更是璀璨夺目，它承载着几千年的历史与智慧。玉雕技艺作为这一文化的瑰宝，不仅将文化与思想镌刻于玉石之上，更在无纸无墨的时代，将历史与文化镌刻成永恒。在这份厚重的历史传统面前，新疆工艺美术大师、玉雕大师史文文，以其科班出身的美术理论素养，投身于玉雕行业。20余年的坚守，使他对传统文化艺术有着深厚的理解，对各类工艺驾轻就熟，尤其擅长素火炉瓶的制作。他的作品线条流畅、规矩大气，尽显其精湛的技艺与深厚的文化底蕴。史文文，以玉为媒，传承文化，让大家领略这份来自华夏大地的玉雕之美。

玉韵传承千年 文化璀璨疆天

——访新疆工艺美术大师、玉雕大师史文文

玉雕巨匠梦
文化传疆情

在广袤无垠的新疆大地上，史文文，以其非凡的才华和坚强的意志，谱写了一曲从田野耕耘到玉台雕刻的华丽乐章，铸就了玉雕行业的一段传奇。

史文文出生于河南省的一个农耕家庭，自幼便随父母迁徙至新疆生产建设兵团，扎根在这片广袤的土地上，耕耘着自己的梦想与希望。家庭的迁徙与生活的艰辛，锻炼了他吃苦耐劳、坚韧不拔的品质。他从小与土地为伴，无论是播种、收割，还是摘棉花、搬砖头，他都全身心地投入其中，从中体会到了劳动的快乐与成就感。这份对劳动的深切热爱，构筑了他日后在玉雕行业中坚定而独特的基石。

后来，机缘巧合之下，他邂逅了樊军民大师“天工奖”银奖作品《秋意提梁壶》，为这一深邃而精妙的传统手工艺惊叹，他惊叹于玉石的温润与美丽，更被玉雕大师的传神设计、优美造型、巧雕与俏色精湛技艺折服。他深知，玉雕不仅是一门手艺，更是中华传统文化的瑰宝。于是，他便毅然决然地踏上了玉雕之路。

为了系统地学习玉雕技艺，史文文考入了新疆职业大学宝玉石加工鉴定专业。将理论知识与实际操作相结合，不断锤炼自己的技艺。他的勤奋与天赋很快便得到了中国工艺美术大师樊军民的认可，有幸师从中国玉雕大师，专攻玉雕器皿方向。在师父的悉心指导下，他不断磨砺自己的技艺，逐渐形成了自己独特的玉雕风格。

自投入玉雕行业后，他深知每件玉雕作品都是独一无二且珍贵无比的，因此他用心雕琢、细致打磨，将每一份情感与匠心都融入其中。对他来说，一天工作十几个小时并不是辛苦，而是享受，他享受与玉石对话的过程，享受将文化与思想融入玉石的过程，这些过程让他的作品不仅具有观赏价值，还蕴含着深厚的文化内涵。

路漫漫其修远兮，踏上玉雕之路，他也曾遇到过许多挫折与困难，但正是这些挑战与磨砺，让他更加坚定了自己的信念与追求。他始终坚信，只有对玉雕行业有着纯粹的热爱与真诚的追求，才能在这条道路上走得更稳、更远。

如今，他已荣登玉雕艺术之道，成为备受尊崇的玉雕大师。他的作品在国内外展览中屡获殊荣，这些作品不仅展现出精湛的技艺，更蕴含着丰厚的文化底蕴，因此赢得了无数收藏家的青睐与追捧。然而，面对这些荣耀与赞誉，他并未流露出丝毫的骄傲与自满，反而以更加谦逊与审慎的态度面对每一次创作。他深知，每一件作品都是其艺术造诣的凝练与呈现，代表着他的专业水准与形象，因此他始终保持着对艺术的敬畏之心，对待每一件作品都精益求精，不容有丝毫的马虎与敷衍。凭借着一双巧夺天工的手和深邃的艺术才情，史文文将中华传统文化的精髓雕琢得熠熠生辉，为后世留下了弥足珍贵的艺术财富。

玉韵传千载
技道映辉煌

“若言琴上有琴声，放在匣中何不鸣？若言声在指头上，何不于君指上听？”苏东坡的这几句诗，展现了人才和平台之间的依存关系。史文文所依托的就是一个集教学、产业、产品于一体的完善平台。在这里，践行“现代学徒制”，他得到了师父及师爷的悉心指导，师爷樊军民是中国工艺美术大师、正高级工艺美术师，享受国务院政府特殊津贴，他不仅是新疆玉雕的杰出传人，还是多所高校的客座教授与研究生导师；师父是中国玉雕大师、高级工艺美术师、新疆玉雕文化指导专家。师从这两位国家级大师，史文文有幸传承到了先辈及古人的玉雕技艺。此外，这个平台还带给了他得天独厚的资源优势，包括原料资源、客户资源和学生资源，这些资源为他提供了广阔的创作空间和展示平台。他与学校合作教学，培养了一批又一批玉雕人才，他还亲自带徒，将技艺和经验传授给年青一代，为玉雕艺术的传承和发展作出了重要贡献。

传承不仅是技艺的传递，更是对一种文化的尊重和延续。因此，他在继承传统的基础上，不断开拓创新，将中国传统文化元素与现代设计相融合，创作出具有时代特色的玉雕作品。在这方面，樊军民大师展现出了非凡的才华和勇气。平台契合时代发展不断创新，其中代表文创作品玉雕“直钩”和“玉碎”受到消费者及行业认可与赞赏。创作玉雕“直钩”取义于“姜子牙钓鱼、

白玉炉

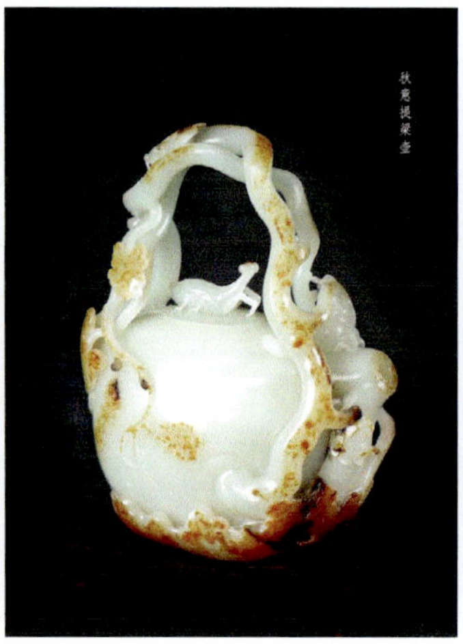
秋意提梁壶

白玉满月小瓶

三通瓶

愿者上钩”，就是文化自信的一种表现；“玉碎”取义于“宁为玉碎不为瓦全”的宁愿为正义事业牺牲，也不愿丧失气节的高尚品质。千年的历史典故，更能引起所有中国人的文化共鸣。不仅蕴含着深厚的文化内涵，更体现了文化自信与时代精神；史文文也独树一帜，创造出了一种革命性的玉雕中空取材方法，即通过整体掏空原材料进行精细加工的一种技术，这一独特技术不仅节省了珍贵的原材料，还在保留原材料精髓的同时，显著提升了作品的艺术价值和观赏性。除此之外，他的无私精神更是令人钦佩，他毫不吝啬地将这一宝贵的技术毫无保留地分享给同行，这无疑为整个玉雕行业注入了新的活力，也为后人树立了典范。

史文文在玉雕艺术领域深耕19年，始终以勤奋、认真与好学之姿，成就斐然，亦荣誉满载。他不仅得到了中国工艺美术大师樊军民的青睐，更与品德轩携手创作出20余件玉雕佳作，多次斩获百花奖、天工奖等国家级与省级的金银铜奖项，其技艺之精湛，可见一斑。他的创作之路也不乏高光时刻，如2012年代表新疆职业大学创作的《忠义牌》，荣获了“优秀学生技能作品优秀奖”；2020年，《泰尊》受邀于第五届中国当代工艺美术双年展展出，再显其艺术魅力。在技艺探索上，他不断突破，如创作《奁》时，对掏膛工艺的创新，大幅提升了玉石的价值，引起了业界的广泛关注。此外，他还积极参加社会公益事业，担任支教老师，为新疆的玉石雕刻艺术传承贡献力量。如今，他更在多个知名工作室和院校担任助教，参与建设全国第一家玉雕产学研实训基地，继续为玉雕艺术界培养后继之才。

史文文用自己一生的热爱与奉献，将匠人精神镌刻进每一件作品中，他不仅倾注了毕生的心血和汗水，更将精湛的技艺、高尚的品德以及对传统工艺的创新与担当，都融入玉雕艺术的每一寸空间。在玉雕的瑰丽世界里，他用自己的双手，书写着属于匠人的辉煌篇章，让玉雕艺术在时间的长河中熠熠生辉，永不褪色。

匠心铸艺魂
传承启新篇

在喧嚣的现代社会洪流中，人们往往会迷失于表面的繁华与匆忙，常常沦为浮躁与短视的囚徒。然而，真正的成长与辉煌，实则深植于对匠心精神的执着坚守与不懈追求之中。

史文文曾深受清华研学班经历之启迪，尤其是对其中一位中国剪纸非遗传承人的教诲尤为触动。该大师强调，热爱传统文化艺术是基石，选定所爱专业后，需持之以恒，勤学不辍。他告诫

年轻人，成功并非一蹴而就，需岁月沉淀，方显真金。前期如扎根，需数年方可开花结果，且成果并非强求可得，而是水到渠成。这番话不仅激励了史文文，他还愿以此启迪后生，引导他们以耐心与毅力，追寻艺术之路的深远与宽广。

在匠心精神的理解上，史文文亦有着深刻见解。他认为，匠心精神不仅是对技艺的精湛追求，更是对职业道德的坚守和对传统文化的尊重。在玉雕行业中，匠心精神体现在对玉石的深入了解与把控上，体现在其对雕刻技艺的熟练掌握与不断精进上，更体现在对作品的精益求精和对客户的诚实守信上。他强调，一个真正的玉雕艺术家，不仅要懂得如何雕刻出一件精美的作品，更要懂得如何用心去感受玉石的灵性与生命力，用自己的情感和技艺去赋予它新的生命和价值。

此外，他对于艺术的领悟也尤为独到。他深知，在艺术的广阔天地里，每位艺术家都怀揣着独特的风格和创意，他们可能挑战传统、激发争议，而这，才正是艺术魅力所在。他热切地呼吁，大家应当给予新人充分的鼓励与支持，让他们毫无畏惧地展现自我；同时，对大师们的创新之作，亦应保持开放与包容的态度，尊重其艺术追求与成果。史文文的这些见解，不仅深刻洞察了玉雕行业的精髓，更是对匠心精神的独特诠释。他身体力行，以匠心精神与艺术追求证明了其力量与价值，为后来者树立了楷模。在这个日新月异的时代，我们亟须更多如他一般的艺术家与传承者，引领和推动传统文化艺术的创新与发展，共同构建起一个更加多彩且充满活力的文化世界。在他们的引领下，我们不仅能更好地传承与弘扬传统文化，更能在创新中找到发展的新方向与原动力！

石国君

SHI GUO JUN

吉林省天缘文化艺术发展有限公司董事长

随着全球经济的蓬勃发展和人们物质生活水平的不断提高，社会对文化艺术的消费需求也不断攀升，从而促进了该行业的迅速增长。然而，这种变化也给社会带来了一系列挑战，包括消费者需求的多样化、对品质的更高要求以及法规限制等。这些挑战需要行业从业者不断创新和适应，以便更好地满足市场需求，保持行业的健康发展。

吉林省天缘文化艺术发展有限公司以其独具魅力的创新理念和对文化艺术的深沉热爱，不断探索实践，为封神文化的传承与发展贡献着自己的独特力量，成为该领域的一股新生力量。在“2025封神榜”创始人石国君董事长及全体员工的共同努力下，公司不仅勇攀艺术高峰，更与时俱进，以创新的视角审视传统，以发展的步伐践行封神文化。

扬帆启航 筑梦九州

——访吉林省天缘文化艺术发展有限公司董事长石国君

精雕细琢
绽放华彩

吉林省天缘文化艺术发展有限公司坐落于吉林省长春市公主岭市响水镇金鼎广场，是一家横跨文艺创作、美术创作、食品研发与生产、农耕园林等多元化综合性企业，文化产业作为公司主营业务，其经营理念奉行“精品出自雕琢，成功始于合作”，业务范围涵盖广泛，包括但不限于文艺创作、小说创作服务、电影制作、个人互联网直播、高端健康食品、高经济农作物产品种植产业技术服务，真正体现出通过产业多元化来满足人们日益增长的物质和文化生活需求。此外，公司业务还能拓展特需许可的项目，这些广泛的业务范围横跨文旅教育、工农业产品开发生产、技术咨询等跨界领域。

吉林省天缘文化艺术发展有限公司旨在满足客户多样性、个性化的需求，彰显其卓越的专业能力和创造力。为了推动文化艺术的传承与交流，公司会定期举办书画交流活动、绘画展览等，致力于为广大市民提供近距离感受艺术魅力的机会。这些精心策划的活动不仅丰富了市民的文化生活，也为艺术家们提供了展示才华的绝佳平台，促进了文化艺术的繁荣发展。除此之外，公司的旅游业务还在积极拓展中。

除总部办公区域外，吉林省天缘文化艺术发展有限公司又增设了新展厅，为公司项目提供了更为广阔的发展前景与空间。这座展厅不仅是公司业务的展示场所，更是艺术文化交流的殿堂，承载着传统与现代的交融，展现着创新与传承的精神。目前，公司正在进行招商，为志同道合的合作伙伴，提供政策优惠，期待与更多有识之士携手共进，共同开创文化艺术事业的新纪元。

珍视传统文化
尽显人文关怀

当前，公司的重点工作主要集中在两个领域：一是“2025封神榜”系列作品；二是绿色健康的无盐酸菜。这两个承载着深沉情感与使命责任的事业，既展示了公司对艺术与传统文化的珍

视，也体现了他们对健康生活方式的倡导与关怀。

随着现代生活节奏不断加快，高血压等心血管疾病日益成为困扰人们健康的重点问题。在此背景下，无盐酸菜成为一种理想选择。吉林省天缘文化艺术发展有限公司推出的“圣骑”无盐酸菜，精选优质新鲜白菜，配以天然弱碱水，不添加盐和任何添加剂采用传统工艺精心腌制，严格的质量把控，成就了这一味地道的酸爽。它是一种高营养的绿色健康食品，适合广大人群食用，可享受健康与美味的双重滋味。在现代社会，人们对健康饮食的需求越来越高。“圣骑”无盐酸菜作为一种绿色高营养食材，不仅符合健康饮食理念，还能够满足人们对美食的追求。它可以用来烹饪各种菜肴，也可以作为凉菜或配菜直接食用，为人们的餐桌美味增添了更多选择。

“2025 封神榜”系列作品是公司当前的主打产品，作品展厅占地面积超过 1000 平方米。由董事长石国君领导，公司陆续推出了一系列引人注目的作品，包括“万米封神榜艺术长卷”“百万封神名录”“封神画册”以及封神动漫形象、神话、小说、剧本等。

“2025 封神榜”是继商周之后的又一部封神之作，励志创新，是将上古、远古、夏朝、商朝、周朝等中华 5000 年的历代王朝的仁人志士及近现代已故的伟人、英雄、烈士、名人、将士、功勋者，以及世界各国已故的功勋者、为时代作出卓越贡献的先行者，为各国发展付出努力的引领者，皆现“2025 封神榜”，宣扬他们的丰功伟绩与为人类作出的卓越贡献，体现了他们艰苦奋斗、传承大爱的英勇无畏精神；尊重历史，铭记历史，缅怀先烈，传承与发扬先贤对国家和民族满怀忠诚、爱国忧民的赤子情怀，为了家国大义舍生忘死、视死如归；也为故去的普通善德之人封神封位，歌颂他们勤奋好学、仁爱友善、宽容大度、诚信、正义、廉洁、追求真理、勇于创新、无私奉献的精神。无关身份、无关国籍、无关信仰。

在“2025 封神榜”这一壮丽主题的引领下，吉林省天缘文化艺术发展有限公司不仅全力以赴地重新启动封神台，更致力于重铸封神榜传统文化的荣耀与价值。这一系列作品以封神故事为背景，通过艺术的妙笔，歌颂着中华民族的传统美德，缅怀着革命先烈，铭记着中华民族光荣的历史，让那些伟大的精神得以永世传承。“2025 封神榜”以史为鉴，使之受到正确的指引，相互理解、包容与尊重，构建和谐社会。

董事长石国君郑重地表示，“2025 封神榜”的创作不仅是对过去的敬意，更是对未来的殷切期盼。他再次强调，该项目旨在传承民族文化，弘扬工匠精神，为实现国家的繁荣昌盛、民族的伟大复兴、人民的幸福生活、太平盛世而不懈奋斗。当今之下，2025 再启封神台，重塑封神榜。续写封神新篇。铭记历史，缅怀先烈，传承与发扬先贤的美德与精神。

吉林省天缘文化艺术发展有限公司不仅在持续追求创新的道路上勇攀高峰，还怀揣着“成为文化艺术领域的领军企业，倡导并传承中华优秀传统文化艺术，将其推向世界舞台”的宏伟愿景，

殷切地期待为中华民族文化的传承与发展贡献自己的力量。在未来的发展道路上，吉林省天缘文化艺术发展有限公司将继续秉承着初心，不断开拓创新，为中华文化的繁荣发展贡献自己的智慧与力量。他们深知，只有不断超越自我，才能赢得更广阔的舞台，为中华文化的璀璨辉煌发展贡献更多光彩。

传承多样文化
筑梦太平盛世

谈到创业的初衷，石国君追忆起早年间对神话故事和宇宙奥秘的浓厚兴趣，这一热情不仅是他踏入文化艺术行业的初衷，更是其内心深处对人类智慧与历史传承的追求。他深刻地理解文化艺术不仅是追求创造力，更是对传统文化的传承与创新的庄严责任。因此，他毅然地选择了这一行业，并将个人兴趣与工作相融合，以期为中国文化艺术的繁荣发展贡献一份力量。

他们怀揣着以创新封神文化为核心的创业初心，秉持着传递宇宙文化、提升当代文明的崇高愿景，渴望为中华文化的传承与发展献出自己的一份力量。然而，创业之路并非坦途，他们面临着资料来源匮乏、合作伙伴稀缺等重重困难。然而，正是在这些挑战的磨砺下，他们始终如一，不断汲取新的知识，勇于创新，靠辛勤努力战胜一切困难。

公司的发展历程可谓是一段艰辛的奋斗之路，是在不断挑战自我、磨炼品质中前行的过程。自 2020 年 7 月创立之初，公司便以实现梦想为己任，坚持不懈地追求卓越与创新；2021 年 5 月，公司成功注册了独立设计的商标，标志着其品牌形象的确立，随后在 6 月获得了“圣骑”商标版权，进一步彰显了其在行业中的地位；到了 2022 年，公司推出了百万神佛名录集和画像集，为文化艺术的创新发展贡献了独特的视角和创意；随着时间的推移，2023 年，见证了公司开始独立制作百米封神榜艺术长卷的历程，这一壮举展现了公司对传统文化的尊重与创新的勇气；2024 年，公司获得了艺术品经营许可证，允许公司举办拍卖、商展等活动，为其在艺术市场中赢得了更广阔的发展空间。同年农

历二月初二“龙抬头”之际，公司迎来了新址开业，为其未来的辉煌时刻揭开了崭新的篇章。

“热心公益，爱乡为民”这简简单单八个字用来形容石国君董事长再贴切不过，2014年，屯与屯之间的道路，坑洼不平，一到下雨天泥泞不堪，无法通行，石董事长出资用砂石铺平了这些道路；当时屯里没有安装路灯，天一黑，便漆黑一片，十分不便，石董事长又出资为村里安装了太阳能灯，此后即使天黑了，道路两旁还是亮堂堂的，不仅出行更安全，还为村民农业劳作延长了时间，提高了效率……这些慷慨之举，村领导及村民们无不对其赞不绝口，充满感激。在追求经济效益的同时，吉林省天缘文化艺术发展有限公司也怀揣着一颗回馈社会的赤诚之心。公司计划将其售卖作品收益的10%划拨至设立的公益基金，旨在支持帮助留守儿童、特困学生等社会弱势群体，这一善举不仅是石董事长对社会责任的实际践行，更是对社会公益事业的无私奉献，体现了公司以人为本的价值理念。

对于行业的转变，石国君董事长认为，未来的发展趋势将主要体现在科技、旅游和跨行业合作的深度融合上。随着科技的不断进步，文化艺术领域将迎来更多创新的可能性，如虚拟现实、人工智能等科学技术的应用，将为艺术创作和体验带来全新的维度。同时，旅游业的发展也将为文化艺术注入新的活力，文旅融合模式将成为未来发展的趋势之一。此外，跨行业合作将成为推动文化艺术发展的重要动力，不同领域企业将共同合作，为文化产业的繁荣发展作出更大的贡献。

公司还新增了弱碱性健康食品，目前正处于研发阶段，让我们共同期待它的面世。

在纷繁的世界中，各行各业蓬勃发展，竞争激烈，正是展现风采的最佳时刻。“百舸争流千帆竞，长风破浪正当时。”在这个机遇与挑战并存的、充满活力的时代里，吉林省天缘文化艺术发展有限公司将继续不懈努力，继续秉持着“初心、真心、恒心、匠心”的经营理念，引领员工为推动中华文化的传承与发展作出更为重要的贡献，绘就更加辉煌灿烂的明天！

柴丹颖

CHAI DAN YING

凉山州彝礼相荟电子商务有限公司创始人

在乡村振兴的伟大征程中，企业发挥着不可替代的重要作用。

作为中国农业发展的中坚力量，凉山州彝礼相荟电子商务有限公司坚定不移地投身于乡村振兴战略，依托于宁波当地的产业优势，跨域立项。通过发掘和培育大凉山地区的优势农业项目，助力当地的经济腾飞。大凉山更是凭借其得天独厚的自然资源和丰富的农业潜力，成为企业创新发展的沃土。

彝礼相会：企业与发展齐飞 产品共品牌一色

——访凉山州彝礼相荟电子商务有限公司创始人柴丹颖

凉山彝族自治州推进脱贫地区乡村振兴示范区建设，自深化“三大行动”座谈会暨州委农村工作领导小组会议召开以来，认真落实党中央和省委的部署要求，增强系统思维、科学思维，持续巩固拓展脱贫攻坚成果，全面推进脱贫地区乡村振兴示范区建设，为建设社会主义现代化凉山打下了坚实的基础。

在乡村发展中，有三个关键因素——市场、合作和农民习惯及其互动关系。由此可知，只要三者能够保持良性互动，就能创造并维持乡村发展的内在动力，从而生成企业振兴乡村的外向助力。

以产业之基振乡村
唯务实之心创兴业

“地势坤，君子以厚德载物。”依托资源，打造独特品牌，凉山州地处四川省西南部，是全国最大的彝族聚居区，历史上经济发展相对滞后，贫困问题较为突出。近年来，在国家政策的大力支持下，凉山州在脱贫攻坚战中取得了显著的成效。凉山州彝礼相荟电子商务有限公司在这一过程中发挥了重要作用，通过推广凉山州的特色农产品，帮助当地农民增加收入，改善当地居民的生产生活水平。

凉山州彝礼相荟电子商务有限公司创始人“财姐”——柴丹颖，在金融专业领域深耕多年，秉持着爱国情怀以及对商业产品的独特眼光，打造了全国首个以“伴手礼”为概念的新兴“农产品＋三文（文旅、文礼、文创）”企业。作为一家专注于伴手礼品牌策划、推广、设计、制作及销售的综合性企业，积极响应国家的政策号召，秉持着“创建民族品牌，打造健康食品”的企业理念，深耕凉山资源，致力于推动当地的经济发展，实现乡村振兴的宏伟目标。

彝礼相荟通过电子商务平台，将凉山州的优质农产品推广到全国各地乃至世界，帮助当地农民增加收入，实现脱贫致富。公司的品牌政治使命明确：将凉山农产品作为脱贫攻坚战的“排头兵”，努力打开当地脱贫堡垒的突破口。为践行企业长远发展目标，彝礼相荟通过推广农业产品的理念，将凉山州的优质农产品推广到全国各地，立志发展成为中国农产品品牌中的领军品牌。

凉山州，得天独厚，资源丰富。其高原特质为农业发展提供了独特的优势：充沛的阳光、优质的水源、无污染的土壤，成为农产品高质量的保障。凉山大地正是凭借着其独特的自然环境，孕育出种类丰富、品质优良的农产品。彝礼相荟深谙此道，充分挖掘凉山州11个帮扶县的特色农产品，打造“一县一礼品”的高端伴手礼品牌。品牌的力量不仅在于产品质量，更在于对于民族文化的传承和创新，品牌力量更是民族力量的体现。彝礼相荟充分挖掘彝族文化的精髓，将其融入品牌建设中，力图以凉山州为原型，打造民族品牌。产品方面——无论是从产品包装设计还是市场推广，每一个细节都体现了浓厚的彝族特色。公司推出了一系列具有民族风情的产品，将彝族的传统技艺和现代科技相结合，创造出既具有文化价值又符合现代消费需求的特色产品。

“健康＋绿色”是彝礼相荟公司针对食品生产的重要核心理念。公司始终坚持以天然、无污染的原料为基础，从选品开始，深入当地，优中选优，并严格控制每一个生产环节，确保产品的安全和质量。公司在凉山州拥有多个高标准的有机产地，采用绿色种植技术，不使用化学农药和化肥，在遵循生态平衡、保护生态环境的同时，确保了食品的天然纯净——木里县的蜂蜜产品，取材于大凉山深处的原生态蜂场；盐源县的果干蜜饯，精选当地优质水果，采用传统工艺与现代技术相结合的方式加工而成；金阳县的魔芋产品为凉山州的一大特色；布拖县的燕麦系列产品，则是现代人健康饮食的理想选择；甘洛县的肉类产品，源自放养在青山绿水间的优质牲畜；越西县的酱料，秉承传统非遗工艺，选用优质原料，经过长时间的发酵和精心调制，口感醇厚，风味独特，是家庭烹饪的必备佳品；普格县的柿子系列产品，采用当地优质柿子，经过传统工艺精制而成，保留了柿子的天然风味与营养，是消费者喜爱的健康食品……11个县，11种风味，11款礼品，11份心意。这些产品产自凉山大地，同时反哺凉山人民。公司之所以能够落地凉山州金阳县电子商务园区，得益于甬凉东西部协作招商引资项目的支持。这一合作项目，一方面为企业的发展提供了广阔的平台，另一方面为当地经济的发展注入了新的活力。

在公司发展过程中，企业全体同仁始终坚持务实的态度，以质量为核心，以创建民族品牌建设为抓手，努力推动“凉山游礼”文旅产业的发展。通过精心设计和创新研发，彝礼相荟将凉山州的优质农产品与丰富的民族文化底蕴相结合，着力打造出具有独特产品魅力的伴手礼品牌。

行品牌创新之道
立民族企业之魂

“苟日新，日日新，又日新。”创新是企业发展的永恒主题。彝礼相会在技术研发方面不断投入，力求在保证产品质量的同时，不断提高生产效率。彝礼相会以“让世界爱上凉山味道”为使命，将凉山州的美食文化与现代生活方式相结合，创新推出一系列具有浓郁地方特色的伴手礼产品。这些产品不仅味道独特，而且包装精美，成为广大消费者喜爱的佳品。

公司为开拓市场，与凉山州本地多县传统作坊建立起合作关系，共同开展技术攻关和产品创

新，力求在市场上推出更多优质产品，以满足消费者的各种需求。

在创新发展方面，凉山州彝礼相荟电子商务有限公司始终走在市场前列。公司通过不断的技术创新和优化管理模式，着力提高生产效率与产品质量，提升市场竞争力。依托于现代化的电子商务平台，企业实现了线上和线下的无缝对接，使凉山州的优质农产品能够迅速走向全国市场。

在公司的发展历程中，彝礼相会不仅关注产品的质量，更注重生产过程中的人文培养。这种内外兼修的发展理念，使得企业在激烈的竞争市场中脱颖而出。平台的开放性决定了平台所能达到的历史和政治高度，这样的“开放性平台式”经营模式，极大地吸引了各类人才的踊跃加盟，并且通过创始人的公益性发展理念，更是彰显了企业的社会责任感。

彝礼相会深知，只有不断创新，才能在激烈的市场竞争中立于不败之地。公司在产品研发方面，注重传承与创新相结合，不断推出符合市场需求的新产品。同时，企业严格把控生产流程，确保每一件产品都符合高标准。通过科学的管理和精细化操作，企业不断提升产品的核心竞争力，在市场上赢得了良好的口碑。

在品牌建设方面，彝礼相会同样不遗余力。公司通过多渠道、多形式的品牌宣传，提升品牌产品的知名度和美誉度。企业参加了多个国内外知名展会，积极推广凉山州的优质农产品，吸引了大批国内外消费者的关注与认可。同时，企业还积极参与各类社会公益活动，树立起了良好的企业形象，赢得了社会各界的广泛赞誉。

在市场营销方面，彝礼相会紧跟时代潮流，充分利用现代化的营销手段，拓宽销售渠道。公司通过建立完善的线上销售平台，实现了线上与线下的有机结合，极大地提升了销售额。同时，企业还与多家大型商超与电商平台建立起了合作关系，进一步拓宽了销售渠道，提高了市场占有率。

立足本心求发展
继往开来迎盛世

古诗词中有言：“山不在高，有仙则名；水不在深，有龙则灵。”在凉山州这片神奇的土地上，正是因为有了这些独特的农产品和深厚的文化底蕴，才焕发出无限的生机与活力。彝礼相会通过不断努力，将这份厚重的文化内涵传递给每一位消费者，让更多人了解凉山、爱上凉山。

凉山州彝礼相荟电子商务有限公司自成立以来，始终紧扣国家脱贫攻坚和乡村振兴的战略方

向。凉山州作为全国脱贫攻坚战的“最后一块硬骨头”，其脱贫任务的艰巨性和重要性不言而喻。公司以推动凉山州农产品的市场化为己任，致力于将凉山州的优质农产品打造成全国知名品牌。通过东西部协作项目，宁波企业积极帮扶凉山州，彰显了企业的社会责任与政治价值。

在乡村振兴的道路上，凉山州彝礼相荟电子商务有限公司将继续砥砺前行，持续创新，努力将更多优质的凉山味道带给全国各地的消费者。公司坚信，通过不懈的努力，必将在激烈的市场竞争中脱颖而出，为实现乡村振兴和企业发展的双赢目标而不懈奋斗。

雄关漫道真如铁
而今迈步从头越

彝礼相会的产品不仅是高质量的农产品，更是通过产品生产过程培养人的载体。企业致力于在生产过程中培养员工的技能和素质，提升他们的就业能力与生活水平。这种“产品为人服务”的理念，既体现了企业对产品质量的严格要求，也彰显了企业对员工的关怀与社会责任感。

公司通过对生产环节的严格把控，确保每一件产品都符合高标准的质量要求。同时，在生产过程中，公司注重培养员工，通过技能培训和职业发展规划，帮助员工实现自我价值。平台的开放性更使得企业能够吸引各类优秀人才的加盟，进一步提升企业的市场竞争力和影响力。

凉山州彝礼相荟电子商务有限公司在经营过程中积极践行公益化模式，通过各种形式的社会公益活动回馈社会。例如，公司会定期举办农产品推广活动，邀请消费者亲自体验农产品的生产过程，增强消费者对凉山农产品的了解与认同。同时，公司还积极参与各类社会公益项目，帮助贫困地区的学校改善办学条件，资助贫困学生完成学业，彰显了企业的社会责任感。

未来，凉山州彝礼相荟电子商务有限公司将继续秉持着“产品为人服务”的理念，依托东西部协作项目，进一步深化与凉山州的合作，拓展全国市场。通过不断提升产品质量和品牌影响力，努力将凉山农产品打造成全国知名品牌，为国家的乡村振兴战略贡献力量。公司的长远目标是将企业文化与政治导向高度有机结合，推动企业在实现经济效益的同时，积极承担社会责任，为国家脱贫攻坚和乡村振兴事业贡献力量。未来，彝礼相会将继续以饱满的热情和坚定的信心，迎接未来的挑战与机遇。企业将继续秉承“让世界爱上凉山味道”的使命，致力于推动凉山州的经济发展和乡村振兴，为中国农业的美好未来贡献力量。

陈劲松

CHEN JIN SONG

一级美术师湖南省工艺美术大师、沅江市镂心斋雕刻艺术有限公司总经理

一刀一竹木，刻尽世间万物，刻下流年似水，刻下华夏文明的厚重与深邃。竹木雕刻凝聚着匠人的心血，是传承千年却依旧熠熠生辉的文化瑰宝。九三学社社员、一级美术师、高级工艺美术师、湖南省工艺美术大师、非遗南洞庭竹木雕刻技艺传承人、沅江镂心斋雕刻艺术有限公司总经理陈劲松，潜心磨砺，以传承竹木雕刻技艺文化为己任，将毕生致力于不让古老的艺术蒙尘，力求通过对传统文化的传承弘扬与创新，使竹木雕刻在新时代迸发出新的活力，塑造出新的文化符号。

竹木有灵刻经典 以心驭物续传奇

——访一级美术师湖南省工艺美术大师、沅江市镂心斋雕刻艺术有限公司总经理陈劲松

无畏
竹刻万千辟新路

阳光之下，转瞬千年，在浩瀚的历史文化脉络中，微尘展现光芒，技艺重现精彩。直到很多年以后，追溯过往，陈劲松才明白一路走来，儿时父母的谆谆教导，三位恩师的言传身教，犹如潺潺不息的水流，滋润着他奔向更广阔的海域，弘扬不朽艺术。

陈劲松，1957 年生于湖南安化。那时正值新中国成立初期，一切都百废待兴，新生命的降生总是能为家庭、为国家带来新的希望。陈劲松的父亲是一名国家干部，母亲是一名教师，在那个物资相对匮乏的年代，父母带给他的精神滋养是他一生中最为珍贵的财富。4 岁时，陈劲松就在母亲的严厉督促下开始学习书法。虽然那时他并不明白练习书法的意义何在，但正是那些看似不起波澜的日复一日，让他在以后的人生旅程中，练就了豁达、坚韧的品性。

成长、探寻、思索是一个人一生的必修课。成年后，陈劲松在安化县酒厂任职，没有家人朋友陪在身边，虽偶有孤寂落寞，但他也不会陷入这种低能量的情感沉沦，他开始写小说、画画。心有猛虎，细嗅蔷薇；以笔为剑，直抒胸臆；以笔为翼，飞跃现实的藩篱。后来偶然的一次机会，发现工厂后山一片竹林赫然呈现在眼前，一扇新世界的大门正在为他打开。1990 年，已过了而立之年的陈劲松，靠着自身努力担任了厂长职务。工作越发繁忙，他再也没有时间去写小说、画画，忙里偷闲的时光里，他将目光放在竹子上，用篆刻刀为笔，在竹子上开始演绎着人生的精彩。

1992年，陈劲松所在的工厂面临改制，他下岗了。生活的重担压在他的肩上，他没有退缩、颓唐和迷茫，而是辗转于安化与沅江之间，他必须再为自己谋一条出路。同年，他拜师学艺，正式迈入雕刻行业。那时的陈劲松只想有一份能够安身立命的工作，一份自己喜欢的事业，他不会想到若干年后，他的作品会多次获得国家级金、银、铜奖，由他所撰写的竹刻专业论文摘得全国大奖的桂冠。其中，作品《采莲图》（竹刻笔筒）荣获全国民间工艺美术书法大展精英奖，同时中国文学艺术界联合会授予他“海峡两岸德艺双馨艺术家”荣誉称号。竹雕水牛牧童系列之《牧笛》《听荷》《嬉牛》获得了第十五届中国工艺美术作品暨国际艺术精品博览会金奖，同时入围首届艾琳国际工艺精品奖。竹刻《渔舟小憩》在第十七届中国工艺美术大师作品暨手工艺精品博览会上获得2016“百花杯”中国工艺美术精品奖金奖。

人生得遇良师，如久旱逢甘霖，是人生至幸之事。陈劲松热切地说道：“我这一生最感谢的人是我的三位恩师，是他们影响了我的一生。第一位老师是王世襄，我跟着他学习竹刻书画和艺术理论；第二位老师是钟增亚，他曾是中国美协书协双料理事，我跟着他主要学习画画；第三位老师是由钟增亚老师推荐的欧广勇，他是广东省书协副主席，我跟着他学习书法。”传统文化本就融会融通，陈劲松在跟随三位老师学习的过程中，逐渐培养起了要将竹刻文化、书画文化传承、发扬好的决心。他的恩师王世襄经常呼吁社会各界要重视、传承好中国传统文化，如果没有人去传承、发扬和挖掘，那么传统文化或将断层流逝，竹刻文化作为传统文化中最为璀璨的明珠，陈劲松担负着这一重任。

“追风赶月莫停留，平芜尽处是春山。”那些难熬的时光，在陈劲松无所畏惧的一刀一刻中逐渐逝去，剩下的是更为沉静、专注、执着于传承弘扬传统文化的他。谈及获得的荣誉，他坦言，竹木之上，雕刻的是历史的沉淀、智慧的结晶，而这些荣誉带给他的则是行业责任感，以及新时代传承人的使命感，这种责任感和使命感敦促着他不断奋力前进。

传承
咫尺匠心展风采

竹木雕刻历史悠久，最早可追溯至新石器时代。因此，竹木雕刻不仅是中国传统工艺的重要组成部分，更是中华民族文化遗产中的明珠，它承载着历史、文化和艺术价值，见证了人类文明

《荷塘翠鸟》53届全国工艺品交易会获得2018年“金凤凰”创新产品设计大奖赛银奖。

第十五届中国工艺美术大师作品暨国际艺术精品博览会获得中国原创·中国工艺美术精品奖金奖，同时入围首届艾琳·国际工艺精品奖。

木雕画缸《远荡》

的发展历程。

竹木雕刻种类繁多，陈劲松最喜欢的当数南洞庭竹木雕刻。南洞庭竹木雕刻技艺始于南宋，具有鲜明的地域特色，该雕刻技艺在陈劲松所居住的沅江地区传承了上百年。沅江历史资源十分丰富，自古以来，无数文人骚客来往此地，留下的作品无数，而这些都为陈劲松的创作提供了养分。除此之外，洞庭湖地区的渔舟山水、荷叶青蛙、水牛牧童等元素，也为他提供了丰富的创作素材，让他的作品在折射出浓郁湖乡情趣的同时，也透着灵动的生活意境与自然气息。

万事万物都在变化中传承发展，竹木雕刻亦不例外。陈劲松的作品多为笔筒、摆件等小件物品。在雕刻过程中，他并未因循守旧，而是在传统技艺的基础上不断创新，融入现代元素和审美观念，将自然之“奇”与人工之“美”巧妙地结合起来，赋予作品以灵魂，彰显其价值。除打磨作品、推陈出新之外，为进一步传承好南洞庭竹木雕刻技艺及文化，陈劲松开始收徒教授，并在益阳、邵阳、郴州、安徽六安、江西瑞金、珠海等地成立了南洞庭竹木雕刻技艺传习所，有效地推动了南洞庭竹木雕刻技艺的传承。在教授过程中，正如当初恩师们教导自己一般，陈劲松用心、用情，倾囊相授。现在他的二十多位徒弟遍布于全国各地，不停地发光发热，共同为弘扬中国传统文化贡献力量。陈劲松曾先后获任中国楹联学会会员、湖南省美术家协会会员、湖南省作家协会会员、湖南省书法家协会会员、湖南省书法家协会刻字委员会委员、益阳市美术家协会雕刻委员会顾问、益阳市工艺美术协会副理事长、教育部中国非物质文化遗产传承人群研修研习培训计划培训专家、湖南工艺美术学院客座教授、湖南工艺美术职业学院雕刻普及培训班特聘专家等各种荣誉与社会职称。

转变的是身份，不变的是初心，他依然如最初拜师学艺时一般赤忱。在教授弟子之余，他一直在想，还能为南洞庭竹木雕刻做些什么、为后世学习者留下些什么。为此，陈劲松穿梭各地走访老艺人，并前去洞庭湖博物馆查看老雕件，参与修复工作，细心整理记录有关南洞庭雕刻的历史与传承艺人的说明材料。谈及对于青年学习者的建议时，他只说了12个字：“静心读书，勤练书画，用心雕刻。”在谈及当“文化自信”成为时代的主旋律，竹木雕刻行业不缺学习者，但缺少真正的传承者时，陈劲松提到，竹木雕刻技艺和刀法只需一两年便可以训练出来，但真正流传百世的作品从不只浮于雕刻技艺表面，而在于其内涵，在于它所承载的文化、要表达的含义、要抒发的精神、要展现的意趣，真正好的作品一定是具有灵魂、能够打动人心的作品。这就要求传承人必须用心读书，去了解历史、了解文化、了解地域特色、了解风土人情等，唯有如此，才能洞察人心，才能看到普通人所看不到的细小和伟大，雕刻出最为精彩的作品。提及此处，陈劲松笑容满面地说道：“我65岁才获得国家一级美术师，2023年还获得了全国百姓学习之星的荣誉。

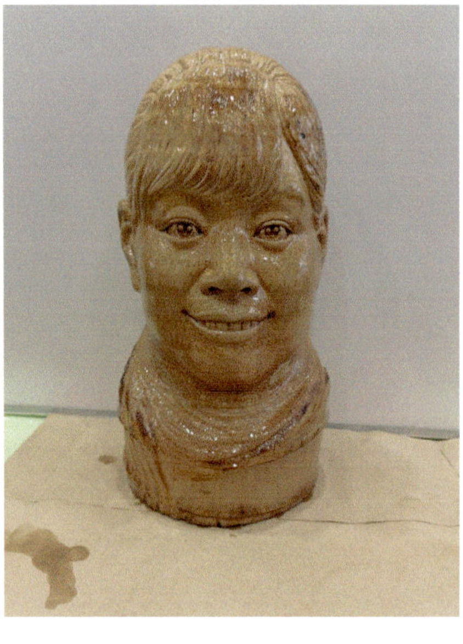

任何时候做任何事情都要用心去做，慎终如始，无愧于心就好。”

咫尺匠心，雕刻非凡。对于匠心，陈劲松也有着自己的理解，那就是“诚实做人，用心做事”。这本就是一个人立于世界的基本品格，却在如今变成了一件“奢侈品”。最基本的事情都能够被遗忘、被改变，又从何谈起初心不改。诚实和脚踏实地是中华传统文化中最优秀的品格，也正因这份专注、热爱和诚实，让每一个瞬间都充满了意义，让每一刀每一刻都成为成就经典的积淀。

山河远阔，人间星河。历久弥新的竹木雕刻技艺及文化将造化之美展现得淋漓尽致。立足当下，面向未来，谈及梦想，陈劲松提到，在竹木雕刻的生涯中，他已经举办过三次展览，现正在准备作品，用于举办长沙市的展览活动。此外，他还在编写《历代竹刻家图表》，里面囊括了历朝历代的竹刻家，从他们的代表作品、艺术特色到师承都一一列入，现在仍在校对中。据悉，这本《历代竹刻家图表》，陈劲松已耗时8年，他就是这样，凡是自己认为正确的事情，就一定要精益求精、做到极致，他追求的从来都不只是技艺的炉火纯青，而是一种传统文化赋予的精神和信仰，在这种精神信仰的支撑下，他坚信竹木雕刻文化一定会被时光再次打动、被历史再次选择，在岁月的礼赞中越来越精彩。

“他强任他强，清风拂山岗。”纵观陈劲松竹木雕刻的半生，他从未同他人比较，只专注于自己、专注于当下、专注于历史文化，不断超越自己，翻越更高的山峰。这种隐匿于繁华中的沉静，不为名利所惑的淡然，始终如一的坚守，返璞归真，让竹木雕刻文化展现出了它最初的风采。未来，陈劲松也将守着这份初心，力求打磨雕刻技艺，传承好南洞庭竹木雕刻技艺以及古圣先贤的智慧与精神。

蔡平

CAI PING

中国河豚烹饪大师、江苏豚师傅餐饮品牌创始人

蔡平，江苏省扬中市人，现为江苏省人民政府江苏工匠、中国河豚烹饪大师、中式烹调高级技师、高级乡村振兴技艺师、江苏豚师傅餐饮品牌创始人。职业技能等级认定高级考评员、国家职业技能竞赛裁判员、餐饮业国家一级评委、国家名厨、江苏名厨等。蔡平作为淮扬精品河鲜、扬中河豚及海派菜等制作技艺的传承者与弘扬者，他在刀工火候、五味调和之间，历经无数心手合一的塑造，将河豚等淮扬菜呈现出千姿百态的风味，并将千百年来存续至今的美食文化心手相传，他领衔全国开发的《养殖河豚烹制》江苏省专项职业能力考核技术资源（规范、卷库），使其成为促使“河豚烹饪厨师”被纳入国家技能人才评价体系第一人，为河豚厨师们提供了学习和交流的机会，帮助他们提升技艺水平和创新能力，进一步提升了我国河豚产业从业人员的从业信心和行业地位；培养出了一批又一批河豚烹饪专项职业技能人才，进一步擦亮了“中国河豚岛”——扬中河豚美食城市名片。

豚香味美烹四海 匠心传承冠九州

——访中国河豚烹饪大师、江苏豚师傅餐饮品牌创始人蔡平

江岛扬中 敢为人“鲜”

河豚，作为传说中的极品美味，从古至今，牵动着无数食客的心。古有苏轼“似闻江鳐斫玉柱，更洗河豚烹腹腴”的诗句；近有鲁迅“岁暮何堪再惆怅，且持卮酒食河豚”的佳作。虽然河豚有剧毒，需“拼死去吃”，但仍有很多人因其味美而愿意冒险。河豚味究竟美到何种程度？有人曾说：“一朝食得河豚肉，终生不念天下鱼。”所以，河豚也被称为“鱼中之王”。“竹外桃花三两枝，春江水暖鸭先知。蒌蒿满地芦芽短，正是河豚欲上时。”就是苏轼对春天的美味——河豚最好的写照，很多食客最初也是通过这首脍炙人口的题画诗认识河豚的。美丽的扬中岛，犹如一块天蓝浮玉镶嵌在滚滚长江之中。四面环江的独特地理位置，使得扬中拥有长江水域面积达100多平方公里，一直以盛产河豚、鲥鱼、刀鱼等江河淡水鱼珍品而闻名遐迩，因其特殊的地理位置，决定了游经此处的河豚是最鲜嫩肥美的，经过数百年的遴选与发展，风味独特的江鲜菜已自成一体，风靡大江南北、香飘五湖四海，成为我国饮食文化宝库中的一大瑰宝。

自古以来，扬中便有“拼死吃河豚”的传统，因为河豚不仅味道鲜美、营养丰富，更是珍贵的滋补佳品：河豚皮含有90%以上的小分子胶原蛋白，特别容易被人体吸收，是美容养颜的圣品。民间还流传河豚皮可以养胃，其中锌和硒的含量分别是甲鱼的5.28倍和4.2倍。河豚肉更是出了名的高蛋白、低脂肪，每百克鱼肉中就含蛋白质18.7克，另外维生素、锌、硒等人体所必需的氨基酸和微量元素也很丰富。河豚的不饱和脂肪酸含量超过20%，还有被誉为“脑白金”的DHA和“脑黄金”EPA等，都具有很高的营养价值和保健功能。作为“扬中河豚烹饪师”全国

新星劳务品牌形象代言人，蔡平已专注河豚产业 20 余年。2000 年他进入江苏食品职业技术学院学习烹饪专业理论和实践操作。走上工作岗位的蔡平兢兢业业、踏实勤奋，不断夯实业务基础，努力提升技艺水平；作为扬中人，他不仅坚定不移地传承扬中河豚文化，而且通过与同行和前辈的交流学习，不断改良创新河豚的烹制技法，并逐渐形成了自己独特的烹饪风格。在扬中，河豚的烹制方式一般是传统的红烧和白汁等。蔡平强调“越是高端食材，往往只需要采用最朴素的烹饪方法”，因为“吃河豚就是吃它本身的鲜美滋味即淮扬菜所强调的原汁原味。先将河豚的肝脏改刀切片放入植物油中煎制，目的是让河豚肝经过高温处理控毒”蔡平补充道。肝脏煎至金黄，将河豚一同放入锅中烧开。烧制过程中，蔡平一直守在锅边，聚精会神地烹制河豚，时不时地晃动一下锅铲，以防止河豚烹饪过程中释放出的优质胶原蛋白粘锅。起锅前 10 分钟加入鱼皮调味装盘，一份汤汁浓稠似乳的美味河豚就出锅了，整个过程一气呵成、手法娴熟、赏心悦目。

随着河豚人工养殖技术逐渐成熟，以及现代物流的方便快捷，河豚的年销量也逐渐增长。深耕河豚烹饪行业的蔡平，心中一直秉承着“继承、弘扬河豚美食文化”的梦想。立足本职工作，做到安全烹饪每一条河豚，为推动国家有条件地放开河豚的安全食用，坚持不懈地努力着。直到 2016 年 9 月农业农村部办公厅和国家市场监督管理总局办公厅联合发文《关于有条件放开养殖红鳍东方鲀和养殖暗纹东方鲀加工经营的通知》（农办渔〔2016〕53 号）有条件放开养殖红鳍东方鲀和养殖暗纹东方鲀两个品种可供安全加工食用。

为了“原汁原味”进行守正创新，保持河豚本来独有的鲜美丰腴的滋味……蔡平以多年积攒的精湛厨艺为基础，将每一条河豚视为大自然的馈赠，将传统淮扬菜的风味特色与河豚烹饪技艺有机结合起来，运用狮子头的制作技法赋予了河豚全新的灵魂，其肉质嫩滑、汁明芡亮、入口即化食用过后唇齿留香，每一口都是老饕所偏爱的内敛含蓄、心旷神怡的美妙滋味。蔡平专注围绕河豚开展技术开发，除了注重新菜品的研发，还格外关注河豚的养殖加工与预制菜的开发制作，并牵头起草了围绕河豚的烹饪、宴席及河豚预制菜等多个行业标准，与院校合作参与了多个学术课题。在未来的几年时间里，蔡平已经布局了河豚产业的各个环节，打造出一条从养殖到加工的全产业链，因此做河豚全产业供应链几乎是水到渠成。

一边打破陈规更新迭代，一边秉承古法历久弥新，在蔡平等一代又一代传统手艺人的推动下，游离在法律边缘的河豚产业逐渐活色生香起来。以炽热烟火气与赤诚追梦心为装点，蔡平为河豚塑造出的河豚美食文化风味逐渐得到了社会与行业的认可。如今，蔡平已荣获江苏工匠、江苏省乡土人才“三带”名人、江苏省企业首席技师、江苏技能大师、江苏省技术能手、江苏省五一创新能手、江苏省青年岗位能手、首批镇江市优秀乡土人才（第一层次培养对象）等多项殊荣，还担任中国渔业协会河豚餐饮文化专业委员会委员、中国水产流通与加工协会河豚美食文化分会副秘书长、中国河豚烹饪网执行主编、江苏省餐饮行业协会河豚研究专委会副主席、镇江市总厨联盟秘书长、扬中市烹饪餐饮行业协会副秘书长、扬中市河豚协会副秘书长等职务，并多次担任省

内外烹饪大赛评委、裁判等。与此同时，蔡平先后荣获了中国首届河豚烹饪技艺大赛金奖；第七届江苏省创新菜烹饪技术比赛（特色美食国际烹饪大赛专场）荣获铂金奖；江苏省商务厅、江苏省人社厅、共青团江苏省委、中国烹饪协会等九部委联合授予的“江苏名厨”荣誉称号；并被共青团江苏省委两次授予“江苏省青年岗位能手”称号；2019 年 1 月，被镇江市人民政府授予镇江市有突出贡献中青年专家；先后被授予第三、第四届扬中市优秀高技能人才称号，享受扬中市政府特殊津贴；2013 年 4 月和 2024 年 4 月在国家名厨征集评选中两次被授予“国家名厨”称号，并被录入《国家名厨》（第二卷）（第六卷）。曾在《烹调知识》《中国烹饪》《东方美食》等杂志上发表专业论文数篇。2020 年参与起草 T/YMCA 017—2020《养殖河豚加工宰杀操作规范》、T/YMCA 018—2020《养殖河豚菜肴制作技艺》全国团体标准两部；是江苏省蔡平乡土人才（河豚）大师示范工作室、江苏省蔡平乡土人才大师工作室、镇江市蔡平技能大师工作室、镇江市工匠创新工作室领办人。蔡平创立了“豚师傅”餐饮国家注册商标，是国家河豚烹饪标准化的倡导者、执行者。2023 年，蔡平作为江苏省级劳务品牌“扬中河豚烹饪师”形象代言人，获评“全国新星劳务品牌形象代言人”荣誉称号。

知晓初心 文以化人

与野生河豚相比，人工养殖的河豚毒素相对较小，但是要想烹饪出高品质的河豚，仍然有很多特别的讲究。我国食品安全相关法律法规要求：从业人员必须持证上岗，“别看河豚属于河鲜的一种，但在餐饮行业，从未烹饪过河豚的专业厨师是不可能做好河豚菜品的。很多顾客在尝试了白汁河豚后，认为跟鲫鱼汤的口感没什么差别，这就是厨师的水平问题。”蔡平说道。从河豚的选料到起锅烧油，再到烹饪出一道鲜香味正的红烧河豚或清炖河豚狮子头……烹饪的每一个环节都不容小觑，只有在每个步骤严把质量关，才能烹制出河豚的美味佳肴。

秉承着“授人以鱼，不如授人以渔”的初心，蔡平参与制定了《养殖河豚加工宰杀操作规范》《养殖河豚菜肴制作技艺》等全国团体标准。2022 年，蔡平带领着团队成功开发了《养殖河豚烹制·江苏省专项职业能力考核技术资源（规范、题库）》项目，让“扬中河豚烹饪师”考核培训工作纳入国家技能人才评价体系专项职业能力考核项目名录。并于 2023 年 8 月 8 日至 10 日成功开班——国内首期《养殖河豚烹制》江苏省专项职业能力考核培训班，“考核不仅有理论考试，还有实操，重头戏就是要求学员们在规定时间内独立完成一道有关河豚的烹饪菜品，最终菜品要达到色泽悦目、肉质细嫩、入口即化，汤汁浓醇似乳等标准”。学员经过专项培训，由人社部门考核鉴定合格后，颁发江苏省专项职业能力证书，证书可直接在江苏省人力资源和社会保障厅的官网进行查询。“原先大多数厨师的河豚烹饪证书是由民间社团、组织自行培训发证的；现在经我们组织培训后由国家人社部门官方考核发证，更加规范了行业从业人员的从

业资质，提升了行业从业人员的信心，同时取得专项职业能力证书也使得‘河豚烹饪师’纳入国家技能人才评价体系，提升了‘养殖河豚烹制’厨师的社会地位。”蔡平介绍道。去年8月至今，累计有近200人参加了考核培训班，并全部获得了“养殖河豚烹制”专项职业能力证书。

通过起草、申报、制定一系列河豚行业规范、全国团体标准，提质行业行为；把规范河豚培训，一改原先的行业发证为现在的人社部门考核鉴定、发证，为行业整体提升了“河豚证书”的含金量和公信力，从而使得“河豚烹饪师”纳入了国家技能人才评价体系，可谓一举多得，推动国内河豚行业高质量发展迈上新征程。

丰腴醇香 兴以四方

“扬中河豚”从一座无名的江中小岛游出江苏蜚声海内外，游出了影响力，从原来的“烟花三月下扬中”品河豚，到现在的一年四季“吃河豚到扬中”，已成为海内外食客们的共识。如今，“扬中河豚”不仅是“舌尖上的美味”，更是撬动地方经济发展的“杠杆”。随着蔡平等新一代匠心手艺人为扬中河豚“提鲜”的步伐“加速度”，透过河豚文化的本质效应，扬中正以“河豚+产业”实现着乡村振兴与产业兴旺的多元化发展新效应。

“我们扬中人社部门因地制宜，把持续培育‘扬中河豚烹饪师’劳务品牌作为实现就业、创业，促进乡村振兴的有力抓手，持续推进。同时，不断拓展河豚产业发展的新路径，打造河豚衍生产品，不断延伸河豚产业链，以此孵化整个河豚全产业链建设，以产业兴旺带动乡村振兴。”蔡平自信道。河豚从业人员在人社部门颁发的专项职业能力证书的加持下，现在扬中的河豚大厨在全国各地都特别“抢手”，月薪起点也是翻了又翻，同时促进了扬中河豚餐饮市场发展提档升级，还由此带动拓展了大批相关行业人员就业及河豚养殖、秧草种植等农民增收渠道。

一代代扬中人在江中小岛繁衍生息，坚守敢为人先的人文精神；正如河豚为了繁衍下一代，从大海洄游到长江等淡水中产卵，一路逆流而上、不畏艰险、一鼓作气；这与蔡平的匠心逐梦精神高度契合。未来，蔡平将继续坚守“弘扬扬中河豚美食文化”的初心与使命，只为让更多人能够品尝到河豚最鲜美的极致味道，为每一尾河豚游出更余韵悠长的文化内涵，带着对河豚产业的满腔热情与匠心独运的精湛技艺，持续深耕河豚系列美食研发推广工作，将河豚的鲜美与创新技艺相结合，为每一位老饕送去舌尖上的美味。同时，与时俱进乘着时代发展的东风，将河豚产业与时代潮流相结合，面向B端及C端，推出不同品类的河豚产品，为河豚美食“游”上更多人的餐桌加速冲刺。

“行百里者半九十”蔡平表示，他将坚持不懈不辜负每一颗跳动的味蕾，将风雨视作寻常，将烟火化为时光；坚守初心不改，努力做到“带领技艺传承、带强产业发展、带动群众致富”助力乡村振兴，将擦亮中国河豚岛“扬中河豚”美食名片视为自己的使命担当，不断发扬光大“扬中河豚”美食品牌，永远在路上！

于桐

YU TONG

吉林省方寸文旅有限公司创始人

吉林省方寸文旅有限公司始创于 2014 年，于 2021 年重组业务板块，是国内率先提出并持续践行“美学新文旅形态”的文旅全栈服务商。企业自成立以来，在创始人于桐的带领下，始终坚持洞察时代所需、紧跟政策导向，深度服务政府和合作伙伴，倡导“文化是根本的脉络，美学是核心的表达”的根本理念，以“策划提供者”“设计创意者”“梦想成就者”的角度致力于开发地方文旅项目，提供集设计、策略、运营于一体的“一站式”全链路解决方案，打造现象级文旅目的地。

与美同行开新局 咫尺方寸有华章

——访吉林省方寸文旅有限公司创始人于桐

以美为媒
传承东北文化

盛夏时节，本该是旅游淡季的东北地区，却涌来了全国各地的游客：大家来到吉林省梅河口市艺术田园度假区——知北村，一同感受“穿越”到20世纪七八十年代北方村落的新奇体验。知北村以“冬来看雪，夏来赏花”发起四季游的构想，让人们不仅能感受冰天雪地中美丽的东北，还能畅游百花斗艳下的22℃盛夏。从雪中曼舞到驼走花海，方寸携手知北村，以一个文旅先行者的姿态，为行业发展探索出一条条道路，打造出一个个标杆。

知北村，源于《庄子·知北游》：“天地有大美而不言，四时有明法而不议，万物有成理而不说。”知北村，是一个代表北方、感知北方的精神村落，物理上的知北村是一个真正意义上复刻东北传统意象的建筑群落，草屋顶、土坯房、小院落。被冰雪覆盖的冬天，它宛如遗世独立的世界，带你领略北方的纯净、祥和与大美。春天草木勃发的季节，庭院里芳草初生，自然的诗意一路流淌至街角，与暖阳相拥。精神上的知北村是一个凝聚东北在地文化、感知人文变迁的符号。它可抚、可触、可感、可知，如同一座精神坐标，从建筑、美学、生活、人文、艺术等多重维度，共同为全国的人们搭建起一个领略北方内涵，体验北方浓郁烟火气息的心灵村庄。

知北村是梅河口市市政府五年规划完成的一个作品，是全域旅游规划下的重要作品，是国家认证的4A级景区，是方寸文旅响应政府号召，在梅河口打造的一处集吃、住、游、回忆于一体的人文景区，是东北老一辈人的回忆和精神寄托，同时是东北人记忆里“家”的模样。

走入知北村，是邻里、土地、自然渐次呈现的过程，草屋顶、土坯房、小院落，每一处都散发着浓郁的东北风情，古朴的村落庭院和美丽的花海随处可见，还有漂亮的姑娘骑着骆驼在花海中漫游，不远处的供销社，展示着各种各样的老式零食、老花布、海军衫，让父母感到亲切，也让孩子们好奇不已。而在知北村的民俗博物馆，里面的设施和摆件完全还原了东北在20世纪六七十年代知青下乡时候居住的场景，让老一辈人瞬间勾起了许多回忆。

在知北村粉坊、羊坊及北月市集里，不仅有各式独具特色的产品，还有可供观摩、品尝的非

于总参会照片

央视采访开机照

遗手工粉条。

“冬天，来这里看冰雪剧场，看一千年来东北人迁徙、融合、在黑土地上凿冰开荒闯关东的故事，也别有一番意境。”当地的东北导游说：“很多人都是‘闯关东’到了东北，剧场的故事很真实，让人看了心里久久都不能平静。”

知北村不仅是“冰城”，也是“花都”，一座“网红”城市如何实现“四季长红”的答卷，正在知北村上演着。这片美丽的土地，原本是一片荒地，2020年，吉林省委、省政府将梅河口确立为扩区强县改革试点，建设高质量发展的先行示范区，打造现代化中心区域城市的定位。接受任务之后，吉林省方寸文旅有限公司创始人于桐女士带领着团队，经过一点一滴的打磨，在东北的极端天气下攻克了重重施工上的难题，两期共计历经157天的建设，3768个小时不停工，280多场研讨会，6800多份图纸，30多个施工队伍同步推进，上万个细节落地，让粗犷的北方世界里，从土地上“无中生有”地绽放出知北村这朵秉承“美学、美好、共建、共生”理念、以“人文、艺术、美学、北方”为调性的美丽花朵，它天真而质朴，怀旧而又不乏生机，抛开尘世的纷扰，远离城市的喧嚣，直面人们的内心世界，用如梦的光阴，在浪漫的相遇里，讲述着岁月的故事。

“欢迎来到东北，欢迎来到知北村。”一句亲切的问候，把人重新拉回现实之中。站在面前的正是知北村的“总设计师”于桐女士：她五官棱角分明，一头乌黑如瀑的秀发，明艳大气，站在熙熙攘攘的人群中，也是如明珠般耀眼的存在。

于桐，吉林省方寸文旅有限公司创始人，一位生在东北、长在东北的文旅工作者，深耕美学设计、美学文旅行业20余年，是“美学新文旅形态”的提出者与践行者，兼任吉林知北村艺术田园度假区总规划、总设计师、运营总监，获得了“2024年度文旅行业十大创新人物”等多项荣誉。在她的带领下，方寸文旅专注文旅项目大创新大创意策划设计、提供美学村落形态项目“一站式”服务研发、城市现象级微度假目的地场景打造、擅长文旅品牌IP及民宿项目品牌大落地，知北村，正是其代表项目之一。

咫尺论万里，方寸见真情。众所周知，艺术作品质量的优劣在于是否能够触动观者的心灵。在《三国志·蜀志·诸葛亮传》中，徐庶在辞别刘备时，曾指着自己的心说道：“本欲与将军共图王霸之业者，以此方寸之地也。”这里的“方寸”即指心，也代表着方寸文旅脚踏实地、理想远大的信念。

在设计理念上，方寸文旅尤其擅长审美力的表达，往往能够基于对当下旅游消费市场与旅游

知北村氛围实拍

投资要素市场双向互动的深度考量上，根据实地情况，因地制宜，全面释放设计的创造力，以完全开放的眼界、吸纳融会东西方的设计手法，构建起一种消弭了人与空间边界的沉浸式目的地生活样本，唤醒现代人的深度感官审美，帮助不同年龄段、不同职业的人都能寻溯到自己的精神原乡，从而完成一场治愈之旅、形成文化资产以及文化号召力与影响力。

以育为道
弘扬时代精神

人类文明发展史，也是一部人类追求美的历史。回顾历史，工程美学始终伴随着人类的生产生活，那些能够青史留名、经久不衰的美学文旅景点，无一不是独一无二、富有精神内涵与故事的地方。

当下，科技创新成果层出不穷，重大工程建设加速推进，文旅热潮持续升温，顺应当下时代产业加速迭代、文化业态持续焕新、社会环保意识浓厚、人民审美需求不断升级的“东风”，方寸文旅立足于“美学新文旅形态‘一站式’开发设计运营服务商”的定位，始终致力于人文美学文旅的深入探索，对文旅行业提出了“文化是根本的脉络，美学是核心的表达”的理念，使文旅项目避免千篇一律，依托于当地文化土壤开花结果，以“美丽”促“美力”，促“美学经济”“美丽经济”勃兴，让“美”盛开于祖国大地。

如何让文化更好地融入文旅项目设计与建造，如何让设计成为生产力、让美成为创造力，如何以人文之美厚植高质量发展之底蕴？方寸文旅用实际行动给出了答案：由方寸文旅全案运营的吉林梅河口知北村、梅小野、海龙湖、海龙湖露营基地，已成为极具品牌价值的城市文旅 IP，并且不断尝试多样美学探索。这样的探索，不仅体现在项目地要保留自身独有的自然与人文特色上，更重要的是要立足于全局和长远的发展战略上，艺术对文旅经济的拉动作用绝不仅是打造“网红打卡点”，而是要寻求长效、可持续性的相互促进。

于桐的“艺术灵感”来自她内心的热爱，来自书本的启迪，也来自大自然和城市的烟火气。在她看来，美学就是哲学的重要分支，是探索人和世间万物审美关系的命题，美学以视觉形式体现，最终影响的是人的感受，以及如何为人们带来全方位的感受，需要综合考虑建筑美、场景美、意境美、语言美、氛围美、内容美等多个板块，美学高质量文旅，其实就是能给人带来感动的文旅。

带着这份对行业深度的思考，于桐常常会在生活中发现灵感：燕子飞过，小猫慵懒地躺着，情侣走在花海，那些大型古迹蕴含的文化内涵……她常常走着走着，就开始思考，如果有条件，还会顺手画出来，要不了一会儿，腹稿就出现在她手中。好多熟悉她的人都说，她爱美如痴，是一个将身、心、灵都融入美的奇女子。

强将手下亦无弱兵，好的将军带领出来的士兵必然是骁勇善战的士兵。有了于桐做榜样，方寸文旅树立起一支极具前瞻性创新思维与高效落地执行力的“文旅铁军”，致力于为东北文旅产

知北村氛围实拍

业的崛起与振兴培养后备人才。方寸文旅围绕着文旅战略咨询、文旅顶层研发、文旅规划设计、文旅策划运营、文旅内容生产及文旅营销推广六大板块，力促文旅行业的高质量发展，为东北振兴创造真实的价值。

方寸文旅这支优秀的“铁军”，借用由于桐独创的“五重叙事体系”和“六维文旅打造路径”，即“精神体系、美学体系、文化体系、生态体系、人文体系”的“五重叙事体系”，以及“新商业、新设计、新场景、新视觉、新语言、新营销”的“六维文旅打造路径”，确保项目开局即赢、长期制胜。

沁润心灵
共创美好生活

美是世界的通用语言，是人类的共同追求。美能愉悦身心、滋养精神、沟通情感、激发想象和创造力。

当被问及，从大学毕业就开始从事美学设计，是否会有职业疲倦期时，于桐笑了，累吗？确实，这些年来，很多时候，她都是工作现场和家庭两头跑，经常加班，头痛了，洗把脸，接着做工作也是常有的事。但是，人生何其之短，她想在有限的生命时光里，让每一个东北人、每一个年轻的东北人都更爱东北，爱自己的家园和土地，迫切期待为东北的振兴、崛起尽一份心、出一份力，让北京重焕活力。“我想和所有年轻人一起，带着东北去未来，我们想看看未来的东北长什么模样，所以我们从现在开始努力耕种，等待收获。”说这话的时候，于桐眼眸中似乎有星星闪烁，明亮而充满希望。

一分耕耘，一分收获。早在 2009 年，于桐就凭借着出众的设计能力及艺术鉴赏力，受邀参加 CCTV-2《交换空间》节目录制，由此启动了创业之路，开设了一家专业品牌策划与空间设计公司。于桐首创的“室内造景”开启了文旅餐饮类先河，用场景思维和设计思维为城市的场景文旅发展提供了新的指向；2014 年正式创立方寸文创，全面整合各板块业务，开始探寻文旅基因，开启了“文旅 +”的创意实践；2016 年，投资开设的吉林首家美学理念风格比肩江浙的精品民宿酒店，以

知北村客流照

独到的眼光展现战略投资高度；自2017年起，于桐深耕美学文旅，以场景打造的思维，为项目提供策划、设计、运营等全案服务；2020年，于桐与吉林梅河口市城源集团旗下的鹭航旅游达成战略合作，以总策划、总设计师的身份全力打造梅小野星光花海和知北村艺术田园生活度假区，相继实现美学文旅的创新及“美学村落形态”模型的首次落地；2023年，于桐又以总导演思维创作执行演绎序列，将艺术、美学与冰雪旅游紧密地结合，开创了文旅演绎的新模式，刷新东北文旅创作演绎的新高度，同时探索并拓展“电商＋文旅”服务模块，全力搭建文旅行业的线上新场景。于桐本人还收获了“文化旅游设计行业十大杰出创新人物”、2024中国品牌博鳌峰会“2024年度文旅行业十大创新人物”、中国环境设计行业最具影响力人物等重量级荣誉。

生命不息，奋斗不止。在做好事业的同时，于桐还带领着方寸文旅团队进行扶贫、敬老等公益活动，在她看来，如果要给创业三个关键词的话，那应该是“感性、极致、克制”。感性能让人迅速、准确地找到所热爱的行业并释放潜能；极致是兴趣和天赋之外，对事业的要求，必须做到最好、做到让人感动，才能立于不败之地，才能穿越所谓的周期，度过低潮；克制是指在项目的定位与运营中，可以既要，又要，但不能全都要，必须找到项目最核心的点并打包，才能让项目一出圈就是现象级，一被看到就被爱上。克制也意味着理性，能够让人无论处于何种境地，都能迅速地调整自己，找到对的方向和对的路，先做好自己，再让自己成为一束光，温暖他人。

“江山留胜迹，我辈复登临。”春天的耕耘，是为了秋天的结果；今时的设计，就是未来的胜景。富有文化的美丽必将跨越时空，彰显历久弥新的时代价值与经久不衰的人文价值。方寸文旅以“创造美学文旅新形态，坚守美学文旅高品质，为东北振兴创造真实价值”为企业使命，我们相信，在于桐女士的带领下，踔厉奋发，奋勇前行，“方寸铁军”必将以更优质的项目，为东北振兴创造真实价值，为世界更好地读懂中国打开“美学之窗”！

王琴

WANG QIN

重庆勤升律师事务所主任、党支部书记

法律是维护社会秩序、保障人民权益的重要工具，而律师是帮助法律正确实施、帮助人民群众实现公平正义的践行者。

王琴，执业律师，中共党员，重庆勤升律师事务所主任、党支部书记。重庆市綦江区第二、第三届人大代表（现任）；重庆市綦江区人大社会建设委员会委员（现任）；重庆市法律专家库专家；中共重庆市綦江区法律行业综合委员会副书记；重庆市綦江区税务局监督员；重庆市綦江区公安局党风政风警风监督员；重庆市綦江区纪监委特约监察员；重庆市綦江区人民检察院公益诉讼监督员；重庆市綦江区通惠街道人大工委委员；第十届全国律协刑事专业委员会委员；第七届重庆市律协职务犯罪专业委员会委员；第八届重庆市律协普通犯罪刑事专业委员会委员。

勇担责助法治建设 强使命创沟通桥梁

——访重庆勤升律师事务所主任、党支部书记王琴

在从事律师行业近三十年的时光里，王琴做到了实践所学、知行合一，以精湛的专业素养，鏖战律界沙场；他虚怀若谷，无畏艰难，只为匡扶人间的公平正义；他品德高尚，厚德重法，把维护法律尊严时刻记在心间，无愧于一个律师的信念与原则！

以党为信念
砥砺前行铸辉煌

我们的人生当中，无时无刻不面临着选择。小到每日的衣食住行，大到生活中一些关键时刻的决策。到最后，我们将成为什么样的人，也许不在于我们的能力，而在于我们做了什么样的选择。王琴之所以能够有今日的成就，是因为他高中时的一次选择。

出身于农村的王琴，知道读书是他改变命运唯一的机会。因此，在读高中时，他就在思考将来要从事何种职业，能让他改变当下的生活？在他当时有限的认知中，律师是一个能够为百姓带来公平正义的行业，也能够帮助他改善生活。在报考大学时，他选择了西南政法大学。1997 年他大学毕业，还是坚持自己当初的选择，成为一名律师。王琴律师自从执业以来，处理了大量具有挑战性的案件，涵盖了刑事辩护、民事诉讼、商事仲裁等多个领域。先后为多个党委、政府、事业单位、国有企业、民营企业等担任法律顾问，积累了丰富的实战经验。

律师，始终坚持以维护当事人的合法权利为己任，以维护法律的尊严为宗旨。这是作为一名律师的原则，也是王琴一直坚守的准则。在多年从事律师职业的时间里，王琴越发坚定自己的信念，他认为律师是要让法律得到正确实施，要坚定依法治国的信念，最终要实现“让人类社会实现真正公平正义”的目标。为了让有限的法律资源发挥无限的作用，2014 年，王琴成立了重庆勤升律师事务所。2015年6月2日，律所的三名中共党员，设立了中共重庆勤升律师事务所支部委员会。

作为一名中国共产党党员，身兼中共重庆勤升律师事务所支部委员会的党支部书记，王琴深知自己责任重大。在律所发展的过程中，始终坚持党建与业务一体化的思路，以“党建兴所，勤

政为民”为理念，致力于让每一个法律人都能以专业的技能与坚定的信念，捍卫法律的尊严与公正。为了更好地服务群众，也让群众能够清晰地了解律师工作的具体内容，王琴在律所设立了刑辩中心、婚姻家事中心、交通事故中心、劳动争议中心四大板块。为了维护法律公平正义的实施，王琴每周五都会主持召开行政会议，学习党的知识，支持党的引领，将行政工作的决策，提交给党支部成员。多年来，随着律所的发展壮大，四大板块已经形成了专业化、精品化、服务优、纪律严的“勤升”品牌，每一个板块都有专业团队负责，再以党建引领，统一团队思想，才能够更好地提高技能、服务群众，维护社会稳定。目前，重庆勤升律师事务所为区信访办、区人民医院、江辉汽车等全区 20 多家政府机关、企事业单位提供全方位的法律服务，真正做到了精益求精，为企业服务、为政府分忧。

有人说，这个时代不缺机会，所以也势必会让每个人都面临很多选择。那么是遵从自己的内心，还是随波逐流；是选择喧嚣一时的功利，还是选择持久平静的善良，王琴内心自有定夺。自 2014 年创业以来，王琴参与的刑事辩护案件数百件，每一次他都是认真履行辩护人的职责，其中两起案件分别于 2017 年和 2019 年入选重庆市年度十大刑事辩护经典案例。而他本身的荣誉，也证明了他的选择。例如，重庆市优秀律师获得者、重庆市最佳刑事辩护律师获得者、多次获得重庆市十大经典刑事案例、重庆市綦江区首届十佳律师。2024 年 1 月，他还被司法部评为全国公共法律服务先进个人。如果说，人生是一次不断选择的旅程，那么当千帆过尽，在王琴身后所留下的，最终是一片独一无二的风景。

律法为公平
金科玉律守正义

从 1978 年至今，中国的改革开放已经走过了四十多个年头。站在历史长河中，感受着时代的脉搏，从未有如今天这般强劲。在一个又一个辉煌的背后，是一张很普普通通却可敬可亲的中国人的面孔。来自各行各业的他们，用奋斗、用拼搏，将自己的命运和国家的发展紧密地联系在一起。王琴作为一名律师，一名中国共产党党员，为了社会发展更加和谐，人民生活更加美好，他在法治国家、法治体系的建设中作出了自己的贡献。他不仅将法律看作一份事业，更承担着一份社会责任。

依据我国《律师法》，律师从维护社会公平正义的角度出发，维护法律的正确实施，维护社会的公平正义。王琴坦言：“律师不是法律的商人，也不是自由职业者，必须为法律人的三大价值作出贡献，为人类社会实现真正的公平与正义做出努力。”他和团队办理的各类案件数千余起，每一个案例都真正做到了维护公平正义，践行着他当初的誓言。例如，在 2020 年的“松藻 9·27

矿难”发生时，在区委政法委、区司法局党委的安排下，王琴第一时间安排党员律师率先垂范地冲锋在前，亲自到现场处理协商、安抚等善后事宜，提供优质高效的法律援助。面对众多家属，王琴带领着整个律所成员组成了几个分队，分片区为那些受难家属提供服务。很快就将整件事情处理得十分妥帖，既维护了受难家属的合法权益，也体现了法律的温度。

同样地，作为信访办的法律顾问，对待普通群众的案例，王琴更是十分上心。例如多年前，在綦江区的一个城中村，村中土地被一个企业承包，打造了一个集鱼塘、水果、蔬菜及一些农旅相结合的项目，带动当地的经济发展。因为疫情的原因，企业无法支付承包费，老百姓拿不到钱就去上访。因为涉及上百亩地及五六十户家庭，所以这个案子关系当地的社会稳定。王琴知道缘由后，决定无偿为老百姓提供法律援助。他带领着团队与企业进行交涉，找到双方的矛盾点，最后提出让企业支付部分租赁金，缓解百姓的生活难题，让双方都能够得到缓冲。只是又过了一年，同样的问题再次发生，王琴只能按照法律程序将企业起诉到法院，要求腾退、支付、承担违约责任。最后，经过人民法院的审理，诉讼请求得到全部支持。对于这个结果，当地老百姓很是感激，这也让老百姓看到了法律的威严与公正。

在王琴的办案过程中，令他难忘的是一起涉法涉讼信访案件。这个案件是两户人家因为房屋相邻权问题而引发了冲突。本来是很普通的案件，但因为事实不清、证据不足，检察院对案件依法予以撤销。对于这个结果，当事人自然是无法接受的，其中一方当事人一直不服并逐级上访。后来，区委政法委介入此案，并邀请王琴参与处理。在知道案件详情后，王琴没有着急下定论，他先是查阅了大量资料，随后又深入走访、收集研判，了解了双方的诉求，最后促成案结事了、定分止争。诸如此类案例，不胜枚举。王琴为众多委托人提供了优质高效的法律服务，敢于寻找案件的突破口，以决堤破案之势，喜迎胜诉的判决。

饱经世间风雨、历经人间沧桑的王琴，可以说是律师行业中的翘楚，但依然坚持着、学习着、探索着，一直行走在致力于依法治国的大道上，始终坚持“律师兴，方能法治兴；法治兴，方能国家兴”的理念，带领着重庆勤升律师事务所在2023年年度评比中获得唯一的优秀等级律所称号，成为思想统一、工作有力度、民心凝聚、队伍团结、执行力超强的专业律师团队，做好法律人的事情，坚持维护社会的公平正义！

为民护匠心
博施济众惠民众

孔子说：“居之无倦，行之以忠。”初心也许是一种远大的志向，初心也许是一个简单的愿

望。有的初心，走着走着，丢失了；有的初心，走得再远，我们依然会坚定地去靠近它。抛开一切世俗的枷锁，信念和本心才是最为宝贵的，它存在于向善、向美、向真的追求当中。王琴的初心就是牢记初心使命，以满腔热情积极参与社会公益法律服务工作，不断满足当地群众日益增长的公共法律服务需求。

党的十八大提出了法治是治国理政的基本方式，呼唤全面法治，呼唤法之必行，已是全民共识。王琴作为法律的践行者，深知要实现“有法可依、执法必严、违法必究”，还有很长的路要走。为此，他深入乡村，先后在基层村社多次开展“乡里茶谈”法治宣传活动，切实打通了乡村地区法律服务的“最后一公里”。

作为一名区人大代表，王琴始终履职尽责，就群众关心的热点、难点问题，他听取群众呼声，及时提出人大代表建议，为民执言、为民发声，成为党委政府联系人民群众的纽带和桥梁。在疫情防控期间，他提出《关于做好在疫情防控期间农村地区农产品销售的建议》，被区人大常委会以《代表之声》采纳实施。分别于2018年、2020年、2021年、2022年四次被评为綦江区优秀人大代表。

他还定期开展法律咨询及讲座，为群众提供实时的线上和线下法律服务。他还积极组织律所党员及律师积极开展扶贫慰问活动，对接帮助松榜村贫困户实现脱贫攻坚，慰问困难党员实践活动，开展关爱老党员活动，以及为环卫工人送清凉，向共同村、联惠社区捐赠降温物品等一系列社会公益活动。同时积极响应“我为乡亲卖土货”活动，主动购买了数万元的土特产，并不断向身边人大力推广，帮助当地百姓解决土特产滞销等问题。

为了更好地服务社会和群众，王琴还与西南政法大学合作共建教学科研实践基地，积极引进优秀法律人才，为当地的法治建设作出了杰出的贡献。未来，他将继续以建设中国优秀律所为目标，坚持党建引领的正确方向，坚持党建与业务一体化发展思路，打造出一支永远听党话、跟党走，让党委政府信任、人民满意的律师队伍，争做人民满意的好律师。

争做时代先锋，谱写人生华章。践行时代使命、扎根法治建设、推动社会发展、维护公平正义是王琴的坚定信念。为维护法律的正确实施，他真正做到了取信于民、服务于民、惠及于民。在对责任的感悟与对理想追求的共同作用下，王琴步伐坚定地走出了一条法律和公益相结合的精彩人生路，谱写出了属于法律人的华章！

张爱武

ZHANG AI WU

河南猫王光学科技有限公司创始人

在光影交错的瞬间，有一位追梦者，他以创新者的身份，穿梭于科技与艺术的边界，用镜头捕捉世界的灵魂，用技术点亮未来的道路。张爱武，一个从中原大地走出来的光学创新者与摄影艺术的双重探索者。在镜头的每一次聚焦中，他都精心地捕捉世界的灵魂；在技术的每一次迭代中，他都立志点亮未来前进的道路。他的故事，不仅记录了一段个人成长的传奇，更见证了中国光学产业从无到有、从弱到强的辉煌历程。

他用镜头记录生活，用创新打破常规，用教育启迪未来，不仅丰富了个人的艺术生涯，更为中国乃至世界摄影艺术的发展增添了独特的色彩。他的成就与感悟，激励着后来者在艺术道路上勇于探索、不断突破。

光影之梦 国货自强：中国光学的璀璨征途

——访河南猫王光学科技有限公司创始人张爱武

梦想序章：光影初绘，摄影交响曲

在中原大地的沃土上，张爱武的人生故事是关于梦想与韧性的生动写照。早年间，他凭借着敏锐的商业嗅觉在商海中搏击，一度成为拥有千万资产的企业家。然而，命运的波折曾四次将他推向破产，甚至让他一度流落街头，生活陷入了前所未有的困境。但正是那份对梦想的执着追求与对生活的深切热爱，在他剃光头发、决心一切从头开始的瞬间，赋予了他无尽的力量和勇气。他不仅迅速地从逆境中崛起，更以惊人的速度恢复了往日的活力，展现出了真正的勇士之姿。

他的新创业之路始于驻马店的一家小型广告公司，凭借着卓越的图像设计才能，张爱武迅速赢得了客户的信任与好评，成为圈内的佼佼者。2008年，当数字摄影技术如一股春风，吹拂过传统的摄影领域时，张爱武敏锐地察觉到了其中所蕴含的巨大机遇。他毫不犹豫地投身于摄影艺术的广阔天地，与一群同样热爱摄影的伙伴共同探索影像创作的无限可能。

这一时期，张爱武不仅深入研究数字摄影技术，还积极参与各种摄影比赛和展览，通过实践不断提升自己的技艺。他拍摄的作品多次获奖，不仅在国内摄影界引起广泛关注，还逐渐走出国门，赢得了国际赞誉。其中名为《中国梦》《京东梦华》的作品，通过独特的拍摄技术、细腻的光影萃取，展现出中华崛起和中原深厚文化底蕴，成为他早期作品中的代表作之一，深受业界好评。

代表作品《中国梦》

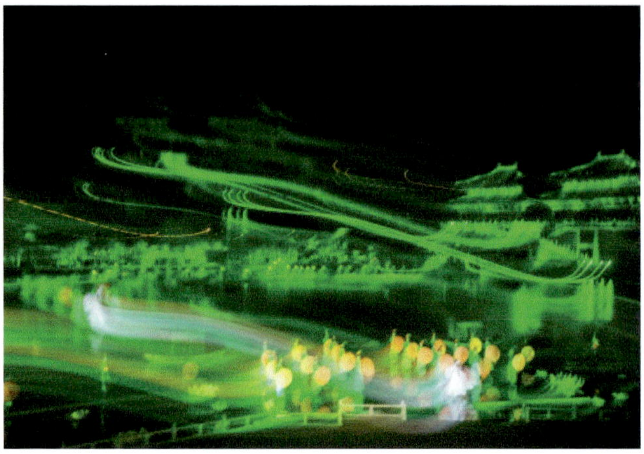

代表作品《京东梦华》

技术破晓：国货之光，逐梦无疆

2010年，张爱武的职业生涯迎来了一场意义非凡的蜕变。中央电视台与天津电视台的合作项目，如同一束光，照亮了他心中长久以来的困惑与渴望。在与业界同人的深度交流中，他深切感知到中国摄影光学科技领域长达40载的沉寂，尤其是在镜头这一核心技术上的缺失，犹如一道难以逾越的鸿沟，让中国在国际舞台上步履蹒跚。这股强烈的使命感与创新冲动，驱使着他将

个人的梦想与国家的需要紧密相连，立志于打破国际技术的铜墙铁壁，为中国光学科技的崛起添砖加瓦。

2013 年，张爱武又一次踏上了这条布满荆棘却充满希望的创新征途。他深知，要在光学设备制造领域开辟新天地，必须掌握核心技术，实现从“中国制造”到“中国创造”的华丽转身。于是他倾尽所有，集结了一批来自不同领域的精英，包括光学研究的领军人物、机械工程的巧匠以及摄影艺术的大师，共同编织起一个关于高端光学产品的梦想。他们瞄准折返镜头这一细分市场，旨在填补国际空白，挑战行业巨头的霸主地位。然而创业之初的资金匮乏与技术的“瓶颈”犹如两座巍峨的山峰，横亘在前行的路上。

面对重重挑战，他采取了一系列切实可行的战略。他广纳贤才，邀请海外光学领域的翘楚加入，构建起一支由国内外顶尖人才组成的跨国研发团队，共同攻克技术难关。团队成员不分昼夜，投身于无数次的实验与改进之中，将每一次的失败都转化为宝贵的财富，铺就出一条通往成功的道路。终于，在无数个日夜的不懈努力之后，一款完全自主研发的国产折返镜头应运而生。这种镜头因其独特的景深效果和甜圈光环，备受摄影家们的青睐。但复杂的技术要求和高昂的研发成本，让许多企业望而却步。张爱武深知，这不仅是一场技术较量，更是对创新精神的极致考验。

历时 10 年，耗资 4000 万元，经历了 6 代以上的版本迭代与优化，张爱武带领的团队终于攻克了重重难关，CN CAT KING®230mm f5.6 折返镜头项目宣告圆满成功，一举荣获了 20 项国家专利知识产权。这款镜头不仅在光学性能上达到了前所未有的高度，更在价格上展现出显著的优势，为国内摄影爱好者打开了全新的视野。更为重要的是，这款镜头的诞生，标志着中国在高端光学设备领域实现了质的飞跃，向世界宣告了“中国制造”在科技创新上的无限可能。

这个创新壮举，超越了单纯的技术和产品革新范畴，升华成了一种深刻的精神传承。张爱武认为真正的创新并非仅仅着眼于个人或企业的私利，而是应当服务于国家的发展大局，致力于满足人民对美好生活的不断追求。因此，他积极搭建桥梁，深化与国内高等院校及科研机构的协同合作，推动持续的技术研发与产品迭代，矢志将中国光学科技引领至全球舞台的中心。

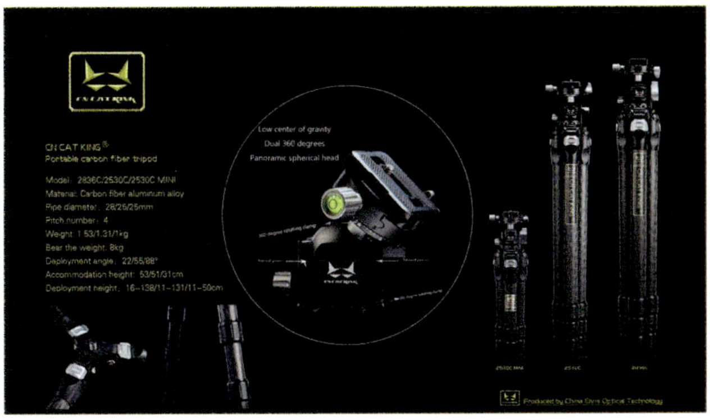

在他眼中，每一项技术的突破，都是对家国情怀最生动的演绎；每一次产品的升级，都是对中国智慧最有力的展现。张爱武怀揣着这样的信念，坚定不移地奋斗着，期望通过自身的不懈努力，让中国在光学科技领域绽放出更加璀璨的光芒。他所追求的，不仅在于为国家赢得国际声誉，更在于为全球光学产业的进步贡献一份独特的中国力量，让世界见证中国方案的独特魅力与深远影响。

艺术觉醒："野猫"摇旗，视觉新纪元

张爱武的艺术创新之旅，不仅体现于他在光学领域的专业成就上，更展现在他作为摄影师和摄影教育者的独特视角与创新精神上。他独树一帜的"野猫晃摄绘主义"摄影技法，将相机晃动巧妙地融入创作之中，颠覆了传统摄影的固有框架，为观众呈现出一系列既具动感又富创意的视觉盛宴。

这一技法的灵感来源于张爱武对生活细致入微的观察与感悟。他认为，摄影不应仅仅是静态美的捕捉，更应该是动态情感的传达。于是他大胆尝试，将相机的晃动作为一种表现手法，模拟出生活中不经意间的动感瞬间，让画面充满了生命力与故事性。

张爱武的"野猫晃摄绘主义"摄影作品，不仅在国内摄影界引起了广泛关注，更在国际上获得了高度认可。作品多次被国家级专业报刊整版刊发，受邀参加国内外的学术交流活动，荣获了包括佳能感动典藏专业组金奖、艺术名家工程奖、河南省摄影艺术金奖、陈复礼摄影奖、FIAP国际摄影奖等一系列重要奖项。其中，一幅名为《梦幻天鹅湖》的作品，通过对都市夜晚车流的创造性捕捉，展现了现代城市的繁华与喧嚣，尤其受到好评，并且被国家博物馆永久收藏，收录于《中国摄影艺术年鉴》港澳版，成为他艺术生涯中的标志性成就。

张爱武的摄影教育理念同样独到且深刻。他坚信，摄影是一门既需要技巧也需要情感的艺术，他鼓励学生不仅要掌握扎实的摄影技术，更要培养敏锐的观察力和丰富的想象力。在他的指导下，许多学生在摄影领域取得了显著的成绩，有的甚至在国际比赛中获奖，为中国摄影艺术的发展贡献出新生力量。

坚守初心：亲民之心，共筑光明

在面对量产阶段的种种挑战时，张爱武的选择体现了一位企业家的坚守与担当。虽然初期的产品合格率不尽如人意，生产成本居高不下，但他始终坚持产品的定价策略要亲民，要确保广大摄影爱好者能够负担得起，享受到来自中国的高质量光学产品。

张爱武的家国情怀，不仅体现在他对光学事业的执着追求上，更体现在他积极投身公益事业、

代表作品《天鹅湖》

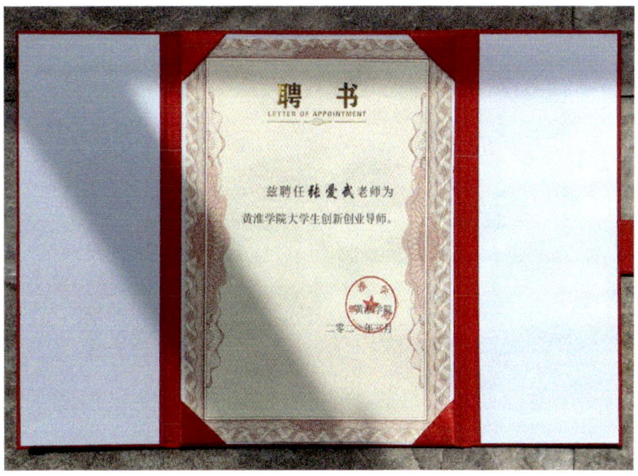

回馈社会的实际行动中。他深信，作为一名文艺工作者，除应用镜头记录时代的变迁外，还应承担起更多的社会责任。因此无论是自然灾害还是社会危机，张爱武总是第一时间积极响应，组织或参与各类社会公益活动，为灾区捐款捐物，甚至亲自前往一线参与救援工作，以实际行动诠释了“爱国、为民、崇德、尚艺”的文艺界核心价值观。

这些年来，张爱武的杰出贡献得到了广泛认可，荣获了包括艺术名家工程奖、FIAP国际摄影奖以及中摄协授予的“中国摄影英雄”称号在内的多项荣誉。每一项奖项，都是对他卓越才华与高尚情操的肯定，也是对他长期以来致力于光学创新与社会服务的高度认可。在他的身上，我们看到了中国光学产业的未来，更看到了一个国家文化自信与社会责任感的生动体现。

星辰大海：光学未来，无限可能

河南猫王光学科技有限公司，正以坚定的步伐迈向光学领域的星辰大海。他们所走过的每一步，都深深烙印着追梦者的汗水与智慧，成为中国光学产业崛起道路上最动人的篇章。

张爱武用镜头编织着世界的斑斓与细腻。在逆境中，他从未放弃对美好事物的追求，用镜头捕捉每一缕光线，用心感受每一次快门背后的温度。正如美国作家马克·吐温所说：“黄金时代在我们前面，而不是在我们背后。”张爱武的故事，便是对这句话的生动诠释，他用实际行动践行着“心中有梦，脚下有路”的真谛。

而今他的故事，就像夜空中那颗最亮的星，指引着后来者向着未知领域勇敢地前进。他的每一次创新尝试，都如同在黑暗中点燃的火把，照亮了中国光学产业前行的方向。在他的引领下，光学不再是冰冷的技术，而是连接人与自然、历史与未来之间的桥梁。

面向未来，我们期待有更多像张爱武这样的逐光者，怀揣梦想，勇往直前。在探索光学奥秘的旅途中，他们不仅是技术的革新者，更是文化的传承者，用镜头记录下这个时代的变迁，用技术推动社会的发展进步。让我们携手并进，共同开启一段追寻光与影的旅程，让中国光学的光芒照耀全球，让每一位追梦者都能在自己的领域内绽放光彩！

生命不息，拼搏不止。

石瑞

SHI RUI

大冶市散曲文化社社长、现代诗人

云山苍苍，江水泱泱，文化之风，山高水长。在浩瀚的历史长河中，无数文化皆被泯灭，而中华文明却代代相传，而那诗词，便是傲立于中华文明中一朵葳蕤不败的花朵，它向全世界人民展现着中华文化的魅力。

石瑞——一位来自湖北大冶的54岁男性文化使者。自幼便爱好诗词文学，主张清新明朗、崇尚意境古韵，并致力于自我创新。以其深厚的文学底蕴和不懈的传承精神，在中华传统文化的田野上默默耕耘。身为湖北省中华诗词学会及湖北省楹联学会会员，他不仅担任着湖北省散曲分会常务理事，还是黄石市诗词楹联学会的重要成员与大冶市相关学会的骨干力量，在中国诗词文化的发展道路上不断前行。

唐情宋意诗中展 风花雪月韵中行

——访大冶市散曲文化社社长、现代诗人石瑞

执中华诗词之笔
扬当代自信之光

古典诗词是一个巨大的宝库，从牙牙学语的孩童到穿梭于街头的成年人，每个中国人心里都住了一位诗人，我们中国人的诗心一直在，只是需要去唤醒，找到属于自己的诗和远方……

石瑞从孩童时代便展现出对古诗词文化独有的热爱，或许仅仅是从父亲在烟盒上随手写下的一句诗开始。在书籍匮乏的年代里，《唐诗三百首》对石瑞来说，便是最珍贵的宝物，思想体系未发育完善的他，却能从诗词中感悟到别样的风采。从《诗经》的淳朴自然，到唐诗的雄浑豪放，再到宋词的婉约柔美，通过诗词，石瑞从小便感受到了中华文化的博大精深，更加深刻地理解和认同自己的文化根源。由于从小受诗词文化的熏陶，石瑞在学习生涯中更是表现出了对语文独有的喜爱与天赋，以诗意的眼光看待世界，在18岁时，便开始用自己的语言进行诗词创作。

毕业后，石瑞进入房屋建筑领域工作，经多年打拼后，业已小有成就，然而建筑行业并不能满足石瑞心中那朵埋藏已久的理想花朵，望着刻在建筑上的诗词画作，他无法再抑制自己对诗词创作的激情，决心踏入文学领域。

石瑞在众多诗词大家中，对李白尤为偏爱，李白肆意潇洒的人生态度与博大胸襟，对民生疾苦的同理心与家国情怀，在诗词中展现得淋漓尽致，“飞流直下三千尺，疑是银河落九天”的千古绝唱，更是在石瑞心中留下了深深的印记。在创作初期，石瑞便有意去模仿李白的诗风，在对诗词的领悟更加透彻后，也寻找到了真正属于自己的诗词风格。

石瑞友爱从自然怀抱中获得灵感，石先生表示，人迹罕至的地方更容易让人静下心来感悟世界，在自然中找寻自己，在城市居住时期更能感受到，人造公园的风景远不如山居的自然风光更令人心旷神怡。石瑞经常亲近自然，在花鸟鱼虫中得到释放，在心灵之旅中进行诗词创作。

在石瑞的诗词作品中，蕴藏着对自然景物的描绘与对人生哲理的探讨。“东风饮尽层层浪，没破春池碧草腰。”诗中的春景，在石瑞的笔下幻化出万千光彩，这是春的灵感、是春的恋歌。“莺天七月舞东风，恨尽鲜花不久红。”诗中的鲜花，在其笔下妙趣横生，那拟人的手法更是将

其映衬得越发活泼，这是生命的标志；“西塞山前飞白鹭，不随与我共乡愁。”诗中的白鹭、诗中的秋色，在石瑞笔下深邃而悠远，于景物中幻化出对家乡的情思；“不识百花春一面，清高孤傲与寒齐。”诗中的梅花，在石瑞的笔下，通过与烂漫春花的对比，更显孤傲高洁，这是冬的灵魂，是冬的乐曲。

除却深入自然寻找真我，石瑞同样将眼光放于家国情怀上，中华诗韵的情感体现在其独特的精神传承。“焦土旧云今换尽，无名不用问英名。”寄托了他对人民先烈牺牲精神的敬佩与对历史的深刻反思，我们可以读到殷殷的爱国之情。在疫情肆虐之时，望着夜以继日奔赴一线的医护人员，石瑞更是含泪写下“人间大爱医，一炎有中医，同苦共舟，换来家国安”“闻来肺疫之情况，没有硝烟之战场，急行千里影长长。军号响，怒吼震天狼”等慷慨诗篇。这些诗词读来让人血脉偾张，石瑞笔下那跌宕起伏的情感，更让我们感到磅礴的力量，这便是诗词的魅力所在。此外，石瑞还参与了一些文化活动，如在母亲节期间，通过诗词表达了对母亲的思念与敬爱之情。他的诗词，不仅反映了他个人的情感与思考，也体现了他对家乡、对传统文化的深厚感情。

回首往事，诗词给石瑞带来了许多宝贵财富，让他在困境中能看到希望，在平顺时能反省自己可能会面临的困难，在遇到困难时，能够学习诗人的自信、乐观，敢于承认困难，也敢于面对困难，并最终找到解决困难的方法。诗词是一座取之不尽、用之不竭的精神宝藏，常常提醒人要适当地慢下来，不要忘记人生的诗意。

轻舟撑过山千座
盛世有为笔一支

2010年，石瑞在加入大冶市诗词楹联学会后，个人的创作水平也日益精进。其作品，如《庐山瀑布》与《感题》，以哲思之眼捕捉自然之美，用简洁而富有深意的词句，揭示人生哲理，展现出了超脱物欲、追求精神的高远境界。在提高自身水平的同时，石瑞还积极促进与各地诗友的交流，共同推动诗词艺术的发展，在现代社会浮躁之风盛行的背景下，他坚守着对传统文化的热爱与传承，数十年如一日地致力于传播中华文化的瑰宝，这份执着与奉献，着实令人钦佩。

石瑞表示，诗歌创作在乎个人，但在浮躁的社会大潮下，同样需要闯出一些名头来助力理想的发展。仲夏时节，西子湖畔，石瑞受邀参加了第二十四届世纪大采风品牌人物年度盛典，盛典以“凝聚品牌人物力量，推动人物品牌发展”为主题，举行了盛大的欢迎晚宴和“意尔康之夜”群星闪耀公益晚会。石瑞以新时代下书画创作者的身份进行发言宣讲，讲述了与诗词结缘的故事，

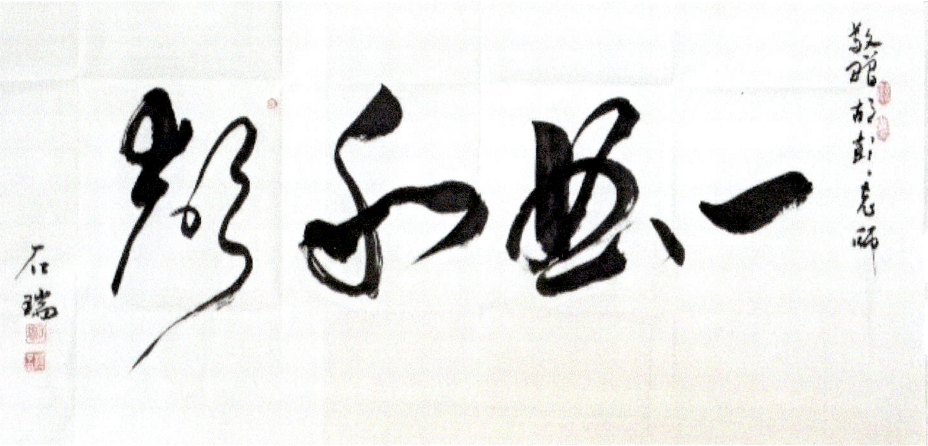

并在当代语境下阐述了诗词的内涵，当好中国诗词的发扬人。

古人说：“仓廪实而知礼节。”当人们吃饱穿暖，自然就会有更高的精神追求。古典诗词以短小的形态、精准的表达、高度的思想性、动情的内涵回应了人们对精神生活的追求，而在经济物质生活极度丰富的今天，古诗词依旧热度不减。在浮躁的社会大潮下，人们不免产生焦虑不安的情绪，在此背景下，阅读古诗词不仅可以帮助我们打发时间，也能够慰藉、鼓舞我们的精神，人们依然能在诗词中找到属于自己的喜怒哀乐，找到与古人产生强烈共鸣的情感瞬间。那些经过时间洗礼的经典诗句，感染着一代又一代中国人。

然而在当今社会，从来不缺会背诵诗词的人，石瑞表示，要将诗词内化于心、外化于行。人们对于古诗词的热爱，在于它能够变成自己精神生活的一部分。当你读一首绝句或者律诗时，文字背后的诗意、韵律也被深深地印入脑海，使我们看月不仅是月，看水也不仅是水。当每个人都能在日常生活中体悟诗词之美并从中收获进步时，诗词就不再是读书时的“死记硬背”、考试时的“绞尽脑汁”，而将化作我们的生活情趣、处世智慧，再加以学习相关知识，诗词创作便不在话下了。

石瑞写诗至今，荣获了“小李白”之称，他的理想便是培养更多的“小李白”，目前业已有几名小有起色的学生。石瑞表示，应当注重培养年青一代的诗词思维能力，开展诗词爱好班，做到诗词进校园。在课堂上，按照知识体系系统地给学生们讲述诗词文化，感悟中华文化之美，也为喜好诗歌的学生提供交流学习的机会。让年轻一代肩负起传承诗词文化的责任，时代在发展，但古诗词所蕴含的诗意与文化，仍与我们当下的生活息息相关，滋养着我们的精神，虽时代变迁，但精神依旧，这正是中国古典诗词的魅力所在。

在理想和现实中，石瑞也尽量做到平衡，他巧妙地将对诗词的热爱融入仿古建筑事业中，将房屋建筑中的彩绘与唐诗宋词结合在一起，使绘画风采更具内涵，后期也将自己的作品融入绘画

荣誉证书

HONORARY CREDENTIAL

石瑞 同志

经黄石市中青年优秀文艺人才库评审委员会评审，您正式入选黄石市第三届中青年优秀文艺人才库（培养期为2021年11月—2026年11月）。特颁此证！

中共黄石市委人才办　　黄石市文学艺术界联合会

二〇二一年十一月九日

荣誉证书

石瑞 同志：

鉴于你在第六届（2016至2020年）楹联文化创作中，成绩突出，特授予“联坛新秀”称号。

湖北省楹联学会

2021年6月

作品中，让古建筑不仅是砖瓦堆砌，更成为承载和传递传统文化的载体。石瑞的故事，是对传统文化深情守望的生动写照。在他身上，我们看到了一个文化传承者对初心的坚持以及在新时代背景下，如何让传统文化焕发新生的积极探索。石瑞不仅是联坛的新秀，更是连接古今、沟通内外的文化桥梁，他的努力付出为弘扬中华文化贡献了不可磨灭的力量。

腹有诗书气自华。千百年来，中国人用诗词荡涤灵魂、滋养精神。在生活的各个角落、在生命的不同时刻，诗词都可以成为温暖人心、鼓舞人心的精神力量。石瑞先生数十年如一日地在中国诗词文化发展道路上不断前行。我们相信，通过创新性发展，无比丰富的中华诗词文化一定能焕发出更加璀璨的光彩，进一步增强做中国人的志气、骨气与底气，陪伴着我们诗意地栖居于神州大地。

岑林秀

CEN LIN XIU

广州本格咨询服务有限公司创始人

家庭是心灵的港湾，是温暖的归宿，是我们日常生活中绕不开的话题，是我们心底的牵挂与慰藉。家是最小国，国是千万家。家庭是社会的细胞，家庭的和谐稳定是社会行稳致远的压舱石。家庭，无论是于个人还是社会，都占有特殊而重要的位置。但经营家庭并不似想象中那般简单。家庭的构筑是人与人之间的交往，难免会有摩擦。常言道，当局者迷，旁观者清。当人们与家人陷入矛盾的旋涡，看似“山重水复疑无路”时，也许问问旁人，换个更清晰的角度看待和解决问题，会收获“柳暗花明又一村”的惊喜效果。广州本格咨询服务有限公司看到了这一社会需求，专注于提供两性情感、婚姻家庭问题的解决方案，怀揣着“携温暖抵达心灵，共守护家庭温暖”的愿景，致力于帮助万千家庭修复婚姻，重获幸福，为社会发展贡献自己的力量。

携温暖抵达心灵 共守护家庭温暖

——访广州本格咨询服务有限公司创始人岑林秀

守护万千婚姻
共筑幸福家园

远古时代，万物初生，生存是人类面临的最大考验。因此，头顶有遮风挡雨的居所，屋中有足以果腹的家畜，便是人们理想中的“家”，这是古人造字智慧中展现地对“家”的需求与定义。进入现代社会，社会经济与科技均取得了长足的发展，人们越发关注“家”的情感需求和寄托，“家”的含义也引申成了家庭。屋檐之下，一家人其乐融融，相互依偎、相互理解、相互扶持，洋溢着爱与温情，成了现代人眼中的理想之家。然而，现实生活纷繁复杂，并不存在天生完美的理想之家。我们每个人都是独立的个体，因此存在认知偏差，在情感交流和家庭相处中容易产生误会。走进婚姻中的两个人，成长于不同的家庭环境，塑造了不同的性格和生活习惯，面对事情的不同情绪表达也许会灼伤彼此，多面的棱角也许在相互靠近时无意识地刺痛彼此。由此可见，在现实生活中，许多家庭都面临着各种挑战和困境，需要专业的指导与支持，需要通过更专业的方法进行沟通与磨合，共同构筑属于彼此的理想之家。

在现代社会中，大众的自我独立意识和自我独立能力较之前有所增强，对家庭的依赖程度有所下降，当家庭生活中产生矛盾冲突时，人们更有能力和底气选择分离。人们在面临选择的时候也更轻易和自由了，这是文明进步的体现。但如果太轻易地做出选择，或许也表明当事人对一段情感和家庭关系的思考过少，可能会因为一些琐碎、误会、冲动失掉最真挚的情感。岑林秀在互联网上和现实生活中看到了很多人对家庭矛盾的困惑，更惋惜一些人因未能较好地处理问题而走散，在婚姻的磨合中彼此走失。因此，曾从事互联网行业的岑林秀，将互联网和专业的情感咨询资源结合起来，成立了广州本格咨询服务有限公司，希望能够让更多人关注家庭关系和婚姻情感问题，通过专业的力量，守护万千婚姻，共筑幸福家园，以小家的和谐点亮幸福大家。

真诚抵达心灵
专业直击问题

真诚是人与人之间交心的橄榄枝，专业能力是咨询过程找寻问题根本、提出解决方案的保障。

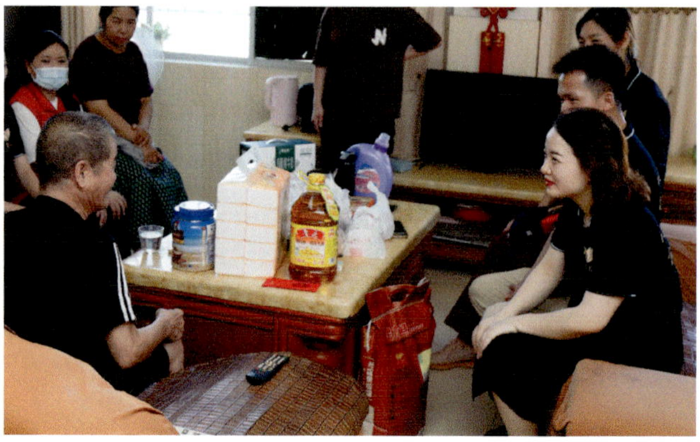

广州本格咨询服务有限公司，始终秉承着“让幸福多一种选择，让家庭多一些温暖”的真诚态度，从客户需求出发，关注客户内心的真实需求，致力于通过咨询师的专业素养和服务能力，为万千家庭提供更加优质、高效的咨询服务，助力万千家庭婚姻收获幸福，为社会的和谐与进步贡献更多力量。

真诚服务，共寻美好。“用户第一、服务至上、诚信友善、体验创新、追求卓越”是本格咨询的价值追求，也是本格咨询对客户的庄严承诺。“自信热情”是本格咨询的氛围，“激发潜能”是本格咨询的目标。选择本格，我们将以自信热情的态度，激发客户的内在潜能，共同探索情感与婚姻的美好可能。“贴心关怀，温暖同行”是本格咨询的真诚温度。选择本格，我们将从细微处入手，给予客户贴心的关怀与支持，让每一位客户在情感旅途中都能感受到温暖与陪伴。“量身定制，精准施策”是本格咨询的执行标准。选择本格，我们将深入了解每位客户的独特需求，量身定制情感解决方案，确保服务精准有效，满足其个性化需求。“效果导向，持续跟进”是本格咨询的售后保障。选择本格，我们将以客户满意为最终目标，注重服务效果的持续跟进，确保客户情感状态的积极改善与长久维护。“守护隐私，安全无忧”是本格咨询始终坚守的职业操守。选择本格，我们将严格遵守保密原则，全力守护客户的个人信息与情感隐私，让客户在咨询过程中感受到安心无忧。

专业为基，权威指导。本格专注于研究两性情感、婚姻家庭问题，致力于挽回爱情、修复婚姻、爱情定制、婚恋培训、求爱策划等两性情感服务，针对情侣、夫妻制订两性情感解决方案。本格咨询具备提供由专业的情感指导师进行一对一的咨询服务的实力，是国内知名婚恋情感咨询平台，面向全球华人，可提供婚姻挽救、情感修复、个人提升等婚恋情感咨询服务，致力于帮助万千家庭修复婚姻，重获幸福。目前，本格咨询已构建起由子贡、妮可、雨梦、舒心等一批资深权威情感专家组成的婚恋情感修复智囊团，其中囊括了众多心理学、社会学、法律、哲学等领域的专家学者，是本格咨询坚实的专业和学术基石；同时本格咨询打造了更加全面的分析咨询系统，以独创的专家六联诊系统，从心理、人性、法律、人文、哲学、历史等多重角度解读婚姻与爱情，

品牌强国

乔迁 & 论坛

为客户量身定制情感解决方案，建立起咨询督导、客户反馈、过程监管、效果跟进的完善服务体系。同时，本格追求卓越，精益求精，注重咨询师的能力培养、发展和提升。专业的咨询人才是咨询服务的关键，本格咨询鼓励咨询师深度学习、终身学习，精益求精，做到“眼里有光、心里有爱、手中有法”。为此，本格出版了《婚姻家庭咨询师职业指南》，为咨询师的自我提升准备了专业读物。该书是一本为婚姻家庭咨询师量身打造的专业手册，更是一部为华人家庭量身定制的幸福指南，详细地阐述了婚姻家庭咨询师的职业素养、技能要求以及咨询过程中的每一个环节，能够为咨询师提供全面的指导与支持，进而为华人家庭带来更专业、更高效的咨询服务。

经过多年的不懈奋斗，本格咨询获得了中国生命关怀协会婚姻专委会“婚姻家庭培训基地”“广东省心理咨询师协会副会长”单位、广东省婚姻家庭建设协会“会员研习基地”、广东省放心消费承诺单位，中企信立企业信用“守信承诺经营单位”、央视品牌强国优选工程“家庭咨询行业优选成员单位”、暨南大学心理学专业“校外教学实践基地”、广东省应用心理研究会“实训基地”等荣誉称号。这些荣誉是本格咨询奋斗的成果，彰显了客户与行业对本格咨询的认可，是本格咨询在市场中赢得信赖的底气。

公益温暖万家
创新促进发展

责任担当彰显企业的格局与魄力。经过多年发展后，获得客户和行业认可的本格，希望能够守护家庭之根，践行无私之德，积极参与和推动公益活动，努力多帮助一个人、多温暖一家心，将关爱传递到千家万户，实现“成为全球华人最信赖的婚姻家庭咨询公司”的愿景，向更多华人分享“保家卫婚”的心得和服务，守护更多华人家庭，温暖千家万户。

创新创造推动企业的发展与进步。从前车马慢，通信不发达，人与人之间的交流受到时空的限制。本格善于将现代社会的科技成果运用于咨询服务领域，使咨询服务行业焕发出光彩和生命力。公司成立之初，本格

中国心理卫生协会注册督导师沈教授
为公司咨询部督导案例

便将互联网与咨询服务结合起来，解决了远距离客户寻求咨询的时空限制问题，让更广范围的人能够享受到专业的情感、家庭咨询服务，更大程度地发挥出情感咨询在促进家庭和谐中的力量。近年来，人工智能领域蓬勃发展，本格正在尝试开发AI咨询服务领域，让咨询服务变得更加便捷、实惠，助力万千家庭婚姻收获幸福。

奋斗不息，幸福不止。未来，本格咨询服务有限公司将继续践行与发扬“诚信、勤奋、执着、创新、积善行、思利他”的企业精神，优化咨询服务，携温暖抵达心灵，共同守护家庭的温暖。

唐东

TANG DONG

唐家班（大连）文化发展有限公司董事长、“唐家班变脸”创始人

唐东，师从川剧变脸大师周宗淳老先生，是青年变脸表演艺术家，曾以 2 分 50 秒变脸 101 张。2017 年加入中国民主建国会，大连蜀睿国粹文化传媒艺术总监、“唐家班变脸”创始人。

正所谓“师者，传道、授业、解惑也”，迄今为止，唐东已经先后培养出了 12 批变脸传承人，最小的年仅 3 岁，最大的将近 50 岁，为青少年的孩子传授变脸的技艺，为成年的学员解决就业，为出身社会的学员答疑解惑，正所谓变出才子佳人美如画，变出英雄豪杰齐争先，变出中华民族气象万千。

唐家班变脸在大连小有名气，其中不乏外国友人慕名前来观赏，为川剧变脸这个神秘而有趣的传统文化载体赋予了新时代的智慧与力量，更为奋力谱写全面建设社会主义现代化作出了积极的贡献。

扯匀抹吹不思量 行云流水见真章

——访唐家班（大连）文化发展有限公司董事长、“唐家班变脸”创始人唐东

义勇忠奸
相由心生诚不欺

“蓝脸的窦尔敦盗御马，红脸的关公战长沙，黄脸的典韦，白脸的曹操，黑脸的张飞叫喳喳。啊，啊，啊，啊，啊……啊”，来到位于辽宁省大连市沙河口区西安路星光创业大厦的唐家班办公地点，远远便听见屋内播放着《说唱脸谱》的音乐，伴随着一群俏皮的孩子七嘴八舌地问着各种奇怪的问题：“唐老师三只眼睛的是谁？四只眼睛的是谁？有没有脸上全是眼睛的脸谱？”真想早一些见到“唐家班变脸”创始人唐东老师，看看他是如何应对这群可爱的天使的。

推开唐家班的大门，只见唐东身着一身利落的蓝衬衣、黑裤子，目光坚定、笑容可掬，唐东是深受大家喜欢的“唐先生”。他曾在2012年以2分50秒变脸101张打破了原吉尼斯世界纪录，多次随孔子学院、中国侨联“亲情中华”海外慰问演出活动，为宣传中国传统文化作出了突出的贡献。

川剧变脸是中国国粹艺术，是无数艺术先辈心血和智慧的结晶，是舞台艺术的精品，在全世界都享有很高的声誉和地位。

人们一想到“变脸”，就被“变脸”瞬间变化莫测的技巧折服，变脸的背后是中国传统文化艺术的博大精深与历史的沉淀，这就是中华文化的魅力。

在旧社会，变脸是手艺人吃饭的家伙什，“功夫好不好，观众是一把尺子”。在新时期，变脸是文化的传承，“能不能传承下去，孩子、家长和学校是一把尺子，当下的变脸艺术首先要服务于国家和人民，孩子喜欢学，家长支持学，学校鼓励学”。在唐东的心里，永远难忘恩师周宗淳大师的教诲，尤其是正式拜师入门的那天，恩师和自己聊到关于川剧变脸的传承与发扬的问题。

恩师周宗淳是我国第一个将变脸艺术带到美国并由迪士尼进行全球推广的艺术家，他将对徒弟的关爱，蕴含在严苛的要求之中，以及日常的关怀之中，一遍又一遍，用无私的爱教会徒弟艺术和艺德。

艺术本身不会永远站着不动，只有总是像后浪推前浪似的一个劲儿地往前赶，才能有源源不断的“源头活水”。唐东还在读大学的时候，因勤工俭学认识了“全国三大变脸王”之一的周宗

淳大师，怀揣着崇拜之情，唐东充分发挥自己的美术特长，尝试自己设计脸谱，还亲自动手制作了变脸的服装，不断加以改进，让周宗淳大师看见了他的悟性和决心，开始不时地指点他一二。就这样，经过长达数年的考验与交流，两人正式结为师徒，在周老的身上，唐东也更加深刻地体会到艺术的伟大，以及文化传承的重要性。“择一事，终一生”，从此，唐东一直都在学习和传承川剧变脸文化，他深深地热爱着变脸艺术，并感觉相见恨晚，从好奇，到认真，再到敬畏，唐东觉得自己身上的担子越来越重了。

之所以把师父称为恩师，是因为周大师在唐东身上真正地做到了“传道授业解惑”，周大师不仅教会了唐东变脸的技艺，更重要的是在唐东事业发生变故的时候，周大师总是陪伴在唐东身边，晓之以理动之以情，甚至于还在经济上支援唐东，才让唐东渡过人生的难关，才有今天的唐家班变脸大连传承中心。所以唐东才会把唐家班作为自己毕生的精力加以经营。

“传统艺术只有和年轻人接轨，才会不断进步。”在唐东看来，川剧变脸想要把握市场、做出符合观众审美和口味的好戏，应与现代意识接轨，并从立意上进行创新的“对得起祖师爷、赶得上潮流、经得住传承”。变脸艺术是一代代川剧艺人呕心沥血创立的绝技艺术，曾几何时，社会上出现了没有套路、没有身法、没有手法、没有基本功，更没有师父言传身教的变脸演员，造成了混乱现象，这让周老师和唐东以及其他弟子都心急如焚。

早在2007年正月十五，唐东经过了很长一段时间的考察，正式收下江世宏为“开门弟子”，成立了“唐家班”，开始在大连对外公开招收学员，迈出了发展壮大“川剧变脸”的重要一步。在唐东的努力下，唐家班突破传统的单人变脸，先后推出了：双人变脸、三人变脸和群体变脸为主，并在艺术上结合舞蹈、杂技、戏曲等舞台表现形式，在服装风格上呈现长披风、短披风等风格，还以变脸为艺术依托，塑造出独立的舞台表现形式并出品了“变脸主题舞台剧《变脸传奇》”塑造出舞台变脸艺术的新形式。

演绎春秋
不离妙趣玄幻墙

经过3年的发展，唐东发现成人学习变脸有着巨大的局限性，成人太过于急于求成和侧重于商业活动，很难深入变脸文化本身，但变脸艺术最宝贵的恰恰是艺术背后的文化。

“变脸脸谱一般有几种颜色呀？”“可以在二郎神、孙悟空和哮天犬之间变吗？”“唐老师变脸比我翻书还快”……小朋友们的提问总是五花八门，让人忍俊不禁。这也是学习要从“童子功”开始练习的原因：成年人往往被俗事缠绕，不能全心全意地学习，而小孩子们有一颗纯粹的童心，喜欢了，就会坚持，他们会义无反顾地探究脸谱背后的人是谁，他们有什么故事，脸谱色彩和人物性格有什么关联，为什么有的脸谱很相似。

川剧变脸是国粹，是舞台艺术的精品，是揭示剧中人物内心思想感情的一种浪漫主义手法。

变脸艺术需要从四个维度去理解才能真正走进变脸，那就是技术、艺术、文化和精神，这是唐东从事变脸20载的总结。

川剧变脸作为国家二级机密，变脸的手法大体上分为三种：“抹脸”“吹脸”“扯脸”。此外，还有一种“运气”变脸。变脸中最具川剧特色的代表作之一是《白蛇传·金山寺》中一场紫金铙钵大战白素贞的变脸，当哼哈二将、哪吒、韦驮等被白蛇一一战败后，法海禅师使出照射“妖魔”的神器紫金铙钵，白蛇仍然在青蛇的掩护下成功逃脱，整个场景具有十分强烈的视觉冲击力，使用了双重拟人手法来表达这一场重头戏：一重拟人用变脸来比作法器“紫金铙钵”；二重拟人用变脸来比作“铙钵”的发力强大，其中的艺术价值远比“快餐式”的现代短视频要珍贵太多。

如何让更多年轻人乃至青少年、儿童放下手机、放空心灵，领略21世纪变脸艺术的美感？为此唐东用了整整15年的时间，构建了一整套唐家班体系，在教学上第一关就是选人，要求家长、孩子、老师都能做到三方认可，要求家庭教育良好，孩子无不良嗜好，彼此认可唐家班价值观。唐家班一直遵循 “忠孝礼智信，德协善纪传”的十字道德标准，采取“规划式系统”培训课程设计理念，倡导“勇于承认错误、乐于接受处罚，勇于当鲜花，乐于做绿叶”的教学目的，让国粹“从娃娃抓起”，呼吁唐家班的孩子们做一个正直、乐观、包容、健康的，怀揣中国文化闯天下的中国好少年。

国粹经典
变脸传奇

由唐东出品的儿童剧《变脸传奇》，尤其是以儿童为核心受众群体，让变脸文化内核搭配儿童剧的表现形式，不但能够实现“1+1>2”的传播效果，促成传统高雅艺术向现代普罗大众宣传的升级转变，而且是艺术形式之间互相传承、助力的职责和功能体现。

一部优秀的变脸体裁儿童剧，除了要拥有好的题材和立意，更要在审美情趣与风格样式上注重童心、童情、童趣，讲究好听、好看、好玩，以新颖的艺术形式吸引儿童的欣赏目光。《变脸传奇》作为第一部变脸体裁的儿童剧，在创作中遵循儿童剧的独特规律，将活泼灵动、充满童趣的表现手法镶嵌在厚重的传统文化当中，以“中国风——山水国画”为舞美设计特色，完美地结合现代化的声光电技术，以多元手法，表现出了一个经过五千多年的孕育而诞生的精灵——“变脸仙子”的故事，而其孕育成长的过程，就是中华传统文化的发展历程，就是中国精神的化身：有爱、有责任、有智慧、有担当、有格局。唐东等主创人员充分地考虑儿童的思维接受模式，有意识地融入通俗、活泼的语言风格，充满童真童趣，尤其符合儿童观众的审美接受心理。

中华优秀传统文化是中华民族“根”之所在。这些年来，唐东去过日本、迪拜、阿曼、巴拿

马、哥伦比亚等国家进行慰问演出，为北京奥运会、党的三中全会等设计过变脸主题，在《鲁豫有约》《综艺盛典》等大型节目里都接受过采访。创办唐家班至今，唐东先后培养出了一批又一批优秀的中国文化传承人，学员们先后参加了央视一套、央视三套、央视七套、央视十二套、凤凰卫视、安徽卫视、东南卫视、甘肃卫视等栏目，学员足迹遍布美国、法国、英国、加拿大等国家和地区。其中最令唐东感到自豪的是当一个人去了异国他乡，如果出去说自己“有钱”或者“有权”，是“富二代”，并不能赢来真正的尊重，但如果会写毛笔字、会画国画、会变脸，懂得这些真正能代表本国文化的艺术，那么无论你走到哪里，都会收获真正的友谊和欣赏，这就是文化和精神富养的魅力。

声情并茂
必见传神耀中华

“问渠那得清如许，为有源头活水来”唐家班的成立，在一定程度上规范了市场，旨在将传统文化弘扬和传承下去，唐家班以变脸为艺术核心，结合国学智慧、工笔画脸谱，脸文化演讲为教学内容，系统地开发出文化传承培训、舞台剧表演、图书动漫等一系列产品，力求将唐家班打造成“变脸艺术”领军品牌。

志同道合者，不以山海为远；携手共进者，不问来自西东。变脸艺术虽然听起来简单，但要学精并不容易。在唐家班，老师有教画画的、有教基本功的……大家各尽其职，但都心怀赤诚，团结一致，尽管主要是进行川剧变脸教学，然而并不是单单教授这一门技法。唐家班还会结合川剧台步、身段、手法，再根据不同的脸谱设计出不同的动作，使变脸艺术更具观赏性，这样，学员也就更能理解川剧文化的韵味，以及不同脸谱背后的故事。在唐家班，主张“要学艺，先学做人”的理念，提倡学习需不忘修心，只有静下心来，才能打好基本功，准确地运用变脸艺术把人物的“喜怒哀乐，贪嗔痴怨”等内核充分地表现出来。

唯有才华独属己，唯有自信最可倚。在唐家班的学员中，有一位中学教师的孩子晓峰（化名），对学习变脸艺术很有兴趣，晓峰的妈妈由于工作的关系，不能每周接送晓峰上课，只能将任务分配给家中的老人，但老人却觉得接送麻烦，还耽误上其他补习班，使得晓峰学习断断续续。好在今年儿童节那天，晓峰在学校儿童节上表演了变脸艺术，惊艳全场，一连参加两场表演分别为不同年级现场表演变脸，让大家都佩服不已，校长还给晓峰的妈妈发了鼓励的信息，认可母亲很有远见和眼光，让孩子早早地学习到中国国粹艺术，不仅孩子自信满满，还给学校带来了非同寻常的艺术节目，让全校师生都大开眼界备受鼓舞。校长的话让晓峰的父母一夜未眠，他们想到晓峰学习变脸艺术的这些年的变化，孩子逐渐的独立和稳重，这次演出更是让孩子自信满满，而且，在唐家班那里学会了集体配合和协作，学会了百般试错方能驾轻就熟，更是学会了如何临危不乱和处事不惊……想到这些变化晓峰妈妈也坚定了当初的选择。

“学习优秀的文化，往往会影响一个人一生的思想行为，以及品德的陶冶和性格的形成。”谈起自己这些年的教学生涯，唐东感触颇深，或许是唐家班教导有方，或许是变脸艺术本身就颇具魅力，总之，来唐家班学习过变脸艺术后，无论是中国的还是外国的学员，性格是内向的还是外向的学员，都能从变脸艺术学习中找到支持自己做事要坚持长久的热爱，遇到难题要从根源去寻找答案，遇到挫折要百般试错、越挫越勇，这份热爱，不仅是热爱，更是因为选择所以坚持热爱。又往往化为自爱与对生活的热爱，身心也会越来越健康。在唐东看来，变脸艺术作为中华传统文化的代表之一，是很轻盈的，但不是轻如羽毛，而是如小鸟般轻盈灵动，是有生命、有感情的。因此，在传承过程中，需要关注人间烟火，更要与时俱进。

回归到传承与创新的话题，唐东强调，变脸艺术看似是神秘复杂的阳春白雪，追本溯源，则是产生于紧接地气的大众生活。让变脸文化与互联网时代的年轻观众产生共鸣共情虽不易，但是从当下的时代发展趋势来说，借助现代科技毫无疑问是一种有意义的实践。

如今，唐东正在打造一个完善的、崭新的商业模式，那就是在唐家班变脸国粹文化·城市传习中心。中心以城市为中心，将结合最新的3D技术、全息投影和AI人工智能技术，把中国的古老文化变成时尚的、生动的、可互动的、可感知的，让3岁至12岁孩子都喜欢的文化创意。当传承千年的中国脸文化兼具高科技的现代感和现代潮流化的亲近感时，它才能让年轻受众在特定的对话空间中耳濡目染，才能让变脸这一民族艺术瑰宝在现代社会迸发出新的活力。

始终坚守和传承中华优秀传统文化的精髓，同时紧扣时代发展的脉搏、贴近现实生活，传统变脸艺术“发了新枝”“结了硕果”。在唐东的带领下，唐家班正立足大连，面向世界，力争成为蜚声海内外的变脸艺术传承发展的优秀代表，唐东老师爱国、谦逊、虔诚、坚韧的品格，也给世人留下了难以磨灭的印象。未来，唐家班将会加强变脸艺术与文学、社会学等学科的跨界融合创新能力，结合现代科学技术，推出更多具有中国特色、中国风格、中国气派的变脸作品，让变脸艺术文化在新时代焕发出新的光彩！

马艾洋

MA AI YANG

马艾洋室内设计事务所创始人、著名室内设计师

空间，装满了喜怒哀乐，是生活的容器。它不仅是物理上能够计算的距离和范围，更是情感的载体、心灵的寄托和故事的容器。马艾洋，作为高级室内设计师、生活美学践行者、重庆市建筑室内设计联合会理事、马艾洋室内设计事务所创始人、重庆帝安装饰设计工程有限公司创始人，深耕行业多年，深入剖析空间、个体、情感、表达等之间的联系，旨在赋予空间灵动性，让生活如诗般自由延展。他的设计总是丰富而细腻，尽显品位与格调，每一次的勾勒都得到了客户的认可，且口口相传。与此同时，他也获得了“金瓦奖十大豪宅设计奖”“出口中国设计品牌·十佳品牌人物”“意大利创意生活设计金蝴蝶奖别墅类金奖”“美国国际 IDA 设计银奖”“意大利 Adesign 银奖”“中国室内设计大奖·年度最佳灯光设计奖”“BDA 包豪斯现代设计奖金奖”“安德马丁发现中国好设计年度推荐设计师”“法国双面神别墅豪宅空间国际创新设计奖”等荣誉，在空间层次错落的路上越走越远。

卓越之选塑空间形态 匠造风华叙美学故事

——访马艾洋室内设计事务所创始人、著名室内设计师马艾洋

缘起
以设计之名赴山海

人生漫漫，岁月如水。时光在不知不觉间流淌而过，但年少时感到的家庭温情宛如一座灯塔，如影随形，贯穿了生命的始终，为我们照亮前行的道路。在广袤的九州大地上，无数生长于农村的孩童，从出生起，大部分人的人生就是一座一生只能建造一次的大楼，自小，马艾洋便深谙此理，他格外珍惜每一次成长的机会，也养成了坚韧、吃苦、有耐心、有恒心的品格。

春种秋收是岁月的馈赠，也是奋进者应得的结果。马艾洋的祖父曾是一位私塾的教书先生，幼时，他就常常跟随祖父练习写字、画画，他很享受笔尖触碰纸张、由心而发、勾勒挥洒的感觉，就像他是另一个世界的缔造者，那里的一草一木、一砖一瓦都千变万化、充满了魅力，而他的母亲就像是这个世界的“天”和“阳光”，永远留给他最温暖的一面，那些夸赞、笑容、喜悦和支持，给予了这些花草树木最大的养分，滋养着它们茁壮成长。当梦想的种子终于破壳发芽时，马艾洋已经有了清晰的阶段性目标，他要报考四川美术学院，而他也靠着自身的不懈努力地偿所愿。

生命的底色是信念，生活的底色是奋斗。大学时期，马艾洋一如既往地努力学习，不放过任何一个能够提高自我的机会。毕业后，他便加入了老师的工作室，开始正式接触室内设计。虽然在校期间，他曾学习过室内设计这门课，但理论与实践还是存在着很多偏差，在实践的过程中，他查漏补缺，从各个方面着手以提升自己的专业能力。两年时间一晃而过，羽翼已渐渐丰满的马艾洋选择了创业，并于 2001 年创建了重庆帝安装饰设计工程有限公司。

那时，他并没有将设计板块进行细分，公司业务广泛，包括私宅、商业空间、样板房等领域，集设计施工于一体。虽然这些业务链均属于室内设计领域，但每一个方向的设计都不尽相同，跨度较大。加之，要将设计完整落地，需要付诸更多的时间、精力。随着时间的流逝，马艾洋再也无法忽视心底那个想要真正做好设计、打磨原创作品的声音。一直以来，他的初心就是能够做好每一个设计，但什么都做，不仅无法深入聚焦某一个领域，而且会在冗杂的日常事务处理过程中

米兰游学

天钜别墅

法国水师兵营

失去设计的灵感。鉴于此，2015年，马艾洋成立了马艾洋室内设计事务所，只专注于高端住宅及个性化商业空间的定制设计和落地。每年，他只服务少数客户，以求精益、轻量化的业务，会给予他充足的时间去原创，并保证服务品质与设计效果的完美融合，进一步挖掘探索未知空间的精彩。

一千个空间，有一千个故事。近年来，马艾洋室内设计事务所成功打造出了龙湖天钜独栋别墅、龙湖舜山府独栋别墅、龙湖天奕独栋别墅、融创凡尔赛独栋别墅、绿城两江御园独栋别墅、成都锦绣花园自建独栋别墅、成都蔚蓝卡地亚独栋别墅、新加坡植物园独栋别墅、意大利驻华总领事馆改造、法国水师兵营改造等案例，这些案例的打造、这些空间的缔造，成为客户心灵的避风港，让情感得到了充分的释放，也正因如此，马艾洋在高端私宅领域声名鹊起，荣获了多项荣誉，并曾受邀参加人民日报社《设计·讲述美好生活》访谈栏目。此外，他的作品还多次被刊入《环球设计》《安邸AD》《IDEAT理想家》等知名杂志。

拥抱空间设计，焕新生活方式，摘得荣誉桂冠。面对如此多的荣誉，马艾洋表示，最令他感到自豪与欣喜的还是客户的反馈，客户的满意是他职业生涯中最大的追求，他会因为客户洋溢在脸上的笑容而倍感愉悦与骄傲。他提到，赵丽颖曾在一次拍摄中选中他所设计的一个场所作为主拍摄场。此外，还有张小斐和肖战等影视明星曾表达过要去他所设计的空间进行拍摄的意愿，虽然最后因为其他原因并未如愿，但他还是发自内心地兴奋，这种被看见、被认可的感觉，如同一壶陈酿的美酒，源源不断地散发着香味，飘向远方，敦促着他继续前进。

融合
匠心为本铸精品

22度春去秋来，22载时光沉淀。马艾洋室内设计事务所以初心致匠心，不断创新、突破，以求卓越。在马艾洋看来，保持原创的初心，就是匠心的体现，脚踏实地地一步一印，着眼于细

两江御园

龙湖舜山府

微之处的精益求精，严格要求自我，才是一个作品打动人心的底色和关键。

生活空间美学，实际上是艺术与生活的完美融合，是基于需求、理想和情感，重新塑造而来的空间美学秩序。对于私宅而言，它是居住者身体和精神的容器。因此，从居住者的实际所需出发，首先要满足他的起居习惯，以及与家人之间的生活方式和交流融合。基于此，在动线、功能划分方面要充分考虑人与人之间的互动，照顾到每一位家庭成员的需求。在精神需求层面，首先要探寻居住者对于生活的展望、对家的期许，每一位居住者对于自己居住的环境实际上都有一个大概的构思，那里面承载的才是他们真正想要的生活。马艾洋坦言，要真正找到这个切入点并不容易，这是因为很多客户的表达并不一定准确，而且梦想这个词本来就并不具象，要把客户抽象的表达变为具象的设计语言，进而通过空间和材质表达出来，有一定的难度，这却是室内设计必须经历的阶段，这个阶段极其考验设计师的领悟能力以及对生活的观察力，同时会拉开设计师之间的距离。

室内设计的关键，从来都不只停留在设计的表面，那些线条也并不是冰冷的理性刻画，而是对于生活的感悟，设计师就像行走在旷野的野外探险家，他们不仅能够看到更美的事物，还能够捕捉光的灵动、聆听风的低语，让每一个细微之处的起伏都能成为浪漫生活浓墨重彩的一笔。所以，马艾洋才会一再强调，高端住宅的设计需要设计师拥有更加细腻、敏锐的捕捉能力，需要一份完美主义，这份完美不仅体现在设计本身，更在于空间规划的方方面面。例如，风水、装饰材料、工艺、机电设备、花园的防水和排水等方面。而这些细微之处的规划，全部都要在设计之初就要纳入考量范围，并思考落地。

让想象变得具体，空间设计的落地是整个空间设计中最难也最重要的一环。马艾洋表示，设计落地的过程中存在很多不确定性，小到一个细微工艺的改变，大到材料的不确定，工人的不确定性，以及无法施工的现实和客户在施工过程中临时的意见和想法等，每一个细小的改变，都会改变整体的设计风格和想要表达的情感。很多时候，客户在施工过程中也会有一些想法，但作为一名原创设计师，马艾洋也很坚持自己的想法，有时也会与客户发生碰撞，他就不得不一再解释、沟通。即便如此，有些客户依然还是坚持己见，在多方解释无果的情况下，尽量结合客户的意见放到设计中，但同时他也会坚持自己的想法。每一个设计，往往在项目交付的中后期，看到成果后终于得到客户的认可与佩服。他还提到，高端私宅的客户对品质的要求极高，设计师除要具备丰富的经验之外，还要具备一定的预见性。简单来说，设计之初，就要考虑客户居住五年、十年可能会遇到的问题，做到提前规划。

“心心在一艺，其艺必工；心心在一职，其职必举。”马艾洋之所以能够有口皆碑，是因为他不光是在设计、落地方面做到了极致，他还会想客户之所想、急客户之所急，尽可能地为他们排忧解难。比如，在进行土建改造时，他还会考虑到客户的邻里关系等，提前规避解决，不为客户留下一点隐患，否则这些问题就会反映在居住过程中。他认为这也是作为设计师需要考虑的范围，因为任何影响客户

南山别墅

心情的事情，都会直接或间接导致客户对自己的信任大打折扣。作为一名设计师，一定要在客户信任你的同时，展现出自身的能力与担当，反馈给他同等的信任。他坦言，如果遇到客户不满意的情况，他会焦虑到整晚无法入睡。这种自我的要求和压力，会让他想方设法地去解决客户的问题，从而赢得客户的认可。偶尔，马艾洋还会收到已经完成交付客户的信息，面对这些咨询，他总是乐此不疲，诚心诚意地为客户提供意见，这种被信任的感觉是他坚守初心理念、奋勇前进的核心动力。

逐浪
以梦想为帆再远航

“风雨多经人不老，关山初度路犹长。”从拿起画笔勾勾画画到内心藏有一方繁华世界，马艾洋一路上都兴致勃勃，一个人能够在自己所热爱的事情里取得成果，是人生一大幸事。当被问及绘画和设计是否需要天赋时，他坦言自己并非天赋型选手，更多是源自后天的学习和努力。为此，他经常出国学习，参加国内各种协会及游学活动，并进修于清华大学环境艺术系。此外，还于2023年10月在意大利米兰理工大学当代室内设计研修班结业。持之以恒地学习，创新大胆地设计，他从不局限于固定的风格和形式，而是在尊重空间、环境与人的互融关系的基础上，强调建筑空间的灵动性与可变性。

热爱是追逐梦想道路上的不竭源泉。马艾洋从不带着遗憾去休息，他所有的快乐基本由工作带来，所以在他眼里，工作不是获得名利的冰冷渠道，而是一种能够释放自我、突破自我，与客户建立关系的情感载体，在突破边界、打破桎梏、探寻更多可能性的过程中，寻觅能够打动客户和自己的点，是他最大的乐趣。当然，他偶尔也会去旅游、健身、听音乐等，在享受生活的过程中找寻自己的设计美学。

米兰游学

逐风挽浪，追寻梦想。未来，马艾洋更想去做集建筑、室内、景观于一体的设计，在设计的过程中，能够完全融入自己的理念和观点，并折射出对于美学的具体表达。前路虽然仍有荆棘，但他相信路虽远，行则将至。谈及初心，他说道：“任何时候都要保持做设计的初心，一颗纯粹的设计之心，不然压力、心酸、难以被理解，会很容易瓦解你的意志。在对热爱的事情上要多一点敬畏，不要去想到底能不能做好，只需要做好当下，走好当下的每一步就好。”

生命掌握在自己手中，界限从来都是自我定义的枷锁，名利都是初心之外的附加。从籍籍无名到成为行家里手，马艾洋身上最难能可贵的就是这份赤子之心，在浮躁喧嚣的名利场坚守初心，这也正是历经岁月悠然而仍旧新颖独特，充满故事感空间美学存在的根本，生活的多姿多彩为空间设计增添了一份醇厚的韵味，无论多久，居住者都能由心出发感受到生活的无穷魅力。立足当下，航向远方，马艾洋将带着自己的专业、专注和赤诚再塑新的精彩，再次奏响空间美学之乐！

严小琳

YAN XIAO LIN

江苏江航智飞机发动机部件研究院董事长

江苏江航智飞机发动机部件研究院成立于2018年，是南京首批备案新型研发机构，是一家集航空发动机、燃气轮机、医疗器械及轨道交通等高端精密零部件的设计研发、生产制造、销售服务以及成果转化于一体的国家高新技术企业。目前，企业拥有精密电化学、精密电火花成型、精密机加、精密线切割、再生制造等多条生产线，已成功授权100多件知识产权，包括PCT专利、发明专利等，5项核心技术中有4项填补了国内此领域的空白，3项技术通过了科学技术成果评价，处于世界先进、国内领先水平，仅用5年时间就入选了南京“小巨人”企业。

航空展翅舞银汉 工业争先擎红旗

——访江苏江航智飞机发动机部件研究院董事长严小琳

抱朴守正
巾帼风采绽芳华

近日，南京市白下高新产业园区领导来到江苏江航智飞机发动机部件研究院进行调研，研究院董事长严小琳认真地向园区领导汇报了江航智的发展情况，并进一步表示江航智未来将继续以“坚持科技创新为先导、成果转化为重点”的发展战略，瞄准高速度、高质量、高效益的发展目标，一方面，在电化学制造技术已获得成功的基础上，加快生产制造步伐，把高精密电化学制造技术运用到航空航天、燃气轮机、轨道交通、医疗器械制造等更广泛的领域中去；另一方面，江航智将与南京大学原子制造研究所展开合作，建设江航智原子制造技术成果转化平台，开创了我国把原子技术运用到高端制造业的先河。

从艰难地申请 FAA 证书起步，到企业进入多家大型国企、央企的供应商行列，严小琳带领着江苏江航智飞机发动机部件研究院的全体同仁奋力拼搏、接续奋斗，不断追逐飞天梦想、创造中国奇迹，书写了中国航空事业的壮丽篇章。

从顺应时代潮流辞职下海再到创办企业，严小琳十分重视技术的更迭和创新，曾与厦门大学田昭武院士、林昌健教授专家团队进行合作，研发当时在国内还处在空白阶段的不锈钢表面超高防腐新技术，由于技术超前，服务性又快捷，即使在金融危机期间，企业也保持着快速高效发展。2010 年，实现了销售额超亿元，利税超过两千多万元，严小琳本人也获得了“科技创新标兵”“巾帼创业模范”等一系列荣誉称号，而就在原本企业事业发展得正如火如荼时，严小琳又将目光投放在了航空技术方面。在她看来，创业不仅是为了赚钱，或者是为了个人荣誉，而是一个不断挑战自我、能够向更广阔领域进发、造福社会的过程。

踔厉同行
砥砺深耕显担当

航空发动机作为“飞机的心脏”，研制难度大、周期长，技术门槛高，是一个国家科技实力

严小琳在博鳌论坛上演讲

严小琳向客户推荐产品

严小琳主持董事会

严小琳在领奖台上

和创新能力的重要体现。一台先进的航空发动机是由数万个种类众多、材料特殊、形态各异的零件组成，遍布周身的外部管路如同发动机的血管，对于研发人员来说，精密程度要求极高，容不得半点差错。2010年10月，严小琳坐飞机出差，无意中从航空杂志上看到了一篇关于美国“飞机坟场”的报道，报道中说，美国有很多退役飞机等待再生，其中大多数零部件经过再生制造，可装在新的发动机上再使用。就是这篇文章，让严小琳内心久久不能平静，也从此点燃了她立志从事飞机发动机再生制造事业的热情。

当时，我国飞机发动机零部件制造业长期处在萌芽状态，绝大多数可以再制造的退役零部件都堆积在仓库里，不仅造成大量宝贵资源的闲置，还导致飞机维修成本居高不下，航空企业大面积亏损。如果能够联合有志之士做好这个项目，不仅可以打破西方航空工业发达国家对我国在航空工业方面的长期技术封锁和市场垄断的局面，而且可以激活大量的闲置资源，降低航空企业的成本，提高飞机维修企业的供货时效，促进国家经济建设和国防保障。一向做事从不拖泥带水的严小琳在做了决定之后，便立即打电话请教航空工业的朋友，向他们表明自己想投资飞机发动机再制造产业的想法。当天晚上，严小琳就和朋友们一起详细讨论了飞机发动机零部件再生制造项目，不知不觉天都亮了，还觉得有很多问题想要接着探讨。虽然飞机发动机零部件再生制造项目技术高、门槛高、投入高、风险高，且这个行业也鲜见女性，但是困难吓不倒严小琳，中国民航大学的几位教授，以及北京飞机维修工程公司的几位总工程师十分了解严小琳的为人，也决定一起合作，共同支援国家航空建设。

隔行如隔山，从政府公务员到企业高管，到制造业企业家，再转到航空工业领域，每一个角色转变都非常困难。面对困难，严小琳没有丝毫退缩，她一边说服合作伙伴，用个人资产做抵押保障，将原来不锈钢企业的4000多万元家底用到航空发动机再生制造项目上；一边每天随身带着笔和本，只要有空就跟在老专家、老工匠身后学习，不懂就问，不会就记，她还挤出时间自学了机械装配涉及的所有专业课程和电大管理专业的全部课程……有一位教授曾这样赞誉她：“严小琳董事长的学习能力很强，她善于在学习中捕捉重点，进步很快，学一个月抵得上很多人学一个学期的效率。同时，她也是一个爱国的人，或许正是这种强烈的爱国情感支撑着她，她才那么努力。”

严小琳向政府领导汇报企业发展情况

尖兵铁甲，护千里江山；战鹰列阵，守万里苍穹。严小琳，这位航空工业界的“女战士”，有问题就解决，有难关就攻克，再苦再累也始终带着饱满的热情给团队做榜样，很快就成了领域内的行家里手，被大家称为团队的“活标准”。经过长时间的艰苦研发，严小琳和团队研发的产品和技术通过专家鉴定，技术达到了国际先进、国内领先水平，产品也填补了国内空白，并进一步重点聚焦于飞机发动机高精密叶片制造、飞机发动机整体构件制造以及运用高性能材料制造飞机发动机核心部件等领域的创新研发工作。

在航空工业领域，再生制造的航空发动机零部件产品要想被客户使用，还得获取适航证，民航使用再制造产品，还必须获得美国联邦航空局颁发的 FAA 证书。这时，严小琳最初筹到的 4000 多万元资金已经基本用完，面对着资金链断裂的困境，关键时刻，丈夫及丈夫的航空兵的战友们、父母、公婆、朋友、合作伙伴们等纷纷伸出援手，团队也全力支持工作……这些高素质的人脉圈子，有的有技术，有的有经费，有的带有同样爱国的情怀，很多都是不等严小琳找来，就主动提供帮助。就这样，严小琳背负着大家的期望，又筹集了 2000 多万元研发经费，终于完成了后期中试和小批量试产，获取了相关证书：2016 年，她的项目参加了中国创新创业大赛获得全国总决赛第一名；2017 年，该项目又获得中国航空创新创业大赛全国总决赛一等奖。

压气机叶片是飞机装备最关键的核心部件，一直以来，西方航空工业强国都严苛封锁这方面的技术，我国航空发动机压气机叶片的电化学制造技术也迟迟不能突破。2018 年，当严小琳得知中国航发集团旗下的一家航空发动机制造企业在研发压气机叶片电化学制造技术已经取得了重大进展时，立刻就申报填补了国内这个新的行业空白。但是，这个消息一传出，就遭到许多人的怀疑。面对质疑，严小琳用实际行动证明自己，组建了中国科学院院士曹春晓等人才团队，联合江苏丰信航空设备制造有限公司、南京秦淮科创集团有限公司共同投资建立了江苏江航智飞机发动机部件研究院，从德国、瑞士进口世界最先进的电化学制造设备、精密电火花设备、蓝光检测仪和三坐标检测仪，研发航空发动机高精密压气机叶片，成为我国最早成功采用电加工技术制造航空发动机压气机叶片的单位。研究院获得了南京市新型研发机构综合考核一等奖，成为江苏省专精特新企业，国家高新技术企业，研究院实验室进入国家重点实验室储备库。

知行合一
履践致远展风姿

对内苦练技艺，对外增强交流。一路走来，严小琳团队在国家中国民航局的支持与帮助下，与中国民航大学、北京飞机维修工程公司进行合作，先后获得了多项发明专利和软件著作权，4 项技术达到国际领先水平，5 件产品填补了国内行业空白，其中两项核心技术水准足以与国际比肩，甚至很多地方都超越了西方头部航空工业企业。最难能可贵的是其所研发的产品得到了 GE 公司、RR 公司和 PE 公司三大飞机发动机制造商的一致认可，受美国、英国、德国授权保护的国际专利 1 件，这预示着企业已经向国际化迈出了坚实的一步。这也吸引了一些资本雄厚的西方企业想来洽谈合作，但严小琳总是斩钉截铁地表示：“科学无国界。可以交流，但是江苏江航智飞机发动机部件研究院永远只属于伟大的中国！”

严小琳与中国科学院院士在研发现场

智能制造产业是新一代信息技术、数字技术与制造业的深度融合，是制造业高质量发展的主攻方向。江苏江航智飞机发动机部件研究院作为国家级专精特新“小巨人”企业，拥有精密电化学、精密电火花成型、精密机加、精密线切割、再生制造等5条高端生产线，产品在航空航天、医疗器械、轨道交通等领域得到了广泛应用。在团队中，有4名中国科学院院士、16名专家、教授和国内外诸多博士、硕士等，大家在老前辈的带领下，从项目引领、技能竞赛、高师带徒、能力提升、基础培训等方面稳扎稳打，始终坚持“要做事先做人，凭良心做事”的工匠精神，老前辈也经常向年轻人学习新思路、新想法、新技术，一起探讨，教学相长，共同进步。近段时间，严小琳和团队还奔波在德国、法国、瑞士等国家进行实地考察，寻求与国际强者的合作。同时，在这些国家建立起我们中国人的OEM，用中国人的产品、技术和服务去占领国际高端市场，使中国以航空发动机关键零部件为代表的高端制造业屹立在世界高端科技产业之林！

在工作中，严小琳是敢闯敢拼的“铁娘子”，在家庭中，她是一个开明而又温柔的女儿、妻子和母亲。或许是“读过了万卷书，行过了万里路”的缘故，严小琳在对待这个世界时，总有一种悲天悯人的情怀，除了在出现社会灾害时，如疫情、地震时捐款捐物外，还帮助很多社会上有能力的人创业就业，以及帮助农村女性走出大山，开阔眼界。作为江苏省女企业家协会会员，严小琳十分关心妇女和儿童等弱势群体，带领着研究院和三个农村地区建立了合作关系，帮助当地困难家庭的学生读书……尤其值得一提的是严小琳每年都会为社会无偿献血，一开始大家都不知道，直到有认识的同事看见了，这件事才被大家知晓，于是研究院很多同事也都自发地去献血，为社会作贡献。这些温暖的点点滴滴，都记录着严小琳善良的足迹，将善良传递给他人，以实际行动传递崇德向善的社会正能量。

党旗高擎，身体力行。在严小琳心中，航空工业事无小事，是人民事、国家事、天下事，她和江苏江航智飞机发动机部件研究院的同事们在工作时都力求毫厘无失，方能心底踏实，对得起国家和所在的岗位。在前进的道路上，严小琳不忘初心，恪尽职守，用忠诚与热爱、勤奋与奉献，书写着新时代企业家的担当与作为，践行着时代赋予的责任与使命！

吴鉴南

WU JIAN NAN

修德集团董事长

“天接云涛连晓雾，星河欲转千帆舞。”在当今世界科技与经济的浩瀚星海中，修德集团在舵手吴鉴南的引领下，犹如熠熠新星，以其非凡光辉，照亮了能源、健康与文化遗产的未来征途。旗下三大瑰宝——文川实业、修德医养元、修德文化，如同三颗璀璨星辰，各展其彩，携手织就人类幸福的壮丽图景。

文川实业，深耕于工业气体、天然气、电子气体以及特殊环境作业气体的领域，如同能源领域的精锐探索者，为现代工业的血脉注入纯净而强大的动力。修德医养元，专注于生命健康医疗养生设备与医疗保健产品的研发与创新，以科技之名，守护每一个生命的质量和尊严。而修德文化，则是集团的灵魂，它不仅是知识与智慧的灯塔，更是连接过去与未来的桥梁，传播着健康生活的理念与修德集团深刻的人文关怀。

丹心向阳照乾坤 日新月异修德情

——访修德集团董事长吴鉴南

修德集团，以生命健康为基，集企业之力，融科技之光，铸产品之精，织网络之光，汇资本之流，全心全意服务于人类的健康福祉。在修己达人中传承美德，让修德文化照耀全球，共筑健康梦想。

风雨兼程追梦人
荆棘满途砺剑心

吴鉴南，一位集学术造诣与多元领导才能于一身的企业家，其丰富的教育背景与广泛的行业影响力，彰显了他的卓越领导力与深刻行业洞察力。他毕业于沈阳化工大学化工工艺学专业，后于郑州理工专修学院深化应用化工技术知识，又在深圳大学与香港联合大学进修检测技术与高级工商管理，最终在清华大学完成卓越企业CEO高级研修班与国学管理哲学的深造，吴鉴南的学术之旅跨越南北，专业素养日臻完善。

吴鉴南作为中国人民大学国学院华商书院商界领袖博学班的一员，他不仅是一位杰出的企业领导者，还担任深圳市专家联合会会长，以及全国职业经理人和大型企业管理专家，其注册国际企业规划专家的身份进一步印证了他在企业战略规划方面的深厚造诣。同时，他还是中医医师三级，体现了跨界融合的独特学养。

在行业协会任职方面，吴鉴南兼任广东省气体协会副会长、广东省油气商会副会长，以及全球可持续发展产业委员会副主席，这些多重身份使他在行业内享有崇高威望。他作为世界城市智慧工程技术（北京））研究院智慧医疗研究中心主任及《智慧医疗实践》“十三五”国家重点图书出版规划项目副主编，他积极推动智慧医疗的创新与普及。

在企业界，吴鉴南身兼修德集团及修德医养元集团董事长，同时执掌深圳市文川实业有限公司、修德文化传播有限公司，不仅在能源化工领域崭露头角，更在医疗养生、文化传播领域展现

出非凡的影响力。此外，他还是《专家风采》杂志编委会副主任，中医文化科普志愿者组委会首席专家，以及生物医学国际中医药康养产业发展高峰论坛组委会委员，致力于推广中医文化和健康理念。

吴鉴南的荣誉与社会职务同样彰显了他的社会贡献与影响力，包括他担任的职务广东梅州姓氏文化研究会名誉会长、中国文化遗产保护研究院特约研究员等，这些身份共同构建了一位在化工、管理、文化、医疗等多个领域均有建树的杰出企业家形象。

华夏大地，爱国情怀源远流长，深植民族魂魄。山河与历史，皆承载着这份深情，如长江黄河滋养后代，似长城屹立不倒。对吴鉴南而言，爱国不仅是情感依归，更是行动指引和终身追求。

幼时的吴鉴南，便在这样的文化熏陶下，种下了深厚的家国情怀。1986 年，在美国接受专业培训的契机下，吴鉴南的爱国情怀被前所未有地激发。他亲眼见证了世界舞台上的激烈竞争，特别是那些针对中国的不平等现象，触动了他作为中华儿女的深切情感。这份情怀，如同火种般在他心中熊熊燃烧，激发了他为国效力、以科技力量助力国家崛起的决心。

1998 年，吴鉴南以深圳为基点，创办了文川实业有限公司，专注于天然气及其他工业气体的研发与应用，这不仅是他归国后创业的首次尝试，更是他科技报国理想的实践起点。在这里，吴鉴南不仅是一位企业家，更是一位怀揣着炽热爱国心的行动者，用自己的行动诠释了何为责任与担当。

千磨万击还坚劲，任尔东西南北风。任何成功的背后，皆隐藏着旁人难以想象的艰辛与挑战。吴鉴南的创业历程，正是这一真理的生动注脚。他以一腔热血和不懈努力，从零开始构建梦想的基石。日复一日，从实验室的默默研发到市场的奔波调研，夜晚灯火下的苦读与自我提升，他的每一步都凝聚着汗水与智慧。企业由小及大，逐渐壮大的背后是无数次的试错与调整，是无数次在困境中寻找出路的坚持。

然而，正当企业步入正轨，准备更上一层楼之时，吴鉴南遭遇了前所未有的资本风暴。外资巨头如狼似虎，通过资本运作掌控其心血结晶。在资本的围猎下，吴鉴南感到无比的无奈。他见证了许多企业在外资的掌控下逐渐失去了自主权和创新能力，沦为了外资利益的牺牲品。这种情景让他深感痛心，他不愿看到自己的企业也走上这样的道路，可是现实真的让他倍感无奈。

2006 年，出于对医疗产业现状的深刻洞察和个人健康的考虑，以及对国家利益的坚守，吴鉴南毅然决定关闭与中海油、核电站合作的两家公司，转而投身于医疗设备、医院建设及医养结合的领域。他深知，要实现企业的长远发展，必须摆脱外资的束缚，重新找回企业的自主权和创新能力。

然而，在转型过程中，吴鉴南也发现了更为深层的问题——社会价值观的偏颇与缺失。为了解决这个问题，他提出了“修德”的健康解决方案及文化传播策略。他希望通过这种方式，从根源上重塑社会价值观，为企业的发展铺平道路。

启智创新局
抱诚守真金

创新得以兴起，实干得以兴邦。在修德集团的发展征途上，创新是永不熄灭的航标灯。它如破晓之光，穿透市场的迷雾，引领企业穿越挑战的风暴，探寻无尽的新领域。修德集团在董事长吴鉴南的卓越领导下，于三大核心领域内书写着创新与发展的辉煌篇章。

首先，吴鉴南在文川实业有限公司，这家聚焦于工业气体研发与制造的先锋企业，正引领着一场从实验室到生产线的全面革新。文川实业，以创新为核心驱动力，致力于打造成为全球领先的高科技气体解决方案提供商。公司不仅大幅增加科研投入，采用尖端技术提升配件精密度与生产工艺，还组建了一支由顶尖科学家和工程师组成的高效科研团队，引进国际最先进设备，确保每一项产品与技术都能领先行业一步。

文川实业的产品线丰富多样，覆盖了工业气体、天然气、电子气体、医疗保健气体以及特种气体和航空航海专用气体等多个领域。这些气体不仅广泛应用于航空航天、精密仪器制造、金属加工、医疗健康等高精尖行业，还在食品加工、民用、化工、消毒杀菌、电光源、核能等众多领域发挥着不可或缺的作用。公司特别注重创新研发，例如，他们开发的特种气体激光气体在极端环境下仍能保持稳定性能，医用氧气则采用了独特的净化技术，保证了极高的纯度和安全性，满足了高标准的医疗需求。此外，文川实业还积极探索气体在新兴领域的应用，如清洁能源、环保科技等，力求在可持续发展道路上不断前进。

通过持续的技术创新和市场开拓，文川实业不仅巩固了其在粤湘粤赣地区作为最大气体生产基地之一的地位，更在全球范围内树立了行业标杆，为推动科技进步和社会发展作出了显著贡献。

随后，步入修德颐养的领域，就如同踏入了一片由董事长吴鉴南先生倾心构建的健康绿洲，这里不仅是现代科技与古老智慧交融的结晶，更是对人类健康认知边界的勇敢探索。修德医养缘集团，以解决人类认知自然不足5%，致力于解锁剩余95%未知为目标，其核心价值观与深厚的文化底蕴，引领着一场从理念到实践的健康革命。

在这一宏伟愿景的指导下，集团创新性地将修德文化精髓与最前沿的科学技术相融合，尤其是在调频技术的突破性应用上，不仅对人体健康实现了深度的优化干预，还巧妙地将这一技术拓展到了中医中药领域。通过借鉴量子力学的原理，集团将传统中医中药的知识体系与现代科学紧密相连，对中医中药的治疗理念进行了革新性解读。

具体而言，集团采用量子力学的理论框架，对中医中药的处方进行科学解析与重建，这不同于以往依赖经验传承的传统方式，而是利用物理学的精确语言，将中医的辨证施治原则与中药的复方配伍逻辑，转化为可量化、可验证的数据模型。这一创新举措，相当于用现代科技的钥匙打开了中医宝库的大门，使得中医的疗效与机制得以用科学的视角重新阐释和验证，确保了每一次治疗都能够精准对接个体需求，充分发挥整体调治优势。

修德调频植入仓作为调频技术的标志性产品，充分展现出其独特的价值与贡献，设备优势：植入仓设计精巧，拥有广阔的能量转换与植入空间，同时保持了低能耗与高度稳定性，确保了长期有效且安全的使用体验；广泛适用性：提供多规格的植入仓建设服务，满足不同场景与需求，无论是个人健康调理还是特定环境的能场优化，均可实现个性化定制；能量植入与产品开发：不仅限于单一功能，植入仓能够对各种健康产品进行能量植入，提升其效用，同时开放调频产品开发定制与贴牌服务，推动健康产业的多元化发展；健康影响深远：通过调频技术的应用，不仅能够促进人体循环代谢系统的平衡，增强消化功能，还能深层次地调整自主神经系统，使之与量子层面的经络系统相协调，实现身心的深度和谐与自愈能力的显著提升。

此外，企业还拥有其他引人注目的创新产品，涵盖了多个健康领域的独特解决方案。在产品检测系统方面，有三维量子人体健康检测仪，仅需一分钟就能了解全身健康状况；还有九维量子人体健康检测仪血液循环代谢系统，可检测血液循环代谢状况。在超氧靶向自血疗法方面，能局部作为强氧化剂杀灭细菌等微生物，系统上能激活红细胞代谢。在消化循环系统中，有修德生命波系列口服液，还有电解离子水机，其碱性电解水有诸多优点，以及直肠清洗机。

在此基础上，修德医养融合集团的医养健康管理中心、权威专家资源，以及前沿的区块链云技术，精心打造了一个全面而智能的健康管理生态系统，深刻推广“无病先防、有疾顺养”的生态保养哲学，朝向“修身立德，回馈社会”的崇高目标稳健前行。

吴鉴南先生，凭借其深邃的学术底蕴与超前的战略眼光，深度挖掘自然界生态与人体健康的本质关联，精妙整合阴阳调和、细胞光合作用的核心理论，与现代医学知识、高端医疗设备、量子科学原理及自然规则，围绕物质科学——空气、光和水在系统科学的应用实践，开创性地设计出一套以促进血液循环与新陈代谢、优化消化系统功能、运用植物波频调节及量子科技激活经络系统等策略为核心的健康解决方案。这些理论与实践的突破，不仅引领了一场涵盖无病预防、自然康复、生态保养、自然疗法及文化养生等多维度的健康生活新趋势，更为解决普罗大众的健康挑战提供了创新思路，开启了健康产业的一个新纪元。

尤为值得一提的是，吴鉴南先生引领的种源量子化技术，其核心在于巧妙利用宇宙中的暗能量与暗物质，通过高精尖的“量子环型电子团加速器”，实现光量子团与种子内暗能量、暗物质的共振激活。这一过程，简单来说，就像给种子做了一次能量升级，使其内部结构得到优化，提高了种子自身的生命力与适应环境的能力。

随之产出的“三黑子面肥”，便是这一技术的直接应用成果。它以极小的用量(每亩仅需5克)，就能在农业种植中发挥巨大作用，不仅能够显著提升土壤质量，促进作物健康成长，减少对化肥和农药的依赖，还间接消除了长久以来因转基因技术可能带来的生态与健康隐患，为全球食品安全与环境保护提供了一个全新的、可持续的解决方案。此外，这一技术在中医中药种植领域也具有重要意义。它能够优化中草药种子的内在结构，提升其抗逆性和品质，从而为中药材的质量提升和稳定供应提供有力保障，有助于推动中医药产业的发展。

“地黑子”作为这一技术的关键要素，其在种植中的应用，相当于为大地注入了“活力源泉”，

它能够优化自然环境的“灵气网络”，促进生态平衡，提升农作物和中草药的天然抗逆性，从而实现“改天换地”的美好愿景。这一技术不仅体现了科技创新与自然和谐共生的理念，更是对当前农业模式和中草药种植模式的一种革新，旨在从根本上改善我们的食物链，保障人类健康，为中医中药的种植和发展提供新的思路和方法。

最后，在修德文化这片深邃的海洋中，修德集团秉承“修德于己、奉献于人”的核心理念，以“宇宙、截段、随波”为行为指引，通过弘扬感恩文化，修德集团在文化领域内架设起沟通古今、融汇中西的桥梁，不仅丰富了企业文化内涵，更为社会输送了正能量，展现了企业文化的深远影响力。

创新，犹如企业航程中的璀璨星辰，照亮未知的海域。然而，在企业发展过程中，诚信经营则是那稳固的罗盘，无论风急浪高，始终指向正确的方向。在这一智慧的指引下，修德集团董事长吴鉴南深刻认识到，诚信不仅是个人道德的光辉，更是确保企业基业长青的基石。他坚信，无论是对实体产业的精雕细琢，还是对品质服务的至善追求，诚信与品质的融合，如同双轮驱动，共同推进企业不断向前。

在诚信这一信念的引领下，修德集团在各个业务领域内，从实体产业的每一道工序，到服务行业的每一次互动，都力求做到至诚至信。吴鉴南董事长通过建立健全的诚信管理体系，确保所有产品与服务不仅符合国家最高标准，更在客户心中树立起“诚信可靠”的品牌形象。在德育教育与文化传播层面，集团同样重视诚信文化的培育与传播，旨在通过各种途径，将诚信的种子播撒到社会的每个角落，让品质与服务在诚信的土壤中开花结果，赢得广泛的认可与信赖。

如此，时光流转，岁月见证，修德集团在董事长吴鉴南的卓越领导下，依托深圳文川的坚实基础，以及集团核心价值观与深厚文化底蕴，绘制出一幅宏伟的发展蓝图。集团总部坐落于一座占地 50000 平方米的现代化工厂园区内，这里汇集了先进的生产设备与检测系统，包括全自动气体提纯线、高精度气体分析仪以及定制化的特种气体配制车间，确保了从原材料处理到成品包装的每一步都达到国际顶尖标准。

修德集团以“赋予气体新时代的使命与价值”为己任，其业务范围广泛覆盖工业、医疗、民用等多个领域的气体产品与相关工程服务。集团不仅拥有自主研发的专利技术，还建立了全面的质量管理体系，确保产品的安全与高效。在生产基地，智能化物流管理系统无缝对接生产流程，大幅提高了运营效率，使文川气体成为区域内首屈一指的高科技企业标杆。

历经多年砥砺前行，修德集团不仅与中海油、深圳南山医院、大亚湾核电站等重量级企业和机构建立了长期合作关系，其服务网络更是遍及全国，赢得了中国石油、中石化、比亚迪等众多行业巨头的信赖与好评。在此基础上，集团荣获“深圳市高新技术企业”“行业定点研究单位”“中国工业气体知名企业”等荣誉，进一步巩固了其在业界的领军地位。

吴鉴南董事长个人亦收获了“最具社会责任感文化企业家”“中国诚信企业家”“深圳市十大杰出贡献专家”等众多荣誉，这些荣誉不仅是对其个人领导力与社会责任感的高度赞扬，也是修德集团在商业成功与社会贡献方面取得双赢的有力证明。在他的引领下，修德集团

在实现业务飞速扩展的同时，始终坚持诚信经营，积极履行社会责任，持续传承企业文化，为企业的长远发展奠定了坚实的基础。

赤心映日显精诚
爱国热忱启新航

真正的企业家精神，不仅是拥有捕捉机遇的犀利眼光与勇于开拓的睿智，更在于秉持以人为本的经营理念，怀抱对国家和民族深沉的热爱。正是这份情怀，铸就了他们在创业征途上的坚韧与不凡。以此为鉴，修德集团董事长吴鉴南，正是这样一位集敏锐商业触觉、创新思维与深厚家国情怀于一身的卓越领导者。

在数载风雨兼程中，吴鉴南董事长始终如一，将深沉的家国情怀深植于企业发展的每个环节。对内，他坚持“以人为本”，构建了一个尊重差异、激励创新的工作环境，确保员工与企业共同成长，因材施教，各尽其能，激发团队无限潜力；对外，则将社会责任视为己任，身体力行。在全球疫情的严峻挑战下，修德集团不仅在国内危急时刻挺身而出，捐赠大量防控物资，为抗疫前线筑起坚强防线，还在国际社会需要时，跨越国界输送急缺医疗资源，体现了跨越国界的大爱与担当。

面对国家基础设施的紧急状况，修德集团同样毫不犹豫地承担起社会责任。当中海油面对海底油管泄漏的紧急情况，集团迅速响应，积极参与抢修，确保了国家能源供应的安全畅通，这一系列行动进一步证明了集团对社会责任的坚定承诺。

在不断推动企业高质量发展的进程中，吴鉴南董事长不忘初心，坚持回馈社会。修德集团的稳健发展不仅为地方政府财政注入活力，显著增加了税收贡献，更通过大规模创造就业机会，有效激活了当地经济，为区域发展铺设了坚实的跑道。这一系列积极举措，深刻展示了集团深厚的社会责任感，同时生动印证了吴鉴南董事长作为企业家，以实际行动践行使命，于时代洪流中展现出的卓越领导力与前瞻视野。

然而，在光鲜成就的背后，修德集团也面临着前所未有的挑战与困境。尽管企业创新不断，社会价值显著，然而因资本市场的风云突变，不慎陷入外资掌控的旋涡之中，发展自主权受限，诸多前沿科研项目受阻，无法充分施展拳脚为国家科技进步贡献力量。这对于致力于民族工业崛起的吴鉴南董事长而言，无疑是一大痛楚。外资的严格管控，让企业在中国这片土地上的创新活力被束缚，利润外流，阻碍了企业的长远规划与国家利益的最大化。

在此危急关头，吴鉴南董事长深切期盼政府的有力支持与合作，期望通过国家政策的引导与协助，打破外资控制的枷锁，重获企业发展的自主权。他相信，只有在国家的坚强后盾下，民营

企业才能真正挺直腰杆，突破束缚，继续在科技创新的道路上昂首阔步，为国家的繁荣与民族的复兴贡献力量。

展望未来，吴鉴南董事长和他的修德集团，胸怀壮志，肩扛重任，他们梦想在国家政策的春风吹拂与民众的深厚期许之中，奋力挣脱限制，持续深耕气体科技、环境保护、医疗健康等核心领域，为祖国积累财富，促进就业，更以创新科技为驱动，引领民族品牌迈向国际舞台，使每一步创新与跨越，都化作振奋人心的故事，成为启发新一代的灯塔，合力绘就中华民族伟大复兴的辉煌图景。这趟征途，满载着对信念的执着与不懈追求，修德集团将以无惧挑战的勇气与永恒的奋斗，镌刻下一幕幕动人的家国深情，让全球见证中国企业的磅礴力量与深情厚谊。

张建汀

ZHANG JIAN TING

香港（中国）客家厨师协会会长、客家菜泰斗

炉灶边，执锅掌勺，颠簸挥舞之间，一道道至味珍馐循序而出，终成一桌饕餮盛宴，如此自是离不开庖者的一片匠心。将“匠心”二字拆离：“匠”为能工，即一位合格的厨师必然要经历长久的历练与经验的积淀，方能体会到食物味道引起的味蕾之细微变化，从而一步步掌握烹饪的基本功力与个人绝技；“心”则为灵巧，心思巧创者能够与时俱进，根据食客的需求开发出新的烹饪技巧与精致菜品。能工易得，“匠心”却难觅，然而有这么一个人，他兀兀穷年、惟精惟质地深研客家菜，以色、香、味、质、形等为外在呈现，享受着食物在手中升华的过程，以精心雕琢的工匠客家菜品满足食客好奇的味蕾。他就是香港（中国）客家厨师协会会长、客家菜泰斗——张建汀。

深耕数载庖者匠心 珍馐至味行稳致远

——访香港（中国）客家厨师协会会长、客家菜泰斗张建汀

心无旁骛初入行当

自幼生长在县委大院的“吃货”张建汀，在院中炊烟袅袅的熏染下，立志要成为一名“炊事员”。囿于当时“文化大革命”背景下的教育体系影响，加之对烹饪行业的一片热忱，张建汀在长成翩翩少年郎之时，力排众议，毅然决然地在17岁那年应聘了炊事员一职。

当时的社会，对厨师行业存在着歧视，但张建汀却凭借着少年意气，认定了远方，便只顾风雨兼程。初出茅庐的张建汀，从最底层的炊事员做起，尽管艰辛如是，还是依然咬牙坚持，一步步成长为炊事班班长。为了进一步提高烹饪技术，张建汀还辗转前往深圳、潮州等地，融会贯通、精进各地方菜系。时间如白驹过隙，改革开放的号角吹响在神州大地，餐饮行业一跃成为热门领域，站在时代风口的张建汀，凭借着敏锐的市场嗅觉，跳脱出原来的炊事体系，转而进入外部市场从事厨师工作，也迎来了自己职业生涯崭新的春天。

忆往昔峥嵘岁月，张建汀表示，在50余载的职业生涯中，自己留下了很多难以忘怀地从厨回忆，比如当年在酒店做厨师之时，曾因做菜火候不当导致菜肴煳味明显，这不仅遭到了客人的投诉，还招致酒店经理的责骂。虽然这件事对一名厨师来讲是稀松平常，但它却让张建汀深刻自省，并意识到在三尺砧板之上，厨师这一职业是一个讲求严谨、细致的工作，容不得半点马虎。自此，张建汀严于律己，致力于在从厨之路上，将匠心精神落到实处。

名耀厨坛荣誉等身

在厨师行业已积淀数载、练就了扎实基本功的张建汀，终于功不唐捐，在餐饮行业小有名气。但与此同时，他也开始思考，如何进行菜系领域的细分，在一个菜系领域精耕细作。张建汀生于闽西长汀县，亦被称为“汀州府”，因其是客家人聚居的第一座城市，被誉为“世界客家首府”，更是中国烹饪协会颁布的首个“中国客家菜之乡”。

生于斯、长于斯的张建汀，对客家文化有着浓厚的情感羁绊，但在谈及客家饮食文化时却神色落寞：“探索闽菜的发展历史，可以认识到汀州府客家私房菜的高端烹饪技术，看到客家菜以海珍品及山珍美味烹饪美食的踪迹，缘于此，客家菜对闽菜文化的发展功不可没。但由于历史等多种因素，随着时间的推移，一些客家菜高端菜肴的烹饪技法如今已经失传。”思及此，张建汀决定将客家菜作为自己菜系的深耕方向，从此一心一意地致力于挖掘传承与守正创新客家菜及其文化。

曾有民谚说：“有太阳的地方就有客家人，有客家人的地方就有客家菜。”客家菜作为中原北方菜南迁后的产物，既保留了中原的烹饪方式与口味习惯，也完美地利用了当地的山野食材，以原汁原味、新鲜朴素为主要调味，不添加过多的调味剂。因是之故，客家菜的基本特色即用料以肉类为主，水产品则较少；突出主料，原汁原味，讲求酥软香浓；注重火功，以炖、烤、煲、酿见长；造型古朴，乡土风貌显著，饱含着乡情风味。

“有烟有火”是数百年来传统客家菜的烹饪方法，“咸、熟、香”则是客家菜的独有特色。客家菜更是有着所谓的“无鸡不清、无肉不鲜、无鸭不香、无鹅不浓”的说法，始终保持着“饭有饭香、肉有肉味”。传统的客家招牌菜有盐酒鸡、五指毛桃干蒸鸡、豆腐煎小河鱼、客家酿豆腐、猪肚包鸡、三及第、八刀汤等，其古风浓厚，独具特色。而张建汀则深挖长汀历史遗留下来的官府衙门高端官宴及其他珍贵名菜，其中许多菜肴都是用海珍品制作而成的，其中包括海参、瑶柱、目鱼干、燕窝等高端食材，继而研发出诸如鲜鲍鱼海参焖鸡、干蒸鲍鱼鸡猪手、鲜虾仁琵琶豆腐、海螺生姜煲鸭等一批又一批的创新菜品，令人的味蕾瞬间生发出丰富多层、细腻独特的美食体验。

为了进一步弘扬与传承客家菜饮食文化，张建汀师从旧社会府衙名厨，得其客家菜和官府菜烹饪技艺的真传，还创办了厦门恋鱼仔餐饮管理有限公司。2002 年，张建汀带领公司员工前往南京参加烹饪比赛，一举夺冠；2008 年奥运会期间，张建汀被厦门市人民政府选派至驻京酒店担任总厨，参与接待过中央领导同志的用餐，其烹饪的客家菜品得到了领导同志们的一致好评。

张建汀作为中国烹饪艺术家、客家菜杰出代表、香港国际餐饮协会会长、北京客联会客属厨师专业委员会主任委员、广东省客联会第六届理事会客属厨师专业委员会顾问、福建省龙岩技师学院客座教授、厦门璞真食品公司产品技术顾问、香港稻香饮食集团外聘厨艺老师、广东省珠海市技师学院特聘港珠澳名师顾问，张建汀力求将每一道菜品都做到精益求精，指导每一家餐饮企

业实现精细化运营。2015年，张建汀出任香港（中国）客家厨师协会（后更名为香港国际餐饮协会）客家菜专业委员会会长及主任，面向全球传播客家菜文化、派遣客家菜厨师，更用一颗赤诚之心将饮食文化在寻常百姓家加以继承与传播，致力于使客家餐饮文化在百舸争流的餐饮行业中绽放出新时代的火花。

匠船美食行而不辍

张建汀深知，创新是文化发展的不竭动力与力量源泉。因此，为了让客家饮食文化更好地传承下去，他几十年如一日地致力于推广客家美食文化。为了使客家菜得以承继与传播，张建汀还广收门徒，将自己毕生所学毫无保留地教授给徒弟。张建汀表示，不仅要将客家菜在楼堂会馆上桌，还要让客家菜走上百姓家庭的饭桌。他在承继的基础上对客家菜式进行了现代化的改良与创新，他将闽西客家菜与现代风味相融合，其烹饪的河田鸡球烩琵琶豆腐、香酥芝麻鱼糕鸡等名菜，得到了京城饕餮食客的一致好评。在客家菜供应链的建设中，张建汀还结合古今食谱，另辟蹊径地独创了"槟榔芋丸"，并进行标准化批量生产，以满足寻常百姓的美食需求。

从厨艺交流赛事到新技术研修班，张建汀始终谨守初心，弘扬客家味道。除此之外，张建汀还以香港国际餐饮协会客家菜专业委员会会长及主任的身份在全国范围内参加各种大型交流活动。其中就有张建汀非常重视且备受瞩目的世界客属恳亲大会，近日据洛阳客家文化研究会消息称，6月26日在加拿大万锦市举办的世界客属第31届恳亲大会主席团会议上，经投票通过，洛阳市获得2024年世界客属第33届恳亲大会主办权。世界客属恳亲大会是国际上最具影响力的华人盛会之一，是海内外客属乡亲联络乡谊和进行跨国跨地区交往的重要载体，也是各国各地区客家人开展经济合作和文化交流的重要舞台。洛阳作为全球客家人的根亲祖地，是中原先民从西晋都城"衣冠南渡"的首迁之地，客家人的血脉之根，深深地蕴藏在河洛大地之上，家祖根地在洛阳已经成为全球数以亿计的客家人的心灵故乡。届时，张建汀将在该盛会上展示客家饮食文化，让客家饮食文化屹立于世界饮食文化之林。

张建汀谈及自己和企业未来的发展，他目光炯炯，心生向往。如今在汀州客家菜首府长汀县金仁酒店（四星级酒店）四楼主力客家菜高端会所正在装修中，计划国庆节前开业迎接重要宾客，他欢迎各位食客前往品尝。这正是：到北京吃国宴，在长汀品汀宴！在未来的三年到五年，张建汀也会在长汀客家首府创办传播客家菜美味的学习班，让更多的厨师弘扬和发展客家菜系。同时

会继续将弘扬客家饮食文化作为企业发展的宏图夙愿，整合全国客家菜厨师资源，与全国客联会保持交流沟通，致力于将客家菜做大做强，行远自迩地带领着客家饮食文化走入大湾区、走向国际化。

美食不仅在于其精巧外形、丰富味道，其深度更是一种性情、一种态度。而庖者则是在不同的空间之中，以最恰到好处的火候与温度，使美食以不同的姿态绽放。端其心，落其行，择一事，终一生，张建汀在追求客家美食烹饪技艺的道路上，始终秉持着赤诚的匠心精神，在行业内精益求精，行稳致远。我们有理由相信，凭借着对客家饮食文化的砥砺深耕与守正创新，张建汀一定能够在居住不息之光阴流转中坚守择业之初心，在传承与发扬中华客家饮食文化的征程中，以现代庖者的匠心与雅意，衬华夏饮食精粹之瑰丽！

还擅长谭家官府菜、沪杭菜、淮扬菜、粤菜、川菜、湘菜菜系的烹饪技艺。在苦修厨艺的 26 年里，徐讯始终秉持着对厨艺的敬畏与热爱。他谨遵师训，苦心钻研厨艺，潜心修炼厨德，将“以人为本、以食为天”的理念贯穿于烹饪事业的始终，致力于将徽菜技艺发扬光大，将中国厨艺饮食文化的精髓传播至世界各地。

徐讯

XU XUN

徽大厨小徽菜品牌创始人、中国徽菜传承人

徐讯，师从中国元老级烹饪大师、中国徽菜宗师焦福成先生，他不仅精通徽菜的独特韵味，还擅长谭家官府菜、沪杭菜、淮扬菜、粤菜、川菜、湘菜菜系的烹饪技艺。在苦修厨艺的 26 年里，徐讯始终秉持着对厨艺的敬畏与热爱。他谨遵师训，苦心钻研厨艺，潜心修炼厨德，将“以人为本、以食为天”的理念贯穿于烹饪事业的始终，致力于将徽菜技艺发扬光大，将中国厨艺饮食文化的精髓传播至世界各地。

炉火明灭承千年曲觞 匠心独运续徽味余韵

——访徽大厨小徽菜品牌创始人、中国徽菜传承人徐讯

以热爱引领，以努力护航，徐讯在徽菜传承的道路上越走越远，越走越宽。为此，徐讯也获得了殊荣无数：国家中式烹调高级技师、中国徽菜技艺传承人、中国烹饪大师、中国徽菜大师、厨界青年才俊、徽大厨小徽菜品牌创始人、中国徽菜新安派创始人、安徽省五一劳动奖章、安徽省技术能手、中华金厨奖获得者、餐饮业国家级评委、中国青年烹饪艺术家、中国科技大学烹饪客座教授、新东方烹饪学校烹饪客座教授、安徽省徽菜产业发展促进会副秘书长、长三角美食文化峰会副主席、中国饭店协会名厨委副秘书长；被安徽电视台综艺频道《美食来了》、安徽电视台科教频道《美食对对碰》、安徽电视台经视《第一时间》、黑龙江卫视《幸福私房菜》、江苏卫视《幸福中国团年饭》、中央电视台CCTV-2套《回家吃饭》、中央电视台CCTV-4套《美食中国》、中央电视台CCTV-7套《品质中国》、中央电视台CCTV-17套《丰收集结号》等多家电视媒体相关报道。

随梦搏前路
力创终不辍

“村落阡巷古风习习，马头墙下岁月悠悠。”搭载时光的巨轮，追随绵长的桨音，从徽菜文化深厚土壤中走出来的徐讯，已经在徽菜界纵横驰骋将近30载，而他与徽菜之间的不解之缘，要从他几经波折的从艺经历说起。

与众多同行一样，徐讯进入厨师这一行的初衷源于贫寒的家境，但更多的是内心对烹饪事业的炙热梦想。古人曾言：“地瘦栽松柏，家贫子读书。”面对家境的困顿，父母给予徐讯的是“砸锅卖铁也要供你上学”的决心。1998年，年仅16岁的徐讯，在父母的坚持下，带着家里千辛万苦筹集的资金踏入了中专校门。然而，学费缴毕后，家中已再无余钱，徐讯深知家庭的经济已捉襟见肘。故而，在第二学期即将开始前，徐讯毅然向父母提出了学习厨艺的决定。谈及此，徐讯脸上浮现出一丝微笑：“我自幼便对烹饪有着浓厚的兴趣，总能将简单的食材变出不同的花样。比如茄子，我最擅长的是青椒炒茄丝，还能烹制出肉末烧茄子、蒸炸茄子、茄子烧土豆片等多种口味。”

一次农忙时徐讯无意间听到的广播信息成了他进入烹饪行业的转折点（明星厨师学校招生）。

自那一刻起，他的烹饪之路正式开始步入正轨，系统地学习烹饪理论、精湛的雕刻技艺与灵活地翻锅手法。在这个过程中，他逐渐领悟到，一道美味的菜肴不仅在于味道，更在于色泽、香气、形态、器皿搭配以及营养搭配等多方面的考量。虽然学期只有三个月，但因家庭原因，他仅在学校学习了一个月，便不得不再次面临退学的困境。在迷茫与无助中，他失去了前进的方向，也失去了未来的去处。直至看见学校门口一家小饭馆的招聘信息：包吃住，每月给零花钱，负责洗、切、配、卫生等所有杂务工作。徐讯满口答应了下来。

短短两个月的光阴，徐讯就吃尽了“生活”的苦。夜晚，他躺在冰冷坚硬的地铺上，身上仅盖着一床薄凉的被子；白昼，他投身于繁重而琐碎的劳作中，双手因频繁工作而伤痕累累，却只能以创可贴和旧布勉强包裹，继续坚持。常说岁月不负有梦之人，但对徐讯而言，他仿佛仍在摸索生活的门槛。当寒意渐浓，他渴望归家换取一床厚实的被子，然而老板给予的微薄薪酬——仅有 20 元，让他感受到前所未有的失望与委屈。他带着满腔的不甘，毅然背起行李，誓要凭自己的力量闯出一片天地。

时光荏苒，到了 2000 年，徐讯踏上了前往上海征途的列车，开启了又一段全新的学徒生涯。8 年后，他转至苏州，继续追寻自己的梦想。随着时光的推移，家乡合肥的发展也日新月异，徐讯心中那份对家乡的眷恋与渴望再也难以抑制，最终于 2012 年决定回到那片他熟悉而热爱的土地上。一次不经意的邂逅，徐讯有幸遇见了徽菜界泰斗——焦福成先生。

随后在 2015 年，他郑重其事地拜入焦先生门下，开始深入学习并传承徽菜文化，逐渐成了徽菜传承的中流砥柱；2017 年，他注册了“徽大厨小徽菜”餐饮品牌，提出“大厨做小菜”理念，并开设了一家实体店（充满徽派风情，明亮整洁，高标准严要求）。如今，他在抖音平台拥有超过 30 万粉丝，俨然成为安徽当地颇有名气的厨师。

谈及往昔，徐讯始终保持着谦逊的姿态，将岁月的风霜化作内心的沉稳与从容。他曾言：“对于那些曾给我带来伤痛、欺骗、磨难甚至抛弃的人，我始终心怀感激。因为他们在我成长的道路上，如砺石般磨砺我的坚强意志，如烈火般锻炼着我的智慧，如重锤般激发着我的斗志，教会了我独立面对风雨，使我的步履更稳健，也使我的心灵更敏锐。我珍视这些经历，感激所有助我成长的人。”

初心行远道
匠心卖新品

生活百态，人生百味，烟火食色人间，唯余匠心难得。

鲁川粤苏、浙闽湘徽，徽菜作为八大菜系之一，起源于南宋时期的古徽州，原是徽州山区的地方风味，以烧、炖、焖、蒸、熏等技艺为主，突出咸鲜本味，讲究火攻，注重食补。后在漫长的岁月里，经过历代名厨的辛勤创造、兼收并蓄、继承发展，徽菜逐渐从徽州地区的山乡风味中脱颖而出，逐步形成了雅俗共赏、南北咸宜、独具一格、自成一体的名馔佳肴。

深谙“厨艺”运用的徐讯，在徽菜烹饪技艺上，他的独到之处在于其擅长烧、炖、蒸、熏等功夫菜式，亦在于经久不衰的一个“匠”字。一道徽大厨的小招牌名菜“臭鳜鱼”便可道尽其中奥妙。

在活鳜与陶砂锅的深情相拥中，2 斤半以上的鳜鱼历经精心挑选，经过零下 40 摄氏度的严寒冷冻与自然的解冻消杀，终显其洁净无瑕。在油、盐、酱、醋的精心调配下，这些颀长且健康的鳜鱼开始了一场独特的腌制之旅，历经自然发酵，徽大厨小的拱火臭鳜鱼终于揭开了神秘面纱。它（采用非遗工艺）色白如玉、蒜瓣如云，肉质紧实而又不失滑嫩，鲜、香、咸、臭恰到好处。砂锅之下，火焰轻轻摇曳，为这场腌制烹饪过程平添了温暖与活力。徐讯强调：“烹饪事业在精在深不在广，在质在品不在量，在人在艺不在材，做菜如此，做人亦如此。”

岁月更迭，食俗亦有春秋之序，自古便有“春尝新芽，夏品鲜瓜”之说，此皆食材与调味随季而变、应时而生的自然之道。正如《吕氏春秋·本味篇》所云：“鼎中之变，精妙微纤；五味三柴，九沸九变。”在保持传统徽菜的基础上，徐讯深入挖掘民间佳肴，整理其烹饪智慧，结合现代人的口味，以匠心独运之手法，研发出了一系列创新菜品。他精选安徽（黄山）得天独厚的自然条件下孕育出的上乘食材，将黄山小炒、曹操鸡、石斛养生功夫汤等佳肴推陈出新，又新研制出招牌鱼饼、李鸿章大杂烩、鱼头泡饼、问政山笋、胡适一品锅、石耳豆腐圆子、芝士薯留香等美味佳肴。

“朝朝暮暮烟火气，杯盏温柔满人间。”徐讯在烟火战场上奏响了独属于徽菜的交响曲，在油、盐、酱、醋中复刻经久不衰的文化记忆，在炉火明灭间赢得了世人的满堂喝彩。2022 年，徐讯因花刀长鱼、蒙眼悬刀切菊花豆腐、脚踩鸡蛋人背上切肉丝的厨艺绝技而声名远扬，然而，他真正的拿手好戏是整鱼脱骨。他能够巧妙地将一条鱼的骨刺尽数剔除，却不伤及其一丝一毫的

肌肤，灌水进去滴水不漏，技艺之高超，令人叹为观止。

“悟”字由一心、一口和五字组成。徐讯的整鱼脱骨绝技是在师父指导的基础上，加上自己的“悟”，才真正地将其完美展现出来。“整鱼脱骨难的是断尾，刀够不到，选择用手折断，是我自己想的。”除此之外，徐讯还有更多绝技，如百米萝卜丝、蒙眼蓑衣黄瓜、气球上切肉丝等，皆能信手拈来。他表示，之所以练这些绝技，是因为想要借助它们更好地推广徽菜文化，让更多人了解并喜爱上这门博大精深的烹饪艺术。

功在承相传
徽菜满人间

若将荣誉比作攀登巅峰后重逢的旗帜，那么徐讯所获得的每一项殊荣——中国徽宴文化传播大师、中国徽菜厨艺绝技表演团秘书长、新华联杯第五届全国饭店业职业技能全国总决赛金奖、第七届全国烹饪大赛安徽赛区金奖、金陵国际艺术大赛亚洲尊爵金像奖、第五届搜厨国际烹饪大赛国际烹饪金勺奖、安徽省五一劳动奖章等，无疑都是这面旗帜上熠熠生辉的星辰。而那在“东方美食”“中国大厨”“美食之窗”“餐饮博览”“美食来了”“幸福私房菜”等诸多知名美食节目及电视媒体书刊中频频亮相的作品及管理论文,便是徐讯对徽菜文化的一种鼎力传承与弘扬。

万物生长，命运流转。时代的涌流推动着发展的浪潮，但若要薪火相传，关键在于承上启下的这一代。中国烹饪，源远流长，博大精深，其技艺之精湛、文化之深厚，难以用言语尽述。从山野间的古朴村落到繁华都市的饕餮盛宴，厨艺的传承始终维系在口耳相传、心领神会的传统纽带之上。在其中，徐讯积极践行着一个匠厨的担当与使命。他精心栽培徽菜学徒，将传统徽菜的精髓与现代烹饪技艺相结合，先后培养了48名徽菜厨师，为徽菜文化的传承与发展注入了新的活力。

“师傅领进门，修行在个人。”烹饪之道，非一日之功。此行业需要从业者具备扎实的基本功——刀法精准、火候把控、食材处理之巧，更需要他们具备持续钻研的学术精神、务实苦干的职业态度、追求卓越的匠心独运，以及全面的管理经验。徐讯常教导徒弟要敬业为本，尊师重道，德行良善，为传承徽菜文化培养后继人才，将自身精湛的厨艺与绝技代代相传下去。同时，徐讯紧跟时代发展的步伐，借助互联网新兴模式，如美团、抖音、新媒体等平台，积极推广徽菜品牌，提升徽菜文化的知名度与影响力，让徽菜文化源远流长，传承不息。

安徽省总工会
决定授予：徐讯同志
安徽省五一劳动奖章。
安徽省总工会
2024年4月

荣誉证书
授予 徐讯 同志
安徽省技术能手称号
安徽省人力资源和社会保障厅
2021年3月4日

荣譽證書
徐讯
2020年度金厨奖

荣誉证书
certificate of honor
徐讯：
鉴于您在安徽广播电视台经济生活频道《第一时间》栏目播出的系列节目《高手绝技大搜索》中，功夫精湛，技艺突出，栏目组决定授予您“民间奇人”称号。
特发此证，以资鼓励！
安徽广播电视台经济生活频道
2019年6月
安徽广播电视台

在这波澜壮阔的历史长河中，徽菜文化自远古奔腾而来，翻越崇山峻岭，沉淀沧海桑田；徐讯在炉火明灭间坚守初心，传承先人精神，革故鼎新，以匠心独运的厨艺，绘徽州山川之美景。放眼未来，“徽大厨小徽菜”既要发扬徽派的匠心精神，扛起振兴徽菜文化的大旗，也要紧跟时代发展的潮流和年轻人的需求，在产品上创新，在文化上传承，在品质上坚守，立足合肥，走向长三角，辐射全国（合伙制，三年到五年内直营连锁100家），以实际行动重拾并推广徽菜文化，让徽菜文化的魅力得以再次绽放！

福建闽菜属于我国八大菜系之一，涵盖了福建泉州、厦门、漳州和莆田“闽南金三角”地带的菜肴，历经中原汉族文化和闽越文化的融合而成。其烹饪手法细腻、原料丰富，山珍海味轮番上阵，在色香味形俱佳的基础上，尤以“香”“味”见长，以清鲜、醇厚，荤香、不腻，汤纳百味为特点。而以胡满荣为代表的福建闽菜传承人所打造的荣誉国际集团就具有匠人匠心的传承精神，多年来，他们坚守初心、继承开创新的菜品，用干劲和激情描绘了梦想的轮廓，用奋斗和踏实书写了坚守闽菜传承的意义。

胡满荣

HU MAN RONG

福建荣誉国际集团董事局副主席、厨政总裁

福建闽菜属于我国八大菜系之一，涵盖了福建泉州、厦门、漳州和莆田“闽南金三角”地带的菜肴，历经中原汉族文化和闽越文化的融合而成。其烹饪手法细腻、原料丰富，山珍海味轮番上阵，在色香味形俱佳的基础上，尤以“香”“味”见长，以清鲜、醇厚，荤香、不腻，汤纳百味为特点。而以胡满荣为代表的福建闽菜传承人所打造的荣誉国际集团就具有匠人匠心的传承精神，多年来，他们坚守初心、继承开创新的菜品，用干劲和激情描绘了梦想的轮廓，用奋斗和踏实书写了坚守闽菜传承的意义。

美食风情融一脉 舌尖文化共千秋

——访福建荣誉国际集团董事局副主席、厨政总裁胡满荣

胡满荣，男，汉族，江西临川人，注册中国烹饪大师、中国烹饪协会名厨专业委员会常务副主席、总厨专业委员会副主席、正餐委员会副主席、职业技能竞赛国家级裁判与评委、晋江餐饮烹饪行业协会会长、中国饭店协会名厨专业委员会常务副主席、世界中餐业联合会国际中餐名厨专业委员会执行主席、职业技能竞赛国际评委、福建省石狮市第八届委员会委员、福建省餐饮烹饪行业协会副会长、福建省餐饮烹饪行业协会名厨委主席、亚洲十大名厨、中国十大名厨、中国烹饪名师、中烹协中式菜肴研发中心副主任、中国鲍鱼大师、福建闽菜大师、福建省十大名厨、中国餐饮业十大人物、国际和平艺术家、中国文化国际传播年度人物、中餐推广杰出贡献奖、2021年度最美厨师、央视（满汉全席）擂台赛三连冠“擂主”、全国十佳最受瞩目的青年厨师、中华美食文化传播行业领军人物、中法高级别人文交流机制美食特使。他曾多次代表中国参加国际烹饪比赛，开发创新了许多名菜，凭借着精湛的厨艺得到了国内外业界的一致认可。

脚踏实地
善跟名师勤思悟

一品鲍鱼即是闽菜的典型代表，其特色是汁白、蛋黄、菇黑、鲍鱼红、口感嫩滑滋润，香糯可口，是适合款待客人的招牌菜。而想吃到地道的鲍鱼，就不得不提到福建石狮荣誉酒店的总厨胡满荣先生。福建荣誉国际集团创立于2001年，是一家以高端酒店、大型餐饮服务业、地产开发、商业贸易等多种业态拓展经营的品牌企业。目前，集团已在北京、浙江、江苏、江西、安徽、福建等省、市开办了20多家五星级标准酒店及大型餐饮门店；集团已在江苏、江西、安徽、福建等省开发了10多个地产项目，建筑面积达数百万平方米；现在集团员工达到10000多名，年纳税额达数亿元，胡满荣先生作为酒店集团的总厨，更是身担重要的岗位和职责。

鲍鱼，其名为鱼，实则非鱼，属原始海洋贝类，蛋壳软体动物。港剧《溏心风暴》讲的就是鲍鱼产业的故事，剧中价格贵的鲍鱼是有收藏价值的，一斤鲍鱼甚至可以达到几万元的价格。优

质的鲍鱼外壳坚硬而光滑，没有明显的破损或裂纹，摸起来是紧实、有弹性的质地，闻一闻有清淡的气味，而不是异味或腥臭味。鲍鱼名贵而可口，被誉为“餐桌黄金，海珍之冠”，但要想做得好吃却并不容易，中国鲍鱼大师胡满荣先生不断潜心研究鲍鱼的烹饪技艺，在吸收和融合了各家所长的基础上，专门把鲍鱼作为一个课题来研发。胡满荣烹饪鲍鱼有几个要点：一是看形状，看看鲍鱼的边有没有烂掉；二是看火候，什么时候用什么火候，他都了然于胸；三是加料的时间段也很重要；四是不添加任何色素或味精；五是根据客人不同的需要，可以把鲍鱼做得硬一点或软一点。不管是什么样的烹饪方式，胡满荣只追求纯天然，返璞归真，追求软糯弹牙的浓香；他注重鲍鱼的原汁原味，最大限度地保留鲍鱼的营养，他认为只有把客人的健康放在第一位，才是真正做到了对客户负责。

“石狮是我的第二故乡。”看见来访者，胡满荣老师爽朗地笑了起来，他说：“从事烹饪行业，是冥冥之中注定的缘分。”

宋元中国看泉州，海丝航标看石狮，寻味美食来石狮。出生于江西省抚州市临川区的胡满荣，在 20 世纪 80 年代为了生计，来到了“美食之城”福建省石狮市做保安，后来又在朋友的推荐下进入中旅华侨大酒店做保安。在中旅华侨大酒店，胡满荣慢慢开始接触后厨，正式进入烹饪行业，他一边做保安，一边去后厨从帮工开始做起，后来再去专业机构学习烹饪技术，不断钻研包括粤菜、川菜以及湘菜等在内的八大主流菜系，“半路出家”的他渐渐在行业内崭露头角，正式转岗到厨师岗位，在领导和老师的推荐下，他经常前往深圳、广东以及香港等地进行深造学习。

连着城、穿过山、通向海，大美石狮历来重视对传统技艺的传承和保护，仅仅在美食方面，至今就已有塘头甜粿、石湖菜脯、青莲面线、石狮蚵仔煎、阿潭水煎包、绿豆馅饼、牛肉羹、上元圆、肉脯等制作技艺被列入石狮市级非物质文化遗产，加上经济的快速发展，吸引着国内外友人纷纷前来驻足。在国际友人接连不断来到石狮、接待水准不断提高的情况下，胡满荣又被派往北京，学习做“国宴菜”，1996 年，在中国美食之至尊所在地——北京人民大会堂培训部进修，经过比拼，获得了北京人民大会堂培训部颁发的“特高级厨师”证书；2004 年，胡满荣以“红烧南非干鲍”“彩虹燕窝”“翡翠龙虾面”“金汤烧海虎翅”“腊笋千层肉”“游龙戏珠”六道精美菜肴参加了“第十四届中国厨师节”，六道菜品全部荣膺“中国名菜”称号，并夺得了六个“金厨奖”，被评为“中国名厨”，成为泉州地区唯一一位个人夺取“金厨奖”最多的“中国名厨”；2005 年，胡满荣在首届全国烹饪技能创新大赛上一亮招，就一举夺得了该大赛的最高奖项“创新成就大奖”，同年赴香港拜师学艺，经过“世界御厨、香港鲍鱼大王”杨贯一老师一个多月的考察，其被杨老

师收为入室弟子，厨艺更是得到了进一步提升。

如今30多年过去了，胡满荣依旧记得刚学厨时的小心翼翼、比赛拿奖过程中的精益求精……为了节省时间，他从来不随便参加比赛，但是一旦参加，都是那些真正能够挑战自我的比赛。在所有的荣誉中，含金量最高的就是中华餐饮金厨奖、中国烹饪大师金爵奖，这两个奖项在烹饪行业里类似电影界的金鸡奖、百花奖，十分难得。面对荣誉，胡满荣老师总是谦虚地表示，是各位名师的栽培，才让他在烹饪的道路上越来越进步。“闽菜元老级注册烹饪大师程振芳大师、闽菜泰斗童辉星大师、中国烹饪协会名厨委原主席高炳义大师、世界御厨鲍鱼大王杨贯一大师……”回忆中，师恩浩荡可亲、可触、可感，刻骨铭心，这些恩师不只关心技术，在生活和品德上同样给予胡满荣很多指引，随着年龄的增长、阅历的丰富，胡满荣更深刻地体会到做人要心性通明，表里俱澄澈，做事要心口一致，言行一致，尤其是在厨师行业，关系食客们的健康和口感，不可有半点投机取巧或者敷衍了事的行为。

技惊四座
厨艺赢来千载誉

名师出高徒。站在各个恩师“肩膀”上不断进步的胡满荣，如今已成为荣誉国际集团的厨政总裁，掌管着荣誉酒店20多家分店厨房管理的重任。多年来，他感恩胡连荣董事长的栽培，凡事都亲力亲为，博采众家之长，将闽、粤、潮、川、杭、鲁、湘等各大菜系的精髓进行糅合提升，逐步打造出了一套独具特色的“胡家”菜系，并形成了独家教材，在荣誉内部传授，胡满荣在带教的过程中矢志育人，坚持有教无类，指导门生在多项国家、省、市级比赛中均以亮眼的成绩获得了奖项，如今已有不少门生在行业里取得了佳绩。

“在我国古代，最早是四大菜系，划分标准是技法独到、理论完整、传承有序，能满足高、中、低各档次的各种需求，红白案皆有且全面；从高档宴席到街边小吃都有代表作，还要和别家不一样。随后又出现了八大菜系、十大菜系、十二大菜系等多种菜系说。”听胡满荣老师讲中国烹饪的发展史，知识点满满，让人听得津津有味。在胡满荣老师看来，菜系的拓展，正是中国烹饪行业一直在创新、在进步的体现，就像闽菜就是从粤菜中分离了出来，在创新方面，甚至可以将姜母鸭和鲍鱼融合，创新融合的背后，映射出的正是中国优秀厨师的工匠精神和文化自信。

守正创新是闽菜发展的关键。守正，就是要坚持闽菜的传统，传承其独特的烹饪技艺和口味；创新，则是在传统的基础上，融入新的元素，使之更加符合现代人的口味。2023年2月，“宋元海丝宴”惊艳亮相于中国国家博物馆，胡满荣研发的“狮来运转”“红烧黄金鲍”“满载荣归”“山家蟹酿橙”“山海兜”“沆瀣浆”“通神饼”等菜品，首次代表闽南菜在展厅现场向海内外观众进行展示。其中，“狮来运转”形似狮子头，食材包括狮头鹅的鹅胸肉、蚶江石湖产的红膏鲟的

蟹肉和蟹膏，可谓处处都有“狮”意。最为巧妙的是，“狮来运转”，这个名字反过来念又叫“转运来狮”，意为转运来石狮，巧妙地对石狮市进行了宣传；“山海兜”是将福建的山珍和泉州海味巧妙地融合在一起，口感丰富，味道鲜美。胡满荣老师介绍说：“泉州地处山海之间，山珍与海味的结合，既能体现出泉州的地域特色，又能满足现代人对美食的追求。”这些菜品都是在石狮传统菜肴的基础上进行了进一步的创新研发，充分展现出了泉州山海相拥的地域特色。

胡满荣老师还注重在烹饪过程中加入泉州当地的特色调料，如泉州的虾油、虾酱等，使菜品的味道更加地道，更富有泉州味道。在他看来，无论怎样创新，都不能忘记闽菜的传统。只有坚守传统，才能保证闽菜的独特性和特色，也只有创新，才能让闽菜在现代社会中焕发出新的生机与活力，吸引更多的食客。在他和团队的巧手制作下，既可以把鲍鱼、鱼翅、海参、野味等烹调得鲜美可口，也可以把萝卜、芋头、红薯、南瓜、豆腐煮成美味佳肴，让南来北往的食客们可以连吃上一周都不重样，其中鲍鱼类菜肴更是吸引了无数食客前来品尝，很多酒店会打折卖鲍鱼这类珍贵的菜肴来吸引食客，但因为有胡满荣老师坐镇，福建石狮荣誉酒店从不打折、从不促销，照样供不应求。现在有了冷链技术，酒店更是在胡满荣老师的把关下，将鲍鱼做成半成品销往全国各地，满足食客们的口腹之欲。

凭借着出色的技艺，胡满荣老师多次受中国烹饪协会的邀请，参加由外交部、商务部等部门举办的“中国美食走进联合国”活动，在世界舞台上弘扬中国美食文化。如2013年，胡满荣老师被中国烹饪协会派遣到联合国总部，代表闽菜和粤菜的菜系主厨，以一场“高级中国美食品鉴宴”惊艳全场，外宾们好评如潮，并且受到时任联合国秘书长潘基文的亲切接见；2014年，胡满荣老师被委以重任前往巴基斯坦、印度等国家展示厨艺；2017年6月，胡满荣老师以副总厨的身份第二次作为厨师代表走进联合国，以中国（美食）盛宴、品鉴宴赢得了联合国秘书长及来自五十几个领事馆负责人的高度评价……

正所谓，美食也是一种“共情”，可以超越种族和语言。胡满荣老师不负期望，在国外期间，屡次以独具魅力、绝佳美味的中国美食，一步步俘获了世界各国人的味蕾，也传递出了中国传统文化的价值和魅力。2012年，胡满荣老师入选首批福建省优秀高技能人才；2013年入选第五批泉州市优秀人才；2024年4月15日，国务院新闻办公室、联合国教科文组织、中国联合国教科文组织全国委员会共同主办了“文明交流互鉴理念国际研讨会”及相关配套活动。中国烹饪协会秉持着“美美与共，心心相通”的理念应邀参与筹备了研讨会当天“中华文化·雅集”招待会，并制作了招待会菜品。胡满荣大师作为中国烹饪协会名厨委常务副主席，亲自制作了酱油水黄花鱼和椒盐围头鲍鱼，他主持的泉州宴集结了闽南人的饮食特色和饮食文化，让更多的国际友人感

受到闽南佳肴的魅力，让泉州菜走出去，也为泉州申报美食之都打下了坚实的基础……这些年来，胡满荣老师在传播中华文化和石狮文化、发展烹饪职业教育、人才培养等方面，作出了卓越的贡献。面对硕果累累的荣誉，胡满荣老师不骄不躁，他坚持手艺传承，坚守情怀，传递着乡愁故事，用匠心做好每一件事。

特色珍馐
谁人不醉四时春

“来去石狮品美食，有烧有清有趣味。来去石狮品美食，有咸有淡有福气……”哼着本土歌曲《来去石狮品美食》，胡满荣老师带着大家参观了自己的书架和笔记。

人间有味是清欢。在中华千百年的饮食文化发展当中，虽然始终在五味调和中不断探索与研究，但都是建立在尊重食材本味的基础之上。石狮人讲究“不时不食”，注重食物的时令性。胡满荣老师收藏及反复翻阅的宋代饮食著作是《山家清供》，与常见的食谱不同，它不拘泥于单纯的食物烹调之法，其间不仅大量引用了诗文经典，更处处都讲究身体温饱与精神富足的结合，全书透露出中国古代文人特有的饮食诗意、山野情趣与生活哲学。“古人真的是太浪漫、太有智慧了，有时候，现代人也要向古人学习，不要总是一味地去赚钱，而是要停下脚步，去读书、去思考，去发现生活中美的东西。”据悉，仅仅是按照《山家清供》这本古书，胡满荣老师就用现代烹饪方式极力地复原了其中数十道美食。

与《山家清供》并的另一本古老的书籍是《北京饭店名菜谱》。这些年来，一有时间，胡满荣老师就会闭门读书，精心研习中外美食文化典籍，根植于传统，创新于当代，不断为闽菜文化注入新的内涵。吃在石狮，人间烟火味，最抚凡人心。爱读书，又尊师重道的胡满荣老师带着团队于2024年4月2日晚上为第十七届中国餐饮产业发展大会晚宴烹饪225道红烧国宴黄金鲍，菜肴的品质和口感得到与会嘉宾和专家的一致好评。在大会上，荣誉集团总厨胡满荣大师被中国烹饪协会再次聘任为中式菜肴研发中心副主任。“走入庙堂之高，发端江湖之远”胡满荣老师的励志故事和成就，激励着无数后来的烹饪学习者去怀着敬畏之心，做匠心之事。

“其实，大家崇拜的不仅是菜有多好吃，更是中华文化背后的文化渊源。”胡满荣老师说，技术总是在创新，但盘中的意蕴、内涵无止境，这是五味的调和，更是文化的味道！最让胡满荣老师感到自豪的是，自己不但能够时时替国家争光，而且有一个好的平台，“荣誉”经营发展过程中，始终把依法办好企业，以企业发展回馈社会，担当社会责任作为企业发展的最终目标。多年来持续捐款数千万元支持文教事业、体育事业、残疾人事业、扶贫救灾基金等公益事业，得到社会各界的肯定与好评。立足这样优质的平台，胡满荣老师希望，无论乡亲们的脚步最终踏向何处，总有一种味道锁定着家的方向；无论勤劳的国人忙碌了一天有多累，都不要忘记要好好吃饭；在国际舞台上，不断有优秀的烹饪工作者，以文化为桥、以美食为媒，积极促进国与国之间的民心相通，让更多外国友人能够更全面、更立体地了解中国。

民为邦本，食为民本。中国菜肴享誉全球，是世界三大菜系之一，其种类繁多，风味多样，讲究时令和色、香、味、形俱全，其传承和挖掘的重要工作，从来都不是一个人的事情，它需要一群人去学习、去努力、去思考，从而形成合力。在世界经济日益全球化的今天，无论是挖掘中国美食文化的内涵，还是探索中国美食的现代发展朝向，都需要像胡满荣大师这样的人，用更立体的角度、更多样的体系和更广泛的观点，凭借着精湛的技艺，游走于东西方文化之间，让世界更加了解中国，也让中国人在世界坐标里看待自己的文化，以食为媒、以食为礼、以食为敬，与世界牵手，从和合之美走向天下大同！

于园

YU YUAN

北岩内筑设计联合创始人兼设计总监

“车马纷纷送如潮，北岩灯火夜无聊。”北岩内筑设计是南京室内设计领域的一支先锋力量，亦是一家将室内设计、软装设计与配套施工融为一体的精品家居设计公司。在设计的道路上，北岩内筑设计始终坚守“家是用来住的”这一核心理念，巧妙地在实用与美感之间寻求平衡，运用理性科学的策略与方法，为每一个空间注入独特的灵魂。经过十余年的辛勤耕耘，北岩内筑设计已在全国 20 余个城市留下了超过 500 个卓越的设计印记，并凭借其专业实力频频出圈，屡获国内外各类设计大奖，成功为无数装修“新手”与“懒人”提供了不费力且易于实现的家装方案。

艺海筑梦：笔墨为道寻平仄

——访北岩内筑设计联合创始人兼设计总监于园

笔触勾勒梦想境

人生旅途中，梦想的大门常常在不经意间便悄然敞开，或许那一刻的你并未察觉，抑或总在生活的忙碌中与之擦肩而过。然而，面对梦想的遗失，总有些人深感惋惜，也有人选择另辟蹊径，追寻心中的理想，于园就属于后者。

儿时，家中的装修为她开启了一个全新的世界。那次装修中，匠人精心绘制的手绘设计图，在她幼小的心灵中播下了一颗梦想的种子。岁月流转，这颗种子悄然生长，直至在大学填报志愿之际，她坚定地选择了动漫设计专业，作为她追逐梦想的第一站。然而，命运的轨迹似乎总爱捉弄她，她遗憾地错过了单招的机会。也许是命运冥冥中的安排，自那时起，于园便踏上了设计之路。

初入社会的那几年里，她也曾尝试过多个平台和设计领域，但始终未能找到真正的归属感。或许是因为她对设计的独特追求与执着，让她无法将就；又或许是那份童年梦想的回音，让她始终保持着对理想的坚守。最终，于园和她的朋友携手共同创建了属于自己的设计平台——北岩内筑设计（2012 年）。

谈及思考与创意的来源，于园毫不犹豫地说道："我们追求超越传统风格的束缚，因为过度地限制会扼杀创意的火花。比如，当客户钟爱新中式风格时，我们并不局限于使用红木家具、花格、博古架等传统元素，而是融入设计师的独特思考与创意。我们坚信，设计的'神'远胜于表面的'形'。而每一次则从每一个案子的进行中不断学习、从和每一位业主的沟通中不断学习、从国内外不同展会和活动中不断学习，都构成了我们不断创新与超越的基石。"

12 载风雨兼程，北岩内筑设计已从双剑合璧的初创阶段，发展为今日实力雄厚的完整团队。为了最大限度地降低项目的施工风险，北岩工程坚守直营模式，由旗下自有品牌"顶墅施工"承担施工，确保月末巡检的严格执行，对家装设计的质量进行严格把控。在材质选择上，北岩坚持自然环保理念，巧妙地将大自然的木饰面、棉麻纹理与现代感十足的金属、玻璃、水泥元素相结合，创造出自然、稳重、宁静、大气的空间氛围。同时，为了普及家装知识，北岩还通过线上平

台发布家装宣讲视频，针对房屋漏水、发霉、设计不合理等常见问题提供专业的解决方案，并在线上提供免费评估服务。北岩内筑设计希望以专业、细致的服务回馈每一位客户，以实际行动助力社会大众，不断提升品牌口碑，在业界树立起更高的标杆。

“设计于我，是一种源自内心的喜悦和热爱。”于园如是表述。在她的职业生涯中，虽然面临过无数挑战，包括人员的变动、角色转变的不适应、施工人员素质的提升需求、大客户的质疑，以及为满足业主独特空间感需求而经历的漫长思考（最终选择创新的3点动态法，以功能改造为核心而非单纯地依赖装饰面），但她总是以淡然的态度面对这些困难。她深知，这些挑战不过是成长道路上不可或缺的一部分，是每一个设计师必须经历的历练历程。正如世间万物皆有定律，于园坚信：付出终有回报。

家居美学启新篇

古人云：“小隐于林，大隐于市。”生活的智慧并不局限于山林泉涧的静谧之中，而是在繁华都市之中，亦能寻得一方心灵的净土。它要求我们删繁就简，修身养性，使心与物相互呼应，居者与居室和谐相融。综观北岩的设计佳作，宛如品味一曲悠远而清新的乐章，其作品多显温润与内敛，少见浮华与张扬。它们传递出一种温暖而丰盈的“生活感”，也传递着“吾心安处即是家”的宁和舒适感。

生活，是一种态度和情怀。

踏入名为《五矿九玺台》的居住天地，色彩碰撞下的“生活展”闯入眼帘。这个由一方玄关打开的小小宇宙，涂抹着大胆、清爽的魅影黑。门的方向被掉转了90度，户型原来的缺角被补齐，添上了一个功能强大的独立衣帽间。再往里，厨房延续着从玄关继承来的“沉稳主题”，魅影黑隐去一切虚浮假象，几片金色穿插其间，在灯光打开的那一刻，凝聚起零散的光芒。一日三餐，释放出无尽的温暖。沿着由厨房延伸而来的黑色脉络来到客厅，暗色元素在阳光的照耀下逐渐消隐，明黄色的沙发、宝蓝色的单椅、撞色的抽象画，空间充分地展现出有趣的一面。

整个三层都被当作主卧套间来使用，往南，用于休憩，往北，用于储物。咖色与白色斑驳的背景墙纸、黑色的亚光柜体和一些茶色的玻璃，再加上简练流畅的石膏线，一个井井有条又通透感极好的空间，就这样被罗列出来。两个宝宝的房间被布置在了二层。设计师以梁体和墙面作为切入口，一南一北为哥哥和妹妹划分出两个各自独属、互不打扰、功能齐全的私密大套间。在此之上，设计师还将楼梯口对面层高较低的区域充分利用起来，为两个小朋友创造出了一个沉浸式的“森林乐园”。

而当目光触及地下室，一个自然野趣的“垂直花园”醒目吸睛。设计师通过对庭院进行下挖，

融入了影音室、架子鼓室、健身区等多种功能，将之变成了窗明几净、采光通透、趣味满满的休闲娱乐空间。而每一层楼梯转角处的蓝色乐高柜，则让上下四层空间之间形成了和谐的呼应。

生活，是一种从容与雅致。

人与人之间的信任有时候总显得很微妙，《世茂天誉》的业主是几十年前的老客户了，因为相信，所以再次选择，没有需求的需求便成了他们之间难言的默契。于园以极简为魂，采用一减再减的手法，将原本四室的零散空间规整为两室＋大横厅格局，通透尺度，释放更多自由空间，让心之居所更简单、纯粹。

走进玄关，立刻深陷原木风围合而成的自然空间，人的情绪瞬间得以舒缓、放慢。通顶的柜体容量、人性化换鞋凳设计，妥帖照顾居家日常的真实需求。餐厨打破原有的封闭布局，一体化设计将整个平面空间舒展开来，演绎从容烹饪的烟火艺术；圆形餐桌与长形餐台互为几何呼应，一侧配置宽敞大气的餐边柜，一侧辅以高饱和度艺术画佐餐，实用美学与治愈灵感的融合，叙述有氛围的用餐环境。从餐厅切入的隐藏式现代家政间，搭配敞开式折叠门，让空间利用到极致；贯通阳台让边界退让，整个空间干净利索，大气优雅。无法回避的梁柱结构以自然方法作处理，弧形线条、木白相映、灯光引导，呈现出一种自然而然的自由状态，而沉浸淡雅色调的卧室和女儿房的慵懒梦境则轻声诉说着至简无声。

“懂”客户，“懂”生活，懂得客户的喜爱，尊重他们的生活，每一座房子都是一个独一无二的家。“当业主面对设计时说‘这就是我想要的家’，那就是对这个设计最大的肯定。”于园笑着说，“一个设计师如果能把一个施工设计的手口把握住，那么这份设计便已经成功大半。但一个能够清晰分类收纳的家，无疑也是设计成功的关键所在。”在她看来，设计的初衷与精髓，皆在于展现业主独特的家居个性与品位。因此，以人为本，以居住的舒适性和客户的需求与审美为核心，便成了北岩（人）设计始终坚守的理念。

“人间有味是清欢。”用自己的方式去热爱生活，用自己的阅历、经验去表达生活，正是于园和北岩人最想要传递的“清欢”。

智韵融贯未来居

优秀的设计是一场视觉的盛宴；而聆听它背后的故事，仿佛是对灵魂的一次洗涤。这些年，于园以感情为经、以时间作纬，添之满满用心与浓浓爱意，全心全意地为业主考量，相继创作出《隐心》《且共从容》《本来生活》《留白》《自在城中自在人》《静驻岁月之尘》《世茂湖滨花园》《五矿九玺台》等一项又一项让人有归属感的安心之所，累计荣获了国内外荣誉奖项百余项。包括 2024 美国 MUSE 设计奖银奖、2023 美国 IDA 设计奖荣誉奖、2023 美国 MUSE

缪斯设计奖铂金奖、2023伦敦国际设计奖金奖、2023香港设计大奖金奖、2023法国NOVUM DESIGN AWARD金奖、CCTV《交换空间》榜样设计师、江苏省十佳优秀设计师等殊荣。

在今日于园的视角里，设计源自生活的细微之处，亦将回归到生活的广阔天地。感性的艺术仿佛是一场随遇而安的旅程，每一步的行走、每一次的思索、每一点的感悟，皆能孕育出令人惊艳的灵感，而对于生活，这般的随遇而安亦是一种难以言表的惬意。既如此，何不顺应自然，在尽心尽力之后，让心灵归于宁静，尽享生命的欢愉。在悠然的午后时光里，品味生活的美好，调整生活与家庭的和谐，给予年轻人更多机遇，与他们携手共进，共同成长。

就如于园在“时空艺境”全场景家居设计大赛（PChouse与XESS联合举办）中的杰出作品（以XESS浮窗全场景TV装饰美学款作为客厅的核心家电），便是对此理念的生动诠释。这款TV无论是从它四维美学外观还是24h全场景AI技术应用等功能，都彰显着智能家电向更高层次迈进的时代趋势，同时为室内设计带来了全新的灵感与升华，更是艺术与生活的完美融合。“如果可以，我想设计一个全智能的家。”这是于园的愿望，也是无数人心中的期许。

展望未来蓝图，于园坚定地说道：“未来无论公司迈向何种高度，面对何种类型的客户群体，我们都将矢志不渝地坚守自身的风格与特色；无论业主的预算丰盈或紧绌，我们都将致力于融合美感与舒适度，这是我们设计的核心价值，更是我们坚定不移的追求。我们不追求规模的盲目扩张，而是将精力聚焦于每一个项目的精雕细琢，以匠心与执着，确保每一次的设计都能让自己与客户皆满意。”

设计是什么？也许，“12岁”的北岩和“18岁”的于园，已经给出了一个清晰而明确的答案。

汤世友

TANG SHI YOU

四川奇石缘科技股份有限公司董事长

四川奇石缘科技股份有限公司位于绵阳科创园区创业服务中心，是集大数据平台、AI 算法及智能传感于一体的研制型高科技企业。具备顶层规划设计能力、项目建设管理能力、数字系统建设能力、数据运营检测能力，业务范围聚焦于数字政府、民生服务、城市治理、产业发展等行业领域，可为政府部门、企事业单位提供成套智慧城市细分领域信创系统解决方案。公司秉承着“依托军工，为民服务；持续改进，精益求精；精确测控，全球共享”的经营理念，紧紧抓住国家新基建及工业物联网的发展机遇，通过数字技术、管理经验、业务赋能等，进行创新融合、优化流程、提高体验、持续运营，企业发展迸发出了蓬勃向上的生命力。

科技登峰创佳绩 智慧引领赢未来

——访四川奇石缘科技股份有限公司董事长汤世友

精工细作
专业能将重担挑

汤世友身处绿色军营，他紧盯国家和民生需求，心无旁骛地研究攻关，先后研制出多项重大科研成果；面对时代需求，他以身作则，带领着团队发起冲锋，乘“智转数改”的东风，激活新质生产力。新时代优秀退伍军人、共产党员、四川奇石缘科技股份有限公司董事长汤世友，坚持向科技创新要战斗力，始终紧盯新域新质作战前沿，不断攻坚克难，取得了一批实用管用的成果。

汤世友，祖籍四川安岳，就读于中国人民解放军国防科工委指挥技术学院，后毕业于电子科技大学学习机电一体化专业。1994 年在中国空气动力研究与发展中心担任技术军官，先后参与了我国多个重大武器型号定型试验任务。在工作中，汤世友不畏艰难、锐意进取，勇于跳出“舒适圈”，开拓创新，坚持兢兢业业、无私奉献的工作态度，做好每一项具体工作、落实好每一项具体职责，得到了领导、战友的高度认可。

退伍不退志，退役不褪色，再建新功新时代。2004 年，汤世友结束了 14 年的军旅生涯，退伍转业到绵阳职业技术学院，担任机电系教师职务，同年，青藏铁路大规模铺轨建设，也将汤世友带上了创业之路。当时，青藏铁路沿线 500 多公里的冻土路基在人为干扰和全球气候变暖等因素影响下，路基不均匀沉降问题突出，严重影响行车安全，需要对路基地温进行长期在线监测。可是，当时该技术被国外垄断，引进价格十分高昂。收到西南交通大学科研团队的邀请，汤世友怀着满腔热血，与老战友一起组建了项目团队。汤世友作为团队负责人，多次往返青藏高原，白手起家的艰辛、工作环境的简陋、高原缺氧的折磨、研究失败的沮丧……特别是由于管理上的疏忽，导致部分核心技术提前泄密，引起了合作伙伴的极大不满，项目险些夭折，每一项都是严峻的考验。最难的时候，一直是军人的信念支撑着汤世友，经过两年多时间的攻坚克难，终于成功了！产品被广泛应用于青藏铁路建设，价格却不到进口产品的三分之一。这一核心定制化产品不仅支撑了公司近 5 年的稳步发展，也为我国节省了高达数千万元的外汇支出，一时之间引起了极大的轰动。

从一名技术军人到教师、研发人员、管理者，汤世友始终不忘军人本色，带领着团队笃定爱

党爱国的价值追求，2008年，金融海啸席卷全球，面对困境，汤世友带着四川奇石缘科技股份有限公司团队重新思考、重新定位，从传统的定制化服务向标准化产品研发转型。抓住国家支持民营企业健康发展的良好机遇，快速启动了标准产品研发三年行动计划。“千淘万漉虽辛苦，吹尽狂沙始到金。”2012年，企业成功转型，在道路交通安全监测领域独树一帜，奠定了企业快速做大做强的产品根基。最近几年，汤世友更是认真借鉴军队管理机制，系统化搭建运营团队和管理制度，充分利用国家大力推进多层次资本市场建设的政策东风，将企业推向“新三板”挂牌上市。在此期间，汤世友不断学习进取，获得了澳大利亚国立大学管理学硕士学位。

在“资本＋技术”的双轮战略驱动下，四川奇石缘科技股份有限公司发展进入快车道，2019年产值过亿元，科技成果、知识产权、利税总额均攀历史新高，还获得了“四川省百优民营企业”“四川省诚信守法示范企业”“绵阳市现代管理示范企业”等荣誉称号，现如今，奇石缘已拥有自主知识产权57项，专利产权107项。并参与制定了多项行业标准，2022年获得了工信部颁发的国家级“专精特新”“小巨人”企业称号，行业综合竞争优势突出。汤世友本人也收获硕果累累：如四川省“青城计划”——创业领军人才、四川省退役军人就业创业之星、四川省诚信企业家、绵阳市十大创业带头人、绵阳市优秀企业家、绵州创业领军人才、绵阳市退役军人就业创业之星、科创区文明城市建设工作先进个人，获中共绵阳市委组织部颁发的“绵州英才卡”以及绵阳市五一劳动奖章等，为科技城人才项目“卓越计划”——产业技术培育团队核心成员，四川省紧缺领域教师技艺技能传承创新平台主持人，绵阳市人才项目“涌泉领军团队”核心成员，科创区文明城市建设工作“先进个人”，绵阳市人才项目“涌泉奋进团队”核心成员。

这些年来，在数字经济与工业经济深度融合的时代背景下，面对“智改数转”大潮，奇石缘洞察先机，积极布局。不断探索和实践，制订出全面的战略规划，搭建起全领域行业系统，整合数字政府、民生服务、城市治理和产业发展四大板块，推动产业资源整合和创新科技的跨界发展。

物联网，智慧连万物。在奇石缘人身上，不仅有专业、严谨的态度，更有一份报效国家的责任和使命。每一个焊接点似乎都成了人与人之间心灵沟通的桥梁，每一次的探讨似乎都在诉说着对于未来的渴望。每一次的检测都将科技、世界和人紧紧地连接在一起，而这种精神已经贯穿了奇石缘20余年的发展路途。

同舟共济
弄潮敢撷浪头花

“他山之石，可以攻玉”，这是奇石缘科技名字的由来，也是企业一直以来的发展方向：走出去、多合作、多共赢，就能打开思想的疆界，受到更多启发，链接更多资源。

作为一家专业从事工业物联网及大数据采集的设备供应商和系统方案解决服务商，公司业务聚焦多个行业领域，构建起开放合作的企业生态，持续引入现代检测与网络新技术，不断提升自主研发、系统交互能力，为政府部门、企事业用户提供标准化产品和成套系统化解决方案。

当前，以互联网为代表的网络信息技术日新月异，引领了社会生产的新变革，创造了人类生活的新空间，拓展了国家治理的新领域。数字政府建设实质上是数字化与政府自身建

设的深度融合。数字化时代构建起高效、规范的政府职责体系，需要充分发挥大数据、云计算等数字技术在主体互联、数据挖掘、信息共享等方面的优势，通过技术赋权、赋能克服政府职责体系构建中的信息不对称、权责不统一、职责链条断裂、协同乏力、监管不到位等问题。全面建设数字政府，需要激情，需要技术，更需要一支具备实力的团队。

建设数字政府，一方面，必须解决部门内部数据“碎片化”难题，先把本部门的数据整合到统一平台上，夯实部门内外全口径数据治理基础；另一方面，必须大力破除数据共享“瓶颈”，形成条块协同的数据治理体系。以推动各数据平台系统的协同化、一体化为抓手，加大力度推动各级各类平台的整合优化，打造全流程、一体化的数据“大平台”“大系统”，进一步强化条块之间、部门之间的协调联动，实现应联尽联和数据共享。对此，奇石缘在数字政府板块持续投入研发力量，通过智慧交通、智慧应急以及城市生态体征监测等业务板块，助力政府部门实现政务数据的整合与共享，提高决策的科学性与透明度；通过实时监测、预警和智能调度，优化城市交通、强化应急响应、保护城市生态，全面提升政府治理的现代化水平，致力于为公众提供更加便捷、高效的政务服务体验。

就拿智慧交通来说，奇石缘科技针对大型车的交通事故问题，最新推出的高速公路大型车辆行车安全监测预警系统具备亮尾识别功能，可以精准地检测高速路上快速行驶的大型车辆的车身反光标识和车尾防护栏是否符合交通规范，填补了交通数字化领域自动亮尾检测的空白。此外，该系统的应用背景非常广泛，涉及交通安全、事故预防与处理、道路通行效率、驾驶员行为分析、监管与执法需求等多个方面。随着科技的不断进步和应用需求的不断增长，监测系统的应用前景也将更加广阔。

环卫工人被称为“城市的美容师”。不同于传统环卫工作者扫把、垃圾三轮车的“标配”，奇石缘科技推出的最新智慧环卫技术，采用信息化手段，通过计算机应用软件、4G/5G无线网络技术、GIS地理信息、北斗/GPS定位等多种先进技术，充分利用垃圾分类信息化管理系统、垃圾回收处置监管系统、AI劝导辅助系统、环卫工作管理系统、居民服务运营系统，智能环卫设备管理系统及相关数据，将智能垃圾桶、环卫人员及车辆、居民垃圾的产生量、收运量、处理量等环卫要素融合在一个信息平台上，按照“网格化管理，监管分离”的环卫管理模式，实现对垃圾投递、环卫车辆、环卫作业人员、垃圾分拣、垃圾处置流程的管理和规范，可对环卫管理过程所涉及的人、机器人、车、物、事进行全过程的实时管理，合理设计规划环卫管理模式，提升环卫作业质量，降低环卫运营成本，用数字评估推动垃圾分类管理的实效。

总而言之，不是每个人都知道奇石缘科技，但无论老弱妇孺，一定都或多或少地享受过奇石缘科技的智慧成果。

就拿最近来说，天气越来越热，奇石缘科技安排安全生产委员会组织隐患排查小组，聚焦于办公场所用电、供水、消防安全、施工安全等重点区域，开展全覆盖拉网式专项检查，帮助合作伙伴采用智能化的手段，做到“安全投入到位、基础管理到位、安全培训到位、应急救援到位”四个到位，在无形之中帮助合作伙伴建设设备智能化、流程自动化的工业物联网体系，赋予企业更敏锐的市场洞察力和更强的创新能力；汇聚海量企业数据，通过深入的分析和挖掘，为政府和企业提供科学、精准的决策支持。

超群绝伦
起凤争鸣一路歌

长期以来， 如四川奇石缘科技股份有限公司这样专注于细分市场、创新能力强、市场占有率高、掌握关键核心技术、质量效益优的专精特新企业都是科技创新的“领头羊”，是突破“卡脖子”技术的尖兵、强链补链的关键接口，更是推动经济全面振兴的重要力量。也正因如此，国家也总会优先扶持。汤世友坦言：“自己是一名转业军人，退伍后是一名人民教师，虽然职业很光荣，温饱也不成问题，但是想要创业，最初还是缺乏资金的。关键时候，是市科技局给了自己‘第一桶金’，从网络化野外地质状态监测系统做起，才让奇石缘科技逐渐越做越大。”

报之以木桃，投之以琼瑶。为回报祖国的厚爱，汤世友带领着团队多次参加多项重大科技创新项目，如其主持研发的 QSY8312 石英式称重传感器，是国内唯一通过型式评价试验的产品，改变了国内石英式传感器长期依赖进口的局面，成为各地借鉴学习的范本。四川奇石缘科技股份有限公司凭借着自身过硬的实力，被列入绵阳市推进企业上市“钻石工程”计划、2022 年四川省上市后备企业资源库及 2022 年 6 个“100 家”企业，现正积极筹备北交所上市事宜。

一名党员就是新时代一面迎风飞扬的旗帜。作为中共党员，汤世友听党话、跟党走，发挥党员先锋模范作用，关心新生代成长，时刻不忘为公司员工、园区企业作表率、树榜样。2014 年，汤世友在公司整体改制过程中实行全员股权激励，让员工分享发展红利，真正成为公司的主人；2016 年，奇石缘公司与绵阳职业技术学院签订长期合作协议，设立了“奇石缘”奖学金，奖励年度优秀学生和创新创业团队；新冠疫情来袭，组织企业和员工积极捐款、捐物，汤世友曾两次自费向定点医院捐款，并倡导公司向绵阳四〇四医院、江油交通局、科创园区防控办捐款捐物。实践证明，党的领导是战胜一切困难风险的定海神针，是中国特色社会主义制度的最大优势，党员企业家汤世友躬身服务社会、勇担时代重任，深入学习贯彻党的二十大精神，才带动了企业的正向发展。

群雁齐飞看头雁。在汤世友的带领下，奇石缘科技始终坚持走军民融合路线，将产品推广到日常的民生生活中。接下来的五年，汤世友还有更大的计划，他和团队正在洽谈和加拿

大的合作项目，立志要将这个领域的产品带出国门，让“绵阳造”走向世界！

创业维艰，奋斗以成。实现远大理想、开创光明前景，离不开筚路蓝缕、手胼足胝的艰苦奋斗。20多年的砥砺前行，汤世友带领着四川奇石缘科技股份有限公司在智慧科技领域不断超越。这种超越，是不惧挑战的技术创新，是以实际行动助力“制造强国、质量强国、网络强国、数字中国”战略的实现。凡益之道，与时偕行，激情期待。未来，汤世友和四川奇石缘科技股份有限公司全体同仁将继续心怀梦想、勇于创新、赓续前行，创造新的智慧传奇，奋笔续写无限荣光！

胡斌

HU BIN

青年烹饪艺术家、京朝淮扬菜郇味师门掌门人

在北京，只要谈及淮扬菜，就绕不开一位名厨，他就是京朝淮扬菜郇味师门掌门人胡斌，凭借着一颗匠心，致力于对淮扬菜技艺的传承与发展。他是国家级餐饮业一级评委、世界中餐业联合会国际评委、中国食文化研究会副秘书长、郑州市食文化研究会名誉会长、北京当代名厨、中国烹饪大师、江苏省烹饪大师、淮扬菜烹饪大师、谭家菜嫡系传人、国家高级烹调技师、注册中国烹饪名师、中国青年烹饪艺术家、国家级技能竞赛裁判员、《烹饪艺术家》封面人物、《国家名厨》编委会副主编、国家钻级酒家酒店评审员、安徽省亳州市烹饪协会特邀顾问、大美中国国际赛事委员会副主席。与食结缘，胡斌从来不拘泥于“灶台案板”，而是取经人文典籍，为淮扬厨师这门传承千年的古老营生，注入更多文化气息。

淮扬意韵宴万山 汉膳传礼传波澜

——访青年烹饪艺术家、京朝淮扬菜郇味师门掌门人胡斌

淮扬百味 一宴千年

商贸繁盛、四方通融造就了精工细作的淮扬菜，并被冠以“文人菜”的雅誉。明代万历年间的《淮安府志》曾有此记载：“淮安饮食华侈，制作精巧……”直观地向世人描绘出了一幅精美的淮扬佳肴图景。淮扬菜始于春秋，奠基两汉，兴于隋唐，盛于明清，清朝乾隆皇帝曾经六次下江南，每次都要品尝淮扬菜，并在张东官进京后将淮扬菜引入京城，根据北方人的口味特点，因地取材、因材施艺，继承发展出别具特色的京朝（北京）淮扬菜。在1949年开国盛宴中，淮扬菜的精湛味道和包容意味给人们留下了深刻印记。从红烧狮子头到水晶肴肉，这些平凡食材经过大师们的巧手，化作惊艳的滋味之旅。表面朴实的菜品背后是厨师们世代传承的技艺与故事。近些年，淮扬菜名厨辈出，餐饮人锐意进取，承人文底蕴，创时代活力。在北京，有一个京朝淮扬师门，世代传承，坚守百年，青年烹饪艺术家、京朝淮扬菜郇味师门掌门人胡斌便是第五代传人。

清末民初，有一个师门开始了对京朝淮扬菜长达百年的坚守。北京紫禁城内，一位名为王锡卿的大厨用一道“京朝”蟹粉狮子头获得各方食客连连称赞，前来一同用膳的客人们一边品尝佳肴，一边以淮扬名菜挥毫泼墨，甚是惬意。自此，郇味师门一传就是百年，这里也走出了奠定京朝淮扬菜传承发展的三位名厨。王兰，新中国成立初期“四大名厨”之一；高国禄，京城南菜泰斗；李玉芬，国宝级烹饪大师、中国功勋烹饪艺术家。世代传承，道出了这个以匠心见真著的名厨师们对京朝淮扬菜的激越情怀，也印证着中国民众从基本生存状态推向追求美、精、真、雅生活境界的新层次，倡导文明、健康、精致、和谐的生活方式。

20世纪80年代，胡斌呱呱坠地。对于这个婴孩来说，烹饪就是融于血脉的家族基因。“我家就是开餐馆的，家里人掌勺时，经常叫我进后厨房，看切菜、炒菜，时而‘换把手’。”胡斌笑着说，“就在耳濡目染中，我们学会了几道家常菜。”常言道，荒年饿不死手艺人。2005年，淮扬菜正风靡一时。众所周知，淮扬菜以“精细”闻名，淮扬大厨更被称为“刀尖上的舞者”，仅淮扬刀工刀法就有200多种。出生在烹饪世家，年轻的胡斌并没有“怯场”。彼时，淮扬菜正经历着由传统师带徒的传承方式向专业院校、系统培训的革新，但胡斌仍然选择拜入名师门下。

胡斌深知，学艺如磨刀，一是要勤学苦练，持之以恒；二是要专心专注，不能分神走思；三

只有心静如水，方可游刃有余。出于对师门和淮扬菜的敬意，胡斌风雨无阻，四季磨砺。学徒们都是师父教什么就学什么，临摹老师的手艺，而胡斌却用心揣摩研究每一道工序。每个环节他都要弄清其中的奥妙，掌握其中的诀窍。年纪轻轻的胡斌，总是不知疲倦，与其说是不觉得累，不如说是奋发图强。别的学徒累了就歇歇，说说笑笑，胡斌却总是在默默地练习、尝试、研究。“淮扬菜烹饪易学难精，越深入越感到它的厚重、博大与神圣。”

师门传承严谨。在师父的谆谆教诲下，胡斌不仅掌握了考核必备的十道师门菜肴，还常把师父教授的烹饪技巧反复加以练习，把握不同火候菜肴色香口感的变化，掌握不同温度对作料产生影响的差异，找到火候与温度在不同菜肴制作中的最佳结合点，力求将色、香、味发挥到极致。沉浸在京城的烟火气中，一路探寻淮扬菜的人间至味。胡斌传承淮扬菜“和、精、清、新”的特点，继承国菜御宴“贯穿东西，融汇南北，取精用宏，调和五味”的灵魂，成长为一位刀工纯熟、目光专注、手法精到的京朝淮扬菜大师，也让更多人见识到京朝淮扬菜的精湛技艺和深厚人文底蕴。

胡斌勤勉承袭，聪慧机灵，深得厨艺精华，如今已是北京当代名厨、北京知诚社会组织众扶发展促进会理事、中国食文化研究会副秘书长、中国食文化研究会培训（研发）基地主任、《国家名厨》编委会副主编、郑州市食文化研究会名誉会长、亳州市烹饪协会特邀顾问、陕西省民俗协会餐饮专业委员会荣誉顾问、国家高级烹饪技师、国家职业技能竞赛裁判员、餐饮业国家一级评委、全国酒家酒店等级评审员、国家高级公共营养师、食疗养生药膳师、中职院校烹饪专业高级讲师、中国青年烹饪艺术家、中国绿色厨艺大师、中华美食养生十大风云人物、北京奥运会残奥会先进个人、餐饮业高级职业经理人、中国烹饪协会名厨委员会委员、中国老年保健协会膳食专业委员会委员，先后被中国饭店协会授予“中国烹饪大师”荣誉称号、中国烹饪协会授予“注册中国烹饪名师”荣誉称号、中国食文化研究会授予“中国食文化传播使者”荣誉称号；曾在北京饭店、钓鱼台国宾馆等处学习，多次为党和国家领导人、军委首长及外国元首会议用餐和重要宴会提供餐饮服务，代表菜品有谭府佛跳墙、京朝狮子头、国宴开水白菜、三把勺松鼠鳜鱼、红烧马鞍桥、响油鳝糊、翠珠鱼花、明月生敲、麻酱海参、柴把鸭子、炸春卷等。

飨以匠心 食必存真

清朝时期，淮扬菜已是汉菜代表。在诸多菜肴中，狮子头以其极重火功，肥而不腻、入口即化的特点，在淮扬菜系中的权威地位被烹饪界和美食家公认。在“开国第一宴”上，蟹粉狮子头崭露头角，成为国宴代表菜之一，又称为“琼花斩肉”。经由多位大师传承，如今到了胡斌这一代，“琼花斩肉”已达到了新的高度。

汲取淮扬菜“和精清新”之神韵。京朝淮扬菜加工讲究，刀工火候因料而异，崇尚本味之鲜美，以本味融原味。因此，在食材的选用上，胡斌到了近乎严苛的地步。“就拿‘琼花斩肉’来说，一定要选新鲜的黑猪五花肉，根据季节不同控制肥瘦程度。夏季四六，冬季三七，过肥过瘦都不行。”鱼要活、菜要嫩、肉要鲜，好食材是保证淮扬菜高端品质的前提。胡斌对品质的追求，不仅体现在食材上，还体现在做菜的每个环节上。何处用茎、用叶、用肥、用瘦、用脯、用脊，何时用炸、熘、爆、炒、蒸、烧、焖、煮、炖、煨等技法，处处有讲究，环环见功夫。如果没有高端品质，京朝淮扬菜便失去了灵魂。胡斌说：“京朝淮扬菜讲究‘不时不食’。”在烹制鱼类菜肴时，既要保持鱼肉细嫩味鲜，又要注意调配去腥；烹制蔬菜菜肴时，既要保证一菜独味、品性不移，又要能以上汤赋味，令其醇厚鲜美；烹制肉类菜肴时，既要保证其肉香，又要能去腻除膻，力求具有原汁原味的特色。

“苟日新，日日新，又日新。”没有创新，文化就会成为枯竭的一潭死水，烹任亦是如此。为顺应时代趋势、推动淮扬菜烹饪技艺的发展，胡斌深入研究食品制作的方方面面，从选材到运用，从炖焖到烧炒，他综合各家之长，构建起了一套系统独立的烹饪理论，并凭借着精湛的烹饪技艺与渊博的知识，不断推陈出新，累计研发出100多道创新京朝淮扬菜品，赋予了京朝淮扬菜新的时代内涵。

胡斌从古代文献和传统食谱中汲取灵感，在传统烹饪技法基础上对传统京朝淮扬菜“琼花斩肉”进行改良，将一盘菜肴集科学与艺术于一体，变成了时尚感十足的创新菜。“改良后的琼花斩肉可根据四季选材，例如春季鲜摘的香椿、春笋格外受欢迎；夏天时令菜肴是热门款；季节轮换到秋天则是滋补养生的主场；到了冬天，咸货、冬笋陆续被端上餐桌。此外，狮子头还可与药膳相结合，如葛根狮子头等。”同时，依据北方风味特点，胡斌在不改变京朝淮扬菜本质的基础上为其增添更符合北方人饮食偏好的味道，如增咸减甜，提味增香等，并根据健康养生规律改良菜品，使得京朝淮扬菜更加营养美味。除此之外，胡斌还强化了传统京朝淮扬菜的装盘点缀：“产品都需要精美包装，京朝淮扬菜亦如此。”

风雅食光 文礼东方

“其实，他们崇拜的不是菜有多好吃，而是淮扬菜背后的文化渊源。”胡斌说，技术总有天花板，但盘中的意蕴、内涵无止境，这是五味的调和，更是文化的味道。淮扬之味是江河交汇的结晶，是美食文化传承的经典。身为京朝淮扬菜师门第五代传人，胡斌这些年在守正创新淮扬菜的同时，还一直致力于淮扬菜的传承。而作为中国饮食文化研究会成员，胡斌坚守初心与匠心，编纂出版京朝淮扬菜相关书籍，以此弘扬淮扬菜文化，助力其传承创新发展。

通过代代相传的传承，如今的胡斌不仅是京朝淮扬菜传统技艺的宝贵守护者，还成为京朝淮扬菜的代表性人物。他继承师门遗风，薪火相传培养弟子，不仅教授独到的烹饪秘技和丰富的菜系知识，还传递了京朝淮扬菜的文化内涵、历史渊源以及对食材、刀工、火候等方面的深刻理解，确保这一美食传统在未来得以传承发展。这样的传承模式使得淮扬菜在当代依然保持着其传统风貌，同时能够与时俱进，吸引更多年轻人投身于这一传统烹饪艺术中。

一座风韵古城，一方珍馐盛宴，上古饮食文化与千年文脉共融交织，盘中珍馐与风雅意境于方寸之间演绎出精妙的平衡，沉淀出京朝淮扬菜和而不同的独特风味。以东方美学入馔，凝非凡匠心为膳。纳江河湖海于席，共叙烟火满人间。未来，胡斌将成立中国食文化研发基地与培训基地，融汇各个地方的风味，交汇成多元、创新的融合菜肴，通过精妙的刀法、精湛的烹饪技术以及风雅的儒厨之风，向世界展示京朝淮扬菜系的无限魅力和中华饮食文化的博大精深。“京朝淮扬菜精髓‘以味为核心，以养为目的’，其活力来自兼收并蓄、海纳百川。在原淮扬菜的特色基础上，汲取各地菜肴烹制的精华，结合现代材料和饮食习惯，使之更具特色，更能满足广大群众的口味。”胡斌表示。

暮去朝来、春秋更迭，铅华洗尽、珠玑不御，古老的京朝淮扬餐食仿佛还在诉说着过往的文人雅韵，胡斌的匠人风骨已然催促着他以厨传文，传承正统京朝淮扬菜之根脉，逢国势向荣扬饮食文化之精粹。在胡斌的带领和引导下，百年淮扬，千年文明，将随着盛行的饮食风华一起，为中华文化走向世界平添风韵几何。

叶友松

YE YOU SONG

青田源福科技服务有限公司董事长

2023年，中共中央、国务院印发了《数字中国建设整体布局规划》，提出建设数字中国是数字时代推进中国式现代化的重要引擎。为积极响应国家的政策方针，叶友松于2021年成立了青田源福科技服务有限公司，搭建起数据的分布式存储、分布式运算和分布式管理的综合服务平台，将数字安防、数字物业、数字节能、数字生活等36个类型的社区场景与相对应的居民生活需求相融合。通过线上和线下相融合的双场景模式，保障未使用智能设备的老龄群体以及特殊群体的高质量生活，力争为所服务居民的生活带来更多改变。

拥抱创新勇攀科技高峰 轻装奋进创造美好生活

——访青田源福科技服务有限公司董事长叶友松

传承革命精神
倾心奉献社会

近20年来，新中国政治经济科技军事不断发展，一跃成为世界强国。大国崛起，文化昌盛，以一人之际遇可窥时代之一斑。叶友松人生阅历丰富，为人低调，谈笑风生时一派谦和，举手投足间尽显儒雅。已过耳顺之年的他，选择重新开启人生的新赛道，以其深厚的人生阅历与革命修养，坚定不移地为中国数字化建设添砖加瓦。

2021年，国家提出了“加快数字化发展建设数字中国”，以及“十四五”时期数字中国建设的美好蓝图。这是一项利国利民的政策，需要全民参与，可很多老百姓却是闻所未闻，更别提共同建设。60多岁的叶友松，发现了政策与老百姓之间的断层交流。他认为，数字化建设的基层就是老百姓，没有老百姓的支持，国家计划也就不能更圆满地实施。因此，叶友松于2021年成立了青田源福科技服务有限公司，打造数字化中国特色的数字社区。有了想法并付诸行动的叶友松，为了更好地推动数字化进程，与北京数字众智科技有限公司达成合作，为公司提供技术和知识产权支持，打造数字社区、数字文化广场和数字城市文化综合体三个板块，共同推动数字化建设，为社会群体提供安全、便捷、高品质的“一站式”智慧服务，涵盖了生活的方方面面。

“探古寻新意，古道新思量。”如今中国人口老龄化的问题，已经影响到年轻人的工作和生活，数字社区的建设已经势在必行。叶友松利用自身经验，联合北京数字众智科技有限公司，打造了一个拥有专业技术支持和专业服务保障的数字社区，方便了老百姓的生活，尤其是老年人的生活。例如，对老人的便捷服务，尤其是针对老人的身体健康，数字社区提供改善服务、优质服务，利用大数据了解老人的健康和身体，提升老百姓的生活幸福感、满足感与安全感。另外，国家每年都会给老人多项基本公共服务，可大多数人对此事是不知情的，这就导致国家政策与老百姓之间未能全部精准联系起来。有了数字化社区之后，老百姓不仅能够知道这件事，还可以直接在系统上享受多项公共服务。如此，在提高了老百姓参与公共服务积极性的同时，也提升了老百姓对于国家的热爱和满足感。数字社区，打破了老百姓与国家之间的信息差，让老百姓知道国家为老百姓生活做出的努力与提供的便利，让政策走进基层。

随着互联网建设，老百姓对于国家的政策尤为关注，但是一些互联网站对于国家政策的宣扬却少之又少。而有了数字社区，就能搭建起百姓与国家政策之间的桥梁，也更加方便国家政策的落实，尤其是对于经常关注网络的年轻人，也能够在数字社区中获取利益。例如，对于年轻人或者工作的人，国家为每个人提供了失业金服务，可很多人却不知道此事，那便会损失一部分利益。有了数字社区，只要老百姓失业了，那么就会有系统提醒你，还有失业金未领取。如果你需要领取，只需要在网络上点击领取，失业金就会在最短的时间内到达老百姓的账户里，不需要亲自去办理手续和领取，更加方便、快捷。

雨果曾说过：“谁虚度了年华，青春就将褪色。”从18岁参加工作之后，叶友松就坚持以“毛泽东思想”为精神引领，走在革命的道路上，一心只为国家和老百姓，他的青春是永不褪色的中国红！如今，他的人生再起波涛，围绕着党中央的政策，秉承着矢志不渝的信念和为国为民的情怀，永不懈怠、一往无前，迎接新挑战、担起新使命！

搭建数据公路
激发高速引擎

人才是衡量一个国家综合国力的重要指标。没有一支宏大的高素质的人才队伍，全面建成小康社会的奋斗目标和中华民族伟大复兴的中国梦就难以顺利实现。对于企业来说，人才是第一资源，是技术进步和经济发展最重要的资源和主要推动力。尤其作为创新数字社区建设的创始人，叶友松深知人才是企业的第一保障，是推动国家数字化进程的必要条件之一。

首先，城市是人类伟大的发明，每一条街道、每一栋楼的背后，都藏匿着一片天地。要把这每一条街道、每一栋楼联系起来，不是一件简单的事情，需要太多的人才与技术参与其中。叶友

松作为青田源福科技服务有限公司董事长，为城市连接提供了平台，并设立了公共服务、社会服务、生活服务三个板块。在这三个板块里，从个人到企业，都能够找到前进的方向。例如在个人生活方面，有的老年人身体抱恙，需要孩子在身边贴身照顾，因此孩子的工作便无法做到兼顾。在数字化社区建成之后，老人在家可以由数据管理规定老人的吃食、药品，以及时间，还有针对老人特殊情况的针对性服务。这样，孩子就能够出去工作，产生经济效益，如此就解决了就业和劳动力之间的问题，也改善了家庭的生活质量。同时，数字社区将每个人的年龄、身体、家庭等信息都录入系统里，更加方便了人们找工作。有了数据，无论企业和个人身在何处，都能够直接看到学生的学校和专业，利于企业经济效益的提高，助力企业发展；对于人才来说，能够快速找到适合的工作减轻家里的负担，以达到双赢的结果。

其次，对于企业来说，能够更加方便地进行数字化产业建设，推动企业的转型升级。尤其企业的库存问题是国家的痛点和难点。库存积压的不仅是货物，还有造成的资源浪费问题，都影响着国家经济的发展。有了数字化产业，通过大数据云技术、系统自分析以及分布式运算和管理，企业就能够及时掌握市场供需情况，从而平衡生产，减少资源的浪费，增加企业的收益。如此，对于企业和社会的经济发展，都能够达到良性的市场循环。

“单丝不成线，独木不成林。”只凭一个人的力量，做任何事都是无法成功的。为了更好地发展企业，叶友松招聘了众多志同道合的人一起努力，取得了人才和科技高效发展的新局面。可如此庞大的项目，需要的不是个人，而是众人。他诚心邀请大学生和特殊人才，一同走进这个大家庭，为国家的建设作出积极的贡献。叶友松一心只为国家建设，他愿意帮助退伍军人和政府裁员人员提供就业、再就业的岗位与平台，解决劳动力就业难题，尤其是那些把青春献给国家的退伍军人，能够在退伍之后依然捧着满腔热血为国家建设而努力，共同推动让社会变得更好，建设出一个互联网编织起来的城市新面貌。

叶友松勇于进取、开拓创新，用对国家执着的爱，追求卓越、打造企业家精神；他不惧流言、不畏打击，毅然投身于自己热爱的事业；他不负韶华，以史为鉴，推动数字化中国的发展；他坚持创新、坚守品质，在荆棘丛生的道路上步伐坚定！

匠心铸造不朽
合众力筑未来

数字社区的建设就是打造数据的高速公路，以此来服务于政府，为政府减轻负担，输送信息功能，解决基层老百姓办事难、办事不容易等情况和特征。如今，青田源福科技服务有限公司已经全面建成随时可以引进政府的对接，进行运营、生产、打通。只要全国政府共同努力打通信息

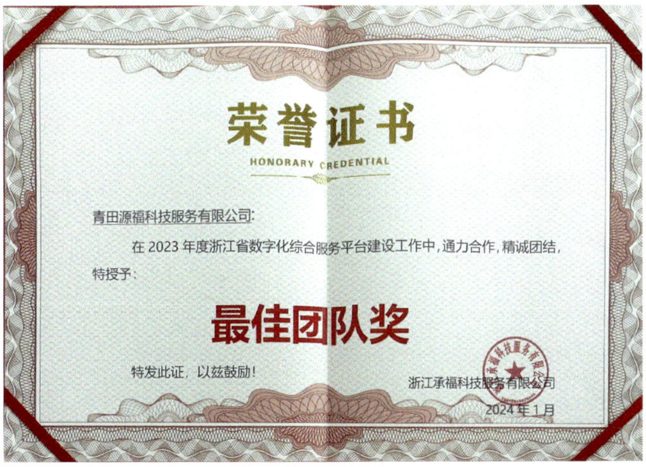

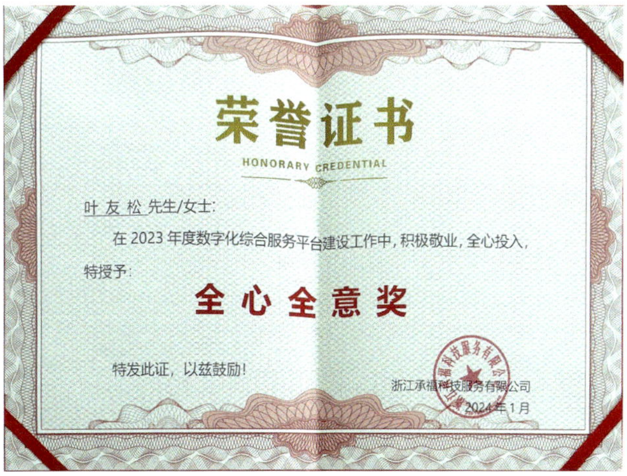

渠道，那么各地的老百姓办理业务就都不需要再四处奔波，只需要在一处就能够一次性办理完毕，是省时、省心、省力的利民之策。

数字化综合服务平台是建设数字中国的底层架构，是数字经济发展的来源地，是用数字管理国家，实现共产主义远大理想的一种理想模式。对于个别地方政府来说，并未真正了解数字化建设的含义与政策，面对叶友松的数字社区推广不理不睬，甚至有些政府官员打压数字社区的发展，不相信这是国家的发展战略和趋势。因此，让叶友松那满腔热血无处安放。随着时间的推移，数字社区需要的资金越来越多，压力也越发增大，可他依然要努力前行。因为他知道，肩上的使命是维护国家的安全与人民的幸福，有了国家的安全才会有人民的幸福。

未来，叶友松也希望政府能够重视数字化建设，助力企业的发展，同时希望有更多的仁人志士加入数字化建设的进程中来，为中华民族伟大复兴共同努力。而他也将继续以"数字赋能 服务民生"为发展理念，以综合性数据服务为核心价值，带领有技术、有文化的年轻人，为国家建设作贡献，落实数字化中国方针，加快数字社区建设，服务更多用户。争取到2028年，在全国范围内建成17万至22万个数字社区，真正实现中国的数字化进程。

融汇智慧，弘扬匠心传承精神。是新的力量，书写崭新、探索把事办成的方法；是新的动能，数字无恙，家国不忘。叶友松，以匠人之心带领着企业打造中国数字化新动能，开启国家建设发展的新篇章，为祖国实现中华民族伟大复兴作出应有的贡献！

刘振海

LIU ZHEN HAI

中润华谷（南京）科技有限公司董事长

今日时代之进步，得益于那些甘于奉献、久久为功的前辈，他们将中华民族的伟大复兴视为己任，为了能让中国在科研上占据鳌头，让人民群众能生活在更加健康的新时代而日迈月征、奋斗不息。

无悔倾情奉献 铸造坚实未来

——访中润华谷（南京）科技有限公司董事长刘振海

勇立时代潮头
谱写人生华章

刘振海博士，一位在工业自动化和智能化领域深耕30余载的老将，1989年出国深造，在帝国理工学院获得系统工程博士学位。毕业后曾担任英国英维斯集团系统架构师、全球咨询部首席专家，阿拉伯联合酋长国国家石油天然气集团公司特聘专家。领导过全球30多个国家40多家大型集团公司的卓越运营、智能控制整体规划、标准和系统建设，成为享誉国际的工业智能化领域杰出专家。

随着全球工业智能化的浪潮汹涌而来，我国工业自动化、智能化水平也有了显著提升，科技的力量正逐步取代传统的作业方式。然而，支撑我国经济持续健康增长的石化、化工、医药、造纸、冶金等流程制造业的工业软件、智能控制技术、生产运营精细化管理体系等，仍与国际先进水平存在较大差距。主要表现在装置自控率低、控制平稳性差、手动操作频繁、工艺指标波动大、装置生产报警率高等方面，直接影响企业的生产安全、能源消耗和产品质量。如何利用智能控制技术与现代信息技术融合来推动流程行业的绿色、安全、高效可持续发展已成为我国流程制造面临的一大难题。

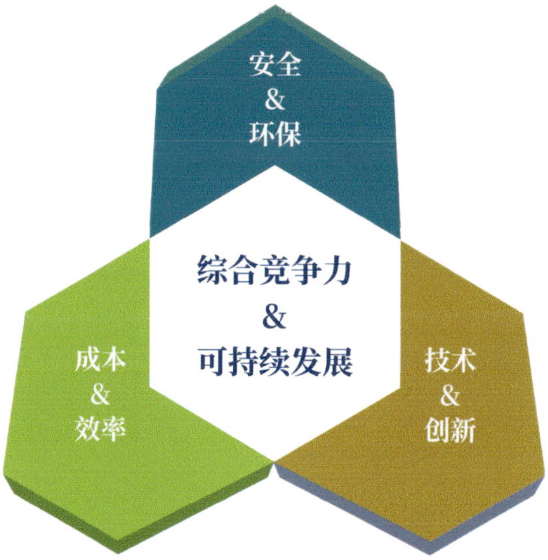

本着科技报国推动我国流程制造业绿色和高质量发展的爱国情怀，刘振海博士毅然决定辞去国外高薪职位，将国际最先进的工业自动化和智能化技术及精细化管理体系带回了祖国。2021

年创立了中润华谷（南京）科技有限公司，带领团队致力于打造具有自主知识产权的“iAPM”智能化自主运行工业软件平台，赋能流程企业的“智改数转”快速升级和绿色低碳可持续发展。

攻坚克难赢成果
向深而行得信赖

由于流程制造业生产流程的多样性，高温、高压、复杂的化学和物理反应带来的生产过程危险性，以及可燃、有毒、腐蚀等物料特性带来的危害性，安全和环保问题是流程制造业一直面临的挑战和不能逾越的红线，也是流程制造业与装备等离散制造业的主要区别之一。过去40年中国制造业的快速发展带来的安全环保隐患也逐步显现。尽管近10年国家下决心大力度对化工等流程企业进行整改，并出台相关法规及标准推动企业在安全生产信息化管理的提升，然而安全事故和环保问题依旧频发。刘振海博士认为，生产安全的提升除生产过程的行为规范、制度及流程的管理外，更关键的是要构建好安全生产全生命周期的管理体系，通过技术手段夯实独立保护层（LOPA）。中润华谷的iAPM智能化自主运行工业软件平台中的“全流程全工况自动控制和优化”iAPM.CP模块和“先进报警管理和优化”iAPM.AM模块就是基于国际标准和最佳生产实践设计，实现对全生产过程的自动平稳控制和异常工况的精准报警及响应。中润华谷的iAPM系统平台与其专业化的技术服务体系相结合，实现了工艺报警降低80%以上，装置的自控率和平稳率达到或接近100%，主要工艺指标的波动降低60%以上，极大地提升了生产过程的安全性，为企业筑牢生产过程的“护城墙”。

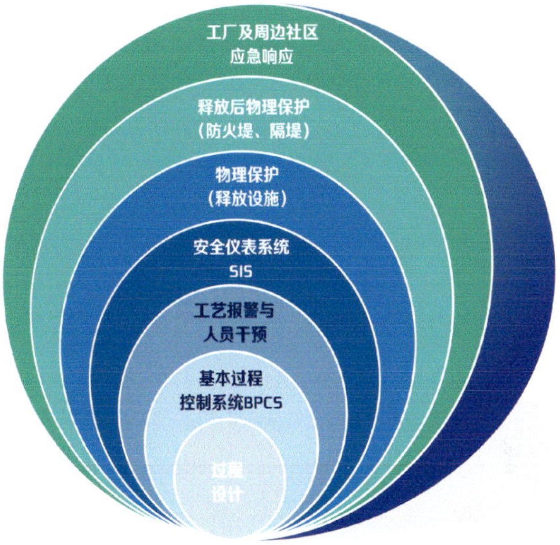

流程企业在守护好安全和环保红线的同时，更要实现生产过程的高效化、绿色化和智能化，提升企业的全要素生产力和综合竞争力。中润华谷的iAPM智能化自主运行平台就是以全生产流程的自动化和智能化为目标，将工业大数据挖掘与人工智能(IT)、控制技术(CT)、操作技术(OT)、安全技术（ST）和工艺技术(PT)相融合，实现装置生产全过程的自主协同运行，并通过机器学习和模型自动捕捉算法保证装置在最优工况下平稳运行，实现生产过程全流程和全工况的智能控制和“卡边”优化，确保生产过程的“安全、稳定、长周期、满负荷、优质低耗”。

iAPM系统平台及核心技术已经在石化、化工、新能源、新材料、农药、造纸等几十家企业

实践应用。均实现蒸汽和用电节能5%以上，产品收率、一次合格率、人工效率均有显著提高，企业投资回报周期小于6个月，真正助力企业实现了成本优势。中润华谷首次将人工智能技术应用到锂电池核心材料及氢能的全生产过程自动和卡边控制，与企业的工艺创新相结合，突破了核心工艺指标精准控制要求的技术“瓶颈”，实现了核心材料品质的大幅提升和国产替代。

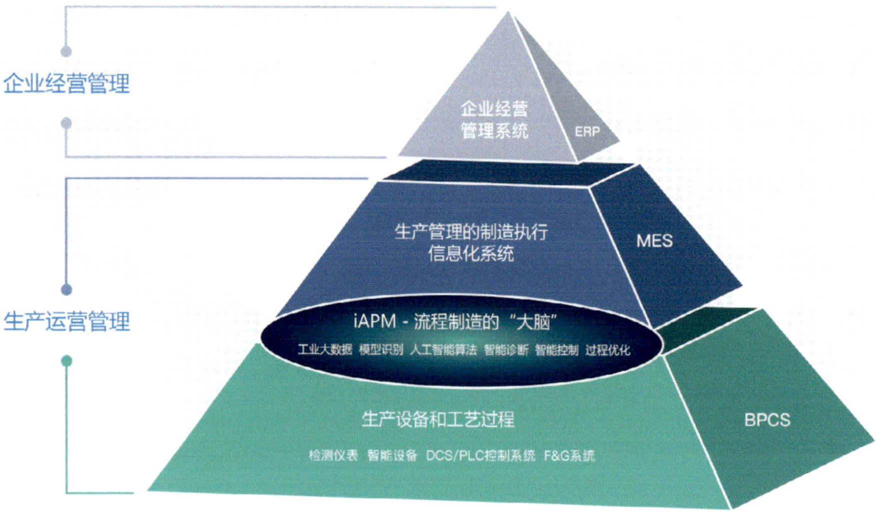

创新发展不停歇
牢记初心复前行

在浮躁的社会大潮下，即便获得了多方认可，刘振海博士也从未懈怠，科技竞赛赛道长如马拉松，却又要求拿出短道速滑的拼劲，亦步亦趋不行，等待观望不行，必须提升紧迫感。刘振海博士也始终以信念为伍，以永不懈怠的精神状态与一往无前的奋斗姿态默默地在流程制造行业中做出实绩，心无旁骛，无私奉献，奋斗不止。在当前外部环境越发复杂严峻，流程制造行业也面临压力和挑战的环境下，中润华谷依旧加大研发投入，与国内外多所知名高校和企业合作，追求卓越和创新，积极探索新的技术领域和商业模式，不断提升自身的核心竞争力和市场影响力。公司全体员工更是秉持着专业、创新、共赢的理念，明确企业的使命愿景和行为准则，践行客户第一、诚信至上、人尽其才、融合增效、崇尚创新、专业精湛的企业价值观。凭借着优质的产品、完善的服务，中润华谷得到了广大客户的一致认可，更是获得了百分百的客户回头率。一项项瞩目的研发成果，让公司在千帆竞渡、百舸争流的科技创新赛场上占据了一席之地。

在刘振海博士看来，流程工业智能化是工业发展的必然趋势和关键所在，这不仅是一个技术革新的过程，更是一个文化传承和价值创新的过程。他相信，中国作为“世界工厂”，在不久的将来，我们的流程工业智能化水平一定会实现从跟跑到领跑的跨越。

“大鹏一日同风起，扶摇直上九万里。”在数十年的创新科研和实践探索中，刘振海博士始终怀揣着爱国情感和工匠精神，与国家发展同心同德，以咬定青山不放松的执着坚毅实现科技的进步与创新，推进企业壮大、国家发展与人民幸福。

未来，祝愿刘振海先生能够继续乘风破浪，一往无前，取得更卓越的成就，祝愿中国工业智能、绿色生态经济的发展能够蒸蒸日上。

胡自荣

HU ZI RONG

湖南楚纯农业科技开发有限公司董事长

胡自荣，男，中共党员，湖南浏阳人，大学本科学历，高级农艺师，食品工程师，从事油茶种植、油菜种植、加工销售业务已有 15 年。胡自荣现任湖南楚纯农业科技开发有限公司董事长、浏阳市高坪镇商会党支部书记、浏阳市工商联总商会副会长、浏阳市青年企业家商会副会长、浏阳市农创联理事、长沙市工商联代表、长沙市青联委员等职务，先后荣获湖南省“优秀农村致富带头人”、长沙市“优秀青联委员”、湖南省“优秀志愿者”、长沙市“十佳农村青年领头雁”、浏阳市人民政府劳动模范等多项荣誉，赢得了社会诸多好评。

四季辛勤育甘甜果 油茶飘香展笑欢颜

——访湖南楚纯农业科技开发有限公司董事长胡自荣

返乡创业
知识改变命运

盛夏时节，湖南长沙气温逼近40摄氏度。而在长沙浏阳高坪镇双江村的湖南楚纯农业科技开发有限公司油茶基地，却是硕果累累，绿意盈盈，给人带来清凉之感。

“我们在浏阳高坪镇、澄潭江镇、荷花街道等乡镇都建有油茶种植基地。到了秋天，油茶将进入全面丰产期，届时我们会邀请有空闲时间的村民来帮忙采摘，同时帮助他们增加收入。”油茶基地负责人胡自荣兴奋地说。在他身后，油茶果遍挂枝头，荒山披上了“绿衣裳”，山旮旯栽下了“摇钱树”，时不时地还有农人的笑脸向这边望来。

18年前，胡自荣在深圳辞去了一家待遇优渥且稳定的高新技术型企业的工作，回到家乡，开启了返乡创业之路。他毕业于湖南农业大学，是农学“科班”出身，尽管如此，刚回来的时候，很多人不理解他的决定。“你爸妈多不容易才供你上大学，你怎么又从深圳跑回来了？”亲戚们这样问。然而，胡自荣心中有自己的打算：从个人角度来说，作为家中独子，眼见父母年事已高，却无法常伴左右照料，这让他深感愧疚；从公共利益的角度来看，浏阳已经建成了国家级的油茶园，国家对于农业、农村、农民（简称“三农”）以及大学生就业创业的支持力度也在不断加大。他认为种植油茶不仅能改善当地的土壤结构、增加绿化面积，还能带动周边村民增收致富，有着相当广阔的发展前景。胡自荣坚信，在这片广阔的农村天地里，他一定能闯出一片属于自己的天地。

油茶是浏阳的传统优势产业，浏阳是中国油茶之乡、全国油茶示范基地县，技术实力雄厚，林农企业意愿高，产业融合前景广阔。但也存在着低产林面积大、加工产能过剩、品牌分散等问题。在经过一番市场分析后，胡自荣信心十足，觉得自己一定能在业内做到最好，村里的老书记为了支持年轻人创业，专门一家家地跑去农户家里，为胡自荣做担保，顺利地把土地流转过来，用于进行规模种植。

“抱子怀胎十三月，同枝共茂一树香。”油茶花果并存、同株并茂是一种寓意极好、价值很高的农作物，但种植起来却不容易：油茶要高产、稳产，必须选用优良的品种加上精细化的管理，

影响油茶树成活的因素有很多，包括苗木、立地条件、栽后管理不当等。就拿苗木这一项来说，如果认识不足，选择的苗木不是正规良种，而是杂苗、非良种苗木，或者在取苗时根须损伤较多，成活率自然就会大打折扣。此外，苗木年龄也是影响油茶成活的重要因素，一年生芽砧苗生长势差，极易栽后死苗，外地购苗也有可能由于运输时间较长，保水措施不力或者存放不当，均有可能影响油茶苗的成活率。

胡自荣在创业一开始，就吃了“经验不足”的亏。他买的油茶苗品种不太好，成活率很低，还有许多死果。正当胡自荣感到沮丧之时，当地的一位党支部书记主动联系了湖南省林业科学院，为他“牵线搭桥”提供了优质的苗木资源。胡自荣随后重新种植了400亩油茶，并在农科专家的指导下，终于看到了希望的曙光。

吃水不忘挖井人。为了不辜负乡亲们的信任、国家政策的帮扶，胡自荣始终坚持“诚信厚德、合作共赢、团结奉献、求实创新”的发展原则，带领着村民们实现了向上、向好发展。2013年，浏阳市胡记农林科技开发有限公司正式成立，合作社的发展迈向了新的高度：发展模式转变为“公司＋合作社＋基地＋农户”方式。2017年，胡自荣又创立了扶贫车间，为贫困农民提供专项扶贫就业岗位，帮助他们解决经济难题。不仅如此，胡自荣还为村里成立了文艺青年队，让一大批会电脑、会摄影等技术的年轻人返乡，为村子的发展注入了新的活力。

“咱村里的年轻人又都回来了！”村民们先是惊讶，后是惊喜。惊讶的是“飞出去的雏鸟”又都“飞回来了”；惊喜的是他们看到这些返乡逐梦的年轻人正扎根乡村、挥洒汗水，为实现全面振兴新突破贡献青春的力量，也为这片土地种下了希望。

致富光荣
收获满园春色

为了提高油茶的产量和质量，胡自荣坚持试验不同的种植方法，同时向湖南省林业科学院的专家教授请教，并邀请专业的农业科研团队开展指导调研活动。在专家团队的帮助下，茶园基地

的茶树品种实现了全面的翻新种植，在种植、抚育、防虫等各环节，均引进先进的农业技术和设备，建立起现代化管理体系，用新科技为农业产业发展赋能，真正地实现了新质生产力推动经济高质量发展。

在种植过程中，楚纯农业坚持“优胜劣汰”的原则，对劣苗进行清理，从不用除草剂，不打农药，让果子自然长大。另外，团队还独创了许多创新型技术，如特有的“水肥一体化”技术，以及高接换冠、带状更新等。传统农业都是“看天吃饭”，如果碰到连续降雨天气，油茶果就会发霉，而楚纯农业用独有的烘干技术，可以避免果实受天气影响，延长保鲜期。迄今为止，企业已和湖南省农业科学院、林业科学院等科研机构展开合作，获得创新型发明专利和实用新型专利共计18项。合作社和公司也先后荣获“长沙市AA农民合作社”“湖南省质量信誉AAA级单位”、湖南省级林业专业合作示范社、湖南省林业产业化龙头企业、长沙市农业产业化重点龙头企业、国家高新技术企业等多项荣誉。

在胡自荣的带领下，楚纯农业始终秉承着“诚信厚德、合作共赢”的经营宗旨，立足于“民以食为天，食以安为先”的质量方针，奉行“做放心粮油，走发展之路”的发展思路。公司和湖南农业大学等多所高校精心合作研发出“楚纯一级野生冷榨茶油”“楚纯牌——原香小籽茶油”品牌的小包装食用精品茶油等系列产品。坚持“利人达人”精神，认真生产健康优质达标的“楚纯牌”山茶油，打造山茶油名品，饱受市场的欢迎。

一人致富不算富，大家富了才是富。为了让优质的油茶类产品走向市场，让农民的钱袋子鼓起来，楚纯农业积极探索“线上＋线下”多元化发展模式。一方面，通过提供免费的油茶种苗，每年组织开展两次及以上的农业技术培训、上门指导，给村民们传授种植新技术、新方法；另一方面，企业大力发展“产业＋直播基地＋供应链”模式，培养专业人才，借助电商直播的契机来提升产品的知名度，进一步帮助农民实现创收增收，从而助力乡村振兴发展。

在奋斗的道路上，胡自荣带着大家不但能干、肯干，而且善于、巧干。在楚纯山茶油公司厂房内，胡自荣自主开发的电脑控温烘干机，正以精准控温烘烤湿油茶籽，这样让茶油的纯度更高、口感更好、保鲜效果也更好。目前，基地已种植油茶93.33亩，油菜53.33亩，辐射周边农户土地200亩，每年发放100多万元的用工工资，直接或间接地带动了200户农民实现增收致富，社会效益显著。

“一开始回来，是为了和家人在一起，后来在家门口挣到钱了，就觉得回到家乡的选择是对的。”在家乡的泥土里扎根，让在厂里上班的脱贫户罗发生脸上的笑容明显多了起来，现在他和父亲一年依靠油茶收入8万多元，不仅稳定脱贫，还存了10多万元，日子也越过越有奔头。

“村美、民富、产业兴，始终是我们的奋斗目标。”胡自荣表示，在接下来的规划中，企业会进一步发展深加工产业，千方百计地增加农村居民和脱贫人口的收入，创新完善联农带农利益联结机制。同时，继续培养壮大农村致富带头人、高素质农民、“土专家”、农村电商人才等乡村人才队伍，进一步回馈、造福家乡。

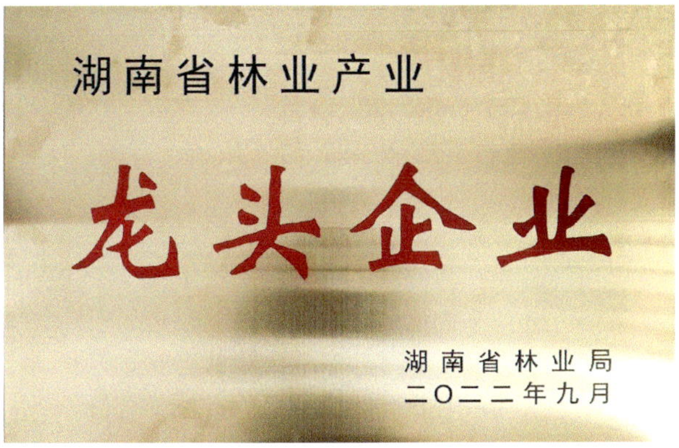

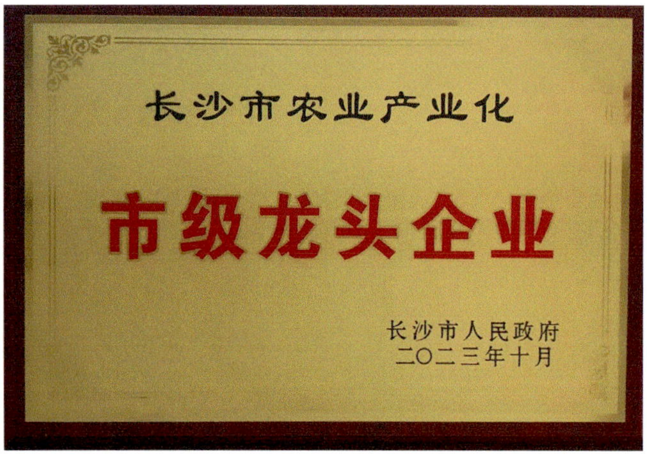

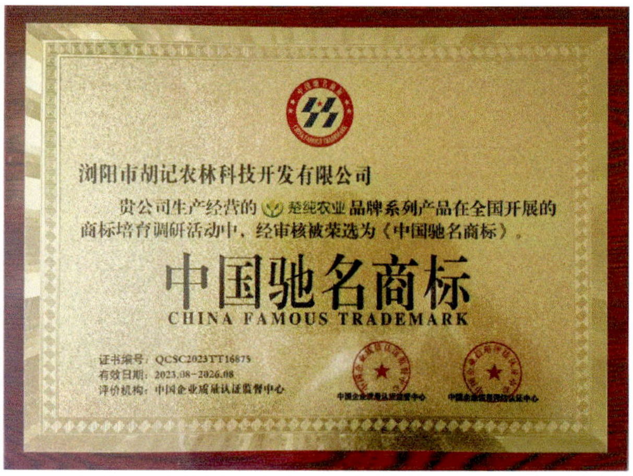

缔造美好
演绎精彩人生

“寻找诗意何必去远方，家乡就是好地方！”这是胡自荣的心声，也是他的选择——除了自己的油茶事业，他还积极宣传“大美浏阳，楚地湖南”以及投身于爱心公益事业。

“我的事业是靠很多领导、专家和乡亲们帮助做起来的，最困难的时候，他们不计得失地给予我指导。现在我为大家做些实事，帮助更多村民致富，是我用自己的能力‘挣’到的‘面子’，是一件让我感到自豪的事情。”胡自荣发现，随着事业越做越好，他能为村里做的事情也越来越多。

“新农人”胡自荣带着乡愁主动回到家乡，助力乡村振兴，实现了人才与乡村振兴的“双向奔赴”，在实现自身价值的同时，也为当地的经济发展注入了源源不断的动力。每年，胡自荣都会和爱人一起，从“胡自荣教育助学基金”中抽出一部分资金，用于资助那些有需要的困难学生。2010年，胡自荣为甘肃玉树地震捐款4.8万元……目前，胡自荣已经连续14年参加浏阳市义工联的各项公益活动；到2023年，为社会各类公益事业累计捐款捐物达75万元之多。在他的感召下，楚纯农业其他同人也积极参与各种助学、敬老、扶贫等公益活动。胡自荣相信，当每个人都接力传递这样的奉献精神，国家和社会也一定能实现更好的发展。

乡村要振兴，产业必先行。乡村振兴为年轻人提供了展现才华的用武之地，而以胡自荣及湖南楚纯农业科技开发有限公司全体同人为代表的“新农人们”，依靠务实创业、辛勤耕耘，扎根乡间沃野，充分挥洒智慧与汗水，在希望的田野上奏响了一曲又一曲铿锵嘹亮的奋斗之歌！

许金城

XU JIN CHENG

青岛艾特云智能自动化装备有限公司董事长

青岛艾特云智能自动化装备有限公司是一家集产品研发、功能定制、生产制造和售后服务于一体的高新技术企业及青岛市专精特新企业，主要从事智能柔性折弯中心、自驱机械臂、多轴并发联动智能数控系统、云端运维管理平台的研发、生产和销售。青岛艾特云智能自动化装备有限公司秉持着“突破传统，创新发展”的核心理念，打破了国外在数控折弯系统以及智能化柔性折弯设备方面的垄断，自主研发出全国第一台压臂式柔性折弯设备，并拥有自主发明专利、系统发明专利，实用新型等近百项专利。在董事长许金城的带领下，青岛艾特云智能自动化装备有限公司既见证时代，也被时代所见证，用自主创新和智慧，提振中国工业加速度。

踔厉奋发聚势能 强产兴业正当时

——访青岛艾特云智能自动化装备有限公司董事长许金城

柔性折弯 驭速时代

钣金加工作为机械加工领域的关键一环，被广泛应用于航空、家电、汽车、电梯等众多行业。其中，折弯工序尤为关键。折弯是钣金加工的重要工序，技术含量高，加工速度相对较慢，往往是加工的“瓶颈”，占用高素质的操作工人数多，是人力成本占比高的环节。作为最复杂的单体成型工序，折弯工序对工件成型尺寸和角度的精确控制至关重要。因此，如何确保折弯工艺中工件快速成型并保证精准度和一致性，成为行业内研究的重中之重。坐落于山东省的青岛艾特云智能自动化装备有限公司是一家专注于智能柔性折弯中心自主研发的高新技术企业。在董事长许金城的带领下，青岛艾特云智能自动化装备有限公司突破了传统边界，填补了产业空白，以领先全行业的技术超前谋划，躬身入局，迎风而立，用创新智慧开创了工业卓越智造时代。

许金城作为工业研发领域的精兵强将，自离开学校后，便进入工业研发队伍行列，慢慢积累研发经验。青岛艾特云智能自动化装备有限公司成立后，许金城带领着研发团队深耕数控砖塔冲床的研发与生产，并在市场上取得了良好的口碑。在此过程中，许金城发现，国内数控折弯机市场主要以低端产品为主，具有更高技术门槛的中高端产品市场基本被国外行业巨头垄断，且价格高昂，操作复杂，门槛很高。经过深入调研后，他决心打破这一格局——国内市场亟须自主研发产品的出现来解决中国工业“卡脖子”难题。

随着企业规模的不断扩大，2015 年，经公司创始人对市场的开拓和调研，并且精确分析国内和国际两个市场，终于锚定目标，致力于解决钣金市场的动向，成立了以总经理为核心的研发团队，开始专注研发柔性折弯中心。在最初阶段，许金城坚持创新驱动，专注于产品研发和技术积累。“我们不仅申请了多项智能折弯中心的核心专利，还通过与客户的紧密合作，在实战演练中不断迭代和升级产品。”洞见每一处微小的改变，用科技革新传统生产力，历经三年时间的精心打磨，2019 年，第一台压臂式柔性折弯中心问世，该产品批量投放市场后，凭借其卓越的性能和稳定的品质，迅速赢得了客户的广泛赞誉和订单增加。

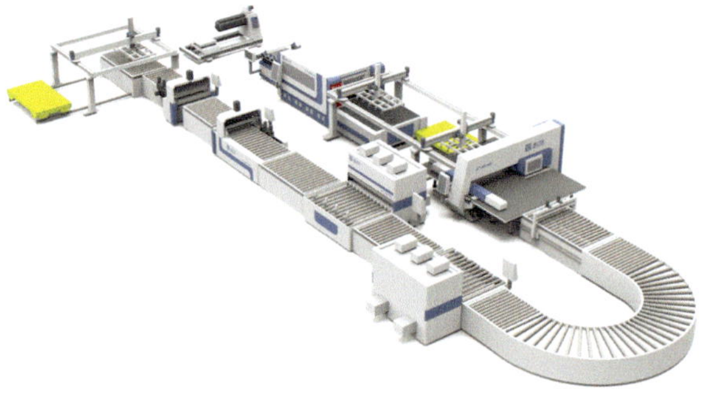

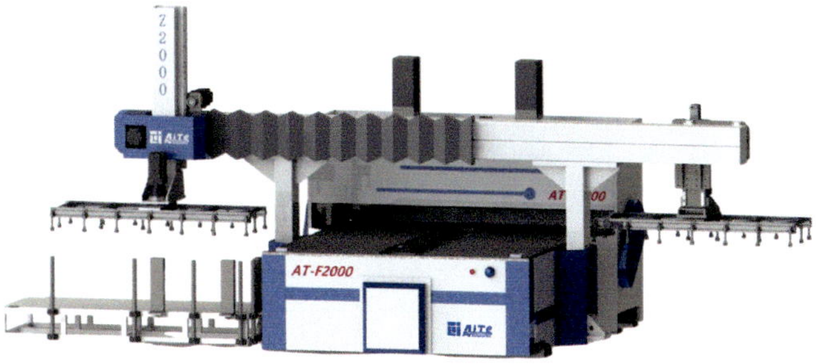
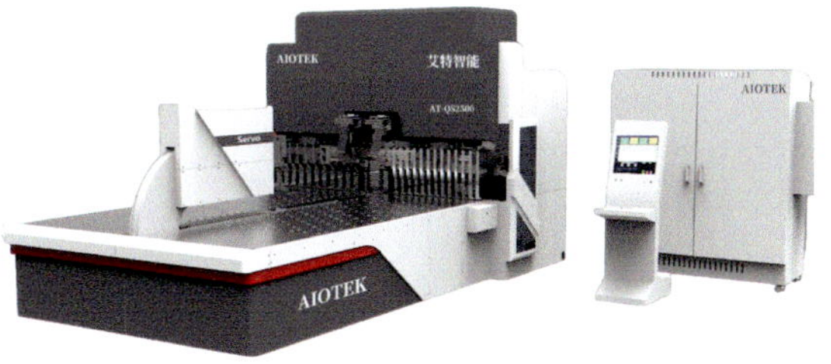

“钣金是一个比较传统的行业，多年来一直处于一个平稳发展的状态，没有大起大落。我们的产品一经推出，便在钣金行业掀起了不小的波澜。”许金城自豪道。随着人工成本的不断上升和市场竞争的加剧，许多企业都在寻求通过装备升级来提高生产效率、降低成本。青岛艾特云智能自动化装备有限公司柔性折弯中心正好满足了这一市场需求，通过机器人技术实现了钣金加工的无人化、少人化，不仅提高了折弯的精度和一致性，还大大地降低了人力成本。短短几年时间，青岛艾特云智能自动化装备有限公司便凭借着其创新产品和技术实力，迅速在行业中崭露头角。

青岛艾特云智能自动化装备有限公司作为全国第一台压臂式柔性折弯中心研发、生产厂家，艾特云智能现在是中国锻压协会会员、湖南钣金协会会员、重庆钣金协会会员、成都钣金协会会员等，还是青岛港湾学院的学习基地、山东科技大学产学研基地、山东科技大学研发和创新基地，并与中国石油大学深度合作。先后获青岛市高新技术企业、青岛市专精特新企业等荣誉称号，并与奥克斯、大川门业、海尔、宜家家居、乐邦、盛邦等多家国内外知名企业达成战略合作，产品远销东南亚、欧美、韩国、俄罗斯等国家和地区。

笃行不怠 创新建著

“中兴和华为都曾遭遇美国的制裁，那份被‘卡脖子’的困境，我们深有共鸣。正因如此，我们在研发和创新方面都有着坚定的决心和觉悟。”许金城强调。受限于核心零部件，产品迭代缓慢，且价格随成本波动，市场难以打开……为突破困境，许金城以创新为青岛艾特云智能自动化装备有限公司的灵魂，集结业内精英，与科研院校开展“产研学”深度合作，共同在技术创新领域展现出超凡的拼搏精神。

在创新研发布局上，青岛艾特云智能自动化装备有限公司覆盖了工业 4.0 的上、中、下三层架构，从顶层的云端管理到中层的数控平台，再到底层的智能装备，每一层都体现了对制造业未来发展趋势的深刻洞察。这种全方位的布局，彰显了青岛艾特云智能自动化装备有限公司在技术创新方面的前瞻性和系统性。通过青岛艾特云智能自动化装备有限公司工业一体化解决方案，使

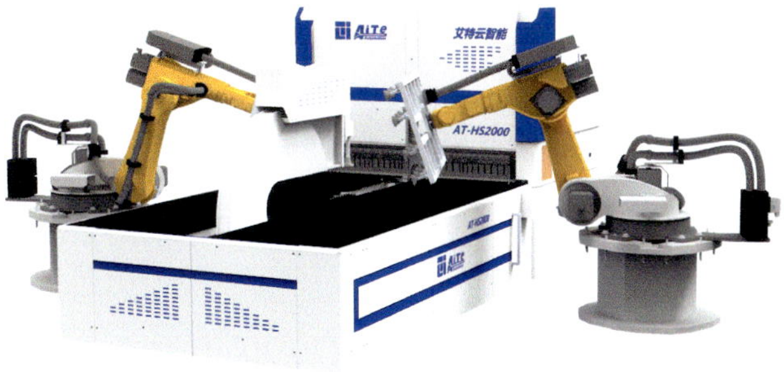
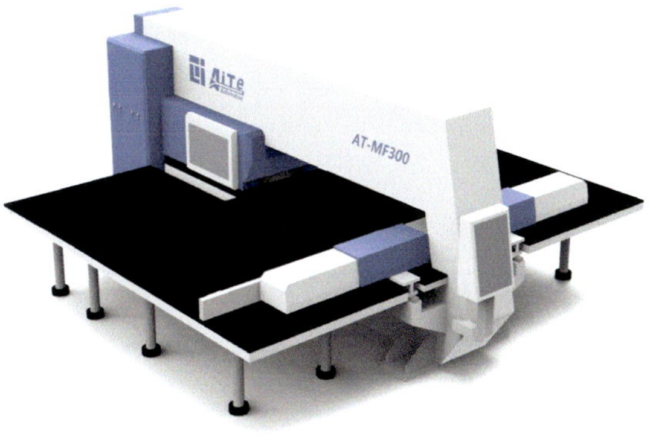

企业能够实时监控并优化生产过程，进而显著提高生产效率和产品质量。

“激光切割机销售价格的下降，以及切割速度越来越快，钣金工厂产能的‘瓶颈’就集中到了折弯环节。批量大，品种多，换模频繁，需要的折弯工人多，长时间工作强度大，折弯效率低，折弯一致性难以保证。比如门业和电梯行业，板件较大，至少需要两个熟练工人在液压折弯机操作，不仅耗费体力，而且操作液压折弯机非常危险，容易产生工伤事故。青岛艾特云智能自动化装备有限公司自主研发的柔性折弯中心可避开这一问题。”许金城介绍道。

青岛艾特云智能自动化装备有限公司自主研发的柔性折弯中心设备折弯速度每刀仅需0.2秒，就可以根据折弯工艺自动上折、下折动作实现圆弧、压死边、各种角度的组合折弯，在不更换折弯刀具的情况下，可实现多种折弯要求。设备采用C形压臂结构，端部采用曲柄连杆机构带动压脚下压，压住板材，可实现板材移动、旋转的送料方式，最大加工板材尺寸为2000mmx1500mm，控制X、Y、C、V1、V2、Z1、Z2、W1、W2、P共10轴，可以根据用户的不同需求，专门研发设计符合用户需求的钣金折弯设备，如智能折弯机、自动折边机、四边折边机、四边折弯机等，可广泛应用于机箱机柜、铝单板、电梯、厨房设备、成套设备等行业。

此外，青岛艾特云智能自动化装备有限公司还推出了自动换刀的解决方案，根据工件的形状，自动改变拼刀。这种换刀模式不是对国外同行的模仿，而是青岛艾特云智能自动化装备有限公司基于开发联动核心技术独辟蹊径的方式，综合换刀效率在业内是最高的，运行速度、加工的顺滑性、对工件的加工缓冲控制也是一流的，能精确控制角度，延长模具的寿命。板厚的实时检测也能达到国际一流水平。

依靠经验丰富的机械设计和生产制造团队，结合团队在双星的研发经验，青岛艾特云智能自动化装备有限公司在智能柔性折弯中心的数控平台和机械结构方面取得了大量创新成果，掌握了核心技术。除此之外，艾特智能折弯中心动力源是伺服电机厂家根据上述曲线特性专门研发的柔性折弯中心专用的伺服电机，可以完美地与公司的柔性折弯中心相兼容，并在保证折弯中心性能最优的基础上降低了电机的功率，减少了能源消耗，提高了折弯中心的效率。柔性折弯中心独具优势，能够独立工作，不用单独的程序设置员，能够高效地生产各种规格的零部件。通用模具可以不需要任何调整时间，只需要根据程序设定的尺寸就能够进行自动调整，保证了操作者的安全和产品的品质。

大国制造 智赴未来

青岛艾特云智能自动化装备有限公司的崛起，无疑为钣金这一传统行业注入了新的活力。而公司“品质至上，诚信为重，用心服务”的经营理念与追求以及“一次性把事情做到最好”的卓越标准，更是为后续发展提供了强有力的支撑。

证书号第4932687号

发明专利证书

发明名称：种压臂式折弯中心送料机构

发明人：许金城;孙重河;张忠振;赵曾杰;魏心彬

专利号：ZL 2020 1 0511516.8

专利申请日：2020年06月08日

专利权人：青岛艾特智能装备有限公司

地址：266000 山东省青岛市黄岛区临港一路2177号

授权公告日：2022年02月11日　授权公告号：CN 111545660 B

国家知识产权局依照中华人民共和国专利法进行审查，决定授予专利权，颁发发明专利证书并在专利登记簿上予以登记。专利权自授权公告之日起生效。专利权期限为二十年，自申请日起算。

专利证书记载专利权登记时的法律状况。专利权的转移、质押、无效、终止、恢复和专利权人的姓名或名称、国籍、地址变更等事项记载在专利登记簿上。

局长
申长雨

第1页（共2页）

其他事项参见续页

青岛艾特云智能自动化装备有限公司作为机床工具行业率先通过ISO 9001质量体系认证企业，严控标准，寻找最精准的适配，所有工件在进厂之初，便要经过质检人员的严格检验，再按照标准逐一装配。在抵达客户之前，所有设备都要经过多次上机检验，实际检测折弯情况，从源头把控产品质量。秉承着专注服务的初衷，青岛艾特云智能自动化装备有限公司的极致细节不仅体现在产品上，更展现于客户售后服务上。公司将全国划分为多个片区，设立专业的售后服务负责人，24小时全天候待命，用行动践行“客户就是上帝”的承诺。

实现“从0到1”的突破，青岛艾特云智能自动化装备有限公司深厚的科技创新底蕴已成为智能柔性折弯中心迭代升级的基础。未来，一方面许金城将带领着青岛艾特云智能自动化装备有限公司加强基础研究，加快打造具有全球竞争优势的源头产品，提高“从0到1”原始创新能力和研发效率；另一方面，许金城还将推动高水平的成果转化成为高水平的专利，把高水平的专利变成高质量的标准，积极参与国际标准的制定，真正参与全球竞争中，实现从“技术领跑”向“标准领跑”的转变。

激发产业的澎湃动能，驱动经济蓬勃向上。从未止步于眼前的许金城，将和青岛艾特云智能自动化装备有限公司一起，用智慧行走在行业最前端，一路开创、探索未来，开拓远方更为辽阔的疆土，汲取源源不断的前行动力，助力中国工业4.0时代，引领中华民族工业品牌走出国门、走向世界！

刘晨曦

LIU CHEN XI

七巧手作科技邢台有限公司创始人

在古老的东方，织布是一种传统的艺术，一梭一线，都传承着历史的痕迹。而在这传统底蕴中，刘晨曦将传统织布文化与现代科技完美融合，用她的创新与激情，编织出一个属于新时代的梦想。她以精湛的传统手工织布工艺为基础，运用现代科技手段，使得这一古老行业焕发出新的生机与活力。这不仅是对传统文化的传承，更是对青年创新创业精神的最佳诠释。

匠心独运映晨曦 青春勇担“文化舟”

——访七巧手作科技邢台有限公司创始人刘晨曦

传承熠熠路
青春非遗梦

刘晨曦，这个名字在众多年轻创业者中犹如繁星中最耀眼的一颗。她——这位满腔热情、创意满满的青年，自大学时代起，便展露出对创新创业的浓厚兴趣。在知识的沃土中，她孜孜不倦地汲取营养，积极参与各类创新比赛和实践项目，不断提升自身的创新思维与团队协作能力。正是这段宝贵的校园经历，为她砥砺前行的创新创业之路奠定了坚实的基础。

刘晨曦深知，非物质文化遗产是我国优秀传统文化的瑰宝，传承与推广非物质文化遗产是当代青年的使命所在。于是，她毅然决然地投身其中，发起并成立了校园非遗社团。通过讲座、展览、体验活动等多种形式，她让更多同学有机会了解并热爱非物质文化遗产，坚信只有将其融入现代生活，非物质文化遗产方能焕发出新生。

在“互联网 +”大学生创新创业大赛中，刘晨曦带领着团队，凭借一款名为“喳喳织布机”的项目，巧妙地将传统织布工艺与现代科技相结合，成功地斩获国赛金奖。这不仅是对她们团队辛勤付出的肯定，更是对刘晨曦创新创业理念的极大认可。

然而，胜利并未让刘晨曦停下脚步。她坚定地相信，传统文化与现代科技的深度融合，将为传统手工艺开辟出新市场，注入新活力。她开始深入研究非物质文化遗产与现代商业模式的结合，尝试探寻出一条既能保护传承传统文化，又能促进经济发展的双赢之路。

在不断探索的道路上，刘晨曦形成了自己独到的见解：传统与现代并非水火不容，而是相辅相成。她主张以创新方式讲述非遗故事，借助科技力量助力文化传承。她的团队着手打造一个集文化、教育、娱乐于一体的综合性平台，旨在让非物质文化遗产深入人心，吸引更多人参与到非遗的传承与创新中来。

刘晨曦坚信，青年人的力量无穷无尽。她常言：“我们不仅是在创业，更是在承担一种文化使命。”她希望通过自己的努力，唤起更多年轻人对非物质文化遗产的热爱，推动传统文化在现代社会中的复兴。

如今，刘晨曦及其团队正奋斗在创新与传承的道路上，他们的故事仍在继续。在这条路上，他们将以青春之我，创匠心之作，让非物质文化遗产在当代社会熠熠生辉，绽放出新的光彩。刘晨曦，这位在创新中闪耀、在传承中璀璨的青年，勇于担当、勤于实践，用智慧和热情不断推动着非物质文化遗产的发展与创新。未来，她将继续带领着团队，坚定信念，不懈努力，让传统文化在现代社会大放异彩，书写下他们的青春传奇。在创新与传承的道路上，刘晨曦永不止步，她的故事将激励更多年轻人勇敢追梦，为我国非物质文化遗产的传承与发展贡献精力。

“喳喳”织布韵
传承映匠心

刘晨曦离开校园的庇护，并未循规蹈矩，而是勇敢地踏上了创业的征途，创立了七巧手作科技邢台有限公司。这是一家致力于将古典文化精髓与现代科技巧妙融合的创新型企业，秉承着“继承非物质文化遗产，以创新书写未来”的坚定理念，担当起“让传统手工艺绽放现代生活”的重要使命。在这份执着信念的引领下，刘晨曦及其团队倾力研发，终于推出了核心之作——喳喳织布机，一款兼具创新精神与传统美学价值的产品。

喳喳织布机，一款从设计构思到实用功能都透露着独到见解与原创精神的作品。其设计灵感源自民间传说中报喜的喜鹊，寓意着吉祥与幸福，这份深厚的文化寓意不仅丰富了产品的内在价值，也让使用者在亲手编织的过程中，体会到来自远古文化的温馨祝福。

在技术革新上，喳喳织布机充分迎合现代人的使用习惯和审美需求。它轻巧便携，让织布的乐趣能够随时随地绽放；个性化的手绘元素，彰显了用户的独特品位；全年龄段的适用性，更是打破了年龄的界限，让传统手工艺的精髓得以广泛传承。

刘晨曦及其团队以匠人般的执着，历经两千多次的精心试验，终于让喳喳织布机以近乎完美的姿态进入公众视野。这款产品不仅是一件实用的工具，更是年青一代对创新精神的诠释与对文化传承的坚守。喳喳织布机以其独树一帜的魅力，在市场上独占鳌头，成为人们探索非物质文化遗产的新途径。

在文博会的舞台上，“喳喳手绘织布机”如一颗璀璨的明星，吸引了众多观众的目光。它不仅展示了中国传统文化的恒久魅力，更成为传统与创新相结合的典范。刘晨曦及其团队用实际行动证明了传统文化与现代生活的和谐共融，通过不懈的努力和巧妙的设计，两者交织出美丽的新篇章。

喳喳织布机的成功，不仅在于它的独特性与实用性，更在于其背后承载的文化深度与社会意义。它如同一条纽带，将过去与现在紧密相连，让年青一代在快节奏的生活中也能体会到慢工出细活儿的乐趣，感受到传统文化的博大精深。

刘晨曦深信，文化传承不是简单地保存，而是在发展与创新中不断焕发出新的生命力。展望未来，七巧手作科技邢台有限公司将持续探索传统文化与现代科技融合的新方向，推出更多富有创造力的产品，让喳喳织布机引领非遗传承的新潮流，向世界展现中国文化的魅力与时代精神。怀着对传统文化的敬畏与热忱，刘晨曦及其团队正一步步迈向梦想的彼岸。在创新的道路上，他们坚信，非遗的传承不是结束，而是一段崭新旅程的开始。随着喳喳织布机的广泛传播，穿梭于经纬之间的不仅是丝线，更是对未来的热切期待与不懈追求。愿这份源自古老文化的创新动力，能够继续在世界舞台上续写辉煌，织就属于这个时代的灿烂新篇章。

穿梭古今织华章
非遗新韵映邢襄

在时代的风云变幻中，传统文化与现代科技的交融，总能激发出意想不到的创意火花。坐落于燕赵厚土之上的七巧手作科技邢台有限公司，正是一家致力于传承与创新非物质文化遗产的企业。他们通过多元化的合作方式，将非物质文化遗产从历史的长河中唤醒，带到生机勃勃的当代生活。

公司与文化部门、教育机构紧密携手，共同举办了一系列内容丰富的非遗展览。在这些展览上，手织汉锦的细腻纹理如同历史故事的低语，喳喳织布机的韵律仿佛穿越时空的旋律，唤起了公众对传统技艺的敬畏与赞叹。这些展览，不仅提供了视觉上的享受，更是对非遗传承的深刻体现，让大众在欣赏与体验之间感知文化的温度。

手织汉锦，这项承载着深厚历史文化底蕴的省级非遗项目，成为七巧手作科技邢台有限公司传承的焦点。公司不仅邀请了非遗传承人亲自指导，还大胆地将传统技艺与现代设计理念巧妙地融合，推出了一系列创新产品。在传承与创新的交织下，公司未来的蓝图越发清晰。决心深耕非物质文化遗产土壤，将传统织布艺术推向新的境界。在研发之路上，公司不仅追求织布机花型的复杂性与功能的多样性，更积极探索智能化与传统手工艺的完美结合，旨在保持传统文化韵味的同时，实现技术上的飞跃。

为扩大非遗文化的影响力，公司计划开展一系列品牌活动，如“非遗走进社区”“传统文化沙龙”等，让非物质文化遗产成为人们触手可及的生活体验。同时，利用数字化媒体平台，策划互动性强、参与度高的线上活动，使非物质文化遗产在虚拟世界中同样绽放异彩。

公司通过与教育机构的深度合作，将非物质文化遗产融入青少年教育中，培育年青一代对传统文化的认同感与自豪感。通过建立“非遗实践基地”，推行“小小传承人”计划，从而让学生在实践中感受非遗魅力，在心中播下传承的种子。

此外，七巧手作科技邢台有限公司还计划与国内外知名设计院校携手，设立非遗设计创新基金，激励更多年轻设计师加入非遗项目创新设计的行列中来。这样的跨界合作，不仅为传统技艺注入了新的活力，也助力非遗产品走向国际，展现中国非物质文化遗产的独特魅力。

在时代的洗礼下，刘晨曦及其团队坚守的不仅是手织汉锦这一非遗项目，更是对文化传承与工匠精神的承诺。通过不断的探索与实践，刘晨曦坚信非物质文化遗产一定能在现代生活中焕发出新生。展望未来，七巧手作科技邢台有限公司将持续汇聚各方力量，让非物质文化遗产在创新中绽放异彩，在传承中持续提升。我们坚信，在科技与文化的交织下，非遗的种子将在人们心底生根发芽，绽放出五彩斑斓的文化之花，让传统技艺成为期待未来的源泉，共同谱写灿烂非遗新篇章！

骆顺杞

LUO SHUN QI

安徽省盛岳保安服务集团有限公司党委书记、董事长

骆顺杞，任安徽省盛岳保安服务集团有限公司党委书记兼董事长、安庆市保安协会副会长、岳西县慈善协会副会长。骆顺杞作为一名企业家及党员，他从一名代课教师转岗成为协警，后奋斗在保卫人民安全的一线上，他始终以筚路蓝缕、以启山林的创业精神和与时俱进、敢为人先的创新行动，创造着社会财富和就业机会，为安保行业的发展作出突出贡献。脱胎于安防，服务于安防，在骆顺杞的带领下，安徽省盛岳保安服务集团有限公司构建起多元化服务体系，完成了多个为民服务项目，堪称“国民”共进的典范企业。

实干为民促发展 守护平安保和谐

——访安徽省盛岳保安服务集团有限公司党委书记、董事长骆顺杞

脚踏实地
甘为平安守护神

《保安服务管理条例》（下文简称《条例》）施行时，安徽省盛岳保安服务集团有限公司党委书记、董事长骆顺杞无疑是众多兴奋者中的一个。《条例》中关于保安服务业“管办分离”的要点内容，为保安企业开辟了有法可依的局面。积累了多年行业经验的骆顺杞当时信心十足，开始探索规范化的企业运作模式。铮铮铁骨，忠于职守；雷霆出击，守护安宁。时代浪潮浩浩荡荡，铸盾护民，砺剑为防，骆顺杞和他的安徽省盛岳保安服务集团有限公司永葆自我初心，应时代之需，为构建和谐社会实力护航。

骆顺杞从小便有一个警察梦。生长于安徽省的他，对儿时村里的“联防队”记忆深刻。那支联防队队伍，由每户人家轮流派人参加夜间巡逻，大大地减少了村里偷盗事件的发生。耳濡目染下，骆顺杞怀揣着“维护秩序、匡扶正义、保家卫国”的警察梦想。骆顺杞是个热心肠的人，时常奔走在帮助乡里乡亲排忧解难的路上，时间久了，骆顺杞“乐于助人、勤劳善良”的美好品质便传颂于十里八乡，乡里乡亲都十分喜欢他、赞赏他，就连乡政府的乡长都对他青睐有加，以至于没多久骆顺杞就成为当地的一名代课教师，为了不辜负乡长的信任，骆顺杞一边发奋学习钻研教学方面的书籍，一边虚心请教老教师，一边认真备课，一边挤出时间听其他老师的课。由于教学认真细致，骆顺杞深受学生和家长的爱戴。

虽然脚踏实地的精神品质勉励着骆顺杞“干一行，爱一行”，但“当警察”是他从小的梦想。恰逢岳西县公安系统招录协警之际，骆顺杞果断报名参加考试，一路过关斩将，于1998年被录用，成为一名人民警察。在工作中他不断进行工作创新，开发人民群众更易接受的防诈骗常识顺口溜，案件的每一个细节都反复推敲和论证。在执着的探索中，骆顺杞赢得了领导的欣赏和同事的敬佩，卓有成效地提高了案件侦破效率和质量。骆顺杞干事执着，在工作中一旦遇到难题，他便没有了

下班的概念，有时几天几夜都在办公室。有时，他为了攻克一个疑点，在办公室一待就是一整夜。16年来，骆顺杞参与各类出警行动2100余次，协助抓获各类违法犯罪嫌疑人800余名，协助破获刑事案件350余宗，先后荣获了岳西县“优秀辅警”“最美治安辅警”等多个荣誉称号。

虽然取得了诸多荣誉，但骆顺杞并没有满足现状，凭借对事业的无限追求和求真务实的敬业精神，以及精湛的专业技术和全面的安全知识，2014年走上了更高的岗位，担任岳西县保安服务公司人防部经理；2016年年底，领导层决定让骆顺杞接过岳西县保安服务公司，担任党支部书记、董事长兼总经理。面对保安公司人心涣散、业绩平平，时常被人们戏称为“小保安”的困难境地，骆顺杞三天两夜没有合眼，制订紧急预案管理方案，全面调整领导班子，多次和员工谈心交流、了解情况，咬紧牙关克服各种困难，高质量地完成全县各行各业的安保工作。经过数月的努力，岳西县保安服务公司在他的带领下逐渐走上了正轨。

鞍马犹未歇，战鼓又催征。骆顺杞凭借着出色的表现，2022年，任安徽省盛岳保安服务集团有限公司党支部书记、董事长兼总经理，2023年任盛岳集团党委书记、董事长。在他的带领下，岳西县保安服务公司不仅起死回生，还创下了傲人的效益，更探索出一条正确的路子。如今，安徽省盛岳保安服务集团有限公司已有1200余名职工，组建了7个职能部门，下辖全捷停车管理公司、岳顺人力资源公司、岳祥物业管理公司、岳安检测公司、岳致餐饮公司、岳和汽车租赁公司等14家子公司，涵盖人防、技防、停车管理、汽车检测、餐饮、物业、人力资源、养老、家政、充换电等多项业务。各项制度齐全，各种关系顺当，各项工作进行得有条不紊。

规范管理
构建多元新体系

对骆顺杞而言，安徽省盛岳保安服务集团有限公司每上的一个台阶，与其说是机遇的眷顾，不如说是依靠他自身独到的眼界与自信。“虽说过程中遇到了不少坎坷，但其实每次解决下来，都能收获一份自信和经验。”他道出了自己的人生格言，“努力定能实现，付出必有回报。”作为一家拥有1200余名员工的多元化公司，骆顺杞有着自己独特的管理理念：权责清晰、严谨细致、信任关怀。

权责清晰是公司高效运作的基础。公司庞大的业务运作体系，主要依靠员工们的各司其职。目前公司内部设立了7个职能部门，14家子公司由经理直接分管。在骆顺杞看来，清晰的责任划分，既是公司对员工业务进行考核督促的基础，还能够将企业任务进行下放，使自己腾出更多

时间处理更有价值的事。

严谨细致是维护公司品牌的关键。一直以来，安徽省盛岳保安服务集团有限公司将“以服务促品牌，以品牌促发展”作为企业运营的宗旨，“实现品牌的核心在于品质，没有品质的企业做不长久”。为此，骆顺杞带领着团队严格按照国家《保安员国家职业标准》《保安培训机构管理办法》《安全技术防范产品管理办法》等规定来开展各项业务；同时建立起公司内部的《员工手册》，从专业素质、企业文化、团队精神等角度，分别对管理人员以及一线保安人员进行有针对性的培训；结合对各部门的不定期抽查和年终绩效考核，督促公司提高整体服务质量。

奉献关怀是构建公司工作氛围的保障。一方面，骆顺杞不断强化企业文化建设，潜移默化地使员工感受到企业的生命力与朝气，激发员工蓬勃向上的精神状态；另一方面，骆顺杞还尽量压缩企业的利润空间，提高员工待遇，为员工创建和谐的生活环境。一旦员工家中突遭不测，骆顺杞还利用企业内部工会、妇联等组织进行慈善捐款。令骆顺杞感到惊喜的是，公司中竟有不少“家庭档”员工，他们入职以后，还鼓励自己的配偶或子女也加入公司。在骆顺杞看来，这是员工对公司归属感和认同感的体现。除此之外，公司还聘用下岗退休人员，鼓励他们发挥余热，帮助解决社会再就业难题。

虽然安徽省在安保科技类领域比不上江浙地带，但是在服务方面，骆顺杞已然做出了自己的品牌。骆顺杞凭借着长期出色的表现，于2019年被中国公益网评为“2018年度全国公益优秀标兵”；2020年被岳西县委、县政府评为“脱贫攻坚先进个人”；2021年被岳西县直工委评为“先进党务工作者”；2022年被县精神文明建设委员会授予“最美岳西人”荣誉称号；被岳西县委评为“星级党员”“安庆好人”等荣誉称号；2023年荣获“岳西县道德模范”“岳西县文明创建先进个人”称号。

党建引领
模范党员好榜样

安保公司作为维护城市有序发展不可或缺的力量，除要承担演唱会、音乐节、美食节等临时性大型活动的安保外，还要冲在各种突发事件的最前线。比如，疫情防控。骆顺杞依然清晰地记得，在2020年年初疫情来袭时的情景：当时时值岁末年初，很多人都回家过年了，留守的人大都已安排了固定岗位。“当时的情况是普通保安人员不肯上，人没有，防护设施也没有，口罩等防护用品根本买不到，怎么办？我们就在公司群里号召党员先上！”关键时刻，党员都站出来了。“分布在银行、医院、酒店的党员纷纷站出来，并接受调剂，连夜奔袭到了抗疫一线。党员们冲锋陷阵，后面的人也慢慢跟上来了……”

在骆顺杞看来，这是党建的力量。自党支部成立以来，骆顺杞就坚持“一条主线”、抓好“两

类干部”、实施“三个加强”、聚焦“四个提升”，不断将“党建引领”工作融入业务中去。在骆顺杞的引领下，保安公司于2021年，投资30余万元建成了岳西县首个“组织生活馆”，结合保安公司的工作性质和特点，馆内有图片、有音像、有书籍、有实物、有大屏，真正地发挥出了内在引领功能与外在辐射功能，做到了党建和保安业务的深度融合。

在党建引领下，骆顺杞始终坚持“当无私奉献的好党员”，并以“经世济民，以人为本，义利兼顾”的经营之道为发展核心。自2014年以来，他带领着保安公司先后向北山村、梯岭村、九河村、中畈村、琥珀村，龙潭村等累计捐款50万元；资助岳西中学方树仁同学8000元；资助石桥村双胞胎大学生4000元。2020年，他组织公司和职工向县疫情指挥部捐款8万元。他的大爱让困难群众感受到了党的温暖，用无私的义举感召周围的同志，让“党员”这一光荣称号在他身上熠熠发光。“一家企业事业做得再好，要是没有爱心文化，那这个企业也是苍白的。”骆顺杞说，“身为一家企业的领导者，我们不仅要有社会责任感，还要将这种责任感落到实处，传递给每一位员工。”

持之以恒，彰显高尚。虽然这26年来在历史长河中仅仅是一瞬间，但在人生的旅途中是漫长的。骆顺杞一直坚持着自己的人生目标。他说：“有了人生目标，就永不言弃地为之奋斗，坚持就是胜利。”在他的领导下，安徽省盛岳保安服务集团有限公司将整合资源，在文旅、康养、新能源等领域持续发力，促进第一、第二、第三产业相互融合，增加一产农业种植基地，将无形的服务逐步转化为实体经济，将“实实在在做人、认认真真做事”的“厚德”情怀传递开来。

古柏越千年，饱经沧桑且枝繁叶茂；精魂传新人，恰逢盛世当英姿勃发。未来，骆顺杞将带领着安徽省盛岳保安服务集团有限公司不断完善现代化企业体系建设，争取成为一支全省第一、全国一流、高素质且适应时代经济发展需要的队伍，用实力彰显保卫传奇。

郭永满

GUO YONG MAN

北京海勤律师事务所合伙人

全面推进依法治国是解放和提升社会活力、促进社会公平正义、维护社会和谐稳定、确保党和国家长治久安的根本要求。律师是推进全面依法治国的一支重要力量。律师作为为当事人提供专业法律服务的工作者，凭借着专业的业务能力与素养维护当事人的合法权益，是贴近人民群众的司法力量，承担着保证法律正确实施、维护社会公平正义的职责与使命。律师的作用能否有效地发挥出来，关系着当事人的切身利益，关乎着法律的正确实施，乃至法治建设全局。北京海勤律师事务所合伙人郭永满，多年来深耕于律师行业，始终奋战于一线，经验丰富，业务精湛，最擅长的是刑事辩护领域。他积极投身于全面依法治国的实践之中，充分发挥律师的职能作用，服务于当今社会，维护人民群众的合法权益，促进社会的公平正义，为法治中国建设作出了积极贡献。

律政先锋维权益 深耕律法为人民

——访北京海勤律师事务所合伙人郭永满

跨界转行创造传奇

风吹雨打，雪压霜欺，生命不息，奋斗不止。从古至今，奋斗者从不畏惧年龄，始终以“甘将热血沃中华”的劲头，将一生的热情倾注于伟大的事业之中。军人出身的郭永满，原本从事着一份高薪职业，担任企业的高层管理，但他一直怀有一颗不安于现状的心，在工作中总是几经折腾。巧逢公司遇到了法律纠纷，由于公司内部缺乏法律体系知识，出现了不少“问题”。“那时候，我就想，如果有一个既懂管理专业知识又懂法律的人员，类似状况处理起来应该会游刃有余一些。”郭永满说道。加上他自身又对律师行业颇感兴趣，因此郭永满放弃了过往的荣耀与资历，从头开始选择了这一份充满荆棘与未知的新职业。

天下难事，必做于易；天下大事，必作于细。面对新环境、新挑战，武警反恐特战队退役军人郭永满，凭借着在部队锻炼出的坚韧意志与血性胆气，迅速适应了律师领域，充分发挥其优势，向下扎根，潜心笃志，勤学苦练，日复一日，打磨专业能力，满怀真诚，昂首阔步地走在专业律师之路上。从企业高管到北京市海勤律师事务所合伙人、中国儿童少年基金会夏天基金等多个国家级机构公益法律顾问，郭永满在法律行业已深耕了10余年，始终专注于刑事辩护及重大民商事案件办理，特别擅长刑事案件的处理，包括贪污、受贿、行贿、职务侵占、非法经营、集资诈骗、非法吸收公众存款、帮助信息网络犯罪活动、贩卖毒品、强迫交易、寻衅滋事、妨害公务等案件。

山高水长，路远迢迢，但持信念，无惧风雨。郭永满在处理案件时，常常通宵达旦地钻研奋战，只为找出案件的突破口；不辞辛劳，东奔西走，努力维护每一个当事人的合法权益。“律师职业是个体力活，通常全年无休。”郭永满笑着说。郭永满曾创下一年内处理百余起案件的传奇，这也是他废寝忘食地伏案写辩护词，起早贪黑地钻研案件的结果。凭借着精湛的专业能力、傲人的业务成就、出色的律师口碑与良好的市场反馈，郭永满分别于2022年、2024年两次荣获“法

治新时代”十佳刑事辩护律师，并担任北京电视台《现场说法》《法治进行时》栏目特邀专家律师。荣誉称号既是业内人士对郭永满律师专业素养、服务品质的肯定，也是对他以后工作的一种鞭策和激励。他始终保持着军人意志、专业高效的服务，继续夺取一座又一座“人生高地”，书写下属于自己的人生荣光。

初心守护人民权益

风起云涌，潮起潮落，世事变幻，坚守初心。在这个瞬息万变的世界里，世事如同风云般变幻莫测，潮起潮落间，人们往往容易迷失自我。然而，真正的力量并非来自外界的风云变幻，而是来自内心的坚守和执着，无论外界的环境如何变化，作为律师，郭永满始终坚持法律正义，保持内心的纯净和独立。郭永满表示：“你办的案子，不仅是别人的人生，也是你自己的人生。”当律师接受当事人委托之后，律师就是当事人完全信赖的人，所有律师必须将当事人的合法利益放在最重要的位置上，必须站在当事人的立场上去考虑问题。不管遇到多大的艰难险阻，律师都要带领着当事人往前冲。郭永满还认为，律师要注重细节，往往一个小细节就会使案件逆风翻盘；还要敢于深究，不畏强权，没有路的时候，哪怕劈山、闯海，也要开拓出一条路来。

不仅如此，律师既要站在当事人的立场上考虑问题，也要站在法律本身上考虑问题；既需要维护当事人的尊严，也需要维护法律的尊严和权威。郭永满是这样想的，也是这样做的。在郭永满律师代理的张某某涉嫌故意杀人罪一案中，他第一时间全面了解案件，结合相关法律初步认定该案不构成故意杀人罪后，多次向检察院提交书面及当面反映法律意见，并一步步在庭审中，坚持事实和证据，有理有据地展开辩护；针对被害人的过错，郭永满律师也明确表达出自己的法律观点。经过不懈努力，郭永满成功地帮委托人推翻故意杀人罪，将罪名变更为过失致人死亡，迎来了法院 3 年 6 个月的轻判。一直以来，郭永满始终致力于为当事人提供优质便捷的法律服务，维护当事人的合法权益，以深厚的法律功底、勤勉的执业态度，全心全力地服务于人民群众，让广大当事人切实地感受到法律的公平与正义。

诚者，天之道也；思诚者，人之道也。郭永满始终坚守自己的初心信仰，恪守执业底线，诚实、踏实、务实、尽责地对待每一起案件，用自己专业的法律知识和服务帮助委托人。郭永满作为一个“半路出家”的法律人，他正是靠着良心、细心、耐心、专心，赢得了数不胜数的赞扬与认可，不少客户都是委托人介绍而来。自执业以来，郭永满带领着团队办理了上千起各类刑事和民商事案件，为多名刑事被告人辩护成功，包括内蒙古某国企总经理刘某某贪污、受贿、职务侵占案，涉案金额 2.35 亿元，辩护至监察委撤案；张某某冒充国家领导人秘书，涉嫌诈骗金额 80 余万元，

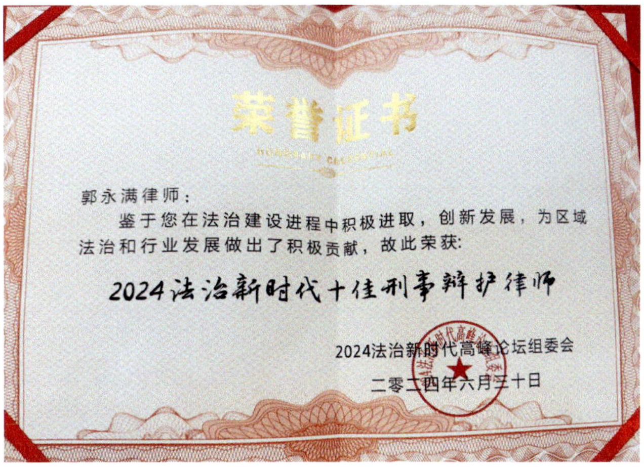

检察院量刑建议10-12年，最终争取到有期徒刑3年8个月；宝某某故意杀人案，为其辩护成功，法院判决故意杀人罪不成立等，广泛受到了委托人的信任与认可。

专注专业引领未来

俯身做事，用心做人。郭永满十几年如一日地沉淀自己，在庭审实践中锻炼能力，在庭审后复盘、讨论问题。正因如此，他才能在涉及贪污、受贿、行贿、职务侵占、非法经营、集资诈骗等刑事辩护及重大民商事案件等话题时侃侃而谈，在法条解读、庭审实操中游刃有余。

所谓独行快，众行远。郭永满充分地结合律师执业规范、律师出庭辩护、律师办案等一系列具体问题，对开庭案件进行针对性与实效性的研究，历时4个月，制作出了一本自己的《刑事辩护工作手册》。参照这本手册，其团队里每一位律师，即便是刚入职的行业小白，都可以轻松地查漏补缺、固定标准、提高效率，养成良好的办案习惯，清晰感知办案的全过程，广泛推动了法律服务的标准化、流程化建设，成功地解决了新入职律师不能快速进入案件等问题。

“援法断罪、罚当其罪”是中华民族探索自我治理的具体成果。在很多人看来，刑事律师是在为“坏人”说话，但郭永满却不认同“律师就是助纣为虐”的说法。我国《中华人民共和国宪法》规定：“被告人有权获得辩护。”他认为，律师是从程序、证据与法律等方面为犯罪嫌疑人（被告人）辩护，尽最大可能地找到犯罪嫌疑人（被告人）无罪或者罪轻的辩护理由，是为人权辩护，是为了实现刑法的公平正义。在郭永满看来，没有哪个嫌疑人是真正意义上的“坏人”，每个人都要为自己的错误行为付出代价，但是每个人也都应该得到公平的对待。

国家在不断推进法治国家、法治政府、法治社会建设等方面的进程中，也对律师执业提出了更高的要求，同时为律师发挥职能作用、施展才华能力、践行为民情怀、服务发展大局，提供了广阔的空间。郭永满紧抓机遇，勇敢地迎接挑战，未来也将继续深入律师一线工作，接受更多人的委托，积极参与严格执法、公正司法，讲责任重质效，讲良知守底线，维护人民群众的正当权益，为立法、执法、司法、守法提供优质的法律服务，在推进全面依法治国中展现出更大作为。同时，郭永满也希望利用自己丰富的实战经验帮助更多律师从业人员，编写出版律师专著，助力律师行业人才建设。

砥砺奋进显作为，百尺竿头谱新篇。郭永满作为法律人，肩负着当事人的种种重托，担负着践行国家法治精神之重任。未来，相信他会在一起起案件中不断提高自己解决实际问题的能力，担负起时代赋予的历史重任，在践行法治、服务人民的道路上一路繁花相送！

张伟用

ZHANG WEI YONG

北京艾俪特国际文化科技有限公司 CEO

“文化兴国运兴，文化强民族强”，文化自信是发展中更基本、更深沉、更持久的力量。文化自信从何而来？文化繁荣向何而去？从文化发展中而来，从文化交流中而来，向文化发展、带动百业而去。历史的教训早已警示我们：闭门造车只会故步自封、鼠目寸光，唯有将目光放长远，方知山外有山、天广地深。在全球化的大背景下，文化交流显得尤为重要。它既是文化自信的来源，也是推动文化繁荣的动力。

在现代社会，出国访学已然成为文化交流的重要手段。但当历史的齿轮回转几十年，那时访学进修的门槛极高，几乎都是以教授、专家为主的高端人才。但时易世变，经过多方努力，如今访学已并非高端学者的专属。张伟用及北京艾俪特国际文化科技有限公司正是其中的一分子——帮助有志之士去美国做访问学者进修交流。

专业守诚服务 引领美国访学新潮流

——访北京艾俪特国际文化科技有限公司 CEO 张伟用

独具慧眼积跬步
深耕不辍誉满身

正所谓："不积跬步无以至千里，不积小流无以成江海。"成功从不是一蹴而就，而是拾级而上，在成功与失败的交际之间，一步步成长、一点点攀登，间或点缀幸运，最终抵达自己的"珠穆朗玛峰"。张伟用正是这样一位坚韧而勇敢的冲锋者。

访问学者是指以进修和研究为目标的留学人员，通常前往另一所学术单位进行学习、访问或学术研究。访问学者不同于留学生或交换生，通常不设学分课程要求。他们在学校里的主要工作是在自己所擅长的领域进行交流或者进行课程教授、开设讲座以及完成研究计划。这种灵活性使得访问学者能够更加专注于自己的研究兴趣和学术目标，而且不受限于传统的学分要求或课程安排。访问学者的主要受益点在于学术交流和职业发展的提升，更适合那些已经具有一定学术或工作经验，希望通过出国进行学术交流和提升，而不是为了获取学位或学分的人群。

张伟用自 2008 年开始进入对外留学交流的教育领域，担任北京金东方美国留学部总监，开始在美国留学领域精耕细作，积累了丰富的申请经验与校方资源。也是在这个过程中，他发现国内许多有志青年对美国访问学者项目有着浓厚的兴趣，但苦于申请过程的复杂与烦琐，且缺乏指导，个人难以厘清其中关窍而作罢。于是，他以金东方美国留学部积累的出国服务经验为基础，尝试进行美国访问学者申请，大获成功，帮助数百名客户顺利实现美国访学计划。2014 年，他毅然决定创立厚谱教育品牌，专注于美国访问学者申请服务，凭借着多年对美国留学市场的深入研究和出国服务经验，成功地为数百名客户量身打造了访学计划，助力他们顺利实现美国访学计划。

学无止境，尤其是对于张伟用这样的能者而言，知识是人生的养料。2016 年，张伟用继续入读清华大学 MBA，并成功地推动了厚谱教育与朴新教育集团的合并，为中美教育交流开辟了新

张伟用老师受"全球杰出华人论坛"邀请，在洛杉矶做《访问学者如何在美国更好地发展》主题讲座

张伟用老师受美国坎贝尔大学邀请，在北卡做《访问学者如何在美国更好地发展》主题讲座

的道路。而中概股朴新教育在美国纽交所成功上市，无异于对他多年来致力于中美教育交流的最好肯定。同年，张伟用赴美深造，成为美国北卡大学教堂山分校的访问学者。也正是这次作为访问学者的亲身经历，让他深切地感受到了文化交流带来的益处与有志青年更加深切的访学需求，最终创立了北京艾俪特国际文化科技有限公司，并建设了 Elite 美国访学 J1 签证项目，致力于为国人提供更优质的美国访学服务，打开通往美国的大门，助力更多人实现人生价值。现今，张伟用已是民盟北京市委教育研究委员会副主任、飞世界国际教育联盟美国访学专家顾问、美中经济文化协会董事兼留学访学促进委员会主任，被誉为“美国访学教父”，荣获首届美东华人文化论坛“杰出贡献奖”，被美中经济文化协会授予“中美教育交流贡献奖”，受聘传播大使，荣任“国家对外友好文化使者”，荣获“全球杰出华人奖”，被评选为“2023 年度教育行业影响力人物”等，这些荣誉都是勇士的冠冕、是“时代新人”的徽章。

长计远虑得发展
优势过人列前茅

古语有言：“人无远虑，必有近忧”，不仅做人如此，任何事都应当长计远虑，只有这样才能更好地解决问题，尤其是在更迭迅速的现代社会，《财富》杂志报道，中国中小企业平均的存活时间只有两年半，5 年到 10 年的企业存活率大概是 7%，企业如何在激烈的市场竞争中保持自身优势、不断发展是一门深刻的学问。在访学项目领域，张伟用及北京艾俪特国际文化科技有限公司给出的回答是：以核心独特资源为依托，以诚信为原则，以专业、优质服务为增值，用心服务每一位客户，以诚心打造行业“良币”，树立行业标杆。

在张伟用的领导下，北京艾俪特国际文化科技有限公司获得多所美国名校教授支持，包括哈佛大学麻省理工学院、斯坦福大学北卡大学教堂山分校、加州州立大学等，成功与多所美国名校设立 Elite 美国访学 J1 签证项目，且手握独家资源，部分名校只与北京艾俪特国际文化科技有限公司签订了合作项目，只接受通过艾俪特国际帮助申请的访问学者，这是别的公司或中介机构所没有的，是其独特性优势。在人才与管理上，北京艾俪特国际文化科技有限公司广纳人才，拥有一支专业、高效、负责、诚信的人才团队，提供专业且优质的服务。同时，张伟用效仿老子的“无为而治”，充分尊重每一位优秀职员的主观能动性和创造性，并设立富有激励性的薪酬方案，充分激活团队的活力，给予团队人员充分的自由，可以恣意地发挥个人的创造力与才智，以灵性而专业的服务给予客户最好的方案与体验。

除此之外，艾俪特国际 Elite 美国访学 J1 签证项目【美国陪读 + 工作 + 绿卡】可以帮助普通人以访问学者身份实现家庭式赴美进修，配偶可以在美国合法工作赚钱、带娃读书，解决其后

2023 年度国际教育创新品牌

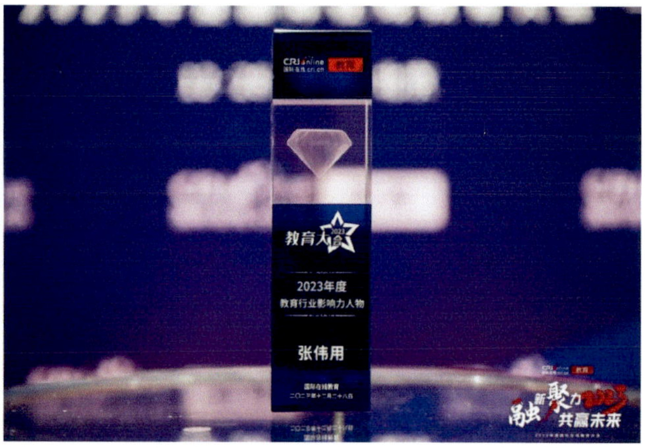

2023 年度教育行业影响力人物

国家对外友好文化使者

全球华人杰出奖

中美教育交流创新项目奖

顾之忧。基于访学业务，艾俪特国际还提供中年赴美一揽子解决方案，包括美国工作签证（H1b、L1、01 等）、美国绿卡申请（EB1，EB2，EB5 等）、美国留学等服务。访问学者一家还可荣享五大福利：子女可免费入读公立中小学（含高中），无门槛读名校，只需凭借买房、租房证明去当地教育局登记即可入学，没有语言考试等入学门槛；配偶持 J2 签入境后可以申请工卡（无学历、语言等限制），拿到工卡后即可合法工作，无须抽签，也不受工作种类、时长、薪资等限制；签证通过率高达 91%，过签率高；轻松自由，无硬性学业要求，自我提升和陪读兼顾；长达 5 年时间，可多次往返。目前，艾俪特国际已形成了以北京为总部，辐射美国华盛顿特区、纽约、加利福尼亚州、马萨诸塞州、北卡罗来纳州、伊利诺伊等多个海外办公室，以及上海、广州、深圳、成都、西安等共计 30 余个市场推广与支持中心为支撑，共同构建起的服务体系，拥有众多海外名校顾问与合作院校资源，已帮助超过 300 组家庭成功访学美国，促进访学者拓宽视野，提升专业技能；促进访学者参与相关学术交流与合作，获得国际化的研究经验，增强文化体验和理解，提升个人职业发展和声誉。

良性竞争方得长久
以诚待人方得始终

百花争春，各有鲜妍。竞争从未停歇，良性竞争则各有所长，恶性竞争则底线下跌。张伟用也认为，不应让市场竞争变为“劣币驱逐良币”的悲惨结局。

随着社会的发展，居民的经济收入水平也不断提高。在访学进修领域，访学人士也由以前的公派为主，逐渐向自费访学过渡，访学人士的数量在增加，人群也更加多元化，市场需求量不断增长，因而也吸引了更多资本入驻。但同时，竞争加剧也悄然带来了许多不良机构进入，虚假宣传、欺骗客户、找存在重大缺陷甚至可能面临倒闭的大学、抄袭同行、挖墙脚、以不法行为进行申请等不良手段层出不穷。每当有一位顾客上当受骗，就是对访学行业的打击与抹黑。毕竟，访学与大众之间仍然存在信息偏差和客户认知差异，在这个逐渐接轨国际的关键时代，行业丑闻只会加剧群众对其的偏见。因此，一方面要提醒用户加强甄别，另一方面也警示着我们行业需要正确引领。

就张伟用及北京艾俪特国际文化科技有限公司而言，他们始终秉持着以诚待人的行业准则，认真地为每一位客户进行评估与规划。客户只要拥有本科学历，有基本的英语交流能力，有强烈的访学意愿，就支持他去申请访学，拿到邀请函，办理访问学者的 J1 签证，具有极强的便利性；

对于有意愿但资质还不达标的客户，如果客户有意愿提升，公司及专业人员也十分愿意为其提供帮助。经过咨询评估、匹配院校、材料准备、获得offer、面签培训、通过签证等一系列成熟流程便可成功地赴美访学。唯有真诚才能获得口碑，才能赢得群众的信任、赢得时代的呼声。

文化交流促进文化发展，在建设文化强国的道路上，文化交流是其中重要一环。唯有将每一环节打造得尽善尽美，环环相扣，才能尽显美玉光辉、尽展大国气势。在访学交流领域，张伟用及北京艾俪特国际文化科技有限公司已美玉初成、尽展光彩。当越来越多的能者在不同行业领域精耕细作，引领行业发展，大国图景便近在咫尺！

罗艳云

LUO YAN YUN

南岳康乐福生态农业发展有限公司董事长

流年烟火，清欢人生。无论是平民百姓，还是王侯将相；无论是人文史诗，还是物类品鉴，皆需要懂之、赏之、用之的“伯乐”，罗艳云便是寿岳衡山中草本植物的伯乐。2015年，担任南岳区茶业协会会长、区工商联副主席和区第七、八、九届人大代表的罗艳云成立了南岳康乐福生态农业发展有限公司，打造了“以贵妃凰菊为核心，以寿山为依托，以健康长寿为主题”的贵妃凰菊品牌和黄精系列产品。他充分挖掘寿岳衡山的特色，持续开发具有当地特色文化的产品和礼品，以山为基，以水为乐，以花为媒，以花造景，打造生态景观，最终形成一个集娱乐、休闲、体验于一体的大型高山生态旅游综合园区。在前行的道路上，罗艳云始终秉承着绿色、营养、健康的理念，致力于为客户带来安全、健康的产品，以开拓进取的精神、昂首阔步的姿态、精益求精的态度、厚德载物的德行，与企业共同成长！

凌云之志为健康助力 逐梦远山定光耀中华

——访南岳康乐福生态农业发展有限公司董事长罗艳云

坚持国家引领
小菊花承载大梦想

衡山，乃中国“五岳”之一。据战国时期《甘石星经》记载，因其位于星座二十八宿的轸星之翼，“变应玑衡”“铨德钧物”，犹如衡器，可称天地，故名衡山。而衡山所在的衡阳市南岳衡山旅游区，则被评为首批国家5A级旅游景区，为当地的旅游业发展带来了价值不菲的收益。可提到衡山，人们只能想到衡山，并没有什么其他特别记忆犹新的东西。对于衡山的旅游业来说，这并不是一件好事。罗艳云作为寿岳衡山的一名创业者，他以家乡建设为己任，决心用自己的努力推动家乡旅游业的发展。

“从头越，苍山如海，残阳如血。”罗艳云原本是一位年营业额千万的家具超市的董事长，但当他看到当地旅游业发展的局限性，心中便有了一个小小的梦想，希望能够为当地的旅游业发展带来不一样的东西。为此，他依托于国家惠农政策的支撑，深耕衡山特色，最终将目光放在了菊花上面。众所周知，菊花本就有寿菊的寓意，是长寿的象征。而在衡山，罗艳云发现在茂林修竹、野花遍布、云雾四季缭绕、海拔1300多米的古老原始林区内，有一贵妃凰菊是菊花中的精品。这里的贵妃凰菊不仅富含黄酮素、绿原酸、氨基酸及多种对人体有益的成分，还具有清热降燥、明目养神、抗衰老等功效。2015年，罗艳云依托国家惠农政策的支撑，扎根农业，在衡山脚下成立了南岳康乐福生态农业发展有限公司。

品牌是企业的身份象征，代表着企业的价值观、使命和愿景。一个强大的品牌，能够赋予企业独特的形象和声誉，帮助企业在激烈的市场竞争中脱颖而出。在企业成立之初，罗艳云便以“一生只做一件事，世界共享好菊花贵妃凰菊”为愿景，准备打造一个可持续发展的全国性品牌定位“贵妃凰菊”，希望每一个消费者都能够通过健康运动和合理食疗，利用原生态的食品调理身体，让身体更健康，从而达到延长生命的目的。他以山为基，以水为乐，以花为媒，以花造景，建立起以菊花种植为主，打造生态景观，最终成就一个集娱乐、休闲、体验于一体的大型高山生态旅游综合园区，为当地“农业＋旅游业”的发展提供了新的方向。

在宣传部门的推荐下，南岳康乐福生态农业发展有限公司受到新华社、人民网、中宣网、

CCTV的采访和报道，以及省媒、湖南卫视、经视、都视、公共频道凤凰卫视、东南卫视等媒体和市区媒体的宣传。他个人也获得了“千亿茶产业”先进工作者、南岳区创新创业一等奖、市人大代表“扶贫工作基地建设”先进个人等荣誉称号。贵妃凰菊茶一经推出，首次参加中国湖南第8届茶博会，就荣获了金奖；同年还荣获了中国旅游博览会银奖。罗艳云认为，所有荣誉都离不开领导的关心、指导、推荐和帮助。在区委和市政府的正确领导下，以及相关单位的帮助下，企业荣获了市、区两级创新企业的称号、全国重点推荐诚信经营企业、人大代表乡村振兴典型企业、衡阳市万企兴万村先进典型，以及工商联“万企帮万村”优秀企业称号，2019年至今还多次获评衡阳市农业产业化龙头企业。罗艳云怀揣着一份责任与担当，将生命年轮与祖国飞速发展的事业结合在一起，定格成一幅绚丽多彩的画卷、一座流光溢彩的命运星宿。

守护健康生活
诚信谋长久之道

中国地大物博，四亿年沧海桑田，雕琢出一片钟灵毓秀之地。在这里，有守望相助的各族人民，还有各地独树一帜的珍馐美味。位于湖南省的衡山，则孕养出了一片富有魅力的茶田。罗艳云以优质产地为茶香的酝酿提供了充分的滋养，让穿越千年的纯正味道由此得以在品者的口中绽放芬芳。

民以食为天，食以安为先。罗艳云作为南岳康乐福生态农业发展有限公司董事长，具有强烈的社会责任感，在推动企业发展的同时，也没有忘记自己创办企业的初心。从企业成立到如今，已经走过了10个年头。这一路走来，罗艳云经历了太多磨难。例如，在种植过程中，若遇到了不可抗力的天气原因，定然会对茶叶种植造成一定的影响，并且会造成经济损失。即便如此，罗艳云也从未改变初心，绝不以次充好。同时，他还坚持从源头做起，保障绿色安全。在种植过程中，他严格把控每一个细节，要求茶农做到不打除草剂、不用农药、不用硫黄，要做到没有农残，还种植一个绿色的环境，只有这样才能打造出真正的纯天然的菊花茶，且罗艳云将基地选择在了高山之上，保证了每一朵菊花的品质与营养。

因为疫情原因，全国的企业基本受到了不同程度的影响，南岳康乐福生态农业发展有限公司自然也不例外。此时，企业的发展因为工人用工成本和企业用料成本的增加，也陷入两难境地。但是在区委、市政府积极帮助制定政策，安排解困专项资金，在企业对接人才、资金的帮助下，企业顺利渡过难关。这也增强了罗艳云严格管理、诚信经营的决心。无论是困难还是顺利，他都严格要求工人，每一次的生产、加工、包装，必须做到最好，不能辜负消费者的信任，且为了约束工人在生产运输过程中的行为流程，他严格把控各个细节。首先，要求员工每一个生产流程都

要按照标准来执行，让工人在操作的时候有律可依；其次，每一次烘烤，都必须达到要求，才能进行包装，而且在烘烤之后，也会有专门的抽检人员来确保每一批次的产品都不会有任何的问题；最后，确保产品没有任何问题后，才会进入冷库，等待运输。在运输过程中，他也十分关注运输的过程，不会让产品在运输过程中受到二次污染。罗艳云希望："每一个消费者能够喝到来自寿岳衡山的一杯千年养生菊。"

以诚信赢得消费者信任、以创新塑造品牌。为了让消费者满意，罗艳云对于包装袋都有着严格的要求。他采用小袋包装，一泡一朵菊花，保证贵妃凰菊的高端品质。在冲泡时，也能看到在水中层层叠叠、雍容华丽、栩栩如生的菊花，仿佛拥有了第二次生命，散发出淡淡的清香与甘醇。众所周知，菊花在药谱上名列上品药物排名13，也是国家首批药食同源产品。而纯天然、无硫、无添加剂、无农残的贵妃凰菊，因其独特的香甜味和高含量的营养成分，也已经成为衡山健康绿色的必备饮品。罗艳云深耕衡山特色，他发现被称为"衡山寿草"的黄精，因其自然环境优越，所产黄精品质上乘，是延年益寿的滋补佳品，并且在2000多年前，南岳衡山就有盛产黄精的历史记载，并被《神农本草经》《本草纲目》列为上品。他深耕黄精特性，发现其无论是入药、煲汤、做茶，还是加工为零食等都是不二选择，2023年年底他与衡岳中药饮片厂合作，以"公司+合作社+农户生产""两百岁"南岳黄精，目前已有7款产品推向市场。

为推动旅游业的发展，罗艳云还推出了文创产品和旅游纪念品的文化产品，然后延伸到菊花饼食品系列、菊花调饮茶系列，以及菊花护肤日化用品系列。如今，由罗艳云与湖南农业大学董兴荣教授团队、湖南中医药大学邹博士、金昌生物有限公司生产的贵妃凰菊沐浴露、嫩肤洁颜乳，以及洗发水、保湿水、精华修复液、菊花纯露等菊花系列护肤产品，也正陆续推向市场，迎接消

费者的考验。

千年传承的精髓，熠熠光辉，为品牌的至真至纯而奋斗，这是罗艳云的责任与使命。如今的南岳康乐福生态农业发展有限公司，在罗艳云的带领下，已掌握了8项实用新型专利，2项包装专利，3项发明专利正在申报审核中，并与农业大学等机构建立起合作关系，共同推动项目的可持续发展，且与湖南湘品堂特产连锁店，衡阳中石化便利店，达漫电商扶贫，广州、深圳扶贫馆，省、市代理商渠道达成合作，成功构建起了“公司＋基地＋产品延伸＋文旅结合＋生态养生”产业链。茶之于罗艳云，就像树之于根，于时光交错中，依然不改初心。

匠心温暖人间
心怀天下为民生

生活，一半诗意，一半烟火，百态人生，百味人间，或许平凡却令人心安。一个“匠”字，是匠人不为物欲琐事所驱动的平静，是不被尘世喧嚣所打扰的专注，亦是坚守传承传统文化技艺的极致追求。于罗艳云而言，“贵妃凰菊”和“二百岁”包含的不仅是简单的愿望，而是承载着厚重的历史韵味，见证着国家和人民对于健康的追求，翻腾着千百般浓烈的匠心精神。

如果说紧跟国家政策发展，并付诸行动帮扶当地的农业发展是罗艳云始终不变的初心；那么用心生活、恩及万物、用心诠释人生，对得起光阴岁月，对得起现在和未来，便是罗艳云用爱、用赤诚、用热忱感恩的匠心匠意。以多种模式助力乡村振兴，带动农民实现增收致富，罗艳云搭建起了“公司＋合作社＋农户生产”的经营模式，拥有贵妃凰菊种植基地800余亩，推动当地农业经济的发展，帮扶农民21户共计73人，解决了当地剩余劳动力的就业问题，实现当地人均增收16000余元，农民土地流转收入每亩400元，他也被评为“衡阳市人大代表扶贫工作基地建设先进个人”。为解决扶贫产品销售问题，罗艳云投入巨资建设销售展示厅，将贵妃凰菊和茶产品以及扶贫产品展示销售于一体。不仅增加了就业岗位，也帮助当地百姓解决农产品销售问题。同时，他建设了“生产基地＋茶博馆”，打造茶文化研学基地，生态旅游综合园区，每年为当地吸引5万余人前来赏菊，真正实现了助力乡村振兴发展。2018年，罗艳云举办的“菊花文化节”，打造特色菊花宴，实现农旅融合，这些离不开农业局、商务局、工商联的帮助。目前，南岳康乐福生态农业发展有限公司已经成为南岳产业转型示范企业，是南岳最大、最全、最舒适的茶文化购物休闲体验场所，先后被授予南岳区扶贫产品专馆，“一站式”农村电商直播基地，

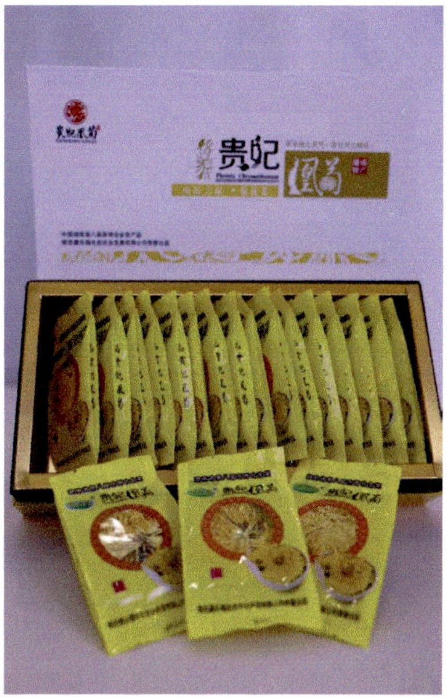

南岳镇供销惠农综合服务中心。罗艳云在推动乡村发展的同时，也让人们知道了菊花的益处，将健康生活理念传播出去，造福更多人群。

“茶品如人品”罗艳云以农为本，以商养农，传承中国5000多年来的茶文化历史，为消费者栽植绿色健康好茶，让越来越多人爱上喝健康茶，这也是他从事茶事业的使命。未来，他将调整土地种植，保持现有的发展，保证产品品质，不忘初心，带领当地农民增收致富。同时扩大产值，

继续解决农村剩余劳动力问题；加大科研投入力度，开发新产品，推动企业的创新研发，为消费者提供更多产品类别的选择；拓展新媒体营销，以此提升品牌的影响力，最终实现“让大家都能喝到健康茶”的宏伟愿景，让世界共享贵妃凰菊！

翰墨风云20年，乘大国崛起之气运。综观罗艳云的创业历程，我们不难发现，他是一名“白手起家”的创业者。他以积极乐观的态度，战胜了创业历程中的荆棘苦难，绘就了一幅绚烂的人生画卷，令人为之骄傲。罗艳云作为新时代的奋斗者，他用汗水和心血浇灌出劳动的果实，以饱满的热情永不懈怠、一往无前，以豪迈气概信达八方、立于行业之巅！

凌友成

LING YOU CHENG

湖北世纪科怡数据技术有限责任公司董事长

湖北世纪科怡数据技术有限责任公司成立于2003年，是经湖北省档案局正式批准授权成立的湖北首家、全国第四家“档案数字化定点加工处理基地”。企业以档案管理服务为核心业务，为政府机关、企事业单位、各大院校、大型三甲医院及金融部门提供档案规范化整理及数字化加工、档案业务咨询、档案软件信息化建设等服务；并在成功建设数字档案室（馆）、智慧档案室（馆）经验的基础上，利用当前先进的信息技术，推出了专业、成熟的档案管理一体化解决方案，协助合作伙伴推进档案资源数字化、信息管理标准化、信息服务网络化发展进程。

依法管理档案 科学谋划未来

——访湖北世纪科怡数据技术有限责任公司董事长凌友成

致力建设
创精益求精之范

档案是历史的真实记录，是人类发展史上一项无形的宝贵财富。做好档案管理工作是社会、国家健康发展的需要，档案管理也是每个单位管理工作中很重要的一部分，是提高单位工作质量和效率的重要条件，是对历史的真实记录，为促进社会科学发展提供了第一手资料，是进行科学管理、制定发展战略的理想教材，也为社会的科学发展奠定了坚实的基础。

由于传统的纸质档案管理存在着容易遗漏、难以保管、易于损坏等问题，因此积极推进电子档案管理信息系统建设，做好政务服务电子文件形成、办理、归档和政务服务电子档案保管、利用、移交等工作，不仅有利于档案的接收、长久保存和共享利用，而且有利于国计民生，给老百姓的生活带来便捷。这也是湖北世纪科怡数据技术有限责任公司董事长凌友成带领着团队经过20余年的奋斗，从无到有、从小到大的不竭动力。

这些年来，董事长凌友成和员工们不断收到让人感到温馨的反馈：一位市民想要寻找当年是抗战老兵的祖父，在向相关政府工作人员说明来意后，工作人员利用电子检索，很快就查询到其祖父的相关信息，同时经过多方积极协调，寻找相关资料，最终让一家人幸福团聚；在为某大学提供档案数字化整理服务时，经过湖北世纪科怡团队的共同努力，逐步理顺了该大学的档案数字化及整理，完善了综合档案管理、学籍学历管理、学生档案管理、档案信息发布等相关信息，并通过在线文档安全浏览等强化数据运行安全的措施，实现了档案工作“一站式”管理和服务，也成为这所大学从三本升级到二本的“加分项”。正所谓“赠人玫瑰，手有余香”，看着这一桩桩、一件件因为信息化档案管理服务而促成的好事，尽管工作起来难免枯燥乏味，然而董事长凌友成

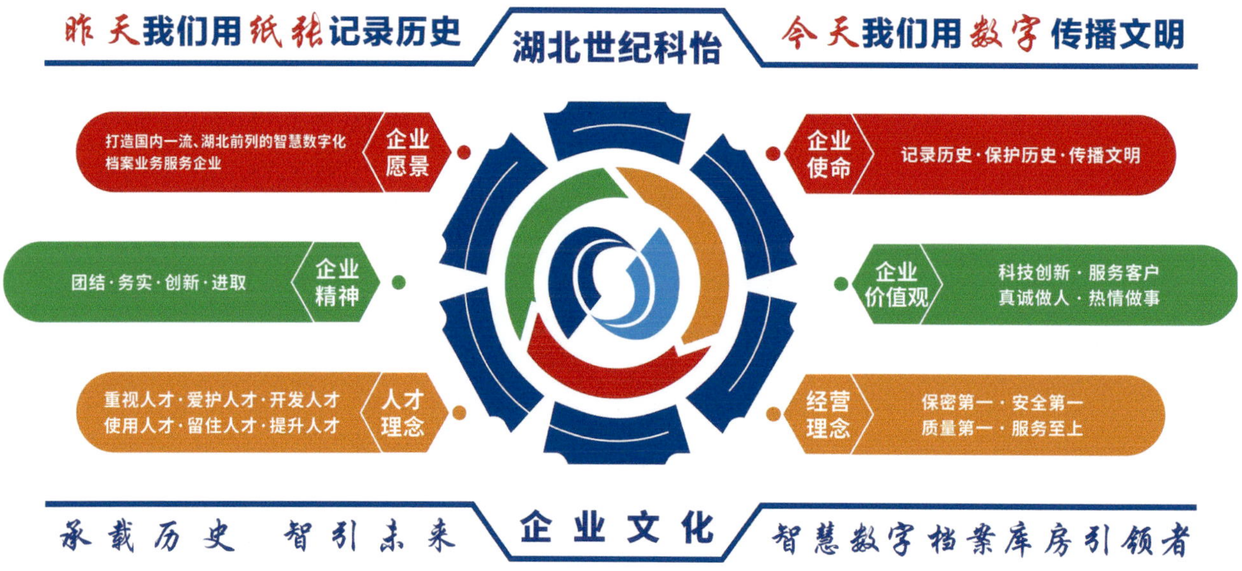

和员工们总是乐在其中。

更智能、更高效、更便捷地满足人民群众的档案需求是档案业务发展的方向。但在20多年前，推广档案数字化管理工作却是举步维艰。

“我们单位有档案管理员，都干了好多年了。”这是凌友成在创业之初，听到的最多的婉拒话语。在过去相当长的一段时间内，很多政府部门和企业都采用传统的人工与纸质文件管理方式，对档案管理缺乏信息化意识，不会结合自身发展情况对档案工作进行有针对性的系统规划，对于需要收集归档的材料种类、档案后续如何定期规整以及档案数据库的建设等，都缺乏统一的标准和规范制度，重经济利益、轻档案管理的现象普遍存在，因此导致需要调用档案时，其工作往往具有较大的盲目性与随机性，无法做到有规可循，使档案管理信息化建设流于表面，无法发挥出信息化建设的优势作用。

另一个较大的难题就是部分单位的档案库房及办公地点较小，而规范化的档案管理则需要较大的场地。针对这一难题，湖北世纪科怡数据技术有限责任公司加大对场地的投入力度，从湖北省档案馆一间较小的办公场所搬迁至新的办公大楼，占地近1000平方米，公司规模也开始起步，逐步发展成为一家集咨询、管理、实施、技术、效益于一体的专业档案服务供应商，为全省各级机关、企事业单位提供档案规范化建设、档案信息化建设咨询，包含各种门类档案分类整理、数字化加工服务、电子档案数据库建设、库房安全管理及智能化建设等服务的专业单位。

务本实绩
扬创新建设之声

在以信息技术驱动新时代档案管理人才培养的基础上，湖北世纪科怡数据技术有限责任公司坚持以“科技创新、服务客户、真诚做人、热情做事”为宗旨，将务实、创新贯穿企业发展的全链条，促进团队的专业水平与思政建设同向同行，形成以服务为核心、以技术为驱动、多层次推进的人才模式，培养出一批具有政治定力、沟通能力、专业能力和统筹能力的新时代卓越团队，学悟伟大思想，构建档案行业新气象。

奋斗成就梦想，湖北世纪科怡全体同仁在团结协作中闪光、在拼搏进取中传承。企业现有正式职工近百人，老员工占比72.3%，除部分后勤员工外，大多数人都获得了湖北省档案专业培训证书和湖北省档案安全保密培训证书。每每提起自己的团队，凌友成总是满脸笑意，显然是对湖北世纪科怡这支“王牌军”非常满意，尤其是企业的技术顾问任丽华老师、总经理白慧雪老师、技术部总监涂德剑老师等“元老级”人物，都是陪伴着企业经历了风风雨雨，一路相伴到今天。公司员工在这些老师的带领下，多次参加湖北省档案局、中国档案学会、企业档案学会等主管部门组织的专业培训，大大提升了员工的实操能力，丰富了员工的“实战”经验，大家纷纷积极参与各大省直机关、各级档案馆、央企、国企等单位的档案规范化、信息化项目建设及监理项目中。“中生代”潘文文、黄玲玲等几位老师也都尽职尽责，发挥出承上启下的“顶梁柱”作用；“新

生代”的年轻同伴们更是朝气蓬勃、虚心好学。每当完成一项重要项目时，这些年轻的同伴第一时间最想对带教老师们道一声“辛苦”，“老师们掏心掏肺地教，我们全心全意地学”。湖北世纪科怡团队的“传帮带”模式，传递的不仅是技术和经验，还借力发扬优秀的企业文化，让企业发展充满了活力。

“把档案工作交给他们做，哪怕缺一张纸，就算是我们有的工作人员说无所谓，他们也会督促补齐，非常靠得住。”这是合作伙伴对湖北世纪科怡“王牌军”统一的评价。

诚实严谨的工作作风，让企业业务量逐渐攀升，涵盖面也不断扩大，服务单位千余家。其中政府部门、企事业单位、大专院校、金融部门及各大医院等单位，都与湖北世纪科怡数据技术有限责任公司有过友好的合作。

怀揣着“维护历史事实，开发档案资源，服务社会现实”的理念，以及“保密第一、安全第一、质量第一、服务至上”的服务宗旨，湖北世纪科怡数据技术有限责任公司凭借着高标准的硬件设施和专业缜密的管理服务，建立起科学的档案服务和档案产品质量管理双体系，拥有 30 多项自主产权技术，产品系列包括科怡数字档案管理系统、科怡企业档案管理档案、科怡声像档案管理系统、科怡测绘档案管理系统、科怡高速公路管理系统等，服务成果受到省、市档案部门的一致肯定与好评，在全国档案服务行业内都颇具影响力。

奋勇前行
谋服务社会之基

在档案管理工作中，那些日常的默契和专业是成就档案数字化服务成果优劣的先决条件。湖北世纪科怡数据技术有限责任公司的辉煌气象，来自每位员工的不懈努力及坚持奋斗，心中有目标、身边有队友，为了共同的目标，大家常常拧成一股绳，鼓足前进的动力，而所有的创新、探索也将使队伍的发展长久受益。

带着信念与信心，湖北世纪科怡数据技术有限责任公司获得了计算机档案管理软件服务认证证书、档案信息服务认证证书、企业诚信管理体系证书、售后服务评价体系证书、诚信经营示范单位、质量服务诚信单位、诚信供应商、双软认证企业、职业健康安全管理体系认证证书、环境管理体系认证证书、省优秀信用单位、科技创新型中小型企业、软件著作权（档案类）、档案数据化加工企业等级资质证书、质量管理体系认证证书等多项证书，尤其是在中国特色档案管理体系的建构、分类与管理研究领域发挥了积极的引领作用。

事实上，湖北世纪科怡数据技术有限责任公司的业务拓展、团队建设与发展正是我国信息化、数字化时代发展趋势的生动缩影。在社会经济高速发展的当下，档案作为重要的信息资源和独特的历史文化遗产，其价值日益凸显，档案工作对党和国家各项事业的基础性、支撑性作用更加突出，在档案事业发展的重要战略期，同时面临着严峻的挑战，凌友成以独特、敏锐的眼光，勾画出智慧档案室建设的未来发展规划，以及部署下一步工作的重心，体现出当代企业家务实肯干的精神风貌，他用实际行动告诉人们：选择专业也好，创业也好，一定要看清国家政策，做符合国家发展前景的项目。另外，团结是走向成功的基石，只有团结一致，才能凝聚起强大的力量，更好地应对各种挑战和困难；务实是实现目标的保障，避免被各种虚假信息迷惑，理性地分析问题，实事求是地解决问题；创新是进步的动力，只有不断创新才能不断超越自我；进取是追求卓越的动力源泉，只有积极进取、勇于挑战，才能在激烈的市场竞争中脱颖而出。

“海阔天空想，脚踏实地干”，为时代立传，为历史存真。以维护历史事实、开发档案资源、服务社会现实为目标，无论是过去还是现在，湖北世纪科怡数据技术有限责任公司全体同人都将怀着满腔的热忱与赤子之心，挥洒汗水，筑梦未来！

姚丛伟

YAO CONG WEI

南阳市百宝堂玉文化传播有限公司董事长

姚丛伟，一位德厚、艺高、技精的玉石雕刻大师。他是低调谦逊的（玉石雕刻）百匠名师、国际注册工艺美术大师、中华玉雕艺术鉴赏大师；也是德艺双馨的（玉石雕刻）非遗技艺传承人、中华传统工艺大师；还是潜心耕耘的名师玉产业推广有限公司董事长、南阳市百宝堂品牌创始人、南阳独山玉行业协会常务副会长；更是受人敬重的2018年度镇平玉雕行业年度人物、CCTV《影响力对话》栏目组特邀嘉宾、河南师范大学商学院兼职教授……20余载春秋，他匠心独运，将传统玉石文化的精髓与现代审美理念巧妙地融合，每一刀、每一琢皆显精湛技艺，每一件、每一品皆是文化颂歌。他以玉为媒，讲述着跨越时空的玉石故事，展现着中华民族玉文化的独特魅力与不朽价值。

匠心独运琢玉石佳品 玉韵流转传万古佳话

——访南阳市百宝堂玉文化传播有限公司董事长姚丛伟

结缘玉石 承旧续新

玉石文化作为中华民族悠久历史中一颗璀璨的明珠，不仅承载着往昔的辉煌与深邃智慧，更是滋养艺术之花、陶冶心灵境界的宝贵财富。每一件玉石作品，皆犹如一幅精心雕琢的叙事长卷，缓缓展开，细腻而深邃；亦宛如山水间流淌的诗意，细说着过往与未来之间的对话，承载着玉匠人对美的无尽向往与不懈探索。

姚丛伟，出身于玉雕世家，自幼便与玉石结下了不解之缘，这份源自血脉的热爱，如同陈年佳酿，愈久弥香。年未及冠，他便已踏入玉石艺术的殿堂，潜心钻研，后更负笈远行，于天津美术学院、中央美术学院深造，艺术修养与鉴赏能力得以显著提升，因此奠定了其非凡的艺术底蕴。

2002 年，姚丛伟踏上了原创艺术的征途，并于同年创立了“百宝堂”，孕育出“玉乡珠宝”这一璀璨品牌。他顺应玉之天性，开创了“仿真写实工艺”之先河，将玉石的自然之美与人文内涵完美地融合。其创作的系列作品，如“甜蜜的事业”，寓意着生活的甜蜜与和谐；“顶天立地”，则展现了人格的高尚与坚韧；“生意兴隆”，寄托了对商海浮沉中一帆风顺的美好祝愿；“平步青云”，则蕴含着对仕途顺畅、前程似锦的深深期许。每一件作品都是姚丛伟对生活哲学的深刻洞察与独到诠释。

以玉为笔，以心为墨，在时光的织锦中，他再攀艺术高峰。其原创巨制“百壶图”与全息自然艺术珍品“山水方章”横空出世，两者不仅精妙地捕捉到独山玉独有的斑斓色彩与沉稳韵味，更将自然之美与人文诗意巧妙地融合起来，展现出一幅幅动人心魄的艺术盛景，令人拍案叫绝。

尤为令人瞩目的是，在南阳市首届玉雕节“陆子冈”杯的激烈角逐中，姚丛伟的作品以其卓越的品质与深刻的内涵独占鳌头，十中有八，尽显其作为当代玉雕大师的非凡实力与卓越风采。而在国内乃至国际玉石艺术舞台上，姚丛伟的名字始终与荣誉并肩。他的原创作品在各大玉石赛事中屡获金奖，成为无可争议的璀璨明星，特别是在享有盛誉的“天工奖”品鉴会上，姚丛伟更是常胜将军，年年参与、年年荣耀加冕，不仅赢得了业界的广泛认可，更深深地吸引了众多玉石

爱好者与资深收藏家的目光。

与此同时，他携手“百宝堂”琢玉人团队，并肩开启了玉石产品设计制作的新篇章。他们深入探索，将定制生产与设计研发的双轮驱动策略巧妙地融合，创造出既契合新世纪审美脉动，又深植于传统文化沃土的艺术佳作。在“百宝堂”的厅堂里，无论是气势磅礴的大型摆件，还是玲珑剔透的小巧饰物，皆巧妙地融合了现代设计的灵动与传统工艺的精髓，展现出独特且和谐的美学风貌。

“精雕细琢，方能融贯精髓；细致入微，始得彰显珍贵”，“百宝堂”所追求的不仅是对美的极致探索与表达，更是对技艺的雕琢与传承。因此，无论是自主研创，还是与业界翘楚的联袂之作，从选材的严苛标准到镶嵌的金银珠宝，每一环节均经过精细考量与全面标注，全程追踪与专属服务更是无微不至，确保每一件作品都能穿越时空的洗礼，历久弥新。“我希望通过‘百宝堂’精湛的技艺、巧妙的构思与精心的制作，让古老的珍宝古玩以全新的面貌步入大众的日常生活，让更多人感受到那份源自心灵深处的触动与文化的魅力，共同见证并传承这份不朽的艺术遗产。”姚丛伟说道。

论及玉雕艺术的精髓，姚丛伟展现出独到的见解与深邃的思考：“玉雕的绘画技法，虽源于美术之基，但又超脱其外，自成一体。创作玉雕作品，首在形态的勾勒，次及意蕴的营造，终归于境界的升华。”醉心于梅花之高洁、牡丹之雍容、玉兰之清雅、菊花之傲骨，他夜以继日，勤勉不辍，力求将每一朵花的神韵都精准捕捉到、融于刀下。“大象无形，大音希声”，姚丛伟于精雕细琢中坚守匠人初心，于大破大立间彰显匠人执着。正是凭着这份对艺术纯粹而热烈的挚爱与对完美的不懈追求，让他在无数次重塑、推敲与再创造的循环中，磨砺出如今独树一帜的创意与日新月异的理念，引领着玉雕艺术不断向前迈进。

匠心永固 随势而动

自玉雕梦想扬帆起航的那一刻起，历经20余载春秋的更迭，“百宝堂”的巍峨矗立与“玉乡珠宝”品牌的璀璨夺目，见证了姚丛伟在玉雕征途上的不懈耕耘与默默奉献。回望往昔，姚丛伟以沉稳而深邃的语调，悠然言道：“细细品味，我深感命运之眷顾。自初创的蹒跚学步至如今的业界领航，面对行业风云的瞬息万变与市场态势的波涛汹涌，我始终能保持一颗宁静致远之心，

以平和之姿，处之泰然，从容应对每一次挑战与机遇。这是岁月赋予我的从容和宝贵财富。”

2008 年，时局维艰，玉石原材料价格骤升，全球经济亦步入风雨飘摇的危机时期。然而，姚丛伟依旧坚守本心，深耕专业，持续推出新品，以匠心独运之作，抵御市场之寒流。岁月流转，瞬息万变，互联网浪潮汹涌澎湃地席卷而来。姚丛伟勇立潮头，紧扣时代脉搏，勇于突破传统的束缚，超越自我，不再囿于既有的专长领域，而是积极拓宽视野，探索多元化发展的广阔天地，不断创新与精进雕刻技艺。在材料选择上，他秉持着开放包容的态度，内外兼修，广泛涉猎。不仅深入挖掘玉石的温润之美，更将艺术触角延伸至木头、水晶、珠宝、书画等多种材质上，以跨界融合的创新思维，展现出独特的艺术魅力。

同时，姚丛伟以前瞻之姿，敏锐地洞察到国内外珠宝玉石行业的风云际会，紧密地把握社会经济脉搏的律动与民众消费趋势的深刻变迁，勇于探索并实践独具匠心的玉石文化营销新路径，引领着“百宝堂”迈入“互联网 +”的新纪元。他亲自筹谋布局，推动搭建微商城，并组建起了一支精锐的营销团队，实现了由传统商业模式向线上和线下深度融合的新零售模式的战略转型。此番转变，不仅让昔日深藏于店的精品瑰宝得以迅速地拥抱更广阔的市场，更在优化客户体验上精耕细作，打造出一系列高效、便捷、温馨的购物旅程，让“百宝堂”的品牌温度触达每一个消费者的心间。“百宝堂”也因此实现了从单一供应商到全方位服务商的跨越式发展。

而今，面对疫情后的复杂环境，姚丛伟更是将其视为“挑战中的机遇”。在此阶段，“百宝堂”不仅深化了互联网模式的创新优化，实现了服务体系的精细化迭代升级，还进一步拓宽了客户群体的边界，展现出强大的韧性与活力。目前，“百宝堂”的实体经营版图已蔚然成林，400 余平方米的经营门店熠熠生辉，成为当地一道亮丽的风景线。而“玉乡珠宝”品牌更是凭借着其卓越的品质与良好的口碑，赢得了南阳市知名品牌、镇平县玉雕购物放心店等诸多殊荣，彰显了其在行业内的领先地位与非凡影响力。

功在传承 至简至臻

岁月悠悠，世事如棋。时代的巨轮在浩瀚的历史长河中滚滚向前，每一刻都镌刻着变革的印记。在这场永不停歇的变迁中，真正能够跨越岁月长河而熠熠生辉的，乃是那些勇于担当时代重任、肩负文化传承使命的时代先锋。从姚丛伟的身影中，我们深刻地目睹了一位将职业使命与个人热忱完美融合的匠人风采。他以虔诚之心尊重并传承着古老的技艺精髓，同时以不懈的热情与坚定的信念，追寻着艺术的至高境界。

“心心在一艺，其艺必工；心心在一职，其职必举。”近几年，姚丛伟将战略视角由玉石精雕细琢之域，拓展至人才孵化与新星培育之疆。他增添巧思，创立了百宝堂玉乡珠宝商学院，构筑起了一套别具匠心的教学蓝图，旨在为怀抱梦想的年青一代——无论是技艺超群的雕刻匠人，还是锐意创新的营销才俊，搭建起跨越自我、触及巅峰的桥梁，赋予其翱翔天际的翅膀。此商学院，实为一条由实践淬炼至理论升华的玉石雕刻艺术之旅，亦是一处经营智谋与战略思维激烈交锋的营销竞技场。学员们在此不仅能够深耕细作技艺之道，更能汲取市场洞见的智慧之泉，实现由匠人之技向市场领袖的双重飞跃。

师者，启智之灯，育人之梯。商学院秉持此道，历经一年至三年时间的系统培养，层层递进，已成功培育并输送了数以万计的玉石营销精英。他们如同繁星点点，不仅照亮了中国香港、台湾的天空，更跨越重洋，在美国、英国等国际舞台上熠熠生辉，成为推动行业破浪前行的强劲动力。

“心之所向，素履以往”，我们深信，在姚丛伟的积极引领与不懈奋斗下，定能汇聚起更多有识之士于玉雕艺术之殿堂，共赴创作与鉴赏的浩瀚征程。而“百宝堂”，这棵根植于千年玉石文化深厚土壤中的参天古木，承载着传承与创新的使命，沐浴在社会各界的深切关怀与鼎力相助之中，必将更加枝繁叶茂。不仅在中原大地上绽放出独特的艺术光彩，更将跨越地理的界限，将玉石文化的璀璨魅力播撒至世界的每一个角落，成为连接不同文化与心灵之间的桥梁，共同书写下独属于玉石文化繁荣与辉煌的新篇章。

于凤举

YU FENG JU

陕西裕华永赫航宇科技有限公司董事长

随着国家基础设施建设的蓬勃发展和工业化进程的飞速推进，橡胶软管行业也迎来了前所未有的市场繁荣。据权威市场调研，2019 年全球橡胶软管的市场规模已突破了 315 亿美元大关，预计到 2025 年，这一数字将跃升至 430 亿美元。在国内，橡胶软管市场同样呈现出蓬勃发展的态势，特别是在水利、机械、航空等关键工业领域，橡胶软管的需求量持续增长，昭示着行业的广阔前景与无限潜力。在这波澜壮阔的行业浪潮中，陕西裕华永赫航宇科技有限公司董事长于凤举，凭借着对行业的深厚热爱与 40 年的不懈坚守，用一颗执着的匠心，带领着企业不断向前迈进，书写着国与民共繁荣的新篇章。他的创业故事，正是橡胶软管行业蓬勃发展的生动缩影。

矢志锲而不舍 匠心引领新篇

——访陕西裕华永赫航宇科技有限公司董事长于凤举

橡胶追梦人 技术展宏图

陕西裕华永赫航宇科技有限公司是一家完全依靠自身能力成长起来的小企业，是我国橡塑行业的国家高新技术企业，也是公司创始人于凤举近20年辛苦付出的结晶。

2005年，一个历史性的契机降临。西安某知名公司成功研发出一款飞机空调车，然而，其主要部件——飞机空调车的通风软管，却依赖于昂贵的进口产品，每根6米长的软管价格高达一万多元。于凤举凭借着在国有企业积累的橡胶软管设计和制造经验，承担了一项挑战性很强的研制任务，就是研发一种性能优异、成本合理的国产软管，以打破国外的技术垄断。

飞机空调车通风软管与普通的橡胶软管虽然同为软管，但两者在结构组成和功能上却有着天壤之别。用传统的橡胶软管加工设备无法满足飞机空调车通风软管的研制条件。面对这一挑战，于凤举深入研究软管的性能与功能，设计了多种新的结构模型，并采购了相应的材料进行试制。然而，试制过程并非一帆风顺，一个棘手的工艺问题摆在他面前：在钢芯成型后，软管因钢丝螺旋状缠绕而无法顺利脱芯，导致多根软管报废。面对这一困境，他没有气馁，积极寻求解决方案。通过引入钢丝预成型技术和充气芯模等创新措施，成功解决了脱芯难题，生产效率和产品外观质量也实现了质的飞跃，从最初的五六个人每天成型6米软管，提升到后来的3个人每天成型12米软管。这一突破之举不仅为我国航空地面保障设备提供了一种可以替代进口的飞机空调车通风软管产品，而且节省了60%的采购成本。

在飞机空调车通风软管研制契机的推动下，他于2005年2月创立了陕西裕华永赫航宇科技有限公司，专门研制开发那些类似飞机空调车通风软管那样技术难度大、市场需求少、大企业不愿干、一般小企业干不来的产品。他希望通过自己的努力来满足国家建设对特定产品的需求，为我国橡塑行业以及航空航天事业贡献一份力量。

在公司初创阶段，于凤举面临着诸多严峻挑战。当时的市场需求量极为有限，每年的订单量甚至不足500米，导致年销售额始终徘徊在30万-40万元。仅有的3名成型工人，他们的生产任务分散且稀少，每年仅有不到两个月的忙碌期，这使得他们既不能长期闲置在家，也无法安心从事其他工作，生活变得异常艰辛。为了维持公司的运营状况，团队成员甚至走上街头摆地摊，期望以此共渡难关，这个经历也使他们凝聚成了一股不可分割的力量。在没有贷款和外来投资的情况下，他们采取积沙成丘的经营策略，完全依靠团队的辛勤努力和不懈奋斗，逐渐积累，缓慢前行。

2008年，公司敏锐地捕捉到国内多家公司正在研发机场地面空调设备（俗称廊桥空调）的商机，便立即投入力量进行民航用空调软管的研发工作。经过两年时间的努力，成功研制出了民航机场用空调软管，经过两年多的不断改进和市场培育，2010年开始在民航机场广泛应用。

经过10多年的不断努力、改进、提高，目前陕西裕华永赫航宇科技有限公司已经研制开发出军用和民用两大系列、近20种规格的空调软管产品，可满足不同地区、不同压力、不同工作环境的使用要求。

为了更好地服务用户，陕西裕华永赫航宇科技有限公司还研制开发了空调软管连接器（快装接头）、空调软管收放机构等软管前后端配套产品。

目前，陕西裕华永赫航宇科技有限公司的空调软管及其配套产品已申请并获得授权的有6项专利，产品已广泛应用于民航的各大机场、空海军机场以及航空航天的主机厂、设计院，产品覆盖了60%的市场，并出口西班牙、法国等欧洲市场。

公司研制的飞机地面空调设备通风软管在广州白云机场使用

不断耕耘 行而不辍

在产品开发的道路上，于凤举团队同样经历了无数次的尝试和改进。从样本到批量生产的每一步，都需要反复地攻克技术难题，不断地进行优化与调整，最终才能使产品达到成熟。

于凤举原本在某国营公司做技术工作，曾主持完成了多项国家军品配套研制计划项目，取得了多项行业内顶级技术成果，但是多数成果均在任务完成后束之高阁或者仅仅服务于专用场合，航空气密带直线型工艺研究就是其中的一项。

充气膨胀式密封件的产品结构和工作原理与航空气密带完全相同，但是由于其复杂的制造工艺和昂贵的模具费用，使得民用领域望而却步。从2008年开始，陕西裕华永赫航宇科技有限公司在于凤举的带领下，自筹资金，购置必要的设备、设计加工研制用模具，开始充气膨胀式密封

公司研制的军用型空调软管

民航系统用空调软管

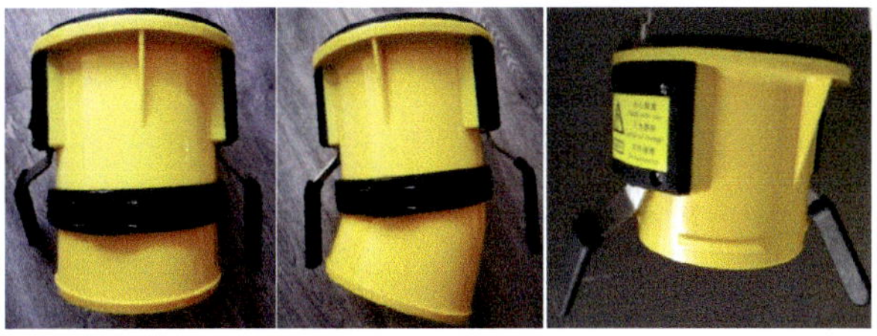

专利产品－民航系统用空调软管连接器（接头）

件的制造工艺研究，其研制目标就是要利用小型模具制造出大型膨胀式充气密封件。

经过两年多的辛勤努力，于凤举带领团队成功研发出一项专有技术——内外模分段硫化工艺。这项技术通过应用一米至两米长的模具，实现了任意长度密封件的生产。利用该项技术，他们团队成功制造出了周长达到60多米的密封件，充分彰显了其技术的卓越性能与无限潜力。2024年5月，他们利用该项技术为新加坡某公司研制的试车平台用大型充气密封带，一次安装调试成功，收到国外客商的好评。近期，他们又根据某项目的需要，制订新的技术方案，准备研制周长150米的超大型充气密封件。

在技术创新方面，于凤举领导的团队取得了多项高新技术成果。目前，他们已申请了16项专利，包括3项发明专利、10项实用新型专利和3项外观设计专利。这些专利的获得，不仅证明了公司在技术方面的领先地位，也为他们的未来发展奠定了坚实的基础。

经过多年发展，该团队不仅在飞机地面空调设备通风软管及其配套产品、特种密封制品方面取得了不菲的经营业绩，而且利用橡胶材料的特性设计开发了软体储运容器类军民两用橡塑制品，主要包括飞行器软油箱、空投油囊、空投用橡胶假人等，广泛应用于民航、高铁、风洞设备、飞行器、空投救援等多个领域，为国家的建设与发展贡献了不可或缺的力量。

为某工程研制的周长达60.4米的大型充气密封围带

口碑铸辉煌　坚守赢赞誉

一路走来，公司凭借口口相传的好口碑，成功维系并拓展了市场份额。目前，该公司没有专职的市场营销团队和广告投入，但是经营业绩仍在不断增长。

在不断开发新产品，增加新的增长极的同时，公司始终将产品质量和信誉放在第一位。并不断构筑管理基础，按照现代企业的管理制度严格管理。2019年通过科技型企业评定，2021年荣获国家高新技术企业，2013年通过GB/T 19001—2016/ISO9001:2015质量管理体系认证，2023年通过GJB 9001C—2017质量管理体系认证；通过了两化融合管理体系认证。

公司与武警某大学合作研制的直升机空投油囊在空投试验

前面提到的西安某知名公司是一家专注于飞机地面保养设备研制、生产的企业，是公司的首家客户，已经与其保持了近20年的稳固合作关系，从未更换过飞机地面空调设备通风软管的供应商；我国某空气动力研究单位的研究试验设备需要用大型的充气膨胀式密封件，之前其他供应商的产品总是存在各种不足，他们于2012年找到了裕华公司，希望能够研制出符合性能要求、经济、可靠的密封产品，再对公司进行

国标和国军标质量管理体系认证证书

两化融合管理体系认证证书和发明专利证书

实际考察后，与公司签订了第一份技术协议和研制合同。公司不负众望，赢得了该单位的信任，并与其进一步合作，目前已完成了十余个型号的充气密封制品的配套研制，并在一些新型号的设计阶段，公司团队就参与了密封方案的制订，成为该单位在充气密封技术领域的可靠咨询伙伴。

多年来，于凤举和他领导的团队，正是凭借其可靠的产品质量、周到的服务和诚实守信的经营理念，赢得了这些客户的广泛认可和市场的良好口碑。除此以外，该公司还一直秉持着“高效、专注、敬业”的工作方针，这不仅是他对自己的严格要求，更是他引领团队、追求卓越的共同信念。在他的引领下，公司的每一项工作都力求达到最佳状态，为企业的长足发展奠定了坚实的基础。

社会担当行　百年企业梦

陕西裕华永赫航宇科技有限公司作为一家专注于国防建设相关领域的小企业，于凤举在履行社会责任方面也展现出了非凡的洞察力和担当。

虽然公司员工不多，但他深知自身所承担的责任远不止于企业的盈利和发展。公司研发的每一款产品，无论是机场空调软管还是密封件，都在国家的建设中发挥着不可或缺的作用，甚至是国防建设必不可少的产品。他通过不断地提升产品质量、优化服务，将国外的竞争产品赶出国内市场，为国家的技术自主和产业升级作出了积极的贡献。这种对社会责任的深刻理解，让他在工作中始终保持着高度的责任感和使命感。

在产品研发和生产方面，他们团队展现出了极高的专业性和创新精神。他带领着公司进行自主设计、引入新工艺、精准把握客户的需求，成功地将小模具转化为了大产品，填补了该行业的空白。同时，他还建立了专门的生产线，进行产品的研制与开发工作，从而确保产品质量的稳定性与可靠性。

然而，由于行业的特殊性，手工操作在生产过程中占据了相当大的比重，自动化设备的投入成本较高，公司暂时还不具备全面自动化的条件。此外，人才培养和管理也是他目前面临的一大难题。年轻人往往不愿意进入这样的小型企业，而现有员工的年龄普遍偏大，技术传承和人才培养也就成为一个亟待解决的难题。

面对这些挑战，于凤举并没有退缩。他坚信，只有不断创新和进步，才能在激烈的市场

竞争中立于不败之地。因此，他制订了明确的发展目标和计划。首先，公司将继续针对软管类产品和软体容器类产品存在的问题和不足之处进行深入的研究，开发出新的产品，提升产品的性能和可靠性；同时，要加大在人才培养和管理方面的投入力度，吸引更多的年轻人加入他们的团队，为企业的发展注入新的活力；此外，于凤举还提出了一个宏伟的愿景：期望将公司打造成为一家百年企业。他深知这需要长期努力和不懈追求，因此，他将继续秉持着“小而专”的发展理念，专注于自己的领域，不断提高产品质量和服务水平，立志为客户提供更加优质的产品和服务。同时，他也将继续深化对社会责任的理解和实践，致力于为国家的建设和发展作出更大的贡献。

总而言之，于凤举以卓越的社会使命感深刻理解、积极践行着社会责任，他领导着公司稳步前行，为国家的建设与发展作出了显著的贡献。未来，相信在他的不懈努力下，陕西裕华永赫航宇科技有限公司一定能够实现自己的宏伟愿景和目标，发展成为一家真正的百年企业！

雷玉龙

LEI YU LONG

鑫鹰环保（深圳）有限公司总经理

社会进步，离不开环保的坚实支撑；企业繁荣，离不开绿色可持续发展的道路。鑫鹰环保作为真空低温高危废水浓缩技术的领军者，自成立以来，在总经理雷玉龙的卓越引领下，秉持着技术创新与品质卓越的发展理念，致力于研发、生产和销售先进的真空低温蒸馏设备。他们专注于为产生高危废水的企业提供高效的浓缩减量设备；同时，针对含水高、难以回用的溶液，提供低温蒸馏提纯循环再利用的解决方案；更致力于对工业废水进行可持续性净化，助力企业实现清洁生产的目标，为社会的可持续发展和人民群众的健康生活贡献力量。

泽被苍生润心田 绿色梦想共长天

——访鑫鹰环保（深圳）有限公司总经理雷玉龙

智慧引领环保潮

悠悠岁月数十载，从电镀设备研发的匠心独运者，到环保设备研创领域的管理精英，雷玉龙所走之路，实为一条充满挑战与机遇的漫漫征途。

高危废水处理是企业运营中的一大难题，而其转运工作更需要依赖具备专业资质的企业精准操持。然而，在转运过程中，时常会遭遇延误，导致废水积压成患，甚至暴晒于烈日之下，蒸发飘散，对生态环境构成了潜在威胁。基于这一领域亟待解决的迫切需求，雷玉龙提出了以蒸发技术为核心的创新思路。他期望通过潜心研发，打造出一款高效浓缩废水的尖端设备，不仅能迅速缓解废水积压之燃眉之急，而且能降低企业的转运成本，亦能减轻转运公司的压力，从而推动整个行业迈向更为绿色、可持续的发展之路。

2016 年，雷玉龙偶得机缘，看见了意大利蒸葡萄酒所采用的先进低温真空蒸发设备技术，这一前沿科技瞬间点燃了他内心的探索热情。他敏锐地捕捉到这一技术在危废水浓缩领域的巨大应用前景，于是毅然地踏上了借鉴其低温蒸发技术精髓、为行业带来技术革新的新征程。

很难想象，在研发初期，雷玉龙手中仅有一张珍贵的设备图片。要将这一理念转化为现实，突破技术上的重重难关，必将面临着巨大的挑战和付出。但这并未让雷玉龙感到气馁，他带领着团队迎难而上，攻坚克难，不断试错、优化，以期在技术上取得突破，为危废水浓缩领域带来一场前所未有的技术革新。

历经 3 载春秋的潜心磨砺，雷玉龙及其精英团队终于在技术的瀚海中扬帆远航，成功打造出第一台鑫鹰环保样机，喜结硕果。2019 年，鑫鹰环保低温真空设备正式进军中国市场，凭借着其高效能、低能耗、高品质和环保友好的卓越特性，赢得了业界的广泛赞誉与一致肯定。

绿色创新映乾坤

持一业，则深情厚爱；践一技，则精益求精；达一流，则卓越非凡。鑫鹰环保及其领军人物

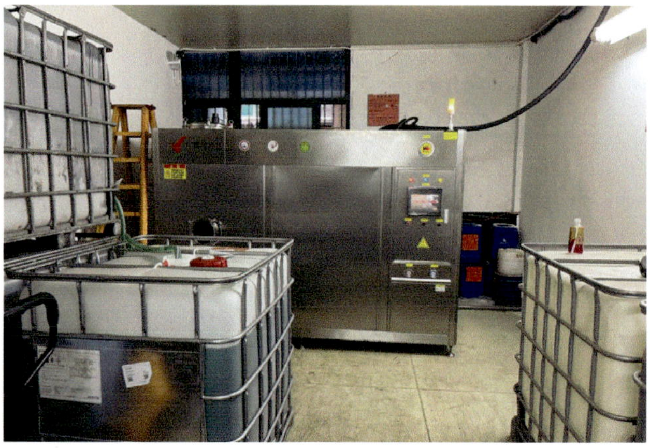

雷玉龙，不急于速效扩张，而是精耕细作，致力于产品之精良、设备之极致优化与客户体验之全面提升。其品质卓越，售后服务周到，实为“价值相符”之典范。如此，企业声誉如春风化雨，润物无声，口口相传间便广受客户的青睐。客户复购频繁，亦是对鑫鹰环保品质的最佳佐证。

精品之锻造，非刚韧之志无以立，非匠心独运无以成其卓越。鑫鹰环保所精心打造的低温真空高危废水浓缩减量及低温刮板结晶设备（工业易结晶高盐废水及危废水浓缩液干化系列设备），如今已脱颖而出，成为工业企业应对高危废水处理挑战的得力之师。此设备以真空泵为核心，巧妙构建真空环境，蒸发器精准负压吸入待处理废液，压缩机则高效运转，为蒸发罐内的废水源注入热能。

在真空的神奇作用下，废水仅需升温至35℃左右，废液便如火山岩浆般剧烈沸腾汽化，自动高效地完成水的蒸馏过程，从而使得废水中的有害物质得以有效浓缩。一旦废液浓度达到预设的标准，设备将智能启动自动排液机制，同时无缝衔接，进行新废液的补充与循环处理，实现废水处理的减量化与资源化利用。整个进液、补液、排液流程，均实现了全自动智能控制，确保了设备能够长期稳定、高效流畅地运行，真正实现无人值守，极大地减轻了企业的运营负担。

此外，鑫鹰环保更是推出了酸回收提纯系列设备，其中包括磷酸回收设备、硝酸提纯设备与盐酸提纯设备等尖端产品。这一系列设备均秉持一体化设计理念，布局紧凑、占地面积精巧，实现了空间利用效率的极致优化。其高度自动化的设计，使得操作简便快捷，无须外接任何辅助供热制冷设施，从而在降低能源消耗的同时，简化了维护流程，大幅提升了其使用的便捷性。尤为值得一提的是，该系列设备在运行过程中零废气排放，充分体现了环保节能的设计理念，为企业的可持续发展注入了新的动力。

如今，鑫鹰环保系列设备已被广泛应用于PCB制造、机械加工、化工、制药、制模、液晶面板制造、印刷、电镀、食品等众多涉及高危废水处理与溶液循环再利用的行业领域。这些设备不仅能够针对各类难以处理、需高价委外处置的高危废水进行高效浓缩、减量及干化处理，进而实现废水零排放的环保目标，而且对于含有重金属或贵金属等有价值成分的高危废水，还可辅以先进的回收装置，从而实现资源化循环再利用。

鑫鹰环保凭借尖端的技术实力与非凡的产品品质，已在业界脱颖而出，发展成为该领域的领军者与领航先锋，并荣登《见证非凡》节目评选之列。此殊荣不仅是对鑫鹰环保（深圳）有限公司在行业内所取得辉煌成就的高度赞誉与肯定，更是对其未来璀璨发展的有力昭示与期许。

匠心独运谱华章

荣耀彰显实力，品质铸就辉煌。鑫鹰环保始终秉持着以技术创新为引擎，领航行业发展的坚定信念，坚定不移地追求卓越品质，深入挖掘工艺细节之精髓。公司以满足客户多元化、高标准

的需求为己任，锐意进取，持续开拓创新，用实际行动诠释着“客户至上、服务优先”的经营理念，在务实求精的道路上屡获佳绩。

迄今为止，鑫鹰环保在技术创新领域已斩获荣誉无数，累计荣获了二十余项专利，充分展现了公司的技术实力与创新能力。其中，十余项具备高度实用价值的实用新型专利，诸如水真空蒸发回收装置、真空蒸馏水位检测装置以及危废水低温真空蒸发器等，均为公司在废水处理领域的核心技术与产品；两项发明专利，即危废水低温真空蒸发器和一种废酸浓缩蒸馏系统；五项软件著作专利，涵盖真空蒸发设备运行实时监控系统、真空蒸发设备参数调控系统软件等。

“艰难困苦，玉汝于成”，雷玉龙感慨地表示：“以人为本，与一群志同道合之士并肩前行，视其如家人般真挚相待，竭诚服务于社会民众，共同铸就一番宏伟壮丽事业是我人生之幸事。”他力求将每一件产品都雕琢得尽善尽美，将服务体验升华到至臻境界，将公司员工待遇提升至行业高端水平，以此回馈员工与客户所给予的信任与支持。

对此，鑫鹰环保始终坚守售前细致咨询、售中精心服务、售后完善保障的全过程中心服务理念，精益求精地优化内部管理流程，矢志不渝地增强员工的服务意识，力求在每一个细微之处，都能为客户提供卓越非凡的服务体验。无论是解决方案、运营模式还是维护指导，客户均可免费享受全方位、无死角的信息支持与专业指导（7×24 小时在线客服），让客户真正地感受到“用心制造，用心服务”的企业精神。

此外，鑫鹰环保还建立起了一套覆盖广泛、高效协同的销售服务网络，能够迅速响应市场的需求，确保产品和服务及时、精准地触达每一位客户，从而形成完善的产品研发与运行机制，不断推陈出新，以满足市场的多样化需求，为客户创造出更大的价值。

知行合一，方达至善之境。展望未来，鑫鹰环保将矢志不渝地肩负光荣使命，积极升华企业文化的精髓，弘扬绿色可持续发展理念，将环保责任深植于企业的根脉，以全面而深邃的建设规划逐步提升企业的综合竞争力，持续提高生产效率，不断淬炼产品质量，推动企业实现长期稳健的良性发展，为行业的进步与社会的繁荣发展贡献新鹰之智慧和力量！

蒋梅

JIANG MEI

“川军绣”蜀绣品牌队伍打造践行人、“川君绣”“梅居夫人”蜀绣品牌创始人

中华文化底蕴丰沛，蜀地非遗绚烂多彩。踱步至四川天府新区万安街道城南坡社区的“军嫂绣坊·川军绣”，只见细腻的丝线在绣娘手中舞动如诗，每一针、每一线都凝聚着匠心雕琢，层叠交织的细节、繁复精美的纹路，共同绘制出一幅幅精致而柔美的蜀绣画卷。在川军绣品牌队伍打造践行人蒋梅（号梅居夫人、四川天府新区非遗代表性项目蜀绣主要传承人及代表性传承人、“无绣”思维艺术创始人以及四川天府新区助残工美大师等）的引领下，“川军绣”所依托的国家级非遗蜀绣项目荣膺四川天府新区区级非物质文化遗产代表性项目，并荣登中央广播电视总台《国货档案》栏目，向全世界展示了中华文化的博大精深与独特韵味。

经纬之间：织梦千年展芳华

——访“川军绣”蜀绣品牌队伍打造践行人、“川君绣”“梅居夫人”蜀绣品牌创始人蒋梅

蜀韵织心愿

色彩斑斓、细腻如画；柔丝细线、线线相扣，一针一线在她手中散发出独特的层次感和质感，一幅幅蜀绣作品宛如画卷般绚烂展开。蜀绣之于她，是兴趣使然、是岁月坚守、是匠心打磨，亦是相互成就。

在蒋梅记忆深处，母亲的身影总是忙碌而温暖。她是一位擅长裁缝与刺绣的手艺人，用她的双手为他人缝制衣物，以勤劳与智慧维持着家庭的生计。在母亲潜移默化的熏陶之下，蒋梅自幼便对刺绣这门古老而深邃的艺术产生了难以割舍的眷恋。初中时期，蒋梅的刺绣天赋已初露锋芒。她以一双巧手，独自完成了一幅精美的传统刺绣作品，并在学校的比赛中一举夺魁，荣获一等奖的殊荣。

然而，她的艺术之路，真正铺展于她成为人民教师之际。在家人智慧的指引下，蒋梅初中毕业后来到成都，踏上了幼师的职业征途。在绘画与手工的广袤天地里，她展现出了天赋异禀的才华，以无尽的热情和执着，探寻着艺术的深邃奥秘。一次命运的邂逅，蒋梅步入了民间艺术的殿堂，首次领略到了蜀绣这一传统艺术的绝代风华。蜀绣的细腻纹理与精致工艺，犹如一曲天籁之音，在她心中奏响了震撼人心的美妙乐章。

2010年，蒋梅做出一个勇敢而坚定的决定，辞去了昔日的教师职务，踏上了追求蜀绣艺术之巅的旅程。她追随当时的四川省工艺美术大师级传承人（现国家级蜀绣代表性传承人）彭世平先生，深入学习蜀绣的精髓，随后又受教于国际著名建筑设计师刘卫兵老师，从中汲取艺术创作的灵感与理念。

十多载光阴，蒋梅全身心地投入刺绣艺术之中，以无尽的热情与毅力，不断探寻蜀绣艺术的边界与无限可能，在她的意识里：蜀绣是最具技艺技术以及形式包容性的艺术种类之一。她穿梭于各大城市之间，积极参与并举办各类蜀绣文化交流推广活动，致力于在社区和学校中传承和弘扬蜀绣文化。同时，她还深入参与国家艺术基金项目“锦绣传承与创新艺术人才培养计划”，以

此不断提升自身的艺术修养与创作能力，为蜀绣艺术的创新发展贡献着卓越的力量。

2021 年，身为军嫂的蒋梅，应天府新区之邀，毅然肩负起培育残疾人群蜀绣技艺的重任，并深深扎根于此。在万安街道城南坡社区，她精心筹建了"军嫂绣坊·川军绣"（得以授牌），作为蜀绣技艺永续传承的地方。在天府新区、街道及社区的鼎力支持与悉心指导下，绣坊不仅致力于提升残疾人的蜀绣技艺，更广泛吸纳了军嫂、宝妈、失业妇女等社会群体，共同研习、传承蜀绣精髓。

同年，蒋梅注册了"梅居夫人"（定位于蜀绣高端艺术收藏，坚守传承与发扬蜀绣传统技艺的精髓，以及以"无绣思维"为引导的创新视角为蜀绣艺术作品创作并延展，将蜀绣艺术品与环境和人进行深度融合）与"川君绣"（定位服务于大众消费市场，其推出的蜀绣双面摆件、胸针、耳饰、发夹等作品，深受领导、刺绣传承人及百姓的青睐与热购）两大商标品牌，进而创立了川君绣文艺创作工作室，以推动蜀绣艺术的创新发展。

当谈及为何取名"川军绣"时，蒋梅眼中闪烁着坚定的光芒。她说："2018 年之际，身为二胎宝妈的我毅然选择踏上了创业的征途，然命运多舛，最终未能如愿以偿。然而，现如今我们的团队，汇聚了残疾人、宝妈、军嫂等多方力量，虽'特殊'但独具魅力。因此，我将这支特殊的队伍命名为'川军绣'，并将之商标注册为'川君绣'。我们希望通过自己的努力，从内而外地塑造一种君子般的自尊与自强，以辛勤的付出赢得人生价值的深刻体现。"

经纬传千古

西汉·扬雄《蜀都赋》记载："若挥锦布绣，望芒兮无幅。"蜀绣又被称为川绣，起源于川西民间，最早可追溯至 3000 年前的古蜀时期。其技艺以针法见长，共有 12 大类、130 多种。蜀

绣以本地织造的白、红、绿等色缎和彩丝散线为原材料，各种针法交错使用，施针严谨，用线工整稳重，设色典雅，既擅长刺绣花、鸟、虫、鱼等细腻而生动的图像，又善于表现山水磅礴的气势。用“穷工极巧”来形容蜀绣，一点也不夸张。

2006年，蜀绣成为我国首批国家级非物质文化遗产代表性项目名录，蜀绣起初用于绣制衣饰等实用品，后逐渐以绣制工艺品、藏品等更为精致的形式，重新出现在人们的视线中。“虽然经典的样式依然能得到大家的喜爱，但同时，我们也更注重人们的个性化需求。”蒋梅说，“作为一名蜀绣艺人，我们不断地在创作、思索、创新、弘扬，让流传了千年的技艺，在当今时代依然焕发出兼具时代性的璀璨光彩。”

自“军嫂绣坊·川军绣”创立伊始，蒋梅便矢志不渝地致力于蜀绣技艺的精湛传承与深化培训。绣坊多次精心策划并成功举办了蜀绣文化交流活动，携手知名专业培训机构，为残疾人群体量身定制蜀绣技能培训与进阶课程。同时，以优先培养军嫂绣艺，积极吸纳有志于创业、就业的其他人群加入学习蜀绣为核心，结合线上直播教学模式，将千年蜀绣非物质文化遗产与现代科技相结合，致力于培育出更多技艺精湛的蜀绣“工匠艺人”。旨在壮大品牌队伍，打造出独具特色的非遗品牌，为居民提供更为宽广的增收渠道，共同谱写蜀绣技艺传承与发展的新篇章。

“作为四川天府新区的非遗蜀绣代表性传承人，我有义务和责任将这份宝贵的非物质文化遗产传承下去，让蜀绣的魅力触达更多人的心灵。”蒋梅表示，“当前，绣坊正积极探索蜀绣与其他传统技艺，如珠绣、国画、雕塑技艺等的巧妙融合，以期开发出更多集传统韵味和时代气息于一体的创新之作。”

其中，《中国三旗系列》——包括《党旗》《军旗》和《五星红旗》，这一蜀绣力作，运用蜀绣传统针法中的三二晕针技艺精心绣制，巧妙地展现了蜀绣针功严谨且独特的艺术风格。一针一线，都凝聚着“军嫂绣坊”匠人们的精湛技艺与坚定信念，旨在广泛传播与弘扬“尊党”“拥军”和“爱国”的崇高情怀。

2021年，在建党100周年之际，“川军绣”为社区和企业精心绣制了十余面庄严的4号“党旗”；而在2023年建军节，“川军绣”更是倾尽全力，为11个社区及爱国拥军企业绣制了近两千面“军旗”，以此来表达对军人及军属们的崇高敬意。“愿此心在中国不落一人，睹物以明心立志！”国运当前，“川君绣”正以绣针为笔、以丝线为墨，绘制出中华民族繁荣昌盛的壮丽画卷。

在今日的四川天府新区，“军嫂绣坊·川军绣”已然成为非遗工坊的璀璨代表。蒋梅表示，工作室正积极与国际艺术策展机构展开深度交流，未来或将以常态化的展览、世界巡回展、IP授权及衍生品销售等多元化形式，将“川军绣”这一蜀绣技艺推向国际舞台，令其“锦绣世界传，艺名扬四海”。

绣影映古今

“君可见刺绣每一针，有人为你疼；君可见牡丹开一生，有人为你等。”蜀绣匠人之手，饱蘸岁月之墨，满怀对传统技艺的敬畏与热爱，其深情厚谊跨越千年，至今仍旧熠熠生辉。正如散布在芙蓉之都繁华街巷中的蜀绣艺人，亦如独具匠心、传承与创新并存的梅居夫人，他们依旧以执着的追求与精湛的技艺，成为连接古今、跨越国界的桥梁。

所谓“新”，非止于对传统技艺的全新诠释，而在于形式与技法、空间与思维等多维度的融合延展。在“无绣”创作中，蒋梅既坚守了传统的蜀绣技法，又潜心奔跑在创意前沿（从无到有的原创性、无形的内在力量、独一无二的审美）。“无绣”即无定法，倡导因材施艺、随类赋彩的创作哲学。它不拘泥于材质、技艺、载体的限制，而是顺应自然之道，让万事万物因缘与蜀绣和合而生。它或是油画作品、国画作品，或为雕塑作品、刺绣作品，抑或两者、多者技艺兼具。因而，在蒋梅的创意作品中，空间艺术、视觉艺术高度融合，技法臻于“妙有”或“妙无”，追求“精”“奇”“美好”，这才是艺术创作的根本目的。

就如那件无名的“无绣”力作。它巧妙地运用蜀绣传统针法，如打籽针、辫子针、锦纹针等，以及其变形技法与空间创造的无限可能，与蜀绣传统刺绣工具绣绷完美地结合，化为一件装置艺术作品。其核心是以三星堆太阳神鸟与金面罩的变形组合为灵感，而旁边那炷直插天际的香，便如同穿越时空的桥梁，成为连接古今的慧眼，让我们得以回望历史，洞悉古今之变。

作品的表面，覆盖着一层如梦如幻的悬浮之网。这是蒋梅运用蜀绣中的拉花锦和乱针绣技法，通过绣绷的精湛技艺编织而成。它犹如起伏的山丘和深邃的沟壑，象征着世间万物的起承转合与兴衰轮回。这层网对作品主体图案的轻柔覆盖，既展现了保护之意，也寓意着生活中不可避免的阻碍与挑战。所见所闻亦非实，蒋梅认为，只有当“法无定法”时，艺术才能真正地超越界限，达到无上限、无边界的境界。

目前，蒋梅正积极策划一处独特而富有活力的空间——“无绣”思维积极心理能量空间站。此空间站将融合展览与销售，以微型博物馆的形式，向世人展示“梅居夫人”及“川君绣”的品牌作品。一旦空间站落成，将依托“无绣”思维，举办各类主题艺术展及活动，为观众带来前所未有的艺术盛宴。同时，空间站还将不断创造富含能量寓意的实用艺术品，持续不断地探索、创新与延伸，为人们的生活注入更多活力与美好（也将在线上呈现）。

或许在不久的将来，我们可以在生活的每一个角落遇见蜀绣的踪迹，感受其制作精良、技艺精湛、审美独到的魅力，让这稀缺的艺术珍品附着在知名品牌与生活用品上，为人们的生活增添一抹别样的光彩，让千年的蜀绣文化得以源远流长，熠熠生辉！

施坤华

SHI KUN HUA

平潭最食膳餐饮管理有限公司董事长

寻味闽菜，寻味平潭。平潭美食拥有上千年的历史，一盘盘佳肴不仅承载着无数人儿时的记忆，更饱含着大师的匠心。岁月更迭，总有人奔走在传承与弘扬地方美食的路上。从厨师到经营者，再到烹饪艺术家，不变的是他对餐饮行业的热爱，对于建设家乡的初心。他以“讲好平潭故事，讲好闽菜故事”为初心，传承创新平潭传统美食，让传统草宴饮品在新时代焕发出新的生机。其打造的“传帮带”机制，更是为平潭餐饮行业培育了无数职业技能人才，大大弥补了行业缺口，为闽菜的传承与创新作出了杰出的贡献。坚守与热爱，执着与拼搏，一路披荆斩棘。他就是福建闽菜大师、中式烹饪高级技师、高级职业经理人、职业技能竞赛注册裁判员、中国青年烹饪艺术家，福建省餐饮烹饪行业名厨专业委员会副主席、外汇委员会副主席、福建餐饮烹饪行业协会理事、平潭岚台餐饮文化交流中心会长、平潭旅游行业协会副会长兼旅游行业协会餐饮分会会长、平潭最食膳餐饮管理有限公司董事长——施坤华。

传承弘扬新闽菜 烹饪艺术引领者

——访平潭最食膳餐饮管理有限公司董事长施坤华

食在“最食膳” 传承地方餐饮

福建平潭是闻名国内外的百岛千礁海上秘境，是国际旅游岛。山海美，渔家乐，四季海景，如梦似幻的蓝眼泪，与美丽邂逅；平潭三宝，与美食携手。对于20年前的平潭来说，学习厨师技能出国打拼是许多平潭人的谋生方式，施坤华最初的想法也是如此。在2008年一次参加全国烹饪大赛的契机，改变了他的想法，也改变了他的人生轨迹。在大赛上，他不仅取得了金奖的优异成绩，获得了大众对自身厨艺的认可，更重要的是，在比赛中接触到的人和事，改变了他对烹饪事业的认知。他意识到厨师不应该仅是一份职业，更应该是一种兴趣、一种情怀。就这样，带着对烹饪事业的初心和学习的心态，他辗转广州、深圳和香港等地，不断积累经验，学习新式菜肴。在外拼搏13年后，他于2015年回到了梦想开始的地方——福建平潭。刚开始回到家乡，餐饮行业环境闭塞，加上在外多年，施坤华对本地的情况也并不熟悉。但他没有放弃，在寻找工作的过程中，向老板承诺一周内学好平潭本地菜，以能力论工资。一周之后，他以超强的学习能力和创新能力让老板心服口服。敢想敢为又善作善成，施坤华的餐饮功夫可见一斑。

在充分了解了平潭餐饮行业的现状之后，为了实现升华平潭本帮菜烹饪文化底蕴，让传统平潭美食烹饪技能在更高平台、更大范围、更深层次传播的目标，2015年3月，施坤华率先成立了平潭最食膳餐饮管理有限公司，最早成立的最食膳烹饪团队，以厨房承包为核心，以培养团队、挖掘平潭传统餐饮文化为宗旨，以推广平潭传统文化为己任，统一制服、统一管理模式。此后，在他的带领下，平潭最食膳餐饮管理有限公司扬帆起航，成就了平潭传统菜肴这一旅游新名片。2015—2020年，施坤华承包了近40个酒楼、酒店，培育了近1000名厨师，培育了大量高级技师、二级技师和三级技工，大大地改善了行业人才缺乏的困境，推进了平潭传统餐饮标准化进程，为平潭菜的弘扬和推广作出了巨大的贡献。2019年5月，经福建省人社厅批准设立的“施坤华中式烹饪技能大师工作室”，指导厨师传承并创新闽菜和平潭传统菜肴。同时，他成立了“食膳工坊”工作室，以标准化配送服务平潭相关餐饮企业，帮助其打造招牌菜，打响品牌知名度。2021年

9月，“平潭综合实验区施坤华专家工作室”获批建立。经过几年时间的持续探索和研发，施坤华技能大师工作室已经在平潭树立了较好的品牌口碑，为平潭本帮菜的推广作出了不可磨灭的贡献。2023年，施坤华受邀于平潭综合实验区经发局，成为“千年一遇平潭宴”的主要策划成员，并多次通过中央电视台、福建电视台、东方卫视、浙江卫视、平潭电视台等官方媒体宣传弘扬平潭本帮菜文化。

2023年，施坤华在平潭组织了第一届两岸职工烹饪大赛，并得到平潭综合实验区总工会的大力支持；2024年，第二届闽台职工烹饪行业职业技能大赛顺利召开，在总结第一届大赛经验的基础上，施坤华新增了“以赛促教，以赛促学”，更具实用性和丰富性。同时，通过实操技能和烹饪理论考核的选手，会获得中式烹饪二级技师和三级技工证书。活动的举办，不仅在海峡两岸引起了强烈的社会反响，让海峡两岸的厨师领略了平潭本帮传统菜的魅力，更对闽菜的传承与创新起到了积极的促进作用。截至目前，经由施坤华之手，组织各项活动40余场，共计创新了闽菜和平潭特色菜品达100多道、参加菜品交流活动的厨师和业界人士多达8000多人次。

对于施坤华来说，个人的发展始终与地区的发展紧密相连，荣誉满怀的同时，也赋予了其更多的责任，怀揣着带领平潭传统菜肴走得更远的初心，最食膳餐饮管理有限公司不断开疆拓土。

饮在草燕　讲好平潭故事

靠山吃山，靠海吃海，“耕海”而获是世代平潭人的谋生之道。草燕俗称“海石花”，是一种富含琼脂的海藻，因其状透明如燕窝，故被称为草燕，生长于海礁石上，是大海恩赐的一种特色美食。其熬煮后呈珊瑚样不规则块状，具有治疗咳嗽不止、小儿百日咳、尿血或尿中带血、泌尿系结石、消渴等病症，具有清肺化痰、软坚化痰等功效，是无数平潭人的记忆，更是施坤华的乡愁与情怀。

施坤华自2015年就沉心于草燕菜品的研究创新，至今共研究了136道各具特色的草燕菜品和饮品，并取得了一项关于平潭草燕的专利批复。2017年“缤纷草燕爽”被中国烹饪行业协会授予最具推广价值菜品奖、2022年“两岸共研草燕饮品项目”荣获平潭综合实验区第二届岚台创翼大赛一等奖、2023年“两岸共研草燕饮品项目”荣获福建（2023年）大中专毕业生创业省级资助项目优胜奖，同年，在新闽菜系列评选活动中，“精炖草燕”斩获了新闽菜名小吃称号。

2023年，施坤华在平潭龙王头海渔广场上开设了第一家草燕甜品站，1年时间服务游客超10多万人，带动了当地的草燕热潮，也带动了平潭的餐饮经济和文化。他重新定义品牌形象，打造了“草燕侠”品牌，来此游玩的游客可以凭借外地身份证，免费领取“草燕饮品”，用一杯饮品讲好平潭故事。草燕侠也成为平潭旅游的地标饮品，被更多人知晓。2024年6月，“草燕侠”荣获第六届中国创意创业选拔赛平潭赛区二等奖。“向中国创意国赛进发，为平潭旅游、平潭传

统餐饮、平潭三宝作出更大的贡献，将平潭传统文化、平潭宝藏推广到全国乃至全世界。”语句铿锵，字里行间都展现着施坤华作为地方餐饮文化传播者的初心，带领更多人讲好平潭故事的信心，以及传播好地方特色的决心。在施坤华的带领下，“草燕侠”这个承载着平潭故事、平潭传统的品牌，正在以自己的方式，让游客深刻体会平潭人的热情与热忱，引领更多人来平潭旅游。施坤华谈到今年的工作重点，就是在2025年实现开设草燕侠饮品门店10家，逐步走向全国。

“作为一名厨师，不单是要会炒菜，更重要的是要讲好自己的故事，讲好地方的故事，做好自己该做的事情，共同实现中国梦，如果每个人都能设身处地为自己的家乡发力，那所有的家乡都将变得更美好，家乡美好了，中国也就美好了。”

打造地标饮品，讲好平潭故事，传递大美平潭。广阔的胸襟、博大的情怀，勇于担当起传承者、创新者的责任，施坤华在家乡这片土地上不断奋进。

爱在平潭　为爱做道菜

在创业的过程中，施坤华也曾遇到许多艰难险阻。早期面临着经商环境不好与资金困难的压力，只能依托贷款艰难地前行。当然，他的真诚也赢得了消费者的信赖。真诚做菜，用诚信和品质打动消费者。其拍摄的草燕的前世今生，从草燕的采摘、晾晒，再到无菌生产，公开透明。不仅让消费者了解草燕文化，更让消费者饮得放心。在宣传片播放6小时后，其播放量就达到了200万，具有极强的社会影响力。

在烹饪技术教育实践方面，施坤华通过不断探索师徒结对的模式，直接面向社会有志于学习传统烹饪技能的青年开展结对子传授，身体力行“传、帮、带”之责。帮助学员在两年内独立掌握基本的厨房技能，并进行相应的职业规划。从自考大专再到考取本科，正是因为懂得学习的重

要性，施坤华更加鼓励和支持团队成员继续深造学习，考取证书、参加比赛、实现就业，打造学习就业的一条龙循环服务。其还与职业中专签订了校企合作协议，2024年，专家团队走进平潭职业中专学校教学。在“传、帮、带”机制下，培育了更多的高技能人才，团队不断壮大，影响力不断提高，具有很强的知名度，深受当地居民的信赖。

在事业腾飞的同时，施坤华也积极践行社会责任。他多次响应平潭综合实验区的号召，组织团队人员，参与如净海滩公益行等国际旅游岛系列公益活动；本着关爱弱势群体、帮扶困难的初衷，通过福建省技能大师的影响力及号召力，组织了如“为爱做道菜”关爱关心平潭孤独症儿童公益活动、“情暖重阳节、乡愁连万家”关爱老年人公益活动等大型公益行动；在新冠疫情防控期间，施坤华联合同业爱心企业开展了多次为疫情送温暖活动，为一线抗疫工作人员送去物资及餐食等生活必需品。近年来，施坤华个人及企业为爱心公益事业捐赠金额达30余万元，全力支持社会公益事业。

谈及企业未来的发展，施坤华谈道，一方面是将食膳工坊升级成平潭独创特色餐饮品牌，以更加精细化、标准化的施厨家宴，带给客户更美好的美食体验。研发出更多创意菜，直接配送至酒店，解决目前酒店上菜慢等问题。另一方面是带领“草燕侠”走出去，争取3年开设到15家门店左右，草燕饮品基本覆盖范围可达福建、广东两省。稳步推进中餐和饮品发展，同时培育出更多具有实操经验的新型餐饮人才，服务于平潭旅游业的发展。

有想法，有情怀，有能力，有担当，敢想敢为，又善作善成。对于施坤华来说，餐饮不仅是一项职业，更是其终生的事业。20余年的拼搏与坚守，他带领着团队传承传统菜肴，讲述草燕故事，培育出无数新型餐饮人才，打造平潭旅游新名片。大美平潭，大爱平潭。让我们共同期待，施坤华将带领着平潭美食走出平潭、走出福建、走向全国乃至全世界！

王胜利

WANG SHENG LI

设雕印象传玉雕工作室创始人

王胜利，一位跨越体育与艺术领域的卓越玉匠，凭借着其在玉雕艺术上的精湛造诣与对传统文化的深厚情感，成为连接古今、融汇中西的文化传承者与创新者。他的艺术之旅是一次从体育精神的热忱到玉雕艺术殿堂的华丽转变。

他用一生的执着与热爱，书写了一部关于匠心、传承与创新的动人史诗。他不仅在玉雕艺术的探索之路上留下了深刻的足迹，更以一颗永不满足的匠心，推动着传统文化在当代社会的活化与传承。王老师的故事，是对“匠人精神”的深刻诠释，也是对文化自信与创新精神的最好注解，证明了在传统与现代的交响曲中，匠心是永恒的旋律，引领着古老的艺术走向更加辉煌的未来。

王师匠旅映光辉 意蕴绵长启慧门

——访设雕印象传玉雕工作室创始人王胜利

初心如磐 艺海扬帆

在中国这片广袤的土地上，玉，不仅是自然造化的奇迹，更是文化与精神的载体，它如同一条绵延不绝的河流，滋养着华夏儿女的心田，塑造了中华文明独特的审美与哲学观。玉雕艺术，作为这一文化长河中的璀璨浪花，历经数千年的沉淀与创新，成就了无数精美绝伦的艺术珍品，它们既是技艺的结晶，也是情感与智慧的寄托。

1969年，王胜利出生于福建晋江，自幼年起，他就对自然界的每一块石头都充满了好奇，那些平凡石块中蕴藏的生命力与故事，激发了他对玉石雕刻的无限遐想。正是这份对玉石纯粹的喜爱，驱使着他踏上了一条探索与创造并行的艺术征途，他从体育专业转投仿古玉佩创作领域，立志要以刀代笔，将大自然的造化与人文情感融为一体，赋予玉石新的生命和语言。

从内心喜欢的初步涉猎，再到深圳跟随上海玉雕厂大师傅的严格训练，王胜利不仅练就了一手过硬的雕刻技艺，更在心中种下了将传统文化融入现代艺术的创新梦想。在每一次与玉石的对话中，王老师以匠心为笔，细细雕琢，将对美的追求与对传统文化的尊重融为一体，展现了一位艺术家对细节的极致追求与对传统的深刻理解。

在王胜利的作品中，总能发现一股清新脱俗的气息，那是他对传统技艺与现代审美的独特融合，也是他不忘初心，始终怀抱对玉石最纯真情感的具体体现。他不拘泥于形式，不畏惧于创新，努力在每一次创作中寻找传统韵味与时代精神的最佳结合点。他的玉雕作品也因此拥有了超越材质本身的生命力，成为连接过去与未来的桥梁，讲述着属于这个时代的文化故事。

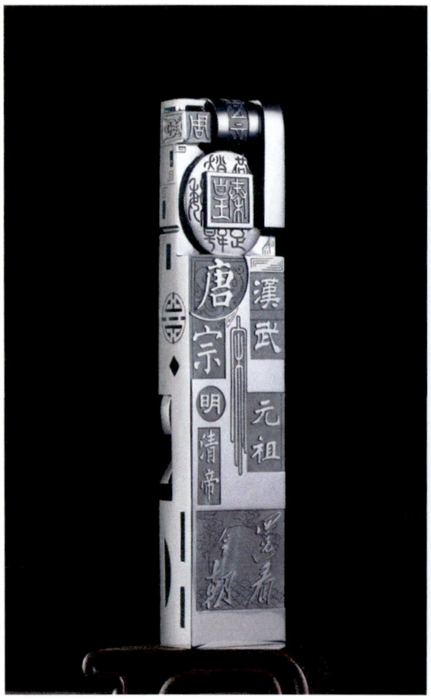

文心雕龙 艺脉相融

中国玉雕不仅是工艺技能，更是中华文化传承的关键载体，此为其独特性与活力之源。自投身玉雕艺术以来，王胜利深刻地意识到，在快速全球化的今天，坚守与弘扬中华传统文化的重要性。他视玉雕为民族文化之舟，承载着历史的厚重与对未来的期许，致力于在每一刀一笔中勾勒出华夏文明的轮廓。

春秋战国时期作为华夏智慧的源泉，深深启迪了王胜利的艺术灵魂。他选择仿古玉佩作为艺术探索的焦点，不仅重现了那个时代百家争鸣的辉煌，更借由玉石的温润与坚韧，仿佛是历史与现代的对话，每一枚玉佩都是对古代智慧的当代解读，展现了中国玉雕深邃的文化底蕴与艺术风貌，传递出跨越千年的文化力量与美学意象。

他深谙“工欲善其事，必先利其器”的道理，在技艺的锤炼上精益求精，以匠心为尺，度量着艺术与技艺的完美融合。他不仅精通各种雕刻工具的运用，更在实践中不断探索与创新，力求每一道线条的流畅、每一层纹理的清晰、每一抹光影的巧妙，都能体现出他对工艺的极致追求与对美的深刻理解。他的双手仿佛是连接过去与未来之间的桥梁，将古典韵味与现代审美完美对接。

在30载仿古玉雕生涯中，他坚持酌古参今的理念，专注于富含中国韵味的仿古玉佩创作，巧妙地将中国传统文化的精髓——图腾、篆书等元素，融入每一件玉雕作品中，使作品不仅呈现出视觉之美，更蕴含着深远的文化意蕴。玉雕艺术家王胜利在其30多年的艺术探索中，匠心独运，创作出了一系列深具文化意涵的仿古玉佩作品。其中，《厚德载物》选取的是冰种飘蓝花手镯芯，巧妙运用顺色设计与半浮雕技艺，局部辅以镂空透雕和小篆题刻，灵感直指《周易》中“天行健，君子以自强不息”的高尚品德，展现了他对传统文化的深刻理解与尊重。

《延年益寿》则源自战国楚国宋玉《高唐赋》的吉瑞愿景，通过玉雕艺术传达了对长寿安康的美好祈愿。《格物》与《慎独》两件作品，灵感皆来自《礼记》，前者倡导“格物致知”的求知精神，后者强调“慎独”这一道德修养的崇高境界，提醒着人们在独处时亦应秉持正念，于浮躁时代下更显其醒世意义。

王胜利的艺术实践是“文心雕龙·艺脉相融”的最佳注解。他不仅是一位技艺高超的工匠，更是一位深谙文化

荣誉证书

HONORARY CREDENTIAL

经首届晋江市工艺美术大师评审委员会评选，

授予 王胜利 同志晋江市工艺美术大师。

特颁此证

晋江市人民政府

2020年11月

编号：DS004

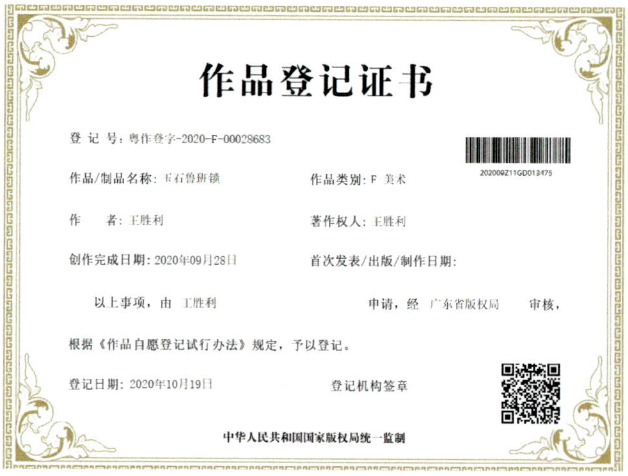

作品登记证书

登 记 号：粤作登字-2020-F-00028683

202009Z11GD013475

作品/制品名称：玉石鲁班锁 作品类别：F 美术

作 者：王胜利 著作权人：王胜利

创作完成日期：2020年09月28日 首次发表/出版/制作日期：

以上事项，由 王胜利 申请，经 广东省版权局 审核，

根据《作品自愿登记试行办法》规定，予以登记。

登记日期：2020年10月19日 登记机构签章

中华人民共和国国家版权局统一监制

之道的艺术家，通过玉雕这门古老而又常新的艺术，架设起古今对话的桥梁，让观者在欣赏之余，能感受到传统文化的温度与力量，领略到中华文明的博大精深与时代新意。他的每一刀、每一笔，都是对传统智慧的致敬与再创造，每一件作品都成为穿越时空的文化桥梁，引领观者领略华夏文明的博大精深。

创新弄潮 匠心留香

在时代的洪流中，王胜利以开放的姿态勇立潮头，不拘泥于传统框架，而是巧妙地将现代设计理念融入古老的玉雕技艺，锻造出既符合当代审美趋势，又深植于传统文化底蕴的创新玉雕作品。他的创作是深度与广度的双重探索，既深入挖掘题材内涵，又在表现手法上推陈出新，巧妙地调和古典韵味与现代创新，展现出对原始特性的精准洞悉与自然之美的极致推崇。

他的艺术探索是执着与灵感的交响，是细节与整体的和谐，更是追求完美的无尽旅程。他相信，真正的仿古玉佩艺术不啻于复制往昔的光辉，而是在传统深处播种创新的种子，将个人的情愫、艺术梦想、价值观念与文化情结，丝丝入扣地编织进每件作品的肌理之中，使之成为翡翠灵韵的最佳代言。他所倡导的是让创新与仿古如同自然界的阴阳调和，既相对独立又相辅相成，共同绘制出玉雕艺术的新时代画卷，令古典韵味在现代语境下重获新生，绽放异彩。

在此基础上，面对瞬息万变的市场环境，王胜利凭借着其非凡的前瞻视角，开创性地搭建起私人定制的桥梁，巧妙地将客户的个性化愿景与深厚的文化底蕴相融合，开拓出一条艺术与商业并驾齐驱的新航道。这一创举，不仅在市场上激起了热烈的反响，更在经济的起伏中显示出了不凡的韧性，预约订单络绎不绝，这无疑是市场对他卓越匠心的最高赞誉。借此，他不仅达成了艺术与商业的双重丰收，更让满载匠心的玉雕佳作融入大众生活，成为连接个人情感、文化认同与审美情趣的纽带。

继往开来 匠韵流芳

在王胜利看来，玉雕艺术已超越了技巧的炫耀，成为文化与精神深邃交流的载体。他常说："每一块玉石都蕴藏着独特的灵魂，我们雕刻者的使命，在于唤醒那份沉睡的灵性。"正是这份对玉石本质的深刻洞察与敬畏之心，引导他在创作的每一笔一画中灌注着浓厚的情感与深刻的哲学思考，使他的作品不仅是一件工艺品，更是富含文化底蕴与思想深度的艺术结晶。

身为中国玉文化研究会副秘书长，王胜利活跃于文化与艺术的前沿阵地，不仅参与策划了多项文化艺术盛事，还致力于在诸如潘家园这样的文化地标构建起桥梁，连接古今玉雕艺术的展览

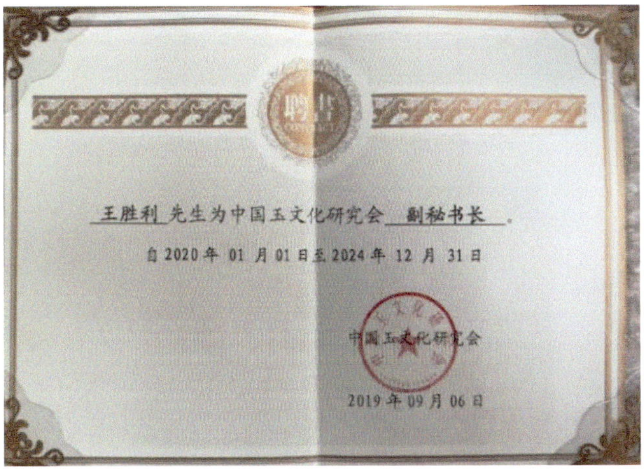

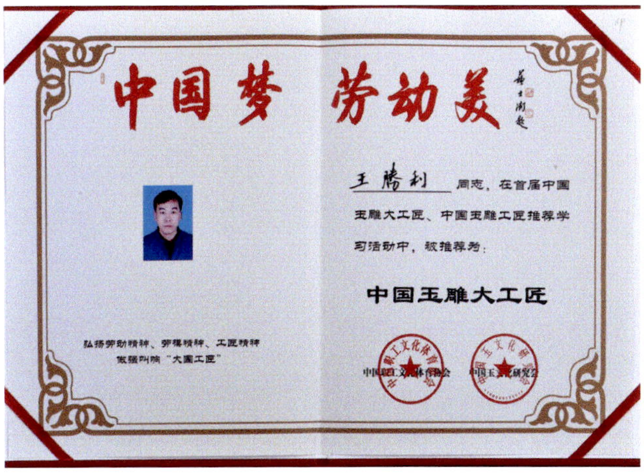

空间。他的艺术足迹不仅在国内玉器界赢得了崇高的声誉与广泛的青睐，更跨越国界，获得了国际政要的私人珍藏与国际社会的赞誉。在国内，王胜利的多件（套）精品在各级展览与评选中摘得桂冠，充分展现了他在玉雕艺术领域的精深造诣与影响力。

尤为值得一提的是，2017年6月，由中国玉文化研究会与北京工美集团有限责任公司携手举办的“首届‘原创亲工·匠心传承’当代玉雕艺术家作品展”，在北京工艺美术博物馆盛大开幕，成为行业内的焦点事件。王胜利倾心打造的《天时》《地利》《人和》系列作品，在此次展览中大放异彩，凭借着其炉火纯青的工艺技术、深远的文化寓意及和谐的美学设计，夺得所有金奖，这不仅是对他艺术生涯辉煌成就的直接肯定，更是对他长期致力于传统与创新相结合理念的有力证明。这一荣耀时刻，再度巩固了王胜利在当代玉雕艺术界无人可替的地位，彰显了他的杰出贡献。

面向未来，王胜利的视野更为宽广，内心更加笃定。他深刻认识到，在全球交融与数字技术蓬勃发展的今天，传统玉雕艺术正站在历史的十字路口，既面临着挑战，也拥有着前所未有的发展机遇。

他从过去的荣耀中汲取力量，意图搭建起一座横跨时空的桥梁，不仅让玉雕艺术在古今之间自由穿梭，更要使其成为连接东西方文化交流的纽带，让中国玉雕的光芒闪耀于世界文化的璀璨星空。他构想了一幅宏伟的蓝图：通过数字化的翅膀，让古老的玉雕技艺跨越地域的限制，飞入寻常百姓家。利用虚拟现实、3D扫描与打印等前沿科技，打破物理界限，让世界各地的人们都能够触手可及地体验玉雕的奥妙，学习并传承这一宝贵的文化遗产。

这一战略转变，不仅是对传统技艺传承方式的革新，更是对未来时代的召唤。王胜利坚信，科技与传统的巧妙融合，不仅能够为玉雕艺术的传播打开新大门，吸引更多的年轻血液加入传承的队伍中，确保这门古老艺术的活力与生命力得以绵延不绝，而且能够在全球化的语境下，为玉雕艺术赋予新的时代意义与国际视野，让世界看见并赞叹中国玉雕的独特魅力与深邃智慧。

此外，王老师还致力于培养新一代的玉雕人才，他希望将自己的经验与心得毫无保留地传授给年青一代，鼓励他们既要继承传统，又要敢于创新，发展成为既有深厚文化底蕴，又能引领时代潮流的玉雕艺术家。他相信只有薪火相传，玉雕艺术的火焰才会越烧越旺，才能持续照亮人类文明的前行之路。

在王胜利的心中，每一块玉石都蕴藏着无尽的故事与可能，而他的使命就是通过匠心之手，将这些故事一一雕刻出来，让玉雕艺术成为连接过去与未来、沟通心灵与世界之间的桥梁。他期待着在不久的将来，中国玉雕能在世界舞台上绽放出更加耀眼夺目的光芒，让全世界都能见证这份来自东方的温润之美，感受那份穿越千年的匠心匠魂！

李开琼

LI KAI QIONG

贵州侗族银饰锻造技艺代表性传承人、贵州银花妆开发有限公司董事长

"银花簇簇映华妆，侗族匠心独运长。"在悠远的历史长河中，侗族银花妆工艺以其独特的艺术魅力，熠熠生辉，成为民族文化宝库中的一颗璀璨明珠。这一工艺不仅承载了侗族人民的智慧与匠心，更是中华民族传统工艺的重要组成部分。

在繁复精细的银花妆工艺中，每一道工序都凝聚着匠人的心血与智慧。银花如星，镶嵌在女子的眉宇间，熠熠生辉，既展现了侗族女性的优雅与高贵，也体现了工匠们对传统美学的坚守与发扬。在这份坚守中，有一位杰出的代表——李开琼女士，她不仅继承了传统工艺的精髓，更在传承的基础上勇于创新，将现代审美融入古老的技艺之中，让侗族银花妆焕发出新的生机与活力。

翠桐深处隐匠心 银花妆点映古韵

——访贵州侗族银饰锻造技艺代表性传承人、贵州银花妆开发有限公司董事长李开琼

李开琼女士的匠心独运，使得这一古老工艺得以在现代社会中绽放光彩，成为连接传统与现代之间的桥梁。她的贡献不仅推动了侗族银花妆工艺的传承，更是对中华传统文化的弘扬与发展。

凝丝为艺源自始

据传，侗族银花妆工艺起源于千年之前，是侗族先民用智慧和双手创造的艺术瑰宝。随着时代的变迁，侗族银花妆工艺历经风雨，但始终保持着旺盛的生命力。从最初的简单银饰打造，到后来随着精细雕刻、镶嵌、编织等复杂工艺的融入，使得侗族银花妆工艺在发展中不断创新，形成了独具匠心的艺术风格，每一步都凝聚着匠人的智慧和心血。

如今，侗族银花妆工艺的传承发展已成为一项重要的任务。而在贵州的秀美山水间，有一位名叫李开琼的杰出女性，以其对传统文化的热爱与执着追求，成为这一技艺的重要传承人。她不仅继承了传统侗族银花妆工艺的精髓，更在传承的基础上不断推陈出新，将现代元素融入银饰设计中，使侗族银花妆工艺焕发出新的生机与活力。

若说及缘起，那李开琼的人生轨迹就如同一件璀璨的银饰，闪耀着独特的光芒。李开琼出生于一个工艺世家，家族中几代人都以仕途兼艺术文学和锻造银饰为业。从小她便浸染在银饰的熠熠光辉和雕刻的精细纹理中，耳濡目染之下，对银饰锻造产生了浓厚的兴趣。然而，在那个时代，许多工艺技艺只传男不传女，虽然李开琼内心充满对这门手艺的热爱，但得不到家人的理解与支持。然而，她并未因此放弃，而是偷取了一些材料和工具，自己在房间里潜心钻研，用稚嫩的双手绣出了正反面都如出一辙的仕女图，展现了她对艺术的执着和天赋。

学校毕业后，她顺应时代潮流，凭借着聪慧的头脑和敏锐的商业嗅觉，创办了名为升蓝科技的电脑公司，并将其经营得风生水起。然而，成功并未让她忘记初心，那份对民族手工艺品的深深眷恋始终萦绕在心间。于是在2016年，李开琼毅然决然地将从升蓝科技赚得的财富全部投入创立了“贵州银花妆开发有限公司”，这个决定，不仅是对家族传统工艺的传承，更是对她内心

热爱与坚持的回应。从那时起，她便一心一意地投入侗族银饰传统民族品牌的传承、生产和研发中，用她的智慧和汗水书写着新的篇章。

贵州银花妆开发有限公司立足于锦屏，是一家承载着非物质文化遗产精粹的企业。其产品囊括了侗族15大类绝品首饰系列、花丝镶嵌的经典百花系列、景泰蓝（珐琅彩）系列，以及金漆螺钿镶嵌的首饰盒系列，这些无一不是中华民族顶级非遗工艺的瑰宝，深受全球消费者的喜爱。

时至今日，在李开琼的带领下，银花妆企业始终坚守着传承中华民族文化的使命，致力于为民族工艺的传承与人类文明的进步贡献源源不断的力量。

推陈出新促发展

北侗银饰工艺繁复多样，其中尤以花丝镶嵌技术和侗族银饰的拉丝工艺为艺术之冠，彰显着无与伦比的艺术价值。

花丝镶嵌，又被誉为细金工艺，它精细地将金、银、铜等金属抽为纤毫毕现的细丝，再凭借堆、垒、编、织、掐、填、攒、焊等八大匠心独运的手法，将这些细丝巧妙地塑造成首饰或艺术品。随后，再为这些作品镶嵌上璀璨的宝石、温润的珍珠、晶莹的玉，并辅以琉璃、上等木材等高档材料，使之光彩夺目。由于花丝与镶嵌这两种技艺常常相辅相成，它们逐渐融为一体，因此被称为“花丝镶嵌”，并被尊为“燕京八绝”之首。

银花妆手工拉丝工艺乃银饰花丝镶嵌之巅峰技艺，尽显银饰制作的极致之美。李开琼别出心裁，将双面拉丝技术巧妙融入其中，历经36道繁复的工序，将纤细如发的银丝以不规则的方式交织编织，形虽乱而神韵犹存，相较于刻板的编丝工艺，更具立体层次与质感之美。而这堪称细致入微的杰作，要求匠人使用纯度为999的银原料，经过52次精心反复的抽拉，直至银丝细如发丝，而后通过搓丝、掐花、镶嵌等30余种工艺精心打造而成，最终在匠人手中化身为精美绝伦的银饰，每一根银丝的精细度甚至可达0.2毫米。这一过程中，焊接点几乎难以察觉，其细腻与精致程度令人叹为观止。银花妆手工拉丝出的每一件作品，都凝聚了匠人的心血与智慧，这不仅是对传统工艺的传承与升华，更展现了银饰锻制艺术的无限魅力。

但李开琼的创新力并不止于此。

在永不停歇的道路上，她如同一位执着的探索者，深知其价值，持续投身于知识的海洋中。于是，她远赴日本等地，深入调研各地的工艺品锻造技术，汲取其中的精髓，并将其与汉族和侗族的丰富民族文化相结合，巧妙地将现代与古典元素交织在一起，赋予每一件作品独特的创意灵魂。其中，李开琼的银饰作品《雪花银扇》尤为引人注目，这件艺术品汇集了她对花丝镶嵌、双面拉丝以及无缝焊接等精湛技艺的深刻理解与精湛应用，不仅体现了她精湛的技艺，更彰显了其深厚的文化底蕴。这件作品一经问世，便获得了故宫博物院、中国国家历史博物馆书画鉴定委员会专家们的高度赞誉，成为业界的佳话。

如今，李开琼与银花妆开发有限公司共同拥有7项国家发明专利，103项版权，除了银饰艺术，李开琼还担任贵州省升蓝科技有限公司董事长、贵州省女企业家协会会员、黔东南州文化产业协会常务理事、锦屏县电商协会副会长等多项职务，更是被授予中国优秀民族品牌领军人物和新中国成立70周年•民族文化突出贡献人物等荣誉，荣获华尊奖•中国商界十大巾帼女企业家的称号，毋庸置疑地展现了她多方面的才华与影响力。

此外，李开琼更是积极倡导“走出去”战略，她带着银花妆的精美作品，参加全球各大珠宝工艺展会和民族文化展，与世界分享中华文化的魅力。2016年6月，在北京的国家民族文化展上，李开琼的“银花妆”系列作品赢得了国家领导人的高度评价与赞誉。她的杰出贡献，不仅赢得了北京中联民族产业研究院的认可，被聘为“民族文化（全球）推广大使”，也得到了中国中外名人文化研究会学术委员会的认可，荣获“一代名家”的荣誉称号。

从幼时的童稚到半生的热爱，这位匠人始终都在为传承与弘扬民族文化贡献着自己的力量。银丝虽细，但容纳了李开琼全部的赤诚匠心。

立足匠心以传承

在时光的洪流中，无数传统工艺如流星般划过天际，有的绚烂而逝，有的则默默坚守，静待传承者的出现。银花妆工艺作为中华民族的非物质文化遗产之一，其独特魅力与精湛技艺在历史长河中熠熠生辉。

然而，在现代社会快速发展的背景下，银花妆工艺的传承却面临着诸多困境：一方面，随着工业化和现代化的推进，传统手工艺逐渐没落，年青一代对银花妆工艺的认知和兴趣逐渐减弱；另一方面，银花妆工艺的制作过程烦琐复杂，需要耗费大量的时间和精力，在物欲横流的现代社会中显得岌岌可危。

为了守护侗族银饰锻造这一璀璨技艺的薪火相传，李开琼独具匠心，开创了“帮扶与传承并行”的创新模式。她以银饰产业为发展引擎，驱动当地经济蓬勃向前，精心组织平秋镇的贫困家

庭妇女学习并参与银饰制作的实践。她积极联络锦屏县妇联、县工信局等部门，共同为县特殊教育学校的学生量身打造银饰手工作品的绘画与创作技能培训。帮扶之路如春风化雨，润物无声；传承之火如星火燎原，生生不息。李开琼以帮扶为主线、以传承为双翼，引领着家乡人民摆脱贫困，迈向繁荣之路，同时让古老技艺在新时代里焕发出更加绚丽夺目的光彩。

“银饰璀璨映日辉，开琼巧手绘新篇”，银饰不仅是冰冷的金属，更是承载着侗族文化、家乡情怀和脱贫梦想的载体。在李开琼女士的带领下，侗族银花妆工艺得以更好地传承与发展，成为连接传统与现代之间的桥梁，向世界展示了中华传统文化的独特魅力！

诸葛隽

ZHU GE JUN

龙游厨跃食品有限公司、浙江元集食品有限公司董事长

在华夏这片辽阔的疆土上，美食是流转在味蕾上的诗篇，每一道地域特色菜肴，都是对那方水土故事的味觉叙述，满载着文化的重量与民族的情感。在这片多彩的美食画卷中，龙游厨跃食品有限公司与浙江元集食品有限公司，如同两位杰出的绘者，携手一位非凡的领路人——董事长诸葛隽，共同编织着一段关于传统与创新交融的美食传奇。

珍馐美馔集天下 匠心独运显传承

——访龙游厨跃食品有限公司、浙江元集食品有限公司董事长诸葛隽

诸葛隽，这一名字不仅代表着衢州市行业协会副会长的尊荣身份，也标志着他在新生代企业家群体中的杰出地位。身为百年老店“蒸福高”的继承者与革新者，他是第四代传人，肩负着保护古老智慧与激发创新活力的双重使命。诸葛隽作为中国烹饪界的一颗璀璨明星，活跃在中国烹饪协会名厨委员会新星俱乐部，并在生态食材领域担任多个权威职位，他的成就，包括“江苏烹饪大师”在内的诸多荣誉，以及2017年摘得的“中国国际美食青年技艺精英人才”桂冠，无不彰显着他对于美食艺术与绿色餐饮未来的杰出贡献。

在诸葛隽的睿智引领下，龙游厨跃与元集食品正以前所未有的活力，深入探索传统美食的复刻与生态食材预制菜的现代转型，不仅守护着舌尖上的文化遗产，更推动着行业的绿色发展进程。他们创造的每一道佳肴，都是穿越时空的使者，连接着往昔与现在、本土与国际，深刻体现了美食作为生活之基、文化之桥的无限内涵。

寒暑不息磨刀锋 挑战重重炼铁心

海洋无垠，非勇者不敢越；狂澜汹涌，唯智者能驾驭。恰似诸葛隽，以革新的激情为舟、勇气为桨，冲破局限之湾，驶向广阔的商海，谱写着美食与时代的壮丽史诗。

古语有云：“天将降大任于斯人，必先苦其心志，劳其筋骨。”在浙江绿意盎然的小南海镇新山水村，一个依山傍水、风俗淳厚的村落，“80后”青年诸葛隽呱呱坠地。在这片看似平凡的土地上，诸葛隽自幼便经受俭朴生活的洗礼，拮据的家境非但没有成为他的束缚，反而塑造了他坚韧不拔、自立自强的性格。从少年时起，他就深知世态炎凉，决心以一己之力改写命运，于灶台烟火中磨砺心志，练就了一手令人称道的厨艺，并以此为起点，踏入商海，历经波涛，从厨师到餐馆老板，再到商贸公司的领航人，每一次身份的转变都是对他勇于挑战、不懈追梦的生动见证。

岁月流转，诸葛隽的脚步遍布四方，每一步都深深烙印着他对于家乡的深情与思考。龙游，这片孕育了千年文明与独特美食的土地，激发了他内心深处的共鸣：“龙游之美，如珠藏渊，待人识之。”尤其是那传承600载的发糕，不仅是节日的象征，更是龙游人心中幸福与希望的甜蜜载体。1916年，“蒸福高”的问世，如同一脉相承的薪火，让这份古老技艺穿越时光，依旧熠熠生辉。

正是这份情怀促使诸葛隽在2014年与志同道合的倪利忠携手创立了厨跃丰味食品有限公司。他们以匠心独运，沿袭古法，手工精制，红糖调味，每一枚发糕都凝聚着对传统工艺的

尊崇与对幸福生活的美好愿景。厨跃丰味，不仅承载着美味，更是一份沉甸甸的责任，诸葛隽誓将龙游的甜蜜与祝福送达更广阔的天地。

此后的岁月里，诸葛隽走的每一步都显得尤为坚定。从杭州厨跃贸易有限公司的稳扎稳打，到为众多星级酒店及连锁餐饮提供优质服务，再到龙游厨跃食品有限公司的荣耀诞生，并获得“全国高新技术企业”之誉，再到浙江元集食品有限公司的宏伟布局，每一阶段都凝聚了他无数个日夜的辛勤与汗水。他以实际行动践行着对食品行业的热爱与承诺，不仅成就了自己的事业高峰，更为推动地方经济发展和文化传承，书写下浓墨重彩的一笔。在这条充满挑战与希望的创业路上，诸葛隽用汗水浇灌梦想，用坚持书写辉煌，证明了每一个不凡成就的背后，都有着不为人知的努力与付出。

这些年的风风雨雨，对诸葛隽而言是一场既考验智慧又磨砺意志的非凡征程。他所付出的汗水与努力，远超常人的想象。白日里，他身先士卒，躬耕于企业的运营管理，从产品开发到质量把控，每一个细节都不遗余力，力求完美。夜晚时分，当星辰点亮夜空，他则化身学者，挑灯夜战，研习市场动态，探索商业模式的创新之路，不断提升自我，以前瞻性视野引领企业前行。

在开拓市场的征途中，诸葛隽更是步步为营，精心布局。他深入研究消费者的需求，量体裁衣，制定了一系列富有创意且接地气的营销策略。从线上平台的搭建到线下活动的策划，从品牌故事的传播到用户体验的优化，每一项计划的落地都浸透了他的汗水与心血。他深知，要想在中国食品行业这片竞争激烈的蓝海中乘风破浪，就必须脚踏实地，不断创新，用心去感知市场的脉搏跳动。

美丽与艰辛交织的创业路上，诸葛隽从未轻言放弃。那些不为人知的日日夜夜，见证了他从一名普通厨师到企业领袖的华丽蜕变。他的成功，不仅是个人价值的实现，更是对中国食品业的一份贡献，对传统文化的一份坚守，以及对无数同样怀揣梦想之人的鼓舞与启示。

方寸食材藏智慧　名优品牌耀四方

中华美食文化自古以来便是智慧与艺术的结晶，每一道佳肴背后，不仅是对食材本味的极致追求，更承载着深厚的文化底蕴与历史情感。龙游厨跃食品有限公司及浙江元集食品有限公司，在董事长诸葛隽的引领下，匠心独运，巧妙融合传承与创新，于方寸间烹制出人间至味，其品牌矩阵以“厨跃丰味”及始创于 1916 年的“蒸福高”为代表，不仅彰显了对传统工艺的执着守望，更演绎出一段跨越世纪的味觉传奇，令人叹为观止。

“蒸福高”，作为龙游悠久历史中的璀璨明珠，其发糕不仅以独树一帜的风味与匠心独运的工艺赢得了无数赞誉，更因“福高”二字，寄托了深厚的文化情感与美好的祝愿，成为节日里传递温暖与吉祥的象征。厨跃丰味在世代传承的基础上，追求卓越，坚守手工制作的初心，并沿用红糖调和的传统秘方，让龙游发糕这份甜蜜的幸福滋味，在每一次品尝的瞬间，都能感受到那份软糯与甘甜，穿越时空的界限，流淌在每个时代人们的心间。

在此辉煌成就的基础上，诸葛隽不断前行在创新的征途上，未曾止步，全心全意地探索着如何满足现代人多样化的味蕾需求。他不仅精心守护着“蒸福高”品牌的经典之魂——龙游发糕、四喜糕、鸳鸯发糕等传统美味，更以匠心独运，巧妙融入时代潮流，研发出一系列别具一格的新品，如泰国香米糕、玉米杂粮糕、原味南瓜糕、龙井绿茶糕、黑米杂粮糕及红糖香米糕等。这些新品在保留了传统发糕精髓的同时，巧妙地将时尚与健康元素相结合，深得年轻消费者的青睐，为古老的品牌灌注了鲜活的时代气息，让这份源自龙游的甜蜜艺术跨越了年龄与地域界限，绽放出更加绚烂多彩的光芒。

与此同时，诸葛隽引领的厨跃品牌在半预制菜领域亦展现出了非凡的创新力，不同于市面上的常规预制菜品，厨跃通过精密的现代科技控制与严格的卫生安全标准，实现了家庭烹饪乐趣与食材本真味道的完美平衡。其借助先进的生产工艺与设备，确保每一款产品，无论是经典卤肉还是特色风味凤爪，不仅在味道上再现了传统风味的魅力，更在营养均衡与健康导向上迈出了革新的步伐，树立了行业新标杆，让美味与健康并行不悖，引领着市场的新风尚。

于诸葛隽而言，诚信立业与品质塑造构成了他商业帝国的哲学核心。他深谙食品行业的命脉在于健康，因此强调团队应对所有食材持以虔诚尊重的态度，这不仅是对消费者负责的体现，也是确保企业长青的根基。自 1999 年迈入餐饮领域，诸葛隽在过去的 20 多年时间里，将对美食的热爱转化为不断追求完美的实际行动。

在食品安全与品质提升的道路上，诸葛隽精心规划并建立了一套现代化生产体系，该体系融

合了高效运营与严格管理原则，确保从原料筛选直至产品包装的每一步流程，都历经科学规划与严密监控。他力求通过精细的配方调整来实现口感与营养的完美平衡，从而为产品的卓越品质奠定了坚实的基础。

诸葛隽所引领的企业文化，倡导“简约不凡，健康重启”的品牌哲学。在沿袭传统工艺的同时，创新性地融入科学方法，旨在利用最纯洁的原材料和最简化的加工程序，创造出既适应现代健康潮流，又不失传统韵味的精品食品，研发的产品不提及具体企业名称及地理坐标，强调的是这一普遍适用的食品安全与品质提升理念。

然而，优质产品若无有效的推广，亦难逃被市场淹没的命运。诸葛隽深刻地理解市场规律，以独特的市场洞察力，制定了从小处着手、大处着眼的品牌推广战略，巧妙地利用小店市场作为品牌扩张的跳板，实现了从“细微处见真章”的市场突破。

诸葛隽的市场洞察力不仅体现在产品上，更在于他对信息时代的精准把握。他认识到，品牌需在繁杂的信息流中脱颖而出，于是提出了一项创新推广策略：与夫妻店及小型零售商进行深度合作，减少中间成本，降低加盟门槛，既扶持了小微经济，也为品牌发展拓宽了市场道路。

此策略的成功执行，不仅令产品迅速触达消费者，更构建起了一张由小店织成的网络，它们如同品牌的神经末梢，紧密连接着消费者，将品牌价值直接、生动地传达给每一个人。这种小规模但高效率的推广路径，使诸葛隽的品牌产品逐步在市场中占据了一席之地，赢得了广泛的信赖与好评。

“百城小店”模式便是这一策略的生动实践，它不仅标志着诸葛隽品牌已在全国范围内生根发芽，更为行业树立了合作共赢的新典范。在市场竞争白热化的今天，诸葛隽以其独到的市场智慧，证明了即便是巷子深处的佳酿，只要通过创新与合作，也能成为市场舞台上的璀璨明星，屹立不倒。

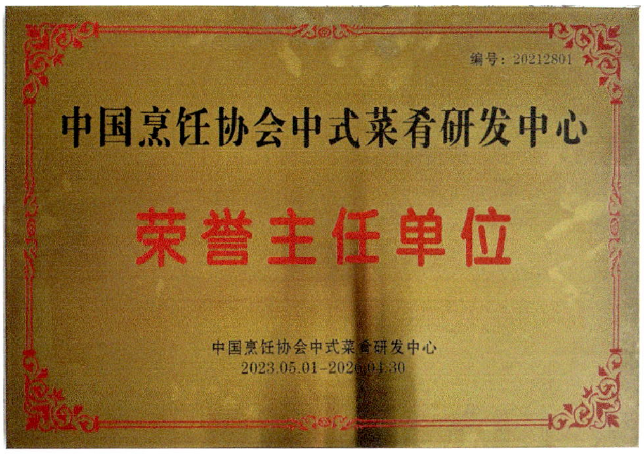

时光匆匆，岁月悠悠。在董事长诸葛隽的高瞻远瞩与精诚领导之下，公司自创立以来，便如同一列高速行驶的列车，不断驶向辉煌。它不仅稳居行业巅峰，荣获“中国金牌品质发糕”等一系列殊荣，成为业界公认的“最佳食材供应商”，还肩负起传承与弘扬中华美食文化的重任，荣获“衢州老字号”及“中国名点”等美誉，深植“浙江省绿色食品企业”的品牌形象，赢得了市场与消费者的广泛认可。

在技术专利方面，公司同样展现出非凡的实力与前瞻眼光，成功申请了包括“发糕产品的排气注浆机”在内的8项实用新型专利以及1项外观设计专利，这些技术创新极大地提高了生产效率与产品品质，为传统美食插上了现代化腾飞的翅膀。

更令人瞩目的是，公司的产品不仅在国内市场上享有盛誉，更跨越大洋，荣登CCTV的荣耀榜单，并创造了直径达5米的大发糕奇迹，这一壮举不仅震撼了业界，也成了中华美食文化走向世界的一张亮丽名片。2017年，公司的发糕更是在国际舞台上大放异彩，先后亮相纽约联合国总部与美国白宫，为全球食客呈现了一场中华传统饮食文化的盛宴，有力地推动了中华美食文化的国际交流与传播。

光阴荏苒存匠心　齐绘愿景望未来

在商海沉浮中，一位卓越的企业舵手不仅需要具备洞察市场风云的犀利眼光与勇于革新的睿智策略，还需要怀抱以民为本的经营理念与深厚的家国情怀，只有如此方能在创业的风雨征程中破浪前行。诸葛隽正是这样一位集远见卓识与深切情怀于一身的领航者，他的足迹不仅烙印在推动民族工业与品牌崛起的征途上，更深深地根植于热心公益、回馈社会的每一份担当之中。

多年以来，诸葛隽的企业不仅实现了经济效益的显著增长，更在社会效益上取得了斐然的成就。通过稳定吸纳百余名农村剩余劳动力，间接带动了上千亩农产品基地的发展，惠及周边150多户农户，直接为社会带来500余万元的增长收入，间接创造了600余个工作岗位，更促进了当地20多家红糖发糕小微企业的发展，为社会经济发展贡献了3000余万元的增收。这一系列举措，有效地激活了农村经济，助力农民实现增收，同时促进了龙游县农产品产业的蓬勃发展，彰显了他对农业增效、农民富裕的深切关怀与实际贡献。

与此同时，诸葛隽还致力于为餐饮行业的追梦者铺设成功之路。他不仅活跃于抖音等新媒体平台，通过直播形式无私地分享专业知识与实战经验，更在现实世界中伸出援手，面对面地提供专业指导与实质性的帮助，助力无数餐饮创业者跨越难关，点亮他们的梦想之光，共同绘制“画中美”是文化与经济发展的新蓝图。

展望未来，诸葛隽满怀雄心壮志，正如古人所云：“江海寄意，人生自信两百年。”在食品行业的无垠蓝海中，他将以更为开放的胸襟，不断探索未知，引领创新浪潮，驾驶着企业巨轮，破浪远航，向着更加宽广的未来挺进，持续在中华美食文化的不朽史册中，镌刻下属于他浓墨重彩的一笔！

杨晓路

YANG XIAO LU

济南杨铭宇餐饮管理有限公司董事长兼总经理

在济南这座历史悠久的城市中，餐饮文化犹如一株常青藤，紧紧扎根于深厚的历史土壤中，不断攀爬，延伸着绿意。其中，济南杨铭宇餐饮管理有限公司董事长兼总经理杨晓路，不仅是杨铭宇黄焖鸡品牌创始人，更是这一片繁茂景象中的杰出耕耘者。

自杨铭宇公司成立以来，它以独具匠心的品牌魅力和行业领先地位，坚定地将传承非遗技艺视为使命，依靠扎实的传统工艺，不懈提升品牌力量，成为非遗文化传承路上的忠实守护者与创新实践者，赢得了业界与消费者的广泛认可，为济南的文化繁荣添上了浓墨重彩的一笔。

鲁菜风华扬天下 明珠照耀世界天

——访济南杨铭宇餐饮管理有限公司董事长兼总经理杨晓路

家学渊源承师艺
守正创新烹美味

在美食界的版图上，济南杨铭宇餐饮管理有限公司犹如一颗璀璨的明珠，闪耀着鲁菜的独特魅力。这一切，都离不开公司的灵魂人物——杨晓路。作为济南杨铭宇餐饮管理有限公司的董事长兼总经理、杨铭宇黄焖鸡品牌创始人，杨晓路不仅在餐饮界树立起标杆，更成为济南市天桥区人大代表、济南市钓鱼协会会长。他的名字，已经与“济南市优秀企业家”“中国品牌影响力人物”等荣誉称号紧密相连。

杨晓路的成功并非偶然，而是鲁菜传承与创新的水到渠成。他创立的杨铭宇黄焖鸡品牌，全国加盟连锁门店超过6000家，海外门店100余家，带动了3万余人创业致富，创造了30余万个社会就业岗位，助推黄焖鸡产业链实现了千亿产值。他不仅让鲁菜文化走出国门，更让世界领略到了鲁菜的独特韵味。

家族的渊源与师承的基础，为杨晓路的餐饮事业打下了坚实的基础。杨晓路自幼生长在餐饮世家，家族三代都是烹饪行业传人，让他从小便对烹饪行业产生了浓厚的兴趣。而他的姥姥，济南黄焖鸡第三代传承人孟昭兰，更是他人生中的重要导师。在姥姥的悉心指导下，杨晓路不仅深入学习到正宗的鲁菜烹饪技艺，更在耳濡目染中，深刻领悟到鲁菜文化的独特魅力和精神内涵。他深知，烹饪不仅是手艺的传承，更是文化的传承。

如今，杨晓路带领着精英团队，终于攻克了黄焖鸡烹饪中的核心难题。对食材挑选、调料搭配、制作工艺进行了无数次的精心打磨与试验。而今，杨铭宇济南黄焖鸡，凭借其独家秘制酱料，严选鲜嫩鸡腿肉，恰到好处地配以十大香料与调味，添入珍稀药材，细心熬炖。那独特的砂锅土法烧制，使得鸡肉在锅中翻腾，热气蒸腾，汤汁与香气浑然一体，烹饪出的黄焖鸡，口感丝滑、汁水丰盈，色艳而不腻，焦香扑鼻，余味绕梁。同时，结合现代快餐理念与技艺，巧妙打造了一系列独具鲁菜风韵的快餐佳肴。这些美食既保留了鲁菜的本真滋味，又迎合了现代口味，深得食

商务部部长助理唐文弘

济南市委书记刘强

客之心，因此每逢饭点，众多美食爱好者纷纷慕名而来。

在消费需求日益多元化的今天，杨晓路董事长率领团队深入探究消费者的口味与习惯，研发过程中，公司不仅注重食材的营养价值，更在食材挑选与烹饪方式上下足功夫，致力于将传统美味与现代健康需求完美融合，不断推陈出新，如季节限定、地域特色等新品，在保持产品的活力与竞争力的同时，公司也注重优化服务体验，让经典鲁菜与现代消费者产生更深层次的交流，致力于为顾客提供更健康、更丰富的美食体验，构建出独特的竞争优势。

为了顺应现代社会的快节奏生活，杨晓路在服务上大胆创新，引入智能化点餐系统，极大简化了顾客的点餐流程，提高了服务效率。在商业模式上，杨晓路不仅巩固了传统堂食业务，更积极拓展外卖市场，通过与主流外卖平台的合作，实现线上和线下完美对接，满足了不同消费者的多样化需求。此外，公司在营销策略上也不断创新，运用社交媒体进行品牌推广，于各大电商平台设立品牌旗舰店，举办各类线上和线下活动，这些举措有效提升了品牌知名度与影响力。

“味”漫江湖
“铭”心创业

传说中，美食江湖藏龙卧虎，而杨晓路这个名字，早已在这江湖中掀起了波澜。他不仅是这家公司的董事长兼总经理，更是杨铭宇黄焖鸡品牌创始人。“杨铭宇”的品牌名字，源于杨总的儿子，寓意着对这个品牌就像对孩子一样呵护与期盼，希望它能在竞争激烈的餐饮市场中茁壮成长。这个名字背后是董事长杨晓路不变的初心和对未来的期待——传播美食传播爱，让世界爱上中国菜，致力于打造中国餐饮行业的领导品牌。

然而，创业之路并非一帆风顺。随着企业版图的持续拓展和业务多元化的深入发展，传统的管控模式难以适应日益复杂和快速发展的商业环境，商业世界的快速演变对公司的运作标准提出了更为严苛的要求，面对挑战，杨晓路始终致力于通过优化管理体系与创新管理模式来提升品牌的核心竞争力及市场影响力。该企业依托其“四大法宝”，实施了严格的品牌形象、供应链、外卖服务及资金管理的管控策略。

在品牌形象方面，济南杨铭宇餐饮管理有限公司着重统一标准化门店形象，以此提高品牌识别度。公司积极推动门店形象的整体升级，确保所有直营和加盟店铺在视觉形象上保持高度一致。通过制定严格的规范，公司保障了产品与服务质量的稳定性和一致性，从而巩固了其鲁菜品牌的形象。

供应链管理方面，济南杨铭宇餐饮管理有限公司致力于打造新鲜、健康、美味的餐饮品牌。公司采纳了统一的原料配送策略，通过专业的物流团队和高效的配送体系，保证食材新鲜与品质。此外，公司通过与顶尖供应商的战略合作，严格控制原料采购质量，并设立质检团队进行食材检验，确保食材符合高标准的质量要求。同时，公司引进先进的供应链监控与分析手段，实时监控库存与销售情况，提高了决策的科学性。

在外卖服务管控上，公司确保食品安全的严密控制，并积极承担对消费者健康权益的责任。公司通过一系列运营措施，如统一装修、菜单规划、营销策划及广告投放，有效提高了门店的交易额和利润。与外卖平台的合作使门店能够实时监控外卖异常数据，及时调整运营策略。公司还定期对门店数据进行复盘解读，为加盟门店提供整改方案，以高效支持加盟商，优化消费者服务，并不断提升门店的健康经营水平。

针对传统代理模式的管理疏漏，公司转而采用分公司模式，以便更有效地执行公司政策。分公司作为直接管理单元，能更彻底地贯彻公司战略和理念，提高整体运营效率。

在资金管理上，公司利用数字化手段建立了一套全面的管理体系。该体系能够实时监控资金流动，预警异常交易，有效防范资金风险。同时，它还为公司提供了深入洞察资金使用规律和趋势的数据，为制订合理的资金预算和计划提供了坚实支撑。

荣誉是对付出最好的肯定。济南杨铭宇餐饮管理有限公司及其品牌在杨晓路的带领下，获得了“2023年济南城市软实力品牌引领榜样”等殊荣，而杨晓路本人也被授予“匠心企业家”称号。这些荣誉不仅代表了社会各界对杨铭宇品牌的高度认可，更是对其创始人杨晓路创业精神的最好诠释。

杨晓路不仅在商业上取得了巨大成功，他还热心社会公益，积极回馈社会。他认为，一个优秀的企业家，不仅要会经营企业，还要有社会责任感。在他的倡导下，公司多次参与社会公益活动，为社会发展贡献力量。

匠心铸就新辉煌
扬帆起航新篇章

在浩瀚的中式快餐江湖中，杨晓路率领的济南杨铭宇餐饮管理有限公司如同一艘巨轮，历经风雨而越发壮大。从6000余家加盟店的星罗棋布，到全球十余国的版图扩张，杨晓路用匠心与智慧，引领中式快餐迈上了新的里程碑。这一令人瞩目的成就背后是杨晓路对产品与服务的坚守，对品牌形象和客户服务的不懈追求，以及对可持续发展和高效供应链管理的深入布局。

在竞争激烈的市场环境中，济南杨铭宇餐饮管理有限公司的优势显得尤为突出。其独特的产品与服务——杨铭宇黄焖鸡，拥有超过140年历史，其深厚的文化底蕴与历经考验的口味，深受

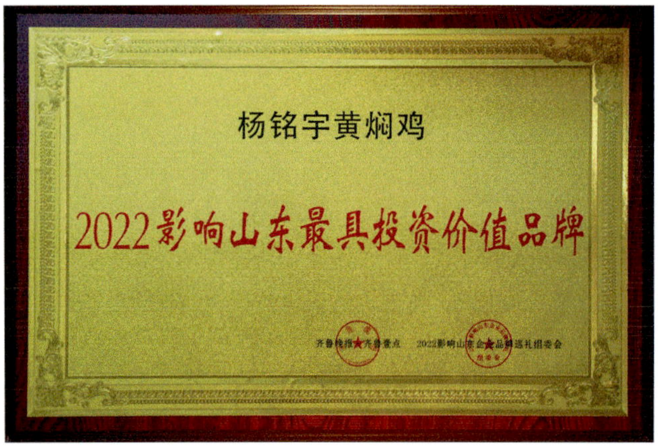

顾客的喜爱与青睐。此外，公司强大的品牌形象、优质的客户服务、强大的可持续发展能力以及高效的供应链管理，都为其在市场竞争中赢得了有利地位。

面对市场变动，如原材料上涨、政策变化和社会舆论等，杨晓路并未显得过于担忧。他坚信，通过建立多元化的供应链、开发新产品、关注政策动态、加大研发投入力度及探索新商业模式等举措，公司一定能够有效应对市场挑战，持续保持竞争优势。

在品牌发展规划方面，杨晓路分享了公司的三大策略：明确品牌定位、提升品牌形象和拓展品牌市场。他强调，优化产品和服务、加强品牌传播、建立品牌文化以及统一门店形象是提升品牌形象的关键举措。同时，通过拓展销售渠道、开拓海外市场以及寻求合作伙伴，公司将进一步扩大市场份额和影响力。

面对“大众创业，万众创新”的时代潮流，杨晓路认为，创新是推动企业发展的核心动力。在他看来，中式快餐领域的创新不应局限于菜品口味和工艺，更应在商业模式、服务方式及思维方式上寻求突破。他预见未来的发展趋势将更加注重科技创新与市场需求的深度融合，而济南杨铭宇餐饮管理有限公司也将积极拥抱变化，持续创新。

杨晓路阐述了一个宏伟的蓝图，即致力于构建一个充满活力的开放创新平台。这个平台将激励员工与合作伙伴共同挖掘餐饮行业的全新趋势，涉及运用大数据分析深入洞察消费者偏好、采纳智能化厨房设备以提高效率、推进绿色餐饮理念以降低对环境的影响等方面。济南杨铭宇餐饮管理有限公司通过这些前沿的创新实践，力求为消费者打造更健康、更便捷、更具个性化的餐饮体验。

在展望公司的未来发展方向时，杨晓路特别强调了品牌国际化的战略地位。他坚信，依托互联网和现代物流的便捷，杨铭宇品牌完全有实力在全球范围内树立中式快餐的新典范。通过跨越不同文化的交流与融合，品牌不仅能够将中国传统餐饮文化推广至全球，也能融入国际元素，丰富其产品线，推动品牌在全球市场上持续扩张与增长。

站在新的历史起点上，杨晓路及其公司正将凭借着创新的思维、坚定的步伐与不懈的努力，继续引领中式快餐行业走向新的辉煌，书写中式快餐新篇章。在不断变化的市场环境中，杨晓路坚信，唯有不断创新，才能赢得未来。而他的这种远见和坚持，无疑将为济南杨铭宇餐饮管理有限公司带来更广阔的发展空间。在杨晓路眼中，每一个挑战都是成长的契机，每一次变革都是发展的弹簧。他将以更加开放的心态，带领着团队迎接时代的洗礼，让中式快餐在全球美食舞台上绽放出新的光彩。在不断前行的道路上，济南杨铭宇餐饮管理有限公司将持续秉承匠心精神，致力于为消费者提供更多优质美味，推动中式快餐走向世界，开启崭新的美食篇章。

张孟全

ZHANG MENG QUAN

重庆状元红食品科技有限公司创始人

饮食是人们生活的基本需求，一粥一饭，关乎着人们的生命健康和生活品质，与人类社会发展息息相关。古训“王者以民为天，而民以食为天”，时刻提醒我们粮食生产和储备的重要性。随着社会经济的发展进步，人们的需求已经超越了吃得饱，更加关注吃得好，追求美味、健康的饮食生活。张孟全关注社会的发展变化，认识到“民以食为天，食以安为先”的社会需求，积极承担社会责任，创立了重庆状元红食品科技有限公司，致力于通过科技助力食品安全，探索中华美食标准化生产，从而推动食品产业的发展进步，为餐饮企业赋能，打造健康美味的饮食品牌，为人们的健康生活增味增香，助力提高人们的生活品质。

科技助力食品安全 调料增味健康生活

——访重庆状元红食品科技有限公司创始人张孟全

食品安全 责任担当

民以食为天，食以安为先；助力保障食品安全，为人们的健康生活增味增香；是张孟全从事食品行业的初心。对于餐饮业，张孟全经历了从对食品工业抗拒到认同，从无力批判到主动承担社会责任的转变。张孟全先生出生于美丽的中国烤鱼之乡——重庆万州，于1996年开始从事餐饮行业。张孟全最初从事的是普通的厨房基层工作，在此过程中，他不断刻苦学习，锻炼技能，为自己的事业发展奠定了坚实的基础。但同时他也发现了一些餐饮行业存在的痛点。不少餐饮从业者为了自己的利益，罔顾食品卫生与安全，这有违张孟全心中的良知与戒律，以至于有一段时间他十分抗拒餐饮里面的食品添加剂。后来，随着对食品行业的深入了解，张孟全逐渐意识到，抗拒和无理的批判并不能够改善食品行业的现状，唯有参与食品行业的发展，成为优秀的食品领域从业者，才能够以专业力量撬动行业发展，改善食品行业的生态，助力保障食品安全。

怀揣着“食品安全，从我做起”的初心与责任，张孟全在食品专业技能发展上孜孜不倦，精益求精。他从初中毕业到大学本科，一边打工一边完成学业，不畏艰难险阻，节节攀升，从一名普通厨师一路考级到食品研发高级工程师，逐渐从稚嫩的学徒成长为能够独当一面的企业高管、总负责人。1999年至2023年，张孟全积极参加了市级、国家级、国际级等大小专业赛事，并且荣获了各项赛事的金奖、最具特色奖等，在专业赛事上成绩优异。此外，张孟全凭借着突出的专业技术获得了行业的高度认可。迄今为止，张孟全荣获国家级评委、国家级中式、西式高级技师、重庆烹饪艺术大师、中国烹饪大师、高级火锅调味师、食品研发高级工程师等称号，曾担任国家考评员、餐饮协会会长、职业竞赛裁判员、中式火锅职业竞赛国际裁判等多个食品领域的职务。张孟全在食品专业技术上的成就，为产品质量提供了保障，为实现打造健康美味饮食品牌的理想奠定了坚实的基础。在多年经验积累和技术保障的基础上，张孟全先生创立了“厨乐好辛香”“张师兄”“朕才是料”等品牌。2021年，张孟全投资了重庆状元红食品科技有限公司万州烤鱼调

张孟全与澳大利亚生物博士合影

张孟全与熊德龙先生在重庆万州合影

荣誉证书

EICC 2016 巴中站

食在中国 味在四川

张孟全：荣获第二届川东创新厨艺烹饪大赛

个人冷菜冠军

2016川东创新烹饪大赛组委会

中国饭店协会名厨委

二0一六年四月

荣誉证书

CERTIFICATE OF HONOR

编号:20050208

张孟全先生：

在中国饮食文化推广，烹饪技术方面成绩优秀，被评为：

中华厨神

特发此证，以资鼓励！

中华饮食文化研究会

2020年11月1日

味料生产工厂，又创立了“味在状元红”“三峡状元红”“餐见味来”“麻叁城”“三峡张师兄”等食品品牌并在全国多地设立的供应链公司、销售公司、生产工厂，开拓出自己在食品工业的新领域，诚信经营、力争做大做强，发扬“科学精研、真材实料”的产品文化，从企业维度保障食品安全，促进食品行业的良性发展。

健康调味 生活多姿

古人云：“盖人家每日不可缺者，柴米油盐酱醋茶。”由此可见，古往今来，调味品就像人们炊事时手中的彩墨，可以调和食物的气味、去腥、增香、增鲜，将食材装点成餐桌上的艺术品，为人们的生活增添色彩和滋味。随着社会大众知识水平的提高和个性化发展，人们对于调味品的态度不尽相同。很多年轻人喜欢重口味的刺激，如果使用高油、高盐、高脂肪的调味品，必然会给身体健康造成负担。近年来，人们越来越愿意追求天然、健康的生活方式，食品行业也随之掀起了一阵“清淡饮食”的热潮，很多人走进了少用调味品就等于更安全、更健康的误区。其实，只有过量过度或者超范围使用食品调料才会危害身体健康，使用适度的优质调味料，不仅可以给食物增味增香、给生活添加乐趣，还具有治疗疾病的功效，药食同源有益身体健康。

张孟全作为一名企业家，一直致力于推动科技创新和社会发展，践行“诚信、责任、高效、创新、利他、精进”的发展理念。面对社会大众对调料的怀疑和摇摆，张孟全协同公司科研团队，通过科技创新，研发健康的食品调味产品，致力于让顾客吃得放心、吃得开心。针对市面上一些食品调味料存在的高油、高糖、高盐、高脂肪等问题，重庆状元红食品科技有限公司严格要求自身，在严格遵循国家标准的基础之上，应用先进的食品科技提炼和传统中医药膳对人体均衡有益健康理念，对未来健康调味料的深度研发既能保证口感和味道，又能够让顾客吃得安心健康。

中国饭店协会

China Hotel Association

中国独具特色名菜

品 名:双椒风味烤鱼

制 作:张孟全工作室

中国饭店协会

二零零零年九月二十二日

2019 世界川菜烹饪技能大赛

2019 World Sichuan Cuisine Skill Contest

一等奖

FIRST PRIZE

张孟全

Zhang mengquan

世界中餐业联合会国际中餐名厨专业委员会

International Master Chef Committee of World Federation of Chinese Catering Industry

中国·资阳 2019年9月

September 2019 ZiYang China

在日常烹饪中，经常用到的调味料，有些其实是药食两用的中药，如生姜为姜科植物的根茎，性温，味辛，归肺、脾、胃经，具有发汗解表、温中止呕、温肺止咳、解鱼蟹毒等功效；花椒是芸香科植物花椒的果皮，药性辛热，归脾、胃、肾经，具有芳香健脾、温中散寒、除湿止痛、杀虫解毒、止痒等功效；八角又名大茴香，八角茴香为八角茴香科八角属植物，颜色呈紫褐色，外观呈八角，形状似星，有甜味和强烈的芳香气味，含有茴香油、茴香醛、茴香脑等成分，具有驱虫、温中理气、止呕，健脾消食、祛寒等功效，还可促进消化液的分泌，增加胃肠蠕动，促进营养吸收。重庆状元红食品科技有限公司十分关心大众的饮食健康，正在尝试深挖“药食同源”理念，采用先进的生物科学技术，研发出新型的、有食疗效果的调味料产品，以期促进人体健康。

中华美食 名扬四海

中华美食文化博大精深，是中华民族的瑰宝。重庆状元红食品科技有限公司作为中国企业，始终秉持着“勇于付出、敢于担当、务实求真、脚踏实地”的企业精神，以传承和发扬中华美食文化为己任，通过科技复兴、传承不甘落寞的中华美食配方，创新性地借助标准化的生产与运营方式，保证出产的食品、产品，既能够突出中华美食的独特风味，又可以在推广全国市场甚至远销海外市场的过程中保持优质品质，从而带动中华美食名扬四海。

重庆万州是“烤鱼之乡”，“万州烤鱼”是当地的特色美食与亮丽名片，可谓是人人称赞的地方特色。重庆状元红科技有限公司就选址于万州，因为张孟全认为，自己作为万州人，应当为万州烤鱼产业的发展作出一份贡献，助力万州烤鱼发扬光大。于是，他毅然选择回乡创业，带动万州烤鱼的发展与传播。同时，重庆状元红食品科技团队还注重传统美食配方的传承与发展，守护一代代人的家乡味蕾记忆。从曾经几代人对“麻辣鲜”的喜欢至极，到因种种原因衰败失传的“麻辣鲜”。张孟全倾力找寻配方精髓，通过自身对食品研发功底加上寻找到曾经加工的工人，经多次反复尝试最终研发成功，复刻相似度高达98%以上，保护了曾经失传的万州记忆美食。

无规矩不成方圆，标准化的广泛传播是保证质量的关键。经过多年孜孜不倦的努力，重庆状元红食品科技有限公司已经发展成为集科研、生产、运

营等于一体的集团化、现代化工厂。公司严格执行 HACCP 认证体系，产品全体系溯源管理，采用国内先进的生产设备，实现了智能化管控，可满足生产 20000 吨 / 年的生产量，能够保证广范围传播的供应量。公司还配备了由众多食品生物科技博士、研究生、食品研发高级工程师等高质量人才构成的科研团队，与国内多个高校合作建成科研实训基地，能够高效解决不同的产品问题，在广泛传播的同时，又保证产品的质量。

重庆状元红食品科技有限公司自成立以来，始终坚持统一信念，时刻保证食品安全，强化服务管理，打造良好的企业信誉，不懈追求客户满意，做健康产品。多年来，为很多海外企业提供指导及服务，如助力澳大利亚老北京餐饮集团攻克及研发了餐饮标准化的调味料；为泰国的中式食品加工厂提供设计参考；助力英国中餐机器人的标准化攻克技术壁垒，有效地提升了海外中式餐饮标准化的稳定性，助力海外中式餐饮企业的发展。多年来，公司主导的产品已远销到澳大利亚、印度尼西亚、马来西亚、泰国、新加坡、英国、缅甸等国家和地区。未来，“状元红”将继续努力推动食品产业的发展，为中国餐饮企业赋能，继续传承和发扬中华美食文化。

李花

LI HUA

广东聚诚智能科技有限公司总经理

"工程造福人类，科技创造未来"，科技的进步是社会发展的不竭动力，科技强国亦是我国未来发展的重要战略目标。随着国家政策的支持和高科技从业人员的不懈努力，我国的科技实力正在从量的积累迈向质的飞跃，从点的突破迈向系统能力的提升。但与世界顶级技术和高端技术市场相比较，我国高端装备领域发展仍较为缓慢，部分高端装备领域甚至存在着空白的现状。为此，广东聚诚智能科技有限公司总经理——李花，将带领团队助力我国高端技术领域的发展，为实现科技强国贡献力量！

匠心为本推优质产品 创新为载筑百年宏梦

——访广东聚诚智能科技有限公司总经理李花

广东聚诚智能科技有限公司是一家致力于提供高端自动化水下造粒系统解决方案的国家高新技术、专精特新企业。其深耕于我国高新技术装备领域数十年，始终秉持着开拓创新、精益求精的工匠精神和“筑梦百年工匠企业”的初心使命，苦心钻研和开发高新技术产品，并耗费十年心血打造出聚诚UWP®品牌，致力于为客户提供高端领域、高配置、高稳定性的技术解决方案。近年来，聚诚公司更是持续迸发创新活力，不断加大科技研究和创新的力度，不仅弥补了我国水下切粒机系统装备领域的空白，还促进了我国高端技术领域的发展，为实现科技强国的战略目标提供了源源不断的动力。

秉承工匠精神
创高质量产品

匠心注入，创新无限。广东聚诚智能科技有限公司自2013年成立以来，始终将技术创新作为公司发展的“第一核心竞争力”来培育，其不仅坚持开放创新，还倡导创新文化，鼓励创新，并将精益求精、开拓创新的工匠精神融入产品的研发过程中，创新性地推出了全自动开机系统的水下切粒机。而这项高新技术产品不仅具有聚诚公司专利技术的自动合模系统，还包含发明专利技术的自动进刀系统和自动除屑系统等先进技术，其优质的切粒效果也为客户带来极致的使用体验。除此之外，聚诚公司还为全自动开机系统的水下切粒机设计了全新的数字化控制系统，不仅可以为客户提供远程操控、配方管理、在线诊断、智能感知等技术功能，还能为客户提供整厂数字化接入、数字化工厂管理等增值服务。从硬件到软件，广东聚诚智能科技有限公司始终保持着精益求精和追求卓越的科创态度。正因如此，聚诚公司不仅生产设备先进、加工制造能力强，拥有先进精密的数控车床、铣床、磨床、钻床、焊机等制造设备，对其研发的聚诚水下切粒系统也拥有完全的自主知识产权。除此之外，公司研发生产的环保智能自动化水下切粒机、水下造粒机、换网器、熔体泵等几条造粒生产线还拥有国家专利50余项、发明专利6项、广东省高新技术产品9项、国家商标5项，参与制定了20余项团体标准，其核心技术处于国内领先水平，并从根本上解决了国产水下切粒技术长期受制于国外

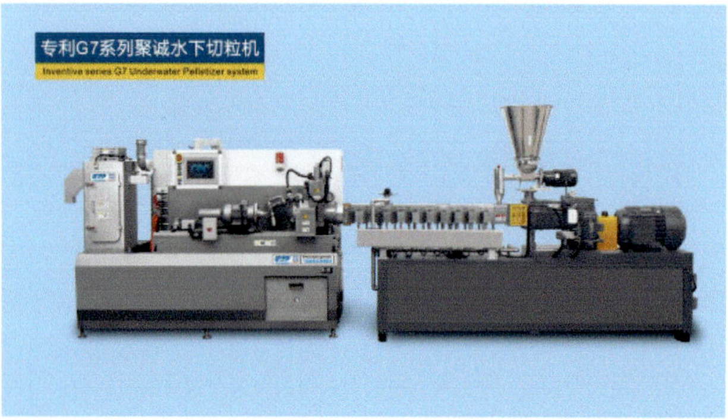

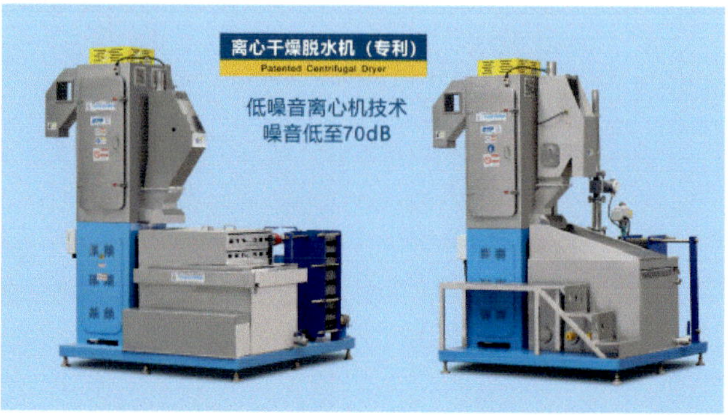

企业的“卡脖子”问题。

注重环保，臻于至善。目前，全球环境问题日益凸显，绿色发展理念是时代之趋，而聚诚公司推出的高新技术产品不仅十分注重产品的实用性能，还十分注重其环保性能。目前为止，聚诚UWP系列水下切粒系统已实现了单线机组最大产量16吨/时、100万吨生物降解材料切粒、90%高填充母粒的水下造粒实力。历时3年研发，聚诚公司也攻克了轻量化微粒径0.5毫米的产业化生产难题，并通过全封闭式循环造粒，可减少废气废水的排放，从而解决了ABS、PS、POM以及循环再生材料的造粒环保难题，不仅促进了企业的绿色可持续发展，还创新性地推动了其高科技产品的发展和完善。

“壁立千仞匠心添笔，风华正茂制造卓越”，从产品的基础研发，到产业化产品的应用研发，聚诚公司始终立足于高新技术这一基点，并持续不断地在高新产品的创新创造中融入精益求精、追求卓越和至美至善的工匠精神，以创新之动力和匠心之持力，不仅为客户带来了高技术、高配置的优质产品，还为国家高新技术发展贡献了源源不断的创新活力。

以品质为载
铸民族品牌

品牌彰显着企业的品质、文化和价值，是企业的无形资产。为了提升产品和企业的影响力，提高企业在高新技术领域的市场竞争力，聚诚公司凭借其独有的技术优势、高技术性的优质产品和优良的用户口碑，不仅铸造了聚诚UWP®品牌及其系列产品，还为其品牌建设搭建起坚实的“护城河”，为中华民族品牌的发展注入一潭清流活水。

以优质产品，塑品牌生命力。产品品质是品牌成功的关键因素之一，是品牌的生命力。聚诚公司数十年来始终深耕于高新技术领域，致力于为客户提供高质量、高技术和高稳定性的优良产品。在品牌塑造之路上，聚诚公司集产品基础研究、工艺开发、工程研究和产业化、产品应用研发于一体，使其技术创新产品极具市场优势。另外，聚诚公司创新性推出的UWP高端水下切粒机系统不仅拥有多项自主创新知识产权，还专注于高端领域，成功替代了进口品牌，为用户大大节省了成本。除此之外，UWP高端水下切粒机系统还具有人性化设计、智能数字化、高端智能智控、高效节能减耗、运行稳定、节省场地及绿色环保等优势特点，为聚诚UWP®品牌塑造提供了延绵不绝的生命活力。

以客户之口碑，建品牌之丰碑。为了让客户拥有更好的使用体验，让企业在生产成本上更具

有优势，聚诚公司深刻聚焦于产品的质量和标准化体系建设，用“十年磨一剑铸造”之恒心构筑了聚诚 UWP® 品牌在用户心目中的信任。如聚诚 UWP® 品牌中 300K/h 和 500KG/h 的产品已经实现了标准化生产体系，对标同样性能的进口装备，其更便宜实用，在高技术市场领域更具优势，成为许多用户（如中国石化、中国化学、万华化学）国产高端替代进口供应商，同时也获得了众多用户的一致认可与赞誉。而聚诚企业以高品质服务全球市场的优良口碑也推动了其公司不断发展壮大。近年来，聚诚企业的分公司逐步扩展到香港和深圳地区，2021 年度销售额更是突破了亿元大关。李花说：“智能智造粒，创新技术研发中心，让造粒更简单，一直是聚诚的核心内容。”数十年来，聚诚公司始终秉持着“客户至上”的服务理念，并通过不断的研发创新，为客户提供了更多新技术，创造了更多价值，其用户口碑也享誉业内，扩大了聚诚 UWP® 品牌的影响力。

迸发创新活力
逐梦百年工匠

谈及聚诚未来的发展愿景，李花坦言：“梦想开创未来，筑梦百年工匠企业，第一个十年是产品沉淀、品牌铸造的过程，从 0 到 1，企业在生存线上拓展发展空间。第二个十年是产品创新、品牌奠基的过程。”

“风好正是扬帆时，奋楫逐浪向未来”，历经数十年的积淀，聚诚公司正以更稳重、更成熟的姿态迈向高科技的新未来。当今其不仅拥有一批专业技术研发人员，还凭借着研发团队丰富的技术开发理论基础和实践经验，通过不断的开拓创新，陆续推出了国产首套 PP 年产 5 万吨 UWP 水下切粒机生产线、国产首套 PP 熔喷料 MFI500 和驻极母粒水下切粒机等国产高端替代产品。同时，公司和华南理工大学材料科学与工程学院共建了研究生实习基地，开展产学研技术合作，各自发挥优势，以期共同研发出创新成果，并达成长期的技术交流和人才输送。对于科技创新的发展前景，李花表示：“科技创新引领企业高质量发展，我们现在仍一直在拓宽、加大研发力度。”今，聚诚公司不仅与高校进行产学研合作，还建立了研究生实习基地。除此之外，聚诚公司也在不断创造更多的合作路径，并逐步将公司的专利、技术和品牌推向全球市场。

与此同时，聚诚公司还以聚氨酯材料、可降解行业为切口，逐渐打开了国产设备替代进口装备的高端市场，并以笃行之姿不断扩大聚诚品牌的影响力。从市场反响来看，聚诚产品的使用效果和企业的售后服务，不仅展现出了聚诚品牌的专业性、稳定性和优质性，还为中华民族品牌发展奠定了中国制造力量。当下，聚诚也已经开启了年产 35 万吨的 PLA 生产线，新研发的工程塑料尼龙材料的水下切粒系统应用逐步成熟，环保领域的水下切粒机应用也逐步增多。聚诚企业正以全新的面貌向行业标杆企业方向不断迈进，并以持续迸发的创新活力和工匠精神筑梦百年工匠企业。

“功不唐捐，玉汝于成”，过去 10 年，聚诚公司融精益求精、追求卓越的匠心于产品生产，汇“质量优选，服务至上”的经营理念于品牌建设，贯“持续创新”的发展方向于逐梦之旅，开创了高新技术水下造粒领域的新局面；未来10年，聚诚公司将继续秉承着开拓创新、臻善臻美的工匠精神，持续迸发科技创新活力，在我国高新技术领域开拓一片天地，成就百年工匠之红梦，绘就中国高新技术发展的宏伟蓝图！

蔡小龙

CAI XIAO LONG

中国烹饪大师、福州市功夫蔡餐饮管理有限公司董事长

岁月悠悠，味自千古流芳，烹小鲜若治大国，中华美食之道，蕴藏智慧无疆。在历史的长河与烟火气息交织之处，有一位烹饪大师傲立潮头，以勺为剑，以火为舞，蔡小龙，不仅在灶台间演绎着艺术的华章，更是福州市功夫蔡餐饮管理有限公司的总舵手，引领味觉探索的新航向。

烽火照西京，心中藏美食经；粤菜客家中寻，闽宴聚宝盈。蔡小龙以“粤玺客”为轴，转动的是广东客家菜的地道与醇厚，山野之珍与海河之鲜，在他的巧手下幻化为一席席家国情怀的盛宴。而“聚闽宴”则是他笔下的另一幅水墨丹青，细腻描绘福建菜的清丽与深邃，每一道菜肴都是对八闽山水的深情礼赞。

巧手烹出人间味 妙艺独步烟火中

——访中国烹饪大师、福州市功夫蔡餐饮管理有限公司董事长蔡小龙

这两大品牌，犹如双子星辉，交相辉映于中华美食的璀璨星空之下，不仅令食客流连忘返于齿颊留香之间，更是一场穿梭时空的文化之旅，让人在品位之间，感受华夏千年的韵味悠长，每一次举箸，皆是对古老智慧与创新精神的崇高敬意。

蔡小龙，1981 年 6 月出生于广东湛江，是一位成就斐然的烹饪艺术家。他的荣誉与身份众多，包括中式烹调技师、中国烹饪大师、国际蓝带烹饪艺术大师、中国名厨、法国蓝带美食协会会员、国家名厨编委会荣誉编委、国际美食评委等。2012 年，他被选入《国家名厨大典》，成为世界名厨钱以斌精英团队的一员。此外，蔡小龙还是中国饭店协会青年名厨副秘书长、福州粤菜协会会长、分子厨艺专业委员会副会长以及餐与厨房工作室的联合创始人，也曾经担任过福建“四道菜”研发团队负责人和副总等职位，展现了他在烹饪界多元化的影响力和领导力。

心烹美食千重味
剑锋梦舞灶炉边

无论是迈向平凡之路抑或是攀登非凡之巅，一切波澜壮阔的故事往往源自一抹不起眼的晨光。

在蔡小龙的回忆中，清晨的第一缕阳光常常与他对足球的热爱交织在一起。自小，他就展现出了对足球的无限热忱，足球场上留下了他无数奔跑的身影，梦想着有朝一日能从家乡的球场踢向更广阔的天地，比如遥远而温暖的三亚。尽管他具备成为体育老师的资质和机会，然而这条道路对他而言似乎是自然而然的选择，毕竟，引导孩子们享受运动的乐趣，本就是他心中的一份渴望。

然而，命运的转折点出现在他邂逅了烹饪的世界。蔡小龙发现，自己对于食材变化的魔法和厨房中的艺术创造怀有同样深厚的情感。这份意外的激情，让他毅然决定放弃原本规划好的教育之路，转而投身于充满挑战与创意的餐饮业。他拿起锅铲的那一刻，不仅是开始了一段职业旅程，更是对自己内心深处那份对美食无限探索欲望的回应。

“天将降大任于是人也，必先苦其心志，劳其筋骨，饿其体肤。”这句古训仿佛预言了蔡小龙的命运。从厨房最底层的洗碗工做起，他尝尽了行业的酸甜苦辣。在那些高温逼人的夏日午后，油烟缭绕的狭小空间里，蔡小龙比任何人都更加拼命，他相信，只有比别人付出更多，才能收获更多。白天，他沉浸在刀工、配菜的精妙之中，夜深人静时，厨房的灯光下，他仍在翻阅食谱，研究菜品，渴望将每一种食材的特性发挥到极致。他的汗水与泪水，如同调料，一点一点融入他的厨艺之中。

在这 12 年的风雨兼程中，蔡小龙的人生仿佛一首激昂的交响乐，每一个音符都跳跃着奏响

奋斗与坚持的旋律。他的足迹遍及南北，不仅限于繁华的都市如广州、深圳，还有静谧的珠海等地，处处都留下了他追梦的痕迹。在广州和珠海这些地方，蔡小龙不仅汲取了丰富的烹饪经验，还曾担任过厨师长的要职，每一站都是他学习与成长的宝贵经历。随后，他跨越山海来到福建，继续在高端会所中精耕细作，不仅拓宽了自己的烹饪视野，也将对美食的极致追求带到了新的高度。每一步前行，无论是在知名酒店的后厨挥汗如雨，还是在顶级餐厅的炉灶前凝神聚气，乃至在私人会所里的精雕细琢，都凝聚着他不懈的努力与不屈的泪水，见证了他的成长与华丽蜕变。

蔡小龙与师兄弟们的并肩作战，不仅是技术上的磨合，更是精神上的砥砺。在无数次的切磋交流中，他们彼此鼓励，共同进步，如同一道道闪耀的光芒，照亮了彼此前行的道路。而那些行业大师、名厨老师，更是他生命中的灯塔，指引方向，传授真谛。在名师的指导下，蔡小龙的技艺日臻完善，心智也越发成熟。他学会了如何在逆境中寻找机遇，如何在挑战中保持坚韧，如何在平凡中发现不凡。

“梅花香自苦寒来”，这句古训成了蔡小龙人生的座右铭。2019 年，他带着满身的技艺与满腔的热情，加盟了福州“四道菜”餐饮团队。在这里，他不仅将个人的创新理念融入品牌，还以其深厚的功底，引领了一场美食革命。蔡小龙作为福州“四道菜”的出品总监兼副总经理，他双管齐下，一手抓菜品创新，一手抓市场拓展。同时优化菜品结构，提升制作流程的标准化，更是在传统之上大胆创新，打造出一系列让人眼前一亮的超级爆品。并且，他深谙市场脉络，精准定位，将“四道菜”的品牌影响力从福州辐射至南京、西安、合肥等城市，建立了超过 20 家连锁店，每一家都成为当地美食文化的亮点，深受食客喜爱。

2023 年，蔡小龙再次展现了他的远见卓识，创立了自己的餐饮管理公司——福州市功夫蔡餐饮管理有限公司。这家企业旗下拥有两大品牌：在北京，他打造了“聚闽宴”——一家专注于福建菜的高端餐厅，以精致的菜品和幽雅的环境，吸引着京城的美食爱好者；而在福州，他创立了“粤玺客”，主打地道的广东客家菜，让食客在品尝美食的同时，也能感受到浓厚的地方文化气息。这两个品牌不仅体现了蔡小龙对美食的极致追求，更彰显了他对地方特色文化的深刻理解和尊重。

千变万化展风华
百味交融显真章

在中国传统文化的浩瀚星河中，“万物源于天，人宗于祖”的古训如同北斗，引领着后人对根源的无尽追寻与深深敬仰。在这一脉络下，厨房不仅是烹饪之地，更是文明的熔炉，其中每位匠人，都如蔡小龙这般，既是美食的织梦者，也是文化薪火相传的使者。他们以食材为笔墨，以灶台为画卷，勾勒着人间的悲欢离合，用中国独有的味觉语言，诉说着世间的酸甜苦辣。

蔡小龙，这位在烹饪艺术领域独树一帜的大师，深刻领悟“守正创新”的真谛，坚信唯有立足传统，方能开辟未来。他曾加入福州四道菜餐饮团队，如同画坛巨匠，在美食的领域挥洒着创新的激情。他的到来，不仅重塑了福州四道菜的品牌形象，更赋予其深厚的文化底蕴，使之成为一张连接古今、融汇中外的美食名片。

在蔡小龙的指导下，福州四道菜不再仅限于满足口腹之欲，它升华成一场味觉与文化的双重盛宴。以“古法黄鱼汤”为例，他从福建的海洋文化中汲取灵感，选用宁德黄鱼为主料，此举既是对地域特色的尊重，也是对传统智慧的致敬。每一勺汤，都蕴含着历史的沉淀与未来的憧憬，让人在品尝之余，亦能感受到文化的熏陶。

离职后，蔡小龙并未停下脚步，他创立了福州市功夫蔡餐饮管理有限公司，并担任董事长，继续他的美食探索之旅。在蔡小龙的麾下，“粤玺客”与“聚闽宴”两大品牌犹如璀璨双星，照亮了美食探索者的前行之路，它们不仅是味觉的盛宴，更是文化与创新的生动注脚。

粤玺客，每一款招牌菜都承载着匠心与情感的双重重量。

古法捞起盐焗鸡，这道菜仿佛是蔡小龙对古老传统的深情致意，河田鸡的鲜美与柠檬叶的清新相互辉映，红辣椒丝、洋葱丝的加入，宛如热情的火焰，点燃了餐桌上的欢愉氛围。每一次捞起，不仅是味蕾的舞蹈，更是对生活美好的祈愿，寓意着吉祥与繁荣。

客家酿豆腐，这道菜是传统与创新的美妙邂逅。豆腐的细腻与猪肉的醇香在舌尖上演绎着最动人的旋律，每一口都是对家乡记忆的温柔呼唤。黄豆的加入，不仅增添了营养，更让这道菜成为一首回味无穷的田园牧歌。

紫金酱焗鱼头，蔡小龙将焗制工艺推向极致，紫金酱的神秘与鱼头的鲜美在高温下交织，香茅与芹菜末的点缀如同自然的馈赠，令这道菜在视觉与味觉上皆达到了巅峰，是感官的极致享受。

养肝草煲稻田鸭，这是一道集美味与健康于一体的佳肴。稻田鸭的肉质细嫩，再搭配养肝草的滋补功效，每一口都是对身体的呵护，也是对大自然的感恩，让食客在享受美食的同时，也能感受到身心的滋养。

焦糖土猪黑叉烧，精选的土猪肉经过匠心烤制，外表焦香内里多汁，青柠檬皮的清新气息如同春日里的微风，赋予叉烧一抹别样的风味，让人在品尝之际，仿佛穿越至一片清新的田园。

而聚闽宴，则是蔡小龙对闽菜传统精髓的再度演绎，每一款菜式都是一次味觉的探险，一次文化的沉浸。

福建佛跳墙，这道菜堪称闽菜之魂，汇聚八闽大地的珍馐，每一口都是历史的沉淀与时光的流转，仿佛一首味觉的交响乐，层次分明，口感丰富，让人沉醉其中。

加土猪肉汤，这碗汤不仅是味蕾的慰藉，更是心灵的归宿。精选的土猪肉与排骨在慢炖中释放出浓郁的香气，生姜的加入恰到好处，让人在品尝时仿佛回到了记忆中的故乡，那份温馨与感动油然而生。

堂烹红菇河田鸡，这道菜是对自然馈赠的最高礼赞。河田鸡的肉质与红菇的鲜美在汤汁中交融，每一口都是对山林清丽的感悟，让食客仿佛置身于静谧的森林，感受大自然的宁静与美好。

闽南姜母鸭扣南日鲍，这是一幅色香味俱全的闽南风情画卷。鸭肉的醇厚与鲍鱼的鲜美在姜香的烘托下相得益彰，每一口都是对闽南文化的深度解读，令人在舌尖上品味到历史的韵味与文化的魅力。

福州茉莉花蒸小黄鱼，这道菜如同一首清雅的水乡之歌，小黄鱼的嫩滑与茉莉花的芬芳在蒸制过程中完美融合，每一口都让人仿佛漫步在福州的水乡小径，享受着一份淡雅与宁静。

蔡小龙的每一道菜都是一次心灵与味觉的双重旅行，它们不仅是美食，更是文化的载体，情感的寄托。在“粤玺客”与“聚闽宴”的菜单上，每一道菜都讲述着一个故事，传递着一种情怀，让人在品尝的过程中，感受到中华美食文化的博大精深与无限魅力。

然而，蔡小龙的创新精神超越了厨房的界限，延伸到企业管理和运营的核心。蔡小龙作为福州市功夫蔡餐饮管理有限公司的领军人物，他深谙要想在竞争激烈的市场中立足，需要构建一套既能高效运作又具有高度适应性的管理体系。蔡小龙注重连锁经营与标准化建设，确保各门店在统一品牌形象下，能灵活应对地方市场特性。

他倡导“市场导向”的产品开发策略，强调倾听消费者的声音，以求创新灵感，同时强调产品定位要“精准打击”，通过市场细分找到差异化的竞争点。产品升级被视为品牌持久活力的源泉，蔡小龙通过设立专门的研发部门，推动产品迭代，满足消费者不断变化的口味。

在营销策略上，蔡小龙运用“线上与线下双轨并进”的方法，结合数字媒体与实体活动，提升品牌知名度和消费者互动。他坚信持续的产品升级是企业发展的命脉，为此制订了长期的研发规划，确保产品紧跟潮流，满足消费者的新需求。

在静谧的幽谷深处，兰花悄然绽放，不因无人欣赏而减损其香；在浩瀚的江海之中，舟楫破浪前行，不因无人乘坐而停止漂泊；真正的君子践行道义，不因无人知晓而稍有懈怠。正如古人所云：“兰生幽谷，不为莫服而不芳；舟在江海，不为莫乘而不浮；君子行义，不为莫知而止休。”蔡小龙，这位餐饮界的璀璨明星，深谙其中的哲理，将诚信经营与亲民路线作为企业生存与发展的基石。

蔡小龙，不仅是一位技艺超群的名厨，更是一位卓越的企业家，他深知“道也者，不可须臾离也”的深远含义。在当今社会，餐饮业竞争激烈，许多同行纷纷瞄准高端市场，追求奢华定位。然而，蔡小龙却选择了与众不同的道路——他坚守亲民路线，提倡理性消费，致力于让每一位顾客都能在合理的价格范围内享受到高品质的美食。

蔡小龙深知，诚信是企业立足的根本。他将食品安全视为企业生命的红线，严把选材关，确保每一份食材都符合国家检测标准，守护着每一位食客舌尖上的安全。在蔡小龙的严格要求下，从田间到餐桌，每一道工序都经过精心筛选与严格把控，只为那一份安心与健康。

在蔡小龙的带领下，他的餐饮企业不仅是一家提供美食的地方，更成为传递温暖与信任的桥梁。他深知，每一道菜品背后，都是对顾客承诺的兑现，是企业信誉的积累。蔡小龙常说：“我们售卖的不仅是食物，更是对每一位顾客的尊重与关爱。”

他以实际行动践行着“做事先做人”的理念，将诚信经营与亲民路线融入企业的血脉。在蔡小龙的努力下，他的餐饮企业不仅赢得了顾客的信任与喜爱，更在业界树立了良好的口碑，成为行业内的典范。

“成功的花，人们只惊羡她现时的明艳！然而当初她的芽儿，浸透了奋斗的泪泉，洒遍了牺牲的血雨。”这句名言在蔡小龙身上得到淋漓尽致的体现。蔡小龙作为一名卓越的厨师，他不仅凭借坚韧不拔的毅力和对烹饪艺术的无限热爱，在国际与国内烹饪大赛中屡获殊荣，更以其精湛技艺与不懈努力，成为业界的领军人物。

自2010年起，蔡小龙的烹饪之旅便闪耀着一系列令人瞩目的成就：

·在海峡两岸国际烹饪大赛中荣获银奖；

·2012年，他不仅在国家名厨征集评比中荣获中国名厨杰出奖，入选《国家名厨》一书，还在绿进杯烹饪大赛中摘得金奖；

·接连在御厨厨皇大赛、中国餐饮食品博览会大赛、FHC比赛、SIAL中国世界顶级厨师邀请赛、亚洲国际厨神挑战赛等赛事中获得金银奖项；

·2017年，他还被评为中国国际美食青年技艺精英人才；

·蔡小龙不仅在竞技场上风光无限，他还担任了多场烹饪大赛的评委，包括FHC中国国际烹饪艺术大奖赛和全国分子厨艺烹饪大赛。

除了在烹饪技艺上的卓越表现，蔡小龙也是一位杰出的导师与企业领导者。他担任“四道菜”全国42家门店和福州4家“粤玺客”臻品客家菜大店的总厨，负责菜品研发和厨师培训。他研发的闽菜、客家菜连续三年在各大美食网站上荣登“必吃榜”，并培养了近千名餐饮从业人员，为行业输送了大量人才。

2020年至2023年，蔡小龙跟随师父钱以斌前往全国各地进行烹饪培训，足迹遍及江西南昌、新疆、西安、广西、山东泰山、山西太原等地，与“钱以斌大课堂”合作，为行业带来前沿的烹饪理念与技巧。2023年5月，他更被山西太原盛世餐饮旅游技工学校聘为特邀讲师，继续传播他的烹饪哲学。

此外，蔡小龙还致力于推广闽菜文化，通过邀请广州极克厨房和WF味Fusion创意厨房的知名厨师到福州进行交流，为千位餐饮从业者提供了中式烹调培训。2019年，他带领四道菜餐饮管理有限公司在全国范围内开设分店及闽菜专门培训基地，极大地推动了闽菜文化的普及。这一系列的努

力，使他在2020年获得了福清市人力资源和社会保障局颁发的“福清工匠”提名奖的认可，彰显了他在传承与创新中华美食文化方面的非凡贡献。

蔡小龙这种不断进取、勇攀高峰的精神，宛如璀璨星辰，照亮了厨师们前行的道路。他用实际行动诠释了坚持与热爱的力量，让我们看到了在烹饪领域中，只要心怀梦想，并为之付出不懈的努力，就能绽放出属于自己的绚烂光彩。他不仅是厨艺的佼佼者，更是精神的引领者，激励着更多人在各自的领域里追求卓越，书写属于自己的辉煌篇章。

岁月悠悠成匠心
织梦百年启宏图

“人生若只如初见，何事秋风悲画扇。”在这段诗意般的旅程中，蔡小龙，这位来自广州的烹饪大师，如同一位虔诚的朝圣者，以一颗匠人之心，跨越时空，连接古今，将福建菜与客家菜的精髓，深深烙印在现代饮食文化的版图上。他不仅是一位技艺高超的名厨，更是一位文化的使者、一位梦想的编织者，用他的双手和智慧，让中华饮食的瑰宝在世界舞台上熠熠生辉。

蔡小龙深知，真正的传承并非僵硬的模仿，而是在深刻理解和尊重的基础上，勇于探索与创新，使古老的文化遗产在新时代绽放出新的光彩。他创建的工作室，不仅是一个传授技艺的殿堂，更是一片播种梦想与希望的沃土。在这里，每一位学员都能感受到那份源自灵魂深处的热忱，那份对传统与创新并重的执着追求。他们学习的不仅是烹饪技法，更是一种生活态度、一种对美好事物不懈追求的精神。

历经岁月的洗礼，蔡小龙的步履从未停歇，风雨兼程，始终怀揣着对祖国的深厚情感，对烹饪艺术的无限热爱，以及对食客健康安全的坚定承诺。他以实际行动诠释着匠人精神的真谛——无论遇到多大的困难，都不曾放弃心中的那份纯粹与梦想。

在他的悉心指导下，一批批学员如同破土而出的幼苗，在全国乃至国际烹饪赛事中大放异彩。他们用一道道精致佳肴，向世界诉说着中华饮食文化的博大精深与无穷魅力。这些成就，不仅是学员个人技艺的体现，更是蔡小龙匠心传承的生动注脚。

不仅如此，蔡小龙作为一名富有社会责任感的企业家，在国家和社会需要之时，他总是毫不犹豫地挺身而出。在疫情防控期间，当城市陷入前所未有的困境，当医护人员日夜奋战在抗疫一线，蔡小龙和他的团队毅然决然地站了出来，以最朴实的方式表达着对抗疫英雄们的敬意和支持。他们免费为附近的医院提供每日数百甚至数千份的爱心盒饭，连续一个月不间断，成为疫情防控期间一抹温暖人心的风景线。在那个特殊时期，当大多数人都选择远离人群，蔡小龙却选择了逆流而上，用自己的行动温暖了无数人的心，这份无私的奉献，不仅展现了他的人格魅力，更彰显了中华儿女在危难时刻守望相助的大爱情怀。

岁月悠悠，时光如梭，蔡小龙在饮食艺术的田野上挥洒汗水，收获了丰硕的成果。虽然荣誉满载，但他从不让过往的辉煌遮掩前行的视线，心中那份对传统饮食文化的敬畏与热忱，犹如初升的朝阳般炽烈。他深知，客家菜与福建菜不仅是味蕾的享受，更是文化与历史的载体，承载着千年的记忆与智慧。

未来，蔡小龙将带着这份对梦想的执着与对传统的敬畏，继续踏上征程。他将以中华美食为舞台，培养更多的厨艺精英，让中华饮食文化在世界各地绽放光彩。他的目标不仅是烹饪的技艺，更在于传递那份源自内心深处的温暖与感动，让每一道菜肴都成为连接人心的桥梁，让世界通过舌尖上的中国，感受中华文化的博大精深与无穷魅力。

史文参

SHI WEN CAN

柳州绿源沣农业科技发展有限公司创始人

土为本，万物生。粮食安全是“国之大者”，耕地是粮食生产的命根子。他心怀大爱，立意高远，秉承着为绿色农业发展贡献一份力量的初心。他积极响应国家发展战略，以化肥减量、提升耕地质量、提高资源循环利用为目标，深耕绿色有机肥，提升土壤质量，从源头使耕地更绿色、更环保、更健康，农民丰收，人民幸福，为国内绿色农业高质量发展与食品安全作出了重要贡献。他是绿色有机理念的积极传播者和模范践行者，在广西这片土地上，奏响了一曲关于有机农业的传奇乐章。他就是柳州绿源沣农业科技发展有限公司创始人史文参。

绿色赋能农耕底色 有机新农业领航人

——访柳州绿源沣农业科技发展有限公司创始人史文参

绿色有机 与时偕行

农业绿色发展，有机肥是题中应有之义。史文参与生物有机肥的结缘，来自时代的变化，更来自国家的发展战略。2012年，“中央一号文件”提出将农业科技摆在更加突出位置。打造绿色农产品，保障粮食安全，将中国人的饭碗牢牢端在自己手中。这让长期与农业打交道的史文参心里又增添了一份新的责任和动力。他谈及广西甘蔗地的问题现状，十几年前的一亩地，仅使用几十斤化肥就能出产7吨甘蔗，但如今使用500斤化肥，只能出产4-5吨甘蔗，化肥用量在不断增加，产量却大大减少。大量使用化肥加快了土壤物理性质恶化的速度，造成污染土壤，破坏土壤结构，土地板结，直接影响了农业生产成本和作物的产量、质量。同时，长期的耕作使得土壤结构变差，有机质含量下降，微生物群落失稳等，改变迫在眉睫。与传统肥料相比，绿色有机肥更加省时、省力、省钱，能够不断提高作物的抗逆性和农产品品质，经济效益和环保效益都更显著，是利国利民的绿色肥料。秉承着想为国家出一份力、为粮食安全出一份力的初心，2018年，史文参成立了柳州绿源沣农业科技发展有限公司，专门从事有机肥料、微生物菌肥、碳基菌肥、中微量元素肥、黄腐酸钾水肥、腐殖酸水肥的生产和销售业务。其生产出的生物有机肥，富含高活性复合有益微生物菌群，能加快土壤有机物的分解转化，提高土壤孔隙度、通透性和作物成活率，具有抗虫、抗病、抗盐碱等作用，为植物生长创造良好的土壤环境，大大提高农作物的产量和品质，从源头保障食品安全。对于史文参来说，在有机肥料行业摸爬滚打的十余年是艰难坎坷的，更是变化多端的。从过去人们对绿色有机肥料的不重视、用量少，到如今大力推广国家农业政策，绿色有机肥料正被越来越多人接受和使用。行业的变化是让人欣喜的，但受农民几十年使用化肥的传统思维的限制、山区土地不集中及种植户不听从科学的指导，工作开展起来困难重重，一路的艰辛可想而知。“说起来容易，做起来太难。”没人愿意首先尝试，史文参就自己租地，吃住都在田间地头，打土钻、挖剖面、测土样，反复钻研，积累了大量的一手经验。考取测土配肥师，不断进行稻谷蔬菜和玉米试验，在他和团队多年的精心努力和试验下证明了有机肥完全可以替代化肥。科学配肥能够更高效、更绿色和更环保。

为国的情怀，为民的初心，踏实做农业，真正地为国家出力，在时代的滚滚车轮下，史文参躬身入局，专注绿色有机肥的研究和创新，蹚出了一条关于土壤、关于农业的新路子，土壤有机质含量大大提升，食品安全和国家粮食安全就此展开。

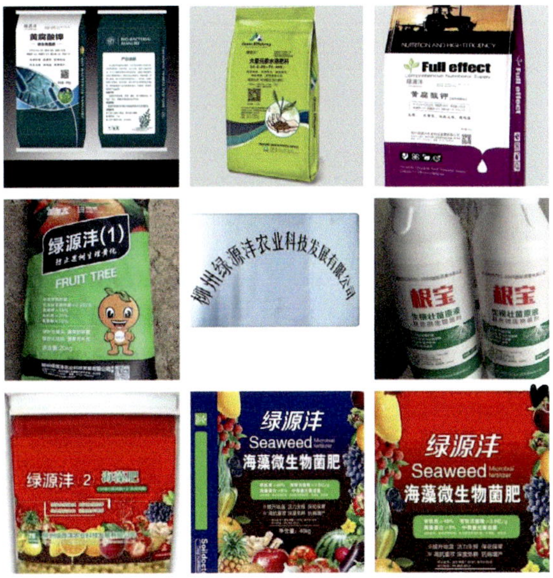

初心如磐 质量为先

柳州绿源沣农业科技发展有限公司位于“三江四水，抱城如壶”的广西中北部——柳州，这里光热充足，但以红壤、冲积土为主的耕地中，有机质含量低、肥力低。国家政策的大力支持和史文参的技术撞了个满怀。为了改变广西人民对于肥料的固有认识，了解化肥的危害和有机肥的绿色环保之处，在他的带领下，柳州绿源沣农业科技发展有限公司以高端果树育苗、种植、开发、研究、测土配肥、生物肥、有机肥生产研发为主营业务，不断提升农资品质，保障农产品质量，为农业发展插上科技的翅膀。以技术为核心、以服务为宗旨、以产品为依托、以合作共赢为理念，是史文参一直以来的坚持。在他看来，质量是企业的生命，无论企业怎么发展，产品质量是底线，国家的执行标准也是最低的保障，要在国家标准的基础上，实现更高效益和更高质量的发展。这是史文参的价值观，更是他的经营之道。严格把关原材料，从原始的动物粪便和城市污泥等转变为使用纯植物作为原料，改进使用动物粪便等最基础的农业有机肥，避免重金属等有害物质对农作物的伤害。“只有改变自己，才能保障粮食的安全。”为了适应时代变化和环保挑战，史文参不断加大生产设备更新力度，让高大宽阔的高标准厂房、全自动化和AI智能化处理设备，取代传统的人工操作，使有机肥料年产量顺利扩大到五六万吨，生产效率和产能大幅提高，使企业实现快速发展。在产品研发方面，积极与广西科技大学北京中农联科进行合作，不断研发出高产量、高品质的竹笋苗和测试配方肥，精准补充营养，降低劳动强度，减少开支，从而达到增产增收。针对广西地区研发出麻竹生长配方肥，解决了长期施用化肥造成的营养不平衡、产量低、产品质量差和有机质缺乏等土壤问题，让螺蛳粉的原料麻竹更加绿色、有机，用心服务每个种植户，提产增效，致富增收。

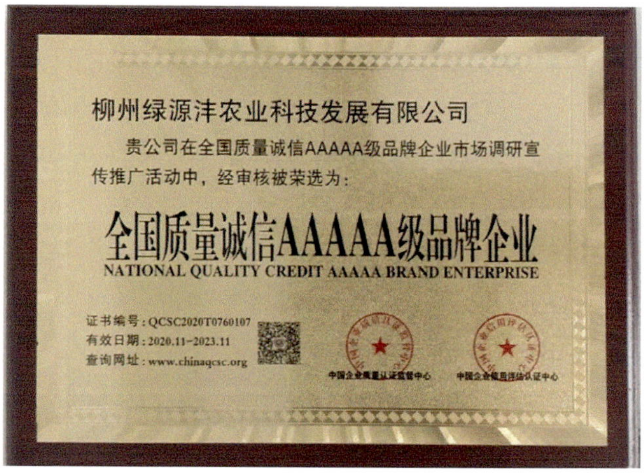

柳州绿源沣农业科技发展有限公司旗下的品牌多样，绿源沣海藻肥能使作物在低温环境下生长迅速、高温壮根显著、促进根系生长、消除连作等障碍；海藻微生物菌肥具有提升低温、活力生根、保花保果、高抗重茬、抗病增产、深度免耕等作用，更能防止果树生理黄化、水果防腐、绿叶治黄头等情况发生，整合无拮抗、营养互补，用有机生物菌肥种植的砂糖橘和黄金百香果又香又甜。

正是因为史文参的诚信经营与勤恳努力，多年来，柳州绿源沣农业科技发展有限公司斩获了多项荣誉，是中华人民共和国垃圾分类清运处理服务企业国家一级资质企业、中国广西柳州市优秀品牌企业、全国质量诚信 AAAAA 级品牌企业。“富康泉”品牌被评为中国绿色健康食品、中国优秀绿色环保产品、中国“3·15”消费者可信赖产品，深受人民群众的认可与欢迎。

爱心企业 初心情怀

专注是史文参成功的秘诀。专业的服务团队、技术团队和研发团队，只为研发出更适合作物生长、营养全面的测土配方肥。他将企业发展融入国家的战略发展全局，投入、改进、研究和发明，不断完善、不断改进，以达到更高标准。适者生存，史文参认为当前国内不管是技术、管理，还是行业标准监督都越发严格，对于企业来说既是挑战也是机遇，引领各企业不断追求更高质量、更高水平的有机肥料。

谈及未来，史文参认为互联网是未来发展的必经之路，作为企业，尤其是农业科技企业，更需要加大创新的力度，在环保工作和实现碳达峰、碳中和等方面起到带头作用，作出更大的贡献。当然其中也存在一定的困难，因此需要顺应时代变化发展，不断学习，打造出市场认可、种植户放心的绿色有机肥，发展自然绿色食品，保障食品安全，在祖国大地上描绘出壮丽的农业画卷。

强烈的社会责任感和历史使命感使史文参勇担社会责任、积极捐款捐物、贡献爱心。如捐献路灯，便利群众，回报社会。他鼓励年轻人要积极创业，创业不仅是为了提高个人收入，更是承担一定的社会责任的重要途径。现在的幸福生活来之不易，是先辈们努力奋斗得来的，他号召更多年轻人要站出来接续奋斗，勇敢担当，不断努力，在挑战中坚守初心，为国家食品安全尽一份微薄之力，为国家和民族发展出力。“能做多少，为国家出点力。虽然是一点，但每个人都贡献一点点，社会就会更加美好。”带着这样的美好期盼，史文参一直在行动。企业家的担当与胸怀，在他身上展现得淋漓尽致。

“不积跬步，无以至千里；不积小流，无以成江海。”打破传统肥料的桎梏，真正为国出力，发展有机肥料，端稳中国人的饭碗，守护“舌尖上的安全”。在史文参的带领下，绿源沣企业以其独特的理念和强大的生产能力，诠释着更绿色、更有机的奋斗底色。我们期待，在史文参的带领下，柳州绿源沣农业科技发展有限公司将在绿色农业科技的大舞台上绽放出更璀璨的光彩。

周琼

ZHOU QIONG

裁女周独立设计品牌主理人

《考工记》中曾有“天有时，地有气，材有美，工有巧，合此四者可以为良”的说法。古代高超工匠的传奇技艺作为中华文明绵延传承的重要组成，是每一位中国人骨子里的文化共鸣。非物质文化遗产、非遗工艺是中国时尚设计取之不尽的宝库和推陈出新的底蕴。各式非遗面料、精湛的刺绣工艺、各民族的非遗工艺，每座城镇乡村都有坚守的非遗传承人，西兰卡普非遗创新型设计师周琼就是西兰卡普设计传承人之一。周琼把恩施土家族文化与非遗技艺相融合，进行二次创新，将非物质文化遗产、非遗技艺以多种方式在现代服装设计中呈现出来，让非遗走进人们的日常生活，创新性地走入当代的时尚语境，把中国文化穿在身上，让非遗元素在时装上开出绚烂的“花”，让更多普通人也能成为非遗文化、工艺的代言人和传承人。

非遗创新有“裁女” 美丽之途赴约来

——访裁女周独立设计品牌主理人周琼

周周（原名周琼），女，土家族，非遗民族服装设计师，裁女周独立设计品牌主理人，师承“红帮裁缝”柴建明及“西兰卡普”非遗传承人田若兰，创立了服饰品牌“裁女周”及非遗文创品牌“随杏空间”，是湖北省工艺美术技术能手、恩施市高旗实验小学校外《非遗手工》教师、红帮裁缝服装定制中心设计总监、第2届中国武汉文化旅游博览会恩施展指定民族服饰品牌代表、非物质文化遗产文化普及讲师，工作室为省级项目“西兰卡普在现代商务服饰上的应用”制作单位代表，担任SYB中国创业培训讲师、2024年第1期研学旅游导师；获取高级服装制版师、服装定制师师资、缝纫师师资等从业资格证书，是当下时尚圈的中坚力量。周琼的西兰卡普作品《韵》在湖北2023云裳杯、龙船调民族服饰设计大赛中荣获优秀奖，作品《西兰卡普》在湖北省第一届文创设计大赛“花样赛道”荣获优秀奖；荣获湖北工匠杯技能大赛，湖北省第三届民间工艺大赛荣获刺绣铜奖；曾受邀参加恩施日报文化旅游周刊《非遗传承》的专题采访，参加中央电视总台《非遗里的中国》西兰卡普的专题节目录制；担任宜昌五峰传统手工艺技能大赛评委；“裁女周”品牌是2021环球生态小姐中国区总赛区指定民族服饰品牌，且2024年西兰卡普创新作品《鹤楼台》受邀参加英国邓迪设计展。她斩获荣誉无数，彰显了卓越的才华与实力，成为业界翘楚，引领着时装行业的发展方向。

缘起缘深源自心中热爱

爱因斯坦曾说：“对一切来说，只有热爱才是最好的老师，它远胜过责任感。”周琼对服装设计的热爱与执着，是她能够成功踏入时尚服装领域的关键。在她的世界里，服装设计不仅是一个从业方向，更是一种激情的燃烧与心灵的呼唤。出生于恩施一个小山村的周琼，从小就对设计行业感兴趣，从事服装设计行业是她的梦想。同时，她也深知大山深处的孩子只有走出山门才有实现梦想的希望。为此，周琼不顾家人的反对，毅然决然地选择去大城市寻求希望。走出大山的周琼，做过制衣厂裁缝，跑过业务，不管从事哪种工作，她都从未放弃过对服装设计的追求。正是因为她对服装设计的这份深深热爱，周琼才能在辛苦工作中找到乐趣，才能在生活重压之下坚

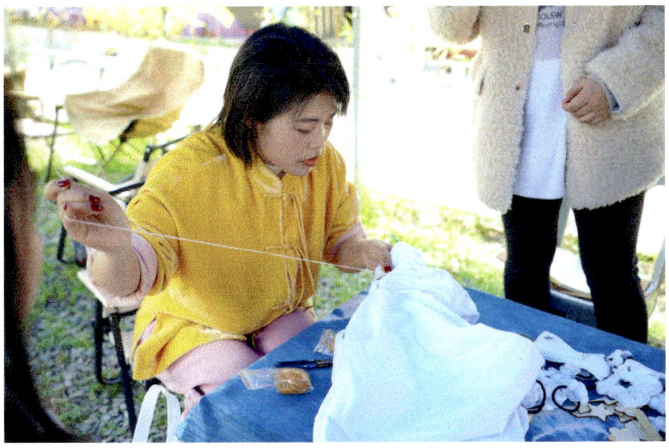

持不懈。这份热爱像一盏明灯，照亮了她前行的道路，也点亮了她心中梦想的火花。

或许有人会说，热爱只是情感的流露，并不能直接带来成功。但是，正是这份热爱，让周琼在工作之余不断汲取有关服装设计的知识，让她在困难面前不屈不挠。正如冰心在《繁星·春水》中所写："成功的花，人们只惊羡她现时的明艳！然而当初她的芽儿，浸透了奋斗的泪泉，洒遍了牺牲的血雨。"正是凭着对服装设计的热爱，让周琼的汗水浇灌出成功的花朵。2011 年，周琼成功申请"裁女周"商标，终于有了自己的品牌，让梦想落了地。多年的服装定制行业经历使周琼积累下扎实的经验与资源，她擅长以文化构建品牌，凭借敏锐的行业洞察力，帮助客户实现从顶层设计到创意落实，再到毛坯立样和制作成衣全路径，让人们可以尽情地释放内心的热情，追求个性与自由，展现出自己的时尚品位与独特魅力。

创新创造融入非遗浪潮

在这个五彩斑斓的世界里，有一种独特的美丽，被誉为"土家之花"的西兰卡普，"西兰卡普"是一组土家语，翻译过来就是"花铺盖"，最早在《后汉书》中可以看到相关记载，秦汉时期更成为纳贡的名品，后成熟于唐宋、精于明清。西兰卡普是一种极其古老的中国民间工艺，采取通经断纬的方式，用手工在古老的斜织机上反面挑织而成，是中国少数民族最具有代表性的民间手工艺品。2006 年西兰卡普被列入国家级非物质文化遗产保护名录，是土家文化的精粹。周琼自初次接触湖北荆楚文化土家织锦就爱不释手，随后深耕于这门传统技艺，开始研究它与服装的创新与融合发展。

服装，体现着人们对美的追求与向往；服装，蕴含着独特的审美价值和生活态度；服装，展现着文明的发展和社会的变化。绚丽多彩的西兰卡普，具有图案古朴、质地厚实、工艺独特、花色多样等特点。周琼敢于尝试不同的风格与元素，以西兰卡普的多彩颜色搭配设计灵感，结合现代社会审美，将传统的非遗工艺创新运用在当代服饰中，打造出适合日常穿着的服饰和饰品。这种设计理念，不仅展现了女性的独立与自信，也让她们在人群中脱颖而出。周琼通过设计提升和个人独家生产，使得传统民间工艺项目焕发出新的活力，通过保留工艺、改良设计，赋予土家织锦更新颖的表达形式，助推着"西兰卡普"走向更广阔的国内外舞台。

非遗是中华优秀传统文化的重要组成部分，从历史长河中走来，代代相传，生生不息，在当代拥有不可估量的艺术

价值。裁女周致力于优秀传统文化的创造性转化、创新性发展，将非遗元素与现代设计相结合，开发出一系列文创产品，让传统非遗走进现代生活，让西兰卡普走出了高耸山门，撩开了神秘面纱。裁女周品牌大胆尝试创新设计，推出了很多好看又实用的饰品，有手镯、戒指、耳环、项链、发箍等；日常生活用品上有各种款式的包包，可满足现代社会的多种消费需求。其中以西兰卡普中非常具有代表性的四十八钩手工制作而成的围巾，万字流水纹围巾寓意着家庭幸福、万事如意，最受消费者的青睐，每年都能卖出上万条。

同时，周琼还成功研发出了圣诞树造型的胸针、椭圆织锦戒面戒指、手提包、口金包等西兰卡普新产品。竹柄手提包上的“四十八钩”图案脱胎于土家族的“摆手舞”，颇受年轻“打工人”欢迎的小鸟挂件是土家族吉祥之鸟“阳雀”。周琼以土家传统文化为元素进行二次创新，赋予产品美好的寓意，让非物质文化遗产打入更多消费群体，促进了非物质文化遗产的传承与发展。

当前，在国潮文化的兴起和全社会对非遗保护的重视下，非遗传承与创新设计亦成为研究的热点。当然非遗传承，重在传人。近三年来，裁女周组织开展土家织锦（民族服装设计）中小学生、大学生、亲子团队研学数场，参与人数达上万人，始终坚持手工高品质的技艺传承，为西兰卡普传承培养出了更多优秀的手艺人才。

国风国潮走向国际市场

近年来，“国潮热”“国货热”一浪推一浪，中国传统文化正逐步焕发出强大的生机与活力。国潮“出海”的背后，是中国企业守正创新，增加优质供给的持续探索。裁女周在传承与创新中，不断探索“文化+”的多维表达，巧妙运用土家织锦、西兰卡普、银饰等民族文化元素，设计出了极具现代感的、创意性极强的民族服装，将传统文化与当代流行艺术、现实生活需要有机结合，让传统文化焕发出了新的时代光彩。今年9月，周琼还将携西兰卡普相关文创设计亮相伦敦，让国潮产品在海外市场获得更多订单、开拓更大市场，在世界舞台上展现中国设计的魅力，让世界与中国在贸易畅通、文化交融中携手并进、共迎未来。

当笔尖轻触画板，勾勒未来线条，当传统碰撞时尚，镂月彩云出霓裳。未来，周琼携“裁女周”品牌将继续延续心中热爱，以匠心绘制精品、传承技艺，让精湛技艺下的精美产品不断产出，促进中国时尚不断走向成熟，让西兰卡普走向世界各地，让全球了解中国非物质文化遗产的魅力，为传承与发展中国非物质文化遗产注入新的活力！

华如良

HUA RU LIANG

云县幸福华良果蔬种植专业合作社理事长

在全球气候变化与环境资源约束不断加剧的紧迫形势下，绿色生态农业跃升为国际社会广泛聚焦的热点议题，它不仅是对地球未来的深切关怀，也是农业可持续发展的必由之路。中国紧跟全球可持续发展的脉搏，积极推动构建低碳、环保、循环的现代农业生态系统。在此关键转折期，云县幸福华良果蔬种植专业合作社的领头人华如良，凭借其超前的洞察力，不仅在水稻种植上践行绿色转型，更将这种理念延伸至果蔬种植，精准把握住全领域绿色农业转型的契机。他不仅是一位勇于实践的探索者，更是一位深谙生态智慧的传播者。

田间绿浪匠心绘 枝头硕果岁月酿

——访云县幸福华良果蔬种植专业合作社理事长华如良

华如良引领合作社社员深入实践生态种植理念，无论是水稻田间的精心管理，还是果蔬园里的科学培育，都大大减少了对化肥及农药的依赖，转而采纳生物防治、增施有机肥料以及测土配方施肥等技术，这些举措不仅确保了合作社产出的每一粒稻谷、每一颗果实、每一片菜叶都纯净健康，还显著改善了当地的农业生态环境，维持了生态平衡，实现了经济效益、生态效益与社会效益的多赢局面。通过这些先行先试的绿色实践，合作社的水稻及小众特色农产品不仅在市场上赢得了“绿色、健康”的卓越口碑，更作为可持续农业的标杆案例，激励着更多同行加入绿色生态农业的发展大军中，携手共绘绿水青山与金山银山交相辉映的壮丽图景。

砺剑峰峦指苍穹，一心向阳照八荒。带着探索者的执着，华如良攀高涉远，超越既有边界，融入世界舞台，为绿色农业的推广竭力，为生态平衡的守护献策。华如良以生态之梦，编织绿意盎然的未来，共绘农业与自然和谐新篇章。

砥砺前行除困境
时光见证汗与梦

梦想就像一颗璀璨的星辰，在遥远的天际闪耀，吸引着我们不断追逐。对于华如良来说，梦想是改变家乡落后面貌的坚定信念，是他人生道路上永不熄灭的灯塔。

华如良出生在云县幸福镇邦洪村，一个自小穿梭在稻田间的孩子，他的童年是在跟随父母的脚步中度过的，每一次弯腰、每一次挥汗如雨，都深深烙印在他幼小的心田。那时，他的梦想就像夏日里最清凉的风，简单而纯粹——让父母不再那么辛苦，让这片养育了他的土地开出富裕的花，让这片养育他的土地不再贫瘠，让乡亲们的笑容如春日暖阳般灿烂。

初中毕业的钟声，敲响了他人生的第一道别离。为了家庭，华如良不舍地放下书包，踏上了另一条未知的路。他尝试过在家乡的泥土上播种希望，开设小餐馆，却在现实的风雨中遭遇了第一次挫折。但这并未熄灭他的梦想之火，两年后，他带着满腔热血和对未知的渴望，远赴他乡，踏入了打工者的行列。从最底层做起，无论是工厂的轰鸣还是建筑工地的尘土飞扬，华如良的身

影总是最早出现，最晚离开。每一个疲惫夜晚，他对家乡的思念总会如潮水般涌来，那片熟悉的土地和亲人的面孔，成为他心中最坚韧的力量。

在城市的喧嚣中，华如良虽生活劳碌，但对家乡的牵挂和改变其貌的梦不曾褪色。他拒绝安逸，在城市穿梭，从农贸市场到高端超市，细致观察市场动态。在琳琅满目间，无公害蔬果的热销与高价位引起他的注意，揭示了健康食品市场的巨大潜力。华如良灵光一闪：家乡那片未充分利用的沃土，不正是培育优质农产品的理想之地？

他深思熟虑，设想在邦洪村种植高品质蔬果，既能满足城市对绿色健康食品的需求，又能驱动家乡经济转型，提升乡亲生活质量。这不仅是个商业项目，而且是以汗水和智慧为家乡打造绿色生态名片，还能够让邦洪因绿色健康而闻名，重焕生机。于是，一个返乡创业、共谋富裕的宏愿在华如良心中悄然成形，静待时机成熟，绽放光芒。

2013 年，华如良怀揣梦想归乡，借力家乡优越自然环境，特别是优越的光热资源优势，从水稻种植起航，勇敢引种“老鼠牙米”，历经智慧与汗水的耕耘，成功实现亩产超 400 公斤，大米以其优异品质迅速售罄。面对需求高涨和土地限制，他动员同村 20 余户扩种水稻蔬菜，2014 年，借助政策扶持，注册资金 46 万元，成立了“云县幸福华良果蔬种植专业合作社”，带领乡亲共谋发展。

若要创业有成，必先尝尽辛酸，历经沧桑，方能于苦难中铸就辉煌。在创业的征途上，风雨兼程是通往荣耀的必经之路。华如良，这位怀揣梦想的领路人，在合作社的黎明期，面对的是一片待垦的荒原。每一天，从晨曦微露到夜幕低垂，他都是田间最勤劳的身影。白天，他与烈日为伍，用汗水浇灌着希望，每一株作物都见证了他的坚韧与执着；夜晚，当星辰挂满天际，他依旧伏案研究，灯光下映照出的是他对农业技术的渴求与探索。在无数次的尝试与失败中，他学会了与土地对话，调整种植策略，使之完美融合于本土的自然条件和市场需求。

为了打通销售渠道，华如良化身“行者”，足迹遍布四海，从熙熙攘攘的本地市场到遥远的异乡商贾，他不厌其烦地推广自家品牌，每一次洽谈、每一场展示，都倾注了他对农产品质量的自信与对成功的渴望。这份坚韧不拔，恰如寒梅傲雪，令合作社在市场的凛冽寒冬中屹立不倒，逐步构建起一套成熟的产供销体系。这一切的背后，是华如良身为党员的责任感，他践行“党支部＋合作社＋农户”模式，紧密联结党的领导与农户利益，身体力行带动农民共赴致富之路。

在推动产业发展的征途中，华如良亲力亲为，尤为重视科技的力量。他不仅邀请农业专家至田间地头直接指导农户，还长期聘任 7 位市、县级农业专家为合作社提供定期及灵活的技术咨询与服务，使合作社的种植基地一跃成为多领域的示范点，包括“临沧市优质水稻种植示范基地”“临沧广源农业科技开发有限公司种植基地”及“临沧市农民田间学校”等。合作社凭借 2500 余亩的基地规模与注册的 2 个绿色生态农产品商标，在 2021 年荣获“云南省省级农民专业合作社示范社”殊荣。而华如良个人，也因卓越贡献被授予多项荣誉，包括“云县劳动模范”“临沧市首届乡土人才创新创业‘百名大师’”“临沧市十佳新型职业农民”及“科普带头人”等称号，真正做到了与民共进，以实际行动引领农民走向富裕与进步。

创新品质高地
打造绿色食品

农业，乃国之根本。在中国这样一个以农业为基础的国家，强大的农业企业扮演着国家发展的关键角色。华如良，这位扎根于田野的农业先锋，正以科技创新为驱动，持续描绘着中国农业未来的发展宏图。他的创新策略围绕几个核心维度深度展开，着重从以下几个方面创新，共同推动农业生产的转型升级与质的飞跃。

绿色耕种转型：在华如良的倡导下，“水稻＋人参果”轮作模式脱颖而出，成为当地高质高效绿色农业的新典范。这种创新性将人参果与水稻轮作的策略，不仅实现了生态系统内的自然平衡，还有效抑制了病虫害的发生，并且在保障粮食安全的基础上显著提高了种粮农民的收益，展现出生态友好与经济效益双赢的现代农业路径。

产业升级与融合：华如良勇于打破常规，构建了“公司＋合作社＋农户＋互联网”的新型产业模式。这一模式通过智能温室和精准农业技术的集成应用，不仅优化了资源配置，提高了农业生产效率，更借助互联网平台，实现了从田间到餐桌的无缝对接，极大地缩短了供应链条，确保了农产品的新鲜度与质量，为农业产业链的现代化升级注入了强劲动力。

标准化与品牌强化：深知品质与品牌的力量，华如良推行了“五个统一”标准化管理体系：统一品种选育、统一生产技术、统一投入品管理、统一质量标准、统一品牌营销。这一系列措施从源头确保了农产品的高品质与一致性，显著提升了合作社产品的市场辨识度和竞争力，成功引领合作农户步入品牌化、高端化的现代农业发展轨道。

科技创新与合作：华如良深刻认识到科技创新对于农业现代化的决定性作用，积极推动与高等院校、科研机构的深度合作，构建产学研一体化平台。通过引进和自主研发高效栽培技术、生物防治等前沿科技，不仅显著提升了农作物的产量，降低了生产成本，还有效减少了化肥和农药的使用，为农业可持续发展探索出了一条科技兴农的新道路。

在云南省临沧市云县的怀抱中，华如良的云县幸福华良果蔬种植专业合作社犹如一颗生态明珠，镶嵌于蓝天白云之下，展现在绿意盎然之中。这里不仅是自然的避风港，更是现代农业与生态环境和谐共存的典范之地。温和的亚热带气候，配以如画的山水，云县因此赢得了“空中花园”的美誉，空气中弥漫的清新，让人仿佛置身于自然的纯净世界。

华如良合作社的灵魂之作——老鼠牙米，是这片土地上的骄傲。每一粒米，都是大自然与农人智慧的结晶，它们在云雾缭绕的山间悠然生长，吸收天地之精华，颗颗饱满，晶莹如玉，蒸煮时散发出淡淡的清香，入口则是软糯与甘甜的完美融合，令人回味无穷。采用全天然的种植方式，确保每一粒米都是非转基因、无化学添加的纯净之选，是追求高品质生活的不二之选。

步入合作社的热带果园，一大片人参果种植区赫然出现在眼前，这是一场关于健康的盛宴。人参果，这名字本身就蕴含了大自然的神秘与馈赠，每一颗果实都沐浴在云县充沛的阳光与纯净的水源之下，个头均匀，表皮光滑，切开后肉质细腻，汁水丰盈，甘甜中带着微妙的清香，富含多种维生素及矿物质，是自然界的超级食物，为追求健康生活的食客带来了新的味觉享受。此外，果园内还栽种了荔枝、凤梨、龙眼等热带水果，每一季都有不同的甜蜜惊喜，共同编织了一个色彩斑斓的水果乐园，满足了市场对多样化、健康化水果的需求。

不仅如此，在华如良合作社的绿色蔬菜园区内，一幅生机勃勃的画卷正徐徐展开。这里，辣椒、番茄、绿叶菜等多种绿色蔬菜蓬勃生长，它们在肥沃的土地上吸吮着自然的雨露，沐浴着充足的阳光，得益于科学的轮作与可持续的耕作体系，这些蔬菜不仅色泽鲜亮，营养价值也尤为丰富。辣椒红艳如火，辣而不燥，为餐桌增添一抹亮丽的色彩；番茄个大饱满，酸甜适中，咬一口仿佛能感受到阳光的味道；绿叶蔬菜则青翠欲滴，富含各种维生素，是健康饮食的优选。这一片片整齐划一的菜田，不仅是对多样化种植的实践，也是合作社致力于提供全年新鲜、安全、绿色蔬菜供应的承诺，让每一位消费者都能享受到来自大自然的纯净馈赠。华如良合作社的蔬菜园，成为连接田野与餐桌的绿色桥梁，续写着现代农业与生态环境和谐共生的新篇章。

山川因涓涓细流而不失壮丽，林木凭细微枝丫而越发繁茂。华如良，这位根植乡土的农耕艺术家，以不懈的热情在广袤的土地上持续播撒希望。他在绿色无瑕的老鼠牙米领域挥洒汗水，同时在培育多样热带水果，诸如甘美的凤梨、晶莹的龙眼和滋养的人参果，以及细心照料丰富多彩的蔬菜园地，包括鲜辣的辣椒、饱满的番茄和各类绿意盎然的绿叶菜中辛勤耕耘，无一不体现了他对卓越品质的不懈追求。他的故事是对“匠心筑梦，初心引路”的真实写照，他既是土地的深刻洞察者，也是心系农民的企业家，以一名党员的担当，将服务民众的宗旨融入每一次播种与收获，以实际行动证明了新时代农人对匠心精神的坚守。

自田园至餐桌，是大自然赋予的宝藏向品牌信誉的华丽转身。华如良深谙，真正的赞誉源自产品本身的纯粹与卓越，因此，他坚守“五统一”原则：精选无化学污染的种子，采用天然无添加的栽培技艺，执行严格的管理体系，确保无害化的质量监控，建立一个令消费者信赖的品牌标识。从每一颗闪耀如珠的老鼠牙米，到每一颗甘甜的热带果实，再到每一片生机勃勃的绿叶蔬菜，都是自然与纯净耕作理念相结合的硕果，远离化学肥料和农药的侵扰，守护着大地的纯净与生态的和谐。

在此基础上，华如良携手市县农业农村部门，共创了一套全面且标准化的生产链，从生产源

头至消费终端，每个环节都严格把关，实现了自然与科技的完美融合，这一举动既是对高品质的坚守，也是对可持续农业模式的探索。在他的引领下，合作社的农产品不仅在市场上独树一帜，更以安全健康的品质赢得了消费者的信任，促进了绿色无害食品理念的广泛传播，勾勒出一幅现代农业与生态文明和谐共存的瑰丽画卷。

为拓宽市场，华如良不仅与各大商超紧密合作，还充分利用电商平台，如京东、抖音等，广泛开展宣传推广，使合作社的绿色产品覆盖全国，赢得了广泛的市场占有率。时光荏苒，在华如良十余年的种植生涯中，他坚信细节决定成功，诚信乃立身之本，以诚实守信的原则，赢得了群众、农户、客户及合作伙伴的广泛赞誉。

从最初的市场探索到合作社的成立，再到产品的多元化发展和销售网络的构建，云南省临沧市云县幸福镇邦洪村华良果蔬种植专业合作社，由最初的20户农户发展到现今的420户，种植范围从单一蔬菜拓展到包括500亩优质水稻、600亩绿色蔬菜、1020亩台湾凤梨及13亩牛油果在内的多种作物，合作农户人均每年从中增收超过8000元，极大地促进了当地就业与农民增收，华如良成为带动乡村繁荣的种植业领航者。

扶农助产兴百业
惠民强国利桑梓

饮水思源念党恩，共筑乡村梦，华如良在个人成功的光辉背后，常怀感恩之心，铭记国家扶持与民众助力之情。从田间地头的普通农民到企业舵手的华丽蜕变，他深知成就背后，离不开国家政策的春风、政府的实打实帮助以及乡亲们的鼎力支持。在合作社萌芽与企业壮大的征途中，政府与农业部门不仅在资金上给予支持，更在农业科技上予以强力赋能。

华如良身为一名杰出的共产党员，在个人财务自由的道路上，从未忘记反哺乡土的初心。他积极传承并创新古老的种植技艺，举办农民技术培训班，手把手传授现代化农业知识，提升乡亲们的种植水平，让古老的土地绽放出现代农业的科技之花。他坚信，技术的力量能够改变农村的面貌，让传统农业焕发新生。

在共富路上，华如良身体力行“吃水不忘挖井人”，他发起的合作社模式，不仅实现了自我发展，更如同星火燎原，一户带动一户，形成了互助互赢的辐射效应，带领家乡父老共享发展成果，携手步入小康。通过设立专项基金、建设基础设施、改善教育条件等方式，他不断回馈社会，让更多人受益，共同绘制出一幅乡村振兴的美丽画卷。

亦余心之所善兮，虽九死其犹未悔。在这份坚不可摧的信念引领下，华如良在广袤的“三农”天地间，犹如一位执着的耕耘者，不仅身体力行地根植于土地，更以智慧和胆识，浇灌出新时代农民企业家的精神之花。他深知，真正的改变源自内心的坚持与行动的力量，因此，每一项决策、每一次尝试，都满载着对这片土地深沉的爱与责任。

面向未来，华如良心中的乡村振兴梦想更加笃定。他坚持帮农扶农的基本原则，致力于强化与农民的互利合作，依托创新技术与新颖策略，积极推动农业的转型升级，力促农民收入增加与农业效能提升的和谐共生。他努力塑造一个良性循环的生态系统，确保农民在乡村振兴的浪潮中不仅是见证者，更是实实在在的受益人与建设者，共同勾勒出一幅农业兴旺、农村美丽、农民富裕的壮丽画卷。

朱幼平

ZHU YOU PING

利群集团淮安福昌工厂总经理

中餐饮食文化作为中华传统文化的重要组成部分，承载着千年的历史传承，随着全球化的不断深入，中餐行业正迎来产业化发展的新机遇。预制菜作为新兴的餐饮业态，在快节奏的生活里，为人们带来了极大的便捷性，向上发展的新趋势也为中餐行业的工业化注入了新的活力。利群集团淮安福昌工厂总经理朱幼平，以择一事、终一生的工匠精神，在刀工火候、五味调和的过程中深耕餐饮行业 33 年，承时代新兴的发展趋势，以精益求精的工匠精神把握每一道预制菜的生产工艺和产品质量，以匠心情怀打造百年企业，为推动中餐生产工业化、数据化、标准化的发展而笃志前行。

匠心把控预制食品质量 笃志推进中餐工业进程

——访利群集团淮安福昌工厂总经理朱幼平

砥砺深耕中餐产业
匠心保障食品安全

四方食事，余味无穷，中华美食是承载中华文明的重要载体，在餐桌上为人们带来味蕾的碰撞与治愈满满的温情。而随着美食文化的不断发展，当前便捷的预制菜食品成为新兴种类，在美食的分支脉搏中占据着重要地位。朱幼平以热爱进入餐饮行业，乘时代发展之风，匠心打磨预制菜食品加工领域，精工严筑把握食品安全，致力于践行工匠精神，打造百年匠心品牌。

在30余载的餐饮之旅中，朱幼平是以热爱坚守的中餐工业的探索者。1991年，朱幼平怀揣着对烹饪技术的向往和对美食文化的热爱踏入了餐饮行业的大门，成为一名初出茅庐的学徒，自此便开始了他的餐饮生涯。在不断学习和成长的过程中，见证了餐饮行业的变迁和发展。2000年在北京进入食品加工领域，一干就是23年，钻研预制菜生产加工工艺，攻克中餐工业化的生产工艺难关，把中餐生产的技术要点、烹调方法转化成工艺模块和数据链条，通过标准化的生产工艺，来确保生产的产品质量达到中餐的出品质要求。在加入利群集团淮安福昌食品后，带领公司管理团队打造“百亿企业、百年福昌”的企业愿景，致力于把福昌食品打造成国际一流的中餐供应链，为中餐预制菜的繁荣发展而不懈奋斗。

朱幼平认为，随着时代的发展，中餐预制菜产业的前景大有可为。首先，在产业变革之下，越来越多的年轻人不会选择传统的厨房工作，然而餐饮行业本身的需求却在不断增加，餐饮企业更需要提供多样化、高品质的成品、半成品的预制食品的配套服务；其次，随着社会生活节奏的加快，越来越多人不会选择自己做饭，往往会选择堂食或外卖，这些需求都展现了预制菜食品行业的无限前景，为中餐供应链的发展提供了巨大的市场。

在时代车轮的驱动下，朱幼平坚守着对中餐的热爱，投身于预制菜产业的发展中，作为福昌工厂的负责人，他以严苛的态度把握食品品质，保障食品安全。他介绍道，福昌工厂内对于卫生的管理制度非常严谨和规范，从研发开始，每一道工序都以《中华人民共和国食品安全法》为基础，以确保每一个环节的安全卫生。福昌工厂严格把关原材料采购，通过招标，精心筛选供应商，确保肉类食品 均来自国内知名品牌，如双汇、大红门、千喜鹤等，更精选阿根廷进口牛腱子肉，力求从原材料的源头上控制并提升食材的整体品质。

此外，为了保证食品安全，福昌工厂在进行酱卤食品加工时，会进行超高温的灭菌流程，朱幼平说道：“像我们公司做的酱牛肉、猪头肉，都是将产品卤制熟了之后真空包装完，再进行持续25分钟105摄氏度的高温灭菌，对里面的

菌落进行灭杀。冷藏储存保质期做的45天没有任何问题。”预制菜在加工后，不会添加任何苯甲酸钠和山梨酸钾等防腐剂，成品包装后会选用零下40摄氏度的超低温速冻技术，将食品快速冷冻，以保证产品品质和食品安全；在向外运输的环节中，福昌工厂与京东、顺丰等国内大型物流体系平台进行深度合作，致力于以全程冷链运输保证产品的品质与原始口感，以超高温杀菌与超低温速冻技术为食品品质保驾护航，为客户带来极致的味觉盛宴。

不仅如此，福昌工厂还严格把控产品质量，食品在通过本厂的检测中心检测合格后，才会把产品交给客户；产品每年还会送到专业的第三方检测机构进行一次复检，以确保食品安全的科学性。朱幼平介绍道，在整个生产过程中，工厂严格遵循生产记录表格，以落实到个人的责任制度，确保每一个环节都能得到有效管控，以精细化管理把控产品质量，立志让消费者吃得健康、吃得放心，有效促进了百年福昌高品质品牌的发展。

朱幼平以热爱进入餐饮行业，砥砺深耕预制菜食品加工领域24年，以精益求精的工匠精神把握食品安全，在坚守中不断践行着企业愿景，致力于为打造百年福昌、促进预制菜行业高质量发展。

创新研发多元菜品
匠心打造管理体系

随着消费者对于食品品质和多样性需求的日益增加，朱幼平在预制菜产品研发之上，专注于实现多元化生产，以多板块的投产车间构建起多元化的生产体系，推进中餐产业工业化进程。同时，以严格的人员管理制度，匠心打造高标准洁净车间，压实食品安全责任，致力于为打造百年福昌而不懈奋斗。

福昌工厂占地面积5万平方米，分为四大生产板块——预制食品、酱卤食品、中点食品和烘焙食品，以多元化产品体系构建中餐行业的供应链服务体系，专注于满足消费者的便捷饮食需求以 及避免酒店后厨人员不足导致的服务质量下降。此外，朱幼平注重创新与发展，他以与中日合资企业、肯德基、必胜客、高铁配餐多年的工作管理经验为基础，借鉴日资企业对于食品的管理模式，融合日美加工技术，结合中餐烹调技艺，实现企业中餐生产数据化、模块化、流程化的工业生产管理模式，为食品加工领域的发展注入蓬勃的生命力。

在推动创新发展的道路上，团队管理的重要性不言而喻。福昌工厂构建了由生产管理、研发管理和食品安全管理组成的稳固框架，而朱幼平以高度的责任感，致力于为消费者带来安全、可靠的预制菜美食。他在人员管理上执行严格的标准，确保员工能严格遵循产品作业指导书进行操作。在这份指导书中，每一个环节都精确到标准的数字克数计量，为预制菜的标准化生产奠定了

坚实的基础。不仅如此，福昌工厂的研发团队还汇聚了国内著名烹饪大师、预制食品高级运营管理师、国际烹饪大师组成的管理团队，他们凭借着几十年的丰富经验，精心优化预制菜品的口感，力求为消费者带来一场味蕾盛宴，而这些专家以其卓越的专业素养和不断创新的精神，为福昌工厂在预制菜领域的领先地位提供了强有力的支持。此外，朱幼平在阐述产品研发流程时提到，每一款产品的诞生都经历了精细的测试和调整过程，他说道："我们所有产品的盐度、糖度，都是由专门的仪器来进行检测，确保我们每一款产品的质量标准都是一样的。"朱幼平在追求卓越中，致力于打造最优质的菜品，为预制菜的标准化进程添砖加瓦，以加速中餐行业的工业化进程。

在贯彻落实多元化预制菜食品体系发展的过程中，朱幼平以严苛把握精准，以匠心精工打磨产品品质，以高质量打造百年企业品牌。同时，他在研发上凝心聚力，带领着团队以创新发展赋能中餐行业，为促进中餐产业的工业化、标准化发展竭尽全力。

落实新行业政策
迈向中餐工业化

时代发展日新月异，国内餐饮行业在社会的变迁中已经满足不了大多数人的职业需求，对此，朱幼平表示，首先，将持续发展中餐行业的工业化发展，不断升级研发技术，配备标准严苛的企业生产线，同时完善生产设备，以提升企业的综合实力，为打造中餐供应链赋能；其次，为促进餐饮行业的转型升级，朱幼平将持续带领福昌工厂以标准化体系管理模式，从原材料的采购、入库储存到解冻初加工，再到包装消毒、物流配送，在每一个环节中坚守健全的质量控制标准，为品质生产、食品安全而不懈前行。

福昌工厂冀以尘物之微补益山海，然而在促进餐饮行业革新的道路上，离不开政府政策的支持。朱幼平表示，中餐除了食材，更有对烹饪、火候的拿捏，作料、刀工的精妙掌握，中华优秀传统文化更应被传承与发展。而中餐食品工业化这一新门类，需要各大媒体的传播引领，向公众公开相关的生产加工技术、加工环境、生产流程，以促进预制菜加工行业的可持续性发展；同时，对高校课程进行改革调整，对企业食品的品质管理、食品安全管理、技术管理等提出要求，而在对企业进行标准制定的同时，企业也需要升级自己的技术设备，助力中餐食品工业化的改革发展，为传承弘扬中华饮食文化而不懈努力。

当前，福昌工厂在推动中餐行业革新的过程中，以智能化、自动化为产业赋能。据朱幼平介绍，福昌工厂始终坚持高品质的生产环境管理，从空气净化处理到水质软化管理，确保生产环境的洁净与安全，并且工厂的食品安全、产品质量控制、成本控制和人员管理等四大管理板块现已推进至重要阶段，旨在为消费者提供安全、优质的预制菜食品。

福昌工厂以主导者、先行者的身份，持续推动中餐行业工业化管理体系的建立，通过对这一标准化、统一化的工业化必经之路的落实，致力于将中华美食推向海外，发扬传统烹饪文化，为国家的建设发展作出贡献。未来，福昌工厂将持续打造中餐供应链，以国家级标准生产优质产品，服务于家用、酒店、餐饮店面等领域，让健康预制菜走进千家万户。

中华风味，人间至味。中餐的魅力穿越千年，如今以预制的新形式展现在人们的餐桌之上，朱幼平以匠心精神深耕餐饮行业，在革新中推动中餐产业的工业化发展进程，带领着福昌工厂以标准化严苛管理体系为产品品质赋能，促进产业的转型升级。相信在不久的将来，中餐食品加工行业将以新的政策引领，在新形势之下蓬勃发展，朱幼平也将持续带领福昌工厂发展中餐产业链，以高质量风味预制食品为消费者带来健康与安全的美食体验，而福昌企业也必将以百年品牌在中餐行业内熠熠生辉，常青不息！

李新洪

LI XIN HONG

民权县龙塘镇净意园家庭农场创始人

民权县龙塘镇净意园家庭农场，自 2013 年成立以来，在董事长李新洪先生的带领下，以传统文化为指导，致力于绿色生态农业的发展。民权县龙塘镇净意园家庭农场不仅实现了自身的可持续发展，还为当地经济的繁荣与农民的增收作出了重要贡献。

李新洪先生多次强调传统文化对他个人及企业发展的深远影响。《礼记·大学》有云：“大学之道，在明明德，在亲民，在止于至善。”民权县龙塘镇净意园家庭农场的成立和发展，正是这一古训的生动实践。李新洪先生通过学习中华传统经典文化，深刻领悟到“敦伦尽分”的重要性，即每个人应该尽其本分，按照自己的身份和角色行事。这种文化观念深深地根植于他心中，并指导着他在农场经营过程中的每一个决策。

净意园家庭农场：“净”心开垦“净”意为人

——访民权县龙塘镇净意园家庭农场创始人李新洪

传统文化传薪火
家庭农场育新苗

中国传统文化强调“天人合一”理念，这与李新洪先生所提倡的生态农业理念不谋而合。《荀子·天论》云：“天行有常，不为尧存，不为桀亡。”大自然有其自身的规律，农业生产必须顺应自然，才能实现可持续发展。李新洪先生坚信，作为一个农民，应该尊重自然规律，采用有机种植方法，不使用农药、化肥和除草剂，保护土壤和环境，从而生产出健康、安全的农产品。

因此，在国家乡村振兴政策的引领下，民权县龙塘镇净意园家庭农场（以下简称净意园家庭农场）不仅致力于为广大消费者提供健康的农产品食品，还为推动生态农业的发展作出了重要贡献。李新洪先生坚信，通过持续的努力和创新，净意园家庭农场将继续走在有机农业的前沿，为实现农业现代化和乡村振兴作出更大的贡献。

李新洪先生在经营农场过程中，始终坚持将传统文化与现代农业相融合。《论语》云：“为政以德，譬如北辰，居其所而众星拱之。”以德治农，以德治企是净意园家庭农场的核心理念。这种理念不仅体现在农产品的生产过程中，还体现在对员工的管理上和对消费者的服务上。净意园家庭农场的经营内核是试图通过农场经营，将人们自私自利的心态扭转成为终生服务的心态。李新洪先生在学习传统文化的过程中，深刻领悟到“己所不欲，勿施于人”的道理。他认为，企业存在的目的不仅是追求利润，更重要的是为社会和大众提供有价值的产品和服务。

“上善若水，水善利万物而不争，处众人之所恶，故几于道。”李新洪先生以此为指导，倡导“上善若水”的精神，鼓励员工和合作伙伴在经营过程中要以服务大众为己任，不应盲目追逐短期利益，而应注重长期的社会效益和环境效益。他希望通过农场的实践及经营活动，让更多人认识到，唯有为众生服务，才能实现真正的幸福与满足。

净意园家庭农场在种植过程中，注重与自然和谐共处，不干扰自然生态系统。道家“无为而治”的理念深刻地影响着农场的管理和生产方式。“道常无为而无不为。”李新洪先生认为，农

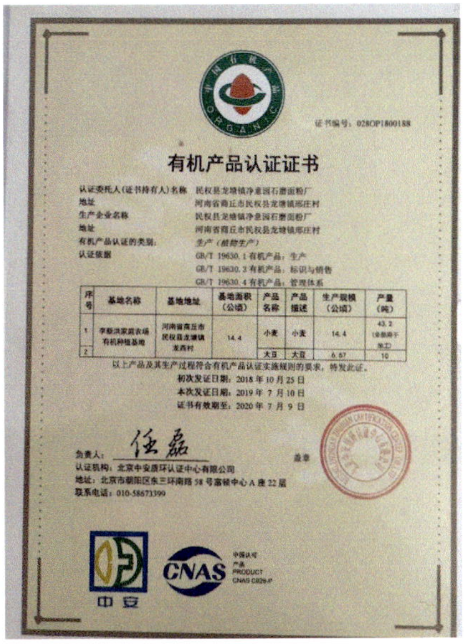

证书编号：028OP1800188

有机产品认证证书

认证委托人（证书持有人）名称 民权县龙塘镇净意园石磨面粉厂
地址 河南省商丘市民权县龙塘镇邢庄村
生产企业名称 民权县龙塘镇净意园石磨面粉厂
地址 河南省商丘市民权县龙塘镇邢庄村
有机产品认证的类别： 生产（植物生产）
认证依据 GB/T 19630.1 有机产品：生产
GB/T 19630.3 有机产品：标识与销售
GB/T 19630.4 有机产品：管理体系

序号	基地名称	基地地址	基地面积（公顷）	产品名称	产品描述	生产规模（公顷）	产量（吨）
1	李新洪家庭农场有机种植基地	河南省商丘市民权县龙塘镇龙西村	14.4	小麦	小麦	14.4	43.2（全部用于加工）
2				大豆	大豆	6.67	10

以上产品及其生产过程符合有机产品认证实施规则的要求，特发此证。
初次发证日期：2018 年 10 月 25 日
本次发证日期：2019 年 7 月 10 日
证书有效期至：2020 年 7 月 9 日

负责人：任磊 盖章
认证机构：北京中安质环认证中心有限公司
地址：北京市朝阳区东三环南路 58 号富顿中心 A 座 22 层
联系电话：010-58673399

中安 CNAS 中国认可 产品 PRODUCT CNAS C028-P

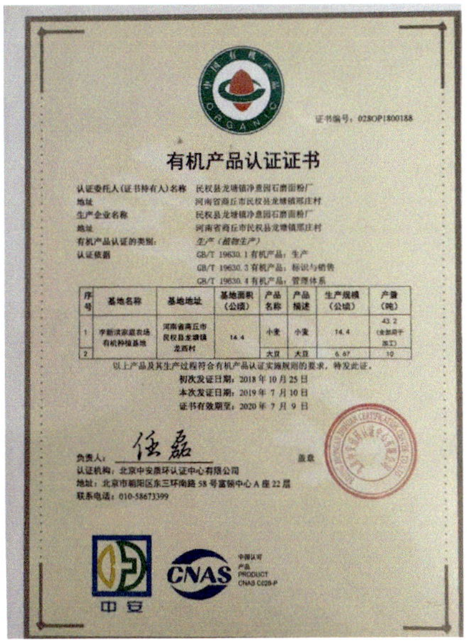

证书编号：028OP1800188

有机产品认证证书

认证委托人（证书持有人）名称 民权县龙塘镇净意园石磨面粉厂
地址 河南省商丘市民权县龙塘镇邢庄村
生产企业名称 民权县龙塘镇净意园石磨面粉厂
地址 河南省商丘市民权县龙塘镇邢庄村
有机产品认证的类别： 生产（植物生产）
认证依据 GB/T 19630.1 有机产品：生产
GB/T 19630.3 有机产品：标识与销售
GB/T 19630.4 有机产品：管理体系

序号	基地名称	基地地址	基地面积（公顷）	产品名称	产品描述	生产规模（公顷）	产量（吨）
1	李新洪家庭农场有机种植基地	河南省商丘市民权县龙塘镇龙西村	14.4	小麦	小麦	14.4	43.2（全部用于加工）
2				大豆	大豆	6.67	10

以上产品及其生产过程符合有机产品认证实施规则的要求，特发此证。
初次发证日期：2018 年 10 月 25 日
本次发证日期：2019 年 7 月 10 日
证书有效期至：2020 年 7 月 9 日

负责人：任磊 盖章
认证机构：北京中安质环认证中心有限公司
地址：北京市朝阳区东三环南路 58 号富顿中心 A 座 22 层
联系电话：010-58673399

中安 CNAS 中国认可 产品 PRODUCT CNAS C028-P

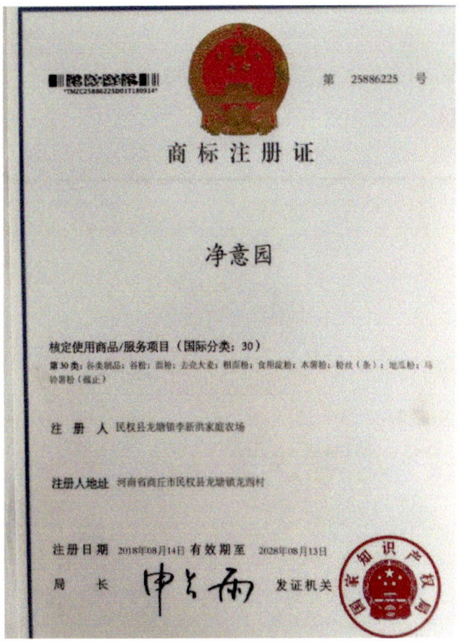

第 25886225 号

商标注册证

净意园

核定使用商品/服务项目（国际分类：30）
第 30 类：谷类制品；谷粉；面粉；去壳大麦；粗面粉；食用淀粉；木薯粉；粉丝（条）；地瓜粉；马铃薯粉（截止）

注 册 人 民权县龙塘镇李新洪家庭农场

注册人地址 河南省商丘市民权县龙塘镇龙西村

注册日期 2018年08月14日 有效期至 2028年08月13日
局 长 申长雨 发证机关

业生产应顺应自然规律，减少人为干预，尊重自然的自我调节能力。

农场的种植方式完全遵循自然节奏，不使用任何破坏生态平衡的化学物质，而是通过生物防治、轮作轮耕等方式，以保持土壤的健康和肥力。这不仅保护了土地资源，还维护了农场周边的生物多样性。正如庄子提出的“凡事有天命，事虽难，为而易也”。在农场的实践中，顺应天命，减少人为干预，使得生产过程更加自然高效。

李新洪先生还强调，农场不仅要生产健康的农产品，还要保护环境，造福后代。农场经营以此为指导，通过科学合理的管理方式，实现人与自然的和谐共处，保障未来子孙后代能够享有美好的自然环境。

农场注重员工的道德教育和技能培训，倡导“以德为本”的企业文化。通过定期组织传统文化学习和职业技能培训，员工不仅提高了业务能力，还提升了道德素养，形成了积极向上的企业氛围。李新洪先生认为——净心净意，才能消除自私自利，只有每个员工都具备高尚的道德品质和专业的工作能力，企业才能实现长远发展。

在对待消费者方面，净意园家庭农场始终秉持着“诚实守信、质量第一”的原则。农场的每一件产品都经过严格的质量控制，确保消费者都能买得放心、吃得安心。李新洪先生说：“只有用心做好每一个细节，才能赢得消费者的信赖与支持。”

创新经营模式
耕耘绿色农场

民权县龙塘镇净意园家庭农场采用了独特的经营模式，注重生态种植与可持续发展。农场主要种植多种蔬菜和水果，如红薯、玉米、黄瓜、西红柿等。李新洪先生深知，只有确保产品的质量和安全，才能赢得市场和消费者的信任。因此，农场在种植过程中严格遵循有机农业标准，这种有机种植方法不仅保护了土壤和环境，还生产出了更健康、更安全的农产品。近年来，随着人们健康意识的增强，有机农产品的市场需求不断增加。净意园家庭农场的产品以其高质量和绿色环保的特点，赢得了广大消费者的一致好评，并逐渐通过线上销售渠道走向全国各地。

食品安全是净意园家庭农场最重要的经营原则之一。

为了确保每一件农产品的安全与健康，农场严格遵循有机种植标准，不使用任何化学农药、化肥和除草剂，而是采用传统的有机肥料和自然种植方法。农场的每一片土地、每一个作物，都经过了严格的质量控制，确保产品达到最高安全标准。如《黄帝内经·素问·藏气法时论》所云：

“毒药攻邪，五谷为养，五果为助，五畜为益，五菜为充，气味合而服之，以补精益气。”农场通过科学合理的种植方法，生产出对人体有益、无害的安全健康食品，符合传统养生理念。

在经营模式上，净意园家庭农场采取了“开放式＋合作”的模式，与周边的农户和农业合作社建立起了紧密的合作关系。通过资源共享和技术交流，农场不仅提高了自身生产效率，还带动了周边地区农业的发展。这种合作模式，不仅实现了经济效益，还促进了社会效益和环境效益的统一。

此外，净意园家庭农场实行免费进园模式，消费者可以亲自参观农场，了解农产品的种植过程，亲身体验有机农业的魅力。李新洪先生认为，透明化的生产过程不仅能够提高消费者对产品的信任感，还能够让更多人了解和支持有机农业。这种模式不仅提升了农场的品牌形象，还拉近了生产者与消费者之间的距离，实现了互信共赢。

在农产品种植方面，净意园家庭农场取得了显著的成效。首先，通过采用有机种植方法，农场的作物品质得到了大幅提升。由于不使用化学农药和化肥等，生产出的农产品更加绿色环保，深受消费者的喜爱。其次，农场不断引进先进的农业技术和管理经验，提高了生产效率和产品质量。

农场的高质量产品和绿色种植理念得到了社会各界的广泛认可。消费者对净意园家庭农场的产品给予了很高的评价，认为其品质优良、口感佳、安全可靠。农场的品牌声誉也逐步建立起来。

绘就未来宏图
更盼农桑兴盛

净意园家庭农场的发展与国家的乡村振兴政策紧密结合。《中共中央、国务院关于实施乡村振兴战略的意见》明确指出，要坚持农业农村优先发展，全面推进乡村振兴建设。净意园家庭农场积极响应国家的政策号召，通过自身的发展，带动当地农业的现代化进程与农民的增收致富。

农场不仅为当地农民提供了大量的就业机会，帮助他们提高收入；还通过技术培训和经验分享，提升了周边农户的种植技术和管理水平，促进了当地农业的整体发展。此外，农场还积极参与各类社会公益活动，帮助贫困地区改善基础设施和教育条件，彰显了企业的社会责任感。

净意园家庭农场十分注重选用天然有机肥料，利用生物防治和物理防治方法，控制病虫害。这样的种植方式不仅有效地保护了环境，还确保了农产品的健康与安全。每一棵蔬菜和每一粒粮食都饱含自然的恩赐，带给消费者最本真的味道和最安心的品质。

在种植过程中，农场强调与自然环境的和谐共生，推行轮作轮耕和多样化种植策略，以保持土壤的肥力和生物多样性。农场内还设置了生态缓冲区，种植大量本地树种和花草，吸引多种益虫和鸟类，为农场创造了一个良性的生态循环系统。

未来，净意园家庭农场将继续坚持健康绿色与生态种植理念，致力于推广有机农业技术，提升农产品的品质和安全性。同时，农场将积极探索新的生态农业模式，力争在保障产量的同时，实现生态环境的可持续发展。

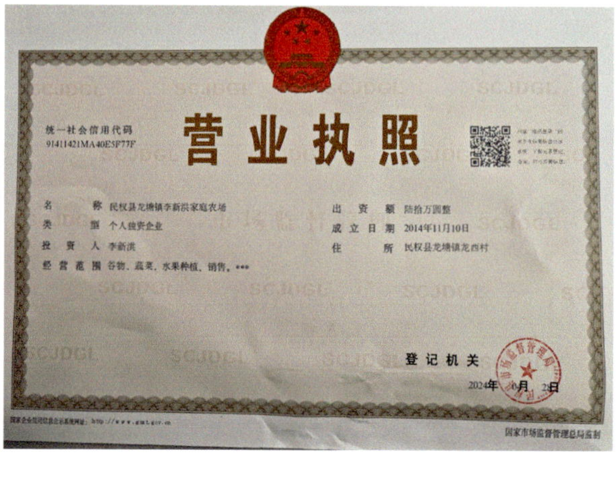

展望未来，李新洪先生表示，净意园家庭农场将继续坚持以传统文化为指导，走绿色生态的可持续发展道路。具体来说，农场将从以下几个方面进行规划和发展：

一是扩大种植规模。农场计划在未来几年内逐步扩大种植面积，引进更多优质作物品种，以满足市场的需求。通过科学规划和合理布局，提高土地利用率和生产效率，实现规模化经营。

二是 提升技术水平。农场将继续引进先进的农业技术和管理经验，持续提高生产效率和产品质量。同时，加强与农业科研机构的合作，开展有机种植技术的研究与推广。通过技术创新，推动农业生产方式的转变，提升农产品的市场竞争力。

三是完善品牌建设。在品牌建设方面，农场将继续加大市场推广和品牌宣传力度，通过多种渠道提升品牌的知名度与美誉度。农场还将积极参加各类农业展会和博览会，展示产品及品牌形象，进一步拓展市场规模。

四是推进农旅融合。净意园家庭农场计划发展农旅结合的生态农业模式，建设集观光、体验、休闲于一体的农业旅游园区。通过这种方式，不仅可以增加农场的收入，还可以让更多消费者了解和体验有机农业的魅力。

五是 加强社会责任。农场将继续积极参与乡村振兴与脱贫攻坚工作，通过提供就业机会、技术培训等方式，帮助周边地区农民实现增收致富。同时，农场还将开展各种公益活动，回馈社会。李新洪先生表示，只有企业与社会共同发展，才能实现真正的可持续发展。

民权县龙塘镇净意园家庭农场在李新洪先生的带领下，通过坚持传统文化、注重生态种植与可持续发展，取得了显著的成效。展望未来，农场将继续以绿色生态为发展方向，致力于发展成为全国有机农业的标杆企业。未来，我们期待民权县龙塘镇净意园家庭农场在实现乡村振兴与农业现代化的道路上，取得更加辉煌的成就。李新洪先生坚信，通过不断的努力和创新，民权县龙塘镇净意园家庭农场将为广大消费者提供更多优质、安全的有机农产品，为实现农业现代化进程与乡村振兴建设作出更大的贡献。

注浆防水技术作为现代隧道与矿井建设中的关键一环，在建筑领域犹如一面坚不可摧的盾牌，具有无可估量的价值。王成明作为特种工程防水领域的专家，深耕注浆治水领域32年，将自己的智慧、青春和汗水注入其中，开创性地研发了多类注浆防水堵漏加固料，以其卓越的防护能力与先进的防护技术为深邃的隧道、幽暗的矿井筑起了一道道坚不可摧的安全防线，彰显了中国品牌在技术创新与工程保障方面的卓越实力，在防水工程领域书写下了一段关于梦想与坚持、挑战与创新的传奇。

王成明

WANG CHENG MING

湖南省白银注浆防水工程有限公司董事长

注浆防水技术作为现代隧道与矿井建设中的关键一环，在建筑领域犹如一面坚不可摧的盾牌，具有无可估量的价值。王成明作为特种工程防水领域的专家，深耕注浆治水领域32年，将自己的智慧、青春和汗水注入其中，开创性地研发了多类注浆防水堵漏加固料，以其卓越的防护能力与先进的防护技术为深邃的隧道、幽暗的矿井筑起了一道道坚不可摧的安全防线，彰显了中国品牌在技术创新与工程保障方面的卓越实力，在防水工程领域书写下了一段关于梦想与坚持、挑战与创新的传奇。

注浆治水 匠心传承

——访湖南省白银注浆防水工程有限公司董事长王成明

子承父志 扬帆起航

王成明的故事始于江苏扬州。他的父亲当时是中建五局的一名中层技术人员，长期从事建筑施工工作，对防水有着深入的研究，无形中，便在王成明的心中埋下了启蒙的种子。27岁那年，王成明站在人生的十字路口，决定继承父亲的专业，转战防水事业。于是他带领一批志同道合的伙伴，成立了白银防水堵漏突击队，踏出了他实现梦想的第一步。

起初，白银防水堵漏突击队只有三五个人，他们从屋面、卫生间、地下室等民用建筑的防水做起，凭借着精湛的技术与不懈的努力，逐渐在行业内站稳了脚跟。然而，王成明并不满足于此。他深知，要想在防水工程领域取得更大的成就，就必须面对更为复杂和具有挑战性的工程问题。他将白银防水堵漏突击队升级为白银注浆防水工程有限公司，希望能够在防水领域进行更进一步的探索。

然而，转变的过程却十分艰难。由于资金短缺、技术不成熟、市场不确定性等因素，防水工程的原材料都是从供应商中购买获得，以水泥、水玻璃等为主，但在应用的过程中，他们发现这些材料存在一定的缺陷，虽然能够在短时间内达到有效的防水效果，但是时间一长，还是会出现反复漏水的现象。为此，他们经常需要对已完成的项目进行返工维修，一方面极大地增加了运营成本，另一方面也影响了公司的口碑。这一困境一直持续了将近15年，使得公司曾一度面临倒闭。

砥砺前行 创新求变

为了解决公司的“卡脖子”问题，王成明四处求学。2007年，在上海的一次学习过程中，他听到了孙钧院士关于隧道寿命的讲座，了解到钢筋混凝土是当时被广泛应用于隧道、矿井的材料，其使用寿命最长能达到300年。这让他深受启发，他意识到：如果能够寻找到一种类似的材料应用于防水工程中，将能解决终身不漏水的问题。为此，他又前往清华大学、同济大学，国家建材研究院等顶级科研院校和国家科研机构，进一步学习相关知识，同时寻找符合要求的材料。

青岛地铁 13 号线灵黄区间白银注浆前现场

青岛地铁 13 号线灵黄区间白银注浆完工后专家评审会现场

然而，经过一番探寻，王成明发现在建筑领域并没有存在类似的注浆防水堵漏加固材料。于是，他萌生了一个大胆的想法：自己研发！

王成明当即组建了实验室，购买各种原材料开展试验和研究。经过 6 年 2800 多次的反复试验，终于在 2012 年研制出了符合要求的高性能材料。这种材料不仅具有超长的使用寿命，而且在抗渗性、抗压强度、耐久性等方面都有着显著的优势，第三方检测结果也全部达标。这一成果的诞生，标志着王成明在注浆防水工程领域的技术突破，也为他的事业带来了新的发展机遇。

在得知新材料问世之后，业界人士立即推荐王成明将其应用于张家口燕山隧道建设。为了显著提升材料的性能，确保其能完美契合燕山隧道独特的地质条件与严苛的建设标准，王成明紧急投入优化工作中，不惜牺牲国庆长假的每一分、每一秒，连续七天七夜奋战在前线，带领着团队成员对材料进行深度剖析与精细改良，最终赶在国庆假期的最后一天完成了全部试验，材料性能也达到了他的预期要求，并正式投入应用。

这次成功的应用，不仅证明了王成明材料的可靠性，也为他赢得了业界的广泛认可。从那之后，他的产品开始在隧道行业中大面积推广，成为解决隧道漏水问题的重要手段。他带领着团队先后完成了西藏林芝 318 国道 102 隧道、北京地铁 5 号线宋家庄站、青岛地铁 13 号线灵黄区间、合福高铁铜陵子谦山隧道等重大工程项目，保障了工程的安全和稳定。

后来，在一个偶然的契机下，王成明开始涉足矿业领域，他们在安徽淮南的煤矿实地探访中发现，相比于传统脏乱差的煤矿环境，现代煤矿规模宏大，内部管理规范，安全标准高，产品质量好，这让他看到了煤矿行业中蕴藏的广阔发展潜力，以及煤矿防水治理的广阔前景。于是，王成明决定进军矿井市场，先后与重庆能源南桐矿业等知名企业建立起了合作关系。

更值得一提的是，在煤矿防水工作中，王成明及其团队曾遇到了一项极具挑战性的任务——一座拥有数十年历史的红岩煤矿，自新中国成立前便饱受漏水之苦，十余年间无人能解，其出水

北京地铁 5 号线宋家庄站白银注浆防水堵漏加固现场

白银注浆防水堵漏加固贵广高铁桂林隧道抢修现场

山东黄金新城金矿腾家副立井 -940m 白银注浆防水堵漏加固现场

红岩煤矿白银注浆防水堵漏加固 3 年后的效果

量高达 200 吨每小时，且矿井深度达 300 多米之下，水压巨大，情况极为复杂。为了解决这个难题，该集团的总工程师亲自找到王成明，对其寄予厚望，希望他们能够成为破解这一顽疾的关键。经过长达五个多月的艰苦努力与不懈探索，他们最终成功解决了这一长期困扰矿山的漏水问题，赢得了业界的高度赞誉。此后，王成明又先后受邀参与了川煤集团攀枝花大宝顶煤矿轨道巷漏水、山东黄金新城金矿主副立井漏水、亚洲第一深井中国黄金莱州汇金矿业纱岭金矿漏水、河南平煤集团夏店煤矿主副立井漏水等矿井相关工程的注浆治水项目，为矿井安全筑起了生命的守护线。

2020 年，王成明的成就得到了中央电视台《大国工匠》栏目的认可。同年，他受中国有色集团邀请，前往赞比亚铜矿进行调研。他发现，漏水问题并非中国独有，而是全球性的难题。这也让他的视野更加国际化，决心将白银的注浆防水堵漏加固技术推向全世界。

薪火相传 展望未来

王成明经过 32 年的不懈努力与刻苦探索，使湖南白银集团已经成长为一家集新型注浆材料研发、生产、销售、施工于一体的集团公司，在隧道矿井地下工程注浆防水堵漏加固行业中成为领军企业。公司占地 51 亩，资产 25500 万元，下设湖南省白银新材料有限公司和湖南省白银注浆防水工程有限公司；公司自有品牌白银牌系列注浆防水堵漏加固材料，在隧道矿井地下工程预注浆、突水抢险注浆、壁后注浆、巷道断层破碎带加固注浆、软岩流沙层注浆、煤层顶板破碎加固注浆、煤矿采空区漏水注浆、深坑基础堵水加固注浆、斜井混凝土路面抢修等诸多领域作出了突出贡献，在现代建筑的维护与抢修中发挥着至关重要的作用。

面对如此成绩，王成明并没有放慢自己创新的脚步。他继续关注行业的最新动态，不断探索新的材料和技术，推动企业向前发展。来自中蓝长化工程公司的专家团队与王成明联系，希望携手攻克新疆罗布泊钾盐矿盐湖堤坝渗漏的技术难题。罗布泊深处的钾盐矿盐湖有一条长达八十余公里的堤坝正遭受着卤水渗漏，资源严重浪费的损失。卤水作为一种富含高浓度盐分的水体，其蕴含的大量硫酸钾与硫酸根离子对建筑材料的腐蚀性极强，材料一旦受损，防水效果则立即失效，给维护工程带来了极大的困扰。更为复杂的是，在流动的水体环境中，水流速度的控制成为施工的一大难题：流速过快则难以形成有效凝固，流速过缓又容易导致凝固过快，严重影响了施工的顺利进行。为了解决这一难题，王成明迅速组建专业团队，亲赴罗布泊进行实地考察，精心采集了当地的卤水样本与土壤样本，并将其带回岳阳的科研基地进行深入分析。

在经过无数个日夜的潜心研究与反复试验后，研究团队针对罗布泊钾盐矿盐湖的独特环境，成功研制出了一种全新的耐腐蚀注浆材料。这种材料不仅能够有效抵御卤水中高浓度盐分的强烈

王成明 2014 年与中国工程院院士王梦恕在杭州

王成明在 2014 年中国隧道与地下工程大会上演讲

腐蚀，还巧妙地解决了水流速度对施工过程的影响，确保了在各种水流条件下都能实现稳定而高效的施工效果。

目前，这一科研成果顺利地通过了实验室的测试，现场应用十分理想。目前，王成明正带领着团队紧锣密鼓地准备下一阶段的工作，计划将这一创新材料正式投入实际应用，为罗布泊钾盐矿盐湖堤坝的修复与加固工程提供强有力的技术支持，同时为中国乃至世界范围内的类似工程难题贡献出中国智慧与力量。

王成明深知，一个企业要想长久发展，必须有持续的创新和传承。因此，他着重培养两个儿子对防水工程的热爱与对创新的追求，希望他们能够继承自己的事业，继续在防水工程领域内精耕细作，聚焦全球需求，攻克业内普遍存在的痛点与难题，用中国制造和中国技术解决世界防水难题，让中国智慧在全球舞台上绽放光彩！

廖天琪

LIAO TIAN QI

四川玖源食品有限责任公司

四川玖源食品，远非一家单纯的火腿及腌腊肉制品生产企业，它是一座跨越时空的桥梁，它一头扎根于深厚的历史土壤，另一头则伸展向未来的无限可能。在这里，每一片火腿不仅是舌尖上的盛宴，更是四川冕宁地域文化的鲜活注解，每一口咀嚼，都能唤醒对这片土地历史积淀的深切感知。

在廖天琪的引领下，玖源火腿超越了食品的界限，化身为对传统技艺的深情致敬、对创新精神的不懈追求、对卓越品质的永恒坚守。他以实际行动昭示世人，传统与现代并非割裂的两端，而是在交汇碰撞中，激发出更加绚烂的火花，共同编织出一幅幅关于美食与文化的壮丽画卷。这份源自冕宁的美味，携带着独特的地域印记，正以其不可抗拒的魅力，征服着每一个渴望探索未知味蕾的心灵。它不仅讲述着一个关乎传承与创新、品质与市场的动人故事，更在无声中搭建起一座沟通古今、连接中外的桥梁，让世界各地的人们得以共享这份源自东方的美食宝藏，让人们感受其中所蕴含的深厚文化底蕴与无穷创新活力。

寻健康源代码 筑活力人生路

——访四川玖源食品有限责任公司廖天琪

创业序章 初心如炬

1967年，廖天琪出生于冕宁县石龙村，一个充满淳朴民风与自然风光的村落。在这个并不富裕的家庭里，生活的艰辛并未遮蔽住家中的温馨与亲情，尤其是父亲那双灵巧的手，将古老的火腿腌制技艺代代相传，成为廖天琪心中最宝贵的财富。自幼他就沉浸在那股浓郁的火腿香气中，耳濡目染地学习着如何将鲜猪后腿精心腌制，那一道道细腻的工序，仿佛在诉说着代代相传的故事，也在他幼小的心灵中种下了梦想的种子。

时光荏苒，廖天琪的梦想在2000年迎来了绽放的契机。在泸沽镇的繁华市场一角，廖天琪勇敢地迈出了创业的第一步，开设了自己的第一家火腿门市。虽然门市面积不大，但每一寸空间都凝聚着他对品质的执着追求与对传统的深深敬意。凭借着过硬的产品质量和独树一帜的风味，他的火腿产品迅速在当地赢得了良好的市场口碑，吸引了众多食客慕名而来，门庭若市，生意兴隆。然而，面对市场的热烈反响，供不应求的状况也随即显现，这就促使廖天琪开始思考如何扩大生产规模，以满足更广阔的市场需求。

面对挑战，廖天琪未曾犹豫，反而将其视作自我超越的契机。他深知，要想在瞬息万变的市场中立足，唯有不断创新，方能乘风破浪。于是，一场关乎效率与品质的革新之旅悄然开启。他潜心研究更为高效、科学的生产流程，引进尖端设备，精减供应链环节，力图在保证卓越产品品质的基础上，实现产能飞跃，以满足消费者日益增长的期待。这不仅是一次生产模式的升级，更是一场对初心的坚守与对未来的憧憬。

诚信为基 逆境飞扬

对于廖天琪而言，2007年是他职业生涯中的一个重要转折点。这一年，他满怀激情与梦想，注册了“天琪坊”火腿商标，正式宣告冕宁县玖源火腿厂的诞生。然而，创业之路从来不会一帆

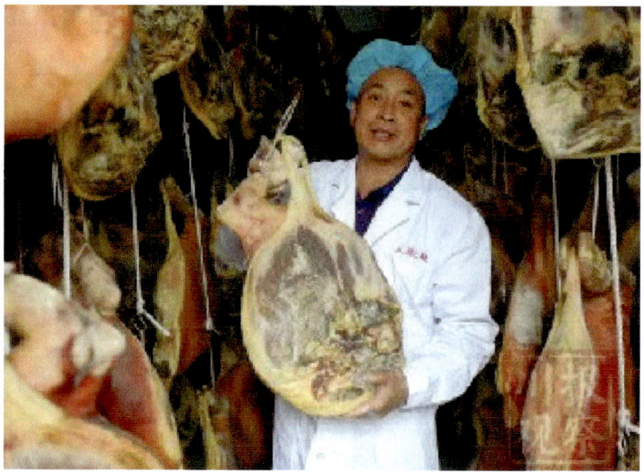

风顺，正当他以为一切都在按照计划顺利地推进时，一场突如其来的挑战悄然降临。

在扩大生产规模的过程中，由于一次意外的生产失误，导致一批火腿未能达到既定标准。面对这批不合格的产品，廖天琪面临着艰难的抉择。他知道，如果选择妥协，将这些产品推向市场，或许可以暂时缓解财务压力，但从长期来看，这将严重损害企业的声誉和消费者的信任。在这一刻，他深刻地体会到“艰难困苦，玉汝于成”的真谛。经过深思熟虑，他做出了一个艰难但坚定的决定——销毁所有不合格产品，坚决维护消费者的权益，即使这意味着巨大的经济损失，他也依旧坚持。

这一举动在当时来看，似乎过于激进，但事实证明，它不仅为玖源火腿厂赢得了市场的尊重，更在消费者心中树立起“天琪坊”品牌的良好形象。廖天琪的诚信之举，如同一块试金石，检验出企业真正的价值所在。在危机面前，他选择了道德高地，用实际行动诠释了企业家的责任与担当。

“诚信比黄金更宝贵。”随着时间的推移，这一决策的深远影响逐渐显现。消费者开始更加信赖“天琪坊”品牌，愿意为其优质产品支付溢价。玖源火腿厂不仅在四川本地赢得了广泛的好评，更在国内外大型商品交易会上屡获殊荣，产品远销全国乃至海外，成为全球食客竞相追捧的美味佳肴。这一切，都源于廖天琪在关键时刻展现出的非凡勇气与智慧，以及他始终坚持的诚信原则。

古法新编 匠心独秀

“工欲善其事，必先利其器。”在廖天琪心中，这句古训不仅强调了工具的重要性，更是对创新精神的呼唤。他深知，在快速变化的市场环境中，只有不断创新，才能让传统技艺焕发出新的生机，满足消费者日益多元化的需求。

随着健康饮食理念逐渐深入人心，消费者对食品的健康属性提出了更高要求。面对这一趋势，廖天琪没有选择故步自封，而是迎难而上，开始了对传统火腿腌制工艺的改良探索。他深知，健康与美味并不矛盾，是可以并存的。为此，他投入大量的时间和精力，潜心研究，最终研发出低盐火腿。这种火腿不仅保留了传统火腿的醇厚风味，同时让原材料中的多种氨基酸、微量元素、维生素等营养元素不会被破坏，更通过科学配方，显著地减少了食盐的使用量，一举打破传统火腿高盐的固有印象。现公司的多系列多品种的“冕宁火腿”以其品质、健康、美味等特点，赢得广大消费者的喜爱与青睐。

然而，廖天琪并未止步于此，他的创新步伐从未停歇。2020年，面对真空包装可能导致火腿口感下降的挑战，他再次展现出了非凡的创新精神。经过无数次的实验与探索，他成功研发出氮气包装技术。这项技术不仅有效解决了真空包装带来的口感问题，更在保持火腿原有风味的同时，显著延长了产品的保质期，为消费者带来了更加便捷、安全的食用体验。这一创新举措，不仅再次提升了玖源火腿厂产品的市场竞争力，更彰显了他对品质与消费者体验的不懈追求，赢得了业界与消费者的双重赞誉。

2020 年至 2022 年是廖氏火腿制作技艺发展历程中的高光时刻。这一时期，其技艺先后被评为凉山州和四川省非物质文化遗产，廖天琪本人也被誉为非物质文化遗产传承人及四川省农村手工艺大师，这是对冕宁火腿制作技艺步入新阶段的里程碑式认可，也是对廖天琪个人贡献的最高荣誉。如今，玖源火腿产品在全国范围内供不应求，销售网络覆盖了全国，其中成都、西昌、冕宁、攀枝花等地的直销点，不仅为消费者带来了来自冕宁的美味佳肴，更成为传播地方历史文化的窗口，让这份源自冕宁的美味，跨越千山万水，走进千家万户。

桑梓情深 回馈故土

“穷则独善其身，达则兼济天下。”廖天琪的成功，不仅是个人荣誉的累积，更是一份对家乡和社会深情回馈的见证。自创办玖源火腿厂以来，廖天琪始终牢记企业的社会责任，积极投身于家乡的建设与发展之中，用实际行动诠释了企业家的社会担当。

2018 年，廖天琪与冕宁县李庄经营村签订的生猪订购计划，不仅帮助当地农民显著增加了收入，更推动了当地畜牧业的健康发展，带动了企业销售额的显著提升，实现了双赢局面。此外，他还积极参与脱贫攻坚工作，通过资助贫困户、传授养殖技术和管理知识，帮助当地农民掌握自力更生的能力，摆脱贫困的束缚，展现了企业家的深厚社会责任感，为当地的经济社会发展注入了强大动力。

玖源火腿厂自 2002 年成立以来，从石龙乡石龙村的一个小小作坊，逐步成长为泸沽镇现代化生产基地的佼佼者，占地面积由最初的 1540 平方米扩展至 5400 多平方米，建筑面积可达到 2000 平方米。2022 年，企业营业额更是突破千万，成为凉山州内首屈一指的火腿生产商，不仅为当地创造了数百个就业岗位，更推动了当地经济结构的优化升级，带动了畜牧业和农产品市场的蓬勃发展，为农民增收开辟了新路径。尤为值得一提的是，2021 年美姑县引进玖源火腿厂进行批量生产，这不仅是对文化遗产的活态传承，更是在文旅融合背景下地方经济发展的新动力，彰显了企业在扶贫、经济发展与乡村振兴方面的积极贡献。

2016 年，廖天琪荣获石龙镇优秀共产党员称号，表彰了他高尚的个人品德与无私的奉献精神。2022 年，四川省乡村旅游协会授予他“农村手工艺大师（传统美食类）”的殊荣，这是对他精湛技艺与深耕传统美食领域的高度认可。而早在 2021 年，他就已经被凉山州评定为第六批非物

质文化遗产“冕宁廖氏火腿技艺”传承人，这份荣誉，不仅彰显了廖氏火腿制作工艺的历史价值，更凸显了其深厚的文化意义。

承古韵创新潮 共谱璀璨诗篇

勇立时代潮头，廖天琪深谙“做事专一，诚信为本”的至理名言。他一生倾注于火腿制作，将专注与诚信的信念融入每一寸肌理、每一缕风味之中，塑造了玖源火腿厂的卓越品质与独特魅力。面对未来，他的愿景宏大而清晰，计划在五年内构建起一座占地2000平方米的现代化控温发酵车间，以及集火腿博物馆与火腿预制菜加工流水线于一体的综合基地，将火腿年产量提升至400余吨。这不仅是对个人追求极致的生动写照，更是对火腿产业发展蓝图的精心勾勒，展现了一位企业家对传统美食的深厚情怀与对创新未来的无限憧憬。

在这片孕育了无数传奇的巴蜀大地，廖天琪以独到的慧眼与坚韧的毅力，将冕宁火腿——这片土地上的瑰宝，从深藏不露的角落推向了世界的聚光灯下。这不仅是一种食品的跨越，更是一场文化与味觉的盛宴，让全球食客得以品味四川美食那独步天下的韵味，领略其背后深厚的历史积淀与人文情怀。在他手中，每一块火腿都仿佛有了生命，它们承载着对故乡的深情、对传统的尊重、对创新的追求以及对未来的憧憬。廖天琪的故事是传统与现代交织的华丽篇章，是东方与西方对话的美妙诗篇。

在未来的日子里，我们期待廖天琪和他的玖源火腿厂，能够继续在传承与创新的道路上阔步前进，书写出更加辉煌灿烂的新篇章，成为美食与文化的使者，为促进文化交流、增进人类福祉作出更大的贡献。他的故事，也将激励着一代又一代人，继续在这片美食热土上，书写下属于自己的传奇！

吴新平

WU XIN PING

景德镇新棋陶瓷有限公司总经理

吴新平先生于1974年高中毕业后，积极响应“上山下乡”的号召，投身农村。历经3年的农村生活后，因工作之需调入鹅湖区机关工作。其后，他进入景德镇市建国瓷厂，于此积累了颇为宝贵的工作经验。3年过后，吴新平先生转至供销社工作。在此期间，他曾承包300亩茶场，还尝试开办家电维修店、制冰厂等多项业务。他始终处处以高标准、严要求对待自身工作，并且曾担任浮梁县第二、第三、第四届县政协委员。2009年，他创立了景德镇新棋陶瓷有限公司，该公司仍在正常运转。

熔铸硒瓷风骨 逶迤养生大道

——访景德镇新棋陶瓷有限公司总经理吴新平

陶瓷，一种古老的艺术形式，以其温润如玉的质感和历经火炼的坚韧，承载着历史的厚重与文化的传承。而硒，一种神奇的微量元素，被誉为“生命的火种”，是维护人体健康不可或缺的重要元素。当陶瓷与硒元素相遇，便如同一场美丽的邂逅，将艺术与健康完美地融合。在这一领域，吴新平先生以其深厚的陶瓷制作技艺与对健康理念的独到理解，成为一位令人尊敬的艺术家和创新者。他所创作的富含硒元素的陶瓷，既传承了中国陶瓷艺术的精髓，又融入了现代养生理念，让每一件作品都成为健康与美的结合体。

妙手构筑
点燃“硒”望

硒，这一自然界中分布不均的微量元素，对人体健康至关重要。它作为抗氧化剂，可以有效清除自由基，减缓细胞老化；同时可以激活免疫系统，增强抵抗力，甚至在防癌抗癌方面显示出巨大的潜力。然而，由于人体无法自行合成，加之中国大部分地区土壤和食物中的硒含量不足，补硒成为维护健康的关键。面对这一挑战，富硒产品市场应运而生，满足了人们对富含硒元素食品和生活用品的需求。

市场上的富硒产品种类繁多，包括富硒大米、茶叶和矿泉水等，它们以富含硒元素为卖点，受到了消费者的广泛青睐。但这一新兴市场也面临着种种挑战，产品质量参差不齐，硒含量标注不明确，使得消费者在选择时难以判断其真实效果。因此，迫切需要建立统一的国家标准来规范市场，确保富硒产品的质量和效果，让消费者真正能够从中受益。

正是在这种市场现状的影响下，吴新平先生以其卓越的洞察力与深厚的文化底蕴，引领着景德镇新棋陶瓷有限公司，于传统与现代的交汇处，打造出了富硒陶瓷养生杯这一创新之作。这不仅是对传统陶瓷艺术的一次革命性飞跃，更是对健康生活方式的一次深刻诠释与实践。

这款养生杯，以其对艺术造型的完美追求与对健康元素的精心融入，成为一种生活态度和健

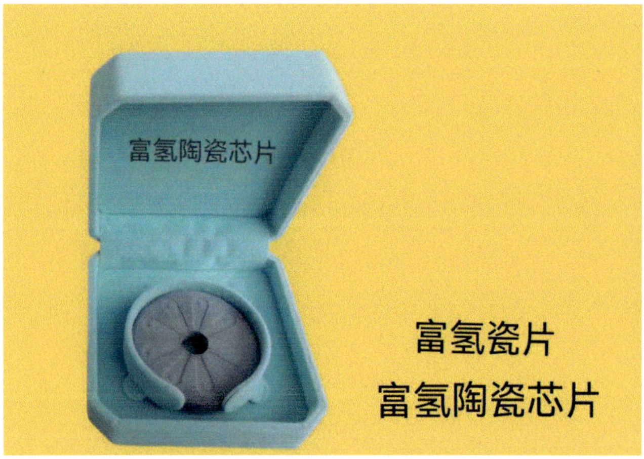

康理念的传递者。它选用江西景德镇的顶级瓷土与湖北恩施的天然硒，经过权威机构的严格认定，荣获了“2015世界养生大会指定产品”的殊荣。杯体造型美观大气，融入了现代天然硒科学技术，不仅实现了喝水保健康、防病治病的神奇功效，更以其206.6u/L的总硒含量，约专利杯三杯水，远高于国家标准每人每日不少于50ug的补充量，让人们在日常生活中轻松补硒，享受健康生活！

吴新平先生深知硒元素的重要性，他不仅在富硒陶瓷养生杯的创作中融入这一健康理念，更积极呼吁出台统一的“富硒”产品国家标准，以规范市场乱象，保证富硒产品的质量和效果，让消费者真正受益。他希望通过自己的努力，让更多人认识到硒元素的重要性，享受到健康生活。

在未来的日子里，吴新平先生及其团队将继续以创新为驱动、以健康为核心，不断推出更多高品质的富硒陶瓷产品。他们相信，通过不懈的努力与持续的创新，一定能够为人们带去更多健康与美好，让陶瓷艺术与健康生活的理念，成为更多人生活中的一部分。而吴新平先生的富硒陶瓷养生杯，也必将成为这一理念的杰出代表，引领着人们走向更加健康、和谐、美好的新生活。

陶瓷一念
谋福为民

富硒陶瓷养生杯的问世，不仅是对硒元素在日常生活中应用的巧妙把握，更是对传统陶瓷艺术的一次大胆创新。吴新平的事业选择并非偶然，他深知富硒产品市场的混乱现状，同时对陶瓷文化抱有深厚的情感与责任感。在多年的陶瓷电商经历中，他洞察到市场上陶瓷产品的同质化现象日益严重，这不仅限制了陶瓷艺术的发展，也影响了市场的活力。

面对这样的市场困境，吴新平先生没有选择随波逐流，而是决定以创新破局。他决心要发挥景德镇陶瓷的资源优势，创造出一款与众不同的陶瓷产品，一款结合传统工艺与现代健康理念的杰作。于是，富硒陶瓷养生杯应运而生，它不仅承载着吴新平先生对陶瓷艺术的热爱与追求，更融入了他对健康生活的深刻理解和实践。同时，吴新平也为这一创新申请了国家专利，他深知只有拥有自己的品牌才是走向市场、赢得消费者信任的关键。

在追求健康生活的今天，科技与陶瓷的结合，无疑成为一个创新的亮点。吴新平先生这些富硒陶瓷杯，通过独特的工艺将硒元素融入瓷杯之中，使得日常饮水也能成为一种保健行为。当开水倒入杯中时，杯中的硒元素受热水激发进而释放至水中，为人体补充必要的微量元素，进而发挥其抗氧化、杀毒消菌、去除重金属及增强免疫力等健康效能。这种设计不仅巧妙，而且实用，让人们在不经意间享受到健康生活。

为满足不同消费者的不同需求，吴新平先生还推出了硒瓷芯片，这是一种更为灵活地补充硒元素的方式。用户只需将这些芯片放入普通杯子中，再倒入开水，硒元素便会释放到水中，让普

通水瞬间变成富含硒的保健水。这种方式不仅方便，而且可以多次使用，非常适合快节奏的现代生活。

此外，吴新平先生还根据不同的健康需求，开发出不同类型的富硒陶瓷产品。有的产品专注于补充人体所需的基础硒元素，有的则致力于促进身体的自我修复能力，还有一些产品则具有更为显著的治疗效果。这些多样化的产品，不仅丰富了消费者的选择，也体现了吴新平先生对健康领域的深入研究与专业态度。

在这条创新与荣誉交织的道路上，吴新平及其团队十几年如一日的坚持和努力，终于获得了丰硕的成果：2010年5月，在北京人民大会堂举行的表彰大会上，他们荣获了"重质守信先进单位"的殊荣；同年10月，以阿里巴巴优质供应商的身份，参加了在上海世博会民营馆的展示；2015年，富硒陶瓷养生杯荣获世界养生大会金奖，标志着他们的产品在国际舞台上的卓越表现；2016年9月，在参加全国工商联第四届全国顾客满意度测评活动中，荣获"全国顾客放心消费品牌"称号；2020年1月，在参加全国信用企业评比中，荣获"AAA企业"与"立信示范企业"的荣誉……这一系列荣誉，见证了吴新平先生及其团队在陶瓷领域的卓越成就与不懈追求。富硒陶瓷杯以其独特的保健功能和艺术美感，成为健康与美学完美结合的典范。它不仅为消费者带来了实实在在的健康益处，更以其精湛的工艺和优雅的设计，赢得了广大消费者的青睐。

景德镇新棋陶瓷有限公司作为全国顾客放心消费品牌，始终坚持以顾客为中心、以质量为生命，不断追求卓越、创新突破。吴新平先生及其团队用他们的智慧和汗水，为消费者打造出一款款既健康又美观的陶瓷产品，让消费者在享受健康生活的同时，也能体验到陶瓷艺术的独特魅力。

通过这些创新的富硒陶瓷产品，吴新平先生不仅说明了科技与传统工艺结合的无限可能，也为人们提供了一种全新的健康生活方式。这些产品不仅承载着他对健康生活理念的深刻理解，也体现了他对品牌建设的坚定决心。未来，我们有理由相信，这些富硒陶瓷产品将会成为健康领域的新宠，为更多人带来健康与活力。

迎难而上
精神不歇

在吴新平先生的领导下，景德镇新棋陶瓷有限公司以其创新的富硒陶瓷杯赢得了众多消费者的认可，但在产品尚未正式进入大批量生产阶段，公司目前采取的定制化生产策略已经在市场上引起了热烈反响。吴新平先生深知，产品的完善是一个持续的过程，他坦诚地指出，目前产品在某些方面还存在着不足，例如，无法精确控制每个人每天通过饮水摄入的硒元素量。他强调，产品需要经过市场的沉淀和时间的检验，以确保基础扎实，为未来的大批量销售打下了坚实的基础。

为了更好地满足市场需求和消费者期望，吴新平先生采取了线上与线下相结合的销售模式。在线下，公司依托于过去在陶瓷电商领域积累的老顾客资源，不断扩展销售渠道。在线上，通过抖音、地方网站等新媒体平台进行宣传推广，同时结合业内的销售体系，扩大品牌影响力。

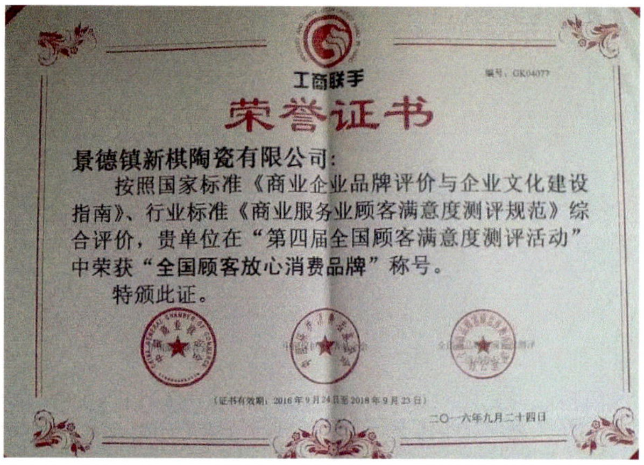

吴新平先生表示，公司目前的发展策略是稳扎稳打，维护好现有的发展状况。他相信，通过不断的努力与创新，公司能够在市场中稳步前行。在谈到2025年的工作重心时，吴新平先生表示，公司将专注于紫砂陶领域，致力于提升产品的品质和艺术价值，力争在这一领域达到更高的层次。

吴新平先生以其务实的姿态和前瞻的洞察，引领着景德镇新棋陶瓷有限公司在陶瓷艺术与健康生活领域精耕细作，绽放异彩。在他的带领下，我们满怀信心地期待公司将推出更多卓越的富硒陶瓷精品，继续拓宽市场疆域，满足并超越消费者的期待，为人们的日常生活注入源源不断的健康与雅致！

陈勇

CHRN YONG

青龙满族自治县雨露志愿服务中心理事长

风起于青苹之末，浪成于微澜之间，山始于微尘之上，海聚于滴水之中，这世上不光浪漫是热烈的，无私奉献也是热烈的。青龙满族自治县雨露志愿服务中心理事长陈勇逆光而行，长期坚持志愿服务工作，以平凡之躯，却可比肩神明。自从走上公益路，他的脚步从没有停歇过，从一名普通的环卫工人成长为家喻户晓的“青龙公益哥”，希望从人心的地平线升起，一寸一寸照亮祖国的大江南北。虽然他没有做出惊天动地的壮举，但用最朴实的实际行动带动更多的志愿活动，用最真诚的态度带领着更多人走出困境。正是凭着这颗感动凡人的爱心，让陈勇在公益之路上一路前行！

点滴雨露皆志愿　大爱无疆显担当

——访青龙满族自治县雨露志愿服务中心理事长陈勇

感恩且回报
逆境重塑内心

人的命运如坠茵落溷，我们无法左右自己的来处，但我们可以通过努力改变自己的去向。倘若因身处顺境中便沾沾自喜，不思进取，顺境也终将成为一枕槐安；而若因身处逆境中便自暴自弃，失去希望，最终也只会被苦难吞噬自我，停滞不前。出身于燕山余脉大山之中的陈勇，是一名普普通通的乡下人，本不富裕的家境在女儿身患重病后更是雪上加霜。为治愈女儿的病症，他来到县城，一边做环卫工，一边四处奔走打听医院。即便是希望渺茫，前路坎坷，陈勇也从未放弃过自己的念头。易卜生曾言：“不因幸运而故步自封，不因厄运而一蹶不振。”陈勇背负着家庭的责任，靠着在逆境中坚定意志、奋发向上的韧劲，让他在更广阔的志愿天地中尽情地探索，飞越过高山阔海，风雨无阻，终寻得那一朵芬芳馥郁的雨露志愿服务之花。

《诗经》有言：“投我以木桃，报之以琼瑶。”在陈勇家里入不敷出时，社会各界向其伸出了援助之手，他收到来自社会各界的捐助与关爱。开始是陈勇的同学，有县内的，也有县外的，还有远在北京的，拿着钱，带着米面，拿着给孩子的玩具前来救助。还有在本市里的同学，下班之后开车走秦青高速，带来诸多救助资金和物资，有的还陪着孩子吃饭以示关爱。社会对他的帮助，陈勇都一一记在心里，并涌出“我也要为社会做点什么”的想法。一念既出，万山无阻。陈勇在青龙县城的环卫工队伍中于2016年4月组建成立了青龙爱心小组，拉起爱心互助微信群，平时遇到有需要帮助的人，都会毫不犹豫地伸出援手，尽自己所能去帮助他人，用自己的微薄之力奉献社会。久而久之，陈勇一系列回馈社会的行为得到身边人的一致赞许，爱心小组陆续扩大为“雨露志愿服务联盟”——群众性公益救助组织，开始进行力所能及的公益救助活动。涓涓之水，汇流成河，2017年9月8日，爱心联盟在县民政局正式注册成立“青龙满族自治县雨露志愿服务中心”，陈勇担任理事长。

胸有感怀的人，可以到达精神的罗马，可以走向花开的彼岸，亦可安然走过暗夜里的长路。陈勇乐善好施、乐于助人，在他的感召下，成百上千的志愿者加入雨露行列。随着队伍的不断扩大和组织机构功能的逐步健全，慈善明星、影视演员齐丽格尔带着她的慈善团队加盟；著名书画

家周笠枫、中国国际品牌协会会长马秀群、8341 部队毛主席警卫员李耿任顾问的民间草根儿基层志愿服务组织也陆续参与进来。雨露志愿服务中心于 2018 年 8 月 18 日成为北京福心公益秦皇岛服务总队分支机构；于 2020 年 10 月 26 日成立了河北省孝行慈善基金会青龙服务站；2021 年 7 月 1 日被秦皇岛市强制隔离戒毒所授予中心为禁毒宣传教育基地；2022 年 3 月被《榜样中国会客厅》栏目组中心授予学雷锋志愿服务榜样示范基地；先后被评为“秦皇岛市优秀志愿服务组织”“秦皇岛市先进志愿服务组织”“秦皇岛市最美志愿服务集体”“秦皇岛市创新志愿服务项目”“河北省最美公益团体”。陈勇个人也被评为“秦皇岛市优秀志愿者”“秦皇岛市禁毒宣传优秀志愿者”“河北省最美公益人物”“河北省爱心人士”“河北省司法行政戒毒系统爱心大使”“全国学雷锋先进个人”“秦皇岛市道德模范”“五星级志愿者”；同时还被聘为北京福心公益秦皇岛服务总队队长、河北省孝行慈善基金会青龙服务站站长、河北省传统文化教育学会常务理事、河北省经济技术协作促进会副秘书长、河北省社区服务促进会副秘书长、《榜样中国会客厅》栏目副总编辑、《中国公益网》通讯员等。拥有多重身份，就意味着多重职责和使命在肩。不管是作为志愿服务中心理事长，还是被尊称为“青龙公益哥”，陈勇始终不忘初心，全心全意地为人民、为社会奉献着自己的一份力量。

光微而耀眼
温暖照亮人间

再微小的光也是光。团队微信群里有一项“每日一捐”活动，出现在里面的个人，捐款大多是 1 元、2 元，甚至是几角几分，但很多队员坚持每天都捐，“我们过得不富裕，可献出的爱心一点儿都不少。”陈勇很自豪地说道。

“老吾老以及人之老。”尊老敬老是中华民族的传统美德，是社会文明进步的标尺。陈勇带

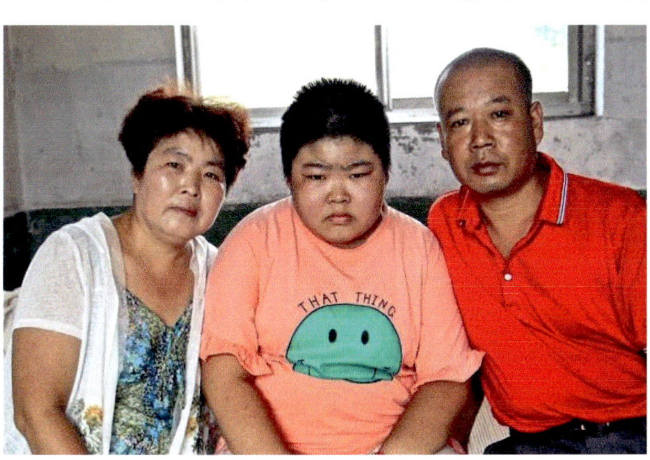

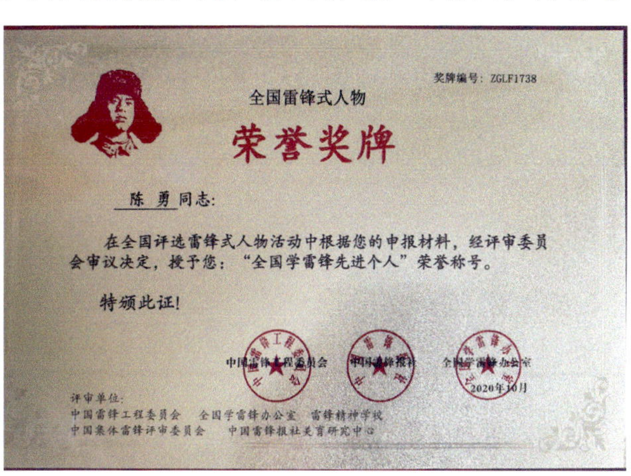
奖牌编号：ZGLF1738

全国雷锋式人物

荣誉奖牌

陈勇同志：

在全国评选雷锋式人物活动中根据您的申报材料，经评审委员会审议决定，授予您：“全国学雷锋先进个人”荣誉称号。

特颁此证！

中国雷锋工程委员会　中国雷锋报社　全国学雷锋办公室

2020年10月

评审单位：

中国雷锋工程委员会　全国学雷锋办公室　雷锋精神学校

中国集体雷锋评审委员会　中国雷锋报社关爱研究中心

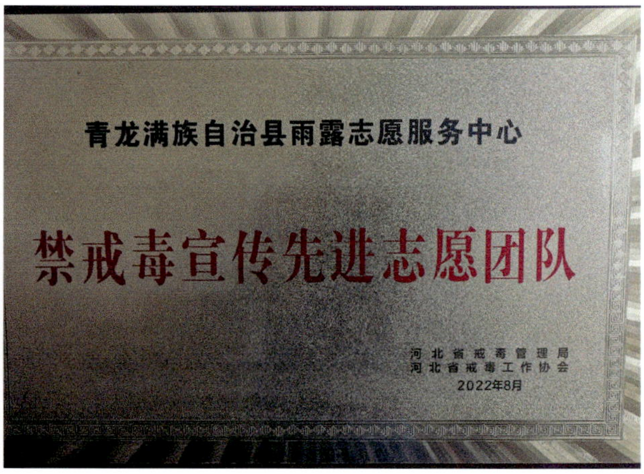

领着志愿者切实关爱孤寡空巢老人、五保户、残障人士等，为他们定期开办饺子宴、豆腐宴，让他们有机会享受爱的眷顾、家的温馨。村里的一位百岁老人幸福地说道：“咱跟人家非亲非故的，大老远过来专门给我们做豆腐，他们是天下少有的好心人，咱们应该给他们点赞感谢。”陈勇力求在奉献中实现自我人生价值，留下如梦般的花朵，不求回报。但看他，奉献绝非一时兴起，伴随日月，始终保持一腔热血，无惧前行。雨露服务中心累计关爱 100 多位老人，在 9 个不同村镇开办了 100 场爱心敬老豆腐宴。

“鲸落海底，哺暗众生十五年”，是奉献，满怀希望，就会所向披靡。雨露志愿服务中心的事迹先后被县、市媒体和《河北日报》《燕赵都市报》《工人日报》《新华网》《中华志愿者杂志》《华人日报》《凤凰资讯》《澳门都市报》《世界导报》《江西财经广播》《澎湃新闻》等 50 多家境内外新闻媒体争相报道传播并获得了各级领导的关注。

知行合一、止于至善，行善的关键在于“做”。陈勇深知真正的志愿服务并不是偶尔一次的心血来潮，更不能流于表面、浮于形式，而是一种习惯、一种责任、一种善行。自爱心小组开始组建到雨露志愿服务中心成立以来，他们始终坚持开展扶贫济困、捐资助学、关爱老兵、关爱空巢老人等为主体的志愿服务，芳芸助学项目受助困境学生达 330 名；受助老兵慰问帮扶 104 位；资助受助对象捐款捐物共计 300 余万元。

平凡而伟大
雨露服务天下

教育是国家的未来，人才是民族的希望。对于需要资助的贫困家庭的莘莘学子，雨露志愿服务中心的志愿者专门为其建立了救助档案，并向社会募捐，待来自四面八方爱心人士的爱心善款到达雨露志愿服务中心账户后，由相关负责人员当面发给受助学生。陈勇还在家风家训的影响下，发起了“芳芸助学”项目，诠释了大爱无疆的真正含义。值得注意的是，助学项目名称分别取自陈勇父母的名字，他想借此传承家风文化，弘扬家国情怀。陈勇用他的大爱，为孩子们传递着爱与希望，为国家和社会培育了众多优秀人才。这种勤俭节约、无私奉献的精神，不仅体现了他对教育事业的关心与支持，也彰显了他对社会进步、民族振兴的深深关切。他的付出和奉献，正在创造一个更加美好的和谐社会。

每年的 6 月 26 日是国际禁毒日。据统计，全世界每年有 10 万人被毒品夺去生命，100 万人因毒品丧失工作能力。毒患，正以迅疾的发展速度，威胁着人类社会，吞噬人类文明。雨露志愿服务基地作为“禁毒教育基地”，志愿者们积极投身于禁毒斗争行列，及时向身边的人宣传禁毒知识，为禁毒事业贡献出自己的一份力量。平凡铸就伟大，英雄来自人民。草根英雄陈勇用实际行动告诉人们，无私奉献并非遥不可及的崇高理想，而是每一个普通人用责任与爱心书写下的平凡而伟大的人生篇章。

云风苍苍，江水泱泱，先生之风，山高水长。陈勇把“奉献”二字融入血液之中，在需要奉献时义无反顾，为打通志愿服务“最后一公里”持续发力。未来，陈勇也将继续带领着雨露志愿服务中心捧着一颗爱国为民之心，持续播撒爱心与温暖，时刻冲锋在前，无怨无悔、默默奉献！

徐远隆

XU YUAN LONG

彭州市仁爱社会工作服务中心理事长、彭州市国远农业开发有限公司总经理

在科技机械日新月异的当代，农业常常被大众错误地当作一种极为落后的传统产业，可实际上，近几年随着智慧农业的发酵与诞生，早已将农业从所谓的“落后”中解放出来。这个历经数千年考验的古老行业，依旧在迈着沉稳的步伐与时代并肩前行，而此番突破的背后，凝聚的是无数企业家与农业工作者的汗水与辛劳，徐远隆先生便是其中的佼佼者。农业之于徐远隆先生，不仅是养家糊口的事业，更是他为社会尽爱心的坚实基石。

千亩沃土助发展 长年奉献表温情

——访彭州市仁爱社会工作服务中心理事长、彭州市国远农业开发有限公司总经理徐远隆

徐远隆先生，1989年毕业于松潘县松洲中学，1993年从松潘县解放村落户到彭县（现彭州市）致和镇，从事农业行业。2018年5月12日，牵头注册成立了彭州市仁爱社会工作服务中心，任常务副会长，在近两年时间内，在徐远隆的带领下，服务中心已由最初的40多名志愿者发展到670多名志愿者。徐远隆先生之于国家公益事业的建树，足以感动人心。

家庭之浸染 行为赞高声

徐远隆先生自1993年开始参加工作，从一名小商贩逐渐成为一个独立农贸公司的负责人，彭州市国远农业开发有限公司的总经理。而在谈到自己的公益之路时，他则说道，他是在妻子的带领下加入这项爱心事业的。

回首往昔，徐远隆的善举像种子般悄然播撒。在一次偶然的机遇下，他代替妻子参与了高考送考生的服务活动，那一刻，他感受到了教育对孩子们的重要性。于是，他决心用自己的力量，为那些贫困学生点燃求知的火光。从最初的3名学子，到后来的16人，徐远隆的爱心如同涓涓细流，汇聚成波澜壮阔的海洋。自2014年至今，他累计资助的学生数量已达24名，资助金额超过25万元。这不仅是金钱上的援助，更是对梦想的守护与对未来的期许。

此外，徐远隆不仅在经济上给予贫困学生支持，更在心灵上给予他们无尽的关怀与陪伴。徐远隆的善举如同一盏明灯，照亮了孩子们前行的道路，让他们在困难面前不再孤单。徐远隆的爱心行为，不仅为贫困学生减轻了经济负担，让他们能够无忧无虑地遨游在知识的海洋中，更在他们心中播下了希望的种子，激励着他们奋发向上，立志成为社会的栋梁之材。如今，这些受助的孩子们已经逐渐长大，他们在各自的领域里发光发热，为社会作出了积极的贡献。徐远隆的善举，不仅改变了这些孩子的命运，也让我们看到了人性的光辉和力量。他用自己的实际行动诠释了爱心的真谛，让更多人感受到了温暖与希望。

即便如此，徐远隆也时常觉得在为社会作贡献这件事上，一个人的力量太小，因此他决定要

带领更多人参加公益活动，为社会作出更大的贡献。2018年5月3日，经民政局批准，他成立了彭州市仁爱社会工作服务中心，致力于为老、弱、孤、寡、残人员提供力所能及的志愿服务活动，并始终坚持“奉献、友爱、互助、进步”的志愿者精神，恪守公益性、志愿性、非营利性的志愿服务理念。以“仁爱送温暖，爱心献社会”为发展基石；以“帮助他人，快乐自身”为乐趣所求；以“携手仁爱，与爱同行”作为砥砺前行的最终目标。

善良如诗，温暖如歌，流淌在岁月的长河里，轻抚着与徐远隆相遇在街角巷口的每一个人。在过去3年的疫情时光里，徐远隆一以贯之地坚持发挥自身的光和热，抚平每个因疫情而难安的心灵。

那时候，得知一线工作者们日夜值守在彭州的各个道路卡点，徐远隆迅速组织仁爱志愿者们到各高速路口、道路卡点为值守的防疫工作人员送热姜茶10余次，并在元宵节送上300份热气腾腾的爱心汤圆，温暖了一线防疫工作人员的身心。在得知中药配方可能对预防疫情有用后，他连续跑了10多家药房，自费为市民免费送中药。

疫情暴发初期，口罩变得十分珍贵。为保障一线工作者们的口罩供应，徐远隆积极参与市委宣传部发起的“口罩帮帮团”活动，通过自费购买、联系爱心企业捐赠等方式，共捐赠口罩4000余个。主动参与市委宣传部发起的“爱心剪刀团”活动，号召10余名理发师到疫情防控岗位上去，解决他们的头顶之“忧”。

民以食为天。疫情防控期间，徐远隆经过多方联系，为彭州“蔬菜帮帮团”募集到了5万公斤新鲜蔬菜，每天将5000公斤蔬菜分为2000个爱心蔬菜包，派送到天彭街道的30个社区居民手中，让市民朋友们在疫情防控期间也能吃到新鲜的蔬菜。徐远隆先生坦言，在疫情那段长达一个月的时间里，平均每天只睡一个多小时，甚至一度晕倒。身体稍微好转了，徐远隆先生又立刻奔赴在支援一线。

疫情缓解后，徐远隆又号召志愿者们，大力配合“公筷公勺”推行行动。他们到餐馆张贴提示桌贴1万余份，并向店主和食客们积极宣传使用公筷公勺的好处。积极参与“文明旅游”志愿服务，从4月初，徐远隆带领着团队先后在丹景山景区、白鹿音乐小镇景区，帮助景区工作人员维护景区秩序，并对部分游客的不文明行为进行劝导。此外，还组织筹备志愿者参与彭州市文明交通行动。

“在有生之年能为社会作贡献，是好事。只要是我力所能及的，我都愿意帮忙。”这是徐远隆先生最朴素的心愿，也是最真挚的善意。

帮扶乡村振兴 彰显家国情怀

善良如同细雨，悄然无声地滋润着大地，让世界因此变得更加美好；善良如同心灵深处的一泓清泉，滋润着每一个干涸的灵魂，让爱意在人间传递；善良如同夜空中最闪亮的星，为迷途的旅人指引方向，给予他们前行的勇气；善良如同春天的微风，轻轻拂过面颊，带走忧愁，留下无尽的温暖与安慰；善良，如同徐远隆先生。

徐远隆的人生，可以说是一首志愿服务与农业产业和谐发展的交响曲。他将大部分时间都献给了志愿服务，而农业工作只是他生活中的一小部分。然而，即便是这部分收入，他也毫不吝啬地投入自己的志愿事业中。对此，他总是微笑着说：“我对物质生活没什么要求，基本满足即可。”

徐远隆先生的农业产业不仅是简单的农产品交易，更是他服务社会的另一种方式。他致力于将农户们精心种植的蔬菜运送到那些蔬菜稀缺的地区，既让农户们获得稳定的收入，又满足了其他地区对蔬菜的需求，真正实现了双赢。此外，徐远隆先生还通过流转多余的土地，以解决由于家里缺乏劳动力或者不愿种地的情况导致土地荒废的现象出现。他积极为农民提供就业渠道，让农民们通过劳动获得应有的报酬，这不仅解决了他们的生计问题，也促进了当地经济的发展。

在如此信念的推动下，徐远隆先生几乎完美地兼顾了经济效益与社会效益。在种植、施肥、储存、销售等环节，农产品种植需要投入大量的人力，由此他不仅人性化地帮助村民解决了就业问题，让许多农村家庭妇女或其他不稳定职业人士拥有了更多的收入来源，而且在党的退林还耕政策的号召下，树立起了一个拥有巨大社会响应力量的榜样。

小爱融入大爱，个人置于集体，这大概是一名人民企业家该有的样子，将做企业当成做人一样经营，脚踏实地，从不拘泥于自身利益，从不推脱肩上的责任，始终将群众的幸福放在心中的第一位，这份高尚的企业精神是徐远隆先生身上熠熠生辉的品质，值得每个年轻人学习。

承社会责任 宣大爱无疆

有一种人，他们的善良不仅温暖了自己，也感染了周围的人，让更多人愿意加入这个充满爱

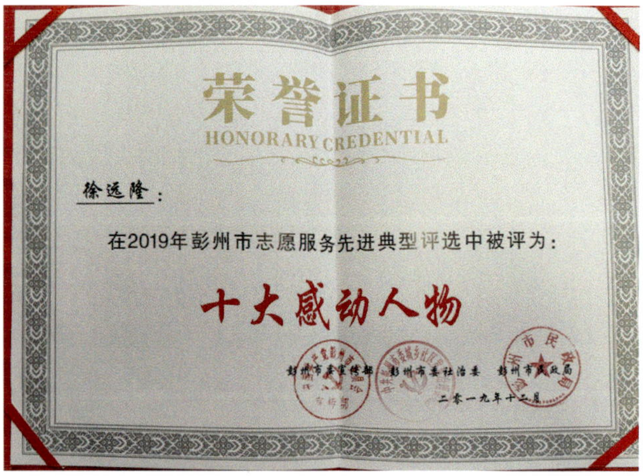

的大家庭中来。而徐远隆先生便有着这样坚定而温暖的力量。

谈及未来的发展，徐远隆表示，在公司方面，希望未来可以通过创办合作社的方式，实现集收购、采购、销售于一体的产业链体系；而对于公益事业，徐远隆则确信自己会一直坚持做下去，并会以一己之力号召更多人投入志愿服务事业中。他深知自己的能力有限，不能左右别人的想法，唯一能做的就是做好自己，无愧于心、无愧于身。

幸运的是，在徐远隆先生的热忱号召下，社会各界人士纷纷响应，踊跃参与到他的公益事业中，更有多人通过捐款的形式，为这份爱心事业贡献自己的一份力量。其中，在一次捐款活动中，小朋友们也积极参与，这让徐远隆先生深感欣慰。

在这个纷扰喧嚣的社会中，徐远隆先生就像一朵静谧绽放的莲花，他的善良如清泉般流淌，散发出淡淡的芬芳，给人带来宁静与美好。而他的善举，也得到了广泛认可，获得殊荣无数。2020 年，他荣获“成都市友善公益榜”称号和“成都榜样最美志愿者”称号；2021 年，他更是荣膺“成都市善举好人奖”“成都市十佳志愿者”“四川省优秀志愿者”称号以及“成都市文明家庭”称号；到了 2022 年，他又被评为成都市“平凡之善·先进典型”志愿者；而在第七届公益事业大典上，徐远隆先生更是被授予“2023 年度先锋人物”荣誉称号，同时他还荣获“十大感动人物”及“十大志愿者”等殊荣。这些荣誉不仅是对他个人付出的肯定，更是对他从事公益事业的高度赞扬。

平凡而质朴的土地，生长出一颗纯粹且耀眼的赤子之心，承载着一片沉甸甸的奉献之心。在这个物欲横流的现代社会，徐远隆先生以一种“不合时宜”的虔诚心性，以公益事业为桥梁，温暖滋养着一方水土。心怀明月，方能得见远方。我们相信，在徐远隆先生的努力下，会有更多人投入这份伟大、温暖而又感动的事业中来。

金翔

JIN XIANG

北京市京剑律师事务所创始合伙人兼主任

律师是现代社会的“法律守护者”，是法律服务的专业提供者。他们深谙法律条文，能够在复杂的社会及法律环境中为委托人提供《中华人民共和国律师法》规定的各项法律服务业务，在维护法律秩序、保障委托人合法权益方面发挥着不可替代的作用，是法治社会的中坚力量。

北京市京剑律师事务所（以下简称京剑）创始合伙人兼主任金翔，大三时立志要当一名律师，大学毕业后坚定地选择了律师事业，至今已从业 30 年，作为专业律师执业 28 年，创建京剑 19 年。金翔凭借着自强不息的奋斗精神，发展成为一名仗剑笃行、捍卫法律尊严的北京知名律师。

风雨卅年初心如磐 践行法制正义昭彰

——访北京市京剑律师事务所创始合伙人兼主任金翔

律海浮沉，其因显著成就，荣获“北京市十佳房地产律师”称号，并在多个权威机构担任重职，包括中华人民共和国最高人民检察院民事行政诉讼监督案件专家委员会委员、中华人民共和国最高人民检察院“民事行政检察专家咨询网”专家、北京多元调解发展促进会调解员、北京市公益法律服务与研究中心专家咨询委员会专家委员，还曾担任中国国际经济贸易仲裁委员会房地产与建设工程领域仲裁员、北京市评标专家等。此外，他还参与了《房地产诉讼与仲裁操作指引》《房地产诉讼与仲裁案例精解》《房屋土地征收补偿纠纷180问〈国有土地上房屋征收与补偿条例〉实用指南》等著作，还发表关于房地产方面的文章十多篇，并经常参与房地产方面的修法及立法活动。金律师还热心社会公益活动，参加环保等许多公益事业。他的不懈努力与杰出成就，为我国法治社会的建设作出了贡献。

不负韶华 心之所向

1969年，金翔出生在“塞上明珠”宁夏回族自治区的青铜峡市。1986年，青春年少的金翔踏入了高中校园。在教育资源相对匮乏的大西北，考大学对许多人而言是难以企及的梦想。金翔虽然并不是出类拔萃的学生，但是他深信勤能补拙，学习十分刻苦。

日拱一卒无有尽，功不唐捐终入海。1989年，金翔凭借优异的成绩被北京财贸学院（1995年与北京经济学院合并为首都经济贸易大学）经济法系录取。金翔的父亲是北京人，1956年4月跟随家人落户到宁夏。能够回到父亲的故乡，他心中倍感亲切。在大学这座象牙塔中，金翔越发珍惜学习机会，每天夙兴夜寐，更加刻苦地汲取知识。他修习的是经济法系经济法专业，认为律师能够学以致用，国家也大力倡导加强律师队伍建设，因此他在大三时便立下了要做一名律师的志向。

志之所趋，无远勿届，穷山距海，不能限也。1994年7月，金翔大学毕业，回到宁夏，坚定选择了进入银川的一家律师事务所工作，那时他粗浅地知道进入律所就是下海了，为了能够尽快地成为一名执业律师，他一边工作一边准备律师资格考试。然而，对于年轻的金翔来说，缺乏人脉和经验，令他在案件来源上倍感焦虑。恰逢律所计划开拓天津市场，金翔被派往天津筹备分所。但事与愿违，审批手续迟迟未能批复下来，批复下来以后又面临着少案源的情况，由于许久分文未进，最终坚持不到一年的天津分所还是面临撤销的结局。出来创业遇到困难是正常的，但金翔总是保持积极乐观的心态，他做出了一个大胆决定，到北京闯一闯。他相信，

是金子总会发光，只有在更广阔的舞台上，才能寻找到更多机会，实现自己的梦想。

为了解决生存问题，囊中羞涩的金翔暂时进入一家公司工作。工作之余，他如饥似渴地搜寻报纸上的律所招聘广告。皇天不负苦心人，1996 年 4 月，历经数月的期盼，金翔终于迎来了北京市中孚律师事务所（以下简称中孚）的橄榄枝，如愿以偿地重回到他深爱的律师岗位，金翔是 1996 年 9 月 1 日正式拿到律师执照的，从此正式开启了在北京的律师生涯。

进入中孚后，他抓住一切机会向前辈和同事学习，珍视每一次合作的机会，那时根本就没有报酬，但金翔从未放弃努力。他深知，只有不断积累经验，拓宽视野，才能实现自身的快速成长。

三年后，金翔再次迈出了重要一步，加入中国司法部首肯批准成立的合伙制律师事务所之一的北京市环中律师事务所。该所浓厚的学习氛围促使他继续深造，在对外经济贸易大学完成了在职硕士研究生国际经济法课程的学习。在大律所的竞争环境下，面对案源不稳定的状况，要求律师必须主动出击，开拓业务。这极大地锻炼了金翔的社交沟通能力，促使他快速成长起来。

时光荏苒，白驹过隙。金翔在北京市环中律师事务所度过了充实的 6 年。这期间，他不仅在专业领域不断精进，更在业务开拓方面积累下了丰富的经验。对于律师行业的深刻洞察与独到见解，让他心中萌生出一个想法：创立一个法治化、民主化且拥有独特律所文化的律师事务所。

2005 年 3 月 18 日，金翔与其他两位创始合伙人共同创办了北京市京剑律师事务所（以下简称京剑），但后来另外两位合伙人因志向不同先后离开了京剑。京剑自成立 19 年以来，金翔与他的同人们筚路蓝缕，砥志研思，累计办理了大量的非诉讼及诉讼、仲裁案件，还担任过众多企事业单位的法律顾问，办理过少量的刑事辩护案件，也为刑事案件的受害人提供过几个举报、控告、申诉的法律服务。其专业能力和服务水平得到了广大委托人与业内同人的一致好评。

中流击水 守正笃行

金翔作为北京市律师协会房地产开发法律事务专业委员会副主任、北京市律师协会规章制度专业委员会委员以及北京房地产学会政策法规专业委员会副主任，他曾深度参与北京市商品房预售合同示范文本的制订与《北京市物业管理条例》的出台，由于在房地产领域的业绩，经北京市律师协会组织相关法律专家评审，荣获“北京市十佳房地产律师”称号。然而，他并不愿接受单一标签的束缚。

金翔认为，律师业务是根据委托人的实际需求而定的。多年的法律实践服务，使他成为一名提供综合法律服务的“杂家”律师。虽然在房地产领域有着深厚的业务功底与丰富的实践经验，但在执业 28 年的律师职业生涯里，他同样精通为政府提供服务以及担任企事业单位的法律顾问，处理刑事诉讼、民商事诉讼、行政诉讼与商事仲裁等多元化的法律事务，为委托主体争取最大限度的合法权益，赢得了委托人的广泛赞誉。

在非诉业务领域中，律师的价值很大程度上在于预防法律风险。在一桩涉及 6.5 亿元的公司并购案中，金翔作为被并购方的法律顾问，凭借着敏锐的洞察力和丰富的律师实务经验，建议在

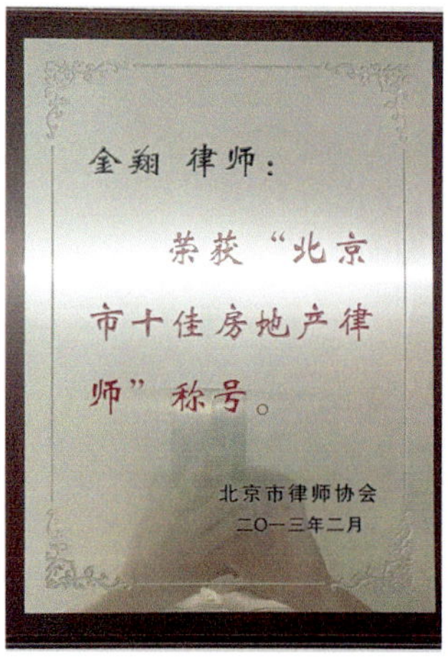

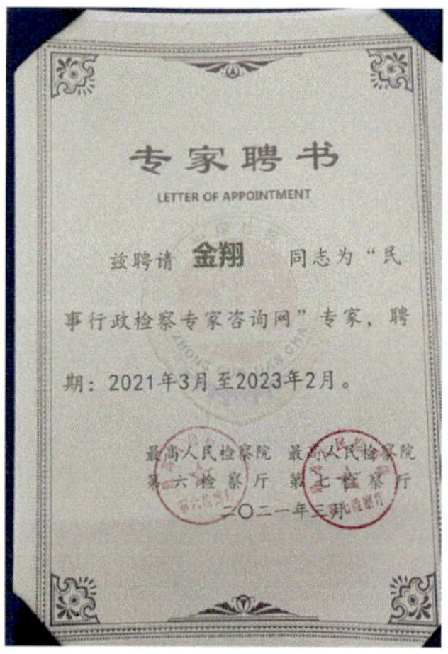

合同中明确被并购公司的资质缺陷。这一策略在后继的并购失败中发挥了决定性作用，被并购方依据金翔的建议，获得了 500 万元的赔偿金。

在 2005 年轰动一时的“泥人张”侵权知识产权案件中，金翔作为原告主要承办律师之一，与团队深入研究、广泛取证，举证原告为天津“泥人张”第四代传人，血缘关系脉络清晰，且每一代传人都有其代表作品。“泥人张”自 1844 年成名，那时在天津已经广为人知，已经具有了知识产权价值，至今已有近 160 年的历史，早已成为国家非物质文化的遗产，而我国的知识产权相关法律都是 20 世纪 80 年代后才有的，故此案受现行法律的保护并不是显而易见的，双方还聘请了庞大的律师团队。20 世纪 70 年代，双方就一直在争议对方是否侵权问题而向政府部门投诉举报，双方的纠纷长达几十年。此案典型的属于重大疑难有挑战性的知识产权纠纷案，要靠深厚的法学原理来充分进行论述并进行辩驳，好在金翔大学毕业论文就是知识产权保护方面的，再加上金翔此时已是执业 12 年的成熟律师。“泥人张”驰名中外，受到毛泽东等几代国家领导人的重视，“泥人张”的作品是艺术品，曾被作为我国外交国礼，赠送给国外的几位领导人，“泥人张”如此历史悠久的非物质文化遗产早已成为中国重要的民族文化品牌，在国际上也为国增姿添彩，是我国优秀传统文化以及大国工匠精神的体现，它的维权之路是我国民族文化复兴的艰辛之路。

在金翔一方的不懈努力下，该案先后经历了一审、二审、中华人民共和国最高人民法院的再审，诉讼时间长达十年，旷日持久的诉讼，最终“泥人张”继承人的合法权益得到了中华人民共和国最高人民法院的维护，法律的尊严也得到了捍卫。“泥人张”案件是金翔承办的众多案件中的最经典案件之一。

明法者强，不明法者弱。金翔还曾参与过一起民事侵权的法律援助案件，委托人 8 岁时因受电击失去双臂，其父母经常吵架且家暴时常不断，家无安宁之日，孩子几乎没有得到父母基本的关爱。此案是发生在 20 世纪 80 年代初，法院为双方当事人出具了调解书以调解的方式结案，但调解结果侵权人仅仅赔偿了 1500 元人民币。在那个年代 1500 元也算是不小的数目，但此案受害幼儿的合法权益显然未得到充分的保障，未考虑到孩子没有双臂的情况下，以后漫漫的人生之路怎么度过？父母家庭的悲剧几乎算是把他抛弃了，以后的大部分时间都是自己独自生活，简单的吃喝拉撒对他来说都是难事。“现在也记不起他当时的经济来源来自哪里，反正他顽强地活了下来，我记忆最深刻的就是他喜欢听音乐，每天至少听 8 小时，听得最多的是贝多芬的《命运交响曲》。”金翔感慨道。

成年后这个孩子头脑中渐渐地有了一点法律意识。一次他在当地县城的一家律所咨询时碰到了好心的负责任的律师，律师认为显失公平，为他援助提起法律申诉程序。通过那位好心律师的帮助，县人民法院正式启动了再审程序，法院再审的一审判了侵权方赔偿受害人超出原先 1500

元多倍数额的赔偿金，但对方又上诉，结果维持原判。但此案仍没有彻底解决，受害人因后来安装假肢的费用问题与侵权方打官司。一审和二审程序都走了，侵权方不服申请再审。高级法院最后把这个案子又给翻过去了，受害人不服又向高级法院申请再审。高级法院针对该案在法律上确实有缺失的情况下，以重大疑难案件请示中华人民共和国最高人民法院。最高人民法院以生命权、生存权高于一切为法理阐述理由给了高级法院一个指导性的意见，最终高级法院支持受害人获赔几十万元的赔偿金。这个案件金翔只是参与了一个阶段。他之所以记忆犹新，是没有见过命运如此不公，生命力又是如此顽强的孩子。这个案件典型的彰显了法律的力量，是法律改变了这个男孩的后半生。这起案件也给了金翔深深的沉思，法律的完善，公平正义得到执行，一定是与黑暗勇敢战斗的。“后来那个男孩在 30 多岁时还交往了一个女朋友，在我创办律所一两年的时候，那个男孩还带着女友到我律师事务所让我看他的女朋友……，多少年过去了，我真想再与他联系，知道他近况如何？祝他一切都平平安安吧。”金翔回忆说。

自 2005 年 3 月 18 日创立京剑以来，金翔便将投身公益视为己任。他积极参与中华环保联合会的志愿律师活动，并承办了该组织的首例及多起的维权案件。

在山西的一起环境维权案件中，当地政府修路修到一半时因为资金不足将埋在地下的水泥管道工程停了下来，本应将地下管道铺到远处的污水处理厂，结果铺管道的工程就停了，导致地下管道流下来的城市生活污水肆意漫流，管道的污水流入农户承包的鱼塘，造成严重水污染，鱼塘的鱼类以及周边树木、作物皆遭重创，农户索赔近 60 万元，却遭政府还以 15 万元的低价。农户转求中华环保联合会，金翔接手了此案。在金翔的专业指导下，农户申请法院委托权威机构对多项环境损害进行了鉴定，为法院的判决提供了依据。此案也是经过了一审，二审发回重审，重审又经过了一审。我方对一审判决结果不服又提出上诉，重审的二审法院维持原判。我方向山西高级人民法院申请再审，山西高院驳回我方再审。我方仍坚定地认为我方的主张法律理由是充足的，坚决建议我方申请检察院检察监督，最终检察院向山西高院依法提出了抗诉，山西高院最终依法对一审、二审判决给予撤销并作出终审的判决。这起案件，法院判决侵权方（还有一公司主体，是法院主动追加的管道污水排放的主体为被告）共计赔偿 300 多万元，此案通过一审法院的执行，我方当事人已经收到款项 150 多万元。另外的一半目前尚还在执行中。

还有一起伪造公司印章罪的案件，金翔至今还记忆犹新。若承办律师没有坚强的信念、不屈不挠的决心，是不可能取得山东高级法院裁定撤销一审、二审判决，发回中院再审的裁定的。该案是一位民营企业家被检察院公诉机关指控犯有伪造公司印章罪，缘由是该企业家涉嫌用伪造其原先合作伙伴公章的手段对外签订合同获得客户，从而谋取经济利益，这种纠纷在现实经济生活中是不少见的。有的单位本身就有好几套公章，发生纠纷后到底哪枚公章是伪造的很难辨别清楚。另外在司法实践中，对于伪造公司印章罪的刑事举报案件，现实中很多公安机关根本不予立案。实际上伪造公司印章的行为严重地扰乱了社会经济秩序，这种行为理应依法给予惩处而不是持一

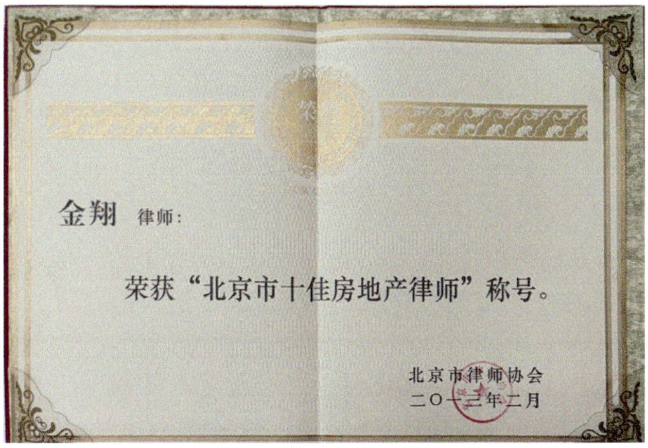

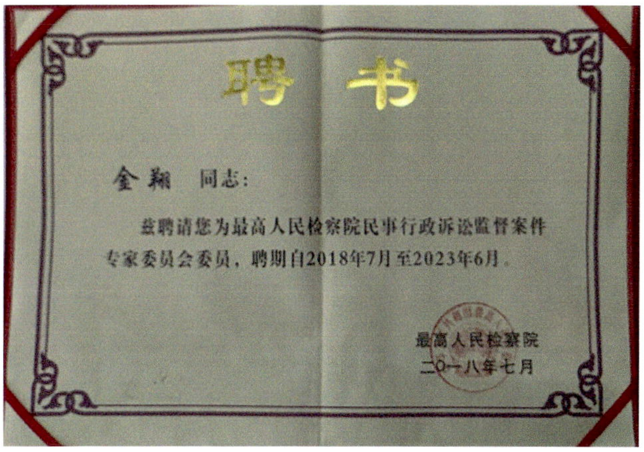

种纵容的态度。但对于没有伪造公司印章的行为，理应理性地判决无罪，而不应考虑相关办案机关有可能要国家赔偿，相关人员可能要受到相应处分而迟迟不给予翻案。金翔接手此案时被告人一审被判了1年半。金翔在二审时接受被告人的委托，金翔认为被告人没有伪造公司印章的行为，因为涉案印章举报单位也使用过，说被告人伪造仅仅是主观推定。二审还是维持原判。依据当时《中华人民共和国刑事诉讼法》的相关规定，被告人可以到中华人民共和国最高人民法院申诉，也可以到中华人民共和国最高人民检察院申诉，作为辩护律师，这些该努力做的金翔都努力做了，结果都是石沉大海，毫无消息。金翔经过反复研究证据及法律，认为该案是有严重错误的。从刑事程序上来讲，金翔作为辩护律师还可以为被告人到山东省高级人民法院申诉，这次终于碰到了工作认真负责的好法官，山东高级法院最终作出了撤销一审、二审判决并发回二审法院再审的裁定。这起案件实在是太不容易了，虽然出于其他原因金翔律师后来没有继续代理该案，但该案的社会影响是巨大的。

上面的几个案例也仅仅是金翔执业28年以来的点点滴滴……

铁肩担道义，妙手解纷争。金翔的执业生涯是对法律精神的深刻诠释，他的专业素养、敏锐洞察与坚定执着，不仅赢得了委托人的敬重，也彰显了律师在维护社会正义、捍卫公民权益中不可或缺的地位。

坚守初心　行稳致远

多年的社会阅历，塑造了金翔“家文化”的用人哲学。为了给予每位员工家人般的安全感和归属感，他全面主管律所后为律所的每一位员工缴纳了社保和公积金。金翔对员工，不仅在工作上给予其帮助，在日常生活中也十分关心爱护。律所会定期举行座谈会，话题广泛，从工作延伸至生活的方方面面，鼓励大家自由交流，畅所欲言。在业务层面，金翔推崇团队协作，倡导互学互助。他认为，一个团队的成员必须拥有共同的目标和价值观，唯有志同道合，方能凝聚成一个有力量的集体，共同开创事业的新篇章。

金翔对律师行业有着深刻的理解与独到的见解。一名优秀的律师不仅需要拥有深厚的知识储备，还需要具备敏锐的观察力和强大的说服能力。初次接触时，便能对对方的各方面进行精准的评估，从而在沟通与谈判中占据优势，稳操胜券。在金翔看来，诉讼的最高境界是以智慧和策略达到不战而屈人之兵的效果。对他而言，创办律师事务所不仅是创业，更是一种对事业的超越性追求。不同于那些单纯追逐利润的创业者，金翔在追求经济效益的同时，更注重发挥自身的社会价值。

金翔在律师执业17年，在律所经营7年的时候，对自己的律师事业及律所进行深度思考及归纳，总结出了独特的京剑文化（含京剑精神）：“我们热爱律师事业，我们不断地追求，我们追求超越，我们做受人尊敬的律师，我们做有益于社会的人”。作为律所的掌舵者，金翔拥有一套独特的经营理念。他不追求规模的盲目扩张，而是专注于发挥律所的核心优势，避免小马拉大车，打肿脸充胖子。平安、稳定、健康持久的发展才是自己所追求的。当努力以及日积月累，当量达到一定程度后，自然会发生质的飞跃，这是规律。

法者，治之端也。金翔作为一名拥有30年从业经验的资深律师，对于中国的法治建设有着自己的思考与看法。他认为在中国法治化进程中，人是核心要素。他倡导政府在制定政策时，应当广泛邀请律师参与其中。律师对社会各个领域都有着深入的了解，对实际情况把握比较准确，他们的参与，不仅可以填补政策的空白，还能确保政策的实施对社会产生积极的影响。

青葱岁月时期，金翔就认定律师将会是他一辈子的事业，并将“使自己幸福，让别人快乐”当作自己的人生座右铭。数十年来，他始终保持勤奋的态度，不断提升自我。于他而言，律师是工作，也是爱好。律师事业需要律师终身学习，金翔也是这么做的，阅读如今已成为他生活中很重要的一部分。

也许是从小生活在农村的缘故，即便身处纸醉金迷的繁华都市，金翔的初心也不为物欲所扰。从业 30 年，金翔依然保持着俭朴的生活方式，他选择租房居住，也基本不开车。他认为真正的财富并非来源于物质，而是源自丰富的精神世界，内心的丰盈远比物质的富裕更为重要。

法海无涯苦作舟，律途漫漫志为灯。少年自强不息，从大西北考入北京高校学习。倾心法律，自成为一名律师后，以法律之剑守护法律的正义与尊严。未来，相信金翔律师会继续坚守初心，带领着逐渐壮大的京剑律师奋楫笃行，行稳致远，为构建中国法治社会贡献自己力所能及的力量！

“淡中有味茶偏好，清茗一杯情更真。”一片小小的茶叶，却蕴含着深厚的意蕴。孔雅宣及其父亲孔凡金，作为孔子后裔，用几十年时光写出一个“茶”字，而茶也照耀着他们平淡的生活，浸润着其谦谦君子的灵魂。自孔雅宣放弃个人成就，毅然接过父辈传承下来的重任，创立“沐春里”茶品牌，并全身心地投入其中时，便将传统茶文化与现代商业理念相结合，展现出一次从舍弃到获得的华丽转身。这既是他们坚守初心的创新之旅，也是他们匠心独运的茶匠本色。

孔雅宣

KONG YA XUAN

“沐春里”品牌创始人

“淡中有味茶偏好，清茗一杯情更真。”一片小小的茶叶，却蕴含着深厚的意蕴。孔雅宣及其父亲孔凡金，作为孔子后裔，用几十年时光写出一个“茶”字，而茶也照耀着他们平淡的生活，浸润着其谦谦君子的灵魂。自孔雅宣放弃个人成就，毅然接过父辈传承下来的重任，创立“沐春里”茶品牌，并全身心地投入其中时，便将传统茶文化与现代商业理念相结合，展现出一次从舍弃到获得的华丽转身。这既是他们坚守初心的创新之旅，也是他们匠心独运的茶匠本色。

新茶传香：雅韵承世继茶缘千秋

——访"沐春里"品牌创始人孔雅宣

茶韵悠长 古法今传

历经岁月，白骨犹存；茶逢其时，沁人心脾。自古以来，人们便认为清明之际，乃是茶叶采摘的佳期。值此清明时节，春光融融，雨水丰沛，茶叶在阳光与雨露的滋养下，叶片饱满、香气扑鼻、滋味甘甜。此刻，正是收茶人忙碌而喜悦的佳期。然而，提及采茶之道，则需追溯至孔家父子南下寻茶的脚步。

茶之源，多在云贵川浙之土，而北方则鲜有种植。然而，山东之地，茶叶的销量也颇为可观，因而，"南茶北调"与"南茶北屯"之举，便成为不可或缺之事。2001 年，孔凡金（孔子第 74 代嫡孙，现任济宁茶叶商会常务副会长及曲阜茶叶商会会长）得闻一福建茶友从事茶业经营生意，且自身亦视茶如命，遂决心投身此道，跟随其学习茶叶的收取与批发之道。未承想，一入茶门深似海，这一坚守，便是长达 24 年时光。

孔凡金至今仍记得首次南下新昌收取大福龙井时的情景。彼时，身为新手的他，收取的茶叶质量参差不齐，其中茶末繁多，导致归途之后未能如愿获得高价，反而蒙受了不小的损失。然而，随着他在茶界的奔波与历练，逐渐累积下了经验，技艺也日臻精湛。如今，孔凡金已练就了一双收茶、辨茶的慧眼与巧手，只需轻轻一抓茶叶，便能洞悉其干湿度，感受其底蕴、底气与茶香；只消一瞥茶峰，便能精准判断茶叶末子的含量。

2021 年，承载着深厚家学底蕴的孔雅宣（孔子第 75 代传人，曾任职于"今日头条"用户体验设计岗位，并于2018年开启了互联网用户体验设计教育的创业之路，累计培育学生逾3000人），在学有所成后，决定投身于家族的茶叶事业，承担起承前启后的重任。次年，他创建了"沐春里"品牌，并建立了三座高标准茶叶恒温库，以保障每一片茶叶的品质与口感。凭借着其在互联网设计与运营领域的深厚专长（全面负责品牌与产品的设计、品牌运营以及新媒体运营等工作），他巧妙地将现代商业渠道如互联网、新媒体与家族传统茶叶事业相结合，运用创新思维，将"沐春里"品牌推向了新的高度。

当下，"沐春里"已携手逾20家茶厂构建起稳固的合作伙伴关系，每年茶叶收购量高达15万公斤。拥有四家直营店面，横跨两座城市，终端茶叶零售销量更是突破了 4 万余公斤，成绩斐然。在抖音等电商平台的有力推动下，"沐春里仙阁茶庄"终端店面在业界迅速崭露头角，于济宁茶馆团购榜上稳摘销量、人气、好评三项桂冠，持续引领市场长达半年时间。

尤为值得一提的是，"沐春里"品牌成功地实现了茶叶的个性化定制服务。基于与原产地茶厂多年合作的深厚经验，"沐春里"能够根据当

地消费者的口味偏好，对不同的茶树品种进行精细加工。以“白叶一号”为例，该品牌通过独特的工艺处理，巧妙地将其塑造成三种别具一格的茶叶：长条凤形的白叶凤形，清爽宜人；压扁龙形、条形的白叶龙形，豆香四溢；揉捻成卷曲条形的白叶翠曲，口感醇厚。每一种茶叶均配以专属包装与合理定价，既满足了消费者多样化的需求，又进一步巩固了“沐春里”品牌在市场中的竞争优势。

正如古人所云：“时势造英雄。”在今日的商海中，“沐春里”的崛起不仅源于孔雅宣不随波逐流的勇气与顺势而为的智慧，更是家族团结协作与智慧火花的交相辉映。孔雅宣乘着时代的浪潮，扬帆远航，而家族其他成员则如群星璀璨，共同照亮家族事业的航程。父亲以精准的眼光把控采购与品质，母亲以稳健的财务运筹帷幄，姐姐致力于人才培养，姐夫则精心维护客户关系。五人同心，合力并进，各自发挥所长，共同铸就了家族辉煌事业的基石。

“沐春里”预包装茶叶产品

当谈及自己的创业之路时，孔雅宣言简意赅：“商场如战场，但胜利绝非偶然。对每一个细节的精益求精，都让成功的概率更接近百分百。不断发现问题、解决问题是任何行业都通用的方法论，深度洞察并满足目标客户的需求与痛点，亦是我不断追求的方向。作为家族茶叶事业的传承者，我深感使命光荣、责任重大。但我有信心、有毅力，无畏无惧面对任何挑战，继续为家族茶叶事业谱写新的辉煌篇章。”

茶中有道　一叶知秋

中国被誉为茶的摇篮，亦是世界茶文化的滥觞之地，历经千年沧桑，茶文化底蕴深厚，品茗佳茗、领略自然风光，已然成为文人雅士之首选。然而，提及茶叶店，人们往往能联想到两种截然不同的风貌。

其一，乃“豪华”之店，店内陈设考究，茶叶深藏不露，专业茶艺师妙手泡茶，给人一种高贵之感，价格也自然不菲，更贴近于商务会务之需；其二，则显得“古朴”许多，店内陈设简单，几箱茶叶而已，品类亦相对固定，多为资深茶客所喜爱，选购时目标明确，称量后即离去。然而，随着时代飞速发展，年轻人的品茶习惯、喜好及方式已与前辈们迥然不同。茶，已不再仅仅是解渴的饮品，更承载着一种生活的仪式感与茶文化的绵延传承。

2023年中秋佳节之际，孔雅宣与其父共同筹划，决定将承载着家族历史的老店面进行全新

“沐春里”白茶实拍

“沐春里”预包装茶叶产品

装潢。他们以“家”的温暖和谐为设计理念，历经一个多月时间的精心施工，终于打造出别具一格的“沐春里仙阁茶庄”。茶庄内的茶台全部选用典雅大方的岩板式材料，就连茶叶的包装，也是孔雅宣反复推敲、精心挑选后的成果。临近岁末，春节的脚步日益临近，孔雅宣于店内发起了一场名为“不留隔年茶”的促销活动，所有茶叶均以最优惠价格出售，或是作为赠品附赠。虽然传统思维认为春节是茶叶销售的黄金时期，但孔雅宣却看到了回笼资金为次年春茶新品储备资金的机遇。

“打破常规，勇往直前”，事实证明，机会总是会青睐有准备的人。春节期间，“沐春里”的生意蒸蒸日上，销售额相较于往年同期实现了翻倍增长。而在今次春茶上市之际，孔家父子收获的新茶亦品质卓越，销售情况也极为喜人。孔雅宣谈及此事时，笑称：“老店的翻新决定，实际上是我与父亲在短短十分钟内迅速达成的共识。而针对促销活动的决策，虽然经过了深思熟虑，但一旦决定，我们便全身心投入，全力以赴。”

然而，茶虽好，但口头实难描绘出来。孔雅宣站在茶文化初学者的视角，深入探寻并理解现代消费者在选购茶叶时的考量与疑惑——面对市面上品类纷繁、特性迥异、口味繁多的茶叶时，多数茶客往往无所适从。因此，他巧妙地打破了这一困境，通过精心筹划和系统布局，将店内上百种茶叶进行了条分缕析的分类，并编制了一份详尽而精美的茶品目录。

这份目录不仅详尽地展示了每款茶叶干茶叶泡制后的形态，更通过精美的摄影手法捕捉其独特的韵味。同时，孔雅宣亦将产地、生产日期、口味特点、香型、品种等关键信息一一列出，使消费者能够一目了然，轻松做出选择。更令人赞叹的是，他还针对每款茶叶撰写了精炼的五十字见解。这些见解不仅展示了孔雅宣对茶叶的深刻理解与独到品位，更为消费者提供了一扇窥见茶叶魅力的窗户，使消费者能够根据自己的需求和喜好，选择到最符合自己心意的茶叶。

“让茶回归茶本身”，这不仅是“沐春里”的品牌宣言，也是其“买茶就来沐春里，好茶百姓喝得起”的核心理念所在。通过新旧媒体交织的精心宣传，“沐春里”成功消除了年轻茶客对实体茶叶店的疑虑，将茶叶以丰富的品类与亲民的价格重新呈现在大众面前。在预包装平价茶的引领下，品茶变得简单而时尚，让茶叶回归了其最本质的食品价值。消费者无须为额外的故事或溢价买单，而是能在选购的过程中，品味到一份纯粹而独特的享受。

对此，孔雅宣深有感触地表示：“无论对人还是对己，诚信与真心始终是基石。这是‘沐春里’百姓茶的初心——新鲜茶、干净茶、实惠茶，也是‘沐春里’品牌始终秉持创新态度的灵魂所在。”

企业茶叶仓储中心（曲阜部）

企业茶叶仓储中心（邹城分部）

茶香天下　匠人本色

茶作为开门七件事（柴米油盐酱醋茶）之一，早已深深植根于华夏传统文化之中。品味茶韵，不仅是对技艺的考究，更是对耐心与细致的磨砺，也是时光流转中匠心独运的体现。当晨光初照，孔家父子再度踏上了前往各地的寻茶之旅。他们仔细观察茶叶的色泽、聆听茶叶的香气、感受茶叶的触感、检验茶叶的品质、辨别茶叶的种类，直至最终收获心仪之茶。虽然外出的日子充满了枯燥与辛劳，但茶匠之心，贵在坚韧不拔，苦累之中方显茶韵之美。

一茶之中，百味交织；一茶之路，百事锤炼。对于孔家父子而言，“为茶受苦”实乃人生乐事。时至今日，他们仍坚持亲自深入各大茶叶产区，寻觅优质茶叶。孔雅宣坦言：“我们愿跋涉万里，不取捷径，只为寻觅更佳之茶。这是对店铺的负责，更是对每个家庭的承诺。即使长途跋涉，心中亦觉坦然。因此，我们在满足物质需求之余，更追求精神上的满足。正如品茶，我们品尝的是茶之味，感受的是茶之意境，更是品茗间的心绪流转。”这种心境是工作前一杯茶的仪式，是短暂休憩间一杯茶的感悟，亦是工作结束后一杯茶的宁静。

茶，作为一种低消费的精神与生理的双重激励之物，其独特魅力自然不言而喻。世人各有志，或追名逐利，或追求艺术之美，有人甘当基石，推动人类社会的进步。而对于孔雅宣而言，他的梦想是希望“沐春里”品牌能够成为客户在选择茶叶时的习惯性参照物，让“沐春里”品牌的旗帜在山东各地高高飘扬，开遍各地。

邹城店

店内商品陈列

当繁华落幕，孔雅宣更是计划在各个城市设立非营利性质的创业者茶馆，为怀揣梦想的创业者提供一个静谧的思考空间。而他自己，则愿化身为讲书人，每日分享创业之路上的必读之书，为创业者们提供智慧的源泉与指引。一如在2023年济宁市茶叶商会年会上，他向业界同人分享了实体店与互联网深度融合的新零售模式；一如他结合自己多年的用户体验设计经验，撰写并出版了《规律与逻辑——用户体验设计法则》一书（人民邮电出版社出版）。

人生如茶，终有回甘。一场品茗，如琴弦轻拨，奏响了闲适人生的序曲，而孔雅宣与“沐春里”之间的缘分，则源自一卷茶叶悄然蔓延，历经岁月的洗礼，愈加浓郁深远、绵绵不绝！

邵春生

SHAO CHUN SHENG

天津市珩宏机械制造有限公司创始人

邵春生，天津市珩宏机械制造有限公司董事长，国内砖码垛机产品开创者，中国砖码垛机领军人物。独立自主研发的砖码垛机产品曾在中央电视台 CCTV-10《我爱发明》《信用中国》《发明谜》栏目中播出，目前公司获得 30 多项国家专利和发明专利，拥有专业的研发团队。他是一位注重信誉和富有实干精神的创业者，他的每一步都充满了对机械制造行业的深情厚爱。他像一块未经雕琢的宝石，内心充满了对创新和制造的激情。他的内心燃烧着火焰，那是对高质量、高性能机械产品的强烈渴望。他决定挑战现状、改变现状，创立自己的企业，将他的独特见解和高质量追求变为现实。

以实干铸就精品 怀从容行至远方

——访天津市珩宏机械制造有限公司创始人邵春生

正如那位伟人所说："创新是一个民族进步的灵魂，是一个国家兴旺发达的不竭动力。"邵春生以创新为动力，以匠心精神为指引，创立了天津市珩宏机械制造有限公司，带领着企业在激烈的市场竞争中脱颖而出。

于独身处明己心
于无声处造精品

古人曾云："人人皆有定盘针，万物根源总在心。"心中有方向，人才不会患得患失。邵春生认为自己能够创业成功，都是因为兴趣和自己的那份初心热爱在一步步地引导着自己，从小就对机械、电子器件有着浓厚的兴趣，2002 年就在建筑工地打工，学习电焊；2009 年又创办了挖掘机修理厂，学习工程机械修理；到 2014 年开始研发水泥砖码垛机，进入机电行业，创办了珩宏机械制造有限公司，开始了自己的创业之路。但由于学历不高，他只能通过自学的方式学习，在这期间，邵春生报名学习了各类编程，白天潜心钻研搞发明，晚上就关起门来努力观看学习视频，废寝忘食，周而复始，有时候为了搞清楚机电原理，连轴转好几天不休息，甚至梦里都在琢磨，而这种爱琢磨、喜钻研的精神也一直伴随着他前进的脚步。

经过一年多时间的不懈努力，邵春生终于制成了新设备，却因为在制作前期的资金投入较大而导致后期的机械生产销售受到资金影响难以推进。对于始终着迷于技术研究的邵春生来说，销售宣传无疑是一大跨界难题，在这一行业缺乏人脉资源，不知从何入手。但就在这一困难时期，邵春生也没有放弃，而是不断寻找新的出路，积极推广寻找门径。机遇总是会留给那些始终咬牙坚持且始终有充足准备的人，邵春生看到中央电视台《我爱发明》的有关大众创业、万众创新的类似节目，就毅然决然地选择报名尝试。直到 2016 年 3 月 22 日中央电视台第 10 套节目《我爱发明》，码垛机进行曲播出后，反响热烈，而邵春生的发明设备令人眼前一亮，被世人发现并称赞，进而售卖火爆，推广至全国。

应是水中月，波定还自圆。维特根斯坦曾落墨抒怀："我贴在地面步行，不在云端跳舞。"不可否认的是，从公司创立到后来的产品设备爆卖的背后，是邵春生那一份不忘初心的坚守以及那种笃行不辍的实干精神，况且作为技术型人才的他更加深知，在当今这个千帆竞发、物欲横流的时代，一味地好高骛远，注定要落于现实泥泞的窠臼，而唯有响应时代所呼唤的勤奋本分、踏实行路，才能在奋斗之途上

稳致远。未来，珩宏机械制造有限公司创始人邵春生将继续秉持着高调做事、低调做人的人生信条，勤勤恳恳，自省自知，以久久为功的奋斗努力写下生活的注脚，于默默无声处开辟出属于自己的那片天空。

以创新昂扬之姿
许人生风华

“明者因时而变，知者随事而制”，个人发展需创新思路，科技进步亦需创新驱动。科技是历史发展的助力器，创新无疑是当代社会的主基调，当两者碰撞融合，定能掀起时代的全新浪潮。科技创新并非朝夕所得，而是在新需求推动下的新成果，是夜以继日地探寻。只有珍惜科技成果，寻求新的出路，才能使其在不断打磨中趋于完善。而邵春生也正是凭借着对自我思维的创新以及对各种器械的研究学习、经验积累，才得以创立了一颗正在机械制造行业冉冉升起的新星——天津市珩宏机械制造有限公司。

天津市珩宏机械制造有限公司是一家自动化机械制造公司，专业生产码垛机。2014 年开始研发全自动水泥砖码垛机。经过两年时间的研发，2016 年正式推向市场，公司获得了 30 多项发明专利，拥有专业的研发团队，研发的产品已销往全国各地。该公司制造出的自动水泥砖码垛机，不断刷新着国内自动水泥砖码垛机的技术水平，而目前最新机型已经能适应市场上 90% 以上的砖，兼顾了南北方市场，产品设计理念简约而不简单，易操作、上手快，在市场上很受欢迎。在创新发展方面，邵春生在机械制造行业有着 16 年的丰富经验，是他用自己的智慧与勤奋带领自己的团队研发出的全自动水泥砖码垛机，他知道要想在市场上占据一席之地，就必须有自己的核心技术，为此他亲力亲为，带领着团队攻破了一道道技术壁垒，研发出独属于自己的核心技术，并投入大量资源进行技术创新和产品研发，追求完美，不断推出符合市场需求的新产品。

在邵春生做汽车维修工时，光拆卸汽车发动机就有四百多个螺丝，但他为了保证修理质量，把这些螺丝分别编号分类，在修理结束后再根据编号把螺丝一个一个装回去，一丝不苟。正是这种一丝不苟的品质为他的持续创新提供了源源不断的动力和基础，激励着他不断前行。

邵春生更是不忘回馈社会，在他看来，企业在有了一定成就以后，就要注重对社会的贡献。他始终保持着慈善精神，秉持着“取之社会，用之社会”的理念，前往山东进行一定程度上的定向扶贫支持，从而为当地的经济发展贡献力量。并且通过多种方式来回馈社会，他表示，自己未来公司在为客户提供优质产品和服务的同时，也会坚持积极参与到社会公益事业中来。

天津市珩宏机械有限公司以其创新精神、卓越品质和社会责任感，在机械制造行业树立起了良好的口碑。创始人邵春生表示，将继续秉持以机械智能化、自动化为导向，不断助力行业进步和社会发展。选择珩宏机械，就是选择了一种丰富、优质、创新的产品体验！

以机械制造之刃 开耀眼未来

一直以来，珩宏机械都以诚信质量为核心价值，邵春生重视每一个细节，并努力追求产品的完美。在产品的制造过程中，该公司严格选择优质原材料，在工艺设计和生产环节中采取精益求精的方法，通过不断的技术创新和工艺升级，确保产品具有卓越的耐用性和可靠性，使其始终处于行业的前沿地位。这也使得其机械产品在市场上具有高度的竞争力，并获得了客户的一致好评。

在原材料选用上，邵春生只选用具备优良性能和可靠性的原材料，从而确保产品的品质过硬。该公司建立起了完善的质量管理体系，从原材料采购、生产过程控制到成品检测，都严格按照标准进行。通过引入先进的检测设备和手段，他们能够确保每一批产品都符合客户的要求和国际质量标准，拥有完善的生产设备和工艺流程，能够实现大规模、高效率的生产。在产品的安全性能上，邵春生在设计和制造过程中充分考虑安全因素，保证用户在使用过程中的安全。同时，他也十分关注节能环保，通过采用先进的技术和工艺手段，使得产品在能源消耗上更加节约。

在客户至上的理念方面，天津市珩宏机械制造有限公司始终坚持以客户需求为导向，致力于为客户提供满意的产品和服务。他们深入了解客户的需求和反馈，积极与客户进行沟通交流，确保产品能够满足客户的期望。该公司建立了专业的客户服务团队，能够及时响应客户的咨询和反馈，24小时待命，为客户排忧解难，提供技术支持和解决方案。通过与客户建立长期稳定的合作关系，他们能够更好地理解客户的需求，并提供更贴心的服务。同时，公司还十分注重售后服务和客户关系管理，致力于为客户提供全方位的服务支持。这种以客户至上的态度，赢得了客户的信任和忠诚，为公司的持续发展奠定了坚实的基础。

总之，天津市珩宏机械制造有限公司以其独具特色的企业文化和理念，形成了强大的企业优势。他们以专业的技术能力、严格的质量控制、高效的生产能力和优质的客户服务赢得了市场和客户的广泛认可。并凭借其在机械科技创新领域作出的突出贡献、诚实守信的契约精神、良好的企业信誉、独特的经营风格以及较强的市场开拓能力等，被列入《信用中国》被扶持企业考察名单，并通过了栏目组委会的最终考核。

展望未来，珩宏机械有着更加远大的规划，邵春生计划在沧州建设工厂，并进一步拓展自动

化领域。通过不断的创新和技术升级，把更好的码垛机奉献给市场，不断提高自身实力，继续发扬诚实、务实的经营理念，争取在市场竞争中立于不败之地。继续秉承着客户需求至上的原则，致力于为广大消费者提供十年如一日的优质服务，同时加快企业发展的脚步，争取早日完成“工业 3.0”到“工业 4.0”的跨越，成为行业内领先企业！

陈明龙

CHEN MING LONG

陕西秦巴茶业有限公司董事长

中国之茶文化历史悠久，溯其滥觞，可追溯至神农时期，后闻于鲁周公，兴于唐朝，盛在宋朝，深化于禅宗及道家思想，赋予国人温润如玉、高雅内敛之心性，之于国民品性之塑成举足轻重。中国之茶文化，倡导人与人之间谦和平等，呼吁简约朴素的生活，告诫世人应慈悲宽广，让人们在世间琐事中发现生命之伟大，同时意识到精神世界与凡俗尘世同等重要。有这么一个人，他带领着团队心无旁骛地研究茶业十余载，致力于生产绿色生态茶品，并将其推向市场，还以茶业推动当地的经济转型升级，以当地的茶叶软实力带动经济发展，以期在弘扬中华民族传统茶文化的同时，促进当地的乡村振兴、脱贫攻坚建设。他就是陕西秦巴茶业有限公司董事长——陈明龙。

煎煮浮沉冰心一片　致清导和茶意人生

——访陕西秦巴茶业有限公司董事长陈明龙

因缘际会始结茶缘

陈明龙于1988年生于福建省，却自幼在西安求学。2010年，陈明龙以优异的成绩从西安交通大学经济与金融学院毕业后，成立了陕西东企投资发展有限公司，后想转型发展、暂停现有企业运行！2013年，本就酷爱品茶的陈明龙凭借着敏锐的市场嗅觉，在亲朋好友协作下，创办了陕西秦巴茶业有限公司，并于次年成功开发了诸多闻名海内外市场的茶饮品牌。

陕西秦巴茶业有限公司主营茶叶种植、生产加工、茶叶茶具销售及茶叶进出口贸易、商业市场开发管理业务等。“秦巴”公司目前在陕西平利县富硒带上拥有标准化茶园3000余亩、签订合作茶园逾一万亩、茶叶加工厂房两座以及一个占地1500多平方米的秦巴茶业展示馆，已然成为一个集生产加工、观光旅游、科研考察、代理著名茶叶及茶具品牌于一体的茶叶基地。

“秦巴”公司的主营产品为“秦巴雾毫”。据陈明龙介绍，“秦巴雾毫”原名为“口含茶”，彼时，采茶姑娘每采下一片嫩茶尖，都要尖朝里、尾朝外地含在口内，用少女的口液浸泡十余分钟，然后才取出晾晒杀青，故而得其名。这种茶早在西汉初年就作为贡品进献给皇帝。相传刘邦被封为汉中王，常到依山傍水的茶镇品茶议事，喝的就是这镇巴归仁山的口含茶。也就是现在的秦巴雾毫！该茶一度声名显赫，却在后期出现颓势。1984年，安徽农学院陈椽教授前往镇巴考察之时，为“口含茶”取了一个颇具诗意的名字——“秦巴雾毫”。其中“秦巴”指的是秦岭与巴山之间贫困山区，“雾”指的是秦岭大山深处之云雾弥漫，“毫”即指嫩叶周围白茸茸的毫毛，代表茶叶的上乘品质。“秦巴雾毫”后经蔡如桂先生等人数十年如一日地悉心栽培与优化，终于在新时代重新发展成为遍享盛誉的知名茶种。

惟精惟质兴建茶

为了进一步光复“秦巴雾毫”曾经的美誉，陈明龙决然奔赴陕西安康，并经过实地考察和筛选，在安康平利大贵镇建立起了2000余亩盛产高山云雾富硒有机茶的生态茶园。该茶园多分布于群峰壁立、众溪纵横、青竹滴翠、绿树荫蔽之间，产地境内气候温和，盛夏无暑、寒冬不凛，

秦巴® QINBA TEA

雨量充沛且云雾多、日照少、空气湿度大、土壤肥力好，有利于茶叶有效成分的合成与蕴蓄，因此孕育出了嫩芽壮、持嫩性强、叶肉厚、茸毛多的鲜叶原料。

“秦巴”茶园的茶叶，选采清明前一芽一叶与一芽二叶初展、整齐划一的鲜嫩芽叶，在摊放适度后，经高温杀青、压实蕴华、提毫定型、去杂精化、复火焙香等工序精制而成，其品质条扁壮实、叶底嫩绿、色泽绿润、茸毫尚显、完整成朵，滋味醇和回甘、栗香浓郁持久、汤色清澈明亮。冲泡之时，须将沸烫的壶水居高临下冲入玻璃杯中，茶叶此时便借水势上下翻滚，三上三下后叶片舒展，一片片由上沉下，仿若天女散花，沏定后茶尖一律朝上，亭亭玉立于豆绿色的水中，恰似碧海中的片片风帆，令人赏心悦目。乘兴啜饮几口，顿觉脑清神爽，大有“洗尽千古人间愁”之快感。

除了茶味甘美，“秦巴雾毫”还具有诸多保健及医用功效。其拥有兴奋、利尿、强心解痉、抑制动脉硬化、抗菌抑菌等诸多功效，还因富含茶多酚及维生素C，故而能够降低胆固醇及血脂，从而达到减肥的目的。“秦巴雾毫”中还含有氟成分，氟离子与牙齿的钙质有很大的亲和力，能够提高牙齿防酸抗龋的能力。“秦巴雾毫”中还富含矿物质硒元素，能够提高人体的免疫能力，促进淋巴细胞的增殖及抗体和免疫球蛋白的合成，可抑制癌细胞生成。

陈明龙深知，产品质量是一个企业赖以生存和发展的基石，因时之故，他始终着力注重每一株茶树的生长，严格把控茶叶种植的空气、土壤、水质等诸多生长因素，还精益求精地培育幼苗，严守种植、采摘、制作、成品包装等生产工序。在茶叶生产的过程中，虽然“秦巴”公司引入了现代设备进行智能化生产方式和生产模式，但陈明龙强调，茶叶加工要最大限度地保留传统茶叶的手工艺技术，以现代设备与传统手工艺相结合的方法，最大限度地保留茶叶本身的极品风味。在一次又一次的生产试验中，让“秦巴雾毫”从茶形、口感、保健等方面都达到领跑同侪的全新高度。除“秦巴雾毫”外，陈明龙及其团队还研发出了“秦巴香红”红茶等新型茶品，这些茶品一经推向市场，便获得了广大茶客的一致好评与青睐。未来，团队还将继续推出“秦巴”牌黑茶、茉莉花茶、饮料茶等系列产品，以满足不同茶客的赏味需求。

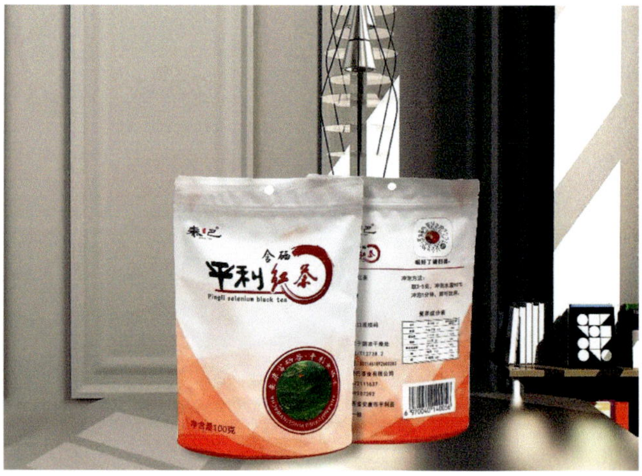

脱贫攻坚执杯对饮

纵使我国爱茶者甚多，但真正能品味到好茶的人却寥寥无几。市场上的茶叶品类繁多，质量良莠不齐，茶叶从种植、制作到最后的售卖，各个环节都掺杂了太多的虚虚实实，爱茶者想要买到心仪的嘉茗，实属不易。

《道德经》载国人之品性和其光、同其尘，沉淀的是深厚而安静的底蕴。然而在过去的半个世纪，本应是博大而厚重的中国，眼前却逐渐缺失了安静文化，开始变得浮躁紊乱。以茶行业为例，其发展进程尤为缓慢，溯其根本，主要是市场问题。好的茶品经过诸多环节进入市场，最终交至消费者手中，由于许多商家会在生产过程中添加其他成分，因此消费者最终得到的产品未必是出厂原装。与此同时，国家和政府尚未在茶叶领域建立起相关的专业鉴别及监测标准，市场上一度泛滥着大量粗糙及劣质产品，扰乱了市场秩序。由于市场浮躁，终端消费者会由于买到名不副实的假冒伪劣产品而对商家产生信任危机，导致本就被咖啡、奶茶等软饮侵占的茶叶市场更加雪上加霜。

为了避免该种市场乱象，陈明龙秉持着高度的匠心精神，在茶文化、茶健康等领域不断挖掘茶产业的潜力，形成了集茶叶种植、加工、销售、茶叶衍生品、茶文化弘扬等“一条龙式”的茶产业结构体系。为了更好地将公司的茶产品推向市场，陈明龙还站在互联网风口之上，打造了秦巴茶业电子商城，采用实体店与互联网相结合的模式，降低交易成本，立足于陕西省、面向全国乃至世界的茶业市场。

一枝独放不是春，百花齐放春满园。陈明龙在大力发展“秦巴”公司的同时，也志不忘本，积极响应国家的政策号召，致力于推动陕西乡村振兴政策的推行与落实。陈明龙吸纳当地农户成为茶叶种植户，并为当地农户提供社会化服务，将自己种植、生产优质茶品的成功经验分享给周边农户，同时针对他们销售难的问题，提供回收茶叶的新型方式，带动周边农户增产增收，在助力当地农户实现共同富裕的同时，为国家的乡村振兴建设添砖加瓦。

数年的砥砺深耕，陈明龙终于收获了累累硕果。“秦巴”公司参加了由新华社《中国名牌》举办的系列行业评选活动，并以第一名的成绩荣获“中国乡村振兴茶类行业优秀品牌案

例”荣誉称号，这也是市场和消费者对企业“创新精神、工匠精神、团结精神”的大力嘉奖。而陈明龙本人也凭借着在茶业领域的杰出贡献，出任陕西省青年企业家协会理事、西安市茶商商会副会长、陕西省工商联闽商商会会员等职务，并荣登美国QA食品杂志封面人物，还荣获了“优秀共产党员”、陕西省安康市平利县“扶贫之星”、平利县大贵镇“优秀企业家”等荣誉称号。

绿茶鲜爽，白茶质朴，黄茶甘醇，青茶持香，黑茶浓厚，红茶丝润，六大茶品，各有脾性。而独啜曰神、二客曰胜、三四曰趣，酒或许能热忱一时，茶却可温暖一世。陈明龙及其团队十年如一日，建优质茶园，产嘉茗优品，同时不忘民生，致力于乡村振兴事业，终如茶一般，在该领域内芳香四溢。我们有理由相信，凭借着其对茶文化的民族使命感，以及对国民健康及经济发展的社会责任感，陈明龙及其团队定能在煎煮浮沉中寻香知味，先苦而后回甘！

孙新坡

SUN XIN PO

四川华土科技有限公司创始人

今日时代之进步，得益于那些甘于奉献、久久为功的前辈，他们将中华民族的伟大复兴视为己任，为了能让中国科研占据鳌头、让人民群众生活在更加健康的新时代，日迈月征、奋斗不息。

孙新坡现担任四川华土科技有限公司创始人、总经理，四川轻化工大学教授、硕士生导师，首席智库专家，中国科学家论坛副主席，中国绿产委副会长，中华人民共和国教育部人事司人才评审专家，中国影响力人物数据库首席顾问，中国岩石力学与工程学会岩石动力学专业委员会委员……在一系列职务的背后，承载着一个学者、一个科研工作者和一个企业家的科技创新梦想。多年来，孙新坡先生针对山地灾害机理及防治研究、土木工程、环境岩土等相关领域的难题进行攻克，并取得了多项专利，始终奋斗在“科技创新，引领节能环保新时代”第一线。他像一盏明灯，为后来者指引方向，他的身影在时代洪流中熠熠生辉！

无悔倾情奉献 增进民生福祉

——访四川华土科技有限公司创始人孙新坡

攻坚克难赢成果
向深而行得信赖

孙新坡博士毕业于中国科学院，在校期间，他未曾懈怠半分，努力学习专业知识，在拥有过硬的理论知识与实践经验的同时，深受学校优良风气的影响，培养了正确的价值观。

毕业后，孙新坡一直以民族大业为目标，在国家科研事业上不断发光发热。随着实践经验越来越丰富，他更加感受到科研力量不可小觑，在工作中越发刻苦钻研，将原理与应用有机结合，最后回归实践，不断思考总结升华，这也为他日后从事科学创新、理论研究奠定了坚实的基础。

生活从来没有既定轨道，自身的发展总是在与历史息息相关的同时又充满着机缘，孙新坡的工作重心随着其思想认知的不断深化，也发生了微妙的变化。在不断研究探索的过程中，孙新坡深刻了解到人类在漫长的奋斗历程中，在改造自然和发展社会经济方面取得了辉煌的成就，但与此同时，生态破坏与环境污染，对我们的生存和发展已经构成了现实的威胁。土壤作为人类赖以生存的自然资源之一，扮演着支撑农业、维持生态平衡和提供食物的关键角色。然而近年来，土壤污染问题已让人类无法忽视，我国土壤污染土地超标率达30%，造成直接经济损失达2000多亿元，土壤污染市场份额达52200亿元。重金属与有机污染物在植物体中积累，并通过食物链聚集到人体和动物体中，不仅会危害人畜的健康，还会造成大气污染、地表水污染、地下水污染和生态系统退化等其他环境问题，环境形势已非常严峻，这让孙新坡倍感痛心。

幸而，目前国家在大力提倡环保循环发展，这是非常重大的进步，而实现低碳经济发展的方向，也让孙新坡看到了环保事业更加光明的未来。为了共创蓝天碧水，同享鸟语花香，多年来从事科研工作的孙新坡，以绿色环保为方向，以实业报国为宗旨，决心在中华大地上研发和推广土壤污染治理及修复新技术，致力于为人类的生命健康作贡献。

在研究过程中，孙新坡始终坚持问题导向，长期以来针对各种因素给土壤带来的结垢、腐蚀等一系列难题进行攻克，采取"寻根求底、靶向发力"的治理思路，进行创新性研究。目前，孙新坡主持和参与科研项目有近30项，其中，主持14项（国家自然科学基金面上项目1项——"岩

崩灾害颗粒分选机理与易损性定量评价研究”；四川省科技厅重点项目 1 项——“多功能屏障系统阻隔吸附有机污染场地 VOC 气体的有机研究及技术研发”；四川省教育教学改革项目——“基于土木工程卓越学术建设及学术成果促进实践的研究”；四川省科技厅专项资金项目等），主研 8 项（国家基金 3 项）。

在其不懈的努力下，不仅孙新坡本人得到了认可与肯定，各项研究工作更是取得了优异的成绩——孙新坡在国内外知名期刊发表论文 30 余篇，获得知识产权 40 余项、国际专利 5 项，为第一发明人发明专利 13 项。审稿的《岩崩灾害运动演化、动力响应机理及防治关键技术示范》和《岩崩灾害运动机理与工程防护新方法》经专家评价，其研究成果更是达到了国际先进水平。孙新坡还荣获了省级领军人才、第十三批四川省学术和技术带头人后备人选、江苏省科技副总人才计划、盐都百千万英才计划——盐都科技精英、盐都优秀科技人才、自贡市应急管理专家库专家、宜宾大学城和科创新城专家库首批入库专家、富顺县国土空间规划项目评审专家等荣誉称号。

创新发展不停歇
牢记初心复前行

为了不让付出多年的心血束之高阁，将实验室里的科研成果转化落地，孙新坡于 2021 年创立了四川华土科技有限公司，并不断完善企业内部的配套机制，持续提升企业自身的创新能力，提高企业的整体素质，立志为社会提供更高效的技术。

在企业不断发展的道路上，离不开工匠“俯首甘为开荒牛”的实干精神，以“咬定青山不放松”的苦干，以及“知之愈明，行之愈笃”的巧干，孙新坡就是这样一位在科研领域精益求精、追求卓越、勇于自主创新，不断攻克技术难关的现代工匠代表。有志者，事竟成。在孙新坡的带领下，华土科技基于当前行业所存在的技术痛点问题，自主研发了一系列国内领先技术及解决方

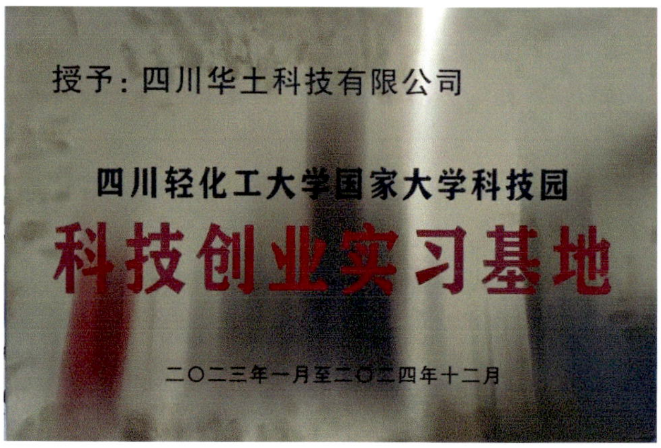

案。具体包括：①绿色修复与风险管控技术，基于环境友好型低碳绿色固化剂的重金属与有机污染土壤的固化技术、阻控污染物迁移的高性能竖向阻隔与水平阻隔技术、绿色矿山修复技术，如矿山快速覆土复绿技术、矿山环境风险管控及修复技术等；②固废资源化利用技术，全周期固废（如，渣土、矿粉、粉煤灰、钢渣、盐石膏、磷石膏等）再利用解决方案、基于工程渣土的绿色回填再利用材料技术（可应用于道路回填、地铁车站回填、基坑回填等）；③环境灾害防护技术，碎屑流仿真模拟技术、地质灾害实时监测技术等。

历史不负奋斗者，未来属于奋斗者，新时代是属于奋斗者的时代。在孙新坡的不懈努力和正确领导下，公司的各项业务均取得了显著成绩——华土科技被誉为“十四五”高质量发展科技创新示范单位，被授予四川轻化工大学国家科技园科技创业实习基地、四川轻化工大学国家科技园优秀企业，并成立了实验室；荣获全国 BIM 大赛二等奖、“互联网 +”省赛银奖等。

人才培养责任重
迎难而上向未来

在浮躁的社会大环境下，孙新坡虽得到了无数认可，但仍秉持着一颗淡泊名利的初心，他不趋炎于庙堂之高，不鼓噪于攘攘闹市，而是与信念为伍，默默地在科研事业中做出实绩。心无旁骛，无私奉献，奋斗不止。在自身发光发热的同时，格外关注对于青年后辈的培养，青年是国家的未来、民族复兴的希望，只有把人才队伍带好了，国家的高素质人才才会越来越多，整个行业发展才会越来越好。

孙新坡作为四川轻化工大学教授、硕士生导师，在培训学生方面做到了捧着一颗心来、不带半根草去。在教学过程中，孙新坡注重因材施教，结合学生的兴趣和特长进行分类指导，从全局把控，帮助学生寻找研究的创新点和突破口，给予学生充分的尊重与成长空间，将自己的实践经验尽数传授给学生，真心实意地帮助学生不断提高专业水平。见解独特、学识渊博的孙新坡也深得学生们的尊敬，许多后辈学子都以能得到孙新坡先生的指导教诲为荣耀和幸事。

在传道授业解惑的同时，孙教授更是身体力行地为学生提供实践的机会，树立榜样。在孙新坡的带领下，其学生参加了全国 BIM 大赛及四川省大学生结构大赛、“建行杯”第七届四川省“互联网 +”大学生创新创业大赛等，并分别获

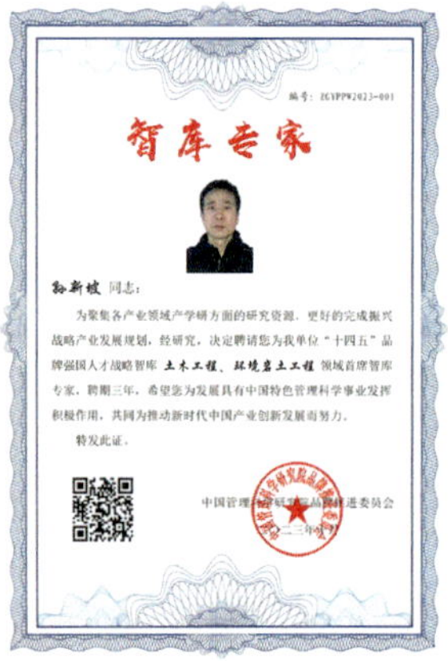

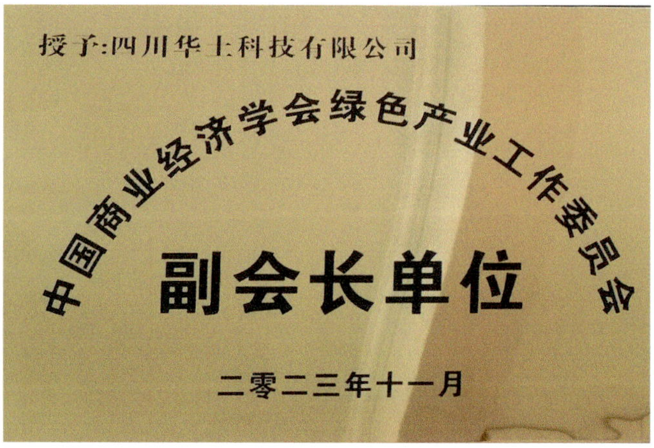

得了二等级、优秀奖及省级银奖，获第十届中国创新创业大赛（四川赛区）初创组第二名，并在四川省第三届“天府杯”创业大赛中被授予“创业典型”称号。我们有理由相信，在孙新坡的影响下，未来定会涌现出一大批信念坚定的科研事业人才，为国家的科研工作共同发力。

“大鹏一日同风起，扶摇直上九万里。”在数十年的创业旅程中，孙新坡始终怀揣着爱国情感与工匠精神，与国家发展同心同德，以咬定青山不放松的执着坚毅实现科技的创新进步，推进企业壮大、国家发展、人民幸福。未来，祝愿孙新坡先生能够继续乘风破浪，一往无前，取得更加卓越的成就；祝愿中国科研事业的发展能够蒸蒸日上，前途一片光明！

馨澜

XIN LAN

蓝肤雅生物科技（深圳）有限公司创始人

新时代浪潮中，随着人们对健康美的追求逐渐提升，护肤品行业正迎来了前所未有的变革与创新，而护肤这一思辨哲学，不只是寻求外在的滋养与美丽，更是内在与持续的和谐共生，让人们的肌肤焕发出新的活力。蓝肤雅生物科技（深圳）有限公司创始人馨澜，秉持着对美妆行业的热爱，以对千年美容文化的追求致力于激发源于肌肤内在的美，用新时代国货品牌的力量打造系列优质产品，用初心品质赋能国货美妆品牌。

坚守热爱专注护肤领域 打造品质赋能国货品牌

——访蓝肤雅生物科技（深圳）有限公司创始人馨澜

以初心
深耕护肤领域

从儿时之梦到如今始终坚守的信仰，馨澜对于护肤品行业的热爱经久不衰。万物各得其和以生、各得其养以成，信念与理想的交织，构建起她在护肤领域创业发展的澎湃动力，专注于在国货品牌崛起的新征程上发扬中华美容文化，致力于为消费者带来极致的护肤体验。

初心如磐，岁月如歌。馨澜1999年出生于山东省，20岁时，青年的热血与激情促使她怀揣着奋斗梦想前往广东发展，而少时便深埋于心中的对于护肤品的热爱，促使她选择进军护肤领域，致力于用坚持和信念做出国货护肤品牌，让好用、平价的护肤产品走进千家万户。馨澜赋予肌肤蓝天白云的纯净美好，以体现目标女性群体的优雅为意，创办了“蓝肤雅”护肤品牌，并在四年时间的沉淀积累之下，于2023年在深圳成立了蓝肤雅生物科技（深圳）有限公司（以下简称蓝肤雅），她以青年凌云之志，投身于国货护肤领域，为中国传统美容文化赋予了现代内涵。

2020年，正值国货品牌崛起的新节点，馨澜凭借着对护肤品的热爱，乘着时代发展的东风，选择国货品牌定位，致力于用最好的原料做出大牌的质感，让新国货护肤品牌在新时代发光发热。馨澜说道：“很幸运遇到了这个节点，要把东西做好带给大家。”初创阶段，馨澜承着时代发展之势，大力推广国潮产品，以纯净初心，用好原料、低价格、高品质为蓝肤雅注入品牌发展理念，真正做到了为国货品牌崛起、为百姓谋福祉而奋斗。

在创业之前，馨澜从事韩代护肤品牌的销售业务，在快速发展的电商时代也小有成就，这也为她后来在美妆领域的发展积累了丰富的实践经验，同时为后续的创业征程打下了坚实的基础。因热爱与信仰，心中的创业激情和文化基因促使她投身于国货护肤品牌的发展，也正是由于对护肤品的炽热之情，让馨澜在这一创业路上能够始终如一、坚守向前，用沉淀的经验扎根于护肤品领域，在挑战面前无惧风雨、不懈深耕。

潺潺流水，不畏艰难，以无尽的毅力与决心穿越一座座群山。当前，蓝肤雅在馨澜的带领下也从初创阶段走向稳定发展阶段，在初心与热爱的加持之下，产品以新国货的新生代力量迸发出顽强的生命活力，让人们的肌肤焕发出耀眼的荣光。

在向儿时之梦奔赴的旅程中，馨澜始终如一地在坚守五年的行业深耕之下践行着创业初心，以高品质国货品牌“蓝肤雅”，让人们的护肤更纯净、更健康、更高性价比，矢志不渝地开启追寻健康美的生命之旅。

以修护
打造国货品牌

岁月赋予肌肤纹理，让生命的意义在四季轮转中更加真挚。而在快速发展的新时代浪潮之下，复杂的护肤步骤和琳琅满目的护肤产品让许多人的肌肤不堪重负，敏感肌成为越来越普遍的社会现象，而随着纯净护肤理念不断发展，人们对于护肤也逐渐从烦琐到精简。为此，馨澜从护肤先养肤为切入点，在贯彻精简安全护肤理念的同时，用好原料为敏感肌群体带来福音。

馨澜以遵循自然发展规律为出发点，在生产产品时，主打养肤修护理念，致力于先打好肌肤的内层基础，为好皮肤注入内在活力。她说道：“我要出一款所有人都可以用的产品，先补水修复细胞，把皮肤养起来，然后再去专注美白抗衰。”为此，她以修护为主打功效生产出黑松露修护面膜，致力于帮助每一个追求美丽肌肤的人找回肌肤的健康与光彩。

据馨澜介绍，面膜采用的黑松露为法国进口原料，并且其作为自然界中的珍稀瑰宝，更是蕴含着丰富的营养价值和独特的生物活性成分。蓝肤雅提炼出其精华并融入面膜之中，致力于以强大的修护和补水功效，在提升肌肤自我修复能力的同时，从根源上解决肌肤敏感的问题，为肌肤带来前所未有的滋养体验。

从原料到生产，再到最后的品质检验，馨澜以匠心打磨品质，严格把控每一个生产环节，确保产品品质达到最高标准。并且，蓝肤雅旗下还拥有自己的工厂和一套极其出色的供应链体系，始终坚持精益求精，用匠心打造每一款产品，致力于让每一位用户都能享受到优质、安全的护肤体验，为打造优质国货品牌而不断精进。

在浩瀚的国潮涌动中，蓝肤雅以品质和情怀，致力于打造匠心国货品牌，在这漫漫发展之路上，馨澜表示她有着热爱赋予的无尽自信，也有着多年经验积累之下的坚守，让梦想的种子生根发芽，终长成参天大树。一步一个脚印，馨澜终在护肤领域得以立足，以养肤修护理念为广大消费者带来了良心国货品牌产品，在未来的广阔市场中，不断推进国货品牌的崛起之路。

在不断向前的征程上，馨澜以诚信为基，不做一锤子买卖，她说道：“这是我热爱的东西，我会像对待自己的孩子一样来对待它。”在保障产品品质的同时，馨澜也非常注重顾客的回购率，她认为只有回购率达到一半的时候，一款产品才算是真的好。为此，她以一颗不可磨灭的初心，不断助力品牌发展，以精诚之心打造优质产品。

馨澜以至诚之心不断深入挖掘护肤的精髓，让精简护肤、养肤护肤融入人们的日常生活之中，致力于让大众的肌肤逐渐绽放出本真自然的美丽，让“蓝肤雅”国货品牌在与生命的对话中彰显出活力之美、健康之美，用科创大牌的品质国货品牌产品促进国潮产品的延续和发展。

以有为
把握未来市场

肌肤的韵律，在于其每一次新陈代谢，而护肤则是适当地给予和吸收，在馨澜为实现更有效的护肤养肤而努力的过程中，其以新护肤理念投入护肤产品的生产中来，致力于以有为之志在护肤领域谋得市场份额，以热爱和初心赢得市场的未来发展。

馨澜以热爱在护肤品领域择一事、终一生，而打造国货品牌更是要众行致远，团队的力量尤为重要。在选择员工时，馨澜聚焦于招聘有着同样护肤梦的有志之士，她说道：“如果员工个人是没有梦想的或者梦想不笃定的话，我不想选择这种人，我要选择有梦想且梦想笃定的人。”在为梦想笃定前行的过程中，馨澜与志同道合的伙伴，以众人拾柴火焰高的团结之力，践行着互联互通、汇聚合力的信念，以团队之力，合力灌溉新种下的护肤品种子，促进其生长发芽，共同托举起护肤领域国货品牌的参天大树。

当前，蓝肤雅企业共有员工十多名，人不在多而在精，馨澜介绍道，起步阶段更是要以小取胜，专注于将精力投入产品的研发生产中，在一步一个脚印的前行中不断扩大自己的品牌影响力，她说道：“发展要稳着来，不冒险，如果自己都没有考虑好就去冒险，那一定是在害别人，也是在害你自己。”为此，馨澜始终贯彻着“好的公司要拆成100个小公司去做”的发展理念，以稳求进、行以致远，将企业看作自己的孩子，在一岁一岁的成长过程中见证时间带来的深厚积淀，也在岁月的更迭中不断努力前行。

随着迎来护肤品市场行业的曙光，馨澜将在国货品牌崛起的节点之后紧紧把握住市场未来的发展前景，以新时代新格局投入护肤品的生产制造中。未来，她将以修护为主，以线上与线下相结合的运营模式，为企业的下一步发展提供战略策略。同时，馨澜将致力于塑造高端国货品牌，在各大五星级酒店、SPA中心等线下高端店面进行产品销售，以大牌平替的高性价比国货产品为品牌崛起贡献力量。

在进行线下高端销售模式的同时，馨澜预计三年内会在线下开设实体体验店，在时间轴线上，用“蓝肤雅”品牌产品赋予人们由内而外的美丽，以优雅绽放出独特的美，为新国货品牌发展赋能。在循序渐进的发展中，馨澜将以海南为起点，逐步拓展海外市场，致力于让国产护肤品牌在世界舞台上绽放光华，以新国货的力量在世界范围内讲好中国品牌故事。

在时间的节拍里，“蓝肤雅”以护肤修护奏响肌肤生命的主旋律，由内而外，以精诚之心探索美的生命力，以修护为主为国货护肤品牌赋予新的时代内涵。馨澜以热爱和坚守于护肤品领域砥砺深耕，在一步步的精进之下，打造出原料好、品质高、优质性价比的系列护肤产品，以护肤养肤为宗旨，致力于以新时代国货的力量，为生命之美增光添彩，于世界舞台之上展现国货品牌的文化自信！

颜斌

YAN BIN

爱思密微信小程序商城创始人

在现代社会，女性以其独特的魅力和性别优势在各行各业中发挥着十分重要的作用，同时承担着沉重的家庭责任，为推动社会进步作出了巨大贡献。随着人们健康意识的提高，女性的健康问题尤其是私密健康问题得到了更多的关注与重视。

爱思密微信小程序商城创始人颜斌先生，长期专注于女性用品市场，倾力推动女性美丽与健康产业的进步。他独具匠心地打造了专注于女性私密护理产品的在线商城——爱思密，旨在为女性消费者提供既安全又高效的护理选择，赢得了广泛赞誉。2024年，爱思密商城荣登“品牌强国”自主品牌优选工程之列，并与中央电视台的《发现品牌》栏目达成战略合作关系，进一步彰显了其品牌价值与影响力。

花开半夏创事业 私护关爱常相伴

——访爱思密微信小程序商城创始人颜斌

静谧芳华 砥砺前行

隆回县位于湖南省西南部，历史悠久，名人辈出。近代伟大思想家、“睁眼看世界第一人”魏源，辛亥革命元勋谭人凤等人，都是隆回县人。颜斌就出生在钟灵毓秀、人杰地灵的隆回，他自就小深受当地人情风貌的影响，养成了坚毅刚强的性格。

在过去的几十年里，中国经济实现了跨越式的发展，国民生活质量得到了显著提升。在这一过程中，人们对美的追求和对自我形象的关注日益增强，这股“美丽经济”浪潮推动了中国化妆品市场的爆炸式增长。自2011年以来，随着互联网和社交媒体的发展，化妆品行业范畴不断外延，衍生出美妆行业，即包括美容、美发、化妆、美甲等一系列通过外在手段使人变得更美的服务和产品。

2017年，颜斌凭借着其卓越的商业智慧，敏锐地察觉到美妆行业蕴藏的巨大商机，并决定进入这一充满机遇的行业领域。谋定而后动，经过前期详尽的市场调研，多方考察，颜斌代理了多款美妆产品，并开办了美容院。彼时，美妆行业作为朝阳产业，处于高速发展时期，并不断向县级市场渗透。颜斌凭借着对市场趋势的准确把握与对消费者需求的深刻理解，借着行业发展的“东风”，将事业做得风生水起。

天有不测风云，市场状况瞬息万变。随着越来越多人看好美妆行业的发展前景，导致国内外美妆品牌蜂拥而至，产品数量达到了数千种之多，市场竞争愈演愈烈。加之互联网电商的兴起，极大地压缩了线下市场的行业利润。颜斌的生意受到了很大的冲击，日渐萎靡。

面对行业的深刻变化，颜斌没有坐以待毙，而是积极求变，寻找新的增长点。在深入研究市场动态后，他发现与美妆赛道贴合度很高的女性私密护理领域，逐渐成了一个“小而美”的行业。凭借着多年在美妆行业积累的经验和对消费者需求的深刻洞察，颜斌判断这一细分市场将会是未来的发展高地，因此果断调整策略，将重心转移到女性私密护理领域，力图在这片“蓝海”中开辟出新的商业版图。

面对互联网经济浪潮，颜斌决定转型，放弃传统的线下实体生意，转而选择轻资产创业模式。2023年，他创立了微信小程序商城——爱思密新零售商城，开启了新的商业旅程。

凭借着多年在美妆行业的深厚积淀，颜斌对女性消费者的需求有着精准地把握。他深知在女性私密护理领域，选择安全有效的产品是关键。因此，经过长时间的市场考察和对比，并且让家人亲自试用产品以确保安全，并进一步丰富产品线。目前，已上线了数十款相关产品，致力于为消费者提供丰富的选择。

作为专注女性私密护理垂直领域平台的掌舵人，颜斌深谙电商运营之道。他巧妙借鉴行业经验，设立了会员制，会员无须预先支付任何费用，只需在平台上累计消费一定的金额，即可轻松升级至相应的会员级别，并享受相应等级带来的专属优惠折扣。这种设计不仅提升了用户的购物体验，还极大提高了用户的忠诚度和复购意愿。

为了进一步拓宽市场，吸引更多的潜在消费者，颜斌又推出了一项极具吸引力的营销活动——

“自用省钱，分享受益。”用户在平台下单购买产品时，不仅能享受到优惠折扣，还能通过将商城分享给亲朋好友的方式，获得额外的现金返现。这种“转介绍”模式犹如连锁反应，可快速裂变客户，持续扩大用户规模。同时，用户还能参与多种分红活动，获得更多的实惠，从而形成一个互利共赢的良好生态。

关爱女性 行稳致远

在现代社会的洪流中，女性不仅是职场上的佼佼者，更是家庭生活的中坚力量。她们在工作与家庭之间穿梭，身心付出巨大，往往在忙碌中忽视了自身的健康与美丽。

爱美之心，人皆有之。女人天生就是爱美的，但同时更要重视健康，尤其是容易被忽视的私密健康。长久以来，由于社会文化的保守，私密健康被认为是隐晦的，是羞于启齿的。私密健康行业一直是一个被忽视的领域，市场上的相关产品一度处于空白状态。

幸运的是，随着社会文化逐渐开放包容以及随着生活品质的提升，人们对健康和美丽的认识变得更加全面而深入。新时代女性开始更加重视自己的私密健康，市场上对于私密护理产品的需求也随之增长。

近年来，我国女性生殖系统的健康问题越发突出，炎症、肿瘤、癌症等疾病的发病率呈逐年上升趋势。根据国家的权威调查，中国有将近 90% 的成年女性患有不同程度的生殖系统健康疾病，已婚女性患病率更是高达 96%。但是面对这触目惊心的现状，只有少数女性群体能够意识到私密护理的重要性。女性从月经开始、结婚、性生活到生育，都有可能面临妇科问题。然而，这些妇科疾病往往不被重视，也得不到及时的处理，结果常常会引发严重的健康后果，久炎必成癌。

目前，宫颈癌和子宫癌已经成为威胁女性健康的两大杀手，而私密护理则可以作为保护女性健康的有效屏障。因此，全社会应加强对女性私密护理重要性的宣传和倡导，以促进这一行业领域的健康发展。《“健康中国 2030”规划纲要》、《中国妇女发展纲要（2021—2030 年）》等政策的发布实施，为女性私密护理行业的发展提供了有力的支持与引导。

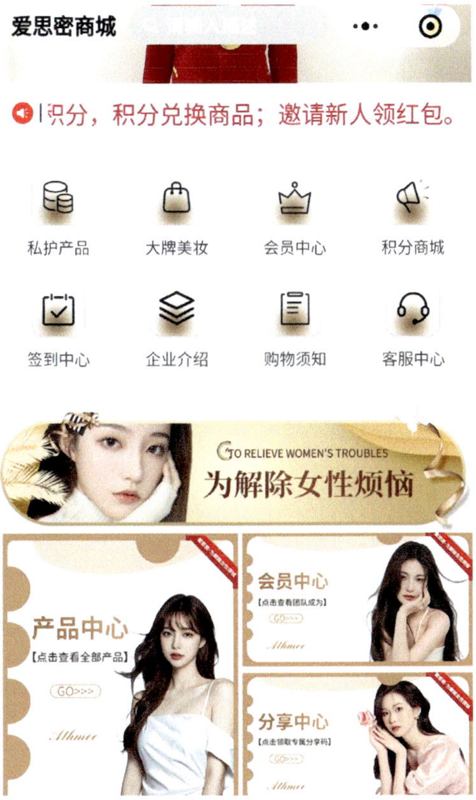

云想衣裳花想容，春风拂槛露华浓。人们常说“女人的衰老是从眼睛开始的”，然而事实是“女人的衰老是从私密部位开始的”。因为缺乏认知，人们误以为私密部位不会衰老，也不需要保养，直至它发炎痒痛，发生病变甚至癌变，才知悔之晚矣！女性私密护理的重要性可见一斑！

出于维护女性健康的初衷，颜斌创立了爱思密商城。它不仅是售卖女性相关产品的电子商城，更是一个普及女性私密健康知识的平台，唤醒更多女性关注自身的私密健康，勇敢面对隐疾，并给予自己更多的关爱。

在现代家庭中，女性扮演着多重角色，肩负着生育、教育子女以及关爱丈夫的重要职责，是维系家庭幸福和谐的核心。近年来，离婚率的不断攀升，在很大程度上反映了女性私密健康被忽视的现状，进而影响了夫妻之间的生活和谐。一个健康、快乐的女性，往往能带动整个家庭幸福感的提升，营造和谐融洽的家庭氛围，让每个人都能享受到幸福与快乐。因此，全社会必须高度重视女性的私密健康问题，共同努力提高女性对私密健康的认知和重视程度，为女性创造一个更加健康、快乐的生活环境。

天高海阔 未来可期

态浓意远淑且真，肌理细腻骨肉匀。现代人热衷“医美”，通过手术等方式来追求美丽。殊不知，女人要长葆青春、保持美丽，20%靠外调（即面部等外在护理），80%靠内理（即生殖系统的养护抗衰）。女人如花，生殖如根。想要延长女人的“花期”，归根到底是要保持富有活力的身体状态，尤其是生殖系统的年轻状态。

随着私密护理行业被大众所熟悉，很多人看中了行业的发展红利，蜂拥进入，希望能顺势分一杯羹，这造成行业从业人员鱼龙混杂，产品质量良莠不齐。不少无良商家以次充好，鱼目混珠，而绝大多数女性并没有相关的专业知识，缺乏鉴别能力，这就造成了极大的健康隐患。面对行业乱象，颜斌痛心疾首，唯有坚守信念，踏实经营。

人无信不立，业无信不兴。从商多年，颜斌始终将诚实守信作为人生的信条。他深知，平台经营更要严格把控产品的质量，“安全、有效”是他甄选产品的首要标准。对于商城的产品，无论是化妆品还是私护用品，首先要保证其不含铅汞及醛类等有害物质，确保对人体安全无害；其次，要保证产品的功能性，即消费者使用后要有一定的效果。

另外，在经营策略上，颜斌非常注重性价比。对于一家初创的电商平台，要想在激烈的市场竞争中杀出重围，必须有自己的优势和特色。商城中的很多产品都同时在线下门店售卖，为了不扰乱市场秩序，线上价格必须与线下价格保持一致。不过通过会员制度，消费者入手相同的产品还是能够享受非常实惠的价格，从而体现出爱思密商城产品的性价比优势。

俗话说，酒香不怕巷子深，但是在当今这个信息爆炸的商业环境中，好产品也需要“广而告之”。在如今这个“流量为王”的时代，要想打开市场就要提高曝光度，吸引客户的关注。对于颜斌来说，爱思密商城位于微信小程序端口，如何将公域流量引入私域流量，让更多人知晓这个平台，并逐步建立起信任，也是个难题。

为了扩大品牌的知名度，颜斌邀请了武术世界冠军王雪及赛艇亚洲冠军孙红静录制祝福语视频，为产品赋能，两位世界级运动员充满活力、甜美、健康的气质形象完美地契合了“爱思密”关爱女性的品牌理念。

心有多大，舞台就有多大。谈及未来规划，颜斌说道：“目前商城尚处于起步阶段，如今的

品牌强国
自主品牌优选工程
成员单位
爱思密
AISIMI

互联网时代，平台‘获客’成本很高，要将消费者导流到商城，需要大量的广告投入，我们的想法是，一点一点踏踏实实地发展，慢慢将平台做大。另外，现在商城上架的都是其他品牌的产品，我的计划是，待发展到一定规模后，创建自有品牌。长远来说，我还有个目标就是建立一个妇女儿童保健基金会，为广大女性和儿童提供健康保障服务。”

大鹏一日同风起，扶摇直上九万里。虽然目前爱思密商城还处于起步阶段，如同襁褓中的孩童一般幼小稚嫩，但有颜斌这样一位胸怀凌云志、有责任担当、有大爱情怀的家长的悉心呵护，相信在不远的将来，爱思密商城定会乘风破浪，扬帆远航，成为女性私密护理垂直领域的翘楚！

孙明高

SUN MING GAO

深圳市乐天成控股集团董事长

海有舟可渡，山有路可行。人类文明发展至今，每一种力量的崛起、每一次奇迹的诞生，都源于坚实的根基，奋勇直上地攀登，加之挺身而出的先锋们知行合一的躬身实践，不断为时代发展、为行业进步注入新鲜血液。2001 年 5 月，满怀创业激情的孙明高来到深圳，创立了深圳市天成投资集团；经过 10 年的稳健发展，为了更好地实现综合运营，2011 年孙明高成立了深圳市乐天成控股集团。创立至今，历经 20 余载的乘风破浪，孙明高始终以引领者的姿态，推陈出新、至诚向上，推动行业发展迈入新征程。如今，深圳市乐天成控股集团已发展成为一家跨区域、跨行业的投资控股集团，并形成了“六大产业集团、国内五大区域、国外五大区域”的战略布局。

知易行难辟新天 决胜千里立潮头

——访深圳市乐天成控股集团董事长孙明高

20余载砥砺前行，深圳市乐天成控股集团先后荣获中国智慧城市最具创新企业金奖、中国商业模式十大创新企业、中国诚信优秀企业、中国行业最具影响力企业、中国管理咨询机构50强、中国教育培训公信力单位、最具影响力金融教育培训服务机构、最具发展潜力企业、百佳诚信品牌企业、十佳诚信体系建设示范机构、广东省诚信示范企业、深圳企业文化建设十佳单位、福田区年度“四强”企业等荣誉称号。

精诚之道
潜心耕耘睿智求索

岁月不居，时节如流。23载春风飘然而过，从籍籍无名到成为行业先锋，这是36岁投身创业大潮的孙明高未曾料想到的结果，他用理念和实际行动作出表率，告诫所有同行者：唯至诚者，能致其极。在追求事业和个人理想的同时，更应追寻的是道德与智慧的光芒。

守着初心目标，敢闯敢拼。孙明高不仅是学者、博导、社会型企业家、投资银行专家、独立经济学家，他还是管理学博士、金融学博士、经济学博士，管理学博士后、经济学博士后、欧洲自然科学院院士、国际注册管理咨询师、国家企业规划设计师、高级经济师、研究员。先后荣获多项殊荣：孔子奖章——仁爱奖、爱心公益人物、儒商文化传播优秀工作者、推动行业发展杰出贡献人物、新经济领军人物、最具社会责任感杰出贡献企业家。除此之外，他还凭借着博闻强识，以及超强的执行力、韧性及耐力，成为国内管理咨询业全新模式的开拓者，尤为值得一提的是，他还是国内首屈一指的，同时拥有企业家、思想家、教育家、投资银行家、政府管理专家、管理咨询顾问等六重身份的儒商。

“得道者多助，失道者寡助。”创业之初，孙明高就将儒学“大道无形，自然天成”的价值观奉为圭臬，万事万物顺应天道。天成集团的“天成”两字便来源于此，意为“天道酬勤、玉汝于成，精诚所至、自然天成”。因此，创业之初，孙明高便将目光放于正蓬勃发展、前路大有可为的物流行业，并收购了专做海尔、海信等大型家电企业产品配送的物流公司，站在了时代风口。事实证明，孙明高的决策并没有错，顺势而为，顺应的是市场环境之大趋势，顺应的是社会发展潮流。向来先人一步、思虑周详，且具有敏锐市场洞察力的孙明高，在兴建配送基地的同时，还与北京大学、天津大学、西安交通大学等高校展开合作，共同组建了天成研究所。

培训——企业融资之道

2006年，孙明高创建了中国天成大学，这个国内最早的企业家培育基地，成为不可计数的

政府交流

政府培训

中国企业家梦想的摇篮，为社会各界输送了无数人才。教育的意义在于一棵树撼动另一棵树，一朵云推动另一朵云。孙明高潜心耕耘、深度探索，进行国内外的教育合作，深化产学研合作，培养国际化人才，并实现了职业教育和普通教育的融合，实现了普通教育、职业教育和企业大学的融合共生，实现了产学研的高度贯通。同时，他还在技术创新、学术专著、教材编写、论文研究、政府科研、军队科研、专题研究等方面努力耕耘，并获得了多项成果。

大道至简，衍化至繁。在孙明高眼里，企业作为一个整体，环环相扣，必须面面俱到，不能放过任何一个环节，唯有进行全领域、全价值链的咨询，才能获得最佳的效果。齐众心、汇众力、聚众智，20余载的锐意进取，深圳市乐天成控股集团逐渐形成了基础产业、支柱产业和先导产业三大主导产业体系。其中，基础产业包括实体产业和幸福产业；集团在山东设立了基础产业基地，业务范围涉及旅游产业、健康产业、休闲产业及养老产业等多个领域，并先后建成了钢结构产业园、智能化立体停车库产业园、机械产业园、生物工程产业园、盐化工产业园、环保产业园及物流产业园等产业园区。支柱产业包括信息产业和金融产业；集团立足上海，依托华东区域投资管理平台，陆续开展融资租赁、融资担保、基金管理、资产管理、创业投资、资本运营、投资银行及财务顾问等业务，旨在为所有战略合作伙伴提供更为优质的资本管理服务。此外，集团还在香港地区积极开展投资银行、金融服务及资产管理等业务，致力于推动国内企业在香港融资上市。先导产业包括智慧产业和文化产业；集团与北京大学展开合作并设立了研发基地、教育基地、文化基地和智慧产业基地。值得一提的是，乐天成控股集团紧跟时事潮流，牢牢把握住国家“一带一路”和“走出去”的战略机遇，积极与东盟十国、南亚、海湾地区、欧盟等国家开展产业基地合作项目。

“日月得天而能久照，四时变化而能久成，万物终而有始。”从创业开始，孙明高就在寻找自己的“道”，形成了以“天道酬勤、地道酬善、商道酬信”为主的企业价值观，还原“勤、善、信”的本质意义，时刻践行，并最终形成了“业道酬精”的精进企业文化。集团也凭借着超凡的企业文化和商业理念、独树一帜的商业模式和盈利模式，以及先进的管理机制和经营机制，强大的物质技术基础等，在行业内不断翻越高山，创造了一个又一个奇迹。与此同时，集团掌舵人孙明高不仅担任数十家国家、省、市级商协会会长、名誉会长或顾问，还在行业内斩获了多项荣誉，包括中华粤商领袖年度经济人物、中国新经济领军人物、中国数字经济十大创新人物、中国服务业科技创新人物、中国名优数据库优秀企业家、中国诚信经营优秀企业家、中国年度优秀创新企业家、最具影响力新粤商、优秀民营企业创业家、改革开放40周年优秀企业家、中国杰出民办大学校长、中国最具影响力培训师、中国管理咨询与培训年度人物、天津大学优秀校友工作者、齐鲁英才十佳年度人物、公益爱心奖、热心奉献奖等。

“路漫漫其修远兮，吾将上下而求索。”躬身入局，知行合一，志之所向，无远弗届。无论是过去、现在，抑或是未来，孙明高都在自己的“道”里潜心耕耘、睿智求索，带领着中国企业迈上更高台阶，不断奋进，把精诚之道融入产业的每一个细节之中，推动行业发展，奔向新的至高领地。

创新之智
以微知著行稳致远

“千川汇海阔，风正好扬帆。”成功属于创造机会的人，生命掌握在自己手中，界限从来都是自我定义的枷锁，你若想灿烂，山无遮、海无拦！孙明高之所以能够成为国内极少数同时是政府顾问、产业顾问、企业顾问、项目顾问的咨询专家，这与他知识结构的全面性、系统性和完整性有着密切的关系。同时，对于新事物的探索，他永远勤奋，保有热情，并拥有强大的自驱力。

在以实业为根、教育为本、文化为魂的基础上，孙明高还以金融为器、创新为翼，为政府、企业建言献策。因此，他带领着团队开展并建立了金融服务体系，致力于为中小微企业赋能，孵化培育上市公司，同时为上市企业提供全过程投行服务。在业务推进过程中，孙明高多年积累的“孙氏金融学”理论帮助多个企业解决了融资问题。

突破桎梏，打破常规。创新，不仅是经济增长的核心驱动力，能够促进企业的发展与经济的繁荣，还能够催生新的产业、企业和商业模式。深圳市乐天成控股集团的管理咨询模式为“教育+培训+顾问+投资银行+新型产业”。简言之，该商业模式是先通过教育和培训，深入剖析企业亟须解决的问题，并为其提供顾问咨询服务。若企业面临的是资金问题，集团即可为企业提供投融资服务支持等，同时能够帮助企业实现快速上市。业务的融合、模式的创新、可持续发展的企业、欣欣向荣的市场，这些都不断验证着只有持续创新才是推动社会发展和进步的重要力量。为了进一步提升企业的比较竞争力和核心竞争力，促进区域经济发展和社会进步，一直以来，作为国内知名的智库专家，孙明高始终坚信智库的建设对于推动社会发展、应对行业挑战、提升国家竞争力都具有非常重要的意义，所以他不遗余力地推动智库建设。为此，他积极设立了两个博士后科研工作站，成立了四个研究院、五个大学研究所，将企业智库与高校智库、项目智库、国家智库紧密结合，邀请一批行业精英、资深智库专家加入此高端智库，为他们打造了一个能够施展才华的平台，让他们能够各尽其力，充分发挥才能。

以一知远，以微知明。在集团还处于初创阶段时，孙明高就抢先一步抓住了地方政府由管理型向经济服务型转化的有利契机，化身为政府的智囊，帮助地方政府做区域经济规划、产业体系规划、园区规划、投融资规划、园区土地利用规划、人力资源规划以及招商引资规划等。此外，他还为政府提供顾问咨询服务，并通过中国天成大学开展培训班，包括领导干部培训班、招商引资班、软环境经济建设班、乡村振兴班等专题培训，以及党政干部、青年干部、妇女干部、工会干部等专项管理培训。迄今为止，他已经为各级政府建言献策20余年，经验十分丰富。

创新之智，分类施策。企业是社会经济进步发展的核心动力。集团采用“实业+金融+智

爱心公益——捐赠物资

爱心公益——捐赠天成图书馆

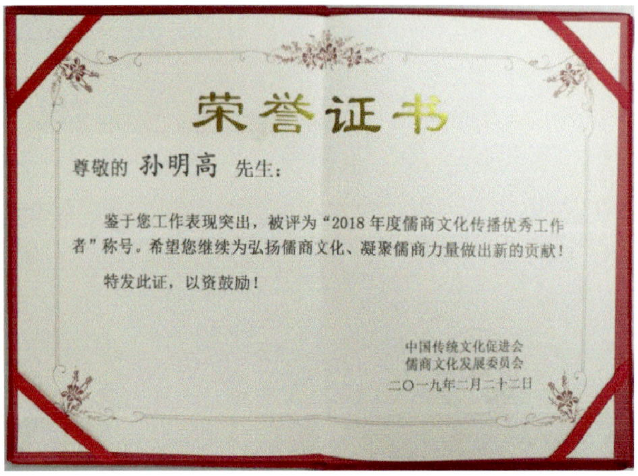

个人荣誉——儒商文化传播优秀工作者

企业荣誉——最具社会责任感杰出贡献企业家

慧＋资本”的资本运营模式，为广大企业提供投资顾问、金融顾问、财务顾问、管理顾问、发展顾问等顾问服务，以及投融资服务、教育培训服务，还为企业提供改制、发行、上市、配股、增发、参股、定向募集、转债等融资和再融资服务，帮助企业走出困境、行稳致远，迈入发展的快车道。多年以来，集团已经为包括胜利油田、山东莱钢集团（莱钢股份）、山东黄金、吴忠仪表、苏宁电器、郑州新郑国际机场、招远黄金、莱州黄金、登海种业等在内的500多家企业提供了服务。

立破并举，互融互促。新事物的产生和新项目的应用，无疑是经济繁盛的根本。多年以来，孙明高在带领集团为政府和企业提供方案的同时，也为大型项目的运营做支撑，并帮助济南国际机场工程项目、中国大陆地区国际集装箱多式联运系统改造工程项目、山东红坛寺旅游项目、铜陵市铜都新天地文化综合体项目等数十个项目实现平稳落地。

一代人有一代人的使命，他们在时代的浪潮中挺身而出，不畏艰险地跋山涉水，在声势如虹的时局变化中全力以赴，用实干、创新和智慧为社会发展铺就了一条锦绣之路。立足于当下，着眼于未来，这场身体力行的创新之旅，实干之程没有终点。

至善之心
永葆初心澎湃不息

善心为舵，仁义为帆；怀瑾握瑜，风禾尽起。集团在发展的过程中，以文化为导向，逐渐形成了包括天成哲学、天成文化、天成智慧、天成思想在内的企业思想文化体系。孙明高以此为所有产业的出发点和落脚点，不仅取得了一系列成果，还积极举办和参与了多种文化活动，意在弘

个人荣誉——中国新经济领军人物

企业荣誉——全国投资行业质量、信誉 AAA 级诚信企业

扬中华传统文化，让“儒商”概念在新时代展示新风采。

仁者利人，仁者化人；公德善心，品德润身。始终践行着“成人达己”理念的孙明高，不仅自掏腰包帮助山东企业筹集资金，还积极推进成立孝文化研究分会，助老敬老，诠释中华孝道。同时，他还积极帮扶孤儿、少年犯，参与救助工作，向养老院捐款捐物，帮助危难之中的校友和异地山东老乡，此外，他还推进成立文化慈善公益基金会、“中华爱心·认养工程”“爱接力”互联网爱心助困公益平台，落实精准扶贫电商平台，参与扶贫工程的宣传推广。

“精神就是光明。”所有的长途跋涉、所有的初心坚持，终有一日都会开花结果。来路明确，去路鲜明，孙明高每年都会去看望师长，并出资100万元在母校设立“奖教基金”，出资50万元为母校修建了运动场，为天津大学新校区捐赠了“校友爱心树”，守护自己最初的理想。除此之外，孙明高在中国天成大学成立了“学员慈善救助基金”，向学员提供金融救助及服务，在集团成立了“关心教育下一代委员会”，不仅在每年儿童节为集团职工子女送上节日礼物和祝福，还组织了100多场“感恩教育——父母学堂”活动。尤为值得一提的是，他还积极参与了20多次全国各地的中小学捐赠活动，同时带领着商会会员，共同参与爱心助学活动，据不完全统计，截至目前，商会捐赠物资及现金达13亿元之多，公益扶贫行动足迹北到黑吉辽蒙，西到陕甘宁新，南到云贵川粤，东到闽浙赣皖等25个省、自治区、直辖市，帮助25万名学生安心上学。

大道儒商，至善之心；初心不改，澎湃不息。以德为本创立基业，以德为行感怀天下，在以德为内核驱动的千里之行中，顺应潮流民心的深圳市乐天成控股集团只会越走越远，并不断抢占新的市场机遇，开辟新的天地，创造新的奇迹！

吴振洁

WU ZHEN JIE

德唯康国际生物科技有限公司董事长

中医哲学乃古人于生产生活实践中提炼出的对生命的深邃思索，中医文化延续至今，在新时代树国粹之风中融入百姓的日常生活，唤醒国人深藏于血液中的文化自信。吴振洁作为中医传承人，德唯康国际生物科技有限公司董事长，以守护国人健康为初心，用新时代中医养生理念将中医文化带入千家万户，以“一个罐一灶灸一药油”的独特特色，构建健康基石，传承中医文化。

笃行致远为健康 中医养生济万民

——访德唯康国际生物科技有限公司董事长吴振洁

中医传承 守望初心

仰观宇宙，体察万物，顺于四时，和于节气，中医的智慧在历史长河中闪耀着星光，在世代中医人的不懈探索与总结中传承绵延。出生于中医世家的吴振洁，从小在耳濡目染之下，对于中医知识有着莫大的兴趣，为此她选择了大健康行业，从美容院到养生科技公司，吴振洁一路以初心为炬，在守护百姓生命健康的征途中矢志不渝。

吴振洁在坚定的选择中走进了美容院，进行对人们身体健康的调理。在此期间，她发现很多客人的身体并不健康，需要以中医理念进行内调外养，只有从根本上解决身体疾病，才能真正地变美。而伴随着国人养生意识越来越强，国潮养生理念也逐渐兴起，深耕26年的吴振洁在时代之风下乘势而为，于2018年成立了德唯康国际生物科技有限公司（以下简称德唯康），公司以“让国人少生病，少花钱，少受罪”的初心，致力于以中医养生保障更多人的身体健康。

自德唯康成立之后，吴振洁用沉淀26年的经验，秉承着纯粹的初心，以饱满的激情带领着团队不断精进，带领德唯康企业实现高质量发展。历经七年的岁月见证，当前，德唯康公司已发展成为一家集研发、生产、销售、培训、服务于一体的流程化公司，以“四季养生”为发展理念，紧跟时代发展，以传统养生结合现代工艺，每年上线新款产品，在不断研发新品的同时维持客户的新鲜感，以求变维持企业的发展活力。而在吴振洁的持续精进中，在短短一年时间内，德唯康便实现了“3000万+”的非凡业绩，并帮助了几千家美容院老板提升了业绩，拿到了成果。

多年来，德唯康始终在为人们谋求健康的路上不断前行，为传承和发扬中医文化不断蓄力。在此期间，作为中医传承人的吴振洁，不仅是“嫣姬堂”“云圣方”“妃凡缇娜”品牌创始人、特聘的“中国医药传承创新分会特约研究员”，更是中医新技术创新奖的获得者，其公司德唯康更是获得了“中医大健康产业合作伙伴”“2023年大健康产业示范基地”“养生行业示范单位”“3·15质量信誉认证企业”等荣誉称号，其众多产品与品牌荣获“中医优秀产品奖”“养生行业十佳品牌”等荣誉。

在成立德唯康时，为使集团发展更加规模化、拓展化，吴振洁不断开拓市场，同时设立了德唯康国际生物科技（广州）有限公司及山东德唯康化妆品有限公司两家子公司。如今，德唯康公司已发展成为一家涉足生物科技、教育培训、销售等诸多领域于一身的综合性企业，不断进行多元化、个性化的研发创新，其各系列养生产品、美容护肤品等众多产品，均为众多用户带来了出人意料的优异效果。德唯康用品质产品，为万千客户的健康与美丽带来裨益。

一以贯之，行而致远。吴振洁深耕大健康领域26年，以守护健康的初心传承中医养生，带领着德唯康砥砺前行，她心怀对中医文化的热爱，追光而遇、沐光而行，在传承和弘扬传统中医文化的道路上扬帆起航，以新时代养生国潮助力构建大健康时代。

中医特色 切实有效

由于生活节奏的加快和生活方式的变化，导致越来越多人的身体健康状况低下，伴随着“健康中国”理念的提出，提升人们的健康素养成为题中应有之义。吴振洁以中医知识贯穿产品主线，采用“一个罐一炷灸一药油”的特色手法，致力于改善国人的体质，在传承之上创新出时代产品技艺。

据吴振洁介绍，她的母亲常年受关节疼痛困扰，她想用中医知识助其调理身体，同时，在长期的工作过程中，吴振洁看见了太多由于身体内部因素而产生的痰湿、结节、关节疼痛等问题，这使她更加坚定了做大健康产业的想法，以中医文化理念，内调外养，帮助更多人改善提高生活质量。而由于在为客人进行调理养生时，项目效果不仅受客人身体因素的影响，也与美容师自身的手温手法有关。为了使调养效果最大化，真切地实现对客户的身体调理，吴振洁便结合时代工艺进行中医创新，带领着团队进行研发实践，最终研制出一个更符合温灸操作的“罐（功德杯）”，彻底解放了美容师的双手，同时提高了客户的体验感和调养效果。

中医以针灸、推拿等古法技艺名贯古今，而吴振洁在传统中谋新发展，逐渐形成了“一个罐一炷灸一药油”的特色服务，打破了传统，以推拿手法代替拔罐、针灸、刮痧、灸疗和仪器等项目，以简单、便捷、高效等特点让客户的身体一直处于温热舒服的状态，奏响了中医养生的新序曲。

吴振洁以匠心巧筑，历经时间检验，实现了品质的坚守，其特色服务广受客户的好评。而在进行调养项目时，吴振洁介绍道，其在艾灸、推拿等项目上所选用的艾草、药油等均为高品质材料，德唯康以十年蕲艾制成艾炷，同时精选名贵中草药辅以艾绒制备，使其艾灸在临床上有着出烟少、出痧、散痧快、补气养血一流的绝佳效果，而有机中草药的使用，更是让客户在无异味的基础上享受中医技艺带来的绝佳效果。

在口碑相传之下，德唯康中医疗养始终在为国人健康调理付诸努力，而在大众的见证之下，更有数不清的客人通过德唯康项目收获了健康。吴振洁表示，德唯康与太多客户共同经历了健康的历程，从一位最初腰背部受伤的客人由家人抬至店里，到最后疗养之后的可下地走路；从遗传的身体素质低下的小朋友，到调理脾胃后的身体状况明显变好；从患30年顽固头疾吃止痛药都无用的老人，到两三个疗程之后便少受疼痛的困扰……

中医文化之风吹拂着千家万户，以千年智慧守护万代国人的身体健康。而德唯康在数年光阴中，以初心赋予前进的力量，见证了数以万计客户身体的蜕变，在维护国人身体健康的目标上笃行不怠。

创新共享 共赴健康

德唯康在不断地传承之上坚持守正创新，不仅拥有“一个罐一炷灸一药油”的特色创新业务，其自主研发的“云圣方”“嫿姬堂”“艾恒堂”系列药油产品，更是作为国内身体保养高端品牌为国人的身体健康精准护航。另外，吴振洁以调理身体为主，将产品分为两大系列、不同等级来满足客户的不同需求，如中低端产品不配备罐供每次消毒使用，而中高端产品以套盒形式配备单独的罐供客户使用。同时，一般对症颈肩富贵包的套盒，使用两三盒即可见效，而高端的套盒，使用7次左右便可达到效果，极大地满足了时间紧张的高端客户的需求，同时为中低端客户带来了效果优、性价比高的产品。德唯康通过多元化的服务以满足不同客户的健康需求，致力于让每一个人都能实现健康蜕变。

一直以来，德唯康始终遵循中医、环保、健康养生的理念，将名贵中药成分同现代先进技术

相结合，不断研制高端中草药油精品，并结合国粹温灸技术，让中医服务惠至万民。此外，德唯康始终贯彻创新发展的总方针，当前，德唯康旗下已通过自主研发拥有了50多款产品（包括冻龄换肤系列产品、“妃凡缇娜”“嫣姬堂”“云圣方”等），涵盖面部、身体等各部位的保养及健康方面的护理，且产品范围覆盖了美容院、养生理疗馆、日化店、孕婴店、药店、诊所、小儿推拿、服装店等各行各业，以“天然、安全、效果显著”在消费者之间广为流传，更深受众多店家及产品需求者的青睐。

在守望初心、传承中医文化的道路上，吴振洁也收获了众多合作伙伴的支持，截至疫情暴发之前，便已经拥有了1000多家加盟店。德唯康对代理商更是有着完整的、精细化的管理流程和扶持政策，从开始的付定金体验产品，到培训销售等各个层面，都有相应的扶持和帮助政策，通过“先卖货再分润”的形式，保障加盟商的利益和收益。

吴振洁说道：“希望能够帮更多人收获健康，也能帮更多人创业致富。”她怀揣着共享互助的理想信念，为想要学习一门技艺的人打开了希望的大门，在自己实现梦想的同时，她将努力营造更加开放、共享的行业环境，推动中医文化和技艺在新时代的可持续发展，为守护国人健康笃志前行。

吴振洁赓续中医传承，在新时代背景下以守正创新来实现中医养生新特色，守护人民群众的健康福祉，以共享开放的发展理念，用始终如一的坚定信念，推动中医行业的全新发展。未来，吴振洁也将继续带领着德唯康持续奋进，终将在行而不辍中于中医养生行业行稳致远，长风万里！

邵德玉

SHAO DE YU

合肥金琦鑫食品科技有限公司创始人

自古以来，农业便是国之根本。在中国这片广袤的土地上，农业不仅承载着养育亿万人民的重任，更是维系社会稳定与和谐发展的关键所在。在国家乡村振兴的大潮中，合肥金琦鑫食品科技有限公司以其广泛的业务范围，涵盖食用农产品的零售与批发、信息咨询与健康咨询，以及互联网销售与技术服务，成为推动农业现代化发展的一股强劲力量。公司创始人邵德玉，怀揣着对家乡的深厚情感和对乡村振兴的坚定信念，毅然决然地踏上了返乡创业的道路。他以农场为起点，不仅有效地促进了粮食丰收，还解决了当地的就业问题，为农民增收开辟了新的途径。邵德玉的故事不仅是勤劳致富的典范，更是乡村振兴战略下无数农业从业者奋斗不息、创新不止的真实写照。他以实际行动为推动家乡的繁荣发展贡献力量，为农业的可持续发展注入了新的活力。

食安为基固根本 乡兴为志扬风帆

——访合肥金琦鑫食品科技有限公司创始人邵德玉

赤子之心归田园
创业如歌报乡情

邵德玉，根植于乡村土壤的企业家，其创业初心源自对国家乡村振兴战略的深切响应。他怀揣着一份对家乡的深情和提升乡亲们生活水平的渴望，决心以一己之力为家乡的经济发展注入新的活力。邵德玉将企业的成长与乡村经济的繁荣发展紧密相连，致力于通过产业升级引领农业现代化的浪潮，为乡村振兴贡献力量。在国家战略的光辉照耀下，邵德玉紧紧把握住时代赋予的机遇，重返故里创立了充满生机的家庭农场。农场产出丰富多样，涵盖了农作物与养殖业，包括鸡、鸭、鹅、鱼等。邵德玉牵头成立的合肥金琦鑫食品科技有限公司，对所有产品都严格实行国家标准和安全检测，确保食品的安全性和品质，让消费者买得放心、吃得安心。农场养殖的鸡只喂食优质的天然粮食，如大豆、玉米、高粱等，顾客更有机会亲临农场，体验现场捉鸡的乐趣。邵德玉的愿景不仅是销售产品，更在于打造一个家喻户晓、值得信赖的品牌。

在食品安全日益受到社会关注的今天，公司坚持不使用任何农药和化学药品，确保每一份农产品的天然与健康，展现了其对食品安全的坚守和对消费者健康的深切关怀。这一承诺，不仅赢得了市场的信任，也得到了央视新媒体直播选品活动的青睐。该活动旨在借助国家级平台的力量，助力优质国货品牌产品的崛起，提升品牌的市场美誉度和社会知名度，致力于为消费者提供更安全、更健康的产品选择。只有经过层层筛选，真正优质的品牌才能亮相央视新媒体的直播间。合肥金琦鑫食品科技有限公司凭借其优质的农副产品，成功亮相央视新媒体直播间，并接受知名主持人的倾情推荐。公司的主打产品——大米和芡实，作为人们日常生活中的必需品，不仅口感上乘，更通过了一系列的安全认证，确保了食品的安全性。公司与农业部门紧密合作，严格执行农业生产标准，确保从田间到餐桌的每一步都达到安全健康的要求。金琦鑫食品科技有限公司的品牌，正如其产品一样，经过口碑传递逐渐在消费者心中扎根。如今，无论是在线上还是线下，消费者都能便捷地购买到金琦鑫的产品。邵德玉和他的团队正以不懈的努力和持续的创新，为乡村振兴和农业发展贡献着自己的力量，共同绘制着农业强、农村美、农民富的未来美好蓝图。

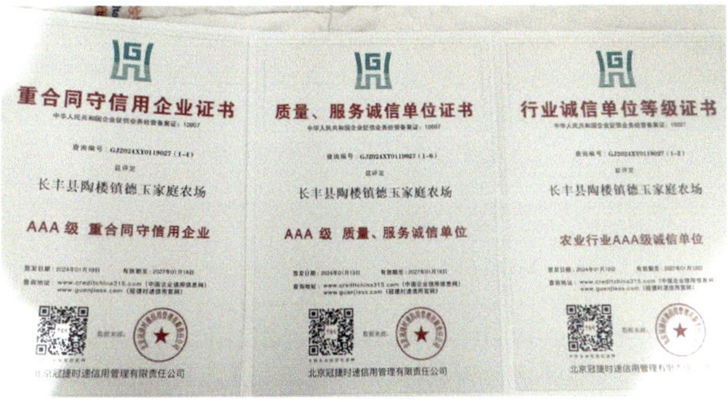

乡路漫漫情真切
责任深深民心归

邵德玉的创业之路充满了坎坷与挑战，但也正是这些艰难险阻磨砺了他坚强的意志，坚定了他的决心。在创业初期，资金的匮乏如同一道高墙横亘在他的梦想之路上。面对这一困境，邵德玉并没有选择退缩，而是四处筹措，尽其所能地寻找解决方案。最后，他毅然决然地将个人房产作为抵押贷款，这一勇敢的行为不仅保障了企业的顺利起步，更是他对自己梦想的坚定追求和无私投入的证明；可技术层面的挑战也随之而来，邵德玉并未因此气馁，他以一种自我革新的态度，投身于农业技术的学习和提升中。每一天，他都与农场的技术人员进行深入交流与讨论，不断吸收新知识，积累经验。此外，他还积极参加城镇举办的各类农业知识培训和专业讲座，通过系统的学习，他的专业素养和管理能力得到了显著提升。在他的带领下，公司不仅注重自身成长，更致力于提升整个乡村的农业技术水平。通过开展多种形式的农业技术培训，公司帮助当地农民提升了技能水平，从而提高了产品生产的质量。这一举措，不仅提高了农民的自我发展能力，同时为乡村经济的可持续发展奠定了坚实的基础。

金琦鑫食品科技有限公司的成立是邵德玉对乡村发展振兴的坚定承诺的体现，同时代表着他对消费者健康的不懈守护。他在绿色天然和有机营养上树立了新的行业标杆，展现了企业的社会责任感和对未来发展的深远考量。在邵德玉的带领下，公司将以开放的姿态，迎接八方游客，共同分享这片充满生机与希望的绿色家园。他计划利用农场得天独厚的自然资源，打造出一个集休闲垂钓、水果采摘等多种休闲娱乐活动于一体的农业旅游体验区。在这片肥沃的土地上，100亩的鱼塘波光粼粼，为垂钓爱好者提供了一个宁静的去处。在这里，游客可以享受宁静的垂钓时光，体验收获的喜悦。与此同时，鱼塘周围的果林生机勃勃，桑葚、葡萄、樱桃、桃子等各色水果随着季节的更替相继成熟，为游客提供了亲手采摘的乐趣。这些采摘活动不仅可以让游客亲近自然，

体验农耕文化，还为当地农民创造了额外的收入来源，促进了农村经济的多元化发展。邵德玉通过这种创新的文旅结合模式，不仅丰富了公司的业务结构，也为乡村振兴建设注入了新的活力，展现了农业产业与文化旅游产业深度融合的广阔前景。金琦鑫食品科技有限公司的这一举措是对传统农业经营模式的一种创新和突破，它不仅提升了农业产品的附加值，也为消费者提供了一个体验田园生活、享受自然馈赠的平台。

同心致远谋发展
和衷共济谱新篇

在市场经济的宏大舞台上，竞争无时无刻不在考验着企业的适应力与创新精神。针对农业产业这一传统而至关重要的领域，在国家政策的扶持下焕发出新生，家庭农场如雨后春笋般涌现，既为行业发展注入了新的活力，也加剧了市场竞争的激烈程度。面对这样的竞争环境，邵德玉并没有选择孤军奋战，而是倡导一种合作共赢的理念。他深知个人的力量是有限的，而集体的智慧是无穷的。他鼓励每个人都要专注做好自己的本职工作，并在此基础上尽己所能去帮助和支持他人。这种互助合作的精神不仅在金琦鑫食品科技有限公司内部得到了体现，更在整个乡村发展中逐渐生根发芽。他呼吁同行之间相互学习、相互借鉴，共同提升家庭农场的经营管理水平。通过技术交流、经验分享和资源整合等多种形式，共同帮助周边农民提高生产效率，增加收入改善生活，为实现共同富裕的目标贡献出自己的一份力量。这样的合作精神不仅有效促进了个体农场的成长，更为整个国家的食品安全保障贡献了力量。在邵德玉的引领下，金琦鑫食品科技有限公司不仅在竞争中寻求自身成长，更在合作中寻求共同进步，并将继续秉承着“做好、做强”的企业精神，坚持乡村振兴的战略导向，不断加强科技创新和品牌建设。

在市场拓展的征途上，金琦鑫食品科技有限公司采取了多元化发展的策略，以开放的姿态迎接每一位潜在消费者。公司利用新媒体的广泛覆盖和便捷性，通过各种社交媒体和网络平台进行宣传推广，确保健康、绿色的农产品能够触及更多有需求的人群。同时，邵德玉对金琦鑫食品科技有限公司的未来发展抱有宏伟的蓝图和明确的规划。他深知企业的发展离不开个人的努力和国家政策的扶持。因此，他将自我奋斗和政策利用作为推动公司发展的双轮驱动。首先，邵德玉坚信，只有不断提升产品品质，才能在激烈的市场竞争中站稳脚跟。他以身作则，带领着团队不断学习新知识，掌握新技能，提升企业的核心竞争力。他鼓励每一位员工都发扬工匠精神，精益求精，力求在每一个细节上都做到最好；其次，企业的发展离不开国家政策的支持。他将继续积极响应国家号召，把握政策导向，充分利用国家提供的各种扶持措施，为公司的持续发展注入强大的动力。他希望通过与政府部门的密切合作，确保公司的发展与国家的宏观战略相契合，从而获得更多发展机遇。

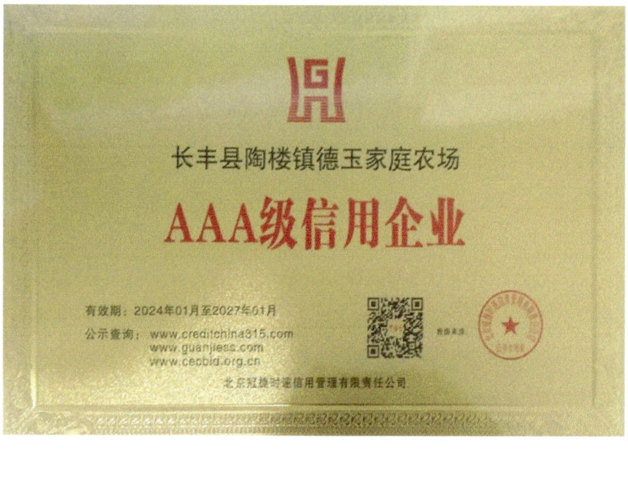

邵德玉的最终目标是将金琦鑫食品科技有限公司打造成为一家高标准的农业企业。他希望通过自己的努力，让公司的农产品达到最高的质量标准，从田间走向餐桌，成为消费者信赖的健康食品。他坚持有机绿色的种植方式，严格控制农产品的生产过程，确保每一份产品都安全、健康、无污染。在邵德玉的规划中，金琦鑫食品科技有限公司不仅要成为优质农产品的提供者，更要成为健康生活方式的倡导者。邵德玉的规划体现了他作为一名企业家的远见卓识和责任担当。在他的带领下，金琦鑫食品科技有限公司正以昂扬的姿态，迈向更加广阔的未来！

罗小红

LUO XIAO HONG

武汉市万宜维多服饰有限公司创始人

自古以来，衣、食、住、行是人日常生活中必不可少的四个部分。服装行业是既能满足人们最基本的穿着需要，又能引导消费者消费趋向的行业。武汉市万宜维多服饰有限公司（以下简称“万宜维多”）是一家集服装的设计、研发、生产和销售于一体的服装企业，专注于为30周岁到55周岁的女性提供高品质的时尚服装，并致力于将线上与线下销售渠道相结合，打造爆款产品，以极致的性价比赢得消费者的青睐。

发挥企业优势 创新服装行业

——访武汉市万宜维多服饰有限公司创始人罗小红

武汉市万宜维多服饰有限公司创建于2015年，最初从线上批发与销售起步，不断探索市场需求和发展方向，逐渐建立起了稳定的供应链和销售网络；同时，万宜维多也意识到线上、线下相结合的重要性，并积极开拓实体批发渠道，与线下零售商合作，将产品推广到更广泛的消费群体中去。2021年，万宜维多成功入驻抖音平台，进一步拓展了品牌的影响力和市场覆盖范围。

奋斗不止 砥砺前行

在互联网时代，网络电商的发展越发蓬勃，于是，在机缘巧合之下，罗小红下定决心，将自己的实体店正式转型成线上店铺，为淘宝、天猫、京东等平台供货。实际上，在2016年之前，罗小红还是守着自己小小的一方天地为生计奔波，而线上购物平台一经推出，她便意识到现如今消费者的目光已经发生了转变。欲穷千里目，更上一层楼。在转型至线上店铺的一年中，罗小红也收获了一笔财富，并积攒了许多关于线上转型的经验，由此开始发展线下的门店。在2017年到2019年，人们消费水平升级的速度加快，为创业提供了大好契机，众多自主创业者蓄势待发。

2020年是一段极为艰难的时期。疫情的突然袭击，打得人们措手不及。在上半年，罗小红的线上和线下生意都尚且比较稳定，但在下半年，罗小红的生意基本上处于亏损状态，这给罗小红带来了沉重的打击。仓库中积存的货物和入不敷出的资金，让罗小红陷入了两难境地。然而，阴霾总会散去，而阳光总会到来。2021年，罗小红将目光投向了抖音，她通过增加直播客流量的方式来吸引客户，并将销售渠道分为线上和线下，形成了一条完整的供应链，这也给罗小红的生意带来了一点起色。

罗小红现在的主要发展方向则是以线上为主，锚定抖音客户；在发展线上客户的同时，线下的老客户也同样需要兼顾到，因此线下的实体店面也在持续发展。如今，罗小红将大部分精力放在线上，致力于创立企业的自有品牌。成功并不是一蹴而就的，而是要靠自身力量，一步一步去实现的。在推广品牌的过程中，罗小红也遇到了许多棘手的问题。

首先，推广品牌便是一大难题。建立客户网是推广品牌极为关键的一步，好在罗小红先前积

累的客户仍在，而如何去推广，罗小红也有着自己的一套计划，其目的在于让更多的客户了解到自己的产品。

一家服装企业的核心在于服装的设计与制作，这不仅体现着企业的用心程度，更体现着企业对客户的重视程度。罗小红的用心体现在各个方面，从小的细节到大的方面，她可谓是无微不至。在全国各地考察市场的时候，罗小红第一时间去了解各种服装面料以及当年的流行元素，以便于更好地根据不同元素设计新的服装样式，以满足不同客户和人群的需求，将风格定位做到完美。

在服装的设计与制作当中，一位优秀的设计师必不可少。虽然罗小红的企业现在规模并不大，但却样样俱到，每一位员工都全身心投入设计当中，根据当下的流行趋势，为客户定制个性化的服饰。罗小红在参与服装设计的过程中，即使是半路出家做服装，也没有因此感到过迷茫，反而更加勤学，凭借自己独特的眼光，在服装领域占据了一席之地。企业之所以能够有如今的成就，与罗小红的付出和努力息息相关。

罗小红从小的生活环境让她意识到拥有自己的一番事业十分重要，因此，在15岁的时候，她便出来打拼事业。从超市到服装店，再到如今的服装企业，罗小红始终发挥着自己的独到优势和灵敏嗅觉，慢慢积累经验，并不是一味盲目地去冲，而是脚踏实地充分了解服装的主流趋势以及发展历史。经过了一段时间的学习，如今，罗小红熟练地掌握了整体市场把控、服装类型、款式、面料等方面的知识。

截至目前，企业的产品主要以女装为主，并且主要面向30岁至60岁的女性群体，大多服装风格偏向中年风，以北方客户群体为主要目标客户。在刚开始制作服装的时候，罗小红也有疑问：一款好的产品应该如何去定位呢？随着经验的不断累积，她内心的疑问也终于有了答案。虽然自己企业的产品相对于其他企业来说显得略微单一，但这些产品对于罗小红而言，却是独一无二的精品。虽然她从事服装行业的时间并不长，但在这段时间里，她也收获颇多，并始终保持着稳步前行的状态。这无论是对企业，还是对员工来说，都是共同进步。

在售后方面，客户的支持和肯定也给予了罗小红很大的信心。从前期的工作准备到后期的沟通维护，罗小红都会耐心与客户交流，了解客户的需求。要销售一款产品，首先要进行选品，在选品过程中，要选择售后服务好的产品，尽量保证做到售后无忧。罗小红表示，她的企业不会销售售后服务不好的产品，这也是使企业保持持久生命力的秘诀。一款好的产品之所以能够成为当季的爆品，与每一位员工的研发、选料、选品、打版设计息息相关，因此，服装行业的从业者要事事做到精细完美。

在企业的发展过程中，每一步都是至关重要的，尤其是对于刚起步的企业来说，产品质量、服务质量以及信誉都是关键。在质量方面，罗小红要求服装厂里的每一个生产环节都必须按照规章制度来做，严格把控每一块面料的质量，为客户提供最优质的产品；在产品质检的每一个部分，都有专业人士指导和检查，为客户带来最令人安心的产品；不仅如此，对于在质量检测过后的整套包装及出库等环节，罗小红也没有松懈，反而仔细检查流程，在专业人员的指导下，精准把控每一个环节。

挑战自我 超越自我

罗小红认为，在科技日新月异、行业竞争压力越来越大的背景下，在每一个行业当中，都有先进和落后两个极端。要想在这个行业中生存下来，产品是起点，也是终点，而要将产品推销出去，还需要与客户定期沟通，了解客户的需求，提升产品的价值，弥补产品的不足。罗小红表示，各行各业都有龙头企业，而她的企业要做的就是保持自己的优势，同时向龙头企业学习，并进行自主创新。创新是企业的灵魂，是企业持续发展的保证，而创业者只有通过不断的学习，拓宽自身的眼界和思路，多多与同行交流新的想法，才能为设计和制作带来不一样的灵感，明确新的方向。

在企业的人才培养方面，罗小红也有着自己的一套准则。机会总是留给有准备的人，只有把握住机会的人，才能到达顶峰。企业中的每一位员工都从最基本的工作做起，都从自身实际出发，在平凡的岗位里，散发出不一样的光芒。在选用人才时，企业选择的是了解服装这一行业，并且脚踏实地的人，无论是选聘销售、管理还是基本岗位的工人，企业都会根据其实际情况，对其进行培训，最大限度地扬长避短，达到人尽其才、物尽其用的选人目的。

罗小红作为行业变化的经历者和见证者，从少年时期一步一步慢慢攀爬，到如今取得了不小的成就，感受到了行业中日新月异的发展，目睹了行业的稳步前进，也见证了企业的优胜劣汰。一路走来，罗小红眼中始终充满坚定。从最初打工，到后来慢慢地发展起自己的小门店，一直到建设起数家连锁店，罗小红以前的苦都变成了现在的甜，但在现在的行业中，并不是光靠吃苦便能成功的，还要有经商头脑。线下销售的经历给罗小红带来了深刻的体会，在线下开店的时候，罗小红常常会遇到棘手的问题，一个新来的员工往往什么都不会，如何解决销售当中的问题，如何与不同的客户进行沟通交流，罗小红都需要慢慢地教会他们。

批发方面对于罗小红来说是一个难题。从一家零售店转型为一家批发店，是质的转变，能做到这一点的都是批发行业中的人才，而同行之间的竞争，更是波涛暗涌。创新型企业要让产品的款式变得有特色，独特的选料和选品不可或缺。创新型企业要获得核心竞争力，就要比其他企业更先研发出新型材料，从时间上领先别人一步。

没有人天生注定就能成功，路是人一步步走出来的。起初，在刚进入服装行业时，因为公司刚刚起步，客户不稳定，罗小红便陷入了两难境地，所以那时候的罗小红一有空就会跑到工厂去把控质量，有时甚至住在工厂。艰苦的条件并没有打倒她，反而加深了她开厂的意愿。

每一滴汗水都是有回报的。在2019年，罗小红建立了属于她的第一家服装工厂。然而，在工厂刚刚开办起来时，疫情的到来打乱了她的发展计划，让她十分头疼。尽管如此，现在的公司正乘风破浪，一步一步慢慢成长。无论是在品质还是在款式上，罗小红都下了许多功夫，希望每一款产品都能为客户带来更好的穿着体验，从而将口碑推广至更多的优质客户，带动企业的未来发展。

工者谓之精，千雕万琢，心承之而不折；匠其运乎神，一创一造，思新之如春江。创办一家企业，首先要始终秉持初心，把控企业的产品质量、服务质量和研发水准，让每一个环节都环环相扣。无论再大、再好的企业，都不能丢了根本，而罗小红便一直秉持着“心心专一艺，事事在一工，念念系一职”的原则，真诚创办企业。

尽管如今企业发展蒸蒸日上，罗小红也没

有忘记自己初入行业的艰难，并不断地在学习企业的发展之道。没有一成不变的生意，一家企业之所以能够长红，靠的不仅是持续不断的学习，更是在失败中再次爬起的韧劲。失败是在所难免的，但对于现在正在进入各个行业的年轻人来说，不要畏惧失败是入门的第一点。一路走来，罗小红或多或少也遇到了些许迷茫，也有走弯路的时候，因此，在遇到刚开始创业的年轻人时，罗小红总会将自己的创业经验传授给他们，让他们对创业更加有信心。

长风破浪会有时，直挂云帆济沧海。谈及未来三年到五年的规划时，罗小红表示，自己也有着新的目标，那就是在家乡创立一个属于自己的工厂，为家乡的发展贡献自己的一份力量。同时，希望能够吸引外出务工的乡亲回到家乡工作，让他们陪伴在家人身边。拥有一家属于自己的工厂是罗小红一直以来的梦想，罗小红的工厂即将建成，这对她来说是创业征程上的一个新的开始。罗小红凭借自身优秀的能力，实现了一个又一个梦想，不仅带动了企业发展，更贡献了社会发展。

郭木海

GUO MU HAI

新疆工艺美术大师、小玉人家工作室创办人

在艺术殿堂中，郭木海以其对玉雕传统文化的深邃洞察与独到见解，筑起了一座巍峨的丰碑。身为小玉人家工作室的领航者，他不仅是新疆工艺美术大师、广东省玉石雕刻大师，更是玉雕艺术的虔诚传承者与勇敢革新者。正如邓小平所言："艺术需精益求精，以最佳的精神食粮回馈人民。"郭木海深谙此理，他汲古融今，承传统之精髓，启未来之新篇，赋予每一块玉石以深厚的文化底蕴与鲜活的艺术灵魂。他的作品，工艺卓越，线条灵动，既为藏家所钟爱，又是对玉雕艺术深沉热爱的绝美诠释。20载春秋，郭木海屹立于玉雕艺术之巅，他以非凡的才情与坚定的信念，为这一古老艺术注入了源源不断的生命活力，使其焕发出璀璨夺目的光彩。

玉韵深邃传古意 匠心独运耀今朝

——访新疆工艺美术大师、小玉人家工作室创办人郭木海

志砺艺途远
玉韵心间深

郭木海的人生之路，就如同他手中的玉石，经过岁月的磨砺，越发显得温润而富有光泽。他出生于一个普通家庭，童年时期家中经商突遇变故，导致家中经济困难。然而，这并未消磨他对知识的渴望与对未来的憧憬，他的父亲亦是如此，即便家中经济拮据，也全力支持他求学问道。

郭木海自小便怀揣着对美术与国画的浓烈兴趣，他的心田中早早播下了艺术的种子，这份对美的追求与向往，如同涓涓细流，汇聚成他生命中不可或缺的一部分。2003年，他便毅然踏入玉雕行业，开启了一段与玉石共舞的旅程。一路上，他以“非学无以广才，非志无以成学”的信念，在艺术道路上不断探索前行。他深知，唯有不懈地奋斗，方能扭转命运之轮。于是，他怀着坚定的决心，毅然投身于艺术这一领域，渴望以手中之刀，精雕细琢出属于自己的光明未来。

在学艺的漫漫长路上，郭木海有幸得到了多位国家级工艺美术大师的指导。他们不仅传授其精湛的技艺，更在无形中传递着艺术的灵魂与精髓。在大师们的悉心教导下，郭木海如同一块璞玉，在不断地雕琢与打磨下，逐渐展露出属于自己的光彩。一路上，他从未停歇，一边学习理论，一边亲手制作雕塑与摆件，将所学所得付诸实践。他深知，只有不断地实践与探索，才能不断提高自己的技艺水平。

当面对各式各样的玉石材料时，他总能保持着一颗平静的心。他认为每一块玉石都有着自己独特的魅力与生命，他会用心去感受每一块玉石的纹理与气息，用独特的见解和手法给予处理。在他的作品中，无论是流畅的线条还是别致的造型，都展现出了他对玉石的深刻理解。在20多

窗外·春夏秋冬系列

西方三圣

智慧的元素

年的玉雕生涯中，他用手中的刻刀，将一块块普通的玉石雕刻成精美的艺术品。他的作品不仅具有极高的艺术价值，更蕴含着深厚的文化内涵与人文精神。在郭木海看来，每一件作品都是他对生活、对自然的感悟与表达。

然而，走向成功的征途也并非一帆风顺。初抵北京时，郭木海因经济窘迫而不得不瞒报收入，以此来减轻家人的担忧。面对家庭的重任，他亦将大部分收入都寄回家中，勇敢承担起养家的责任。面对亲戚的误解与质疑，他选择默默承受，用努力来证明自己的决心。这些困境如同砥砺之石，不仅未能使他屈服，反而铸就了他更为坚定的信念。他时常以“信心、规划、毅力”为剑，誓要斩破一切挑战桎梏，他深谙“但行好事，莫问前程”的人生哲理，始终聚焦于脚下的每一步，踏实前行。他相信，只要心怀信念，坚持不懈，时间自会为他揭晓最美的答案。

回望过去，郭木海感慨万分。他深知自己的成功并非一蹴而就，而是凝结了家人无尽的支持、老师们的谆谆教诲，以及自己持之以恒的努力。在未来的岁月里，他将继续怀揣对艺术的热爱，不断探索与创新，致力于为玉雕艺术的发展贡献更多力量，让这份古老而精湛的艺术得以传承和发扬。

琢玉铸华章
守艺映新辉

在中华文化的长河中，玉雕艺术就如一颗璀璨的明珠，闪耀着千年的光辉。而在这方古老的土地上，郭木海以其独特的艺术眼光，于 2012 年元旦在广东四会创办了小玉人家工作室，将这份古老的玉雕艺术推向了新的高度。

他对玉雕文化的理解，就如同他手中的玉石，历经岁月的沉淀，越发显得深邃而厚重。他深知，每一件作品都是对传统文化的传承与发扬，每一次雕刻都是对古老技艺的致敬与创新。他擅长用俏色巧雕和精雕细琢的手法，将翡翠玉石的色泽、纹理、形态发挥到极致，赋予它们生命和灵魂。每一件作品都经过了他精巧的构思与手工雕琢，不仅呈现出至臻至美的艺术价值，还蕴含着深厚的文化内涵与历史底蕴。正因如此，他的作品深受翡翠玉石爱好者和收藏家们的喜爱，并多次荣获国家级、省级奖项，被北京工艺美术博物馆和广东省工艺美术珍藏馆永久收藏。

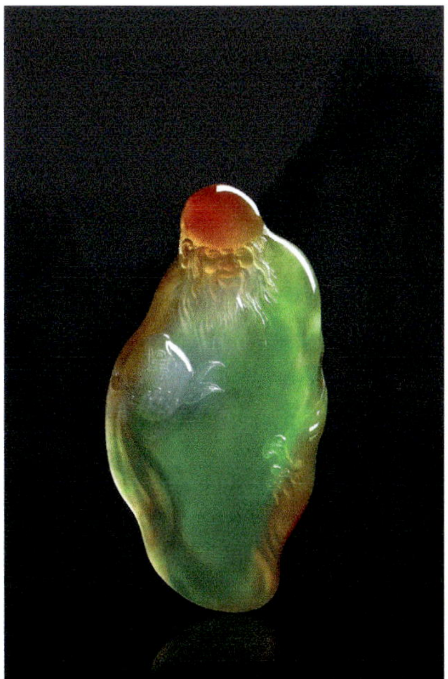

福山寿海

莲心（北京工艺美术博物馆收藏）

貔貅武士

在探讨传承与创新之间的微妙联系时，郭木海展现出了深邃的见解。他坚信，传承乃艺术之根，而创新则是其灵魂。在继承与发扬传统技艺的同时，他强调不能止步不前，以免形成文化断层。每个时代都有其独特的审美标准，手艺人应当敏锐地捕捉并提炼这些美感，进而在现代审美的框架下进行创新。这不同于简单的模仿或复制，而是在坚守传统精髓的基础上，结合时代背景和审美需求，以匠心独运的手法去诠释和表达。

郭木海深谙，当今玉雕行业正处于转型升级的崭新纪元。众多玉雕师仍囿于画师之界，以技法为竞技之本。然而，他早已超越此境，致力于将每个系列的作品都提升至新的艺术高度。他追求的是理念的革新，为材料注入了现代之魂，探寻意境之深远与年轻化之魅力。他认为，传统花、鸟、鱼、虫的美已难以满足现代人的审美需求，唯有新颖独特、意境深远的作品才能打动人心。他坚信“天生我材必有用”，总鼓励大家去探寻独特的艺术之路，深入挖掘历史文化的精髓，以温故而知新的姿态，创作出兼具时代意义与生命力的玉雕佳作。

如今传承之际，他这种严谨审慎的态度更显非凡魅力。他深知技艺传授需深思熟虑，故而积极汲取文化之精髓，摒弃其糟粕。他强调，对古人智慧的探索应细致入微，每一细节都蕴含着无尽的智慧，值得用一生去研习。面对传承的艰难，他精心挑选学徒，只招那些对玉雕事业满怀热爱、愿全身心投入的年轻人，以此来确保玉雕艺术得以纯粹、精湛地传承于世。

郭木海数十年如一日，以深邃的见解与对行业的热爱，诠释着玉雕文化的精髓。在他的引领下，小玉人家工作室将继续为玉雕艺术的发展贡献力量，展现玉雕文化的独特魅力。

艺术琢玉境
匠心铸辉煌

郭木海总是擅长将自己的独特理念熔铸于艺术之中，由此便造就了其独树一帜的艺术风格。他严于律己，追求极致完美，而生活中则随遇而安，更使得其作品充满了张力与鲜活的生命力。

在工作中，郭木海犹如一位雕刻大师，以极致的匠心精神，对待每一件作品。他深知，每一块玉石都蕴含着大自然的鬼斧神工，而手艺人则是将这份天然之美转化为艺术之美的关键。他对作品的高标准要求，使得他不断地追求卓越、突破自我。

生活中的郭木海，钟爱宠物、园艺与旅行。他曾穿越过众多城市的脉络，感受各地文化的脉动，这些经历如甘泉滋养着他的艺术创作，使之缤纷多彩，充满了生活气息。如今，他更乐于在宁静中沉淀自我，将每一次的触动与领悟化为创作的灵感之源。他善于从生活点滴中汲取养分，将所见所闻、所感所悟融入作品之中，使作品洋溢着生活的芬芳与人文的关怀。正是这份对生活的热爱与细腻的敏锐洞察，赋予了作品深厚的感染力与强烈的共鸣力。

怦然心动

他秉持着对生命的敬畏与尊重，一贯静心专注，每一件作品皆倾注了其心血，用匠心来回报在工作和生活上所付出的时间与努力。他的事业追求，亦与这匠心交相辉映。他怀揣梦想，希望建立属于自己的艺术馆，让更多人领略其作品的魅力。面对玉雕市场的起伏，他仍

新疆工艺美术大师

郭木海 同志：

获评第五届新疆工艺美术大师，授予新疆工艺美术大师称号。特颁此证。

新疆维吾尔自治区工业和信息化厅
二〇二四年四月

荣誉证书

经广东省珠宝玉石首饰行业协会、广东省玉石雕刻大师评选委员会评定，现授予郭木海先生"广东省玉石雕刻大师"称号。

特颁此证

证书编号：GDDS089号

广东省珠宝玉石首饰行业协会
二〇二一年九月

坚守初心，追求原创，不断学习，借助现代科技工具，赋予创作新的活力与竞争力，以此推动玉雕行业的发展。他期待能一直为中国玉文化贡献绵薄之力，创造出更多艺术瑰宝，让玉雕之美被更多人感知与珍爱。此外，他还将不断完善教学体系，倾囊相授技艺与经验，他希望自己的学徒们能够领略玉雕艺术的深邃魅力，从而传承其独特价值。

郭木海是一位真正的艺术家与匠人，他的人生就如同一部精心雕琢的玉雕作品，既承载着中国传统文化的深厚底蕴，又闪耀着匠心精神的独特光芒。他用自己的双手，将一块块普通的玉石化为精美绝伦的艺术品，诠释了匠心精神的真谛——对技艺的极致追求、对作品的无限热爱、对传承的坚定信念。他用自己的作品，为中国的玉文化注入了新的活力，使之在现代社会中焕发出璀璨的光彩。他的贡献不仅在于创造了无数令人叹为观止的艺术品，更在于他通过自己的实践，向世人展示了传统文化的独特魅力与无限可能。他的故事将激励着更多的后来者，在传承与创新的道路上砥砺前行，共同书写下属于中国传统文化的辉煌篇章！

沈俊

SHEN JUN

杭州砺视科技有限公司董事长

杭州砺视科技有限公司成立于2018年，是一家致力于引领新质生产力发展、打造低空经济产业链平台的高新技术企业。杭州砺视科技有限公司作为一家深耕现代智能技术研发与开拓的创新型企业，在董事长沈俊（以下称沈总）的带领下，始终坚持与国家战略相向而行，精准把握时代发展的脉搏，在行业变革中守正创新，不断激发培育企业的“新质生产力”，无论是产业链建设，还是文旅服务赋能，抑或是在绿色低碳等方面的探索实践，都交出了一份颇为亮眼的“答卷”，为新质生产力供应链服务高质量发展贡献了“砺视样本”。

低空经济乘风起 开拓万亿新蓝海

——访杭州砺视科技有限公司董事长沈俊

抢抓风口
竞逐低空之城

“抱歉，我先接个电话，景区那边打来的。”一个电话打进来，导致访谈不得不中断。在与电话那头的言语间，不难得知是在沟通关于无人机运营平台在景区试运营事宜，这是杭州砺视科技有限公司董事长沈俊最近最为关心的事，他要求自己必须时刻保持联系。在电话与采访的忙碌交错中，不难窥见沈总所处的低空经济产业如今正在成为又一个“风口”。

在新疆喀什地区伽师县的一片麦田里，无人机正在喷洒农药；在广东深圳，一架小型无人机自动飞出屋顶“机巢”，对输电线路进行自主巡检；在湖南株洲，某景区举办的无人机表演嘉年华活动，人头攒动。俯冲、跃升、大坡度盘旋，许多人直呼过瘾……当城市的天际线被高楼大厦定义，人们的目光往往局限于地面之上的繁华与喧嚣。然而，在浩瀚的蓝天下，“低空经济”正悄然崛起，成为新时代我国经济高质量发展的“新增长引擎”。低空经济是以低空空域为依托，在1000米以内的空域，根据不同地区的特点和实际需要可延伸至3000米，通过无人驾驶航空器开展多场景低空活动为牵引，辐射带动商业活动或文化服务领域融合发展的综合性经济新形态。低空经济作为新质生产力的代表，既是培育发展新动能的重要选择，也是全球竞逐的重要战略性新兴产业方向。而沈总身处的杭州，早在2020年，就已成为全国第一个全域低空空域管理改革试点拓展省份。在赛道角力中，不少人正跃跃欲试力求入局，与他们不同的是，沈总早已带领着杭州砺视科技有限公司抢跑新质生产力的赛道，以文旅产业推动低空经济“振翅高飞”。

在从事低空经济供应链服务领域前，沈总已在智能安防领域埋头苦干了许多年。在已拥有成熟的商业模式下，做出这样堪比重启人生的决定，绝非易事，而让沈总决心“改变赛道”的是关于“新质生产力”的新概念。2023年12月，中央经济工作会议中强调对科技创新和产业发展的高度重视，将低空经济与生物制造、商业航天等列为若干战略性新兴产业。随后，各地积极响应，推出了低空经济产业政策，15个省份将低空经济相关内容写进了2023年政府工作报告中，“低空经济”也成为地方两会热议的关键词。“今年的政府工作报告将大力推进现代化产业体系建设，

加快发展新质生产力，加速发展‘低空经济’列为首要任务，传递出了一个明显信号，就是要将培育发展新质生产力中的低空经济打造成为破解各行业挑战的关键抓手。”面对当前百年未有之大变局，沈总深知，唯有积极拥抱变革，坚定长期主义发展理念，积极发展企业的新质生产力，打造低空经济产业链，方能守得云开见月明。

何为长期主义？沈总给出了自己的答案。2018年被沈总称为“砺视元年”。团队凭着一股逢山开路、遇水架桥的闯劲，以及水滴石穿、绳锯木断的韧劲，集中解决“卡脖子”难题，在智慧城市建设领域取得了累累硕果。在多年的发展历程中，沈总坚持长期主义发展理念，坚持与国家战略相向而行。当前，新一轮科技革命正在深入推进，以人工智能、大数据等为代表的新质生产力与传统行业加速融合，催生出了新产业、新模式和新业态，也成为驱动科创企业发展“新质生产力”的重要引擎。在汹涌的时代浪潮之下，沈总凭借着对行业未来发展趋势的敏锐嗅觉，将目光投向了1000米以下最具有服务竞争力的文旅产业。

“对文化旅游产业来说，发展新质生产力是很重要的机遇。”在过去一年中，随着无人机表演、装配建筑供应、文旅康养设备供应等一系列低空产业政策的落实和助推，沈总认为，2024年将是低空经济快速商业化发展的元年。“虽然距离低空经济产业链商业化还需要一定的时间，但我们已经看到了产业规模化的前夜。”沈总道。

加快布局
培育文旅生态

“我们砺视在做的是低空中的整个产业链布局。”仅入局低空经济领域第一年，沈总就已经熟练掌握了如何让旁人快速理解自己所做的事，他常这样概括道：“更详细来说，我们的核心作用是连接低空经济产业中的上下游资源，并着重突出文旅板块领域供应链的能力和重点表达。”从业以来，沈总或接受或拒绝过无数媒体采访，昭示着砺视在低空经济供应链及文旅产业新质生产力服务领域的影响力。

再伟大的产品与技术，最终都要在日常落地，行业需要一座将技术与产品带向应用场景的桥梁，更通俗来讲，是商业化，这正是砺视在做的事情。“这不是一个可以轻松赚钱的行业，我们需要更商业化、大众化、日常化的应用场景。”自从事低空经济布局文旅产业链以来，沈总带领着团队跑遍了全国市场，了解各个生产制造集群，了解技术应用场景，了解低空经济产业规划的方案模式，了解顶层设计与资金模式。人类历史从不缺乏勇闯无人区的故事，对沈总而言，推开窗户看到的那片天空，就是他勇闯的“无人区”。如今，历经无数艰难困苦的时刻，沈总和砺视终于围绕着文旅产业，交出了新质生产力应用的满意答卷。

新质生产力应用于文旅行业，强调利用最新的科技手段，如无人机、大数据、人工智能等，来提高文旅产业的运营效率和服务质量。为此，砺视利用新质生产力供应链平台，打造“文旅+装配式建筑+机架式（堆叠式储能）”的整体解决方案。“这是很大的场景，因为我们整合了所有优势，不是单一的优势和卖点。”首先，砺视整合“AI+移动电池+音频技术”等，探索打造“未来型”AI智慧小屋，通过高效整合供应链中的数据、信息、设备、产品，为旅者提供一个“永远有光、安全的家”。

从供应链角度来看，“新质生产力”的“新”不仅体现在技术革新上，更体现在新业态上。通过技术创新与模式创新，砺视通过“智慧小屋”项目，与所有装配式建筑企业及文旅运维企业达成合作，形成可快速响应市场需求、高度灵活柔性生产与供应体系的供应链网络，打造绿色循环经济等新型供应链生态，以精准营销能力为核心，布局、赋能产业链终端，为文旅产业发展构建全新的场景，实现从生产对象到生产工具的深化。“我们利用低空经济为文旅资源进入要素市场提供基础，为资源转化提供技术支撑，为文旅产业的市场完善开拓新的施展空间，立视于是整合这个产业的供应商。”

“飞”阅中国
赋能新质引擎

万物都有周期，企业亦不例外。在百年未有之大变局下，无论是外部复杂多变的宏观环境，还是内部深度转型升级的行业市场变革，都充满了各种不确定性，供应链服务行业也进入了一个新的历史周期。面对风起云涌的时代浪潮，企业要如何积极拥抱不确定性，在变局中觅得新机，成功穿越这新一轮历史周期？屹立潮头的砺视给出的答案是两个字：战略。

综观砺视的发展历程，很难想象这样一家民营企业，竟然如此看重长期战略规划，并坚定不移地付诸实施。2018年，沈总为杭州砺视科技有限公司量身制定了“智能化”战略发展规划，正式开启了智慧城市布局，即与多家企业及政府单位达成合作，服务于公安、金融、电力、交通、

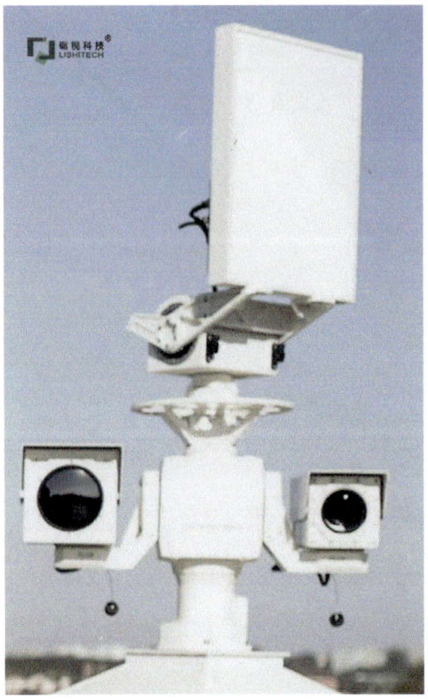

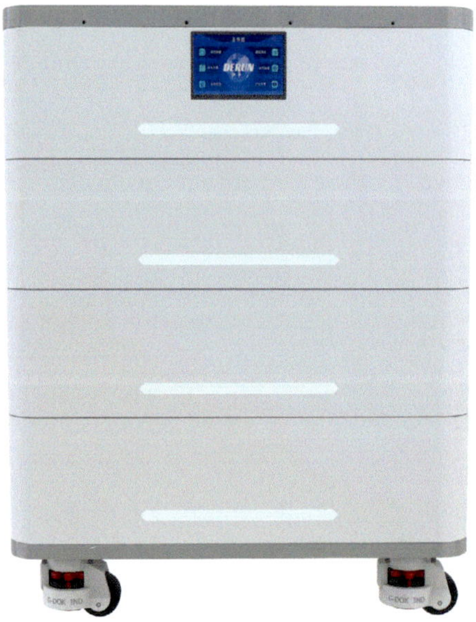

教育、能源、军队等各个行业领域，通过信息技术服务改变世界。如今，沈总再为杭州砺视科技有限公司开启了下一阶段的战略发展规划，即与国家“十四五”战略同频共振，聚焦于行业未来的发展趋势，整合资源，连接新质生产力相关的上下游产业链，联合起一批配套产业的领军企业，形成产业集群效应，实现上下游企业共享资源、协同发展，从而搭建起完整的产业链条。

得益于战略的成功实践与前瞻布局，助力杭州砺视科技有限公司逐步奠定了如今供应链服务头部企业的领跑地位。“我们要做的新质生产力供应链，已不仅是商品流通的连接通道，而是演变成为一个高度集成化、智能化的生态网络。新供应链的核心在于打破传统供应链的线性边界，通过网络化、平台化、生态化的方式，实现供应链上、下游企业的深度协同，利用数据驱动与智能化技术，优化资源配置，提高运营效率，使供应链成为企业应对市场变化、提升竞争力的强大支撑。具体表现包括以AI技术赋能传统制造企业，解放人类的双手；以低空经济产业能力为核心，促进文旅产业的发展，促进乡村振兴、促进智慧农业建设。”

时至今日，新质生产力已释放出澎湃动能，勾勒出砺视的万里征途。砺视也以一种更深远的创新，构建起超越想象的生产力世界，追寻时代的脚步，用技术和创新淬炼出答案。对于中国的“低空经济”，沈总始终怀抱着莫大的希冀，因为在他成长的道路上，也见证着中国“低空经济”的前行。“随着政策、市场以及企业等因素的持续发酵，国内的低空经济市场规模将不断壮大。业内预计，到2025年，低空经济产业有望发展成为一个3万亿元至5万亿元规模的新兴产业。”未来，沈总将带领着杭州砺视科技有限公司在全国范围内加强统筹联动，进一步探索丰富“低空经济+”的应用场景，满足万亿元级市场的需求。同时加强与政府之间的合作，为低空经济产业链发展营造良好的环境，同时努力在产业化招商引资、孵化器、产业规划中扮演好重要角色。

甘当每个伟大时代背后汹涌的力量。从信息到智能，沈总和杭州砺视科技有限公司正以科技的浪潮，为那些曾经憧憬的美好注入实现的可能。因时而变、因势而动，顺应周期、顺势而为，在当下这个充满不确定的时代里，无论外界如何风起云涌，沈总和杭州砺视科技有限公司都将保持定力，引领低空经济的腾飞，见证新质生产力的未来！